상투쟁이 견미사절 한글 국서 제정 [上]

朝鮮開港과 韓美修交史

상투쟁이 견미사절 한글 국서 제정 [上]

2019년 9월 20일 초판 인쇄
2019년 9월 25일 초판 발행

지은이 _ 김원모
펴낸이 _ 김수복
기 획 _ 김남필
제 작 _ 성두현
마케팅 _ 김민배
펴낸곳 _ 단국대학교출판부
등 록 _ 1968.2.27 : No. 제03-00095호
주 소 _ 경기도 용인시 수지구 죽전로 152
전 화 _ 031-8005-2405
팩 스 _ 031-8021-7154

값 28,000원

ISBN 978-89-7092-728-2 94910
ISBN 978-89-7092-727-5 (세트)

• 잘못 만들어진 책은 구입하신 서점에서 교환해 드립니다.

상투쟁이 견미사절 한글 국서 제정 上

朝鮮開港과 韓美修交史

金源模 지음

단국대학교출판부

머리말

1882년 5월 22일 제물포 화도진 언덕에 임시 막사를 설치하고 청국 대표 마건충馬建忠·정여창丁汝昌을 별실로 퇴장시킨 후 한미 양국 전권은 한미조약 조인식을 거행했다. 태극기와 성조기를 X자로 게양하고 미 해병대의 우렁찬 '양키 두들Yankee Doodle, 애국가'을 장엄하게 합창하는 가운데 대조선국 전권 신헌申櫶·김굉집金宏集과 미국 전권 슈펠트Shufeldt 사이에 역사적인 한미조약이 엄수되었다. 쿠퍼 함장이 스와타라호에 신호를 보내니 21발의 축포가 제물포 천지를 진동했다. 이어 청국 대표가 위원호에 신호를 보내니 19발의 예포가 울렸다.

1882년 대조선국은 구미 열강 가운데 가장 먼저 미국과 입약, 조선개항을 단행했다. 원래 양국 간에 입약협상은 양국 전권이 이마를 맞대고 입약교섭하는 것이 일반적 외교관례였다. 그러나 한미조약 교섭에서 조약 당사국인 대조선국 전권대표를 철저히 배제한패싱 채 청국 이홍장李鴻章과 미국 전권 슈펠트 간의 단독교섭 끝에 한미조약문이 타결되었다. 입약교섭 벽두부터 이홍장은 한미조약 제1조에 "조선은 청국의 속국이다"라는 '속방론'을 명문화할 것을 고집했고, 슈펠트는 조선은 비록 조공국이기는 하나 정치외교를 자주자행하는 자주독립국이기에 '조선독립론'을 주장하면서 속방론을 단호히 거부했다. 이에 이홍장은 속방론을 삭제하는 대신 제1조에 거중조정good offices, 從中善爲調處 조항을 삽입할 것을 주장하면서 연미론聯美論을 제창, 한반도에 미국 세력을 끌어들여 북쪽 러시아의 남진을 막아주고, 남쪽 일본의 침략征韓論을 방어함으로써 한반도의 안보를 보장하면서 청의 대한 종주권을 유지하고자 했다. 이는 미청 양국이 상호 제휴해서 한반도의 인보를 담보하겠다는 정략으로 거중조정 조항을 명문화한 것이다.

한미조약 체결 후 대조선국은 최초로 견미사절 조선보빙사를 파미한 것은 대조선국으로서는 중대한 외교행사가 아닐 수 없다. 대조선국은 역사상 최초로 구미 열강 가운데 미국과 제일 먼저 조약을 체결했기 때문이다. 미국과 입약 후 미국은 푸트를 주한미국전권공사에 임명하였으며, 푸트는 1883년 한미 간 비준문서를 교환하고 정동에 주한미국공사관을 개설했다. 그러나 대조선국은 상호주의 원칙에 의해 워싱턴에 주미한국공사관을 개설하지 못했다. 이에 그 대안으로 견미사절 조선보빙사 파미를 결행했다. 전권대신에 민영익, 부대신에 홍영식, 종사관에 서광범, 외교참찬관에 미국인 로우엘, 수원隨員에 유길준 · 변수 · 현흥택 · 최경석 · 고영철, 중국어 통역 우리탕 등 10명의 견미사절단을 파미했다.

견미사절 조선보빙사의 미국사행을 연구함에 있어서 이에 관련된 조선측 자료는 너무나 빈약하다. 일본의 경우 1860년 견미사절단의 미국사행에 대한 자세한 기록문서가 남아있다. 그러나 대조선국의 견미사절에 관한 자료는 극히 드물다. 견미사절단은 일기나 기행문 같은 기록문서가 전무할 뿐만 아니라 그들의 외교활동에 관한 개인문서조차 없다. 심지어 민영익 전권은 아더 대통령의 특별 배려로 6개월간 세계일주항행을 완수하고 귀국했지만 항해기록조차 전무하다. 이에 반해 미국 측 신문자료는

'뉴욕 헤럴드New York Herald', '뉴욕 타임스New York Times'를 비롯하여 각 지역 신문들이 견미사절의 활동상을 자세히 보도하고 있어서 견미사절의 외교 활동에 관한 신문자료는 풍부하다.

한미조약이 체결된 지 1백년 만에 홍영식복명문답기가 그야말로 기적적으로 발굴됨으로써 견미사절 연구에 일대 전기를 갖게 되어 천만다행한 성사가 아닐 수 없다. 견미사절 홍영식복명문답기는 한문전용체문서로 길이가 278.5cm, 폭이 20.7cm이고 총 149행 글자 수는 총 2,887자나 되는 대문서이다. 원래 홍영식복명문답기는 '승정원일기'에 등재될 문서이지만 홍영식이 갑신정변을 주도하면서 3일천하로 실패하고 대역부도죄에 몰려 그 자신은 척살刺殺 당하였고, 역적의 문서이기에 사서에 등재되지 못한 채 100년 동안 방치 상태로 이 사람 저 사람 떠돌다가 천만다행으로 발굴되었다. 이는 한국 개화사연구의 결정적 중대 문서이기에 이를 계기로 한미관계사 연구에 일대전기가 되어 한미관계사를 정립할 수 있었다.

이처럼 조선 측 외교자료는 빈약한 반면 미국 측 외교문서 및 신문자료는 풍부하다. 이러한 귀중한 미국 측 자료를 수집해서 보내준 분은 본인의 미국 포틀랜드 주립대학 대학원 동창 스워다우트Robert R. Swartout, Jr. 박사현 미국 캐롤대학 교수, 변종화卞鐘和 로우엘 대학 화학과 교수, 장수영張水榮 전 포항공대 총장 등이다. 이 세 분의 적극적인 자료 제공에 힘입어 한미관계사 연구는 순조로이 진행되었다.

1883년 9월 18일 견미사절 조선보빙사는 미국 아더 대통령에게 한글국서와 한글제정사를 제정했다. '뉴욕 헤럴드'1883.9.19는 한글국서와 한글제정사The Corean Official Documents를 영문으로 번역하여 전면全面 독점 보도했다. 한글문서가 미국신문에 대서특필로 전면 보도되기는 역사상 처음 있는 성사가 아닐 수 없다. 한편 '뉴욕 타임스'1883. 9. 18는 한글국서의 역사적 의미를 비중 있게 보도하였다. "한국어를 사용할 줄 아는 유럽인은 단 두 사람뿐프랑스 신부이며, 일본어처럼 한국어를 습득하기란 그다지 어려운 일이 아니다. 한글은 표음문자이며 '차 상자 같은 문자漢字'와 유사하게 생긴 알파벳 문자이다. 몇 개의 자모를 합쳐 서 한 개의 단어를 구성하며 세로종서로 쓰고 위에서 아래로 읽는다. 한국어 습득의 가장 큰 난관은 바로 한국어를 배우고자 하는 외국인에게 참수령병인박해 때 프랑스 신부 참수을 내리고 있다는 점이다. 한국어는 이탈리아어처럼 매우 음악적으로 발음하고 있다."라고 한글은 청일 양국과 다른 고유한 독창적 표음문자로서 한민족은 한글문자를 가진 문화민족이라고 대대적으로 비중 있게 보도하였다.

한글 알파벳 표음문자가 미국 신문에 보도됨으로써 이제 세종어제의 한글의 르네상스 운동이 일어날 동력이 작동되었다는 점에서 그 역사적 의의는 실로 크다 할 것이다. 그 당시 양반 지배층은 철두철미 한글 사용을 전적으로 배제하고 한글은 언문諺文이라 비하하면서 이는 부녀자들이나 사용하는 문자라고 무시하고 오로지 한문전용만 고수하고 있었다. 이러한 한문전용 어문생활의 폐습을 과감히 타파하고 한글국서를 제정했다는 사실은 실로 장차 한글전용의 르네상스가 일어날 미래실현의 빛나는 서광이 아닐 수 없다. 이에 문화적 충격을 받은 유길준은 『서유견문』1889을 한국어문학사상 최초로 국한문혼용체로 저술, 언문일치를 실현했다. 갑오경장 직후 『관보』1894를 국한문혼용체로 발행했다. 그러므로 유길준은 『관보』보다 5년 앞서 국한문혼용체의 『서유견문』을 저술했다. 유길준이야말로 한글문화의 창시자 선구자임을 입증해 주고 있다.

이어 유길준은 『대한문전』1909을 저술하여 한글문법체계를 정립했다. "읽을지어다. 우리 대한문전을 읽을지어다. 우리 대한 동포여, 우리민족이 단군 영수靈秀한 후예로 고유한 언어를 가지고 있으며 특유한 문자가 있어서 그 사상과 의지를 성음聲音으로 발표하고 기록으로 4천여의 성상을 통과하여 역사의 진면을 지키고 습관의 실정을 증명하도다."

한글전용을 주장해 온 개화사상가 유길준은 마침내 한문전용의 인습因襲을 과감하게 타파하고 한글전용의 교과서를 편찬해냄으로써 이제 한글전용의 미래 영광의 시대가 도래할 문호를 활짝 열어놓은 것이다. 유길준은 1907년 흥사단을 창설하면서 국민보통교육운동에 앞장섰다. "국운의 만회와 국세의 진흥을 이룩하려면 자체의 교육밖에 다른 길이 없다."는 교육철학을 고수하면서 국민독본식으로 『노동야학독본』1908을 한글전용체로 저술했다. 이는 우리 어문학사상 최초의 국민필독을 위한 한글전용 교과서의 효시가 되었다.

미국 대통령에게 한글국서와 한글제정사를 제정할 국서제정식에 참여

한 견미사절 수원隨員 유길준은 문화적 충격을 받고 한글전용운동에 앞장섰다. 세종대왕이 어린 백성을 위하여 훈민정음한글을 창제했음에도 불구하고 양반지배층은 한글은 언문諺文이라 무시하면서 부녀자들이나 사용하는 문자라고 비하하면서 모든 관공 공문서를 비롯하여 한결같이 한문漢文전용을 고수해왔었다. 마침내 유길준은 한문전용의 폐습을 타파하고『서유견문』1889을 국한문혼용체로 저술, 언문일치言文一致를 실현했고,『노동야학독본』1908을 한글전용체로 저술함으로써 한글전용의 선구자가 되었다.

세종대왕의 한글 창제 정신을 전 세계인에게 선양하기 위하여 한글국서와 한글국서 제정사를 미국 대통령에게 제정했다는 역사적 사실은 한국 어문생활에 일대 변혁을 일으키게 한 역동적 촉진제 역할을 했다. 한국어문학 발달사를 요약한다면 한문전용체→현토한문체懸吐漢文體→국한문혼용체→한글전용으로 발전해 왔다. 결국 이는 한글국서와 한글국서 제정사가 한글문화 문예부흥운동의 역동적 동력으로 작용했다는 점에서 그 역사적 의의는 실로 크다고 하지 않을 수 없다.

한미조약 체결 137주년을 기념하며 2019년 5월 22일 雲虛堂

목차

상투쟁이 견미사절 한글 국서 제정 [上]

朝鮮開港과 韓美修交史

제3장 한미조약 조인식과 슈펠트의 대조선국 자주독립정신

제4장 조선보빙사의 미국사행

제5장 조선보빙사 국서제정식과 뉴욕 · 보스턴 산업 · 공공기관 시찰 여행

제6장 조선보빙사 전권대신 민영익의 대미 자주외교와 세계 일주항행

제7장 전권부대신 홍영식의 개화사상과 갑신정변

제8장 조선보빙사 종사관 서광범의 정치적 인생무상

상투쟁이 견미사절 한글 국서 제정 [下]

朝鮮開港과 韓美修交史

제9장 조선보빙사 수원 유길준의 개화사상

제10장 조선보빙사 수원 변수 · 고영철 · 현흥택

제11장 견미 조선보빙사 수원 최경석 · 우리탕 · 참찬관 로우엘

제12장 조선보빙사 전권부대신 홍영식복명문답기

제13장 초대 주미전권공사 박정양의 대미자주외교와 상주공사관 개설

서론

1882년 5월 22일 인천 제물포에서 한미조약이 체결된 후 그 다음 해인 1883년 5월 미국정부는 푸트Lucius H. Foote, 福德를 주한미국특명전권공사에 임명했다. 푸트 공사는 1883년 5월 19일 통리교섭통상사무아문 독판교섭통상사무 민영목閔泳穆과 비준문서批准文書를 교환함으로써 역사적인 한미외교관계가 정식으로 수교되었다.

한미조약 제2조에 "본 조약을 입약立約하고 통상 · 화호한 후 양 조약국은 각각 전권공사를 파견하여 상대국 수도에 주재시키고, 또 대외통상에 개방되어 있는 상대국 개항장開港場, treaty ports에 영사領事를 임명 주재할 수 있으니, 이는 자국의 편의에 따른다."라고 명문화되어 있다. 한미 양국은 외교관 교환주재원칙에 따라 푸트 미국전권공사는 서울에 부임함과 동시에 정동貞洞에 주한미국공사관을 개설했다. 대조선국 정부도 당연히 워싱턴에 대조선국공사관을 개설하고 상주공사를 주재해야 마땅한 외교의례이지만, 대조선국은 워싱턴에 상주공사관을 개설 · 운영할 재정적 여력이 없었다. 이에 푸트 공사는 상주공사 파견의 대안으로 조선보빙사朝鮮報聘使 견미사절遣美使節 파견을 건의하자 대조선국 정부는 이를 받아들여 마침내 조선보빙사를 파미派美하게 되었다.

견미사절, 즉 조선보빙사의 구성원은 다음과 같다. 전권대신에 민영익閔泳翊, 전권부대신에 홍영식洪英植, 종사관從事官에 서광범徐光範, 조선보빙사 일행을 미국까지 안전하게 사행임무使行任務를 안내 · 인도할 외교 참찬관 및 고문에 미국인 로우엘Percival Lowell, 魯越, 중국어 통역 우리탕Woo Li Tang, 吳禮堂, 로우엘의 개인비서 비공식 수원 일본어통역 미야오카宮岡恒次郎, 수행원 유길준兪吉濬 · 고영철高永喆 · 변수邊燧 · 현홍택玄興澤 · 최경석崔景錫 등이다.

견미사절 일행은 1883년 7월 16일에 미국 해군함정 모노카시호를 타고 제물포를 출항하여 일본으로 향발했다. 일본 도쿄에 체재할 때에 주일 미국공사 빙햄 John A. Bingham은 대조선국 견미사절단이 외국 사정에 어둡고 생소하기 때문에 로우엘을 조선보빙사 외교서기관에 임명했다. 로우엘은 견미사절단을 인솔하고 미국에서의 사행 임무를 완수하고 홍영식 전권부대신을 수행, 한국에 와서 약 4개월간 서울에 체재하면서 한국 견문기 '조선: 고요한 아침의 나라Choson: The Land of the Morning Calm'를 간행했다. 개화기 당시 한국을 가리켜 '고요한 아침의 나라'라고 통칭하게 된 것은 바로 이에 연유하고 있다.

조선보빙사는 8월 18일 상선 아라빅Arabic호를 타고 태평양을 횡단항행, 9월 2일 샌프란시스코桑港에 도착했다. 상항에 도착했을 때 미국 육군 소장인 쇼필드John M. Schofield 장군의 영접을 받았다. 조선보빙사는 9월 4일에 상항 상공회의소와 상항시로부터 환영 리셉션을 받았다. 그리고 여기서 대륙횡단철도Central and Union Pacific Railroad를 타고 워싱턴으로 향발했다. 동부행 열차에서 가우처John F. Goucher 감리교 목사를 만나 교유했다. 가우처 목사는 한국선교에 비상한 관심을 가지고 일본 도쿄 주재 매클레이Robert S. Maclay 목사에게 한국을 직접 방문하여 감리교 선교사업에 착수할 것을 지시했다. 이는 장로교 의료선교사 알렌Horace N. Allen, 安連의 내한 · 선교보다 3개월 먼저 조선감리교 선교의 선구자가 되었다.

9월 12일 시카고에 기착했다. 시카고에서는 남북전쟁의 명장인 셰리던Philip H. Sheridan 육군 중장의 영접을 받았다. 이 자리에서 최초로 미국 고문관의 한국 파견문제가 거론되기도 했다. 셰리던 장군은 자신의 참모인 그레고리Gregory 대령으로 하여금 조선보빙사 일행을 워싱턴까지 안전하게 경호할 것을 지시했다.

9월 5일 마침내 워싱턴에 도착했다. 조선보빙사는 외국 국빈國賓이 유숙하는 알링턴 호텔Arlington Hotel에 여장을 풀었다. 당시 아더Chester A. Arthur 대통령은 뉴욕에 머물고 있었다. 아더 대통령은 조선보빙사를 뉴욕으로 접내하기 위하여 마손J. B. Mason 해군 대위와 포크George C. Foulk, 福久 해군 소위를 영접 책임자에 임명했다. 이 당시 아더 대통령과 프릴링하이젠F. T. Frelinghuysen 국무장관은 뉴욕 피브스 애비뉴 호텔Fifth Avenue Hotel에 유숙하고 있었다. 그래서 9월 17일 데이비스Davis 국무차관보가 조선보빙사 일행을 안내하여 뉴욕 피브스 애버뉴 호텔에 투숙했다. 미국 국무부는 국서제정식國書提呈式은 9월 18일 오전 11시에 뉴욕 2번가에 있는 피브스 애버뉴 호텔 대접견실에서 거행한다고 통고했다.

조선보빙사 일행은 흉배胸背와 각띠 달린 사모관대紗帽冠帶를 갖추어 입고 목화木靴를 신고 자못 양반걸음으로 의젓하게 대접견실로 입장했다. 민영익·홍영식·서광범 삼사三使를 선두로 하여 일렬종대로 입장했다. 그런데 이때 여기서 이상한 해프닝이 벌어졌다. 조선보빙사 일행은 대기실에 입장하자마자 활짝 열린 대접견실 문 앞에서 아더 대통령이 내다보는 가운데 민영익·홍영식·서광범 3사가 이마에다 손을 얹고 무릎을 꿇고 큰절을 행했다. 아더 대통령은 황당한 표정을 지었다. 이것은 조선의 전통예법에 국가 원수에 대한 최고의 사은숙배謝恩肅拜 예절인 것이다. 큰절을 행한 후 조선보빙사 일행은 차례대로 대접견실에 입장했다. 대접견실 중앙에 모닝코트 차림으로 아더 대통령이 서 있었고, 그 오른쪽에 프릴링하이젠 국무장관, 왼편에 데이비스 국무차관보, 그 뒤에 국무부 관리가 도열하고 있었다. 대접견실로 입장한 조선보빙사 일행은 3사를 중심으로 미국 대통령을 향해 일렬로 서자, 대통령과 국무장관 일행은 선채로 허리를 굽혀 맞절을 행했다.

원래 미국 대통령에 제정할 국서신임장의 원본은 한문본漢文本이었다. 조선보빙사가 미국사행 시 태극기를 휴대하고, 국서 한문본을 버리고 '한글 국서신임장'를 특별히 제작해서 미국 대통령에게 제정提呈했다는 사실은 실로 충격적인 외교적 성사가 아닐 수 없다. 뉴욕 헤럴드에 '한글 국서'와 '한글 제정사提呈辭, 인사말' 두 건의 한글문서가 전면 대서특필 특종 · 보도되고 있다. 한글 문서가 미국 신문에 사진판으로 보도되기는 미국 언론사상 처음의 경사가 아닐 수 없다. 이는 대조선국은 중일 양국과 다른 특이하고도 전통적인 고유한 문자인 '한글'이 있다는 사실을 전 세계에 선명宣明한 것이다.

'한글 국서신임장'와 '한글 국서제정사'를 원문 그대로 소개하되 이해를 돕기 위하여 괄호 안에 한자漢字를 병기했다.

> ᄃᆡ됴선국ᄃᆡ군주大朝鮮國大君主ᄂᆞᆫ
> ᄃᆡ미국大美國 ᄇᆡᆨ니ᄉᆡ텬덕伯理璽天德 President, 대통령게 글월을 올니ᄋᆸ
> 이ᄉᆞ이 두 나라이 됴약條約을 박구고교환 화의和誼
> 가 돗타우ᄆᆡ 전권ᄃᆡ신 민녕익과 부
> ᄃᆡ신 홍영식을 흠차欽差ᄒᆞ여
> 귀국의 보ᄂᆡ서 폐ᄇᆡᆨ幣帛갑ᄂᆞᆫ 네禮을 닥긔노
> 니 이 ᄃᆡ신들이 공번公反 · 공평되며 충성忠誠허

며 주밀周密ᄒᆞ며 자서仔細ᄒᆞ여 능能히 ᄂᆡ의
속마음을 몸바더 고달告達헐 터이며
범사凡事의 변리辨理허며 적당適當허리니 다
ᄒᆡᆼ多幸히 ᄇᆞ라노니 정성을 미루어 서
루 미더서 더욱 화목和睦케 ᄒᆞ며 한가지
ᄐᆡ평太平을 누리게 ᄒᆞ시ᄋᆞᆸ ᄉᆡᆼ각허건
ᄂᆡ 소한
귀ᄇᆡᆨ니ᄉᆡ텬덕貴伯理璽天德도 깃거허실ᄇᆡ리이로
소이다
ᄀᆡ국 ᄉᆞᄇᆡᆨ구십이년 뉵월 십이일開國四百九十二年 六月十二日 1883. 7. 15 *New York Herald*, September 19, 1883. The Corean Official Documents.

한글 국서를 제정한 후 민영익·홍영식 전권은 대조선국 대군주를 대신해서 '한글 국서세정사國書提呈辭'를 낭독했나.

ᄉᆞ신 민녕익閔泳翊 홍영식洪英植 등은 낫흐로
ᄃᆡ아미리가합중국大亞美理駕 合衆國
ᄃᆡᄇᆡᆨ니ᄉᆡ쳔덕게 알외ᄋᆞᆸᄂᆞ이다 ᄉᆞ신등使臣等이
ᄃᆡ됴선국大朝鮮國
ᄃᆡ군주흠명大君主欽命을 밧ᄌᆞ와 와서 ᄃᆡ신代身으로
ᄃᆡᄇᆡᆨ니ᄉᆡ쳔덕大伯理璽天德게서와 밋 합중국合衆國 모든 인
민人民이 한가지로 안녕安寧험을 누리시기을
청請ᄒᆞ오며 ᄯᅩᄒᆞᆫ 두 나라 인민이 서로 사귀고
죠와허ᄂᆞᆫ 우의友誼에 확실確實헌 ᄯᅳᆺ슬 고告ᄒᆞ여
피차彼此 돈밀敦密ᄒᆞᆷ을 ᄉᆡᆼ각허와 실상實狀으로
시루 긱힘을 정定ᄒᆞ여 기리 무궁無窮힌 복福

이 되기을 ᄇᆞ라ᄂᆞ이다 밧드러온 바
국서國書 두 봉封의 ᄒᆞ나ᄂᆞᆫ 우리
ᄃᆡ군주大君主게 ᄋᆞᆸ서
ᄃᆡᄇᆡᆨ니ᄉᆡ쳔덕大伯理璽天德게 회답回答허심이오 ᄒᆞ나ᄂᆞᆫ ᄉᆞ신
의 전권빙거全權憑據, 신임장오니 삼가 밧침을 알외
ᄋᆞᆸᄂᆞ이다

New York Herald, September 19, 1883.

조선보빙사는 국서제정식을 거행한 후부터 우편전신, 발전소, 교육기관, 육군사관학교, 각 언론기관, 그리고 동부의 산업단지, 농무목축시험장 등을 순방·견학했다. 특히 홍영식은 미국의 정치제도와 정부조직법을 도입, 조선의 정치개혁을 통한 근대화운동을 추진하겠다고 다짐하고 있다.

조선보빙사 일행이 사모관대로 정장한 옷차림으로 연방정부 각 부처를 순방하는 모습을 워싱턴 시민은 호기심 어린 신기한 눈초리로 바라보고 감탄을 연발했다. "보빙사 일행은 각양각색의 비단옷과 말총으로 만든 진기한 모자갓를 쓰고 다녔기 때문에 워싱턴 시민에게는 좋은 구경거리가 되었다. 워싱턴 시민은 괴상한 옷차림을 한 보빙사가 공원을 거닐고, 마차를 타고 펜실베이니아 거리를 왕래하는 모습을 신기한 듯 지켜보았다. 정부관서의 공무원들도 괴상한 옷차림에 피부 빛이 거무스름한 이들 외국인 사절단의 정중한 행동거지行動擧止를 보고 일손을 멈추고 신기한 듯 구경하고 있었다. 그들은 틀림없이 '신 아라비안나이트a new Arabian Nights'에 등장하는 인물이 여기 현신現身했다고 믿고 찬탄하고 있었을 것이다." *New York Times*, October 15, 1883.

민영익 전권은 귀국을 앞두고 유길준을 한국 최초의 미국 국비유학생에 지명했다. 유길준은 즉각 상투를 자르고 양복을 사입고 미국유학생이 되었다. 유길준은 단발령斷髮令, 1895. 12. 30시행 12년 전에 '단발제1호'의 모던보이로 태어났다.

조선보빙사는 1883년 10월 12일 백악관을 예방, 아더 대통령에게 고별인사를 행했다. 아더 대통령은 미국 해군 함정 트렌턴Trenton호 함장 피티언R. L. Phythian에게 민영익 일행을 태우고 한국까지 안전하게 호송하라고 특별지시를 내리면서 항행비용은 해군 비상지출금으로 충당할 것이라고 했다.

여기서 보빙사는 두 패로 나뉘어 귀국길에 올랐다. 민영익 전권대신은 종사관 서광범, 변수 그리고 포크 해군 무관과 함께 트렌턴호로 한국 최초의 7개월간의 세계일주항행1883. 12~1884. 5. 31을 무사히 끝내고 1884년 6월 초에 귀국 · 복명했다. 한편 홍영식은 로우엘 · 현홍택 · 최경석 · 고영철 · 미야오카와 함께 오던 항로로 태평양 횡단 항행을 하고 1883년 12월에 귀국 · 복명했다. 푸트 공사는 보빙사의 미국사행의 성과가 컸다는 사실을 국무장관에 보고했다. "조선보빙사 사절단은 아직 서울에 돌아오지 아니했다. 그러나 미국정부와 국민은 보빙사에게 따뜻하고도 친절한 환대를 했다는 소문이 나돌고 있다. 이번 기회에 조선사절단은 미국 정부제도의 실제운영을 목격했고, 미국의 무진장한 천연자원과 경제적 번영 그리고 각종 산업시설을 시찰하였으며, 미국 시민과 직접 접촉을 통해서 친절한 환대를 받았다는 것을 확인하였다. 그러므로 이번 보빙사의 방미 성과가 컸다는 사실을 인정하지 않을 수 없다. 보빙사가 귀국하면 미국의 진보사상advanced ideas을 채택할 것은 의심할 여지가 없다. 이를 계기로 조선은 국가적인 번영과 생활향상이 이루어질 것이다. 미국정부가 대한對韓

통상관계 증진뿐만 아니라 조선의 이러한 쇄신刷新을 고려한 것은 만족할 만한 일이다.”

조선보빙사의 한국 측 자료는 너무나 빈곤성을 절감하지 않을 수 없다. 민영익의 귀국복명기가 승정원일기에 등재된 것이 유일한 자료이다. 이에 반해 미국 측 자료는 뉴욕타임스, 뉴욕헤럴드를 비롯하여 각 지역신문들이 앞을 다투어 보빙사의 활동상을 대서특별하고 있어서 보빙사의 미국사행 전반을 손쉽게 파악할 수 있다.

일본의 경우 1860년에 견미사절단遣米使節團, 新見正興 77명의 대규모 사절단을 파미한 일이 있었는데, 수행원 모리다森田淸行는 사절단의 행적을 일기식으로 자세히 기록해 놓고 있다亞行日記 · 無題手控 · 亞米利加航海出入簿. 그러나 조선보빙사 중 어느 누구도 일기 한 장 기록을 남기지 아니했다. 실로 기록문화의 빈곤성을 절감하지 않을 수 없다.

1981년 4월 홍영식복명문답기洪英植復命問答記가 실로 기적적으로 발견, 학계에 보고되면서 보빙사 관련 자료의 빈곤성을 어느 정도 해소할 수 있었다. 원래 이 문서는 실록이나 승정원일기에 수록될 역사적 기록물이지만 홍영식이 갑신정변1884. 12. 4 주역으로 가담, 정변은 3일천하로 실패, 홍영식 자신은 청군에 의해 척살되고 대역죄인으로 몰려 복명문답기마저 이 사람 저 사람으로 100년 동안 돌아다니다가 1981년 4월에 기적적으로 발견되었다.

‘한글 국서’와 ‘한글 국서제정사’를 뉴욕헤럴드에 사진동판으로 특종 보도된 연유를 분석해 보기로 한다.

첫째, 대조선국은 중일 양국과 다른 특이한 한글 문자가 있다는 역사적 가치를 전 세계에 선포했다는 것이다. 뉴욕헤럴드 기사에서 로우엘 참찬관이 지적했듯이 대조선국은 중일 양국과 다른 전통적 고유문자인 알파벳, 즉 한글 표음문자를 가지고 있는 문화국가임을 강조한 것이다. 이러한 취지에서 보빙사는 원본 한문본을 버리고 '한글 국서신임장'와 '한글 국서제정사'를 붓글씨로 써서 한글 동판을 제작해서 뉴욕헤럴드지에 보도자료로 제공한 것으로 볼 수 있다. 한글 문서가 미국 신문에 보도되기는 이것이 최초의 대성사이다. 이와 같이 전면 보도하면서 대조선국은 중일 양국과 상이한 문화적 전통과 독자적인 표음문자 한글을 가지고 있는 문화국가임을 국제적으로 선양하였다.

둘째, '한글 국서'와 '한글 국서제정사'에는 국호國號를 대조선국大朝鮮國, 군주를 대군주大君主로 표기했으며, 한미수교 이전의 외교문서에는 중국 연호를 사용했으나 이때부터 독자적인 개국연호開國年號를 사용하였다. 이는 조공체제朝貢體制를 타파하고 대조선국이 주권 자주독립국임을 세계만방에 선포하였다.

셋째, 미국도 이에 호응, 조선개항정신인 자주독립국임을 널리 알리기 위하여 종래의 영문국호 일본어발음 'Chosen'을 버리고 대조선국大朝鮮國 · Tah Chosun이라고 한국어 발음으로 영문 표기하였다.

넷째, 청국 마건충은 중국은 황룡기黃龍旗를 사용하고 조선은 청국의 속방이기에 청룡기靑龍旗를 제작해서 한미조약 조인식에 사용할 것을 강요했다. 그러나 슈펠트는 대조선국이 청룡기를 사용하면 조선이 스스로 중국의 속국임을 인정하는 것이기에 국기 제정을 촉구하자, 스와타라호 함상에서 역관 이응준李應浚이 급히 태극기를 제작해서 한미조약 조인식에서 성조기와 X자로 게양하고 조인식을 거행하였다. 견미사절 보빙사는 이때 제작한 태극기를 휴대하고 와서 외교행사에서 사용했다는 사실이다.

고종1852~1919에 대한 평가는 두 가지로 엇갈리고 있다. '망국에 책임이 있는 군주'인가 '자주독립과 근대화에 힘쓴 비운의 황제'인가 이다. 전자는 결과론적으로 나라를 지키지 못하고 일제에 국권이 박탈된 비운의 군주요, 후자는 청러일 등 주변 제국주의 열강의 핍박을 받아오면서도 구미 선진문물을 받아들여 한국근대화에 크나큰 공적을 이룩한 대한제국의 황제상皇帝像이다.

홍영식복명문답기에서 고종은 처음으로 대군주의 입으로 직접 미국 '대통령大統領'이라 언급하고 있다. 고종은 "대통령을 만나보았는가?"라고 하문하면서 미국의 정치제도에 관해 자세한 설명을 듣고자 했다. 이에 홍영식은 미국의 정치제도는 입법 · 행정 · 사법의 삼권분립三權分立이 확립된 정치제도인지라 4년마다 선거에 의해 대통령이 선출된다고 설명했다. 여기서 고종은 '대통령'을 무려 11번이나 언급했다는 것은 놀라운 사실史實이 아닐 수 없다. 당시 한미조약 원본이나 한문본 국서신임장에는 대통령을 중국식 '백리새천덕伯理璽天德 · President'이라 표기했고, 한글본 국서와 한글 국서제정사에서도 대통령을 '백리새천덕'이라 표기했다. 그럼에도 불구하고 고종은 홍영식과의 대화에서 '大統領'이라 불렀다는 것은 그의 미국의 정치제도와 문물수용이 얼마나 앞서갔다는 것을 실감할 수 있는 대목이다.

이태진李泰鎭은 1919년 3 · 1운동 직전에 일제가 고종을 독살했다고 주장했다. 고종의 이 같은 구미 선진문물에 대한 인식은 평소 헐버트와 헨리 아펜젤라로부터 들을 수 있었다. 그들이 1892년 낸 잡지 *The Korean Repository*에 고종과의 인터뷰가 8쪽 정도 실려 있다. 고종을 굉장히 긍정적으로 평가했다. 서양문명에 대한 관심이 많아 서양인을 초대한 파티에서 한 사람씩 모두 얘기를 나누며 서양문물을 묻고 난 뒤 정좌했다고 한다. 고종이 한국 최고의 지식인라고도 했다. 서재집옥재에 수많은 장서가 있고, 신하들이 역사와 고전에 대해 물어보면 즉답을 한다는 것이다. "태황제고종가 1909년 3월 서북간도민에게 내린 교유서敎諭書 내용이 남아 있다. 거기서 고종은 대한은 나의 것이 아니다. 너희 만성萬姓·백성의 것이라고 선언한다. 자유라야 민이며 독립이라야 나라國다. 민이 쌓여서積民 나라가 되는 것이 아니더냐 라고 했다. 이게 서양 근대 정치사상이다. 내가 부덕해서 나라가 일본의 침략을 받아 이 지경이 됐지만 망했다고 하지 말자는 것이다. 고종이 황실을 대표해서 사실상 국민주권을 선언한 것이다."[1]

을사보호조약은 1905년 11월 17일 야밤중에 일본의 강압적이고 무력적 위협하에 맺어진 늑결勒結이기에 국제공법상 원천무효라고 선언한 고종의 전문電文이 헐버트에 의해 국무부에 전달되었다. 이 전문은 '극비문서'이기에 일본관헌의 감시를 피하기 위하여 제3국인 중국 지부芝罘를 통하여 전달되었다. "짐은 최근 한일간에 체결된 소위 보호조약은 일본의 위협과 상박强迫으로 맺어진 것이므로 무효無效 null and void임을 선언한다. 짐은 이에 동의한 일도 없으며 또 앞으로도 결코 동의할 의사도 없다. 미국정부에 이 사실을 전하라. 대한제국황제"[2]

헐버트는 고종의 전문을 받아 국무부에 접수하고부터 즉각 을사보호조약 무효화운동을 전개하기 시작했다. 그는 '이브닝 스타'지와의 인터뷰에서 "이 전문은 일본의 반역적 행위에 대해 한국 정부의 공식적 태도를 밝힌 최초의 진정한 전문이다. 수주일 동안 황제는 실제로 유폐幽閉생활을 하고 있었으며 일본은 이 협정조약 을사늑약이 '우호적 협약amicable agreement'

---

[1] 『東亞日報』(2019. 1. 21), "일제가 독살 확실…고종 근대화업적 재평가해야" 오늘 고종 서거 100주기 이태진 교수가 말하는 고종(조종엽).

[2] *Notes From the Korean Legation*, December 14, 1905;Mckenzie, Korea's Fight for Freedom, pp.100~101.

이라는 거짓 성명서를 발표하고 있다. 그러나 그것은 사실이 아님이 판명되었다. 이 협약은 위협과 강압에 의해 체결되었기 때문이다."[3]

고종은 주권수호외교를 줄기차게 전개했다. 1906년 1월 29일 고종은 "을사보호조약에 서명도 동의도 한 일이 없다"는 친서를 런던 트리뷴 특파원 더글라스 스토리D. Story에게 주어 영국신문에 대서특필 보도했다. 1906년 6월 22일 고종은 헐버트를 통해 9개 체약국締約國 일·미·영·독·러·이·프·오·덴 중 일본만 제외하고 8개 체약국 국가원수에게 을사늑약 무효화를 호소하는 친서를 전달했고, 1907년 4월 20일 헤이그 만국평화회의에 헐버트 특사와 한국 밀사이상설李相卨·이위종李瑋鍾·이준李儁를 파견, "일본이 무력으로 한국의 국권國權을 유린하고 한국의 외교권을 강탈하고 있다."고 고발했다. 그 결과 이토伊藤博文 통감은 고종의 특사파견의 죄과를 물어 1907년 7월 21일 대한제국 고종 황제를 폐위하고 황태자 순종에게 양위케 했다.[4]

조선보빙사의 미국사행을 계기로 대미 적대감정에서 대미 우호친선감정으로 대전환되었다. 개화기에는 조선은 스스로 동방예의지국의 예절바른 인민이라 자화자찬하고 미군을 가리켜 해랑적海浪賊에 비유하면서 절대 상종할 수 없는 짐승 같은 야만인이라고 인식하고 있었다. 그러나 조선보빙사가 미국사행을 통하여 미국의 실정을 직접 체험하면서부터 미국이야말로 가장 믿을 수 있는 최고 최대의 부강국가임을 확인하면서 미국은 가장 믿을 수 있는 나라라고 확인하게 되었다.

---

3 *The Evening Star*, December 13, 1905.

4 金基奭,『高宗황제의 주권수호외교』(서울대 韓國教育史庫, 1994), pp.5~34;尹炳奭,「乙巳條約의 신고찰」,『國史館論叢』23(1991), pp.27~52;이태진,『한국병합, 성립하지 않았다』(태학사, 2001), pp.63~69;『東亞日報』(1984. 2. 18),「乙巳條約批准書가 없다」.

더군다나 아더Arthur 대통령은 1883년 12월 4일자 의회에 보낸 제3차 연두교서Annuel State of the Union Message에서 "우리는 조선에서 상업상 독점, 또는 타국보다 유리한 이권을 추구하고 싶지 않다. 조선인이 본 공화국을 신뢰하고 있는 것과 같이 우리는 조선의 문화수준을 향상시키는 데 관심을 두고 있다. 우리는 조선에 대한 여하한 권리침해를 간과할 수 없다"[5]고 선언했다.

'한성순보'1884. 3. 1도 아더 대통령이 연두교서에서 밝힌 한국을 보호해 주겠는 내용을 보도하고 있다. "조선과의 화친조약은 이미 비준을 거친 상태이며 다가오는 5월 19일에 우리나라의 사신주한미국공사을 서울에 주재하게 하고, 교환조로 조선보빙사도 우리나라로 오게 되어 있다. 대조선국은 건국 이래로 오로지 스스로를 지킬 줄이나 알았지 외교에는 익숙하지 못했는데, 요즘에는 점차로 시세를 깨닫고 공작工作 · 산업의 이익과 무역의 편리함을 소금씩 인식하고 있으니 역시 축하할만한 일이니 본인도 조선에 대해서는 이익만을 강구하고 싶지 않다. 그러므로 통상의 여러 업무를 다른 나라보다 먼저 실시하지 않는 것은 그들과의 무역은 별도로 취급할 생각에서다. 만약 조선의 신민臣民이 우리들과 서로 인연을 맺을 뜻이 있어서 서로 진실을 털어놓는다면 우리도 이를 경시해서는 안 될 것이고, 혹시라도 다른 나라에서 그들의 권리를 침탈侵奪하는 행동이 있다면 자웅雌雄을 결단해서라도 조선을 보호해야 할 것이다."[6] 이와 같이 대조선국이 제3국으로부터 침탈을 받으면 미국은 한미조약에서의 거중조정Good

---

5 James D. Richardson, ed., *A Compilation of the Messages and Papers of the Presidents, 1789-1908*, 11 vols.(New York, published Bureau of National Literature and Art, 1908), vol. 8, p.174. President Arthur's Third Annual Message to Congress, December 4, 1883

6 『漢城旬報』제16호(개국 493. 3. 1).

Offices · 從中善爲調處 공약을 준수, 한국을 구제하고 보호하겠다는 단호한 결의를 다짐하고 있다.

홍영식은 복명문답기에서 교육 · 우편제도 · 농업근대화 · 국방안보제도 · 전등 발전소 건설 등 근대화 사업을 강조하고 있다. 고종은 이 같은 홍영식의 미국 선진문물제도의 직수입 헌책獻策을 전폭 수용하면서 이를 하나씩 정책적으로 실천했다는 것이다. 비록 홍영식이 갑신정변으로 대역죄인으로 희생되었음에도 불구하고 홍영식의 미래비전의 개화사상을 채택, 근대화운동의 추동력으로 이용하였다. 이를 하나씩 분석 · 검토해 보기로 한다.

1. 교육제도. 홍영식은 "특히 우리가 가장 중요시할 것은 교육에 관한 일인데, 만약 미국의 교육제도를 본받아 인재를 양성해서 백방으로 대응한다면 아마도 어려움이 없을 것이므로 반드시 미국 교육제도의 법을 본받아야 합니다."라고 미국 교육제도를 수용하여 인재양성을 강조했다. 이에 고종은 마침내 1886년 7월 5일 길모어George A. Gilmore, 吉模 · 벙커D. A. Bunker, 房巨 · 헐버트Homer B. Hulbert, 紇法 등 교사 3명을 초빙, 육영공원育英公院, English School 교사로 채용했다. 그런데 육영공원은 양반집 총명한 청소년을 선발하여 교육하는 신분제 엘리트 교육기관인 동시에 한국 최초의 근대식 교육기관이다. 고종은 신분의 제한 없이 누구든지 교육을 받을 수 있도록 하기 위하여 배재학당培材學堂, 1886. 6. 8, 아펜젤러 H. G. Appenzeller, 亞扁薛羅, 이화학당梨花學堂, 1886. 5. 31, 스크랜턴 Mary F. Scranton, 施奇蘭敦을 설립했다. 특히 이화학당은 여성에게도 교육의 기회를 제공했다는 점에서 한국 최초의 여성교육기관이다. 이화학당은 지원자가 없어서 기생출신 여성 단 1명으로 개교한 우리나라 여성교육의 효시가 되고 있다.

2. 우편제도. 홍영식은 미국사행 시 미국 우편전신체계의 신속한 통신 과정을 보고 크게 감탄하면서 미국의 우편제도를 직수입해서 한국 우편 통신을 현대화할 것을 다짐했다. 이에 홍영식은 1884년 4월 22일 우정총국郵征總局을 창설하면서 자신이 우정총국 총판總辦이 되어 한국 우편제도의 창시자가 되었다. 홍영식은 주한 각국 공영사公領事를 초청, 우정총국 개국연회를 베풀면서 갑신정변1884. 12. 4을 일으켰다. 일본군 위세를 믿고 쿠데타를 무모하게 일으켰지만 당시 원세개袁世凱의 청군이 우세하여 그만 정변은 3일천하로 실패로 돌아가고 홍영식도 비참한 참살을 당했다. 김옥균 등은 홍영식에게 일본공사 다케조에竹添進 郎를 따라 일본망명을 간청했지만 홍영식은 대군주와 함께 운명을 같이하겠다며 망명을 거부하였다.

일반적으로 갑신정변에 가담한 주역들은 대부분 정변실패로 불우한 일생을 마감했다. 그러나 미국에 망명한 서재필徐載弼, Philip Jaisohn만은 성공적인 독립운동의 위인으로 추앙받고 있다. 서재필은 1894년 12월 김홍집金弘集내각 때 귀국하면서 자신은 일체 정치에 관여하지 않고 오로지 국권회복운동을 벌이는 데 앞장섰다. 우리나라 최초의 한글신문 '독립신문'1896. 4. 7을 창간하여 한국 언론사상 신문의 창시자로 추앙받고 있다. 뿐만 아니라 독립협회獨立協會, 1896. 7. 2를 창립, 국권회복운동을 주도했고, 영은문迎恩門을 철거하고 그 자리에 파리 개선문을 본뜬 화강암으로 독립문獨立門, 1896. 11. 21을 세우는 동시에 모화관慕華館을 철거하고 독립관獨立館, Independence Park를 건축했다.

3. 농업근대화. 보빙사 수행원 최경석崔景錫은 미국 동부 농무목축시험장을 견학하면서 미국의 선진 영농방법을 도입, 한국 농업혁명을 일으킨 선구자이다. 최경석은 미국 농무부로부터 각종 신품종 종자種子와 농기구

그리고 각종 가축을 직수입해서 1884년 5월에 망우리忘憂里 일대에 농무목축시험장農務牧畜試驗場을 개설, 한국 농업근대화운동에 앞장섰다.

4. 국방안보제도. 일반적으로 19세기 후반기 제국주의적 무력외교가 지배하고 있는 시기에 한국은 주변강대국의 침략위협에서 헤어날 길이 없었다. 그래서 흔히 한반도를 가리켜 아합과 같은 제국주의 열강이 탐을 내는 '극동의 나봇포도원'Nabth's Vineyard, 열왕기 상 19이라고 일컫고 있다. 지정학적으로 극동의 요충지 한반도를 둘러싸고 청러일 등 제국주의 열강은 호시탐탐 한반도 침략야욕에 불타고 있었다. 고종은 국방안보의 불안과 침략위협에 직면, 이에 전전긍긍하지 않을 수 없었다. 이에 주변 강대국의 침략위협에 대응하기 위하여 미국으로부터 군사교관을 초빙하여 한국군을 미국식 군사훈련을 받도록 하는 혁신적 국방제도를 채택했다. 이리하여 1888년 4월 28일 미국 다이William M. Dye, 茶伊 · 커민스 Cummins · 리John G. Lee, 乙理 등 군사교관 3명을 고빙하여 한국군을 미국식 군사훈련을 실시하면서 시위대侍衛隊를 조직하여 궁중경호를 강화했다.

을미사변乙未事變, 1895. 10. 8 발발 직후 일본식 군사훈련을 받은 훈련대訓鍊隊가 경복궁을 완전 포위, 대군주는 사실상 궁중에 갇힌 포로와 같은 유수幽囚생활을 했다. 대군주 주변에는 다이 장군의 시위대 병력이 궁중경호를 담당하고 있을 뿐이다. 고종은 언제 제2의 을미사변이 일어날지 모를 불안공포 트라우마로 불면증에 시달렸고, 식음마저 전폐하다시피 했다. 이에 미국공사는 공사관에서 마련한 특별요리를 주석상자에 담아 예일 자물쇠와 열쇠를 함께 보내어 식사를 하게 했다. 이때 배일排日정치단체 정동구락부貞洞俱樂部를 조직, 고종구출작전에 돌입했다. 1895년 11월 28일 춘생문사건春生門事件을 일으켜, 궁중경호를 담당하고 있는 다이 장군의 시위대와 내응하여 대군주를 구출하는 작전을 수행했으나 한 배신자의 고변으로 구출작전은 그만 무산되고 말았다. 정동구락부는 1896년 2월 11일 러시아 수병 50명의 호위를 받으며 대군주와 왕세자를 극적으로 궁중을 탈출, 아관파천俄館播遷에 성공, 고종구출작전은 성공을 거두었다. 아관파천 후 보빙사 수행원 현흥택玄興澤이 다이 장군을 이어 시위대 연대장이 되어 덕수궁德壽宮 궁중경호를 강화했다.

5. 전등 발전소. 홍영식은 미국시행 시 뉴욕 에퀴다블 발전소를 관람하면서 전기가 발전되어 전등불이 환하게 켜지는 기적적 과정을 보고 경천동지驚天動地의 문화적 충격을 받았다. 귀국 직후 푸트 공사가 미국사행 소감을 묻자, "어둠 속으로부터 나와 눈부신 광명세계로 뛰어든 기분이다." 라고 실토했다. 보빙사 수행원 유길준兪吉濬은 전기불은 우리 인간의 힘이 아니라 마귀의 힘에 의해 켜지는 '마귀devil불'이라고 감탄했다. 그것은 제우스Zeus신이 인류의 불을 천상 세계에 감추자 프로메테우스Prometheus 거신巨神이 천상의 불을 훔쳐 인간세계에 전했다고 믿게 되었다. 비유컨대 발명왕 에디슨이 '천상天上의 불번갯불'을 훔쳐 인간세계에 전하여 휘황찬란한 광명의 불빛을 밝힌 것이다.

고종은 홍영식의 전등발전소 직수입을 실천하기 위하여 미국인 전등교사 맥케이William Mackay, 麥巨를 특별고빙, 맥케이는 1886년 11월에 서울에 도착, 전등교사로 부임했다. 맥케이는 즉각 고종이 거처하고 있는 건청궁乾淸宮 연당 근처에 전등발전소를 건설, 에디슨의 백열전등을 환하게 밝혔다. 1887년 1월 26일은 암흑세계에 광명을 비추어준 역사적인 전기시대를 연 날이다. 이날은 맥케이에 의해 전등가설공사를 완공하고 한국 최초의 전등을 점화한 역사적인 날이기 때문이다. 발명왕 에디슨이 백열전등을 발명한 지 8년 만에 마침내 한반도에도 홍영식과 유길준이 감탄했던 근대문명의 상징이고 산업혁명의 원동력인 '마귀불' 전등이 환하게 밝힌 것이다.

'윤치호일기'1887. 1. 26에 "지난번 미국으로부터 구입한 소기선 1척을 경회루慶會樓 연당蓮塘에 띄워보았다. 그리고 세 쌍의 전기등을 구입하여 미국인 두 사람전등교사에게 청하여 궁궐 안에 전등을 설치하게 했다." 호사다마라 할까 1887년 3월 8일 맥케이는 전등발전소를 준공한 지 불과 두 달도 못되어 한국인 기사와 함께 권총을 조작하다가 한국인 기사가 신기하게 오작동하는 바람에 권총이 오발되어 맥케이는 즉사하는 불상사가 발생했다.

발명왕 에디슨이 전 인류에게 '광명의 은인'이라 한다면 맥케이야말로 한국 국민에게는 '전기의 은인'이요 한국 전기의 개조開祖로 영원히 기억되어야 할 것이다. 따라서 맥케이가 전등발전소를 완공, 한국 최초의 전등을 점화한 1887년 1월 26일은 한국 전기의 신기원의 날로 기념되어야 한다.

제1장

이홍장의 '열국입약통상권고책'과 조선의 대응—한미수교 교섭 시단

1. 한반도의 지정학적 위치와 조선개항론 대두

한국은 지정학적으로 아시아 대륙 동쪽에 위치한 반도 국가이기 때문에 역사가 개시된 이래 오늘날 까지 주변강대국으로부터 무려 976회의 침구侵寇를 받아 왔었다. 대륙방면으로 부터는 한족漢族, 선비족鮮卑族, 거란족契丹族, 몽골족蒙古族, 만주족滿洲族, 여진족女眞族 청淸의 병자호란1636 등 북방기마민족, 해양방면으로부터 임진왜란1592 정유재란1597 등 왜구倭寇의 침략을 끊임없이 받아온 것이다.[1]

뿐만 아니라 19세기 후반기 제국주의 시대를 맞이하여 한국은 주변 강대국이 아닌 구미歐美 열강의 침략까지 받게 되었으니, 이를테면 1866년 프랑스 함대의 강화도 내침병인양요, 1871년 미국 아시아함대의 조선원정신미양요이 있었다. 이와 같이 무수한 외세의 침구를 받아오면서도 한국은 멸망하지 않고 유구한 민족국가를 유지해 오고 있다.

19세기 후반기 한국은 제국주의 열강의 침략위협에 직면, 국가안보의 위기감이 고조되기에 이르렀다. 한반도는 자본주의 열강이 앞을 다투어 제각기 탐내는 '극동의 나봇 포도원Naboth's Vineyard of the Far East'이 되고 말았다.[2] 이스라엘왕 아합이 탐내어 빼앗은 포도원열왕기, 상, 19장 "고대부터 근대에 이르기까지 한국은 주변 강대국이 탐을 내는 '극동의 나봇 포도원'

※ 본서의 年月日은 '陰陽兩曆對照表'에 의해 음력을 양력으로 통일하였음.

[1] "South Korea, Special Report: An Ancient Nation on the Eve of A Modern Spectacle," *Time*, September 5, 1988; 劉鳳榮, 「外寇와 鑑訣 所謂 十勝之地」, 『白山學報』 8(金庠基博士古稀紀念史學論叢, 1970), pp.209~227.

[2] Johne W. Foster, *American Diplomacy in the Orient*(Houghton, Mifflin and Company, 1903), p.307.

이다."

첫째로, 영불군英佛軍이 북경을 침공하는 가운데, 러시아는 동방정책의 일환으로 1860년 청러간 북경조약北京條約, 1860. 10. 2 체결로 오소리강烏蘇里江 동쪽 연안 연해주沿海州를 획득했다. 이로써 한국은 두만강을 격해서 청러 양국과 국경을 연접하게 되었다. 이때부터 러시아는 한반도 진출을 위한 남진정책을 추진하였다.[3]

둘째로, 한국은 여태까지 주변 강대국의 침략만 받아오다가 제국주의 시대를 맞이하여 마침내 구미 자본주의 강대국의 침략을 받게 되었다는 사실이다. 프랑스는 병인사옥丙寅邪獄 당시 처형된 프랑스 신부에 대한 보복원정을 단행, 프랑스 함대가 강화도를 점거, 한불전쟁이 발발했다병인양요. 한편 미국은 제너럴 셔먼호 소파사건燒破事件에 대한 응징보복원정을 단행, 한미전쟁이 발발했다신미양요. 미불 양국은 조선에 대하여 포함외교로 강력한 함대의 물리적 힘을 빌어 조선을 강제로 개항을 시도, 유혈적 전쟁을 일으켰지만, 대원군大院君의 강력한 쇄국양이정책鎖國攘夷政策에 부딪쳐 조선개항은 좌절되었다.

셋째로, 서양 종교인 로마 가톨릭교천주교의 교세 확장으로 전통적 유교 지도이념을 바탕으로 하는 양반 지배체제 유지에 위기감이 조성되었다. 이리하여 집정관 대원군은 천주교를 사교邪教로 규정, 천주교 금압정책을 발표하면서 대박해를 가함으로써 프랑스 선교사를 비롯하여 조선인 천주교 신자 수천 명을 처형하였다병인사옥.[4]

이와 같이 19세기 후반기 구미 제국주의 침략위협에 직면한 조선왕조

---

[3] George A Lensen, *Balance of Intrigue: International Rivarly in Korea and Manchuria, 1884-1899*, vol. 1, p.10; 恒屋盛服, 『朝鮮開化史』(博文館, 1901), p.501

[4] 金源模, 『近代韓美關係史』(철학과현실사, 1992), 병인양요와 신미양요.

는 안으로는 양반 지배체제의 수호를 위하여, 밖으로는 외세침략 위협에 대처하기 위하여 자구적自救的 위기극복 사상이 대두되었다. 그 하나가 위정척사사상衛正斥邪思想이었다. "주자학朱子學의 전통을 고수하고 서양 천주교를 배척해야 한다"는 것이었다. 이 사상은 양요를 두 번 치른 대원군의 쇄국양이정책의 정치철학이 되었을 뿐만 아니라 주체의식을 고취했다는 점에서 양반 지배층, 특히 유림儒林의 절대적 지지를 받고 있었다. 이들은 천주교를 받아들이고 태서문물을 수용할 경우 유교의 전통질서가 무너지고 미풍양속이 타락, 야만화되어 결국 인륜도덕이 땅에 떨어지고, 뿐만 아니라 양이洋夷들과 통교通交하면 경제적 파탄이 야기한다고 확신하면서 조선개항을 절대 반대하고 폐관자수閉關自守할 것을 고수했다.

다른 하나는 외세의 침략도전에 대한 대응사상으로 미래지향적 위기극복사상이 대두되었으니, 이른바 개화사상開化思想이었다. 박규수朴珪壽, 1807~1876 · 오경석吳慶錫, 1831~1879 · 유대치劉大致 등 역관 출신 중인계층으로서 주로 중국을 자주 왕래하면서 해국도지海國圖志, 위원魏源 영환지략瀛寰志略, 세계여徐繼畬 등 태서문물에 관계되는 서학서西學書를 읽고 허학화虛學化된 경학經學에서 눈을 돌려 '오늘날 당연히 해야 할 일' 즉 시무時務에 관심을 가지게 되었다. 이들 신사상가는 종래의 모화사상慕華思想을 과감히 타파하고 양이의 선진과학문물을 습득 · 수용하는 데 지대한 관심을 가지게 되었기 때문에 양이의 기술을 배워서 양이와 대결해야 한다는 것이다.

'개화開化'란 낱말은 "만물의 뜻을 개통하고 천하의 사업을 성취한다"는 개물성무開物成務(역경易經)와 "백성을 교화하여 선량한 풍속을 만든다"는 화민성속化民成俗(예禮, 학기學記)의 머리글자를 따서 만든 개화기의 시대용어이다. 따라서 개화사상이란 "일반 국민의 지혜를 열고 선善으로 이끌어 아름다운 풍속을 만든다"는 뜻이라 정의할 수 있다. 이처럼 진보적 지식인 개화사상가가 추구하는 바는 쇄국양이정책을 타파하고 문호를 활짝 열어 개항함으로써 서구 태서문물을 받아들여 서구의 우수한 선진기술을 습득, 근대화를 이룩하는 것만이 외세의 침략을 막을 수 있다고 주장하고 있다. 따라서 개화사상은 서양 근대 앙시앵 레짐구제도을 타파하고 절대왕정을 타도한 시민혁명의 이데올로기인 계몽사상啓蒙思想과 같은 성격의 신사상이다.[5]

그런데 1880년대 전후를 기하여 개항론開港論이 대두함에 따라 개항방법을 둘러싸고 갑론을박하면서 결국 개화파는 두 계파로 분열된다. 그 하나는 온건개화파로서 김홍집金弘集·어윤중魚允中·김윤식金允植·민영익閔泳翊 등 수구사대당守舊事大黨이다. 이들은 개항을 하되 유교사상을 고수하면서 서양 선진기술만을 습득, 근대화를 이룩한다는 것이었다. 따라서 온건개화파는 중체서용론中體西用論, 중국 본래의 유학을 중심으로 부국강병을 위해 서양문물을 수용을 바탕으로 자강운동을 일으킨 중국의 양무운동洋務運動을 모델로 '점진적 개혁'에 의해 근대화를 이룩할 것을 역설하고 있다. 김윤식은 개화를 이렇게 정의하고 있다. "나는 일찍이 개화의 설說에 대해 매우 괴이쩍게 여기고 있다. 대개 개화라는 것은 무엇이인가. 막혀진 것을 변화시키고, 상고 이래 미개된 풍속을 열어주는 것인데, 구라파 풍속의 영향을 받아 미개한 풍속을 점진적으로 개혁해 가는 것을 개화라 한다. 우리 동쪽 나라 조선은 문명의 나라인데, 개화할 것이 무엇이 있겠는가." 이와 같이 김윤식은 "미개한 풍속을 점진적으로 개혁하는 것이 개화漸革其俗日開化東土文明之地 更有何可開之化乎"라고 정의하면서 점진적 개화론을 주장하고 있다.[6]

---

[5] 李光麟, 『韓國史講座 近代編』(一潮閣, 1984), pp.121~126.

[6] 李光麟, 「富國 기틀세운 開化思想」, 『東亞日報』(1984. 3. 17).

한편 개화의 다른 한 파는 급진개화파로서 김옥균金玉均 · 박영효朴泳孝 · 홍영식洪英植 · 서광범徐光範 · 서재필徐載弼 등 개화독립당이다. 이들은 서양 기술뿐만 아니라 제도 사상 종교를 수용, 근대화운동을 일으켜야 한다고 역설하고 있다. 따라서 급진개화파는 일본의 문명개화사상文明開化思想을 바탕으로 근대화운동을 일으킨 명치유신明治維新을 모델로 하여 근대화함으로써 청과의 종속적 관계를 단절하고 독립을 이룩할 것을 주장하고 있다.

일본은 명치유신1868을 일으킨 직후 대륙침략정책의 일환으로 정한론征韓論을 수립했다. 일본은 운양호雲揚號 사건을 도발, 포함외교정책에 의해 마침내 강제로 조일조규朝日條規, 1876를 체결, 한반도 침략의 발판을 확보했다. 한반도 남쪽에서는 영토팽창정책의 일환으로 일본은 드디어 유구琉球를 병합하였다1879. 4. 한반도 북쪽에서는 러시아가 남하정책을 추진하더니 청러간 이리환부조약伊犁還付條約, 1879. 8을 체결했다. 일찍이 1871년 7월 29일 청일조규淸日條規가 체결되었는데, 제1조에 "차후 청일 양국은 화의和誼를 천지와 더불어 무궁하게 돈독히 하여 양국에 소속한 방토所屬邦土도 각기 예禮로써 상대相待하며 함부로 침월侵越하지 않고 영구 안전을 기한다."[7]라고 명문화하고 있다.

조일조규 체결 직전 일본의 한반도 침략 가능성을 우려한 청은 주청일본공사 모리森有禮에게 청일조규에 명문화되어 있는 '소속방토所屬邦土'는 바로 조선을 가리키고 있다고 언명하면서 "일본이 만약 조선을 치게 되면 비단 고려와의 화기가 손상될 뿐만 아니라 중국과의 화기도 상하게 된다. 그러므로 양국 간에 화호和好를 바란다."[8]라고 일본의 한반도 침략을 경고

---

[7] 『日本外交史辭典』(外務省 外交史料館, 1979), pp.312~314.

[8] 『淸季中日韓關係史料』(臺灣, 中央硏究院 近代史料硏究所, 1972), 권 2, pp.282~288, 照錄節略(光緖원년 12. 28). 이하 關係史料.

하고 있다. 대한정책의 최고 책임자 직예총독 북양대신直隸總督 北洋大臣 이홍장李鴻章, 1823~1901은 유구나 조선은 모두 청의 '소속방토'로 간주하고 있었다. 그러므로 일본이 유구를 병합한 후 조선을 침략할 가능성이 높다고 우려하지 않을 수 없었다. 이에 총리아문총서總署은 그 대책으로 조선이 서양 각국과 입약立約함으로써 일본의 침략에 대응해야 한다는 대한정책수립을 이홍장에게 권고하기에 이르렀다.

李鴻章, 1823~1901

2. 이홍장의 열국 입약권고안

이홍장은 남쪽 일본의 한반도침략에 의한 '소속방토의 상실우려外藩盡削', 북쪽 러시아의 만주 동삼성東三省 중지重地에로의 침략위협으로 안보불안감을 극복하기 위하여 이 같은 총리아문의 권고를 받아들여 마침내 조선 영중추부사 이유원李裕元에게 열국과 입약통상을 권고하는列國立約勸告 밀함을 보냈다. 이홍장은 이 밀함에서 "조선이 영덕법미 등 열국과 교통하게 되면 비단 일본을 견제할 수 있을 뿐만 아니라 아울러 러시아의 침략규사窺伺도 막을 수 있다."[9]라고 밝히고 있다. 이와 같이 이홍장은 북쪽으

[9] 『關係史料』권 2, pp.366~369, 「李鴻章 密函」(己卯 7. 9), pp.375~379(광서 5. 7. 9); 『龍湖閒

로 러시아의 남진정책을 저지하고防俄, 남쪽으로 일본의 한반도 침략을 억제하고자防日 조선에 열국입약권고안을 제출한 것이다1879. 8. 26. 이로부터 조선의 개화파와 척사파 간에 열국, 특히 미국과의 입약통상문제를 둘러싸고 조선개항론의 찬반 양론이 치열하게 대치 전개되었다.

1874년 4월 일본은 중국의 고유영토인 대만정벌을 단행했다. 이는 일본의 대륙침략의 신호탄이 아닐 수 없다. 서양 여러 나라와의 입약통상론은 총리아문이나 이홍장이 처음으로 구상한 것이 아니라 한 프랑스 해군제독이 일본의 대만정벌을 체험하고 조선에 입약통상을 권고함으로써 일본의 대륙침략을 저지해야 된다는 방일책防日策을 건의한 것이다. 판리대만등처해방대신辦理臺灣等處海防大臣 심보정沈葆楨의 고문 지켈Prosper Marie Giquel, 日意格, 1835~1886이 심보정에게 방일防日 목적으로 입약통상론을 처음으로 제창하였다. 이에 의하면, "일본이 나가사키長崎 주재 5천 병력을 동원, 대만정벌을 결행하고 철수한 후 장차 조선을 정벌할 것이다. 미불 양국은 이전에 조선과 전쟁병인양요 · 신미양요을 치른 후 아직까지 현안문제조선개항가 해결되지 못했으므로 병선을 동원, 일본의 조선정벌을 도울 것이다. 조선은 이들 일미불 3국을 대적할 힘이 없다. 만일 청국이 조선으로 하여금 미불 양국과 입약통상을 하게한다면 일본은 그 세력이 외롭게 되어 감히 조선을 정벌하기에는 역부족이 될 것이다."[10]

이에 심보정은 이 같은 지켈의 방일책을 총서에 보고했고, 총서는 즉각 이를 채택했다. 그러나 이홍장은 부정적 견해를 피력했다. 이홍장은 심보정에 보낸 서한에서, "조선은 작은 나라이지만 '개항을 하지 않고 쇄국정

錄』(국사편찬위원회, 1980), 권 4, pp, 433~436.

10 『籌辦夷務始末』(北京 故宮博物館, 1931), 권 16~97(同治 13. 5. 8); 『同文彙考』(국사편찬위원회, 1978), 권 4, p.3744(同治 13. 6. 3).

책을 굳게 지킨다'는 '폐관자수'를 고수하고 있다. 그래서 아무리 위협적 언사로 개항하도록 달래어보아도 요지부동이므로 중국으로서는 미불 양국과 통상을 하라고 권도勸導한다는 것은 미편한 일이다."[11]라고 조선정부의 확고한 폐관자수의지를 재확인하면서 총서의 입약통상권고안을 반대했다.

이홍장이 반대의견은 개진했음에도 불구하고 총서總署는 지켈의 '방일책'에 긍정적 반응을 보였다. 이에 총서는 일본이 조선을 침공할 것이라는 기사가 여러 차례 외국 신문에 보도된 일이 있었다는 것, 일본이 조선을 정벌할 경우 미불 양국은 조선과의 적대관계를 청산하지 아니했기 때문에 일본을 도와줄 것이고, 그 세력은 무시할 수 없다는 것, 미불 양국은 종전에 여러 번 조선과 입약통상의 뜻을 밝힌 바 있었지만 본 아문총서에서 이를 저지했다는 것 등의 이유를 들면서 예부禮部에 밀자密咨를 조선에 보내도록 지시한 것이다.[12] 드디어 예부는 밀자를 작성, 조선정부에 전달하면서 미불 양국과 입약통상을 권고했다. 이에 조선정부는 밀자를 1874년 8월 4일 접수, 검토한 결과, 조선국왕자복朝鮮國王咨覆 1874. 8. 9을 작성, 재자관賫咨官 이용숙李容肅을 급파하면서 예부에 전달했다. 조선자문에서 "일본에게 함부로 병력을 움직이는 망동妄動을 하지 말고 한일 양국 간의 안보를 보전하도록 효유曉諭하는 동시에 미불 양국에게도 아무런 명분 없는 군대를 일으키지 말도록 교섭해주기 바란다."[13]

특히 조선은 통상문제에 대하여 토산물화土産物貨가 빈약하여 외국과 교

---

[11] 『李文忠公全書』(臺灣 文海出版社). 권 4, pp.306~307. 「復沈幼丹節帥」(同治 13. 5. 24). 이하 李全集. "高麗國小而完 熏赫不動 中國似未便勸令與法美通商"

[12] 權錫奉, 『清末 對朝鮮政策史研究』(一潮閣, 1992). p.83

[13] 『籌辦夷務始末』권 16~97, pp.8883~85(同治 13. 8. 9); 『同文彙考』권 4, pp.3744~45.

역할 상품이 없으므로 입약통상을 상판商辦할 수 없다는 것, 그러므로 병선을 동원, 안보를 위협한다는 소문을 퍼뜨려서 통화通貨를 유인하고 있다는 것은 사리에 어긋나는 일이므로 행할 수 없다고 강조하고 있다.[14] 이와 같이 조선정부는 적대관계가 청산되지 아니한 미불 양국과의 입약통상은 받아들일 수 없다는 쇄국정책을 천명하였다. 이로써 지켈의 입약통상안은 무위로 끝나고 조선의 폐관자수만 재확인하였다.

1876년 1월 9일 왕세자책봉정사 이유원李裕元이 북경에 왔다가 귀국하는 길에 영평부永平府 유지개游智開를 통해 이홍장에게 편지를 전하면서 답장을 보내도록 당부한 일이 있었다.[15] 이홍장은 이유원에 보낸 답서에서 처음으로 한일조약 체결을 긍정적으로 언급하면서 한일 간 수교修交를 권장하고 있다. 일본과 조선은 가까운 이웃나라로서 외교관계를 수립해야 한다는 것, 청은 영토가 넓고 삼면이 바다로 둘러싸여 있으므로 현재의 정세로 보아 폐관자치閉關自治만 고수할 수 없기 때문에 외세의 침략에 대해 방비를 강화하고 있다는 것 등의 사실을 거론하면서 조선도 폐관자수를 지양하고 개항정책을 채택, 일본과 수교할 것을 권유하고 있다.[16]

이홍장은 주청일본공사 모리森有禮와의 회담 후 "조선은 정교금령政教禁令을 전적으로 스스로 주관하고自行專主 있기 때문에 중국이 이에 간섭하지 않고 있다. 이제 일본이 조선과 수호관계를 맺고자 하는데 마땅히 조선이 자주적으로 행해야 한다."[17]라고 한일수교의 당위성을 천명하고 있다. 이와 같이 이홍장은 이유원에게 보낸 답장에서 "조선이 일본과 외교관계를

---

[14] 상게서, 권 16~97, 朝鮮咨文(同治 13. 8. 9).

[15] 『關係史料』권 2, pp.277~278(光緒 원년 12. 13); 『高宗純宗實錄』(探求堂, 1979), 上, p.489(고종 12. 1. 7).

[16] 상게서, 권 2, p.278(光緒 원년 12. 14).

[17] 상게서, 권 2, pp.270~271(光緒 원년 12. 21).

수립할 것을 간략히 언급했다略及外交之意"는 사실을 밝히는 한편 일본의 한반도 침략 가능성에 대해 우려하고 있다. 만약 일본이 조선을 침략할 경우 동삼성東三省의 근본중지根本重地는 마침내 조선이라는 '울타리藩蔽'를 잃게 된다. 이는 중국의 국방 안보상 순망치한脣亡齒寒의 결과를 초래하고 만다. 그러므로 이에 대한 대비책을 강구할 것임을 암시하고 있다.[18] 조일조규 체결이 확실시되자 이홍장은 청일조약에서 명문화되어 있는 '소속방토'란 바로 조선을 가리키고 있다고 언명하면서 일본이 조선을 정벌한다면 조선과의 화기和氣가 손상될 뿐만 아니라 중국과의 화기도 상하게 되므로 한일 양국은 화호할 것을 강조하고 있다.[19]

드디어 조일조규가 체결되었다1876. 2. 26. 이 조약은 한일 양국이 원만한 협의에 의해 체결된 우호조약이라기보다는 일본의 '정한론征韓論 구현'의 일환책으로 일본의 대한포함책략對韓砲艦策略에 의해 강압적으로 조인된 것이었다. 조선정부는 조약체결 후 이홍장이 염려했던 대로 일본의 대한 침략 가능성을 우려하지 않을 수 없었다. 운양호포격사건雲揚號砲砲擊事件 당시 일본 군함의 위력을 직접 체험했던 조일조규의 접견대관 신헌申櫶은 일본 외무대승大丞 궁본소일宮本小一과의 회담 결과를 고종에게 이렇게 보고했다. "궁본소일이 말하기를, 일본의 병기와 농기는 천하에서 으뜸인데, 귀국에서 살 뜻이 있고 또 장인匠人을 보내어 본떠 만든다면 모두 힘껏 주선할 것이고, 그 묘법妙法을 알아서 귀국에서 행할 수 있다면 참으로 보람을 거두는 것이 많을 것이다."[20]라고 부국강병책을 헌책했다. 특히 일본

[18] 상게서, 권 2, pp.276~277(光緖 원년 12. 26).

[19] 상게서, 권 2, pp.282~288(光緖 원년 12. 28).

[20] 『承政院日記(高宗)』(국사편찬위원회, 1967), 권 5, pp.535~536(고종 13. 2. 6); 『高宗純宗實錄』上 p.522(고종 13. 2. 6).

병기의 회선포回旋砲의 정리精利함을 극구 칭찬했다.

이제 한일조규 체결로 일본의 한반도 침략 가능성이 높아진 만큼 신헌으로서는 국가안보 불안감을 절감한 나머지 그 대응책으로 부국강병책富國强兵策을 헌책하게 된 것이다. "지금 천하의 대세를 돌아보면 각국이 용병用兵한 전후에 모욕침략을 받은 것이 이미 여러 번이거니와, 병력이 이러한 것이 혹 각국에 전파된다면, 그 깔보는 것이 장차 어떠할는지 모르겠으니, 신은 참으로 매우 근심합니다. 병지兵志에, '치기에는 모자라나 지키기에는 넉넉하다'攻則不足守卽有餘라 하였습니다. 천하에 어찌 그 나라로 그 나라를 지키지 못하는 자가 있겠습니까. 등滕·설薛 같은 작은 나라로도 한편으로 사대교린事大交隣하고 한편으로 방어하여 나라를 지켰기 때문에 전국戰國시절에도 온전히 지킬 수 있었습니다. 바라건대 전하께서 삼천리 강토를 지키소서. 그러면 어찌 수어守禦할 좋은 방책이 없겠습니까. 없다고 하면 이는 하지 않는 것이지 할 수 없는 것은 아닙니다."[21]

신헌의 보고를 받은 고종은 4월 27일 수신사 김기수金綺秀를 일본에 파견하면서 일본의 사정을 상세히 탐지할 것을 당부하고 있다. "이번 걸음은 멀리 바다를 건너가는 일일 뿐 아니라 처음 가는 길인 것만큼 모든 일은 반드시 잘 처리해야 하며 그곳 사정에 대해서 자세히 탐지해 가지고 오는 것이 좋겠다彼地事狀 必爲詳探以來可也"[22]라고 사상상탐事狀詳探을 강조하고 있다. 고종은 일본이 명치유신을 단행, 서구의 선진문물을 받아들여 부국강병책을 이룩했다는 사실을 비로소 인식하게 되었다. 이제 조선도 일본사정을 자세히 탐지해서 부국강병책을 채택, 일본의 침략에 대비해야 한다는 의식을 가지게 된 것이다.

---

[21] 상계서, 권 5(고종 13. 2. 6).

[22] 『高宗純宗實錄』上, p.525(고종 13. 4. 4).

이홍장은 앞서 이유원에 보낸 서한에서는 한일 간의 외교관계수립을 간략하게 언급했지만略及外交之意, 이제 조일조규가 체결된 후 일본의 한반도 침략 가능성이 높아지자 1878년 9월 29일자 이유원에 보낸 서한에서 처음으로 구미 각국과의 입약통상을 권고하면서 일본의 침략에 대비할 것을 다음과 같이 헌책獻策을 제시했다. "귀국과 일본은 수교한 지 3년이 되어간다. 동래부東萊府에 설관設關하여 교역하고 있으나 아직도 활발하지 못하고 있다. 요사이 일본 사이고다카모리西鄕隆盛가 군대를 일으켜 조선을 칠 기회를 엿보고 있다征韓論. 제가 천하대세를 살펴보건대 태서泰西의 영미 각국이 상거相距가 멀어서 통상하는 데만 뜻을 두고 있을 뿐 결코 다른 나라 영토를 침략할 마음은 없다."[23]

이와 같이 이홍장은 영미 양국은 침략야욕은 없고, 오로지 통상교역에만 뜻을 두고 있다고 전제하면서 러시아와 일본의 침략 가능성에 대비할 것을 강조하고 있다. 특히 러시아의 남침야욕을 저지하기 위하여 조선은 영미 양국과 통상교역을 해서 침략방어책을 강구할 것을 촉구하고 있다. 러시아는 중국 동북쪽 조선과 국경을 접하고 있으면서 영토침략행위를 일삼고 있다는 것, 요사이 동해에 러시아 병선이 자주 출몰하는 것은 침략의 기회를 엿보고 있다는 것 등을 거론하면서 "러시아의 이 같은 행동은 불측한 일이므로 이에 대해 불가불 은밀한 대비책을 강구해야 한다是其設謀貪測 似不可不隱爲之備."[24]라고 강조하고 있다.

이유원은 이홍장의 서신에 대한 회신回信, 1879. 1. 7에서 영미 양국과의 통

[23] 李裕元, 『嘉梧藁略』第一册 書(第一), 「答肅毅伯書」, "日本與貴國議約修好 將及三年 萊館設關互市貿易 尙未暢旺 近者西鄕隆盛弄兵溝池 不戢自焚 僕揆度大勢 泰西英美各邦 相距過遠 志在通商 無利人土地之心"; 權錫奉, 『清末對朝鮮政策史研究』, p.87

[24] 李裕元, 『嘉梧藁略』, 「答肅毅伯書」.

상교역문제를 비롯하여 일본과 러시아의 한반도 침략야욕을 자세히 언급해주지 아니했더라면 우리는 아직도 어두운 방에 앉아 있었을 것이라고 언명하면서 세계정세의 동향을 깨우쳐준 데 대한 감사의 뜻을 표명하고 있다. 만약 한반도에 대한 러일 양국의 침략행위가 발생할 경우, "우리는 오로지 귀하의 진압鎭壓을 바랄 뿐이다. 이는 소생 한 사람의 갈망이 아니라 조선 전 국민이 바라는 일이다."[25]라고 조선에서의 위급사태, 즉 외세 침략 사태발생에 대한 진압책으로 청국의 긴급구원을 호소하고 있다. 이유원은 이홍장의 서한에서 영미 양국과의 통상교역권고와 러일 침략대비책 강구를 전적으로 수긍하면서 비로소 개항에 눈을 뜨게 되었지만, 이에 대한 적극적 대응책을 강구함이 없이 소극적으로 폐관자수를 고수하면서 러일의 침략을 청국의 진압에만 의존하고 있다.

이홍장이 우려했던 대로 1879년 4월 드디어 일본은 중국의 '소속방토所屬邦土'인 유구琉球를 병합했고, 청러간 이리伊犁 국경분쟁이 발생하였다. 러일 양국의 한반도 침략위기가 고조되는 가운데 전 복건순무福建巡撫 정일창丁日昌이 「해방응판사의십육조海防應辦事宜十六條, 6. 14」를 올린 바 있다. 정일창은 주청영국공사 웨이드Thomas Francis Wade, 威妥碼, 1818~1895의 조선개항론을 참작해서 16조를 작성했는데, 7 · 8 · 9조에는 방일책防日策을 집중 거론했고, 10조에는 조선열국입약권도책朝鮮列國立約勸導策을 주창하고 있다. 정일창은 먼저 지난 5월의 '해방사의海防事宜'에서 조선이 구미 각국과 입약통상을 하지 않을 경우 반드시 유구처럼 일본에 병탄되고 말 것이라고 경고하면서, "조선은 부득이 일본과 입약하였지만 태서 각국과도 입약해야 한다. 일본은 조선을 삼킬탄서呑噬 야욕을 품고 있지만 태서 각국은 다른 나

---

[25] 『關係史料』권 2, pp.364~366, 「李裕元 書函」(戊寅 12. 15 發, 己卯 2. 12 到). "則惟冀鎭壓之澤 此豈小生一人之渴望 乃擧國齊聲之祝"

라를 절멸시킨 예는 없다. 태서 각국은 조선과 통상을 절망切望하고 있기에 조선에 태서 각국과 통상하도록 권고함이 좋겠다."[26]라고 조선개항을 촉구하고 있다.

그러나 일부 조선개항 반대파는 유구가 구미 각국과 조약을 체결한 나라임에도 불구하고 일본에 병합, 나라가 없어진 예를 거론하면서 열국입약이 외세침략의 억제력이 될 수 없다고 주장하고 있다. 이에 대해 정일창은 일찍이 웨이드 공사가 "조선이 각국과 교통交通하지 않으면 유구처럼 병탄되고 말 것이다."라는 경고 발언을 상기하면서 "유구가 일본에 병합되었을 때, 유구의 체약국締約國인 법 · 하 · 미 등은 이를 막지 못했다. 그 이유는 입약 후 이들 나라가 사신을 파견하는 등 상주공사를 상호 주차駐箚하지 아니했기 때문이다. 이는 입약하지 아니한 것과 다름없다. 일본은 이 때문에 조약문을 휴지조각으로 취급했다." 이와 같이 정일창은 입약 후 반드시 체약국이 조선에 상주공사관을 개설, 외교관을 상주시키고 병기를 구입하는 등 안보를 도모한다면, 설령 러일로부터 불의의 외침을 받는다하더라도 청이 전력을 기울여 방위할 뿐만 아니라 체약국들도 힘을 합쳐 침략을 물리치는 데 동참할 것이다. 그렇게 되면 조선은 결단코 유구의 전철을 밟지 아니할 것이다.[27]

이어 정일창은 조선의 안보에 대하여 이렇게 재진하고 있다. "태서 각국과 입약한 후 조선은 체약국과 외교관사신을 교환하고 상호 예를 갖추어

---

[26] 『清光緒朝中日交涉史料』(臺灣 文海出版社, 1963), 上, p.16, 「總理各國事務衙門奏擬勸朝鮮交聘各國片」(이하 交涉史料). "朝鮮不得已而與日本立約 不如統與泰西各國立約 日本有吞噬朝鮮之心 泰西無滅絶人國之例 若泰西仍求與朝鮮通商 似可密勸勉"

[27] 楊家駱, 『洋務運動文獻彙編』(臺北 世界書局, 1963), 권 2, pp.394~395(光緒 5. 4. 25), 「前福建巡撫丁日昌奏」, "且立約後 彼此並未互遣使臣通好 仍與不立約同 況琉球與法荷美所立之約 旋亦爲倭人取爲廢紙"

방문하고, 병기를 구입하고, 부족한 점이 있으면 우리가 보충해 줌으로써 안보를 도모한다면, 설령 러일 양국이 조선을 침략하더라도 우리 청나라가 전력을 기울여 방위할 것이고, 뿐만 아니라 체약국들도 힘을 합쳐 침략을 물리치는 데 동참할 것이다. 그렇게 되면 조선은 결단코 유구琉球의 전철을 밟지 아니할 것이다."[28]

조선 개항기에 있어서 청의 대對조선정책의 기조는 정치적 불간섭·불개입정책을 고수하고 있었다. 청은 조선의 정교금령政教禁令의 자주성을 존중하면서 조선의 정치문제에 대한 '절대 불개입태도'를 견지해왔던 것이다. 가령 제너럴셔먼호사건1866이 발생하자 미국은 청국정부에 대하여 청은 조선의 종주국宗主國이므로 손해배상을 청구하였고, 이어 병인사옥丙寅邪獄, 1866이 발발하자 프랑스도 역시 청국정부에 대해 조선에서의 프랑스 선교사의 생명보장을 요구한 일이 있었다. 그러나 청국정부는 미불 양국에 대해 조선의 정교금령의 자주성을 존중한다는 이유로 조선의 정치적 문제에 절대 간여할 수 없다고 불개입정책을 천명하면서 조선의 정치적 문제에 대한 책임을 회피했다.[29]

그런데 1874년 일본의 대만정벌 이래 한반도에 대한 러일의 침략위협이 고조되면서부터 청은 종래의 절대불간섭청책을 지양하고 조선문제를 청이 관심을 가지고 '중재에 의한 해결방법從中排解'을 모색하게 된다. 조선의 안보는 청의 휴척休戚과 직결되어 있다고 보기 때문에 '열강의 조선에 대한 침략계획皆在意計之中'을 방관할 수 없다는 것이다. 그러니까 '종중배

[28] 상게서, "若泰西仍求與高麗通 似可由使臣密勸勉所請 幷勸高麗派員分往有約之國卑足圖存儻遇俄倭二國意圖蠶食 我固當以全力衛之 幷可邀齊高麗有約之國 鳴鼓而攻 庶幾高麗不致踏琉球覆轍"

[29] 金源模, 『近代韓美關係史』(철학과현실사, 1992), pp.193, 259.

해'라는 소극적 대한간섭정책으로 전환하였다. 가령 운양호사건雲揚號事件, 1875. 9이 발생하자 이홍장은 한일간 전쟁발발을 우려하면서 청일간 외교적 절충으로 위기극복이 어렵다고 판단하고 '사단事端 발생을 미리 막아서 편안하게 하는 계책'인 '식사영인지계息事寧人之計'를 채택했다.[30] 이와 같이 청은 '종중배해'와 '식사영인지계'라는 간접적 소극적 대조선 간섭정책을 유지해왔다.

총서總署는 정일창의 '조선열국입약권도책'을 이용, 이홍장이 1875년 이래 이유원李裕元과 문통文通하고 있다는 사실을 중시, 이홍장으로 하여금 이유원에게 열국입약권고 밀함을 전달하는 방법을 강구하도록 건의하였다. 원래 정일창은 청국정부가 입약권고 문서를 작성해서 사신을 파견하여 직접 조선정부에 전달할 것을 제안했지만, 총서는 이홍장으로 하여금 이유원에게 사신私信 형식으로 밀함을 보내는 방법을 채택하였다.

청조에서 입약권고 밀함을 직접 조선정부에 전달하지 않고 사신형식으로 이유원에게 보내도록 조처한 이유를 다음과 같이 밝히고 있다. "조선은 정교금령을 자주하고 있으므로 바라지도 아니하는 입약立約을 강제로 요구할 수 없다. 그래서 조정에서도 이 같은 뜻을 분명히 밝히기 불편한 일이 아닐 수 없다. 그렇지만 번봉藩封, 조선을 돌보아줄 의무가 있는 만큼 이를 도외시하여 불문에 붙일 수도 없다."[31] 이와 같이 조선은 정교금령을 자주자행하고 있기 때문에 강제로 입약을 권고할 수 없다는 것, 청은 조선의 종주국으로서 조선을 돌보아줄 의무가 있는 만큼 이를 방관하거나 불문에 붙일 수도 없는 일이기 때문에 총서의 건의에 따라 이홍장으로 하

[30] 權錫奉, 『清末 對朝鮮政策史研究』, pp.92, 113.

[31] 『交涉史料』上, p.16, 「擬勸朝鮮交聘」, "愉該國政教禁令 亦難强以所不欲 朝廷不便以此意明示朝鮮 而顧念藩封 又不能置之不問"

여금 입약을 권고하는 밀함을 이유원에게 보내도록 조처한 것이다.

이홍장이 조선개항을 위해 열국입약권도책列國立約勸導策을 수립한 배경에는 정일창의 '십육조十六條'와 긴밀한 관련이 있다. 총서는 정일창의 십육조를 접수, 8월 21일에 광서제光緖帝에 상주문을 올린 것이다. 상주문 내용을 간추려 본다면 다음과 같이 정리해 볼 수 있다. 첫째, 청은 조선이 외세의 침략을 받을 경우 직접 병력을 동원, 조선을 도와주기에는 역부족이다. 그렇다고 해서 이를 좌시만 할 수 없으므로 조선을 위하여 열국과의 입약통상의 계책을 수립하게 되었다中國將往助而力有未逮 將坐視而勢有不能 臣等爲朝鮮計. 둘째, 조선은 개항을 단행, 구미 열국과 입약통상관계를 수립해야 한다. 셋째, 유구병합琉球併合으로 일본의 조선침략이 임박하며, 만약 조선이 열국과 입약통상을 하지 않을 경우 필경 조선은 유구처럼 일본에 병합되고 말것이다.[32]

광서제는 8월 22일 총서의 상주문을 접수, 이를 수용, 당일 이홍장으로 하여금 '열국입약통상권고 밀함'을 작성하라는 유지諭旨를 군기대신軍機大臣에 내렸다. '유지'에서 "구미 각국이 조선과 입약통상을 원하고 있기 때문에 조선이 열국과 수교한다면 사단발생을 미연에 방지함으로써 의외의 근심을 없앨 수 있다."[33]는 '식사영인지계息事寧人之計'를 채택하였다. 이리하여 총서는 이홍장이 일찍이 조선사신 이유원과 서신왕래를 통하여 교린交隣의 뜻을 밝힌 바 있었고, 조선개항을 개도開導할 의사가 있다는 데 근거, 이홍장에게 조선개항권도책수립을 위임한 것이다. 특히 이홍장은 일본의 유구병합, 러시아와의 이리伊犁국경문제 등 그 어느 때보다 러일의

---

[32] 『交涉史料』上, p.16, 「總理各國事務衙門 奏擬勸朝鮮交聘各國片」

[33] 『交涉史料』上, p.16, 「擬勸朝鮮交聘」, "各國旣欲與朝鮮通商 儻藉此通好條約 庶幾可以息事俾無意外之虞"

한반도 침략 가능성이 높아지자 '소속방토所屬邦土' 조선의 안보에 불안감을 갖지 않을 수 없었다. 그러나 이홍장은 조선개항문제는 대국大局에 관계되는 중대사이므로 신중하게 처리해야 하며 번복藩服의 사신과 가볍게 서신왕래를 할 수 없다는 것, 조선은 정교금령을 자주자행하고 있기 때문에 스스로 원하지도 아니하는 열국입약을 강요하기 어렵다는 고충을 피력하고 있다. 이리하여 열국입약통상권도책은 전적으로 "이홍장의 뜻대로 작성하도록作爲該督之意" 조처한 것이다.[34]

이홍장은 광서제의 재가를 받아 즉각 그의 막료 설복성薛福成에게 '열국입약 권고문'을 작성하도록 지시했나. 이유원 앞으로 보낸 밀함은 사신私信형식을 취하고 있었지만 총서에서 상주하여 광서제가 이를 수용, 이홍장에게 밀함 작성의 전권을 위임했다는 점에서 이는 청국정부의 정책을 대변하는 공식문서가 아닐 수 없다.[35] 1879년 8월 26일자로 작성된 이홍장의 '열국입약통상 권고밀함'[36]은 성경장군盛京將軍 기원岐元, 子惠에 의해 조선에 긴급 전달되었다.[37]

이제 이홍장의 '열국입약통상 권고밀함'을 분석 검토해 보기로 한다. 첫째, 일본은 머지않아 조선을 정벌할 것인데 중국으로서는 조선을 도와주고 싶지만 청의 역량으로는 역부족이다. 둘째, 조선은 구미 열강과 입약통상을 강구해야 한다. 일본이 두려워하는 것은 이들 구미열강이므로 조선은 조속히 구미열강과 입약통상을 맺어야만 일본을 견제할 수 있다는 것이다. "독으로서 독을 공격하고 적으로서 적을 제어하는 방책以毒攻毒 以

---

[34] 『關係史料』권 2, p.361(광서 5. 7. 5); 『交涉史料』上, p.16, 「洋務檔」(광서 5. 7. 4).

[35] 宋炳基, 『近代韓中關係史硏究』(단국대학교출판부, 1985), pp.27, 31.

[36] 『關係史料』권 2, pp.366~369, 375~379, 「照錄復朝鮮原任太師李裕元函稿」(己卯七月初九日發).

[37] 『關係史料』권 2, p.363(광서 5. 7. 13), p.373(광서 5. 7. 17).

敵制敵之策"을 사용, 서양 각국과 차례로 입약함으로써 일본의 침략을 억제할 수 있다는 것이다.

셋째, 일본의 한반도 침략을 저지해야 한다防日策. 유구병합으로 일본의 한반도 침략 가능성은 그 어느 때보다 높아졌다. 그러므로 조선은 구미열강과 입약통상을 강구하지 않으면 유구처럼 일본에 병합되고 말 것이다. 이홍장은 이상 세 가지는 총서의 상주문을 그대로 수용하고 있다. 넷째, 러시아의 남침을 막아야 한다防俄策. 러시아는 庫葉島블라디보스토크, 綏芬河만주 흑룡강성 남동부 도시 東寧, 도문강圖們江 일대를 점거, 조선과 국경을 접하고 있다. 이는 러시아의 한반도 침략위협이 아닐 수 없다. 영독불미 등 구미열강은 조선과 멀리 떨어져 있을 뿐만 아니라 다른 나라에 대한 영토침략 야욕이 없고, 오로지 교역관계수립에만 열중하고 있다. 이에 반해 러시아는 입약통상보다는 남침야욕이 더 강하다. 그러므로 조선이 러시아보다 먼저 영독불미 등 구미 열국과 입약통상관계를 맺게 되면 일본을 견제할 수 있을 뿐만 아니라 러시아의 침략窺伺도 막을 수 있다는 것이다.

다섯째, 조선은 일본의 침략에 대비, '무력증강을 도모해야한다'는 무비밀수책武備密修策을 수립해야 한다. 일본이 조선을 침략하지 않는다는 보장이 없기 때문에 이홍장은 이에 대한 대비책으로 조선에 '무비밀수책'을 강력히 권고하고 있다. 중국의 병력이 일본보다 10배나 되지만 병력을 동원, 조선으로 원병援兵을 파견, 조선을 도와주기에는 역부족이다. 그러므로 조선은 스스로 '무비밀수'를 강구해서 일본의 침략야욕에 대비해야한다.

여섯째, 조선이 구미 각국과 입약 통상을 이룩하면 가장 염려되는 것은 조선 내지內地에서의 아편 밀매행위와 전교傳教행위이다. 조선은 병인사옥1866 이래 천주교 금압정책을 강화하고 있었고, 청은 천진교안天津教案,

1870 이래 배외 감정排外感情이 고조되고 있는 만큼 아편 밀매행위와 천주교 전도행위를 금지하고 있다. 그러나 이홍장은 조선이 서양 종교에 대한 혐오감으로 말미암아 입약통상마저 거부하지 않을까 염려하고 있다.

일곱째, 이홍장은 그 자신이 직접 조선을 위하여 입약통상 교섭을 주지主持할 것을 암시하고 있다. "중국의 시무時務에 밝은 인사들과 조선개항문제를 협의해본 결과, 침략을 받은 후 조선을 구원하기보다는 사전에 조선을 위하여 '대신 계책을 수립함이代籌' 최상책이다. 그러므로 조선은 폐관자수閉關自守해서는 안 된다."라고 언명하면서 입약주지立約住持 의사를 밝히고 있다. 이홍장은 조선을 위하여 대신 계책을 수립한다는 대주代籌의 이유를 다음과 같이 밝히고 있다. "귀국의 근심은 곧 중국의 근심이다. 내가 감히 귀국의 입약사立約事에 간여, 귀국을 위하여 '대신 꾀를 내는 것代謀'도 이 때문이다."[38]라고 조선을 위하여 대신 개항책을 수립하게 된 배경을 밝히고 있다. 이와 같이 이홍장은 "조선은 스스로 독자적으로 대책을 수립할 수 없으므로 조선을 위하여 대신 주책籌策을 세우지 않을 수 없다自不能不爲 借籌代籌"[39]라고 밀함을 작성한 후 총서에 보고하고 있다.

이홍장은 조선이 서양 각국과 입약통상을 하게 되면 다음 두 가지를 보장받을 수 있다고 주장하고 있다. 첫 번째는 공법公法을 준수하면 각국과 통상을 자유로이 행할 수 있다는 것이다. 두 번째는 공법을 준수하면 조선은 '강대국과 약소국 간에 서로 유지할 수 있다强弱相維'는 것이다. 태서 각국의 통례通例는 함부로 다른 나라를 침략하여 멸하지 않는다. 조선은 약소국이기 때문에 다른 강대국의 침략을 받을 가능성이 있다. 그러므로 서양 각국과 입약한 후 통상하면서 공법을 준수한다면 강대국의 침능侵

[38] 『關係史料』권 2, pp.366~369, 374~379; 『龍湖閒錄』(국사편위, 1980), 권 4, pp.433~436.

[39] 『關係史料』권 2, pp.363(광서 5. 7. 13), 373(광서 5. 7. 17).

凌을 당하지 않고 '강대국과 약소국 간의 상호유지'가 가능하다는 것이다. 가령 지난해 터키가 러시아의 침략을 받아서 거의 정벌될 뻔했으나 영국을 비롯하여 서양 각국이 이에 개입, 러시아군대를 물리침으로써 터키의 멸망을 막았다. 뿐만 아니라 벨기에比利時와 덴마크丹馬는 약소국이지만 스스로 강대국과 입약통상을 하고 있기 때문에 다른 나라가 감히 침략할 마음을 낼 수 없었다. 이는 공법에 의해 '강약이 상호 유지할 수 있다'는 것을 입증해주고 있다. 끝으로 이홍장은 조선이 서양 각국과 입약을 하려면 전시보다는 평화 시에 조약체결이 바람직하다고 결론을 내리고 있다.[40]

3. 이유원의 열국입약권고 거부와 조선의 무비강구책과 이홍장의 연미론

이홍장은 열국입약권고의 외교정책이야말로 "일본을 제어하는 데 이보다 더 좋은 술책이 없고, 러시아의 침략을 방비하는 데도 이보다 더 좋은 계책이 없다."고 단언하고 있다. 이 같은 이홍장의 외교적 술책이 바로 그의 연미론聯美論 수립의 단초가 되고 있다. 그러나 이 같은 방일·방아책을 실시하는 문제에 대해서는 "귀국은 정교금령을 자주하고 있기 때문에 이 같은 대사大事에 어찌 간예干預하겠는가"라고 언급하면서 모름지기 이 밀함을 정부에 보고, 조선국왕을 중심으로 여러 대신들과 충분히 협의를

---

[40] 『關係史料』권 2, pp.366~369, 375~379; 『龍湖閒錄』권 4, pp.433~436, 李鴻章密函(己卯 7월 9일 발).

거쳐 정책실시의 가부를 결정할 것을 당부하고 있다.[41]

이홍장은 상거한 밀함을 이유원에게 보낸 사실을 8월 29일 총서에 보고하였고,[42] 이어 9월 3일자 상주문에서 조선에 열국입약을 권고하게 된 배경을 천명하고 있다. 이홍장은 먼저 전교傳教금지와 아편 판매금지문제를 강조했다고 해명하면서 조선이 열국입약을 결정할 경우 청이 조정역할을 담당해야 한다고 언명하고 있다. 그 이유는 "장차 조선이 조약을 체결할 경우 사무가 번다할 것이고, 조선은 조약상의 이해득실을 잘 모르기 때문에 청이 조선을 위하여 대신 조정역할을 하지 않을 수 없다. 더군다나 조선 신민은 서양 정세에 어둡다는 사실을 참작하여 청이 조선을 위하여 입약을 조처함이 타당하다."[43]

이와 같이 이홍장은 조선이 서양 정세에 어둡다는 것, 조약상의 이해득실을 깊이 있게 따질 수 없다는 것 등 두 가지 이유를 들면서 장차 조선을 위하여 '대신 조정역할'을 담당하겠다는 의지를 밝히고 있다. 이는 바로 종래의 조선에 대한 소극적 간섭정책인 '사단발생을 미리 막아서 편안하게 하는 계책息事寧人之計'을 탈피하고 적극적 간섭정책으로의 전환을 예시해주고 있다. 이리하여 이홍장은 밀함에서 분명히 "사전에 조선을 위하여 대신 계책을 수립함이 최선책이다不如代籌於事前"라고 언명함으로써 조선을 위하여 그 자신이 '주지외교主持外交'의 의지를 천명하고 있다. 이를 계기로 이홍장은 "한반도에 미국세력을 끌어들여 미국의 힘을 빌어 러일의 침략

---

41 『龍湖閒錄』권 4, pp.433~436, 「直隸總督文閣太學士李鴻章 抵橘山李相國書」, "則所以鈐制日本之術 莫善於此 卽所以備禦俄人之策 亦莫善於此矣 因思貴國政敎禁令 悉由自主此等大事 豈我輩所干預"

42 『李全集』권 5, p.231, 「論勸導朝鮮通商」(광서 5. 7. 12).

43 『關係史料』권 2, pp.373~374(광서 5. 7. 17), "將來朝鮮若果定議 事務正多 該國於約章利病素未探究 立約之時 或不能不代爲參酌 朝鮮臣民未諳洋情 妥爲調處"

을 저지함으로써 조선에 대한 종주권宗主權을 확보해 보겠다"는 '연미론'을 수립하게된 것이다.

이유원은 상기한 이홍장 밀함에 대한 10월 7일자음 8. 22 첫 회신을 헌서憲書 재자관賫咨官 이용숙李容肅이 유지개游智開를 통하여 이홍장에게 전달될 것이라고 언명했다. 이홍장은 이유원의 첫 회신을 11월 20일 유지개를 통하여 접수했다. 이홍장은 이유원의 회신 접수 사실을 총서에 다음과 같이 보고했다. "지난 10월 7일양 11. 20 유지개를 통하여 이유원의 회신을 접수하였는데 전사前事, 입약권고에 대해서는 한마디 언급이 없었던 것으로 보아 이는 공개적으로 입약통상을 논의할 수 없는 비밀이 있는 것 같다."[44] 이와 같이 이유원은 열국입약 문제에 대해서는 관심이 없는 듯 한마디 언급이 없었고, 의례적인 안부편지를 보낸 것이다. 그러나 뒤이어 유지개의 밀품密稟이 있었는데, 유지개는 이유원으로부터 별도의 편지를 접수했다고 보고하면서, 이유원의 편지 내용을 다음과 같이 자세히 보고하고 있다.[45]

이유원은 인천개항仁川開港을 반대하는 상소를 올리자, 이는 청의淸議, 개항 반대에 영합하려는 배신행위라는 비난이 일자, 이유원은 마침내 사직하고 낙향했다고 그 자신이 아무런 관직이 없는 포의布衣의 몸이라고 전제하면서, 1879년 9월 15일경음 7월 그믐께 이홍장의 밀함을 접수한 직후 이를 조정에 보고, 묘의廟議에 회부했지만 개항을 반대하는 '청의'의 여론이 비등

---

44 『李全書』권 5, pp.246~247, 「籌朝鮮」(광서 5. 11. 13); 『關係史料』권 2, pp.394~396(광서 5. 11. 15). "旋於十月初七日 由永平游守智開遞到李裕元來信 絕不提及前事 似有未便明言之隱"

45 『關係史料』권 2, pp.395~396, 李裕元函稿(己卯八月二十二日); 『高宗純宗實錄』上, pp.601~602(고종 16. 7. 16, 7. 18); 『高宗時代史』(국사편위, 1968), 권 2, pp.104~105(고종 16. 6. 17).

하고 있는데다가 그 자신이 이미 포의의 신세라 입약통상문제를 감히 입 밖에 꺼내지도 못했다고 고백하고 있다. "조선의 본뜻은 다른 나라와 왕래하기를 바라지 않는다. 조선이 일본에 개항한 것은 부득이한 일이다. 그러므로 서양 사람과 통상하고 싶다고 감히 입도 벌릴 수 없다該國本意 不欲與他國往來 日本開港 實出於不得已 若西人通商 則莫敢開口"고 언명하면서 조선이 입약통상할 의사가 없음을 확인하였다.

그러나 이유원은 서양 각국과의 통상은 분명히 반대하면서 이홍장의 밀함에서 제시된 '무비밀수책武備密修策' 문제만은 적극적으로 수용할 것임을 언명하고 있다. 조선은 외세침략위협이 절박한 상황이므로 청의 무비밀수책을 수용함으로써 부국강병책을 도모, 안보를 확보한다는 것이다. 이상에서 보듯이 이유원은 유지개를 통하여 열국입약권고를 간접적으로 거부한 것이다. 이리하여 이홍장은 12월 24일음 11. 12자 이유원에 보낸 회신에서 입약문제는 일절 언급하지 않고 의례적인 안부편지를 보낸 후 총서에 다음과 같이 보고하였다. "지난 7월간 논의된 입약통상문제는 제기하지 아니했다. 조선은 서양 각국과 통상할 의사가 없으므로 청국으로서도 입약통상을 강권强勸하기 어렵다不提七月間所商各節 朝鮮旣堅不欲與西人通商 中國自難强勸"[46]라고 결론을 내리고 있다.

그러나 이홍장은 동 회신에서 10월 7일자 이유원의 첫 회신을 받고 조일조규 체결 후 일본이 조선과 통상을 한다는 구실로 병선을 조선으로 파견 순항하면서 조선의 관진關津을 자주 왕래하고 있는 바, 이는 일본의 '조선에 대한 불측한 마음不靖之意'이 있다는 증거라고 지적하면서 일본의 대

46 『李全書』권 5, pp.246~247, 「籌朝鮮」(광서 5. 11. 13); 『關係史料』권 2, pp.394~396(광서 5. 11. 15).

한 침략 가능성을 경고하고 있다.[47]

한편 이유원은 이홍장의 '열국입약권고 밀함'에 대한 1879년 12월 24일자 정식 회답을 작성, 동지사 한경원韓敬源이 휴대하고 북경에 가서 유지개를 거쳐 1880년 3월 15일에 이홍장에 전달하였다. 이유원은 이 정식회답에서 열국입약권고를 정식으로 거부하고 있다. 이유원은 이 정식회답에서 먼저 조선이 일본과 입약한 것은 만부득이한 조치임을 해명하면서 현재 원산만元山灣만 개항을 허락했을 뿐 서울 가까이에 있는 인천개항을 허락하지 않자, 일본은 더욱 개항압력을 가하고 있다고 지적하면서 일본의 유구병합으로 한반도의 안보가 불안해졌다고 했다. 이유원은 "태서 각국과 입약통상을 하면 일본의 침략을 견제할 수 있을 뿐만 아니라 러시아의 침략도 억제할 수 있다는 이홍장의 '열국입약통상권고안'은 조선의 강령綱領으로 삼겠다."고 언명하고 있다.[48]

이유원의 정식 회함을 분석해보면 다음과 같이 정리해볼 수 있다. 첫째, 조선은 외교를 모르는 문약文弱한 나라이므로 이홍장이 조선을 위하여 대신 외교를 주지主持해줄 것을 당부하고 있다. 일찍이 이유원은 이홍장에 보내는 서한에서 "우리나라는 상국上國의 속국屬國임은 천하가 아는 바이다. 소방小邦은 중국의 정삭正朔을 받드는 교敎가 있다."[49]고 스스로 중국의 속방임을 공인하면서 '속국은 외교를 행하지 않는다藩邦無外交'는 조공관계의 원칙을 준수하겠다는 것을 밝히고 있다. 이에 근거, "우리나라는 청의 큰 덕에 영구히 의뢰하고 있으므로 하명下命만 내려주기를 주야로 축원

[47] 『關係史料』권 2, p.396, 「李鴻章函稿」(광서 5. 11. 12). "倭人自與貴國通商以後 時以關津小事 哻然有不靖之意"

[48] 『關係史料』권 2, pp.398~401(己卯 11. 12); 『龍湖閒錄』권 4, pp.440~443, 「李裕元函稿」(己卯 11. 12發, 庚辰 2. 5到).

[49] 『關係史料』권 2, pp.374~375(광서 5. 7. 17).

하는 바이다小邦永賴大德 機事輒荷提命 是所日夜祈祝之至"라고 천명하고 있다. 더군다나 조선의 학문은 서양의 학문과 근본적으로 다르기 때문에 '아편판매 행위나 서양종교 전도행위販煙行教'를 용납할 수 없다.

둘째, 조선은 학문만 숭상하고 상무정신尙武精神이 없는 문약한 나라이므로 '적으로 적을 제어하는 계책以敵制敵之術'을 채택할 수 없다는 것이다. 조선은 무력이 약한 문약국文弱國이기 때문에 "한번 독을 맞으면 다시 일어나기 어렵다恐一遇毒而不復起也. 이제 적을 제어하려다 내가 먼저 적의 제어를 받아 패하게 되고我先取敗而已, 독을 공격하려다 내가 먼저 독을 맞을 것이다. 그러므로 한번 독을 맞으면 다시 일어나기 어렵기 때문에 어느 겨를에 적을 제어할 수 있겠는가."라고 외세침략을 조선 자력으로 방어할 수 없음을 지적하고 있다.

셋째, 공법公法에 의한 '강대국과 약소국과의 상호유지强弱維持'는 조선의 경우 불가능하다고 주장했다. 일본이 유구를 병합하였을 때 구미 각국이 군대를 일으켜 유구를 구제하지 못한 역사적 사실로 미루어보아 "우리나라가 무고히 침략을 받아 병탄될 때 각국이 이를 막아줄 수 있겠는가"라고 의문을 제기하면서 "우리나라는 터키 · 유구 · 벨기에 · 덴마크 같은 나라보다 더욱 가난하고 게으르며, 더군다나 서양 각국과 멀리 떨어져 있는 나라로서 병력으로 침략국과 대항전하는 것은 불가능할 뿐만 아니라 통상을 하더라도 떨치지 못할 것이다."라고 '공법에 의한 강약상유'는 조선의 안보책이 될 수 없다고 그 이유를 해명하고 있다.

넷째, 조선은 생산기술이 빈약한 경제적 후진국가로서 구미 각국과 통상무역할 생산물이 없다. 그러므로 설사 통상교역을 하더라도 결국 재정적 파탄을 초래할 것이다. 일본 사람은 통상에 익숙하고 생산기술이 뛰어나 부강의 기술을 얻었지만 개항 후 오히려 국고가 비고 국채國債가 늘어나고 있어서 서구 각국과의 통상을 후회하고 있다는 것이다. "우리나라가 항구와 부두를 널리 설치한 뒤 원근 나라들과 통상을 하고 기교技巧를 배운다 하더라도 정작 통상무역을 하게 되면 재정이 파탄될 뿐만 아니라 국고마저 고갈될 것이므로 어찌 일본의 전철을 따를 수 있겠는가"라고 일본의 전철을 밟지 않겠다고 했다. 이어 '통상 불가'의 이유를 다음과 같이 밝히고 있다. "더군다나 우리나라는 생산이 빈약하고 화물이 조잡하다는 것은 천하가 다 아는 바이다. 각국이 우리나라와 교역을 하게 되면 삼가三家의 저자市와 같아져서 천금 같은 상업을 벌일 수 없다. 그러므로 주객간에 아무런 이득이 될 수 없다."[50]

이유원은 이상 네 가지 이유를 열거하면서 입약통상의 불가를 다음과 같이 개진하고 있다. "청국의 국가 규모는 천지와 같이 광대하므로 설사 외세의 철주掣肘를 받는다 해도 선뜻 기력을 회복해서 반석같이 굳건해져서 결국 천하가 중국에 귀의歸依하고 있지만, 우리나라와 같은 약소국이 이를 본받으려한다면 그것은 마치 초파리가 황새를 본받으려하는 것과 다를 바 없다."고 청국처럼 개항통상을 단행할 수 없다고 지적하면서 "바람맞은 각기병 환자가 먼 길을 떠날 생각을 하기보다는 방구석에 들어앉아서 스스로 지키는 것만이 이득이 될 것이다."라고 폐관자수閉關自守 즉 쇄국정책을 고수하는 것만이 국가안보의 최선책이라고 결론을 내리고 있다. 이와 같이 이유원은 이홍장의 열국입약통상권고책을 완강히 거부하고 있다.[51]

이홍장은 앞서 유지개游智開에 보낸 이유원의 별도편지를 통하여 일

---

[50] 『關係史料』권 2, pp.398~401; 『龍湖閒錄』권 4, pp.440~443, 「李裕元 回函」(己卯 11. 12).

[51] 상게서, 「李裕元 回函」, "蓋上國規模 譬則天地之大也 時或掣肘 而旋措泰磐 固萬方所歸極理小邦遽欲則倣 不猶醯鷄之學皐鳥乎 蹶痿而思行遠 毋寧奧窔之坐守爲得歟"

차적으로 열국입약통상권고안을 비공식 거부한다는 통고를 받은 데 이어 두 번째로 입약통상을 공식 거부한다는 '정식 회함'을 받은 것이다. 이제 이홍장은 조선의 입약통상 불가능성을 확인하고 이를 총서에 다음과 같이 보고했다. 첫째로 조선은 평소부터 태서의 학문을 싫어하며 양이洋夷의 문물에 물들지 않기를 바라고 있다. 게다가 조선은 동쪽 구석에 자리잡은 나라이므로 '비교적 시세의 흐름을 깨닫는 데 뒤지고 있다風氣較晚'는 것이다. 그러므로 시무時務에 통달하고 대국大局 전반을 두루 살펴 이에 순응, 입약통상을 강력히 주장하는 개화인물을 찾아볼 수 없다.

둘째로 시금 조선에는 개항을 주장하는 개화파가 입약통상의 필요성을 통감하고 있지만 전반적으로 조선 지도층은 태서견문에 막혀 있어서 쇄국을 고수하고 있다. 원래 이유원은 개항을 주장했던 개화파였지만 '개항을 반대하는 청의淸議에 견제되어牽於衆議' 어쩔 수 없이 이같이 열국입약통상권고안을 거부했다는 것이다. 이홍장은 이상 두 가지 조선개항 장애요인을 열거하면서 조선이 이를 극복, 구미 열강과 입약통상을 실현하는 데는 시세변화의 전기因勢轉移를 기다릴 수밖에 없다고 결론을 내리고 있다.[52]

이홍장의 열국입약통상 권고밀함은 비록 조선에게 입약통상을 단행하는 데는 실패했지만 그 성과는 대단히 크다고 하지 않을 수 없다. 무엇보다도 조선은 밀함을 통하여 국제정세의 동향을 파악함으로써 러시아와 일본의 한반도 침략에 대한 대비책을 세우게 되었다는 것이다. 그것이 곧 무비자강책武備自强策 수립이다. 이리하여 조선정부는 드디어 승문원承文院에 무비강구의 자문咨文을 작성, 재자관 변원규卞元圭를 파견, 청국 예부에 전달하였다. "대체로 듣건대 무기란 100년 동안 쓰지 않는다 하여도 하

52 『關係史料』권 2, p.397(광서 6. 2. 9); 「李全集』권 5, p.250, 「論朝鮮」(광서 6. 2. 7).

루도 준비하지 않을 수 없다고 하였습니다. 우리나라 장인들로 하여금 천진공창에 가서 무기제조법을 배우게 하기 바랍니다. 그리고 사리를 잘 아는 사람을 뽑아서 변방의 편리한 곳에서 가르쳐주어 마침내 꼭 성공하게 된다면 안으로는 변방나라로서의 직분을 다할 수 있고 밖으로는 적의 침입을 막는 방도를 다하게 되며 우리나라 몇 만 명의 백성들이 영원히 편안하게 될 것이니 황제의 은덕에 대하여 칭송하는 것이 어찌 하늘과 땅과 함께 있겠습니까."[53]

1880년 8월 14일자로 작성한 '조선국왕 자문'은 다음과 같다. "귀국은 군기軍器가 정리精利하여 그 위세가 천하에 떨치고 있어서 이를 흠앙欽仰하는 바이다. 사방 각국의 교공巧工과 신기神技들이 천진창天津廠으로 모여들고 있다. 이에 우리나라는 재주 있는 인재明幹人員를 선발하여 그곳 천진창으로 파견, 기계 제조하는 방법을 배우도록 하여주기를 정원情願한다. 특히 융지隆旨를 내려 우리나라 장공匠工으로 하여금 이 천진창에서 기계 제조를 배우도록 조처해 주기 바라며, 아울러 해사인원解事人員을 선발하여 변방邊外 몇몇 곳에서 교습하도록 편의를 배려해주기 바란다. 만약 무비자강이 이룩되면 안으로는 주석柱石의 신臣, 병한屛翰으로서의 직분을 다할 것이며, 밖으로는 외침을 막는 방책을 다할 것이다. 동쪽 우리나라의 수천리 수만 생령生靈은 영원한 평화를 누리게 될 것이다."[54] 이와 같이 조선

53 『高宗純宗實錄』上, p.617(고종 17. 7. 9); 『高宗時代史』권 2, pp.174~175(고종 17. 7. 9).

54 『李全集』권 2, pp.463~464, 「朝鮮國王移部咨文稿」; 『同文彙考』(국사편위, 1978), 권 4, p.3733, 「庚辰 請講究武備咨」(광서 6. 5. 29); 『高宗純宗實錄』上, p.617(고종 17. 7. 9). "咸以爲上國軍器精利 以威天下者 欽仰久矣 而天津廠等處 寔四方巧工之所會 各國神技之攸萃也 亟宜選送明幹人員 情願學造器械之意 特降隆旨 俾小邦匠工 學造於津廠 且簡選解事人員 或於邊外習敎 獲遂來學之願 隨處方便 竟能有成 則內而竭屛翰之職 外而盡禦侮之方 環東土數千里 幾萬生靈 永賴以妥靖(靜)"

정부는 "기계 제조하는 방법을 배우겠다는 뜻學造機械之意"을 밝히면서 이를 통해 이홍장 밀함의 무비밀수책武備密修策을 전폭 수용할 것임을 통고 한 것이다.

조선정부는 무비자강책을 수립하면서 장차 청에 유능한 유학생을 파견할 대비책으로 여섯 가지 재능을 갖춘 청년을 추천한다는 '육조천선六條薦選'을 각 부처에 하달했다. 여섯 가지 재능 있는 청년을 추천하는 조건이란 첫째, 학문과 품행이 두터운 사람學行純篤, 둘째, 관리가 다스리는 정치가 다른 사람보다 뛰어난 사람吏治優異, 셋째, 기술상의 재주가 정세하고 민첩한 사람技藝精敏, 넷째, 업무를 처리하는 재간이 숙달한 사람幹局通鍊, 다섯째, 병기와 기계를 수선 제조할 수 있는 사람繕造兵械, 여섯째, 산술에 능통한 사람能解算術 등이다.

"지난번 무기 기술을 배워 오는 문제와 관련해서 공문을 보내어 청하는 문제에 대하여 의견을 거둔 일이 있었는데 대신들의 논의를 정중히 접수하지 않을 수 없지만 우리 왕조가 선 이래로 이와 같이 공문을 보내어 청한 것은 비일비재하였다. 더구나 무기문제는 긴요한 일에 관계되는 만큼 공문을 지어내게 하고 그것을 가지고 가는 관리도 선정해야 할 것이다. 그리고 이런 때를 당해서 반드시 학행이 독실하고 관리의 실무가 우수하며 기술이 정밀하고 국량局量이 밝으며 병기를 잘 만들고 수학을 잘 아는 이 6가지 부류에서 각각 몇 명씩 추천해서 쓰는 것이 매우 좋을 것이다."[55]
이와 같이 조선정부는 청국이 무비자강책을 승인한다면 '육조천선 조건'에 의해 여섯 가지 재능 있는 유위청년을 선발하여 청국 천진창으로 파견, 무비학조사武備學造事를 성취하겠다는 뜻을 밝히고 있다.

---

[55] 『承政院日記(高宗)』권 7, p.120(고종 17. 5. 25); 『日省錄(高宗)』(서울대출판부, 1972), 권 17, p.136(고종 17. 5. 25); 『高宗純宗實錄』上, p.615(고종 17. 5. 25).

이리하여 별자관別咨官 변원규卞元圭는 조선국왕 자문과 이홍장에 보내는 이유원의 서한을 휴대하고 1880년 10월 19일 천진에 도착, 진해관도津海關道 정조여鄭藻如, 영평하도永平河道 유지개游智開 등과 먼저 회담한 후 천진창의 기기국, 제조국, 군기소, 화약, 화기고 등을 차례로 시찰하면서 무비자강책에 비상한 관심을 보였다. 변원규는 예부에 조선국왕 자문을 전달하고 10월 25일 이홍장과 회담하는 자리에서 이유원의 서한을 전달하였다.[56]

이유원은 서한에서 조선은 조일조규 체결 후 덕원德源, 元山을 개항, 일본과 통상관계를 유지하고 있는데 금년 봄 여름 동안 프랑스 미국으로부터 통상관계를 맺자는 서계書契가 동래부에 접수된 일이 있었지만 이를 거절했다고 전하면서, "요사이 조선국왕은 걱정거리조선개항 문제가 생겨서 밤늦도록 노심초사하면서 국정수행에 여념이 없다. 조선은 문文으로는 유학을 숭상하고 도道를 중히 여기고 있고, 무武로는 병장기를 강구하고 기계무기를 고르고 있다. 이에 여섯 가지 재능 있는 인사六條之士를 먼저 선발하여 백 가지 기술의 문을 열고자 한다."[57]라고 조선은 밀함의 입약통상권고안을 거부하면서 '무비밀수武備密修'의 일단만을 받아들여 무비자강책을 조일조규 이래 관심을 가져온 신무기 수입무취貿取을 실현해 보겠다는 의지를 표명하고 있다.

한편 이홍장은 변원규로부터 이유원의 서함을 접수, 조선이 청의淸議·개항반대에 얽매어 입약통상을 주장할 수 없음을 유감으로 생각하고 있다고 전제하면서, 이는 조선의 사대부가 태서의 견문에 막혀 있고, 시무時

56 『高宗純宗實錄』上, p.617(고종 17. 7. 9).

57 『關係史料』권 2, pp.419~420, 「李裕元 書函」(庚辰 7. 9), pp.421~422(광서 6. 9. 28). "小邦國王 此際憂慮 宵旰靡弛 文而崇儒重道 武而講戎敹械 先選六條之士 廣開百技之門"

務에 몽매하여 오로지 폐관자수鎖國만 고수하고 개항하라는 충성스런 꾀忠謀를 거부하고 있기 때문이라고 분석하고 있다. 그러나 "이제 조선이 무비강구를 청구한 것은 진실로 한 줄기 밝은 희망이 있다는 뜻이다. 이번 기회에 이를 선도하여 조선이 군대를 충실히 증강함으로써 중국의 울타리藩籬·조선를 튼튼히 하고자 한다今該國旣以講武爲請 正可因其一線之明 迎機善導 增彼軍實 固我藩籬."

이상과 같이 이홍장은 조선은 비록 열국입약통상권고책을 거부했지만 무비강구책을 채택한 것은 다행스런 일이라고 상주하였다. 이어 러시아가 중국을 도모하지 않으면 조선을 병탄倂呑할 것이므로 조선의 무비자강책은 곧 한청간 순치상의脣齒相依의 관계일 뿐만 아니라 양국간의 휴척休戚과 상관하고 있다고 전제하면서 조선이 침략으로부터 안보를 보장하는 길은 무비자강책이 최선책이라고 재강조하고 있다. 그러나 이홍장은 밀함에서 밝힌 열국입약권고안을 재거론하면서 다음과 같이 조선개항을 촉구하고 있다. "조선과 서양 열국과의 통상 일절一節은 실로 나라를 도모하는 중요한 일이고, 이는 군대를 훈련하고 병기를 제조하는 것과 더불어 서로 보완하여 행할 일이다至朝鮮與西人通商一節 實係謀國要圖 與練兵製器 相輔而行"[58] 라고 군기학제조사軍器學製造事와 열국입약은 별개적인 문제가 아니라 상호보완적으로 추진해야 한다고 지적하면서 조선에 입약통상을 재권고하고 있다.

10월 25일 천진행관天津行館에서 제1차 변원규-이홍장 회담이 개최되었다. 이 회담에서 이홍장은 군기를 제조하는 방법을 배우는 것軍器學造事과 및 군대 훈련하는練兵 문제는 약간 언급하고 열국입약문제를 중점 거론하고 있다. 이홍장은 먼저 조선이 열국입약권고안을 거부한 데 대해 유감

[58] 『關係史料』권 2, pp.416~419, 「朝鮮講求武備 上奏」(광서 6. 9. 4).

의 뜻을 전하면서 조선은 중국 동북방의 약소국으로서 중국과는 순치상의脣齒相依의 관계에 있다는 것, 특히 조선은 러시아의 침략을 받을 가능성이 높기 때문에 무비자강책을 강구해야 한다는 것, 조선이 이 이상 폐관자수를 고집, 서양 각국과 통상을 거부한다면 그들에게 침략의 구실을 주게 되어 외세침략을 자초한다는 것, 러시아는 조선과 수교修交를 희망하고 있으므로 러시아와 국교를 수립하는 것이 오히려 침략을 예방하는 해결책排解之道이 된다는 것, 미불 양국은 공법을 중시하고 있기에 함부로 다른 나라에 대한 침략야욕이 없고 오로지 조선과의 통상관계 수립만을 원하고 있기 때문에 미불 양국과의 입약은 외세침략을 막아주는 최선책이라는 것, 그러므로 조선의 폐관자수책쇄국鎖國은 '절대 불가'이며, 나아가서는 무비자강책과 입약통상은 동시에 병행되어야만 비로소 러일의 침략을 효과적으로 제지할 수 있다는 것이다. 여기서 주목되는 것은 이홍장이 열국 입약통상에 러시아까지 포함시켰다는 사실이다.

이에 대해 변원규는 첫째로 "특히 미불 양국과는 일찍이 원한관계병인양요, 신미양요가 있기 때문에 갑자기 화친하기가 불편하다特因與彼有怨未便遽和"는 이유로 미불 양국과의 수교에 난색을 표명했다. 둘째로 일본의 유구병합시 구미 각국이 공법에 의해 유구를 보호해주지 못한 역사적 사실에 근거, 공법은 조선의 안보책이 될 수 없다고 부정적 견해를 피력했다. 그러나 변원규는 이상 이홍장과의 회담 내용을 정부에 보고하면서 개항정책 수립에 반영하겠다고 다짐하고 있다.[59]

10월 25일 회담에서 변원규는 '먼저 무비를 자강한 후에 입약통상을 한다'先武備自强 後立約通商는 원칙을 주장하자, 이홍장은 마침내 천진해관도 정조여 · 영평하도 유지개 등으로 하여금 조선의 무비자강책 수행을 위해

---

[59] 『關係史料』권 2, pp.421~422(광서 6. 9. 28), pp.432~436(광서 6. 9. 22)

'조선국원변래학제조조련장정朝鮮國員弁來學製造操練章程'을 의정議定, 11월 1일 변원규에게 건네주었다.[60]

10월 30일 제2차 변원규-이홍장 회담이 개최되었다. 제2차 회담에서도 이홍장은 조선개항문제를 집중 거론하였다. 이 자리에서 이홍장은 조선이 서양 각국과 입약 통상하는 일은 '나라를 도모하는 중요한 일謀國要圖'이라는 것, 그러므로 개항하는 것만이 '나라를 보전하는 대계保邦之大計'라는 것, 미불 양국은 침략야욕이 없고 각국과 통상교역에만 뜻이 있지만, 러시아는 남침야욕이 있고, 일본은 정한론征韓論을 수립한 이상 한반도 침략 가능성이 있으므로 태서 각국과 일률一律로 통상함으로써 러일의 침략을 견제할 수 있다는 것이다. "조선이 병기를 제조하고 군대를 훈련하는 문제를 강구할 뜻을 보이고 있으므로 통상문제도 확충할 가망이 있다該國於製器練兵 旣知加意講求 商務一端 或終有擴充之望"라고 조선개항에 낙관적 견해를 피력하면서 앞으로 청국은 조선으로 하여금 세계 정세에 눈뜨게 하고 시야를 넓히게 한다면 조선은 이를 계기로 마침내 열국입약을 단행할 것으로 전망했다.[61]

재자관 변원규의 청국사행은 성과가 컸다. 변원규는 사행임무를 완수하고 이홍장으로부터 '조선국원변래학제조조련장정朝鮮國員弁來學製造操練章程'을 받아가지고 1881년 1월 4일에 회환 귀국했다. 같은 날 조선정부는 무비강구요청을 승낙한다는 청국의 회자回咨를 접수한 것이다. 이 회자문은 변원규가 휴대하고 온 것 같다.[62] 이제 조선의 문무관원弁員을 청에 파견해서 제조 기술을 배우고 군사훈련을 실시한다는 '조선국원변래학제조

60 『同文彙考』권 4, p.3734, 「製器鍊兵節約出送咨」(광서 6. 10. 1).

61 『關係史料』권 2, pp.430-431(광서 6. 9. 28).

62 『日省錄』권 17, p.332(고종 17. 12. 5).

조련장정' 4개조의 대요大要는 다음과 같다.

제1조, 총명한 기술자藝徒 38명을 선발, 천진창 동남 양국兩局에 나누어 입소, 기계 제조를 학습한다. 관원 2인이 관할할 통사通事 전어자傳語者, 통역관는 동국에 2인, 남국에 1인을 배치한다. 또 정명강장精明强壯한 변병弁兵, 하급무관 40명을 친군親軍 창포槍砲 영내에 나누어 입소, 군사훈련을 실시한다. 역시 관원 2인이 통역관 2인 이상을 대동, 군사훈련을 도와준다. 이상 문무관원 파견인원은 총 87명이다. 이들의 여비資斧와 음식비용은 조선국이 자비부담하고, 청국은 이들의 숙소를 무료 제공한다.

제2조, 조선국 조공사신은 반드시 성헌成憲을 준수, 정해진 노정예규路程例規대로 육로로 왕래하지만, 이번에 청에 파견되는 조선의 변병, 학도, 위원, 통사, 종인 등은 이러한 예규를 무시하고 해로로 도항한다. 조선 유학생의 제조를 배우고 조련을 익히는 기간은 1, 2년 내로 정한다. 조선국은 무비자강에 필요한 군기 기계 등 구입업무를 청에 일임하며, 구입품은 해로로 운송한다. 제3조, 조선의 위원, 학도, 변병, 통사 등의 여행허가장인 빙표憑票는 북양대신아문에서 공백空白, 무기명으로 발급, 조선당국에 교부하면 조선 측은 여행자의 성명을 기입해서 청나라로 도항한다. 조선의 학도일행은 절대로 청국 입국 시 청에서 상판商販할 화물을 휴대할 수 없으며, 일체 무역상거래를 행할 수 없다. 제4조, 연병練兵, 학예學藝, 무기구입購器, 군무軍務 등에 관한 공문은 조선국왕이 예부에 개별 자문을 보내면 북양아문이 이를 처리한다.[63]

청나라에 파견될 문무관원은 말할 것도 없이 육조천선六條薦選에 의해 선발된 육조지사六條之士를 보내게 되어 있다. 조선정부는 이제 청으로부터 무비강구武備講究요청을 수락한다는 정식 회자를 얻은 만큼 즉각 무비자강책을 관장·시행할 아문衙門을 새로 설치할 필요성을 절감, 마침내 새

[63] 『同文彙考』권 4, pp.3736~37, 「朝鮮國員弁來學製造操練章程」.

아문을 설치하기로 결정한 것이다. 신아문의 담당업무는 사대事大 교린交隣 군무軍務 변정邊情 등사를 관장하되, 아문 칭호 및 관제는 정부 각부 시원임時原任 대신들이 협의하여 절목節目을 마련한다는 것이다.[64] 이리하여 1881년 1월 19일 청과의 무비강구 교섭타결 결과와 관련, 통리기무아문統理機務衙門이라는 새로운 아문이 탄생되었다.[65]

정부는 새 아문을 설치함과 동시에 육조천선으로 간선簡選된 문무관원을 통리아문의 각사各司에 배치, 수용하였다. "통리기무아문에서 제의하였다. 무기제조법을 배워 오는 문제와 관련하여 사신을 중국에 파견하는 데 대하여 이미 지시가 있었습니다. 삼가 준비해서 들어보내야 하겠지만 일본공사 역시 총 · 포 · 선박 등 문제에 대하여 글을 묘당에 올린 것이 있으니 그 뜻을 괄시하기 곤란할 뿐 아니라 다른 나라의 무기에 대해서도 널리 보고들을 길이 있게 될 것입니다. 본 아문의 관리로 추천받은 사람인 전 부사 이원회를 참획관으로 임명하여 참모관 이동인을 영솔하고 떠나게 하되 이런 내용으로 문건을 만들어 보낸 것이다."[66]

4. 조선의 대미수교정책 수립

조선국왕의 무비강구책 요청자문을 변원규가 청국정부에 전달한 것을

---

64 『備邊司謄錄』(국사편위, 1960), 권 27, p.452(고종 17. 12. 7).

65 全海宗 「統理機務衙門 設置의 經緯에 대하여」, 『歷史學報』17~18(1962), pp.687~702.

66 『備邊司謄錄』권 27, p.473(고종 18. 2. 4).

계기로 하여 조선정부는 종래의 쇄국양이정책으로부터 개항정책으로의 국시國是의 전환을 가져왔다. 이제 조선은 이홍장의 열국입약권고책을 긍정적으로 수용함으로써 개항정책을 수립하기에 이르렀다. 이리하여 조선은 구미 각국과의 입약에 대비, 과연 이홍장이 주장하였듯이 일본의 한반도 침략음모가 사실인지의 여부를 확인할 필요가 있었다. 일단 이홍장의 러일 침략의 경고를 전폭 수용, 방일防日 방아防俄를 위해 무비자강책을 채택하기로 국책國策을 확정한 다음, 일본의 국정國情을 탐색하고자 공식적으로는 수신사 김홍집金弘集을 일본에 파견하는 동시에 비공식적으로는 조선정탐위원朝鮮偵探委員 이동인李東仁·탁정식卓挺埴을 일본에 밀파, 일본의 실상을 탐정하게 된 것이다. 김홍집의 일본사행 결과, 주일 청국공사관의 참찬관 황준헌黃遵憲의 '조선책략朝鮮策略'을 받아가지고 귀국, 조선정부에 보고함으로써 미국과의 수교의 길이 트이게 되었다는 것, 이동인·탁정식의 일본 정탐 결과, 주일청국공사 하여장何如璋은 '주지조선외교의主持朝鮮外交議'를 작성, "한반도의 안보가 청의 안보와 직결되어 있다"는 한청간 순망치한脣亡齒寒의 특수관계를 지적하면서, 조선의 무비자강책은 대미수교를 통해서 달성될 것임을 강조한 것이다.

김홍집의 일본사행 시 청국은 러시아의 남침과 한반도 정복 가능성에 대해 우려하고 있었다. 러시아의 남침 가능성을 경고한 사람은 외국인이었다. 일찍이 태평천국太平天國의 난에 참가, 상승군常勝軍을 지휘한 바 있는 영국인 고든Charles G. Gordon, 戈登, 1833~1885은 "만약 청러 양국 간에 이리환부伊犁還付 교섭이 원만하게 타결되지 못하고 결렬된다면 결국 러시아는 동삼성東三省 및 조선을 침략할 뿐만 아니라 북경北京까지 침범窺伺할 것이다."[67]라고 이홍장에게 러시아의 남침 가능성을 경고하면서 방아책防俄

[67] 『李全集』권 5, p.267(광서 6. 6. 15).

策을 수립할 것을 촉구하고 있다1880. 7. 21. 한편 청불전쟁 당시 프랑스 함대 사령관인 쿠르베Amede A. P. Courbet, 瞿貝賓, 1827~1885 제독은 러시아함대 사령관 이사사기里沙士幾가 지난 9월 23일 연대煙臺에 입항하였는데, 이는 러시아가 장차 조선 동북 해구海口를 침탈할 조짐이라고 경고하고 있다. 쿠르베 제독은 이홍장에게 "조선 동북 해구는 동방에서 국방안보상 긴요한 요충지이다. 러시아는 이를 침공, 점령함으로써 훈춘琿春과 '기각掎角의 세勢'적을 앞뒤에서 몰아치는 태세를 이룩할 것이다. 러시아는 조선에 통상을 강요할 것이며 조선이 러시아와 통상관계를 맺는다면 청에게는 유익함이 없을 것이다."[68]라고 경고하면서 방아책 수립을 촉구하고 있다. 이리하여 청은 외국인 장군으로부터 거듭 러시아의 남침경고를 받고부터 한반도에 제3세력을 끌어들여 이이제이책以夷制夷策으로 러시아를 견제한다는 방아책을 수립하게 된 것이다.

수신사 김홍집은 1880년 7월 5일 고종에게 하직인사를 하고, 8월 11일에 도쿄에 도착, 8월 26일부터 9월 7일까지 주일 청국공사관에서 주일 청국공사 하여장, 참찬관 황준헌과 연석회담을 가졌다. 이 자리에서 양국 대표는 대미수교對美修交 문제를 집중 협의하였다. 먼저 하여장은 러시아 군함이 도문강圖們江 어귀에 집결하고 있는 것은 러시아의 한반도 침략의 신호라고 지적하면서 조선은 보국책保國策으로 미국과 입약통상을 이룩할 것을 제안했다.

지난번 이홍장이 조선에 개항권고안을 낸 것도 실은 열국과의 입약을 통해 세력균형均勢之法에 의해 러시아의 남침을 저지하기 위한 조치라고 설명하면서 슈펠트Robert W. Shufeldt, 薛斐爾, 1822~1895의 부산 방문 시 미국의 입

---

[68] 『李全集』권 5, p.278, 探俄水師(광서 6. 8. 22) "提督謂 高麗東北海灣 形勝爲東方之最 俄必欲取之 以與琿春掎角 雖允通商恐亦無益"

약요구를 왜 거절했는가고 힐문했다. 하여장 공사는 미국과의 입약에 대해 "미국은 민주주의 국가이며 또한 국세가 부강한 나라이다. 미국은 여러 나라들과 외교관계를 맺고 있으며, 신의를 강구하고 극단적으로 자기의 편익便益만을 도모하거나 독점하지 않는다. 귀국이 만국과 더불어 교섭하는 것은 이익이 될지언정 손해는 없다. 이는 만세에 한 번밖에 없는 절호의 기회인만큼 이를 놓쳐서는 안 된다."[69]라고 대미수교를 촉구하고 있다.

이와 같이 하여장何如璋으로부터 대미수교 거부 힐문을 받은 김홍집은 부산 동래부사東萊府使 심동신沈東臣이 슈펠트의 입약교섭을 물리친 것은 그가 휴대하고 온 소개장에 '승국 국호'勝國 國號 · 멸망한 전 왕조 즉 高麗를 사용하였는 바 이는 서식에 맞지 않은 것이기에 교섭을 거절했다고 해명하면서, "통상이란 지금 당장 나타나는 해害는 없을지라도 후일 응접應接이 어려우므로 시행하기 어려운 일이다. 관문을 닫는 것閉關自守, 鎖國 또한 아주 좋은 계책은 아니지만 우리나라의 지식인讀書人, 위정척사파들은 모두 통상을 반대하고 있다通商雖無顯害 日後應接極難 以是爲苦 閉關亦不足無上善策 我國讀書人 皆以通商爲不可"라고 자신은 미국과의 입약통상을 당장 시행하고 싶지만 국내 개항을 반대하는 위정척사파衛正斥邪派의 폐관자수론으로 '통상 불가'를 고수할 수밖에 없다고 해명하고 있다.

이에 하 공사는 오늘날 조선은 위급한 상황에 처해 있는 만큼 러시아의 침략에 대비, 먼저 미국과 외교관계를 맺어서 미국으로 하여금 러시아를 견제하는 것만이 조선이 취할 최선의 치국治國 방법이라고 강조하면서 한

---

69 『金弘集遺稿』(고려대도서관, 1976), pp.314~324, 「大淸欽使筆談」(7월 21일, 往大淸公署); 『修信使記錄』(국사편위, 1971), pp.171~191. "惟美係民主之國 又國勢富實 其與列國通好 尙講信義 不甚圖占便宜 雖與萬國交涉 亦有益無損之事 此萬世一時之機會 不可失也"

미수교를 촉구하고 있다. 이에 황준헌黃遵憲은 결론적으로 "오늘날 관문을 닫고자 하는 것은 세상일에 너무나 어두운 까닭이며 그러므로 '조선책략'을 작성하게 되었다. 귀국 후 정부 당국의 유력인사들과 더불어 개항문제를 주지主持해주기 바란다."라고 부탁하면서 '쇄국 불가', '미국과의 수교'를 재천명하고 있다.[70] 이와 같이 참찬관 황준헌은 김홍집과의 일련의 회담에서 충분한 토의 끝에 '조선책략朝鮮策略'을 작성한 것이다

김홍집은 일본 사행임무를 완수한 후 황준헌으로부터 『조선책략朝鮮策略』廣東 黃遵憲 私擬과 『이언易言』2책을 받아가지고 도일渡日 3개월 만인 10월 2일 귀국 복명하였다.[71]

『조선책략』의 요지를 정리해 보면, 조선은 러시아의 침략을 저지하기 위하여防俄策 "중국과 친하고, 일본과 맺고, 미국과 이어짐으로써 자강을 도모할 따름이다親中國結日本聯美國 以圖自强而已"라고 되어 있다.[72] 여기서 우선 황준헌은 공인公人으로서가 아니라 어디까지나 '개인자격으로서 작성사의私擬했다'는 것을 밝히고 있다. 이홍장과 황준헌의 조선개항정책의 상이점을 분석해보면, 이홍장은 방일防日 방아防俄를 위해 조선에 열국입약통상을 권고한 반면, 황준헌은 일본의 한반도 침략 가능성을 배제하고 오로

70 상게서, "今日尙欲閉關 可謂不達時務之甚 請歸而與當局有力者 力主持之"

71 『異國問答記(附日本修信使公翰)』, 「修信使別單」; 『高宗純宗實錄』上, p.616(고종 17. 5. 28); 『易言 · 이언 · 海國圖志』(以文堂, 1979); 『梅泉野錄』(국사편위, 1971), pp.50~51(고종 17). '매천야록'에는 "易言은 청국인 黃遵憲의 所著"라고 기술하고 있다. 이는 저자 黃玹이 김홍집이 황준헌으로부터 '조선책략' '易言' 2책(1880)을 기증받은 사실을 所著로 오해해서 이같이 오기한 것이다. '易言'은 황준헌의 소저가 아니라 청말 洋務派 기업가 鄭觀應(1841?~?)의 저술이다. 그 내용을 요약하면 洋務論에서 變法論으로의 전환을 특징 지우는 것으로서 그 핵심은 이른바 '商務振興論'을 전개하고 있다. 그런데 '易言'이 1880년에 국내에 도입된 이래 조선의 초기 무비자강책과 대미수교 정책수립에 지대한 영향을 끼쳤다. 그래서 국내로 도입된 직후 한글 번역본 '이언'(4권 4책)이 목판본으로 간행된 것이다

72 『金弘集遺稿』, pp.297~301, 306~323; 趙一文, 譯註, 『朝鮮策略』(건국대출판부, 1977).

지 러시아의 남침에 대비, 중국과 일본의 도움으로 미국과 입약함으로써 자강을 도모할 것을 강조했다는 점이다. 뿐만 아니라 이홍장은 막연하게 '열국' 즉 구미 각국이라 한 반면, 황준헌은 '조선책략'에서 '미국과의 수교'를 명시했다는 것이다. '조선책략'은 조선의 조야朝野에 선풍적 파란을 불러일으켰다. 특히 이홍장의 개항권고와 황준헌의 '조선책략'은 조선의 대미수교정책수립에 심각한 영향을 끼친 것이다.

이제 조선 최고 당국자들도 미국과의 수교는 시무時務의 급선무임을 인식하기에 이르렀다. 영상 이최응李最應, 좌상 김병국金炳國, 영부사領府事 이유원李裕元, 영돈領敦 홍순목洪淳穆, 판부判府 한계원韓啓源 등 중신들은 대책을 협의, 다음과 같은 헌의獻議를 정부에 올리고 있다. "미국과 관련을 맺는다聯美國는 것은 방금 천하 각국과 동맹합종合從을 맺지 않을 수 없기 때문이다. 우리를 경멸하고 있는 러시아의 침략위협을 저지해야 한다. 하물며 우리나라는 해로 요충지에 위치하고 있지만 고립무원의 상태에 놓여 있다. 그러므로 미국과 수호修好를 맺는다는 것은 좋은 책략양책良策이 아닐 수 없다聯美國者 方今天下各國無不合從 阻俄國輕蔑之威 而況我國處在海路要衝 孤立無援 其所聯好者非不良策."[73]라고 대미수교는 시대적 요청이라는 데 인식을 같이하고 있다.

그러나 연미론聯美論을 일단 수용하면서도 정작 입약통상문제에 대해서는 부정적 의견을 제시하고 있다. "우리나라의 규범은 본래부터 오랑캐와 상통하지 않을 뿐만 아니라 미국과는 수만 리 떨어져 있어서 성식聲息이 미치지 못하고 있다. 그러므로 오늘날 어떻게 우리 스스로가 자진해서 먼저 통교通交할 수 있겠는가. 그들과 연교聯交하더라도 무슨 구원을 받을 수

[73] 『異國問答記』, 「大臣筵說」.

있겠는가."[74]라고 '연미론'을 긍정하면서도 미국과의 입약통상만은 '불가不可'임을 밝히고 있다. 그러나 영상 이최응은 고종과의 대담에서 미국은 본래부터 조선의 '원수 나라'가 아니고 "진짜 원수 나라는 일본이다日本眞世讎之國也"라고 일본의 침략을 경고하면서 이에 대한 방비책으로 대미수교의 필요성을 강조하고 있다. 이어 이최응은 "국주와 수상 다 같이 외교를 원하고 있지만 외교를 원하지 아니하는 자는 오로지 원임대신 이유원뿐이다."라고 이유원의 대미수교반대에 부딪쳐 한미수교 교섭이 지연되고 있다고 보고하고 있다.[75] 이와 같이 '조선책략'을 계기로 한미수교문제가 표면화되었다.

이리하여 고종은 미국과 수교하기로 방침을 정한 후 미국과의 입약을 희망하고 있다는 뜻이 담긴 밀조密詔를 작성, 이동인 · 탁정식을 정탐위원에 임명하면서 일본에 급파하였다. 이동인 일행은 1880년 10월 6일에 서울을 출발, 원산元山을 거쳐 부산 경유 10여일 만에 일본 도쿄에 도착 즉시, 10월 20일 청국 공사관으로 하여장 공사를 예방하였다.[76] 이동인이 직

---

[74] 『修信使記錄』, pp.189~190, 「諸大臣獻議」. "而我國規模 非徒自來不通 相左數萬里 聲息不及之地 今何以自我先通 以爲聯交爲援乎"

[75] 『關係史料』권 2, pp.442~445, 「朝鮮偵探委員李東仁密交朝鮮國王與大臣密議當筵筆記」, "國主首相 皆願外交 其所未願者 惟原任大臣耳 領相之言頗有諷譏之意 又東仁謂原任大臣卽李裕元"

[76] 『關係史料』권 2, pp.437~439(광서 6. 10, 16); 朴日槿, 『近代韓美外交史』(博友社, 1968), pp.204~207; 權錫奉, 『淸末對朝鮮政策史硏究』, p.129. 이동인의 청국 공사관 방문일자에 대하여 두 가지 설이 있다. 하나는 1880년 10월 17일(양 11. 19, 박일근)이고, 다른 하나는 9월 17일(양 10. 20, 권석봉)이다. '관계사료'의 "본월 17일 하오 有朝鮮人李東仁來館見參贊黃遵憲"에 대한 해석상의 차이로 일자가 엇갈리고 있다. 박일근은 '관계사료'에 기록된 '10월 16일'을 기준으로 하여 '본월 17일'을 '10월 17일'로 해석한 반면, 권석봉은 '10월 16일'은 접촉 사실을 總署에 보고한 일자이기 때문에 '본월 17일'을 '9월 17일'로 해석하고 있다. "伊於九月初三日 受命由漢城啓程 在道六日 至元山津 駐十餘日" 기사에서 9월 3일(양 10. 6)에 서울을 출발, 원산을 거쳐 부산으로 가서 일본 도쿄까지 가는데, 그 당시 항로 교통 편

접 부산으로 가지 않고 원산으로 우회한 것은 이당시 국내에서는 개항을 반대하는 척사파의 청의淸議, 개항반대가 비등했기 때문이다. 하여장이 조선 국왕의 밀조를 받고 "이제 이동인이 가지고 온 여러 문건을 살펴보니, 조선은 미국과 조약체결을 원하고 있다는 것을 믿을 만하다."라고 조선국시朝鮮國是의 일변을 본국 정부에 보고하면서 '주지조선외교의主持朝鮮外交議'를 작성하였다.[77]

한편 탁정식은 12월 22일 청국공사관에서 하여장 공사와의 회담에서 "만약 미국이 다시 와서 화친을 요구하면서 공평한 조약체결을 원한다면 우리는 진정으로 그들을 상접相接할 것이며, 그들을 냉정하게 물리칠 이유가 없다. 이는 소생이 군명君命을 받들어 그 뜻을 전달하는 바이다. 지난날 미국과 조약을 체결하라고 부탁한 것은 실로 '나라를 보전하는 양책保國良策'이 아닐 수 없다."[78]라고 언명하면서 대미수교는 '임금의 명령君命'임을 재확인하고 있다.

탁정식은 지난 5월 4일에 슈펠트가 일본 외상 이노우에井上馨의 소개장을 휴대하고 동래부사 심동신을 만나 입약교섭을 시도해 보려고 했으나 심동신의 단호한 교섭거부로 미국의 조선개항 기도는 좌절되었다고 설명하면서 이제 조선은 대미수교정책을 수립한 이상 다시 미국이 수교를 요구한다면 이에 흔쾌히 응할 것임을 밝히면서 이 같은 개항정책수립은 지난번 '조선책략'의 영향임을 시인하고 있다. 그러나 탁정식은 정부가 대미

의를 감안해보더라도 10여일 만에 도착할 수 있는지 의문이 없지 않다. 그러나 아무튼 기록대로 이를 일단 9월 17일(양 10. 20)로 볼 수밖에 없다.

[77] 『關係史料』권 2, pp.437~439(광서 6. 10. 16). "今觀李東仁所遞諸文件 則朝鮮欲與美國結好自屬可信"

[78] 『關係史料』권 2, p.453(광서 6. 11. 21). "若彼美國復來求和 而所約公平 則斷當眞情相接 必無冷却之理 又如昨日所囑結連美國 實爲保國良策"

수교방침을 확정했음에도 불구하고 당장 실행하지 못하는 이유를 이렇게 해명하고 있다. "우리 국주國主와 영상을 비롯하여 2, 3 대신들은 미국과 외교관계수립을 결의하였지만 이유원이 이를 반대하고 있기 때문에 시행하지 못하고 있다."[79]라고 이유원 때문에 대미수교가 지연되고 있다고 고백하고 있다.

조선국왕의 일본국 정탐임무를 수행한 개화승開化僧 이동인·탁정식의 인물을 살펴볼 필요가 있다. 탁정식卓挺埴은 백담사百潭寺 주지로서 자字는 몽성夢聖, 법명法名은 각지覺地·무불無不이다. 그런데 탁정식은 일본 정탐임무를 끝내고 일단 귀국했다가 재차 1881년 4월 밀사로 임명되어 김홍집의 서함을 휴대하고 일본에 파견되었고, 1883년 김옥균金玉均의 대일차관 교섭차 도일 시 수행했다가 1884년 2월 9일 폐렴증으로 고베神戶에서 병사했다.

이동인李東仁은 동래 범어사梵魚寺 또는 통도사通度寺 주지로서 일찍부터 개화파 인물들과 교유한 개화승이다. 일찍이 승려 출신의 이동인이 김옥균을 가리켜 '나의 동지'라고 언급한 점으로 보아 개화파 승려임을 알 수 있다. 이동인은 당시 민씨 척족세력의 실세인 개화파 민영익閔泳翊의 죽동궁竹洞宮 연당蓮堂에서 기식하면서 교분을 쌓았다. 그 당시 개화파의 유대치劉大致·김옥균·박영효朴泳孝·민영익 등의 주선으로 이동인은 일본 밀항을 감행한 것이다. 밀항 목적은 일본 국정國情을 정탐한다는 것이다. 이동인은 그 당시 부산에 거주하고 있는 일본 본원사本願寺 승려의 주선으로 1879년 6월 마침내 일본 밀항을 감행하였다. '화방문서花房文書' 중 '동인견문서東仁見聞書'에 "그가 입고 있는 저고리 바지, 머리 모양, 모두가 높은 벼

[79] 『關係史料』권 2, pp.451~452(광서 7. 1. 3) "惟卓挺埴厪稱國主與領相二三大臣決意外交 以憚李裕元之故 未能遽發"

슬아치 관리나 서생들과 같았고, 앉음과 일어서는 행동거지와 언어 또한 우리네 서민과는 달랐다."[80]라고 이동인의 의복과 특이한 풍모가 남달랐음을 전하고 있다.

이리하여 이동인은 일본국정 정탐밀사로 파견되어 약 1년간 일본에 체재하면서 일본의 국내 정세를 자세히 관찰하는 동시에 일본어를 재빨리 습득하였다. 특히 일본 체재기간 이동인은 그 당시 대륙침략을 위한 정보수집을 위주로 조직한 홍아회興亞會 회원들과 교유하였다. 일찍이 영국 유학 출신의 장강호미長岡護美가 1880년에 이 '홍아회'라는 정치단체를 결성하였는데, 이동인은 이들과 자주 접촉했다는 것, 1880년 6, 7월경에 신바시新橋의 매다정賣茶亭에서 홍아회의 장강 회장과 단독 회담했다는 것으로 보아 이동인은 약 1년간 일본에 체재하다가 1880년 8, 9월경 귀국하자마자 정부로부터 일본 정탐위원에 임명되어 재차 도일한 것이다. 이리하여 개화기 이동인은 일본어를 자유자재로 구사하는 유일한 개화승으로 알려졌고, 이 때문에 정탐위원에 발탁된 것이다. 그런데 이동인이 정탐임무를 완수하고 귀국 직전에도 홍화회 모임에 참석한 일이 있었다는 것으로 보아 홍아회는 이동인을 통하여 조선에 관한 정보를 입수했으리라고 짐작된다.[81]

---

80 『舊韓國外交文書』(고려대 아세아문제연구소, 1965), 권 1(日案, 1), pp.116~117, 「卓挺埴病死 火葬의 件」(1884. 4. 3); 李能和, 『朝鮮佛教通史』(新文館, 1918), 下, p.899; 文一平, 『湖岩全集』(朝光社, 1940), 권 3, pp.38~39; 李光麟, 『韓國開化史의 諸問題』(一潮閣, 1986), pp.2~15.

81 『東亞先覺志士記傳』(黑龍會, 1966), 下, pp.360~361; 『明治編年史』(財政經濟學會, 1935), 권 4, p.302(東京日記, 1880. 11. 22). 1880년 11월 18일 一番町 米花堂에서 興亞會 회합에 참석한 일본측 인사는 重野安繹, 中村正直, 渡邊洪基, 丸山作樂, 小森澤長政, 曾根俊虎, 岸田吟香, 關新吾, 松平忠禮, 奥平昌邁 등이다. 청국 측 인사로는 蔡伯昴, 劉香琴, 張滋昉 등이고, 조선 측 인사는 李東仁이 유일 인물로 참석하고 있다.

그런데 이동인 일행이 일본 정탐임무를 완수하고 본국으로 귀국하기는 1881년 1월 1일이다.[82] 귀국한 지 불과 3개월만인 3월말경 이동인은 정체불명의 괴한에 의해 암살되고 말았다. 일반적으로 개항을 반대하는 위정척사파에 의해 암살된 것으로 추정되고 있을 뿐이다.

박일근은 "이용숙李容肅이 귀국한 직후인 3월 15일음 2. 24 개화승 이동인 밀사가 행방불명된 사건이 일어났다. 총리이며 사대事大 집권파 거물인 이최응이 한미수교 교섭주도권을 탈취하기 위하여 이동인 제거를 계획적으로 자행한 정치적 음모이다."라고 기술하고 있다. 여기서 몇 가지 문제점을 분석해 보겠나.

첫째, 행방불명 일자가 3월 15일음 2. 24은 '음양양력대조표陰陽兩曆對照表'에 의하면 음력 2월 24일은 양력으로 3월 23일이 된다. 둘째, 이최응을 사대파事大派로 간주하면서 개화파 이동인을 제거함으로써 대미외교의 주도권을 장악하기 위하여 암살했다고 단정하고 있는데, 이는 왜곡된 역사해석이 아닐 수 없다. 이최응李最應, 1815~1882은 흥선 대원군의 친형으로서 쇄국정책을 반대한 개화파로서 개항문제를 둘러싸고 쇄국정책을 고수하고 있는 대원군과 반목이 심했다. 그래서 1873년 대원군이 실각된 후 비로소 정계에 등용, 1878년 이래 영의정에 재직하면서 개화정책, 특히 개항정책을 적극 추진한 인물이다. 그 자신이 대미수교정책을 수립, 이를 저극 추진하였다.

셋째, 이동인을 정탐위원에 임명 파견한 장본인은 영의정 이최응이었다는 사실, 대미수교정책을 수행하기 위하여 그 자신이 파견한 인물을 임무를 완수하고 귀국하자마자 암살했다는 것은 상식적으로 납득이 되지

82 『關係史料』권 2, pp.451~452(광서 7. 1. 3). "卓挺埴於本初二日附英國公司船往長崎回國" 여기서 '本初二日'을 음력 12월 2일(양 1881. 1. 1)로 보았다.

않는다. 넷째, '조선책략' 도입을 계기로 조선정부는 영상 이최응을 중심으로 대미 수교정책을 수립하자, 위정척사파의 개항반대운동이 거세게 일어났다. 이른바 신사척사운동辛巳斥邪運動, 1880. 11. 3~1881. 10. 21이 전개되면서 개화파를 규탄하고 '조선책략'을 불태우는 등 개항을 반대하는 복합상소伏閤上疏가 연일 계속되었다. 이 같은 운동은 척양斥洋 척왜斥倭로 이어졌기 때문에 이동인이 정탐위원으로 일본을 왕래하자 위정척사파가 그를 제거한 것으로 볼 수밖에 없다.[83]

이무렵 조선정부는 무비강화책 즉 '군기를 배우고 제조하는 일軍器學造事'의 일환으로 일본의 총포, 선박 등의 실상을 시찰하기 위하여 1881년 3월 9일 통리기무아문의 추천을 받은 전 부사 이원회李元會를 참획관參劃官에, 이제 막 귀국한 이동인을 참모관參謀官에 임명, 일본으로 급파하였다. 그러나 이동인이 돌연 행방불명으로 종적을 알 수 없어 그만 일본 군기시찰계획은 자동 취소되고 말았다. 여기서 참모관 임명일자 '2월 10일양 3. 9'과 이동인의 피살로 군기시찰계획 취소일자 '2월 27일양 3. 26', 그리고 2월 28일 이동인이 부산 일본 영사관에 은자銀子를 맡기고 간 후 실종된 지 한 달이 되었다는 일본공사의 4월 15일자 보고문 등을 주목할 필요가 있다. 이는 이동인의 실종일자를 푸는 데 관건이 되기 때문이다. '조야신문朝野新聞' 5월 6일자에, "지난날 조선 개화당인 이동인의 암살된 기사를 게재했다." 라는 기사와 함께 상기 임명일자와 실종일자 등을 종합 정리해본다면 이동인은 대개 3월 26일 이전에 암살되었다는 결론에 도달한다. 왜냐하면 정부에서 이동인의 행방불명 사실을 확인하고 일본 파견계획을 취소하려면 며칠간 시간적 소요가 있기 때문에 이동인은 3월 하순경 암살된 것으

---

[83] 朴日槿, 『美國의 開國政策과 韓美外交關係』(一潮閣, 1981), pp.171~173.

로 해석해 볼 수 있다.[84]

그러면 누가 이동인을 암살하였단 말인가? 현재까지 이최응·대원군·김홍집·이조연李祖淵 등이 암살의 장본인으로 거론되고 있다. 가장 유력시되는 암살자는 대원군大院君과 김홍집으로 압축되고 있지만, "조선 개화당 때문에 암살된 이동인"이라는 일본 신문보도로 보아 대원군을 중심으로 한 위정척사파의 소행이라 단정할 수 있다. 1881년 4월 15일자 부산 주재 일본영사 곤도近藤眞鋤가 하나부사花房義質 일본공사에게 보낸 보고서에서 "국왕은 아마 대원군의 소위所爲로 의심하고 있는 것 같으나, 김옥균 등은 반드시 김홍집·이조연의 소위인 것으로 의심을 품고 있다."라고 인용하면서, 이는 탁정식이 김홍집의 밀함을 휴대하고 밀사로 일본으로 가는 길에 부산 일본 영사관에 들러 진술한 내용을 보고한 것이다.

김홍집이 '조선책략'과 '이언'을 받아가지고 귀국 후 대미수교문제가 표면화되면서 전국 유생儒生들은 김홍집과 이동인을 성토하는 등 청의請議, 개항반대가 비등해지자, 김홍집은 "이동인은 본래 승려緇類로서 변복變服하여 일본으로 밀항한 자이므로 나라의 국법에 따라 붙잡아 참수함이 마땅한 일이다."라는 상소를 올린 바 있다. 그렇다면 탁정식의 증언, 김홍집의 상소로 보아 김홍집이 이동인을 암살했다는 주장이 설득력을 얻고 있다. 그러나 김홍집 같은 개화파 인물이 대미수교정책을 위해 일본정탐위원임무

84 『高宗純宗實錄』中, p.2(고종 18. 2. 10); 『明治編年史』권 4, pp.386~387(朝野, 1881. 5. 6); 『承政院日記』(高宗) 권 7, p.402(고종 18. 2. 10), p.415(고종 18. 2. 27); 『日本外交文書』권 14, pp.290~303, 문서번호 122, 123, 124. "參劃官之行 置之何如 允" 이동인은 2월 28일 부산 일본 영사관을 방문, 天銀 600냥, 虎皮 20장(紳士遊覽團 朝士 7명의 여비)을 맡긴 채 종적을 감춘 것이다. 宋憲斌의 '東京日記' 6월 25일조에 "東仁이 일본에 나타나서 중요기관을 순시하였다는 신문기사를 보았다."고 기록하고 있는데, 이는 송헌빈이 5월 6일자 朝野新聞의 이동인 실종기사를 오인, 기재한 것으로 해석된다.

를 마치고 돌아온 이동인을 암살했다는 것은 논리상 납득이 안 된다.[85]

이동인이 비명횡사되자 일본 '조야신문朝野新聞'은 1880년 6, 7월경 신바시新橋의 매다정賣茶亭에서 이동인과 홍아회興亞會의 회장長岡과의 단독회담을 참견한 말광중공末廣重恭의 회고담을 소개하면서 이동인의 암살소식을 특종 보도하고 있다. 먼저 "이동인은 아시아 사정에 통식通識하고 있을 뿐만 아니라 탁절유위卓絶有爲한 인사로서 타일 조선의 정병政柄을 잡아 쇠운을 만회할 인물로 생각되었는데, 자기 나라로 귀국하자마자 비명으로 죽게 되어 정말로 애석하기 그지없다."라고 이동인이 시국에 통효한 인물로 조선 정계의 중요인물임을 소개하고 있다. 이동인은 1879년 6월 밀입국한 이래 약 1년간 일본에 머무는 동안 '조야朝野'라는 일본이름으로 변성명하고, 일본어를 재빨리 습득하는 동시에 일본의 전통의상인 '하오리 하까마羽織袴, 일본 남자 옷 상하의 정장'를 입고 다니면서 일본인 행세를 했다는 것이다. 이날 홍아회 회장과의 회담에서 이동인은 통역 없이 유창한 일본어로 유럽 열강의 정세, 풍속, 습관에서부터 조선의 폐정弊政, 일본의 현 사태, 그리고 러시아 동향에 이르기까지 폭넓은 대화를 나누었다. "그의 나이는 30세 내외로 보이며 키는 작고 안색은 기추奇醜하고 안청眼睛은 괴이怪異하다."라고 인물평을 하고 있다.[86]

---

[85] 李光麟, 『開化黨硏究』(一潮閣, 1973), pp.103~104; 『高宗純宗實錄』中, p.19(고종 18. 8. 2); 『明治編年史』권 4, pp.386~387(朝野, 1881. 5. 6), 「朝鮮開化黨の爲に暗殺された李東仁」; 「湖岩全集」(朝鮮日報社, 1939), 권 3, pp.38~39, 「僧李東仁」.

[86] 『明治編年史』권 4, pp.386~387(朝野, 1881. 5. 6).

5. 하여장 주일공사의 '주지조선외교의'와 대미통상조약 체결 결정

주일 청국공사 하여장何如璋은 이동인 · 탁정식 일행을 접견하기 전인 지난 5월 중 '삼책三策'을 작성, 총서에 제출한 바 있다. 이는 바로 '주지조선외교의主持朝鮮外交議'의 근간이 되고 있다는 점에서 하여장의 대한정책의 일단을 규지할 수 있는 중요외교문서가 아닐 수 없다. 하여장은 '삼책'에서 상책上策은 조선을 청의 군현郡縣으로 하여 조선을 청의 영토화한다는 것이다. 중책中策은 조선에 판사대신辦事大臣을 파견 주차駐箚, 조선의 내정 외교 등을 청국이 주지主持함으로써 외세침략을 막아준다는 것이다. 하책下策은 청은 조선에 대외통상을 허락하되 조약문에 "대청국大淸國의 명을 받들어 체결한다"는 단서를 붙인다는 것이다. 하여장이 이 같은 '삼책'을 총서에 건의한 근본 목적은 조선이 청의 속국임을 명백히 하는 동시에 유사시 조선문제에 간예干預할 수 있는 지보地步를 확보하기 위한 술책이라 볼 수 있다.[87]

그러나 '삼책'은 총서에서 거부되고 말았다. 실행 불가능성이 거부 이유가 되고 있다. 그럼에도 불구하고 하여장은 이무렵 김홍집 수신사를 접견하면서 조선 개항의 대강大綱을 정리하였고, 이어 이동인 · 탁정식 일행을 접견, 조선 측 의견을 수렴하여 마침내 '주지조선외교의'를 작성하였다. 하여장은 앞서 제시한 '삼책'을 모두 수용하여 '외교의'를 작성한 것인데, 그 이유는 상책의 영토화는 조선의 속국화屬國化로 채택되었고, 판사대신을 파견, 조선외교를 주지한다는 중책은 그대로 수용되었으며, 조선의 대

---

[87] 宋炳基, 『近代韓中關係史硏究』, pp.92~95.

외조약문에 "청의 명을 받들어 체결한다"는 하책도 수용되었다.

하여장의 '주지조선외교의'는 이홍장의 '열국입약통상권도책'과 더불어 조선의 대미교섭에 중대한 영향을 끼친 외교문서이다. 이제 이를 분석 검토해 보기로 한다.

첫째, 지정학적 위치에서 조선은 청의 외세침략을 방어해주는 방파제防波堤로서의 역할 의미를 가진다. "조선이라는 한 나라는 아시아의 요충지에 위치하고 있다. 서북쪽으로는 길림吉林 봉천奉天과 접경하고 있어서 중국의 왼팔이 되고 있다. 조선이 존립存立한다면 밖으로는 대양大洋을 막아주는 역할을 하고, 안으로는 황해黃海를 옹호해 주고 있어서 중국과 성원聲援 연락이 가능하다. 만일 조선이 멸망한다면 우리의 왼팔이 짤릴 뿐만 아니라 우리를 보호해주는 울타리마저 모두 허물어지기 때문에 그 후환은 이루 말할 수 없다."라고 조선은 중국에 대해 외침을 방어해주는 울타리가 된다는 것, 조선이 망하면 청의 안보가 위태롭다는 것, 그러므로 한청관계는 순망치한 脣亡齒寒의 관계라고 강조하고 있다.

둘째, 러시아의 남침 가능성이다. 조선 북쪽으로 막강한 제정 러시아는 조선과 국경을 접하고 있으면서 호시탐탐 한반도 침략의 기회를 엿보고 있다는 것이다. 그러므로 방아책防俄策을 수립해야 한다.

셋째, 러시아의 남침에 대비, 판사대신辦事大臣을 파견, 조선의 내정 외교 등을 청국이 주지함으로써 외침을 막는 것이 상책이다. 특히 러시아의 침략을 막기 위하여 조선은 미국, 독일, 영국, 프랑스 등 구미 열강과 입약통상조약을 맺음으로써 러시아의 침략을 견제할 수 있다.[88]

넷째, 조선을 중국의 속국으로 해야 한다中國之屬國는 것이다. 하여장은 "조선은 중국의 조공국朝貢國이지만 정교금령政敎禁令을 자주자행自主自行하

[88] 『關係史料』권 2, pp.439~442, 「主持朝鮮外交議」.

고 있다"고 보고, 조선을 중국의 속국 또는 반주권국半主國으로 간주하고 있다. 속국이나 반주국이 외국과 조약을 체결할 경우 대개 통할국統轄國이 이를 주관하게 되어 있다. 서양 통례에 의하면 양국 간에 전쟁이 발발하면 중립국局外之國일 경우 그 중간에 서야지 어느 한 쪽을 편들 수 없다. 그러나 속국일 경우 이러한 예에 따르지 않는다. 그러므로 조선을 러시아의 침략으로부터 구출하는 길은 부득불 제3국의 힘을 빌어 서로 유지해야 한다.

조선으로 하여금 서양 각국과 입약통상하게 된다면 "다른 나라는 조선의 자주와 중국의 속국을 모두 인정할 것이다則他國皆認其自主 而中國之屬國." 이를 시행하는 방책方策으로서 외교 교섭사에 밝은 중국 관원辦事大臣을 파견, "조선을 대신해서 외교를 주지, 조약을 체결한다는代爲主持結約 것이 속국의 분수分數이다." 조선이 중국의 속국임을 공인받기 위하여 조약문 첫머리에 "조선은 중국정부의 명을 받들어 모모국과 조약체결을 원한다茲朝鮮國奉中國政府命 願與某某國結約"라고 명문화한다는 것이다.

다섯째, 조선은 중국의 속국임을 확실하게 하기 위하여 중국의 용기龍旗, 청나라 국기를 습용襲用한다는 것이다. 다만 청국 국기와 구별하기 위하여 조선의 용기에는 주위에 구름무늬를 둘러서 사용하게 함으로써 한청간 종속체제從屬體制를 유지한다는 것이다. 여섯째, 무비강구책武備講究策을 도모해야 한다. 이를 실현하려면 양국 간에 통상문화교류를 활성화해야 한다. 조선 학생이 북경 동문관同文館에서 어학을 연수하고, 복주福州 선정국船政局, 상해 제조국製造局 등지에서 조선造船 기계제조 기술을 학습하는 한편, 조선 청년들을 직예直隸 강소江蘇 등지에 파견, 군사훈련을 받고, 서양 소총洋槍을 익히는 등 무비학습을 강화해야 한다.[89]

[89] 상게서, 권 2, pp.439~442, 「主持朝鮮外交議」.

한편 이유원李裕元은 개항을 반대하는 신사척사운동辛巳斥邪運動이 거세게 일어나고 유생儒生들의 청의淸議, 개항반대여론에 못 이겨 마침내 대미수교를 할 수 없다는 편지를 이홍장에게 보냈다. 1880년 12월 12일자로 작성된 이유원의 편지를 조선 국왕위원 이용숙李容肅이 이홍장에게 전달한 것이다. 이유원은 조선개항 불가의 이유를 다음과 같이 고백하고 있다. "우리나라는 대소사를 중국에 의존의고倚靠하고 있는데, 이는 심상한 것에 비길 일이 아니다. 그래서 먼 나라와 교섭하지 않고 있다. 귀하께서 탄압외침 방어이 더욱 무겁고 근공近攻을 하지 아니하면서 유지해오고 있는 것도 이 때문이다. 그러므로 바다 멀리 외국에 기대하겠으며, 강을 사이에 둔 가까운 적을 근심하겠는가."[90] 이와 같이 이유원은 중국이 조선의 대소사를 돌보고 있기 때문에 먼 나라와의 수교를 맺지 않겠다고 언명하면서 미국과의 입약통상의 뜻이 없음을 밝히고 있다.

이 같은 '먼 나라와의 교섭을 하지 않겠다不爲遠交'는 뜻이 담긴 이유원의 편지를 접수한 이홍장은 1881년 2월 26일자 이에 대한 답장을 이유원에 보낸 것이다. 이홍장은 답장에서 서세동점西勢東漸의 시대를 당하여 지구의 대세가 일변하고 있다고 지적하면서 이 같은 비상한 시국의 변화를 맞이하여 비상한 대책을 수립해야 한다고 강조하였다. 지난번 조선국왕이 무비강구를 요청했는 바, 이를 적극 도와주겠다고 약속하면서 '불위원교不爲遠交'는 시대변화에 배치되는 대응책이라고 지적하고 있다. "귀국은 무비를 진홍, 외침을 방어하면서 나라를 굳게 지켜주기 바란다. 귀국의 목전 형세를 살펴보면 비록 가까운 나라를 공격할 필요는 없지만 먼 나라와 친교親交를 맺지 아니할 수 없다. 지난번 황준헌黃遵憲이 귀국을 위해 '조

[90] 『關係史料』권 2, pp.470~471(庚辰 11. 11). "而小邦之大小倚靠非比尋常 不爲遠交 而爵前之彈壓愈重 不爲近攻 維持斯在 然則何待乎"

선책략'을 지어준 것도 이 때문이다."[91]라고 '불위원교'의 불가함을 지적하면서 이처럼 엄청난 시대적 대변화에 적응, 살아남기 위해서는 쇄국정책을 고수하다가는 러시아 일본 등의 침략을 받게될 것이라고 경고하고 있다.

이리하여 조선정부는 1880년 12월 8일 미국과 입약통상하기로 최종 국론國論을 통일하고 이용숙李容肅을 조선국왕위원朝鮮國王委員에 임명, 청나라에 급파하는 동시에, 1881년 3월에는 탁정식卓挺埴을 밀사로 일본에 파견, 이홍장과 하여장에게 각각 미국과의 수교방침 결정사실을 공식 표명한 것이다. 이용숙은 1880년 12월 8일 동지정사 임응준任應準과 동행, 1881년 2월 18 일 북경에 도착했다. 3월 1일 이용숙은 천진 북양아문을 방문, '영의정 이최응계본李最應啓本'과 '청시절략請示節略' 그리고 원임태사原任太師 이유원의 서함 등을 제정하면서 회담을 가졌다.[92]

이최응은 '이최응 계본'에서 1880년 5월 미국 슈펠트 특사가 서계書契를 동래부사 심동신沈東臣에게 바치면서 한미교섭을 요청했지만 미국은 원수나라신미양요라 해서 이를 받지 아니했다는 것이다. 이 사실이 각 신문에 보도되면서 천하의 웃음거리가 되고 말았다. 조선의 본래의 뜻은 유원지의柔遠之義에 있었는데, 이같이 된 것은 부당한 일이 아닐 수 없다. 우리나라는 서양 각국과 은원恩怨 관계가 없었는데 마음이 간사하고 아첨하는 무리憸人輩들이 사교邪教, 천주교를 끌어들여 흔단釁端, 병인양요, 신미양요을 일으켰기 때문에 이같이 미국의 교섭요구를 거절한 것이다. 이최응은 이상과 같이 미국의 입약통상요구를 거절하게 된 경위를 해명하면서 이제 "조선은

---

91 『關係史料』권 2, pp.471~472(辛巳 1. 28). "貴國振興武備 風氣日開 庶有以禦外侮而固東陲 至論貴國目前形勢 雖不必近攻 而不可不遠交"

92 『李全集』권 5, pp.287~288, 「論朝鮮外交」(광서 7. 2. 2).

미국과 입약통상을 원하고 있다"라고 공식 언명하고 있다. 이홍장은 '이최응 계본'을 받아보고 나서 조선이 지난번 슈펠트의 입약교섭요구를 거절한 것을 몹시 후회하고 있다는 사실을 확인하면서 비로소 "조선은 미국과 입약을 원하고 있다는 사실을 이미 확실하게 입증된다願與美國立約 已有明證"[93]라고 밝히고 있다.

2월 26일 이용숙-이홍장 간에 제2차 회담이 속개되었다. 이 자리에서 이홍장은 조선이 미국과의 입약을 국론으로 확정한 사실을 재확인하기 위하여 "서양 각국이 사신을 조선으로 파견, 조약체결을 상의하자고 요구하면 거절하지 않겠는가. 나는 결단코 서양을 위해 세객說客이 되고 싶지 않다. 다만 귀국이 이를 재삼 굳게 거절할까 염려될 뿐이다."라고 타진하였다. 이에 이용숙은 "우리 군주는 모든 대소사를 이곳 북양아문北洋衙門에 위임하고 있다. 우리 조정의 정신廷臣들도 그전의 슈펠트의 입약교섭요구를 거절한 것을 뉘우치고 있다. 만약 미국이 입약을 하자고 청한다면 이전처럼 굳게 거절한다는 것은 부당한 일이다."[94]라고 미국과의 입약의지를 재천명하고 있다.

'청시절략請示節略'은 '조선순문각조朝鮮詢問各條'라고 명기한 점으로 보아 이는 조선정부에서 국론으로 결정된 정책을 청국정부에 시행 여부를 추인 또는 자문을 구하는 외교문서라고 그 성격을 규정해볼 수 있다. 그런데 동지정사 임응준이 사폐辭陛한 것은 1880년 12월 8일이라는 것, 이용숙이 동지정사와 동행하여 북경으로 향발했다는 것, 이 두 가지 사실로 미

---

93 『關係史料』권 2, pp.462~466.

94 『關係史料』권 2, pp.467~470, 「與朝鮮委員李容肅問對節略」(광서 7. 1. 28). "問 你看以後若有西洋各國 派使往朝鮮商議結約 當無拒絶否 我斷不肯爲西洋作說客 但慮貴國再三堅拒, 李對 寡君之意 已屬於此 廷臣亦有回悟者 若有美意來請 恐不當如前堅拒"

루어 보아 '청시절략'은 조선정부가 적어도 11월 중에 작성한 것으로 추측된다.[95] '청시절략'은 전문 8조로 구성되어 있다. 1조 · 3조 전반부 · 8조는 한일간 외교통상관계, 한청 간 해금海禁해제문제와 통상필요성, 일본공사의 주경駐京문제, 인천仁川개항문제 등을 다루고 있다. 4 · 5 · 6조는 주로 무비강구문제를 순문하고 있다. 7조는 용기습용龍旗襲用문제를 순문하고 있다. 2조와 3조 후반부는 조선의 대외 입약통상문제를 집중 문의하고 있다. 이 문서 중 입약통상문제와 용기습용문제를 다룬 조항을 전문 번역하여 이를 분석 검토해 보기로 한다.

〈청시절략〉

제2조 입약 통상문제

우리나라는 후일 부득이 세계 각국과 서로 통상관계를 맺을 때, 자주자강해야 하며 이권利權은 우리에게 있고, 다른 나라의 강제要挾를 받지 아니한다. 이에 선후先後 조만早晩의 정책을 잃지 않으려면 어떻게 하면 되는지 감히 문의하는 바이다. 작년 10월 25일 재주관齎奏官 변원규卞元圭가 이를 상세히 밝혔을 것이다. 그는 귀국 시 반드시 귀하를 직접 방문, 면진面陳했을 것이다. 우리는 마땅히 예방책을 수립할 것이다. 자주의 권리는 우리에게 있다. 마도태馬道台, 馬建忠가 '외양통상절략外洋通商節略' 1책을 작성, 교부해준다면 앞으로 대외조약 체결시 이를 채택, 사용하고자 한다.

제3조 후반부

대개 화약和約과 상약商約은 다르다. 우리는 화약을 배반하지 않을 것이며 결코 흔단釁端을 미리 일으키지도 않을 것이다. 우리는 상약을 이룩하고자 한다. 다만 전쟁에 의한 상약을 단호히 거부한다. 유럽의 스위스瑞士, 벨기에比利時 같

95 『高宗純宗實錄』上, p.627(고종 17. 11. 7); 『高宗時代史』권 2, p.196(고종 17, 11, 7); 『李수集』권 5, pp.287~288(광서 7. 2. 2).

은 약소국蕞爾은 강대국에 둘러싸여 있다. 우리도 장차 상약을 불수不修하고 세칙稅則을 시행하지 않으면 한 나라로서의 독자적 구실을 할 수 없을 것이다. 일본은 일찍이 각국과 통상할 때 잠정적으로 서양인을 고빙雇聘, 세무稅務를 담당하게 했지만 지금은 서양인을 모두 돌려보내고 그들 스스로 세무를 관리하고 있다. 이와 같이 우리나라도 총명한 자제를 선발하여 서양인을 고빙, 이들에게 언어문자를 학습하고, 세무사稅務事를 익히는 게 좋을 것이다. 일단 학습을 한 후에는 서양인은 필요 없게 된다. 중국이 서양 각국과 체결한 통상장정通商章程, 세칙, 세액稅額, 조관條款 등을 교부해준다면 우리는 이를 대외조약 체결에 이용할 것이다.

제7조 국기國旗 제정문제

우리나라는 국기國旗가 없기 때문에 본래부터 상선에 깃발旗標을 달지 않고 있다. 장차 의논해서 국기를 제작할까 한다. 일찍이 황참찬黃遵憲이 중국의 용기龍旗를 습용襲用할 것을 주창한 바 있다. 중국 상선의 기신旗身과 깃발 모양畵樣은 어떻게 생겼는지 순문하는 바이다. 자세히 알려주면 우리나라가 이를 채택할 경우 깃발 모양과 색깔을 정하는 데 도움이 될 것이다. 무릇 서양 각국의 상선의 기식旗式은 그 나라 국주國主의 깃발을 사용하는데, 해상으로 왕래하는 상선에 이를 게양하여 어느 나라 선척船隻임을 알게 한다. 이제 우리나라 국왕이 사용하고 있는 깃발은 '용을 그린 깃발' 즉 화룡방기畵龍方旗이다. 이는 중국의 용기龍旗와 흡사하다相仿. 그래서 화룡기畵龍旗를 국기로 채택, 상선의 기표로 이용할까 한다. 이를 시행하기에 앞서서 중국 용기의 치수尺寸, 깃발의 색깔顔色, 깃발을 그리는 도구繪具, 그리는 방법圖式 등을 자세히 가르쳐주면 채택하는 데 도움이 될 것이다.[96]

이상 소개한 '청시절략' 조항을 분석, 종합 정리해본다면 황준헌의 '조선책략'에서 주장했던 "각국과의 조약체결로 자강自强을 도모한다" "조선

[96] 『關係史料』권 2, pp.484~490, 「請示節略」; 『李全集』권 2, pp.506~508, 「朝鮮詢問各條」.

은 중국의 용기龍旗를 습용襲用한다" 등 두 가지를 수용하고 있다. 그리고 하여장의 '주지조선외교의'에서 주장한 "조선의 외교는 중국이 주지主持한다", "조선은 중국의 용기를 습용한다", "조선의 유위한 청년을 중국 북경의 동문관同文館에 파견, 외국어를 습득하는 동시에 군사훈련을 습득한다"는 등 세 가지를 전폭 수용하고 있다. 다른 점이 있다면 어디까지나 조선이 대외조약을 체결함에 있어서 '자주자강自主自强'을 강조했다는 것, 입약 후 경제적 이권은 조선이 소유해야 한다는 '이권자주利權自主'를 주장했다는 것이다. 이리하여 조선 측은 이제 서양 각국과 입약통상을 시행하고자 하는 바 조약체결에 경험이 없으므로 참고용으로 중국의 대외조약문을 교부해 줄 것, 그리고 조선을 대신해서 통상장정通商章程을 작성해 줄 것을 요구하고 있다.[97]

이홍장이 이용숙-이홍장 회담에서 이홍장은 '청시절략'을 전폭 수용하는 동시에 이용숙이 요구한 통상약장通商約章을 긴급 작성하였다. 이홍장은 그의 막료 외교담당 마건충馬建忠 도원道員에게 조선이 장차 서양 각국과 입약 시 기본이 되는 조약문을 기초하였다. 이것은 어디까지나 조선대표의 요청에 의해 작성하게 되었다는 것, 조선은 외교의 경험이 전무하기 때문에 청국이 조선을 위하여 조선외교를 주지한다는 의미에서 '조선을 위하여 대신 작성代擬했다'는 것을 강조하고 있다.[98]

이홍장은 "조선외교 한 가지는 요사이 정의廷議에서도 점차 계획이 변경되어 감을 알게 되었으며, 또한 총리아문의 서신을 통한 상판商辦에 준거하여 조선을 유지하고 보호 조처하는 방법을 마련하게 되었다朝鮮外交一

[97] 『李全集』권 5, pp.287~288, 「論朝鮮外交」(광서 7. 2. 2); 『關係史料』권 2, pp.475~480, 「酌覆朝鮮詢問各條」(광서 7. 1. 28).

[98] 『關係史料』권 2, pp.472~475, 「代擬朝鮮與各國通商約章」(광서 7. 2. 3).

事 近日廷議漸知變計 又准總理衙門函商隋時設法維持調護"라고 조선의 국시國是가 쇄국 정책에서 개항정책으로 일변되었음을 지적하면서 '조선 유지책'으로 통상 약장을 작성하게 된 배경을 이용숙에게 다음과 같이 설명하고 있다. "원래 우리의 번리藩籬, 울타리, 조선는 외교 정사情事에 생소하기 때문에 서양 각국과 조약을 체결함에 있어서 반드시 속임을 당할 염려가 없지 않다. 이는 유익함이 없고 손해만 보게 될 것이다. 그래서 서양에서 유학하고 교섭사交涉事에 정통한 도원 마건충이 정조여鄭藻如와 더불어 오늘날 시세와 동서양 통례通例를 참작하여 조선을 위하여 대신 각국과의 통상장정 저고底稿를 초안하였는데, 이는 조선을 위하여 이익을 취하고 손해를 방지하기 위한 계책이다."[99]

1881년 3월 2일 이용숙-이홍장 회담 직후 마건충이 작성한 '대의조선여각국통상약장代擬朝鮮與各國通商約章'은 전문 10개조로 구성되어 있는데 그 전문을 번역 소개할까 한다.

〈代擬朝鮮與各國通商約章道員 馬建忠 擬呈〉 1881. 2. 3

조선과 모국某國은 화호통상조약和好通商條約을 체결하여 상호 화호를 돈독히 하며 상민을 보호한다. 양국은 각기 전권대신 모某를 파견, 의약議約한 조약문을 받들어 상호 비교 열람한 후 조약을 의정議定한다. 조약문은 다음과 같다.

제1관

조선과 모국 양국 인민은 화호를 영원히 보존하며 우의友誼를 영구히 돈독히 한다. 피차 조약 내 인준한 개항장開口岸 안에서 거주하는 상대국 교민僑民, 인민들의 거주, 신체상 생명, 가옥, 재산 등을 보호한다. 아울러 모든 외국 인민別

---

[99] 『關係史料』권 2, pp.480~481(광서 7. 2. 3). "固我藩籬 惟該國於外交情事生疎 設再與西國結約 勢必被其欺蒙 無益有損 遂令前在西洋學習交涉事宜之道員馬建忠 與鄭藻如等 參酌目今時勢及東西洋通例 代擬朝鮮與各國通商章程底稿 豫爲取益防損之計"

國人民들도 이와 동일한 이익을 향유한다.

제2관

본 조약체결로 통호通好가 이룩된 후 양국은 총영사總領事 1인을 모 개항장에 파견 주차한다. 나머지 다른 통상 개항장에는 영사領事를 파견 주재한다. 본국 상민들이 교섭할 중대사건이 발생, 협상 타결할 수 없을 경우 해당국 총영사는 중국 북경에 주재하고 있는 해당국 공사公使에게 보고, 처리할 방법을 강구한다設法籌辦. 파견된 영사관은 반드시 정식專仕한 관원이어야 한다. 주재한 상인이 영사관을 겸임할 수 없을 뿐만 아니라 영사관도 역시 무역행위를 겸행할 수 없다. 무릇 주재 영사관은 임지 내의 지방관과 상호 평행지례平行之禮, 統屬의 관계가 없는 대우로 상견相見한다. 갖가지 은시恩施를 받는 등 최혜국最惠國 영사관과 다를 바 없는 대우를 받는다.

제3관

현재 조선국은 모모 항구를 통상항구口岸로 지정해서 개항장으로 개항할 경우 모국 상민이 이 개항장으로 들어가 무역을 하게 된다. 항구를 개항하기에 앞서서 양국은 모름지기 관원을 별도로 파견해서 개항장 모처를 감정勘定, 이를 해당국 상민이 기거寄居할 계지界地로 정해야 한다. 만약 상민이 이 계지를 이탈하여 다른 곳에 거주하는 등 위약違約을 저지를 경우 본지 관원이 이들을 체포하여 해당 영사관에 인도 징계한다. 그러나 이 계지는 본국의 고유 영토版宇이다. 해당 상민은 이 계지에서 거주하면서 납세와 임대納價 租用 영구생업永業을 같이 누릴 수 있다. 조계租界 내의 관할管轄은 지방의 사무이므로 해당 지방관이 제반 사무를 판별하여 처리한다辦理.

제4관

무릇 모모국 관원과 상민이 모모 항구에 통상을 위해 주차하면서 각색인各色人을 고용, 자기 영역 안分內에서 공예工藝를 일으킬 경우 본 지방관은 이를 가로막을借端阻抑 수 없다. 만약 각색인 등이 본국의 예금例禁, 금지법률을 위반할 경우 고용주는 이들을 비호 은닉할 수 없다. 본 지방관은 예금例禁에 따라 이들을 체포 사법처리한다.

제5관

무릇 개항장通商口岸에 모국의 병선 상선이 입항하여 식물食物, 땔나무와 석탄薪煤, 음료수甛水 등을 매취買取할 수 있다. 또한 상선을 수리하는 데 조금도 방해阻碍 받지 아니한다. 오직 병선만은 개항장에서 출항 시 세금稅鈔을 납부하지 아니한다. 폭풍우를 만나는 등 악천후를 제외하고는 외국의 병선과 상선은 개항장이 아닌 항구未開港埸로 출입항할 수 없다. 이를 어길 경우 징벌을 받는다.

제6관

무릇 모국 상민이 개항장通商口岸에서 무역할 경우 모든 수출입 화물進出貨物에 대해 응당 납세해야 한다. 오직 각색 화물이 정체銷滯할지 미리 알 수 없으므로 세칙을 미리 정하기 어렵다. 이에 각색 수입품進口貨은 고가치估價值, 從價 100분의 10百抽十, 수출품出口貨은 종가 100분의 5百抽五의 세금을 납부해야 한다. 일체 자용自用하는 모든 식물食物이 열 가지 미만일 경우에는 대개 관대한 세금을 물린다. 아편鴉片은 절대 판매할 수 없다. 이를 어길 경우 처벌된다. 모든 선박은 입항 시 반드시 세금을 납부해야 한다. 매 톤당 약 은 5전씩 납부하되 3개월每季마다 한 번씩 납세한다. 상선의 출입항의 정도는 개항장에 살고 있는 상민의 행잔行棧, 港岸에 건설한 상인 영업의 창고을 여는 칙례則例에 따른다. 항구를 열 때 양국은 관원을 파견, 협상 타결한다.

제7관

개항장通商口岸에서 양국 인민이 재산 및 각종 죄안罪案을 교섭할 경우 각기 피고被告 소속 관원을 거쳐 심단審斷한다. 각기 본국의 율례律例를 참조해서 죄를 정한다. 오직 절도자 탈세자逋欠 등안等案은 양국 관원이 끝까지 추적 체포, 대상代償, 대신 변상함할 수 없게 한다. 만약 안내案內의 원고原告가 사건에 승복甘服해올 경우 마땅히 그 소속 관원의 요구를 들어주어야하며應聽, 피고 소속 관원에게 이 사실을 조회하여 신문訊問을 다시 함으로써 법집행을 공정하게 밝힌다.

제8관

이다음 처음 개항하는 개항장에서의 세무교섭사건稅務交涉事件은 임시 시행단계에 속할 뿐 확정된 것은 아니다. 양국은 약내約內의 소유자를 조사 조회함으로써 세무교섭을 판별하여 처리한다. 개항일부터 5년 후에 모든 사정을 짐작해서酌量 세무사항을 개정한다. 세무제도의 공정을 기함으로써以期因制宜 양국 인민이 공히 유익이 되게 하고 손해가 되지 않도록 한다.

제9관

이번에 소정所定한 조약문은 중국문 조선문 모국문서양 등 각 4부씩 마련하여 각기 부합符合되는지의 여부를 상호 비교 열람, 주호의 착오가 없나는 것을 확인한다. 만약 어구상 불분명한 곳이 있으면 본국문자本國文字 사용을 제외하고 중국문자中國文字를 정문正文으로 한다.

제10관

이제 이상에서 양측이 협의하여 조약을 정한 후 양국이 파견한 전권대신이 먼저 서명 날인한다. 양국 국주國主는 이를 빙신憑信으로 하여 비준批准한 후 양국이 약정한 장소에 회동, 비준서를 교환한다. 그리고 이를 인쇄 반포하여 양국 관민官民이 이를 알고 준수이행하게 한다.[100]

한편 조선정부는 앞서 일본 정탐위원으로 일본 정세를 살피고 귀국한 탁정식을 밀사로 임명, 조선의 대미수교정책 확정 사실을 주일 청국공사 하여장에게 정식으로 통고하기 위하여 일본 도쿄로 급파하였다. 탁정식은 미국과 수교할 정부의 개항정책을 밝힌 하여장에게 보내는 김홍집의 밀함을 휴대하고 일본 도쿄로 향발한 것이다. 조선정부는 국내 개항을 반대하는 청의淸議의 여론 비등, 열화와 같은 척양척왜斥洋斥倭운동 때문에 공식적인 특사파견을 단행하지 못하고 이같이 밀사密使를 파견한 것이다. 탁정식이 1881년 3월 2일자 김홍집의 밀함密函을 하여장에게 전달한 것은 4월 30일이었다.

---

[100] 『關係史料』권 2, pp.472~475, 「代擬朝鮮與各國通商約章」(광서 7. 2. 3).

김홍집은 밀함에서 "우리나라 사세事勢를 살펴보건대 조정의 의론이 한결같지 아니하고 백성의 뜻개항반대 여론도 외교입약통상쪽으로 돌리기 어렵기 때문에 지금 당장 대미수교 방침을 재단裁斷할 수 없어서 고민스런 일이 아닐 수 없다. 그러나 귀하의 성념盛念을 저버리지 않겠다."[101] 상거한 밀함을 분석해보면 '조론수차朝論殊差' 즉 개항을 찬성하는 개화파와 이를 반대하는 척사파의 청의淸議, 개항반대 여론로 국론이 분열되어 있어서 조선정부는 미국과의 수교방침을 국론으로 확정했지만 이를 즉시 재단하기 어렵다는 고충을 고백하면서 "귀하의 입약통상의 권고를 저버리지 않겠다"는 뜻을 밝히고 있다.

탁정식卓挺埴은 5월 20일 청국 공사관을 방문, 하여장何如璋 공사와 두 번째 회담을 가졌다. 이 자리에서 탁정식은 하여장에게 조선의 현 정세를 자세하게 보고했다. 작년 김홍집 수신사가 일본사행 임무를 완수하고 귀국 시 황준헌으로부터 '조선책략'과 '이언易言' 두 책을 받아가지고 정부에 바친 바 있는데, 이들 문서는 조선의 대미수교 정책수립에 지대한 영향력을 행사했다. 조선 군주를 비롯하여 각부 대신들도 모두 개항과 대미외교를 해야 한다는데 인식을 같이하고 있다고 해명하고 있다. 이제 "오늘날 부강하려면 반드시 먼저 서양의 제도를 배우고 서양의 기술을 습득해야 한다."는 데 공감하고 있다는 것이다.[102]

그러나 대미수교문제를 둘러싸고 찬반 이론異論이 분기紛起하고 있다는 것, 지난달 안동진사安東進士 이응접李應接 등은 고향 유생 수백 명을 거느리

---

101 『關係史料』권 2, p.505. "第以來敎參究弊邦事勢 則朝論雖或差殊 民志尙屬難回 恐無以卽地裁斷 用是爲悶 非敢有負於盛念也 辛巳二月三日 朝鮮 金宏集 再拜"

102 『高宗時代史』권 2, p.231(고종 18. 3. 23); 『梅泉野錄』(국사편위, 1971), pp.50~51. "處今日而欲致富强 必先學洋制 而習洋技"

고 복합상소伏閤上疏한 바 있는데, 이들은 '조선책략'을 가지고온 수신사 김홍집과 개화파의 영수 민영익閔泳翊을 규탄하면서 '외교를 금지하라'는 청의를 줄기차게 전개하고 있었다. 탁정식은 이상과 같이 조선 국내의 청의개항반대 상황을 자세히 설명하면서 "현재 조정의 여러 대신들 중 외교를 원하는 자는 이미 10의 7이나 되지만 민간에서는 열 사람 중 한 사람도 없다10의 1."[103]라고 개탄하고 있다. 그러나 김홍집의 밀함에서 밝혔듯이 조선정부는 하여장에게 분명히 "귀하의 성념을 저버리지 않겠다非敢有負於盛念也"라고 대미수교의지를 재천명하고 있다.

6. 청清 주지主持로 연미론에 의한 조선개항한미수교 결정

청과 조선은 비록 조공관계朝貢關係이지만 청은 조선에 대한 정치적 간섭을 일체 행사하지 아니했다. 가령 제너럴 셔먼호사건이 발생하자 미국은 청국정부에 대해 청은 조선의 종주국宗主國이기 때문에 손해배상을 요구하였고, 이어 병인사옥丙寅邪獄이 발생하자 프랑스는 한청 간의 공모를 규탄하면서 종주국으로서 책임을 물어 조선에서의 프랑스 선교사 신변안전보장을 요구한 일이 있었다. 이에 청국은 이 같은 미불 양국의 손해배상요구에 대해 "조선은 비록 청의 조공국이지만 정교금령政敎禁令은 자주자행하고 있다"고 주장하면서 조선에 대한 정치적 불간섭정책을 천명하

103 『關係史料』권 2, pp.504~505(광서 7. 4. 23) "據云朝中諸臣願外交者已有十之七 唯民間則十無一人"

였다.

이와 같이 청은 조선의 정치적 문제에 대해 일체 간여하지 않는다는 '절대 불간섭 · 불개입정책'을 고수하고 있었다. 그러나 1874년 4월 일본이 대만정벌臺灣征伐을 단행하자 이는 곧 일본의 정한론征韓論 구현의 전단계라는 것, 나아가서는 일본의 대륙침략의 청신호로 간주하게 되었다. 뿐만 아니라 러시아는 1860년 북경조약北京條約 체결로 연해주沿海州를 차지하면서부터 한반도 침략의 기회를 노리고 있었다. 이와 같이 러일의 한반도 침략위협이 고조되면서부터 청은 이제 종래의 '대조선 불간섭정책'을 지양하고 소극적 '대조선 간섭정책'인 '중재仲裁에 의한 해결방책'이라는 '종중배해從中排解'를 모색하지 않을 수 없었다. 가령 1875년 9월 운양호포격사건雲揚號砲擊事件이 발생하자 이홍장은 한일간 전쟁발발을 우려하지 않을 수 없었고, 청일간 외교적 절충으로 위기 극복이 어렵다는 판단 아래 '사단事端 발생을 미리 막아서 편안하게 하는 계책'인 '식사영인지계息事寧人之計'를 채택하였다. 이와 같이 청은 1874년 이래 1879년 8월 이홍장이 열국입약권고 밀함을 조선에 보낼 때까지 간섭적 소극적 대조선 개입 · 간섭정책인 '식사영인지계'를 유지했던 것이다.

1879년 4월 일본은 유구琉球를 병합하였다. 8월에는 청러간 이리伊犁 국경분쟁문제가 발생하자, 청은 조선을 포함하여 "모든 '소속방토所屬邦土'의 상실우려外藩盡削"라는 위기감이 고조되기에 이르렀다. 때마침 전 복건순무福建巡撫 정일창丁日昌은 「해방응판사의 십육조海防應辦事宜 十六條」를 상주하면서 러일 침략위협의 극복책으로 조선에 입약을 권고할 것을 상주하였다. 이에 광서제는 정일창의 조선입약권고안을 수용, "사단事端발생을 미리 막음으로써 의외의 근심을 없앤다以息事俾無意外之虞"는 유지諭旨를 군기대신에 내렸다. 이에 총서는 유지에 따라 이홍장李鴻章에게 열국입약권고

밀함을 작성하는 전권을 부여하면서 밀함을 이홍장 뜻대로 작성하게 된 것이다.

이홍장은 밀함을 보낼 조선 측 상대역으로 영중추부사領中樞府事 이유원李裕元을 선택했다. 일찍이 영의정 이유원이 1875년 세자책봉 주청정사奏請正使로 북경에 사행했을 때, 이홍장은 "나라를 보전하고 굳게 방비하는 방책保邦固圉"을 진술한 수서手書, 이홍장이 손수 쓴 편지를 이유원에게 직접 건네면서 이를 조선국왕에게 전달해 달라고 당부했다. 이로부터 조선국왕은 이유원을 통해 서한과 폐백幣帛 등 예물을 보내는 등 양자 간에 문통文通이 계속되었는데, 이 같은 문통은 '국왕의 뜻寡君之意'에 따라 왕래한 것이다. 이와 같이 이홍장은 1875년 이래 이유원과 빈번한 문통을 주고받아왔다는 것, 그리고 이 문통은 국왕의 의사가 반영된 것이라는 것 등 두 가지 이유로 이유원에게 밀함密函을 보내게 된 것이다.[104]

이리하여 이홍장은 이유원에게 1879년 8월 26일자 '열국입약통상권고列國立約通商勸告' 밀함密函을 보냈다. 밀함은 사신私信 형식을 취했지만 총서總署에서 상주, 광서제光緒帝의 승인을 받아 "이홍장의 뜻대로 작성했다作爲該督之意"는 것, 비록 사신 형식을 취했지만 이홍장-이유원 간 문통이 '국왕의 뜻'에 따라 교신했다는 점에서 이는 청국정부가 조선정부에 보낸 공식 외교문서이다. 이홍장은 밀함에서 "조선이 열국과 입약하면 러일의 침략을 막을 수 있다"고 주장하였다. "독으로서 독을 공격하고, 적으로서 적을 제어하는 방책以毒攻毒 以敵制敵之策"에 의해 조선이 서양 각국과 입약을 이룩한다면 러일의 침략야욕을 사전에 방지할 수 있다는 것이다.

---

104 『李全集』권 2, pp.580~581, 「謹將朝鮮陪臣金允植投遞密書照鈔恭呈」(광서 7. 11. 29). "乙亥春 相臣李裕元 奉使入都 得達姓名於棨戟之下 中堂爲陳保邦固圉之道 賜以手書 李相歸獻寡君 寡君一見契悟傾慕不已 自後連年書幣 皆出寡君之意"

이러한 러일 견제책을 구현하는 데는 두 가지 방법이 있다. 하나는 무비를 자강한다는 무비밀수武備密修요, 또 하나는 공법公法 준수로 '강대국과 약소국이 상호 유지한다强弱相維'는 것이었다. 밀함 작성을 계기로 이홍장은 '종중배해從中排解' 즉 종전의 소극적 간섭정책에서 적극적 대조선 개입 · 간섭정책으로의 정책전환의 단초端初를 이룩한 것이다. 이홍장은 조선은 서양 정세와 동향에 어둡다는 것, 조약상의 이해득실을 잘 모른다는 것, 이 때문에 "조선은 스스로 대책을 수립할 수 없기 때문에 청이 조선을 위하여 대신 주책籌策을 수립한다自不能不爲借箸代籌"는 것이다.

이로써 이홍장은 조선외교를 자신이 주지主持한다는 '주지외교主持外交'라는 적극적 대조선 간섭정책을 행사하였다. 이리하여 이홍장은 "한반도에 미국 세력을 끌어들여 러일의 한반도 침략을 저지함으로써 청의 대조선 종주권宗主權을 확보 · 유지해보겠다"는 이른바 '연미론聯美論'을 수립하였다. 가령 1880년 5월 슈펠트는 일본의 중재에 의한 조선개항을 실현해 보려고 부산을 방문, 타진해 보았지만 동래부사 심동신沈東臣의 완강한 거부로 교섭은 실패로 끝났다. 이홍장은 연미론에 의해 조선개항을 성취해 보고자 슈펠트를 천진天津 북양아문北洋衙門으로 초청, 한미수교 교섭을 주재했다.

이유원은 밀함을 접수, 이를 정부에 보고하면서 1879년 12월 24일자 회함을 이홍장에게 보냈다. 회함에서 이유원은 첫째, 조선은 외교할 여유가 없다不暇外交는 이유로 조선외교를 이홍장이 맡아서 주지主持해 줄 것을 요구하고 있다. 둘째, '독으로서 독을 공격한다'는 것은 조선은 문약文弱한 나라이기 때문에 이 계략을 쓰게 되면 조선이 먼저 패배할 가능성이 있기에 채택할 수 없다. 셋째, 일본이 유구를 병합하였을 때 각국이 이를 저지하지 못했다는 이유로 공법公法 준수로 '강약상유'도 실현 불가능하다는 것이다.

넷째, 조선은 산업생산이 빈약하므로 서양 각국과 통상할 수 없다. 이유원은 이상 네 가지 사실을 열거하면서 이홍장의 입약통상권고를 정식으로 거부하면서 개항하지 않고 쇄국을 고수하겠다는 폐관자수閉關自守를 선언했다. 이홍장은 이유원의 폐관자수에 대해 이는 조선이 태서의 국제정세에 어둡고, 시무時務에 밝은 개화파 인물이 외교를 주재하지 못한데다가 "개항을 반대하는 청의淸議의 여론에 견제되어牽於衆議" 자신의 입약권고를 받아들이지 아니한 결과라고 진단했다. 그러므로 조선이 입약권고를 채택하려면 '시세의 변화因勢轉移'를 기다릴 수밖에 없다고 진단하고 있다.

이홍장의 밀함은 조선의 대외정책수립에 지대한 영향을 주었다. 조선정부는 이홍장의 열국입약통상권고를 즉각 수용하지 아니했지만 이 밀함을 통하여 국제정세의 동향을 파악하게 되었고, 이를 계기로 러일의 침략에 대처하는 안보책을 수립하게 되었다. 이리하여 조선은 입약통상권고를 거부하면서도 무비밀수책武備密修策을 전폭 수용, 마침내 무비자강책을 수립하게 되었다. 1880년 8월 14일자 이홍장의 무비밀수책을 수용하겠다는 조선자문朝鮮咨文을 작성, 재자관 변원규卞元圭를 급파했다. 변원규는 10월 19일 천진에 도착, 천진창天津廠을 시찰한 후 10월 25일 이홍장과 회담했다. 변원규는 조선자문을 전하면서 입약통상권고를 정식 거부하고 무비밀수책武備密修策을 채용하겠다고 언명하였다. 조선의 유위한 청소년을 선발하여 천진 등지에 파견, 군기제조 기술을 배우고 군사훈련을 받겠다고 밝혔다.

이에 이홍장은 조선이 청의개항반대 여론에 얽매어 입약을 거부한 것은 유감이라고 표명하면서 무비밀수책을 받아들인 것은 앞으로 입약을 실현하는 데 한줄기 희망이 있다고 낙관하면서 무비밀수책을 적극 지원해주겠다고 약속했다. 그러나 이홍장은 군사훈련과 무기제조를 배우는 것과 입약통상은 분리해서 실시할 것이 아니라 이를 '상호 보완하여 행할 것相輔而行'을 주장하면서 입약통상을 다시 권고하고 있다. 이에 변원규는 먼저 무비자강先武備自强한 후에 입약통상後立約通商을 한다는 원칙을 거듭 주장하면서 무비자강책을 실시하는 지침서 작성을 요구하였다. 이홍장은 이 같은 요구에 응해 「조선국원변래학제조조련장정朝鮮國員弁來學製造操練章程」을 작성, 변원규에 건네주었다. 총명한 기예技藝 교공巧工 87명을 선발, 천진창 등지에 파견하여 군기 제조기술을 배우고, 군사훈련을 익힌다는 것이다.

재자관 변원규는 1881년 1월 4일 조선의 무비강구 요청을 승낙한다는 청국의 회자回咨와 '제조 조련장전' 등을 받아 가지고 귀국 복명했다. 청국 정부로부터 무비밀수책을 승인한다는 회자를 접수하자마자 조선정부는 무비자강책을 실시함에 있어서 이를 관장할 관아의 신설이 필요하게 되어 1881년 1월 19일 통리기무아문統理機務衙門을 신설하면서 즉각 육조지사六條之士를 선발하여 각사各司에 배치했다. 변원규의 청국사행은 성과가 컸다. 우선 무엇보다도 무비자강책을 추진하는 데 청국의 지원 약속을 받아내었다는 점이다.

무비자강은 왜 하는가. 그것은 러시아와 일본의 침략에 대비하는 정책이기 때문이다. 그렇다면 정말로 일본의 침략의도의 진위 여부를 정탐할 필요가 있었다. 이에 조선정부는 공식적으로는 수신사 김홍집金弘集을 일본에 파견, 일본 국정을 정탐하게 했고1880. 7. 5, 비공식적으로는 정탐위원 이동인李東仁 탁정식卓挺埴을 비밀리에 파견, 일본의 한반도 침략 가능성의 진상을 정탐하게 되었다1880. 10. 6. 그 결과 김홍집은 "중국과 친하고, 일본과 맺고, 미국과 연합함으로써 자강을 도모한다親中國結日本聯美國 而圖自强而已" 라는 '조선책략朝鮮策略'을 주일 청국공사관의 참찬관 황준헌黃遵憲으로부터 받아가지고 그해 10월에 귀국, 이를 정부에 보고했다.

한편 개화승開化僧 이동인·탁정식은 1880년 10월 6일에 서울을 출발, 10여 일 만인 10월 20일경 일본 도쿄에 도착 즉시 청국공사관에서 하여장何如璋 공사 황준헌 참찬관과 연석 회담을 개최하면서 일본의 침략의도를 타진해본 결과, 하여장 공사는 일본의 한반도 침략보다는 러시아의 남침 가능성을 경고하면서 방아책防俄策의 일환으로 미국과의 입약을 권고하고 있다. 하 공사는 이동인과의 회담 후 "이제 이동인이 가지고온 여러 문건을 살펴보니 조선은 미국과 조약체결을 원하고 있다는 것을 믿어도 좋다."라고 조선국시朝鮮國是의 일변을 총서總署에 보고하였다.

이리하여 하여장은 '주지조선외교의主持朝鮮外交議'를 작성, 총서에 보고했다. 이에 의하면 지정학적으로 조선은 청국과 순망치한脣亡齒寒의 관계이기 때문에 조선의 안보는 청의 휴척休戚과 직결되어 있다는 것, 그러므로 한반도는 외세침략을 막아주는 방파제 구실을 한다는 것, 특히 러시아의 남침 우려가 심각한 만큼 조선으로 하여금 열국과 입약하게 함으로써 러시아의 침략을 사전 예방할 것을 강력히 촉구한 것이다. 조선은 청의 속국이기 때문에 조약 체결권이 없다. 그러므로 통할국統轄國으로서의 청이 "조선을 대신하여 외교를 주지, 조약을 체결한다代爲主持結約"는 것이다. 끝으로 하여장은 조선이 청의 속국임을 공인받기 위하여 조약문 첫 머리에 "조선은 중국정부의 명을 받들어 모모국과 조약을 체결하고자 한다茲朝鮮國奉中國政府命 願與某某國結約"라고 명문화한다는 것이다.

이홍장의 입약통상권고 밀함을 접수한 이래 줄곧 대미수교문제가 조선이 그 여부를 결정해야 될 당면과제로 대두되었다. 조선개항을 반대하는 위정척사파와 개항을 찬성하는 개화파 간에 개항 여부 문제를 둘러싸고 국론이 분열되기에 이르렀다. 특히 황준헌의 '조선책략' 도입을 계기로 척사파는 전국 유림儒林을 동원, 개화파 인물을 성토하면서 심지어 '조선책략'을 불태우는 등 격렬한 개항반대운동을 전개했다. 이른바 신사척사운동辛巳斥邪運動, 1880. 11. 3~1881. 10. 21이 전국적으로 확산되었다. 그러나 조선정부는 김홍집의 일본사행, 이동인·탁정식의 일본 정탐임무 수행 후 대미수교정책을 확정하고 이 같은 개항국시開港國是 확정 사실을 청국 이홍장과 하여장 주일 청국공사에게 공식 통고하기로 결정했다. 이리하여 1880년 12월 8일 조선정부는 이용숙李容肅을 조선국왕위원朝鮮國王委員에 임명, 청에 특파하였고, 1881년 4월 30일에는 탁정식을 밀사로 임명, 일본 청국공사관으로 급파하여 조선개항 확정 사실을 정식 통고했다.

이용숙은 '청시절략請示節略'을 휴대하고 동지사 임응준任應準과 동행, 1881년 2월 18일에 천진 북양아문에 도착, 이홍장에게 '청시절략'을 제시하면서 "서양 각국이 좋은 뜻으로 입약을 청한다면 거절하지 않겠다"라고 언명함으로써 대미수교의 의지를 공식 전달했다. 그런데 이 '청시절략'은 조선의 외교 교섭사를 청국정부에 순문詢問하는 형식을 갖추었기에 대미수교 문제에 대하여 자문을 구하는 외교문서이다. 전문 8조로 구성되어 있는바, 무비강구, 입약 통상, 용기습용龍旗襲用 등 대미수교에 필요한 사항을 다루고 있다. 따라서 '청시절략'에서 황준헌의 '조선책략'과 하여장의 '주지조선외교의'를 전폭 수용하고 있다. "조선의 외교는 청국이 주지한다. 조선은 청의 용기를 습용한다. 조선은 유위한 청년을 동문관同文館에 파견, 어학을 연수하고, 무기제조 기술을 배우고, 군사훈련을 받는다."는 등이었다.

이용숙은 '청시절략'을 제시하면서 한미조약 체결에 참고가 될 '통상장정通商章程'을 작성해달라고 요구하자, 이홍장은 마건충馬建忠에게 초안 작성을 지시, 청이 조선을 대신하여 각국과 통상조약을 맺는다는 「대의조선

여각국통상약장代擬朝鮮與各國通商約章」을 작성하여 이를 이용숙에게 건네주었다. 전문 10개조로 되어 있는데, 주요 내용을 요약하면, 첫째, 외교의 종속성을 강조했다. 조선은 외교에 어두우니까 청이 조선을 대신하여 조선 외교를 주지한다. 둘째, 조선의 영토자주권과 관세자주권을 인정했다. 셋째, 청은 줄곧 "조선은 중국의 속국이다"를 주장했음에도 불구하고 조약문에 속방론屬邦論을 명문화하지 아니했다.

한편 탁정식은 김홍집의 밀함을 휴대하고 비밀리에 도일, 밀함을 하여장 공사에게 전하면서 조선의 대미수교 정책결정을 공식 통고했다. 그 당시 국내에는 신사척사운동이 맹렬하게 전개되고 있어서 공개적으로 대미수교 확정 사실을 통고할 수 없다는 고충을 피력하면서 밀함을 전했는데, 김홍집은 입약문제를 표면화하지 않고 완곡하게 "귀하의 성념을 저버리지 않겠다非敢有負於盛念也"라고 표현하였다. 여기서 '성념盛念'이란 곧 '미국과의 입약통상권고'를 의미한다.

한마디로 말해서 개항기 대청對淸교섭에서 조선은 자주외교自主外交를 스스로 포기하고 시종일관 사대외교事大外交를 고수했다. 이홍장이 열국입약을 권고하자 조선은 '외교를 행할 여가가 없다不暇外交'는 이유로 자진해서 청에 조선의 외교권을 주지해줄 것을 요청하고 있다. 따라서 조선은 주변 강대국 러일의 침략을 자력으로 방어할 힘이 없기 때문에 조선의 안보를 전적으로 청에 의존·위탁하면서 주지외교主持外交를 이홍장에게 백지위임한 것이다. 이와 같이 이홍장은 조선으로부터 '주지외교'의 전권을 위임받아 적극적으로 조선에 대한 간섭·개입정책을 실시, 연미론聯美論에 의해 한미수교 교섭을 주재主宰하게 된 것이다.

제2장

슈펠트-이홍장의 한미조약 체결 교섭 시말

1. 영선사 김윤식-이홍장 회담, 한미조약 체결 교섭주재권과 속방조항 인정

조선정부는 미국과 조약을 체결코자 조선개항정책을 수립, 이홍장과 입약 교섭을 위해 영선사領選使 김윤식金允植을 북경으로 파견했다. 김윤식은 명목상으로는 '학제조사學製造事, 무기제조 기술을 배우는 것'로 파견되었지만 사실상 전권대신 자격으로 이홍장과 미국과의 입약교섭을 마무리하기 위한 외교적 사명을 띠고 청국행을 단행한 것이다. 김윤식 일행은 1882년 1월 6일 북경에 도착, 1월 16일에 드디어 보정부保定府에 도착했다. 1월 17일부터 김윤식-이홍장 간의 회담이 시작되었다.[1] 이와 때를 같이하여 미국정부에서도 슈펠트Robert W. Shufeldt, 薛斐爾, 1822~1895를 1882년 1월 19일 정식으로 '조선파견 미국 전권특사Envoy Extraordinary and Minister Plenipotentiary of the United States'에 임명했다.[2]

이홍장의 대한정책의 기본노선은 연미론聯美論을 바탕으로 한 속방정책屬邦政策의 구현이었다. 즉 구미 열강 중 최초로 미국과 조약을 체결, 러시아와 일본의 한반도 침략을 저지함으로써 전통적 대한종주권對韓宗主權을 유지하겠다는 것이 그의 궁극적 외교목표였다. 이홍장은 장차 슈펠

---

1 『陰晴史』(국사편찬위원회, 1971), pp.21, 26.
※ 한청 양국에서는 모두 年月日을 음력으로 기록하고 있지만 여기서는 이를 모두 양력으로 환산·통일했다.

2 *The Robert Wilson Shufeldt Papers: Letters*, The Collections in the Manuscript Division, Library of Congress, Washington D. C., Pao Ting-Fu to Shufeldt, February 2, 1882; Frederick C. Drake, *The Empire of the Seas, A Biography of Rear Admiral Robert Wilson Shufeldt, USN*(University of Hawaii Press, 1984), p.278.

트-이홍장과의 입약교섭 회담을 앞두고 그의 대한정책의 기본방침을 영선사 김윤식으로부터 전폭적인 지지와 승인을 받아 놓을 필요가 있었다.

Robert W. Shufeldt, 1822~1895

첫째로, 이홍장은 조선은 중국의 속국이므로 외국과 조약을 체결할 외교권이 없다는 것을 강조하기 위하여 김윤식으로부터 "조선정부가 한미조약 체결 교섭권을 청국정부에 위임한다"[3]는 다짐을 받은 것이었다. 둘째로, 조선은 국내 위정척사파衛正斥邪派의 개항반대여론 때문에 입약교섭을 협상할 전권대신을 공공연하게 파견할 수 없으므로 김윤식은 스스로 이홍장에게 조선을 대신하여 한미조약 체결권을 주재主宰해줄 것代爲主持을 요청했다.[4] 이는 바로 조선은 조약체결권이 없다는 것을 조선대표로부터 공식 인정을 받고, 이홍장 자신이 조약체결 교섭주도권을 행사하겠다는 뜻이다.

셋째로, 한미조약 제1관에 속방조항을 명문화할 것을 김윤식으로부터 전폭적인 지지와 찬동을 받아냈다는 사실이다. 이홍장은 2월 14일 김윤식과의 제5차 회담에서 한미조약 제1관에 속방조항을 삽입해도 좋은가라는 의견을 타진하자, 김윤식은 "우리나라는 중국에게는 속국이 되고 각국에게는 자주하고 있으므로 명분이 정당하고 그 말이 사리에 맞아서名正言

[3] 『陰晴史』, p.73, "議約通商諸般事務 一聽中朝處分…"

[4] 『李文忠公全集』(文海出版社, 1965), 권 2, p.608; 권 5, p.315, 以下 '李全集'; 『淸季中日韓關係史料』(中央硏究院近代史硏究所, 1972), 권 2, pp.548, 609. 以下 '關係史料'. "奉該國王密諭 求敝處代爲主持"

順 양쪽 사리事理에도 다 편하다. 조약문에 제1관속방조항을 첨가해서 넣는 것은 극히 좋은 일이다."[5]라고 언명함으로써 속방조항 삽입을 적극 동의한 것이다.

한미조약협상은 조약 당사국인 조선 전권의 참여 없이 이홍장 주재로 슈펠트와 단독협상으로 타결되었다. 이홍장은 신임장이 없는 조선 전권 대신이라는 이유로 영선사 김윤식의 미국 전권 슈펠트와의 단독회담을 철저히 봉쇄한 채, 상기한 중국이 교섭을 주재한다는 중조처분中朝處分, 중국이 조선을 대신해서 조선외교를 주지한다는 대위주지代爲主持, 조약문에 조선은 청의 속국이라는 속방조항屬邦條項 명문화明文化 등 세 가지 협상원칙을 김윤식으로부터 승인받고 조선대표 김윤식을 배제패싱 passing한 채 슈펠트와 단독 한미조약 체결교섭을 주재하였다.

이홍장은 이상 세 가지 기본 교섭방침을 조선대표로부터 공식 동의를 확보한 연후에 슈펠트와의 단독회담에 착수했다. 이홍장이 김윤식으로부터 이 같은 공식 찬동을 받아낸 이유는 바로 이홍장-슈펠트 회담에서 그 자신의 속방정책을 관철하기 위한 전략에서 이와 같은 외교적 술책을 꾸민 것이다. 그러나 슈펠트의 조선개항정신은 철두철미 조선독립정책의 구현에 있는 만큼 이홍장의 속방정책을 절대로 받아들이지 아니한 것은 너무나 당연한 처사이다. 그러므로 이홍장은 자신의 속방정책을 관철하기 위하여 조선정부가 속방조항 삽입을 자원自願하고 있다는 것, 조선대표가 이를 공식 찬성하고 있다는 것을 강조하면서 슈펠트가 이를 인정하도록 설득 도구로 이용하였다.

슈펠트-이홍장 회담은 3월 25일부터 4월 18일까지 다섯 차례 개최되었

---

[5] 『陰晴史』, pp.52~53(고종 18. 12. 26). "惟敝邦在中國爲屬國 在各國爲自主 名正言順 事理兩便 條約中 此 一款添入似爲極好"

는데, 시종일관 속방론이 최대 쟁점으로 논란이 벌어졌다. 여기서 속방론 찬반 논쟁과 결부, 조약초안 작성과정과 속방조항을 삭제하는 대신 조약체결 후 미국 대통령에게 보내는 별도조회문에 속방론을 명문화하기로 양측이 최종 협상타결이 될 때까지의 입약교섭의 전개과정을 집중 탐구하겠다. 끝으로 미국 국회도서관에 보관되어 있는 조약초안 원본과 각종 사서史書에 수록되어 있는 한미조약 이본異本을 대비 분석함으로써 한미조약 정본正本의 모체가 된 제4호 조약초안約稿, 假條約이 어떤 과정을 거쳐 최종 타결되었는가를 조명해 봄으로써 미청美淸 양국의 대한정책의 실상을 파악하는 데 역점을 두고 이를 분석 · 연구할 것이다.

2. 주한 미국선권특사 슈펠트 임명과 한미조약 입약교섭

슈펠트는 일본의 중재에 의해 조선개항을 이룩해보려고 1880년 5월 4일 부산을 방문, 교섭을 시도해보았으나 동래부사東萊府使 심동신沈東臣의 단호한 교섭 거절로 일단 그의 입약교섭은 좌절되었다. 그러나 연미론에 의해 조선을 개항함으로써 대한종주권을 유지해보고자 이홍장이 슈펠트를 초청하자 드디어 슈펠트는 1880년 8월 26일 천진 북양아문을 방문, 이홍장과 한미조약 체결교섭을 벌이게 되었다. 슈펠트는 이홍장으로부터 조선과의 입약교섭을 주선해주겠다는 약속을 받고 일단 귀국했다.

한편 슈펠트는 천진방문과 이홍장과의 회담결과를 블레인James G. Blaine

국무장관에게 보고하면서, 이홍장으로부터 청국 해군고문직 초빙 사실을 들면서, 이홍장의 중재로 조선과 입약교섭의 사명을 자신에게 부여해줄 것을 촉구하였다. 이에 블레인 국무장관은 1881년 3월 15일자 헌트William H. Hunt 해군장관에게 슈펠트를 주청미국공사관부 해군무관에 임명한다는 사실을 통고하는 동시에, 슈펠트에게 대조선 입약교섭전권을 부여하면서 5월 9일 북경부임을 명하였다.[6]

이리하여 1881년 5월 19일 샌프란시스코를 출항, 임지 북경으로 향발하면서 슈펠트는 그의 딸 몰리Molly Shufeldt 양을 '그의 비서 겸 필요한 사회적 행사의 공식적 여주인his secretary and official hostess for necessary social function'직에 임명, 동반하였다.[7] 슈펠트는 7월 1일 주청미국공사관 해군무관에 부임하자마자 이홍장과 조선과의 입약교섭을 개시했다. 슈펠트는 이홍장과의 입약교섭에서 한미조약의 기본노선을 다음과 같이 정리했다.

슈펠트의 한미 간의 당면과제는 조선해역에서의 안전항행이었다. 1866년 8월 제너럴 셔먼General Sherman호 소파사건 발생 이후부터 미국은 셔먼호사건을 응징하고, 조난선원구휼협정遭難船員救恤協定을 체결, 안전항행을 보장받고, 나아가 조선개항을 성취, 한반도에서의 통상무역 확장정책을 구현하고자 1871년 5월 조선원정을 단행한 것이다. 그 결과 한미전쟁辛未洋擾 발발로 수백 명의 조선군이 희생되었음에도 불구하고 대원군大院君의 강력한 쇄국양이정책에 부딪쳐 조선개항은 좌절되고 말았다.[8] 이로부터 미국의 대조선입약의 선결 문제는 안전항행을 보장하는 조난선원

[6] Charles O. Paullin, *Diplomatic Negotiations of American Naval Officers, 1778-1883*(Gloucester, Mass. Peter Smith, 1967), pp.303~304.

[7] Drake, *The Empire of the Seas*, p.261.

[8] 金源模, 『近代韓美關係史』韓美戰爭篇(철학과현실사, 1992).

구휼협정의 체결이었다. 그래서 슈펠트는 1880년 5월 17일에 미일간 체결한 협정에 따라,[9] 조선과도 미국의 조난선박 및 조난선원의 구휼을 보장하는 협정을 체결하기로 방침을 정한 것이다.

조난선원구휼협정을 체결한 후 입약교섭이 순조로이 진행, 조선정부가 이에 동의한다면 조선과 수호통상조약을 체결하기로 교섭방침을 결정했다. 슈펠트가 구상한 한미조약의 대강大綱은 다음과 같다. 관세평등, 이금세釐金稅, 淸末 物品欿從價 100분의 1씩 받는 국내통과세 철폐, 조선 내륙지방에서의 무제한 여행, 치외법권治外法權, 그리고 가능한 한 수도 서울에 상주 외교대표의 주치駐箚 등이다.[10]

이홍장과의 교섭은 6개월간 계속되었지만 지지부진, 별다른 진전이 없었다. 이제 슈펠트는 이 같은 청의 지연책Policy Procrastination[11]으로 그 자신이 수립한 조선개항 계획이 수포로 돌아가지 않을까 염려하지 않을 수 없었다. 블레인 국무장관은 슈펠트로부터 입약교섭이 교착상태에 빠져 있다는 보고를 받자, 즉각 조선과의 조약체결은 미국의 국가이익에 큰 도움이 되지 않지만, 일본과 중국과의 교역증대를 위해 조선개항은 필요하며, 따라서 조선 해역에서의 안전한 항해를 위해서라도 조선의 몇 개 항구를 개항하는 것이 절대로 필요하다는 미국정부의 훈령문을 보내면서 이홍장과의 교섭타결을 촉구했다. 1881년 11월 14일자 슈펠트에게 보낸 공식 훈

---

9 Frederick Foo Chien, *The Opening of Korea, A Study of Chinese Diplomacy, 1876-1885*(The Shoe String Press, Inc., 1967), p.82. 미일협정은 조난성원구휼을 보장한 협정으로서, 주일미국공사 빙햄(John A. Bingham)과 일본 外相 井上馨 간에 1880년 5월 17일에 체결되었다.

10 *China Legation Instructions*, vol. 3, Blaine to Shufeldt, November 14, 1881.

11 *Shufeldt Papers: Korean Letters*, "The History of the Treaty with Korea(1898)"; 全源模, 「韓美條約締結史」, 『史學志』25(1992), pp.187~209.

령문에서 다음과 같이 미국정부의 변덕스런 태도Casual attitude를 천명하고 있다.

> 정치적 통상교역의 이익을 위해 한미조약 체결은 그다지 긴요한 것은 아니다. 일본과 청국 가까이에 있는 조선의 몇 개 항구를 미국의 교역을 위해, 그리고 미국 해군함정이 조선 해역에로의 순항巡航 편의를 위하여 개항하는 것이 바람직한 일이다. 미국과 이 양대 제국청일 간에 우호적 관계가 크게 증대되고 있기 때문에 여기서 생기는 유리점을 우리는 주의해야 하며, 따라서 조선정부에게도 이 같은 관심을 환기시키게 되기를 희망한다.[12]

이상 훈령문을 분석 · 검토해보면 미국의 통상교역은 청일과의 교역에 역점을 두고 있으며, 조선과의 교역은 이의 종속적 가치밖에 되지 않는다는 인식을 바탕으로 하고 있다. 다만 미국함정의 안전운항과 미국상선의 기항지寄港地로서 조선의 수개 항구를 개항해야 한다는 점을 강조하고 있다. 그러므로 미국의 당면한 과제는 정식 조약체결이 아니라 안전한 항행 보장을 위해 조선개항은 절대 필요하다는 점을 천명하고 있다.

슈펠트는 이처럼 대청對淸교섭이 부진하게 된 근본 이유는 무엇보다도 조선정부가 개항정책을 확고하게 수립하지 못했기 때문이라고 판단했다. 그러나 조선정부는 마침내 이홍장의 개항권고안開港勸告案을 받아들여 미국과의 입약 희망을 표명하면서 조선개항정책을 확정, 영선사領選使 김윤식金允植을 북경에 파견하면서부터 슈펠트의 대청 입약교섭은 활기를 띠게 되었다. 영선사 김윤식 일행윤태준尹泰駿 · 백낙륜白樂倫 · 변원규卞元圭 등은 1882년 1월 16일 보정부保定府에 도착, 이홍장과 회담을 가졌다. 김윤식-이

[12] Tyler Dennett, *Americans in Eastern Asia*(Barnes and Noble, INC, N. Y., 1922), p.461.

홍장 회담은 전후 7회 계속되었는데 제5차까지는 보정부에서, 제6, 7차는 천진 북양통상대신아문北洋通商大臣衙門에서 개최되었다.[13]

김윤식은 국내에서 개항을 반대하는 신사척사운동辛巳斥邪運動이 거세게 일어나고 있기 때문에 전권특사라는 정식 명칭 대신 영선사라는 애매모호한 직책을 가지고 파견되었다. 김윤식은 이홍장과 전후 7차례 회담하면서 슈펠트와의 단독회담을 주선해줄 것을 요구했으나, 이홍장은 김윤식이 신임장 없는 특사라는 것, 조선정부가 정식으로 입약교섭 전권특사를 별도로 파견할 경우 슈펠트와의 단독회담을 주선해 주겠다는 것 등을 열거하면서 슈펠트와의 단독회담을 원천적으로 봉쇄하였다. 이는 약소국에 대한 외교적 폭거가 아닐 수 없다. 이에 김윤식은 이홍장에게 한미조약 체결교섭을 주지하여 줄 것을 자청하기에 이르렀다. 이는 결국 조선정부가 입약교섭의 전권을 이홍장에게 위임한다는 뜻이다.[14]

1882년 2월 15일 김윤식-이홍장 회담에서 양인은 이동인李東仁 초안草案과 황준헌黃遵憲 초안을 대비 분석 · 검토하면서 이홍장은 우선 이동인 초안에는 속방조항屬邦條項이 없음을 지적하면서 속방조항 삽입을 강력히 촉구하였다.[15] 이에 대해 김윤식은 황준헌 초안 제1관에 "조선이 중국정부의 명을 받들어朝鮮奉中國政府命云云"라는 어구에 강한 불만을 표명하면서, 이는 미국까지 중국의 명을 받들어야 한다는 뜻으로 오해받기 쉬우므로 슈펠트가 이에 응하지 않을 것이라고 지적하면서 난색을 표명했다.[16] 그러나 이날 회담에서 김윤식은 이홍장의 속방조항 삽입 강요에 승복, 마침

---

[13] 宋炳基, 『近代韓中關係史研究』(단국대학교출판부, 1985), pp.210~222.

[14] 『關係史料』권 2, pp.548, 567; 『李全集』권 2, 「籌辦朝美議約摺」(광서 8. 3. 6), pp.608~609; 권 5, 「籌議朝鮮與美定約」(광서 8. 2. 9), p.315.

[15] 『陰晴史』, pp.52~53, 56.

[16] 상게서, p.57.

내 한미조약 제1조에 속방조항을 삽입해도 좋다는 데 동의했다. 그는 속방조항 삽입 찬동 이유를 다음과 같이 개진하고 있다.

> 한미조약문에 속방조항을 넣으면 다른 날 우리나라가 유사시 중국이 힘써 조선을 구제하지 않으면 반드시 천하 사람의 웃음을 사게 될 것이다. 천하 사람들이 중국이 우리나라의 안보를 담임擔任하는 것을 보게 되면, 각국은 우리나라를 업신여기는 마음이 줄어들게 될 것이다. 더군다나 자주自主한다는 구절을 넣게 되면 이는 각국과 서로 교제함에相交 있어서 평등한 권리를 행사하는 데도 지장이 없을 것이다. 이는 우리나라가 주권을 잃을失權 염려도 없을 뿐만 아니라 사대事大의 의리에도 어긋나지 않기 때문에 가위 양득兩得이 아닐 수 없다.[17]

이에 앞서 2월 14일 김윤식은 속방론을 전폭 수용하는 입장을 표명하면서, "속방조항을 한미조약에 명문화하게 되면 우리나라가 중국에 대해서는 속국이 되지만, 각국에 대해서는 자주국自主國이 되므로 그 명분이 정당하고 말이 사리에 맞아서 양쪽이 편하다."[18]라고 언명하면서, 이를 정부에 보고하면 조선국왕도 칭찬 · 감사할 것이라고 덧붙였다. 이리하여 이홍장은 김윤식으로부터 조선을 대신하여 입약교섭 전권위임을 받아냈을 뿐만 아니라 속방조항의 명문화도 전폭 지지와 동의를 얻은 다음 슈펠트와의 본회담에 임하게 된 것이다.

보정부保定府에서 김윤식-이홍장 회담이 개시되자마자1. 17, 미국정부

---

[17] 상게서, pp.57~58. "大書於約條 異日我國有事 若不竭力救之 必貽天下人之笑 天下人見中國之擔任我國 則各國輕我之心 亦從而小阻 且於其下 以均得自主繼之 是則與各國相交無害用平等之權矣 不觸失權之忌 不背事大之義 可謂兩得"

[18] 상게서, pp.52~53. "惟敝邦在中國爲屬國 在各國爲自主 名正言順 事理兩便"

는 장차 슈펠트로 하여금 전권특사 자격으로 슈펠트-이홍장 회담을 수행할 수 있도록 외교 관례상, 1882년 1월 19일 정식으로 슈펠트를 '주한 미국전권특사Envoy Extraordinary and Minister Plenipotentiary of the United States'[19]에 임명하였다. 슈펠트는 입약교섭회담을 성공적으로 수행하기 위하여 홀콤Chester Holcombe 주청미국공사의 협조를 구했다. 이에 홀콤 공사는 1882년 2월 4일 총리아문總理衙門을 방문, 청의 조선개항 열망을 타진했다

> 지난 수요일 나는 총리아문에 가서 조선과의 입약문제를 타진해보았다. 총리아문 당국이 말하기를 공친왕恭親王의 영향력으로 작년 봄부터 조선문제는 예부禮部로부터 총리아문으로 이관되었다는 것, 청국황제가 조선 국왕에게 외국과 입약을 권고하면서 제일 먼저 미국과 조약체결을 촉구하는 친서를 보냈다는 것, 한편 조선 국왕으로부터 미국과 입약협상할 용의가 있다는 자문咨文을 받았다는 것이다. 조선 국왕과 조선정부는 이미 개항정책을 확정하면서 미국과 입약할 태세를 취하고 있었으나 청국과 마찬가지로 조선에는 개항을 반대하는 배외당排外黨, 衛正斥邪派이 있다는 것이다.[20]

홀콤 공사로부터 조선이 미국과 입약을 희망하고 있다는 사실을 확인한 슈펠트는 대조선 입약문제는 더 이상 지연시킬 수 없는 선결과제라고 판단, 이홍장과의 본회담을 서두르게 되었다. 더군다나 조선 영선사 김윤식 일행이 보정부에서 이홍장과 비밀리에 한미조약 체결문제를 협의하고 있다는 사실은 슈펠트에게는 고무적인 일이 아닐 수 없다. 한편 이홍장은 슈펠트와의 입약교섭회담에서 속방정책을 관철하기 위하여 조선 대표 김

---

[19] *Shufeldt Papers: Korean Letters*, Pao-Ting Fu to Shufeldt, February 2, 1882; Drake, *The Empire of the Seas*, p, 278.

[20] *Shufeldt Papers: Korean Letters*, Holcombe to Shufeldt, February 4, 1882.

윤식과 슈펠트와의 단독회담은 '절대불가'라고 주장하면서 한미 대표 간의 단독 교섭 · 접촉을 완전 차단한 채 천진 북양아문에서 슈펠트와의 본회담 준비를 서둘렀다.

슈펠트-이홍장 간의 본회담 장소는 보정부 아니면 천진 북양아문이 거론되고 있다. 보정부는 김윤식-이홍장 회담이 진행되고 있기 때문에 이홍장으로서는 슈펠트를 보정부로 불러들여 본회담을 개최할 것을 생각하고 있었고, 슈펠트는 북경과 인접하고 있는 보정부는 북경 주재 각국 외교관들의 주목을 의식, 그러므로 혹시나 한미조약 체결교섭 정보가 누설되어, 조선과 입약을 희망하고 있는 영러 등 유럽 열강에게 입약의 이니시어티브주도권를 빼앗길까 염려되어 천진 북양아문을 본회담 장소로 고려하고 있었다. 슈펠트는 천진에 머물고 있으면서 1882년 1월 23일, 이홍장에게 회담 개최를 정식 제의했다. 이는 그가 미국정부로부터 주한미국전권특사에 임명된 지 불과 4일 후에 회담개최를 공식 제의한 것이다.

슈펠트는 이홍장에게 보낸 서한에서 한미조약 조인식을 거행하기 위해 '5월 1일경'에 조선으로 향발할 것이라고 출발 시기까지 명시하면서 하루빨리 본회담 개최를 촉구하면서 한미조약 체결협상과 본회담 개최장소 등에 대한 문제는 전적으로 이홍장에게 일임하고 있다.

본인은 미국 대통령으로부터 한미 간 입약협상의 전권이 부여된 '주한 미국전권특사Special Envoy to Corea, 大美國出使朝鮮大臣' 임명장을 수령했습니다. 본인은 영무처營務處 나풍록羅豊祿을 통해 "조선은 지금 미국과 입약할 의사가 있다"는 각하의 서신을 접수했고, 이 같은 사실을 워싱턴 국무장관에 전보로 보고했더니, 조선과의 성공적인 협상을 축하한다는 국무장관의 전문회신을 수령했습니다. 현재 본인의 의도는 오는 5월 1일경 미국 함정을 타고 지부芝罘, 煙臺를 출항, 조선으로 향발할 예정입니다. 미국정부는 이상하게도 입약협상회담이 연기되기를 바라고 있습니다. 입약을 성취할 수 있는 호기가 도래했다고 전망하지도 않기 때문에 급하게 회담을 개최할 것을 원하지 않습니다. 조선과의 입약교섭을 주선해준 각하의 협조에 감사하며, 본 조약은 우리 미국뿐만 아니라 귀국에도 유리하리라 확신합니다. 상기 사실을 각하께 알리오니 각하께서는 지혜를 발휘, 선처해 주기 바랍니다. 본인은 보정부에서 각하를 면담하게 될지 모르겠지만, 그러나 각하께서 천진으로 돌아올 때까지 각하와의 면담을 연기하더라도 혜량海諒하기 바랍니다. 입약목적을 실현하기 위하여 각하께서 본인과 면담할 시기와 장소 등을 정하는 문제는 전적으로 각하께 일임하겠습니다.[21]

상기 서한에서 보듯이 슈펠트는 한미조약 체결은 미청 양국에게 공동으로 유익되기 때문에 입약협상을 전개하되, 회담 장소는 보정부保定府보다 천진 북양아문北洋衙門이 더 좋다는 견해를 피력하고 있다. 이 편지에서 우리의 주목을 끄는 대목은 5월 1일경 조약체결을 위해 조선행 결행의지를 천명했다는 것이다. 이는 이홍장이 아무리 지연책을 쓰더라도 이미 자신은 한미조약 체결을 결심했다는 단호한 결의표명으로 해석해 볼 수 있다.

이 같은 서한을 접수한 이홍장은 10여 일 후 다음과 같은 답장을 슈펠트에 보냈다.

본인은 미청 양국의 이익을 위해 귀하가 조선과 입약교섭 전권특사에 임명되었다는 1월 23일자 편지를 받았습니다. 동 서한에서 귀하는 보정부에서 그렇지 않으면, 본인이 천진에 가서 귀하와 면담할 것을 요청했습니다. 본인이

---

[21] Park Il-Keun, *Anglo-American Diplomatic Materials Relating to Korea*, 1866~1886 (Shinmundang, 1982), p.919, Shufeldt to Li Hung-Chang, Tientsin, January 23, 1882; 『陰晴史』, pp.47~48(고종 18. 12. 19), 「譯美國出使朝鮮大臣水師總兵 薛斐爾上中堂書」.

해관도대海關道臺 주복周馥과 영무처 나풍록羅豊祿을 통해 귀하께 전언傳言한 대로 귀하는 이에 성실하게 대처하고 있기 때문에 교섭임무를 성공적으로 수행하게 되어 진심으로 축하하는 바입니다. 조선정부는 현안문제立約之事를 타결하기 위하여 본인에게 밀사Confidential Envoy를 파견할 예정이라고 통고했습니다. 귀하도 아는 바와 같이 조선은 오랜 옛날부터 중화제국中華帝國의 속국屬國이며, 따라서 조선정부는 중국의 지시instructions를 받고 정사政事를 행하고 있습니다. 한청간의 우호적 관계보다 못지않게 미청간의 진정한 우의友誼 관계유지도 중요하기 때문에 귀하의 입약교섭임무를 가장 공평한 방법으로 성취되도록 도와주는 것이 본인의 임무라고 생각합니다. 입약의 성패여부는 전적으로 '기밀機密유지'에 달려 있습니다. 만약 기밀이 누설된다면 귀국이 이니시어티브를 가지고 추진하고 있는 조선과의 입약교섭시도를 시기하고 있는 서구 열강이 입약성취에 장애요인이 될 수 있기 때문입니다. 그러므로 귀하가 '개인여행가a private traveller' 신분으로 보정부를 방문하면, 현안문제를 협의하겠습니다.[22]

상기한 서한에서 우리는 이홍장의 대한정책의 대강大綱을 파악할 수 있다. 첫째, 조선정부로부터의 밀사파견 문제이다. 그당시 조선에는 개항을 반대하는 위정척사파와 개항을 적극 주장하고 있는 개화파 간의 알력과 갈등·대립이 그 어느 때보다 격렬하게 일어나고 있었다辛巳斥邪運動. 심지어 영남 유생 이만손李晩孫 같은 선비는 김홍집이 일본 청국 공사관으로부터 가지고 온 '조선책략'을 불살라 버리고 척양척왜斥洋斥倭를 부르짖으면서 미국과의 수교를 반대하는 만인소萬人疏를 올리기도 했다. 이와 같이 국론이 분열된 가운데 정부에서는 일단 이홍장의 조선개항권고안을 받아들여 마침내 개항정책을 확정했지만, 척사파의 강경한 반대에 부딪쳐 공공연

[22] *Anglo-American Diplomatic Materials Relating to Korea*, pp.919~920, Li Hung-Chang to Shufeldt, Government House, Pao Ting Fu, February 2, 1882.

히 한미조약 교섭을 위한 전권특사를 파견할 수 없어서 군기학조사軍器學造事라는 명분으로 영선사 김윤식을 파견, 비밀외교를 할 수밖에 없었다.

김윤식이 보정부에서 이홍장과의 회담에서 슈펠트와의 단독 면담을 주선해줄 것을 요청하자, 이홍장은 김윤식이 신임장빙거憑據을 휴대한 전권사신이 아니기 때문에 단독 면담은 '不可'라고 전제한 다음, 조선정부가 정식으로 조명朝命을 받든 전권사신을 파견하면 슈펠트와의 단독면담을 주선해주겠다고 언명하면서 전권특사 파견을 촉구했다. 이에 김윤식은 국내의 개항을 반대하는 척사파의 수교반대여론 때문에 공공연히 전권특사파견은 현실적으로 불가능하다고 전제하면서 본국 정부에 전권사신파견을 주청奏請하겠다고 대답하고 있다.[23] 이로써 조선정부는 뒤늦게 어윤중魚允中 · 이조연李祖淵을 문의관問議官에 임명 · 파견한 것이다.[24] 여기서 말하는 밀사파견이란 바로 문의관을 가리키고 있다.

둘째, 기밀유지문제이다. 이홍장의 대한정책의 기본노선은 연미론聯美論을 바탕으로 한 조선개항이었다. 즉 미국세력을 한반도로 끌어들여 북쪽으로 러시아의 남진南進정책을 저지하고 남쪽으로 일본의 한반도 침략야욕征韓論을 억제함으로써 대한종주권對韓宗主權을 유지하겠다는 것이었다. 그 당시 영러 양국은 조선과의 입약을 강력히 희망하고 있었기 때문에 기밀이 누설된다면 영러 양국이 미국보다 먼저 조선과 조약을 체결할 가능성이 크므로, 이홍장은 기밀유지를 강조했다. 이리하여 이홍장은 슈펠트에게 '개인여행가' 신분으로 카무플라주해서 보정부를 방문하면 기밀유지가 가능하다고 주장하면서 보정부에서 회담하자고 제의했다.

한편 김윤식-이홍장 회담에서도 기밀유지가 심도 있게 논의된 바 있다.

---

[23] 『陰晴史』, pp.44~45(고종 18. 12. 19).

[24] 『日省錄』高宗篇(서울대 출판부, 1972), 권 19, p.5(고종 19. 2. 5).

연미책을 관철하기 위해서 미국과의 입약교섭 사실을 공문에 노출해서는 절대 안 된다는 것이다. 뿐만 아니라 "미국 사신슈펠트이 국서國書를 받들고 북경에 와서 공공연히 한미조약을 체결한다고 떠들어댄다면 실로 한미조약 체결은 성취하기가 어렵다."[25]라고 결론을 내리면서, 철두철미 기밀유지를 강조했다. 이 기밀유지문제는 미국측도 전폭 동의하고 있었다. 미국도 기밀이 누설되면 조선과의 조약체결의 주도권을 영러 양국에게 빼앗길 염려가 있었기 때문이다.

셋째, 속방屬邦문제이다. 이홍장은 슈펠트와의 본회담을 앞두고 "조선은 옛날부터 중국의 속국屬國이다"라는 점을 분명이 밝히고 있다. 이홍장의 조선개항의 궁극적 목적은 속방정책의 구현이다. 그래서 조선은 중국의 속국이기 때문에 외교권이 없으므로 그 자신이 조선을 대신해서 한미조약 교섭협상의 주도권을 장악, 입약교섭을 주지하고 있다고 강조하면서 슈펠트에게 조선의 '속국지위'를 분명히 밝히고 있다.

이홍장은 이상 세 가지 기본방침을 천명하면서 슈펠트에게 보정부保定府 회담을 제의한 것이다. 슈펠트는 이에 응해서 천진을 출발, 급거 북경에 도착하면서 다음과 같은 서한을 발송했다.

> 보정부에서 발송한 각하의 2월 2일자 서신을 오늘 아침 북경에서 접수했습니다. 해관도대海關道臺 주복周馥은 본인이 천진을 출발, 북경에 와 있다는 사실에 대해 유감을 표명하고 있습니다. 그러나 각하의 편지에 의하면 각하는 진심으로 본인이 직접 보정부를 심방하기를 희망하고 있다고 양해되기에 지금 북경에 온 것입니다.
>
> 각하는 기밀유지 조건으로 입약을 협상하자고 했는데, 본인으로서는 조선

---

[25] 『陰晴史』, p.44(고종 18. 12. 19). "但美使之遽奉其國書 赴京聲張起來 實有將來議約 不能如意之慮 機會易失 可惜之甚"

개항문제를 협의해야 되기 때문에 북경을 거쳐 보정부 방문은 바람직한 일이 아니라고 생각됩니다. 왜냐하면 본인이 북경에서 직접 보정부로 떠난다면, 북경주재 각국 외교관으로부터의 공개적 주목을 받게 될 것이기 때문입니다.

다음 달 초순3월 초순에 조선과의 입약협상을 위해 천진에서 직접 면담personal interview할 것을 고려해주기 바랍니다. 그러면 언제든지 각하께서 지정한 날짜에 배오拜晤하겠습니다.

한편 본인은 한미조약 협상과정에서 유립 열강의 국제적 방해공작을 회피하기 위하여 우리 미국이 한미조약체결의 이니시어티브를 잡고, 다른 열강보다 선제적으로 조약체결을 성취하고자 '요경계要警戒, the caution-necessary'의 중요성을 충분히 인식하고 있다고 각하께 확인하는 바입니다.

미국정부는 본인에게 전권특사의 중임을 부여했으며, 뿐만 아니라 각하께서도 본인에게 성정盛情을 베풀어 준만큼 입약업무 과업을 완수하기 위해 열강의 반대행위에 경계하라는 각하의 배려 명심하겠습니다. 그러므로 각하께서는 이 때문에 본인이 협상을 포기하지 않을까 하는 우려를 할 필요가 없다고 생각합니다.

한미조약은 실로 각하의 '나라를 도모하는 광대한 계획謀國之宏謨'이기 때문에 이를 성취한다면 이에 관심 있는 대부분의 열강이 평가하듯이 이는 본인에게 말광末光이 될 뿐만 아니라 각하에게도 자랑스러운 위업偉業, pride이 될 것입니다.[26]

상거한 서한을 분석 · 검토해보면, 슈펠트는 미국이 구미 열강 가운데 가장 먼저 조선과 조약을 체결해야 한다는 '선제입약先制立約'의 당위성을 강조하면서, 이를 성취하려면 열강의 방해공작을 경계해야 하며, 그러므로 이홍장의 기밀유지에 전폭적으로 찬동하고 있다. 따라서 한미조약을

[26] *Anglo-American Diplomatic Materials Relating to Korea*, p.920, Shufeldt to Li Hung-Chang, Peking, February 8, 1882; 『陰晴史』, pp.51~55(고종 18. 12. 26).

체결하게 되면 이는 미청 양국의 가장 빛나는 위업偉業이 될 것임을 강조하고 있다. 끝으로 슈펠트-이홍장 본회담 장소는 보정부가 적합하지 않다고 지적하면서 천진 북양아문에서의 본회담을 제의하였다. 그 이유는 그 자신이 이목이 번다하고 기밀유지가 어려운 북경에서 직접 보정부로 떠날 경우 북경 주재 각국 공사들의 주목을 받게 되어 결국 기밀유지가 곤란하다는 것이다. 이리하여 결국 슈펠트의 주장대로 천진 북양아문北洋衙門에서 회담을 개최하기로 최종 결정된 것이다.

이리하여 슈펠트는 천진 북양아문 회담을 앞두고 북경에서 홀콤 미국공사와 대책협의 결과, 제1호 조약초안을 작성했다. 이는 한일수호조규1876를 모델로 한 조약초안이었다.[27] 슈펠트는 제1호 초안을 휴대하고 1882년 3월 중순 이홍장과의 본회담을 위해 천진으로 향발했다. 이리하여 슈펠트는 북양아문直隷總督衙門에서 청의 절대적 지배자인 이홍장과의 회담준비에 착수했다. 슈펠트는 이홍장의 인물을 이렇게 평가하고 있다.

> 근는 당년 59세이며 신장은 6피트 2인치이다. 매섭고 날카로운 눈초리에다 오만한 성격의 사나이이다. 그는 철저하게도 전형적 동양인이고 순수한 중국인漢族이다. 그는 구미 여러 나라에 대한 경멸감과 모든 서양인을 서양 오랑캐洋夷라고 비하 지칭하면서 서양인에 대한 증오감이 대단하다. 이홍장은 동양의 비스마르크이다. 그는 그의 불굴의 의지로 억압적인 힘에 의해 분열 · 노쇠 · 무능한 청제국淸帝國을 지배하고 있다. 그는 반란도배를 능지처참하고 국내 소요사태를 죽창으로 진정시키고 있다. 그러나 그는 위대한 인물이다. 그것은 그가 일반 중국인보다 월등 앞서 있었기 때문이 아니라, 그 시대를 지배하고 있는 정치적 물질적 기술을 남보다 앞서 터득하고 있었기 때문이다. 그는

---

27 *China Legation Despatches*, vol. 59, Shufeldt to Frelinghuysen, No. 5, April 10, 1882; 『李全集』권 2, pp.608~609.

적어도 이러한 힘의 가치를 올바로 인식하고 있었다. 그래서 그는 전함戰艦을 구입하고 보루堡壘를 건설하며 어뢰정을 실험하고 근대적인 무기로 군대를 훈련하고 있다.[28]

이리하여 슈펠트는 대한정책의 최고 실력자 이홍장과의 본회담을 앞두고 3월 9일 해관도대海關道臺 주복周馥과의 예비회담을 개최했다. 이 자리에서 주복은 슈펠트에게 한미조약문에 이홍장이 적어도 4개 조항을 삽입해야 한다는 것을 강조했다. 첫째, 조선은 청의 속국이다. 둘째, 서양종교 및 선교宣敎의 서적을 금한다. 셋째, 조선은 관세자결권關稅自決權과 개항장과 내륙지방에서 외국 수입품에 대한 과세권課稅權을 가져야 한다. 넷째, 외국 상인의 집에 숨어있는 조선인 범인을 조선관리가 체포할 수 있는 권리가 보장되어야 한다.[29]

이 예비회담에서 슈펠트는 한미조약 체결 전망에 대해 암담하다는 비관적 사실을 직감하였다. 왜냐하면 청국정부가 미국이 도저히 받아들일 수 없는 조건 즉 속방조항屬邦條項을 '필수적 조건*sine qua non*'으로 들고 나왔기 때문이다.[30]

한편 이홍장도 천진 해관도대 주복, 외교고문 마건충馬建忠으로 하여금 청국 측 조약초안제2호 조약초안, a tentative treaty을 작성하게 했다. 이리하여 "조선은 중국의 속국이지만 내정외교內政外交는 자주自主하고 있다"라는 이른바 속방조항이 명문화되어 있는 제2호 조약초안이홍장을 작성한 후 3월 25

---

[28] *Shufeldt Papers: Korean Letters*, 32, 33, Shufeldt to A. A. Sargent, January 1, 1882; *San Francisco Evening Buulletin*, March 20, 1882; *The North China Daily News*, May 9, 1882.

[29] *China Legation Despatches*, vol. 59, Shufeldt to Frelinghuysen, No. 2, March 11, 1882; Drake, *The Empire of the Seas*, p.285.

[30] Chien, *The Opening of Korea*, p.83.

일 천진 북양아문에서 슈펠트와 회담을 개최하기로 확정, 이를 통고했다.[31]

3. 슈펠트-이홍장 북양아문 회담의 조약초안과 속방론 논쟁

마침내 1882년 3월 25일 천진 북양아문에서 슈펠트-이홍장 제1차 회담이 개최되었다. 원래 슈펠트는 이홍장과 단독회담인줄 알고 회담에 임했는데 회담 장소에 도착해보니, 이홍장 이외에 해관도대 주복周馥, 영무처도원營務處道員 마건충馬建忠 등이 배석하고 있었다.[32] 양측은 각기 자기측이 작성한 조약초안을 제출, 상호 교환해서 분석 · 검토 작업에 착수했다. 먼저 이홍장은 조일조규朝日條規, 1976는 한미조약의 남본藍本, 원본이 될 수 없다고 전제하면서, 제1호 조약초안슈펠트에는 한청 간 종속관계從屬關係 문구가 없다고 적시하면서 조선은 중국의 속국이라고 강조했다.[33]

이와 같이 회담 벽두부터 속방론이 양측의 최대 쟁점이 되었다. 슈펠트가 접수한 제2호 조약초안이홍장 재1조에는 조선의 준정치적속국準政治的屬國, the quasi-political dependence of Korea임을 규정한 속방조항이 명기되어 있었다. 이는 슈펠트의 조선 독립국 정체政體를 승인하려는 미국의 조선 독립

---

[31] Drake, *The Empire of the Seas*, p, 288; Chien, *The Opening of Korea*, p.82.

[32] *Shufeldt Papers: Korean Lettters*, "The History of the Treaty with Korea."

[33] Chien, *The Opening of Korea*, p.84.

국정책의 구현에 장애요인이 아닐 수 없다. 그러나 이홍장은 조선에 대한 속방정책을 관철시키는 데 제스처를 써가면서 속방론의 당위성을 주장했다. 이홍장은 조선과 청국이 다같이 점증하고 있는 일본의 한반도 침략야욕征韓論으로부터 국가안보가 보장되기를 열망하고 있다고 밝히면서 조선은 미국과 입약함으로써만이 한반도의 안보가 보장된다고 언명하고 있다. 이리하여 이홍장은 연미론聯美論을 바탕으로 하여 속방론을 공인하는 한미조약 체결을 강조했다.

한편 슈펠트Robert W. Shufeldt, 1822~1895의 조선개항정책의 기본노선은 조선독립국정책의 구현이었다. 그러므로 슈펠트는 이홍장의 속방정책을 절대로 받아들일 수 없다고 언명하면서 한미조약 체결의 가망성이 그 어느 때보다 높다고 다음과 같이 프릴링하이젠F. T. Frelinghuysen 국무장관에 보고하였다.

> 조선국왕과 영의정이최응李最應은 조선개항을 찬성하고 있으며 미국과 입약교섭을 전개할 의사가 있음을 강력히 시사하고 있을 뿐만 아니라 이를 열망하고 있다. 그러나 조선개항을 강력하게 반대하는 정파衛正斥邪派가 조야朝野에 상존尙存하고 있다. 최근 조선특사영선사領選使 김윤식金允植가 보정부를 방문, 이홍장과 회담을 하면서, 이홍장은 김윤식에게 입약교섭 전권특사를 파견해 줄 것을 조선국왕에게 주청奏請을 권고했다고 한다. 이는 이 총독 감리하에 미국과 입약하고 비준문서를 교환하기 위하여 본인이 조선으로 갈 때 조선 전권특사와 같이 동행하기 위한 것이다.[34]

3월 25일 제1차 회담에서 슈펠트와 이홍장 간의 대담 내용은 미청 양국의 대한對韓정책의 대강大綱을 밝히고 있다는 점에서 대단히 의미 있는 대

[34] *Shufeldt Papers: Korean Lettters*, 51, Shufeldt to Frelinghuysen, March 30, 1882.

담이었다. 이날 양인의 대담 내용 전문은 다음과 같다.

李: 귀하는 수개월간 북경에 체재했다는데 어느 곳에 유숙하고 있었는가.

슈: 약 1개월 정도 북경에 체재했는데 주로 홀콤何天爵 미국공사 관저에 머물고 있었다. 지난번 본국 정부는 본인을 '주한 미국전권특사'에 임명했다는 훈령문을 홀콤 공사에 내린 바 있다. 그러므로 조선과의 입약교섭의 전권은 본인 한 사람만이 가지고 있으며, 홀콤 공사는 자문하는 역할만 할 뿐이다. 수일 내로 홀콤 공사가 천진으로 올 것이지만 무슨 특별한 다른 일이 있는지 모르겠으나 본인으로서는 그를 통역으로 채용할 생각이다.

李: 본 대신이 보정부에 있을 때 조선대표金允植와 회담을 가졌는데 본인은 조선대표에게 조선정부가 약고約稿를 마련하라고 권고했더니, 며칠 전 조선약고朝鮮約稿, 李東仁草稿를 받아보았다. 귀하의 제1호 조약초안슈펠트은 주복周馥을 통해 받아보았는데, 본인이 작성한 제2호 조약초안李鴻章과 대비분석해본 결과 양 문서 간에 차이가 너무 심하다. 이에 본인은 조선측이 마련한 약고를 수정·보완해서 주복과 협의, 작성한 조약초안제4호 조약초안을 귀하께 전달하겠다.

슈: 그와 같은 방법이 좋겠다. 주복의 의약지사議約之事는 명백한 것이므로 중당中堂의 조약초안을 본인에게 주면 본인은 주복과 협의해서 수정·보완한 초안을 귀하에게 보내면 귀하는 마지막으로 수정·보완하는 것이 좋겠다고 본다.

李: 조선은 옛날부터 중국의 속방이지만 내정외교사內政外交事는 항상 그 나라가 자주自主해오고 있다. 조일조규가 창졸간에 체결된 후 오늘날까지 조선은 일본과의 조약체결로 손해를 보고 있어서 이를 크게 후회하고 있다. 그러므로 현재 조일조규를 저본底本으로 한미조약문 초안제1호 조약초안을 작성했다는 것은 부당한 일이다. 본인은 보정부에서 조선대표와 회담 시 회신이최응에 보낸 서한의 답장을 전달한 바 있는데 이 회신문에서 본인은 조선정부가 2월경 전권특사대원大員를 파견하면 천진에서 귀하와 회담한 후 조선으로 함께 가서 협의를 하면 한미조약 체결은 쉽게 성사될 것이라는 점을 밝혔다. 그러나 아직까지 이에 대한 회신을 받아보지 못했다. 대략 4, 5주 이내 회신이 있을 것이므로 소식이 오는 대로 협의하도록 하겠다.

슈: 귀하의 호의에 감사한다. 만약 한미 입약사가 다소 지연되거나 본국 정부가 파견한 병선Swatara호이 양력 5월 1일에 연대煙臺, 芝罘에 도착할 예정인바, 만약 그때까지도 조선특사가 오지 않으면 본인은 더 이상 기다리지 않고 곧바로 조선으로 향발할 것이다. 귀하는 청국특사 한 사람을 파견, 본인과 동행하든지 아니면 본인에게 조약문서를 주면 가지고 가면 좋겠다.

李: 대원大員을 특사로 파견, 동행하는 것은 타당한 일이다. 그러나 조선정부의 회신을 기다려 보아 이 문제를 결정해야 한다. 조선국왕과 2, 3 대신들개화파開化派은 미국과의 입약을 원하고 있다. 그러나 그 이외의 대신들위정척사파衛正斥邪派은 미국과의 입약을 반대하고 있기 때문에 조선정부가 공공연히 전권특사를 천진으로 파견, 입약교섭을 벌이게 되면 조선 국내의 척사파로부터 개항반대여론만 유발할 염려가 있다. 그러므로 조선정부로부터의 전권특사 파견은 사실상 어려운 실정이다. 그렇지만 귀하가 단독으로 조선에 간다면 이는 피차간 정情이 통하지 아니할 것이다. 현재 주청 각국 공사들은 귀하가 주한 미국전권특사에 임명된 사실을 알고 있는가.

슈: 알고 있다.

李: 누가 이 사실을 알려주었는가. 홀콤 공사가 어찌 이 같은 사실을 전고轉告할 수 있는가.

슈: 홀콤 공사가 누설한 것이 아니고 본국정부로부터 전권특사 임명 훈령문訓令文이 본인에게 전달된 지 오래 되었으므로 기밀을 유지하기 어려워 비밀이 새어나간 것 같다.

李: 그러면 각국 공사들이 이곳 북양아문에서 귀하와 본인 간에 입약을 협상하고 있다는 사실도 알고 있는가.

슈: 알지 못하고 있다.

李: 각국은 한미조약 체결 이후 대표를 파견, 조선과 입약교섭을 한다는 말이 있지 않는가.

슈: 그런 말은 들은 바 없다. 다만 작년 각국 공사들이 만약 미국이 조선과 입약을 성취한다면 각국도 미국의 뒤를 이어 조선과 입약교섭을 시도할 것이라는 이야기를 들은 바는 있다.

李: 미국은 평소 정리情理를 알고 있고 귀하도 또한 대국大局에 명달明達하고 있으며 조선 풍기風氣는 고루固陋하여척사파의 조선개항 반대 중국의 휴척休戚과 상관하고 있기 때문에 본인은 부득불 이 문제立約之事를 심사숙고 끝에 주선하고 있다.

슈: 조선 사행使行 시 미국 함정이 부산포釜山浦에 정박했으면 좋겠다.

李: 일본이 8월에 인천항을 개항하기로 했으므로 조선은 일본보다 미국 함정이 먼저 인청항에 입항하기를 원하고 있다.

李: 미국정부는 병선을 여러 척 파견할 필요는 없다. 본 대신은 청국 병선을 파견, 귀하와 동행하게 할 것이다. 인천의 간만의 차는 30척 정도이고 정박할 장소로부터 왕경王京까지의 상거相距는 60리 정도이다.

슈: 오늘 회담에서 귀하의 지시에 감사하며 본 회담 내용을 본국 정부에 보고하겠다.

李: 오늘 이 자리에서 논의된 내용은 외부 사람들이 알지 못하도록 일체 비밀을 지켜주기 부탁한다.

슈: 비밀을 지킬 것을 약속한다.[35]

이상 슈펠트-이홍장 대담을 분석 · 검토해보면 이홍장의 대한對韓 '속방정책'과 슈펠트의 대한 '조선독립국정책'의 대결 양상임을 파악할 수 있다. 이홍장은 조선은 옛날부터 중국의 속국이라는 것, 그러므로 조일조규를 남본藍本, 원본으로 작성한 제1호 조약초안슈펠트에서 속방조항이 누락된 것은 부당한 처사임을 강조하면서 만약 청국이 속방조항이 없는 한미조

[35] 『李全集』권 5, pp.315~316(광서 8. 2. 7), 「美國水師總兵薛斐爾來見問答節略」.

약 체결을 용인容認한다면 장차 각국이 이를 본받아 조선이 중국의 속방이라는 사실을 알지 못할 뿐만 아니라 그 후환은 막심할 것이다. 만국공법萬國公法에 의하면 부용소국附庸小國은 자주自主를 인정받을 수 없다. 그러므로 각국 열강과 입약한다는 것은 미편未便한 일이다. 바로 이 점이 청국으로서는 난처한 일이 아닐 수 없다. 이리하여 이홍장은 "조선은 중국의 속국이지만 내정외교사內政外交事는 자주하고 있다"라는 문구를 조약문 제1조에 명문화할 것을 주복周馥에게 지시한 것이다.[36]

제2호 조약초안李鴻章을 분석 · 검토해보면 제1관에 속방조항과 거중조정居中調停, good offices, 從中善爲調處 문구를 명문화했을 뿐만 아니라 조선이 청의 속국임을 미국 측으로부터 인정받기 위하여 제10관에 "조약 체결 후 대조선국 대군주는 중국 예부禮部에 조약문을 이자移咨하고 비준批准을 받아야 한다."라고 명기하고 있다. 이는 바로 조선은 청의 속국이기 때문에, 청의 지도와 감독에 의해 미국과 조약을 체결하고 종주국宗主國인 청의 비준을 받아야만 한미조약은 비로소 법적으로 발효發效한다는 것이다.[37]

제1차 슈펠트-이홍장 회담은 속방론 논쟁으로 말미암아 아무런 성과 없이 결렬되었다. 슈펠트는 청국 측이 속방론을 계속 주장한다면 모든 입약교섭을 중단하고 즉각 청국을 떠나 귀국하겠다는 결의를 표명하면서 북양아문을 떠났다.[38]

이제 슈펠트에게는 이홍장이 주장해온 속방론을 인정하고 한미조약을 체결할 것인가, 아니면 조선독립국 인정을 강력히 주장하면서 이를 받아들이지 않을 경우 입약교섭을 포기할 것인가라는 양자택일을 하지 않을

---

36 『李全集』권 5, p.315(광서 8. 2. 9), 「籌議朝鮮與美定約」.

37 『關係史料』권 2, p.555, "大朝鮮國君主 一面移咨 中國禮部 一面批准"

38 *Shufeldt Papers*, "The History of the Treaty with Korea."

수 없는 중대한 기로에 직면했다. 전자의 경우 만국공법萬國公法에 의하면 부용소국附庸小國 즉 비자치속국非自治屬國, non-self-governing vassal states은 타국과 조약체결권이 없다. 이런 점에서 전자를 인정할 경우 조선독립국정책을 고수하고 있는 슈펠트로서는 스스로 자가당착에 봉착하게 되어 진퇴양난에 빠지게 되는 결과를 초래할 것이다. 이에 대청對淸교섭에는 외교적 힘으로 밀어붙이는 수밖에 없고, 그 근거는 일찍이 청국 측이 조선의 독립을 인정한 역사적 사실을 강조하지 않을 수 없다.

조선이 중국의 속방이 아니고 독립국이라는 사실은 청 당국이 이미 두 번의 경우에서 인정한 바 있다. 첫 번째가 제너럴 셔먼호사건 때이다. 1866년 8월 미국 상선 제너럴 셔먼호가 평양 대동강을 거슬러 올라가 통상을 강요하는 등 도발적 적대적 난동으로 말미암아 평양 군민에 의해 선체는 소파되고 토머스 목사를 포함한 선원 24명 전원이 몰살된 소파사건이 발생했다. 사건 발생 보고를 접한 윌리엄즈Samuel W. Williams 주청 미국대리공사는 "조선에 간 셔먼호 승무원의 생사여부를 알 수 없다. 만약 생존자가 있으면 송환을 주선해주기 바란다."[39]라고 총리아문에 설법구출設法救出을 요구하는 조회문을 보낸 결과, 총리아문은 한청 간의 조공관계朝貢關係는 의례적儀禮的, ceremonial인 관계에 불과하다고 전제하면서 대조선관할권對朝鮮管轄權, all jurisdiction 행사를 거부했다.[40] 이어 사건 발생 당시 본국 휴가차 워싱턴에 가 있었던 주청 미국공사 벌링게임Anson Burlingame도 북경에 귀임하는 즉시 청이 조선의 종주국宗主國이라면 셔먼호사건에 대한 책임

---

[39] 『籌辦夷務始末』권 6, p.1081(동치 5. 10); 『同文彙考』(국사편위, 1978), 권 3, p.2476, 「洋舶情形」; *U. S. Diplomatic Correspondence*, Williams to the Foreign Office, October 23, 1866, Appended in E. M. Cable, "The United States-Korean Relations, 1866~1871,"(*USKR*), *Transactions of the Korea Branch of the Royal Asiatic Society*, 28(1938), pp.32~35.

[40] *Ibid.*, Burlingame to Seward, December 15, 1866.

을 지고 이에 대한 손해배상을 받아내는 데 힘써줄 것을 요구하는 조회문을 보내자, 총리아문은 다음과 같이 공식성명을 발표했다.

> "조선은 중국에 신복臣服하고 있지만 일체의 정교금령政敎禁令은 자주자행하고 있다."[41]

이로써 청은 조선은 비록 청의 조공국이지만 사실상 독립국이므로 조선문제에 관여할 수 없다고 단언하고 있다.[42]

두 번째는 미국 아시아함대의 조선원정 때이다. 미국은 셔먼호사건을 응징하고 포함외교Gunboat Diplomacy에 의해 강제적으로 조선과 입약함으로써 조선개항을 성취코자 1871년 5월 조선원정을 단행했다. 주청 미국공사 로우F. F. Low가 조선원정의 명목상 최고 책임자로서 조선파견전권공사에 임명되자, 그는 총리아문을 방문, 그가 조선원정을 결행하게 된 이유를 적은 친서를 전달하면서 총리아문이 이 문서를 조선정부에 대신해서 전달代遞해줄 것을 요구했다. 그러나 총리아문은 앞서 셔먼호사건 때와 마찬가지로 외번外藩에 대한 불간섭정책을 피력하면서, 조선은 자주독립국가이므로 청이 조선문제에 간여할 수 없다는 대한불간섭정책을 표명한 것이다.[43]

이와 같이 청국정부가 두 차례나 조선독립국 지위를 공식 인정했으므로 이제 슈펠트는 이를 근거로 하여 이홍장의 속방정책을 전면 단호히 거

---

41 『關係史料』권 2, pp.95~97(동치 7. 2. 17). "緣朝鮮雖係臣服中國 其本處一切政敎禁令 槪由該由自行專主 中國向不與聞"; Cable, *USKR*, pp.44~46.

42 Cable, *USKR*, pp.44~46.

43 『關係史料』권 2, pp.159~160(동치 10. 1. 22); 『同文彙考』권 3, pp.2488~2489; 金源模, 『近代韓美關係史』韓美戰爭篇, pp.366~368.

부하면서 대한對韓 '조선독립국정책'을 수립, 이를 관철하기로 결정했다.

제1차 슈펠트-이홍장 회담에서 상호 교환한 제1호 및 제2호 조약초안의 내용을 검토 · 분석해 보면 다음과 같다.

제1호 條約草案슈펠트[44]

제1호 조약초안에는 철저하게도 한미 양국간 호혜평등互惠平等의 원칙에 따라 수호통상관계를 수립한다고 명시하고 있다. 따라서 속방조항도, 평등한 독립국조항도 언급하지 않고 있다. 우선 한미조약은 완전 항구적 보편적 평화우호를 바탕으로 한 수호통상조약修好通商條約이라는 것을 서문에 밝히고 있다.

> 제1관 미국과 조선왕국 및 양 국민 간에 성실한 평화 우호관계수립을 할 것.
>
> 제2관 한미 양국은 상대국 수도에 외교대표공사公使를 파견 주둔하고 대외무역을 위해 상대국 개항장開港場에는 영사領事를 주둔할 것이며, 공무역公貿易과 교섭은 평등한 조건하에서 행한다.
>
> 제3관 조선 주재 미국시민은 개항장에서 거주하면서 무역소교역소交易所을 개설할 수 있고 미국 상선은 조선정부가 금지하는 상품금수품禁輸品을 불법으로 거래하는 것을 금지한다.
>
> 제4관 조선 주재 미국시민은 조선 지방관으로부터 법적 보호를 받으며 만약 재산과 거주지가 폭도에게 침해侵害를 받을 경우 영사의 요청에 따라 범법자를 체포, 중벌重罰에 처한다. 양 국민 간에 분쟁이 발생하면 피고被告의 국적國籍 관리가 재판을 관장하며 원고原告 국적의 관리도 재판에 출석할 수 있고 증

[44] *Shufeldt Papers: Korean Letters*, 英文本. "Draft of Treaty, No. 1," 및 漢文本. 슈펠트와 홀콤 공사가 협의해서 朝日條規(1876)를 底本으로 해서 본 제1호 조약초안을 작성했다. '附錄' 1 참조할 것.

인으로 반대심문을 하고 항소抗訴할 권리가 있다.

제5관 미국선박이 조선 해역에서 조난을 당하면 조선의 어느 항구에도 입항, 구조를 요청할 수 있다. 만약 미국선박이 좌초할 경우 조선 지방당국은 미국선원을 구제할 뿐만 아니라 조난선원에게 생활필수품을 제공하고 선박수리와 화물보존에 필요한 조치를 취한다. 단 선박수리비는 선주船主가 부담한다.

제6관 미국 해군함정이 수시로 조선해안의 해로를 탐사探査, 양국 선박이 안전한 항행을 하게 한다.

제7관 조선은 미국에 대한 수출입 관세關稅와 톤세噸稅의 부과비율은 기타 다른 나라의 선박과 하물荷物 또는 조선인의 선박과 하물에 부과하는 것보다 높은 비율로 과세 · 징수할 수 없다. 그 대신 미국도 똑같은 조건을 약속할 것이다. 조선국왕은 수출입관세 종가從價 최고 10% 초과 과세할 수 없다. 그리고 수송 중인 상품에 대한 추가과세 부과도 할 수 없다.

제8관 양국은 아편교역阿片交易을 금한다. 만약 아편을 운반하는 선박이 적발되면 해당국의 법률에 의해 처벌된다.

제9관 양국은 자국 상민의 권익보호를 위해 무역장정貿易章程을 의정議定한다. 18개월 이내에 양국은 특별위원을 파견, 무역장정을 재의정再議定한다.

제10관 조선국왕이 다른 나라의 상민商民에게 항해航海 통상 정치적 기타 교섭과 관련된 모든 특혜를 보장한 것처럼 미국상민의 권익보호를 위한 보호조치를 취해야 한다. 양국 전권대표는 조약문을 영문 · 한문으로 작성, 서명 날인한 후 1년 이내에 비준서批准書를 교환한다.

제2호 條約草案李鴻章[45]

제2호 조약초안에서 이홍장은 연미론聯美論을 바탕으로 한 속방정책을 천명하고 있다. 첫째, 속방조항을 한미조약 제1조에 명기하고 있다. 이는

[45] *Ibid.*, '附錄' II 참조할 것. 英文本 "Draft of Treaty, No. 2," 및 漢文本. 본 조약초안은 이홍장이 그의 막료 周馥 · 馬建忠에게 명하여 작성한 것이다.

청국정부가 이미 두 차례나 공식 성명한 조선독립국 승인을 백지화하고 대한종주권對韓宗主權 유지를 주장하고 있다. 둘째, 제1조에 거중조정居中調停, good offices, 從中善爲調處을 명문화하고 있다. 이는 그의 지론인 연미론을 바탕으로 하여 미국세력을 한반도로 끌어들여 러일의 한반도 침략을 공동으로 저지하겠다는 결의의 표명이다. 이홍장은 미국과의 미청 천진조약天津條約, American Treaty of Tientsin에서 '거중조정'을 처음으로 사용한 선례에 따라 한미조약에도 이를 습용襲用, 그대로 삽입하고 있다.[46]

셋째, 본 초안 제10조에 "조약체결 후 대조선국大朝鮮國 군주는 중국 예부禮部에 조약문을 이자移咨하고 비준批准을 받아야 한다."[47]라고 규정하고 있다. 여기서 주목되는 점은 총리아문이 아니라 과거 조공체제하朝貢體制下의 상대역인 예부로 자문을 보낼 것, 조선국왕은 청국황제에게 조약체결 비준을 받을 것을 주청奏請하는 형식을 취하고 있다. 이는 조선이 미국과 조약을 체결하되, 어디까지나 종주국宗主國의 중재와 주선에 의해 체결된 것이므로 반드시 상국上國인 청국의 비준을 받도록 함으로써 대한종주권을 계속 유지해보겠다는 이홍장의 속방정책의 기본노선을 그대로 반영한 것이었다.[48]

제2호 조약초안의 내용을 분석·검토해보면 다음과 같다.

> 제1관 조선은 중국의 속방이지만 내정외교사內政外交事는 자주로 행하고 있다朝鮮爲中國屬邦而內政外交事宜向來均得自主. 제3국으로부터 부당한 외모外侮, 외부로부터 받는 모욕·침략를 당할 경우 피차 항구적 안전을 위해 원조와 거중조정을 제공해

---

[46] Dennett, *Americans in Eastern Asia*, p.459.

[47] 『關係史料』권 2, pp.552~555, 제2호 條約草案 第10款.

[48] *Shufeldt Papers: Korean Letters*, Shufeldt to Frelinghuysen, March 31, 1882; 朴日根, 『美國의 開國政策과 韓美外交關係』(一潮閣, 1981), p.203.

야 한다從中善爲調處.

제2관 조약체결 후 양국은 상대국 수도에 외교대표公使를 임명·파견한다. 공·영사公·領事는 가각 상대국으로부터 호혜평등互惠平等의 대우를 받는다. 영사는 상대국의 세관업무稅關業務를 취급할 수 없고 교역활동이 금지된다.

제3관 양국 선박이 악천후로 조난을 당할 경우 해당국 지방관은 이를 구제해야 한다. 뿐만 아니라 선박수리의 편의를 제공해야 한다. 상선은 악천후로 인한 구제요청을 제외하고는 개항상開港場 이외의 다른 항구에 입항할 수 없다.

제4관 양국은 영사재판권領事裁判權을 인정한다. 만약 미국선원이 조선 연안에서 소란을 일으켰을 경우에는 해당 지방관은 영사관과 협의, 이를 진압한다.

제5관 일용품에는 종가세從價稅 10%, 양주·담배·시계 등 사치품에는 30%의 종가세를 부과한다. 토산물土産物 수출에는 종가세 5%를 부과한다.

제6관 개항장 내에 미국인의 거주 임대 및 주택 건축권을 인허認許한다. 단 미국인에게 임대한 토지는 조선국 고유의 토지이다. 미국상민은 내륙에서의 교역을 할 수 없고, 내륙교역內陸交易은 조선상민에게만 국한한다. 아편수입은 절대 금지하며 아편을 반입하는 자는 조선당국에 의해 처벌을 받는다.

제7관 소송訴訟사건이 발생할 경우 피고被告의 국법國法에 따라 재판을 받는다. 원고原告가 재판결과를 불복不服할 경우 원고의 국적國籍 관리를 통해 피고의 국적 관리에 조회해서 재판을 다시 한다.

제8관 양국 관리와 상민은 주재국의 토착민土着民을 고용할 권리를 가진다. 언어 문학 법률 및 예술을 학습하고자 상대국에 유학하려는 학생들에게 보호와 원조 등 모든 편의를 제공해야 한다.

제9관 이번에 조선국과 최초로 입약 교섭한 것인 만큼 그 조관상條款上 불완전하고 미비한 점이 많다. 그러므로 5년 후 양국 관민은 상대국 언어를 통하게 되면 통상장정通商章程을 재의정再議定한다.

제10관 조선은 모든 왕복문서에 한문漢文을 전용專用하고 미국도 한문을 전용하되, 상호 오해를 피하기 위하여 영문英文을 병기한다. 조약체결 후 대조선국大朝鮮國 군주는 중국 예부禮部에 조약문을 이자移咨하고 비준批准을 받아야 한

다. 미국 대통령도 상원上院의 충고와 동의를 받아 조약문을 비준한다.[49]

제1차 슈펠트-이홍장 회담은 아무런 타협점을 찾지 못한 채 결렬되고 말았다. 4월 1일 슈펠트는 해관서海關署에서 이홍장의 막료 주복·마건충·나풍록羅豊祿 등과 실무회담을 개최, 의견조정을 했다.[50] 이 자리에서 슈펠트는 한미조약 제1조의 속방조항 명문화는 '절대불가'라는 입장임을 확언하면서 이를 삭제할 것을 강력히 요구하였으나, 청국 측은 조선은 중국의 속방이라고 강력히 주장역지力持했다.[51]

그러나 슈펠트는 일찍이 청국이 주장한 바와 같이 조선은 비록 청의 조공국朝貢國이지만 내치외교를 자주자행하고 있는 자주독립국自主獨立國이기 때문에 대등한 국가지위를 바탕으로 조선과 입약하겠다는 의지를 표명했다. 슈펠트는 입약교섭은 1년 이상 끌어왔기에 속방조항문제를 빌미로 한미조약 체결을 더 이상 미룰 수 없다고 전제하면서 상대역相對役인 주복에게 자신의 조선개항정신조선독립국정책을 다음과 같이 개진했다. 청 당국이 조선개항조치를 취해줄 것을 1년 이상 기다려왔다는 것, 그래서 이중당李中堂, 李鴻章의 중재를 기다리고 있었으며, 이 이상 입약을 지연해서는 안 된다고 언명했다. 이어 슈펠트는 만약 내달 5월 1일까지 입약의 가망이 없으면 본국 국무부에 조선개항계획을 포기할 것을 권고하겠다고 선언했다.[52] 이로써 이날 회담은 속방문제에 대한 찬반토론을 벌이다가 아무런 성과 없이 결렬되었다.

4월 5일 제2차 슈펠트-이홍장 회담이 개최되었다. 주복·마건충이 배

---

[49] 『關係史料』권 2, pp.552~555, 제2호 條約草案.

[50] 『關係史料』권 2, p.557.

[51] 『李全集』권 5, p.323(광서 8. 2. 24), 「論美使議朝約不認中國屬邦」.

[52] *Shufeldt Papers: Korean Letters*, Shufeldt to Frelinghuysen, March 30, 1882.

석한 가운데 개최된 이 회담에서 이홍장은 한미조약 제1조에 속방조항 삽입을 고집하면서 만약 미국 측이 이에 동의하지 않으면 조약체결을 위해 조선에 사자使者도 군함도 파견하지 않겠다고 강경한 자세를 보였다. 이홍장은 속방조항은 바로 청국정부의 정책적 훈령인 만큼 절대로 철회할 수 없다고 덧붙였다.[53]

이홍장의 조선개항朝鮮開港 중재목적은 바로 연미론聯美論에 그 바탕을 두고 있다. 조선이 러일 양국으로부터 침략을 받으면 종주국宗主國인 청의 국가적 안보위기를 맞게 될 것이고 종주국의 위신이 크게 손상되기 때문에 러일 양국의 한반도 합병기도合併企圖로부터 조선을 구제하고 대한종주권 유지를 위해 한미조약 체결은 절대로 필요하다는 것이다.[54]

다시 말하면 미국세력을 한반도로 끌어들여 미국의 힘에 의해 한반도의 안보를 보장한다는 것이다. 이는 결국 한반도의 안보를 미청 양국이 공동으로 책임을 질 것임을 강요하고 있다. 이 같은 이홍장의 주장은 미청 공동조약 또는 동맹관계수립으로 조선을 공동으로 보호하겠다는 정략政略이기에, 슈펠트는 이 같은 동맹체결의 권한이 없다고 언명하면서 속방조항의 명문화를 반대했다.[55]

슈펠트는 제2차 회담을 앞두고 이홍장에 보낸 4월 4일자 서한에서 속방조항 삽입 반대 이유를 다음과 같이 분명히 밝히고 있다.

> 조선은 반독립국가半獨立國家이므로 조약체결권이 있다고 인정하지 않을 수 없다. 조선왕국은 내치외교內治外交에 관한 한 주권主權을 행사하고 있는 종속

---

[53] 『李全集』권 5, p.323(광서 8. 2. 24), 「論美使議朝約不認中國屬邦」; 奧平武彦, 『朝鮮開國交涉始末』(刀江書院, 1969), p.108.

[54] Drake, *The Empire of the Seas*, p.289.

[55] 奧平武彦, 『朝鮮開國交涉始末』, p.109.

> 국從屬國이다. 그렇다면 미국은 청국의 종주권宗主權 주장과는 관계없이 조선과 입약할 권리가 있다. 그러므로 한미 양국은 어느 타국의 구애拘碍나 승인을 받을 것 없이 완전 동등한 조건 위에서 협상 교섭할 특권이 있다. …더군다나 문제의 조항속방조항屬邦條項은 다소간 미청 양국을 직접 조선과 관련시키고 있는데, 그것은 이 두 위대한 나라미청가 조선의 공동보호국共同保護國이 되게 하는 방식을 취하고 있다. 각하께서 조선이 '강력한 보호powerful escort'를 받으며 국제사회의 일구성원이 되기를 본인이 개인적으로 의도하고 있다고 생각할는지 모른다. 그렇지만 본인에게는 우호통상조약 체결권만 부여되어 있을 뿐 여하한 정치적 동맹political alliance을 체결할 권한은 없다. 본 조항은 파급효과가 클 뿐만 아니라 아무런 관계가 없는 속방조항을 본 조약문에 삽입해 달라고 본인에게 강청하지 말 것을 촉구하는 바이다. 뿐만 아니라 이러한 조항은 입약 목적과는 아무런 관계가 없으며 동시에 이 같은 외교적 선례先例도 없다.[56]

상기 4월 4일자 이홍장에 보낸 서한에서 슈펠트는 조선개항정신 즉 조선 독립국정책을 관철하겠다는 의지를 재천명하고 있다. 이를 요약 정리해보면 다음과 같다.

첫째, 조선은 청국이 주장하듯이 반독립국반주지국半主之國이지만 조약체결권은 있다. 그러므로 조약문에 조선은 중국의 속방이라는 것을 명문화할 필요가 없으며, 조선과 조약을 체결한 후 반드시 중국 황제의 비준을 받을 필요도 없다. 둘째, 한미 양국은 상호 평등한 국가지위에서 조약을 체결하기 때문에 제3국을 끌어들일징인徵引 필요가 없다. 속방조항은 조약체결의 본지本旨와는 상관이 없을 뿐만 아니라 의심만 사기 쉬우며, 이는 미국의 대조선 국교수립國交樹立 취지에도 어긋나는 일이다.

---

[56] *Shufeldt Papers: Korean Letters*, Shufeldt to Li Hung-Chang, April 4, 1882; 『關係史料』권 2, pp.557~558(광서 8. 2, 25), 「照譯美總兵薛斐爾照會中堂稿」.

셋째, 제1조에 "만약 제3국이 불공경묘不公輕藐, 부당하게 깔보고 업신여김하는 일이 있으면 피차 거중조정居中調停함으로써 도우고 보호해야 한다."는 구절이 있다. 이는 조약체결 후 미청 양국이 조선을 공동 보호하겠다는 외교적 술책으로 간주되거니와, 본인은 조선이 미청 양국의 보호를 받아 열국 중에 자존自存하기를 바라지만, 본인으로서는 조선과 통상우호조약 체결권만 부여되어 있을 뿐, 이 같은 일종의 정치적 동맹체결 같은 원호조약援護條約 체결권은 부여받은 바 없다.

넷째, 제1조 속방조항은 통상조약과는 아무 관련이 없기 때문에 미국으로서는 불편한 점이 많다. 일찍이 미국이 각국과 체결한 대외조약을 보더라도 이 같은 전례前例를 찾아볼 수 없다. 그러므로 귀하는 제1조 내용을 삭제하고 개정刪改해주기 바란다.[57]

4월 5일 제2차 슈펠트-이홍장 회담이 개최되었다. 슈펠트는 속방문제를 타결하기 위하여 제3호 조약초안슈펠트[58]을 작성해서 회담에 임했다. 제3호 조약초안의 특색을 보면, 우선 무엇보다도 속방조항이 없는 것은 제1호 조약초안과 동일하나, 제1조에 거중조정 조항이 삽입되어 있다는 사실이다. 이는 미국이 제2호 조약초안李鴻章 제1조의 거중조정 조항을 대폭 수용했다는 점에서 미국이 조약체결을 타결하기 위하여 일보 양보한 것으로 해석해 볼 수 있다. 이리하여 미청 양국은 조선의 안보를 공동으로 책임진다는 공약公約을 하기에 이르렀다. 제3호 조약초안의 특색을 조항별로 요약하면 다음과 같다.

---

[57] 『李全集』권 5, p.323, 「譯美總兵薛斐爾擬照會稿」

[58] *Shufeldt Papers: Korean Letters*, "The Treaty with Korea, No. 3."

제3호 條約草案슈펠트

제1관 한미 양국은 상호 완전 동등한 조건으로 대우하며 항구적 우호관계를 유지한다. 만약 제3국이 어느 한 나라를 불공경묘不公輕藐, 부당하게 깔보고 업신여김할 경우 상대국은 중재역할을 다해 조약관계를 유지한다.

제2관 양국은 조약체결 후 외교대표공사公使를 임명하고 개항장開港場에는 영사領事를 임명 파견한다. 외교대표와 영사는 상호 최혜국最惠國 대표와 동등한 대우를 받는다. 만약 영사가 불공정한 상거래商去來 행위를 하면 인허장認許狀을 취소한다.

제3관 미국 선박이 악천후 또는 연료 및 식량결핍으로 조선의 개항장에 입항할 수 없을 경우, 어느 연안 항구에 긴급 입항, 구제를 받을 수 있다. 미국선박이 조난을 당할 경우 조선 당국은 조난선원을 구출하고 선박수리에 편의를 제공해야 한다.

제4관 한미 양국은 상대국 국민의 생명과 재산을 호혜평등의 법칙에 따라 상호 보호한다. 영사재판권領事裁判權을 상호 인정한다. 치외법권적治外法權的 관할권管轄權을 상호 존중한다.

제5관 교역交易을 위해 상인 및 상선이 상대국을 방문할 경우 상대국 세관규칙稅關規則에 따라 톤세噸稅와 기타 모든 요금料金을 물어야 한다. 생활필수품은 종가세從價稅 10%를 초과할 수 없으며 사치품은 30%의 종가세를 징수한다. 수출 토산품은 종가세 5%를 초과할 수 없다.

제6관 통상을 목적으로 상대국을 방문한 상인들도 주거 · 임대 · 구매할 수 있으며, 그리고 주택 및 창고 등을 건축할 수 있다. 임대 토지는 조선당국의 고유 토지의 일부이다. 미국상인은 조선 내륙지방에서 외국상품을 상거래 할 수 없다. 이를 위반할 경우 압수 처리된다. 한미 양국은 각기 상대국에 대해 아편무역을 절대할 수 없다.

제7관 양국 국민은 상대국의 근로자를 합법적으로 고용할 권리를 가진다. 한미 양국은 상대국의 사법제도司法制度에 따라 범법자犯法者를 체포 구금할 수 있다.

제8관 양국 학생이 상대국에 유학할 경우 해당국은 최대한도의 보호와 원조를 제공해주어야 한다.

제9관 이번에 조선은 최초로 구미열강 중 미국과 조약체결을 한 것인 만큼 조약상 미비점이 많을 것이다. 조약체결 후 5년 뒤에 상대국 언어를 통하게 되면 국제법에 준하여 불평등한 차별이 없는 조약을 재의정再議定한다.

제10관 본 조약문은 중국어와 영어로 작성한다. 미국 측이 영어를 사용할 시 오해를 피하기 위하여 반드시 중국어를 병용併用한다.

제11관 조선국왕은 다른 나라의 상민에게 향해 통상 정치적 및 기타 교섭에 관련된 모든 특혜를 보장한 것처럼 미국상민에 대해서도 이와 똑같은 특혜를 베풀어야 한다. 영문英文 한문漢文으로 조약문 각 3부씩 작성하고 비준서批准書는 본 조약 체결 1년 후에 교환한다.[59]

슈펠트는 상거 제3호 조약초안슈펠트을 휴대하고 4월 5일 이홍장과 제2차 회담을 가졌다. 이 자리에서 슈펠트는 제3호 조약초안을 제시하면서 속방조항 삽입은 '절대불가'임을 재삼 언명했다. 주복 · 마건충 등이 배석한 제2차 회담에서 이홍장은 슈펠트의 속방조항 철폐 주장을 일언지하에 일축하면서 '절대삽입'을 주장하고 나섰다. 속방조항은 청국정부가 희망하는 '필수조건*sine qua non*'[60]임을 재강조하면서 이는 청국의 희망사가 아니라 조선국왕이 본 조항 삽입을 희망하고 있어서 제1조에 명문화 했다고 해명했다. 그러므로 만약 미국 측이 제1조를 수락하지 않을 경우, 청국은 한미조약 체결에 관여하지 않겠고, 뿐만 아니라 청국 대표의 조선파견에도 협조하지 않겠다고 위협했다.[61]

---

[59] *Shufeldt Papers: Korean Letters*, "Treaty with Korea, No. 3."

[60] Chien, *The Opening of Korea*, p.83.

[61] *Memorandum of Shufeldt*, April 6, 1882; Paullin, *Diplomatic Negotiations of American Naval Officers*, pp.315~316.

이홍장이 조선국왕의 속방조항 삽입 희망이란 바로 김윤식-이홍장 회담에서 김윤식으로부터 속방조항 삽입 동의를 얻어낸 사실을 근거로 이같이 주장하고 있다. 사실상 김윤식은 속방조항 수락 동의를 적은 봉서封書를 조선국왕에 게 올린 바 있다. 그러나 슈펠트는 조선국왕의 요망에 의해 작성되었다 하더라도 조선은 내치외교內治外交를 자주하고 있는 이상 속방조항 삽입을 용인容認할 수 없다고 반박했다.[62]

이처럼 이홍장은 김윤식으로부터 속방조항 삽입 찬동을 받았다는 것, 더군다나 국왕봉서國王封書에도 속방조항 찬동 이유를 밝혔다는 사실을 지적하면서 한미조약문에 속방조항의 명문화는 청국정부의 확고부동한 기본적 대한정책이라고 강조하였다. 그럼에도 불구하고 슈펠트는 이홍장에게 전달한 4월 4일자 편지에서 밝혔듯이 조선은 비록 청의 조공국朝貢國이지만 내치외교는 자주자행하는 독립국가이므로 조약체결권이 있으며, 조선을 공동으로 보호한다는 미청동맹美淸同盟, 居中調停 같은 조약체결권은 그 자신에게 부여되어 있지 않다는 것 등 두 가지 이유를 들면서 속방조항 삽입을 단호히 거부함으로써 회의는 아무런 타협점도 찾지 못한 채 끝났다.[63]

---

[62] 『陰晴史』, pp.55~58(고종 18. 12. 27).

[63] Drake, *The Empire of the Seas*, p.291.

4. 슈펠트-이홍장 '속방론' 삭제와 별도조회문에 속방론 명문화 타결

제2차 회담에서 이같이 미청 양국은 한치의 양보 없이 속방론과 조선 독립론을 주장하면서 격론을 벌였지만 타협점을 찾을 수 없게 되자 회담은 결렬 위기를 맞게 되었다. 슈펠트는 이홍장이 자기를 홀대해 준 데 대해 분노와 혐오감 · 좌절감을 느끼지 않을 수 없었다. 이리하여 슈펠트는 청국 측이 속방론을 계속 주장한다면 입약교섭을 중단, 즉각 청국을 떠나 귀국하겠다는 결의를 표명하고, 가마를 타고 북양아문을 나서면서, 다시는 회담 장소에 나오지 않겠다고 선언했다. 1년 가까이 입약교섭을 벌였던 그동안의 자신의 노력이 수포로 돌아가 좌절감에 빠지고 말았다. 모든 것이 이제 끝장난 것이나. 그러나 청은 대조선 관심이 너무 깊고 크기 때문에 조선에 진출할 수 있는 유일한 좋은 기회를 놓치고 싶지 아니했다.

그날 밤 청국 관리 주복 · 마건충 · 나풍록 등이 슈펠트 관사를 방문, 그동안의 노고를 치하하면서 청국 측이 속방론을 주장하게 된 이유를 해명

슈펠트-이홍장 북양아문 회담. 왼쪽에서 셋째 슈펠트, 이홍장, 마건충, 주복

하고 대접이 소홀한 데 대해 사과하면서 협상재개를 요청했다. 그러나 슈펠트는 속방조항 삭제 없이는 회담재개는 있을 수 없다는 단호한 입장을 고수했다. 그러자 그 다음날 4월 6일 이홍장이 위풍당당한 의장병儀仗兵을 거느리고 친히 슈펠트 관사를 방문했다. 이홍장은 청국의 최고 실력자임을 과시하는 양 일산日傘을 받쳐 든 교자轎子를 타고 그 옆에 부채를 부치는 시녀侍女, 그리고 무수한 호위병이 에워싸고 있었다. 속방론 문제로 입약교섭회담이 결렬된다면 이홍장으로서도 큰 정치적 타격이 아닐 수 없다. 이리하여 이홍장은 친히 슈펠트를 위로하면서 결례한 데 대해 사과하고 회담재개를 설득했다. 이홍장의 사과로 슈펠트는 일단 회담을 재개하는 데 동의했다.[64]

제2차 회담이 아무런 성과 없이 끝나고 입약교섭은 교착상태에 빠지자 슈펠트는 "청은 대조선종주권對朝鮮宗主權을 확보하기 위해 자기를 이용하고 있다. 이홍장은 미국전권특사인 자기를 너무 무례하게 냉대하고 있다."[65]라고 신랄하게 비난하면서 격분의 불만감정이 폭발했다. 그러자 이홍장은 일찍이 미국의 어떤 친구로부터 전문을 받았는데, 이에 의하면 슈펠트는 공개서한에서 "조선에서 사용할 유일한 논거는 힘뿐이다the force was the only argument to use in Corea"라고 언명했다는 것이다. 이홍장이 제시한 공개서한이란 바로 슈펠트가 사전트A. A. Sargent 상원의원에게 보낸 공개서한을 가리키고 있다. 슈펠트는 이 공개서한에서, "대청교섭對淸交涉 과정에서 온갖 책략과 거짓이 판을 치고 있다. 중국인은 서양인洋夷에 대해 뿌리깊은 증오감을 가지고 있기 때문에 이를 극복할 수 있는 유일한 도구는

---

[64] *Shufeldt Papers*, "The History of the Treaty with Korea(1898)"; 金源模, 「朝美條約締結史」, 『史學志』제25집(1992), pp.187~209.

[65] Drake, *The Empire of the Seas*, p.292.

'힘force'뿐이다. 대청교섭에서 호의를 보이면 허약으로, 동정심을 보이면 공포로 간주되고 있다. 최소한도의 겸양을 보이면 자만심이 생기고 오만불손한 무례를 불러일으킨다."[66]라고 자신의 솔직한 심정을 토로하고 있다.

이와 같이 이홍장은 공개서한을 인용하면서 동아시아 여러 나라의 문제를 해결하기 위하여 미국의 힘무력사용the application of force이 적절한 정책a suitable policy이 될 수 있는가에 대해 강한 불만을 토로하고 있다. 이는 바로 입약교섭에서 슈펠트는 미국의 전통적인 포함외교Gunboat Diplomacy 방책을 적용, 물리적 힘으로 밀어붙이고 있다는 뜻이다. 사실상 이홍장의 끈질긴 속방론 주장을 분쇄하려면 '힘'뿐이라는 말은 적절한 표현이 아닐 수 없다.[67]

슈펠트는 '힘' 사용 논쟁에 대해 이렇게 언급하고 있다.

> 나는 이홍장이 지금 논의하고 있는 문제속방조항와는 아무런 관련이 없는 주제를 화제로 삼고 있다고 지적하면서 나는 지난 4개월 동안 이홍장으로부터 계획적인 무례한 냉대를 받아왔다—나는 두세 번 면담面談을 요청했지만 거절당했다—이 같은 무례한 태도는 그를 둘러싸고 있는 청국 관리들의 태도에서 다소간 반영되었는데, 이때 천진에 주재하고 있는 각국 외국인들은 내가 청국정부의 관직해군 고문을 추구하고 있는 모험가라고 간주하고 있었다—비록 이홍장의 초청을 받고 이곳에 왔으며, 미국정부의 승인을 받고 파견되었음을 알고 있었지만—내가 이러한 무례한 냉대에 대해 분개하거나 원망하지 않고 이를 감수하리라고 이홍장은 상상할 수도 없을 것이다. 이러한 홀대가 뚜렷이 나타

---

66 "An Open Letter to the Hon. A. A. Sargent, of California," *North China Daily News*, May 9, 1882.

67 Drake, *The Empire of the Seas*, p.292.

나자 주천진駐天津 미국영사 데니O. N. Denny, 德尼는 이 같은 괄시恝視, 업신여겨 깔봄를 감수하기보다는 천진을 떠나 귀국하는 것이 좋겠다고 두 번이나 나에게 충고했다. 그러나 나는 이를 참아가면서 조용히 머물러 있었다. 그러자 나는 이 문제힘 사용를 더 이상 논의하고 싶지 않다는 것, 이후부터 우리의 대청교섭은 공식적 성격을 띠고 진행시켜야 한다는 점을 양해해주기를 바란다.[68]

슈펠트는 이홍장과의 '힘' 무력사용 문제의 쟁점에 대해 다음과 같이 해명하고 있다. "나는 일반적으로 동아시아 여러 나라에 대한 무력사용 문제와 관련, 우리 정부에 그처럼 저극적인 방식을 채택하라고 건의했다는 사실을 부언附言했다는 것, 설사 그런 식으로 편지에 썼다 하더라도 그것은 토론 분위기가 흥분상태였고, 통역과정에서 그렇게 잘못 전달되었다는 인상을 받게 되었다."[69]라고 고백했다.

원래 슈펠트는 이홍장과의 회담에서 '단순한 물리적 힘mere physical force'을 발휘하여 자신의 외교적 사명을 성취하려는 교섭태도를 지양하고, 도의道義에 호소하는 설득정책a policy of moral suasion을 통해 한미조약을 타결하겠다는 교섭태도를 취했다. 그러나 이 같은 온건한 외교술책으로는 이홍장의 무궁무진한 책략적 속임수를 극복할 수 없기 때문에 강경한 외교자세를 취하게 된 것이다. 회담을 진행하는 과정에서 이홍장의 속방론 주장의 저의底意는 장차 청이 미국의 승인하에 조선을 지배해보겠다는 외교적 기본책략임을 간파한 슈펠트는 이를 극복하는 데는 '힘'뿐임을 다음과 같이 고백하고 있다.[70]

---

68 *Shufeldt Papers: Korean Letters*, "Memorandum of An Interview between His Excellency Li Hung-Chang and Myself," Thursday, April 6, 1882.

69 Quoted from Drake, *The Empire of the Seas*, p.293.

70 Dennett, *Americans in Eastern Asia*, pp.462~463.

청국 정부의 정치 중심지인 이 천진이란 도시에서 6개월간 장기 체류하면서 청국정부의 최고 지도자 이홍장과의 특별한 친교親交를 통해 본인은 이홍장이 모든 외국인과의 교섭에는 책략과 불성실이 일반화되어 있다는 것, 외국인에 대한 뿌리 깊은 혐오심 · 경멸감이 도사리고 있다는 것, 동정심과 감사의 마음으로 이와 같은 장벽을 넘어 어떠한 간청이나 호소를 해보았지만 그것은 완전히 무익한 일이라는 확신을 가지게 되었다. 중국인에 대해 간청과 호소 그리고 자기주장을 인정받으려면 그것은 '힘force'뿐이다. 호의好意를 보이다가는 허약으로, 연민의 정을 보이면 공포로 간주되기 때문이다.[71]

이와 같이 슈펠트는 청국측이 속방론을 철회하지 않는다면 교섭을 중단, 즉각 청국을 떠나 귀국하겠다는 단호한 강경태도로 대응했다. 과연 슈펠트가 예상했듯이 이러한 '힘'의 대응은 교섭협상을 타결하는 데 위력을 발휘했다. 4월 6 일 이홍장은 직접 슈펠트 관사를 심방, 제2차 회담 시 슈펠트에게 지나친 홀대를 했다고 사과하고 모든 논란점contested points을 용인容認하겠다고 밝힘으로써 속방론 철회의사를 암시한 것이다. 이로써 회담 결렬위기를 극복, 슈펠트는 회담재개를 하는 데 합의했다.[72]

이 같은 격론이 벌어지고부터 이 총독의 태도는 다소 부드러워지면서 교섭방식을 수정하기 시작했다. 이 총독은 한미조약이 타결되어 슈펠트의 조약체결을 위해 조선사행朝鮮使行 시 페딕William Pethick, 白狄克 천진 영사를 통역으로 채용할 것을 권고하자, 슈펠트는 미국정부가 임명한 통역이 기다리고 있다고 말하면서 청국정부가 용인容認한다면 자기로서는 미국정부가 임명한 통역보다는 홀콤 공사를 통역으로 대동하고 싶다는 뜻을

---

71 *Ibid.*, p.463.

72 *Shufeldt Papers*, "The History of the Treaty with Korea(1898)"; 金源模, 「朝美條約締結史」, 『史學志』제25집(1992. 7), pp.187~209.

밝혔다.[73]

제2차 회담4. 5에서 슈펠트와 격론을 벌였던 이홍장은 강경자세에서 온건자세로 급선회하는 기미가 보이는 가운데 공교롭게도 4월 8일 홀콤 공사가 총리아문을 방문했을 때, 총리아문 당국은 미국이 속방조항만을 인정해주면 한미조약은 완전 타결되어, 조약을 체결할 태세가 되어있다는 뜻을 표명했다. 이에 홀콤 공사는 슈펠트의 의중意中을 헤아리지 않고 속방조항 삽입에 동의하고 말았다.

> 청제국의 속국인 조선은 지금까지 내치외교관계內治外交關係 등 제반 정치문제에 있어서 그 자체의 주권을 행사한 일이 없었다. 본 조약 체결 후 조선국왕은 만국공법萬國公法에 따라 본 조약의 모든 책무責務를 완수할 것임을 약속한다. 미국 대통령도 조선은 중국의 종속국從屬國임을 인정할 것을 약속하며 이제부터 조선문제에 결코 간여하지 않을 것이다.[74]

홀콤이 이같이 속방조항 삽입을 인정했다는 것은 그가 곧 주청미국공사이기 때문에, 이는 곧 미국정부의 공식 승인으로 간주할 수밖에 없다. 이리하여 총리아문은 이 사실을 즉각 이홍장에게 통보함으로써 제3차 회담을 앞둔 이홍장에게 속방조항 문제를 재거론할 소지素地를 마련해 준 셈이다.

한편 슈펠트는 입약교섭의 전권全權은 홀콤 공사가 아니라 그 자신에게 부여된 고유권한이라고 강조하면서 홀콤 공사의 속방조항 삽입 동의를 인정할 수 없다고 선언했다.[75]

---

[73] Drake, *The Empire of the Seas*, p.293.

[74] *Shufeldt Papers: Korea Correspondence*, Holcombe to Shufeldt, April 5,6 and 18, 1882.

[75] 『關係史料』권 2, pp.556~557; 李普珩, 「韓美修好通商條約締結」, 『한미수교100년사』(국제

5. 입약교섭 타결과 제4호 조약초안

제3차 회담은 4월 10일 북양아문에서 개최되었다. 이홍장은 총리아문으로부터 홀콤 공사가 조약문에 속방조항 삽입에 동의했다는 통보를 받고, 이 문제를 재거론하자, 슈펠트는 홀콤 공사는 어디까지나 주청미국공사이지 입약교섭의 전권이 부여된 전권특사가 아님을 강조하면서, 입약교섭의 책임은 어디까지나 그 자신에게 부여되어 있는 고유권한이라고 언명했다. 이에 이홍장은 슈펠트의 '속방조항 삽입 절대불가' 입장을 재확인하고, 정면 돌파작전으로부터 우회적迂廻的 측면작전으로 급선회하면서 다음과 같이 절충안을 내놓았다.

첫째, 슈펠트가 조선으로 갈 때 동행할 청국 관리파견을 요청하는 문서에 "조선은 어떤 의미에서 중국의 속국이다"라는 문구를 명기明記할 것. 둘째, 조약체결 후 조선국왕은 미국 대통령에게 보내는 별도조회문別途照會文에서 본 조약은 청국정부의 승인하에 성립되었다는 사실을 밝힐 것 등 두 가지를 인정해줄 것을 요구했다. 이홍장은 이상 두 가지 요구조건을 수락할 경우, 조약문에 속방조항 삽입을 삭제하겠다고 선언했다. 슈펠트는 이 두 가지 요구조건은 바로 우회적 방법에 의해 은근히 조선은 청의 속방임을 인정받으려는 이홍장의 계략計略임을 간파했지만, 이 이상 시간을 끌다가는 교섭회담은 완전 결렬될까 우려한 나머지 슈펠트는 일보 양보, 마침내 이홍장의 요구조건을 받아들이겠다고 약속했다. 이로써 한미조약은 일단 타결될 단계에 이르렀다.[76]

역사학회의 한국위원회, 1982), p.62; Paullin, *op.cit.*, p.316.

[76] *Shufeldt Papers: Korean Letters*, Shufeldt to Frelinghuysen, April 10, 1882; Paullin, *op.cit.*,

슈펠트는 별도조회문에 속방조항 삽입에 동의한 데 대해 국무장관에게 다음과 같이 보고했다.

> 청국정부는 한미조약 체결성취를 진심으로 희망하고 있다. 현재 조선의 한 고위관리영선사 김윤식領選使 金允植가 천진에 와서 이홍장과 요담을 나누고 있는데, 교섭이 끝나면 그는 청국 군함 편으로 조선으로 돌아갈 것이다. 이 총독과 북경 당국이 기도하고 있는 요점은 본 조약에서의 한청 간의 관계설정이다. 본 조약체결로 청은 조선에서 제3국의 침략을 저지할 수 있다고 전망하고 있다. 이 총독은 조약체결 후 조선국왕이 청국 황제의 동의를 얻어서 조약을 체결했다는 사실을 적은 별도조회문을 미국 대통령에게 보낼 것을 제안했다.[77]

한편 홀콤 공사도 본의 아니게 조약문에 속방조항 삽입을 동의함으로써 입약교섭이 원점으로 돌아가자, 슈펠트의 '속방조항 삽입 절대불가' 방침을 재확인하고, 그 자신이 전권특사가 아니라는 사실을 강조하면서 총리아문에서의 속방조항 삽입을 인정한 사실을 철회한다고 선언했다. 심지어 홀콤은 속방조항을 삭제하지 않는다면 보다 호의적 반응을 보이고 있는 일본에게 중재해줄 것을 호소하겠다고 언명했다.[78] 홀콤은 취소사실을 확인하기 위하여 4월 11일 친히 천진으로 직행, 북양아문을 방문, 이홍장에게 취소사실을 공식 통고했다.

이에 이홍장은 총리아문으로부터 홀콤 미국공사가 속방론을 공식 인정했다는 조회문을 이미 접수했다고 전제하면서, "귀하가 어찌 이미 의정議

pp.316~317; 奧平武彦, 『朝鮮開國交涉始末』, pp.112~113.

[77] *Shufeldt Papers: Korean Letters*, Shufeldt to Frelinghuysen, April 10, 1882.

[78] 『關係史料』권 2, p.559; F. C. Jones, *Foreign Diplomacy in Korea, 1866~1894*(Ph. D. Dissertation, Harvard University, 1935), p.282.

定한 것을 변경할 수가 있는가"라고 면박했다.[79]

이에 홀콤 공사는 속방론 인정취소 이유를 다음과 같이 해명했다. "본국 정부는 슈펠트를 조선파견 전권공사에 임명했기 때문에 슈펠트만이 상판商辦 교섭할 권리가 있다. 슈펠트가 속방조항을 조약문에 명기明記하지 않으려는 것은 한미 양국간 입약을 함에 있어서 평등한 체통體統에 장애가 있을까 우려했기 때문이다. 또한 조약체결 후 미국 의회에서 이 문제를 논박할 것이며 이로 인해 비준되지 않을까 염려되기 때문이다."[80]

한편 슈펠트도 한미조약 제1조에서 속방조항을 삭제할 것을 강력히 요구했다. 슈펠트는 속방조항은 조약체결의 '목적외적 사항outside of the object of the treaty'일 뿐만 아니라 그 자신의 '권능외적 사항權能外的, beyond his authority'이라고 지적하면서 이에 승복承服하지 아니했다.[81] 만약 이같이 미국이 양보한다면 설사 한미조약이 체결되더라도 상원上院에서 비준을 받지 못할 것이라고 우려했기 때문이다. 이에 이홍장은 슈펠트·홀콤에게 속방조항 삽입여부를 재량권裁量權으로 결정하지 못한다면 본국 정부에 삽입 여부를 국무부로 보내는 데 합의했다.[82]

이리하여 슈펠트는 4월 12일자 전문을 발송했는데 전문 내용은 다음과 같다. "조선이 청의 속국임을 인정하는 조항을 한미조약에 삽입해도 좋겠습니까. 청은 조선의 주권을 인정하고 있습니다. 그들은 속방조항 삽입을 열망하고 있지만 본인은 이를 반대합니다. 회전 바랍니다."[83]

---

79 『李全集』권 2, pp.608~609, 「籌辦朝美議約摺」(광서 8. 3. 6); Chien, *The Opening of Korea*, p.85.

80 상게서, 권 5, p.327, 「論美使籌議朝約」(광서 8. 3. 3).

81 Drake, *The Empire of the Seas*, p.294.

82 *China Legation Despatches*, vol. 59, No. 5, Shufeldt to Frelinghuysen, April 20, 1882.

83 *Shufeldt Papers*, Shufeldt to Frelinghuysen, April 28, 1882; Paullin, *op.cit.*, p.318. "May I

슈펠트는 속방조항 삭제 여부를 문의하는 4월 12일자 전문을 국무장관에게 타전했지만 이에 대한 회전이 없자, 이는 필경 미국정부가 속방조항 삽입을 반대하는 것으로 단정, 제4차 슈펠트-이홍장 회담4. 14을 개최하면서 속방조항 삭제를 관철하기에 이른 것이다.[84] 제4차 회담에서 슈펠트는 제3호 조약초안을 제시, 양측이 이를 면밀히 검토하면서 속방조항을 삭제하는 대신 한미조약 체결 후 조선국왕이 미국 대통령에게 보내는 별도조회문에서 "조선은 본래부터 중국의 속국이다"라는 문구를 명문화明文化하기로 최종 합의함으로써 한미조약은 타결되었다.[85]

한편 이홍장도 4월 18일 제5차 회담에서 재4호 조약초안이홍장을 제시하면서 슈펠트의 제3호 조약초안과 대비 · 분석 · 토의한 결과, 슈펠트는 조약문에 속방조항 삭제만 확인하고 그 나머지 문제는 대체적으로 이홍장의 의견에 따르게 된 것이다. 이리하여 슈펠트-이홍장은 전문 15조로 된 제4호 조약초안을 승인하는데 합의했다.[86]

제4호 조약초안은 1 · 2 · 3호 조약초안을 종합하여 작성했다는 것, 사실상 정식조약문서에 그대로 수용受容되었다는 점에서 이는 가조약假條約의 성격을 띠고 있다. 제4호 조약초안은 전문 15조로 되어있지만, 제1조는 공백空白으로 비워두었다는 것, 이는 슈펠트의 4월 12일자 전문電文에 대한 국무부의 회전回電을 기다려, 속방조항을 삽입 또는 삭제하기 위해서 공란으로 비워두었기 때문에 사실상 전문 14조로 구성되어 있다는 것, 따라서 거중조정居中調停 조항은 제2조로 옮겼다는 것 등이 그 특색을 이루고

---

insert in treaty with Corea an article admitting dependence of Corea upon China, China conceding sovereign powers to Corea. They desire it. I have object. Answer."

[84] 宋炳基, 『近代韓中關係史研究』, p.230.

[85] 『關係史料』권 2, p.560; Chien, *The Opening of Korea*, p, 85.

[86] 『關係史料』권 2, pp.559, 561~566.

있다.

앞서 제2호 조약초안이홍장 제10조에는 조약체결 후 조선국왕이 조약문을 청淸 예부禮部로 이자移咨해서 비준批准을 받도록 되어있었는데, 제4호 조약초안에는 이 조항이 삭제되었다. 이는 이홍장이 슈펠트의 속방조항 삽입반대 의지를 수용한 것으로 해석된다. 그러나 제14조에 "향후 모든 왕래공문서에 조선은 한문만 전용한다日後往來公牘 朝鮮專用漢文"라고 명기하고 있는데 이는 조선은 중국의 정삭正朔, 달력을 받는 속방屬邦이라는 사실을 강조하기 위한 이홍장의 마지막 속방정책의 주장이다. 이 때문에 이 조항은 한미조약에 반영되지 않고 삭제되었다.[87]

이리하여 4월 18일 제5차 슈펠트-이홍장 회담에서 미청 양국 대표는 전문 15조로 된 약고約稿, 제4호 조약초안, 假條約을 최종 추인, 확정하면서 제1조는 공백으로 남겨두고, 미국정부로부터 속방조항 삽입 여부 결정 회전을 기다려 삽입 또는 삭제하기로 최종 합의했다. 만약 미국정부가 삭제를 결정하면 조약체결 후 조선국왕이 미국 대통령에게 보내는 별도조회문에, "조선은 본래부터 중국의 번속藩屬이지만 내정외교內政外交는 자주自主해오고 있다"[88]라는 문구를 명문화하기로 합의했다.

속방조항을 조약문 제1조에 삽입하는 문제는 중대한 외교사항이기 때문에 슈펠트는 재량권을 행사, 독단적으로 이를 결정할 수 없어서 삽입 여부를 결정해달라는 국무부훈령을 요청하지 않을 수 없었다. 이리하여 4월 12일자 전문을 국무부로 타전하고 나서 슈펠트는 4월 18일 제5차 회

---

[87] 제4호 조약초안 원본 참조; 『關係史料』권 2, pp.560~566.

[88] 『李全集』권 5, p.327, 「論美使籌議朝約」(광서 8. 3. 3); 『關係史料』권 2, pp.608~609, 「籌辦朝美議約摺」(광서 8. 3. 6). "畫押後 由朝鮮另備照會 美國外部聲明 朝鮮久爲中國藩屬內政外交向來歸其自主"

담에서 제1조를 제외한 나머지 조항을 검토하면서 대체적으로 합의하였다. 그러나 국무부 훈령전문을 4월 20일까지 기다려 보았지만 회전이 없자 제1조는 공백으로 남겨두고 나머지 조항은 슈펠트-이홍장 간에 가조인假調印하기로 최종 합의함으로써 제4호 조약초안은 타결된 것이다.[89]

한편 슈펠트는 당초 3,4일 이내에 국무부훈령을 받아볼 것으로 기대했지만 4월 25일까지 회전을 받지 못했다. 이에 슈펠트 · 이홍장은 이같이 회전이 없는 것은 필시 미국정부에서 속방조항 삽입을 허락하지 않는다고 해석, 제1조 속방조항을 삭제하기로 최종 결론을 내리게 된 것이다.[90] 타결 후 미청 양국 대표는 약고約稿 내용에 완전 합의했다는 것을 증빙하기 위하여 약고 말미에 서명 · 날인했는데, 이홍장은 관인官印을 찍었고, 슈펠트는 사인sign, 署名, 手決을 했다.

이홍장은 이같이 교섭난항 끝에 완성된 약고와 조선 영의정 이최응李最應에 보내는 이홍장의 답서를 이응준李應浚에게 수교手交하면서 미국사신보다 10일 먼저 귀국, 조선정부에 전달하도록 조처했다.[91] 미국 전권보다 10일 전에 귀국해서 정부에 보고하도록 배려한 것은 조선정부가 제물포濟物浦에서 한미조약 조인식 및 미청 양국의 사신을 접대하는 절차 등을 준비하는 데 시간적 여유를 주기 위해서이다. 이응준은 약고約稿와 이홍장의 답서를 휴대하고 4월 23일 본국으로 떠났다.[92]

그런데 미청 양국 대표가 최종 확정한 제4호 조약초안約稿 원본 제1조에

---

[89] T. F. Tsiang, "Sino-Japanese Diplomatic Relations, 1870~1894", *The Chinese Social and Political Science Review*, 17(1933), p.68.

[90] 『李全集』권 5, p.327, 「論美使籌議朝約」(광서 8. 3. 3), "於二十五午後發電請示滿擬三四日內必得覆音 乃至今八日尙無回報 疑意爲該國所不許也"

[91] 『李全集』권 5, p.328, 「覆朝鮮總理機務李興寅君」(광서 8. 3. 5).

[92] 『陰晴史』, pp.103~105(고종 19. 3. 4).

는 분명히 공백상태로 되어 있었다. 그러나 이응준이 휴대하고 귀국, 조선정부에 전달한 제4호 조약초안 제1조에는 속방조항이 명기되어 있다는 사실이다. 제4호 조약초안約稿 원본과 『관계사료關係史料』의 제1조에는 분명히 공백으로 되어있다. 그러나 『규장각도서奎章閣圖書』와 『음청사陰晴史』金允植에는 속방조항이 명기되어 있다는 사실이다. 이상 규장각본은 이응준이 이홍장으로부터 직접 받아온 것이고, 음청사본陰晴史本은 4월 21일 천진 북양아문에서 제7차 김윤식-이홍장 회담 시 수교手交 받은 것인데, 모두 제1조에 속방조항이 명기되어 있다. 김윤식이 이홍장으로부터 접수한 약고約稿 제1조에 "정본正本에는 제1조를 사용하지 않고 별도조회하기로 했다正本 第一款不用 另有照會"라고 기록해 놓은 것으로 보아 김윤식은 제1조에는 공란空欄으로 되어 있다는 것, 별도조회문에 속방조항을 밝히기로 했다는 점을 알고 있었다는 것을 의미한다.[93]

규장각본 제1조에 "조선은 중국에 소속되어 있는 나라이지만 내치외교는 그 나라가 자주하고 있다. 이제 대조선과 미국은 피차 이 점을 인정하고 본 조약을 의정議定한다."[94] 이홍장은 슈펠트와 합의 · 확정한 원본 제4호 조약초안 제1조에는 분명히 공백으로 해두고, 이응준과 김윤식에게는 이같이 속방조항이 명문화되어 있는 문서를 건네준 것이다. 이홍장의 절묘한 책략적 속임수가 얼마나 무궁무진한가를 입증해주고 있다. 슈펠트는 이에 대해서, "지구 위의 하늘나라가 무한히 높은 것처럼 중국인의 책략적 속임수 또한 너무나 깊다. 바닷물이 깊듯이 외방양이外邦洋夷, outside barbarians에 대한 중국인의 경멸감도 무한히 깊은 것이다."[95]라고 이홍장의

---

93 『奎章閣圖書』古 5720-4; 『陰晴史』, pp.106~111(고종 19. 3. 4), 「美總兵薛擬與朝鮮約稿」.

94 상게서, "朝鮮爲中國所屬之邦 而內治外交向來歸其自主 今大朝鮮美國 彼此明允定議"

95 Dennett, *Americans in Eastern Asia*, p, 463.

기만적 외교 책략을 비난했다.

한편 슈펠트는 속방조항 삽입 여부를 문의하는 4월 12일자 전문을 국무부로 발송하고 나서, 3,4일 정도 기다리면 회전훈령을 받아볼 것으로 기대하고 4월 25일까지 기다려보았으나 아무런 회전이 없자, 본국 정부에서는 속방조항 삭제에 동의하는 것으로 해석할 수밖에 없었다. 이홍장도 4월 25일까지 소식이 없자 이는 미국정부가 속방조항 삽입을 허락하지 않는다고 결론을 내리고 제4호 조약초안 제1조에 속방조항을 삭제하기로 최종 확정하였다.[96]

'약고'를 확정한 후 슈펠트가 한미조약 조인을 위해 조선행을 단행하면서 지부芝罘로 향발하려고 준비할 때 공교롭게도 4월 19일 이홍장은 내간內艱, 모친상을 당해, 일체 외부손님을 만나지 않고 두문불출하고 있었다.[97] 4월 18일 제5차 슈펠트-이홍장 회담 그 다음날에 내간상을 당한 것이다. 홀콤 공사는 이홍장의 상사喪事가 한미조약 체결일정을 지연시키지 않을까 우려, 총리아문에 조회해 본 결과, 조약체결은 연기되지 않는다는 확약을 받고 안도했다. 4월 30일 홀콤은 슈펠트에게 "국무부훈령回電 받은 바 없음. 국무부에 빨리 전문을 보내기 바람. 조약체결의 성취가 확실함"[98]이란 전문을 보냈다.

이에 슈펠트는 홀콤 공사로부터 회전훈령回電訓令이 없었다는 것을 공식확인하고, 4월 12일자 속방조항 삽입 여부를 문의하는 전문에 대해 본국정부로부터 아무런 회전이 없는 이유를 알 수 없어서 훈령소식이 오기만 초조하게 기다리고 있었다. 그러나 출발 행기行期를 늦출 수 없어서 부득

---

[96]『李全集』권 5, p.327,「論美使籌議朝約」(광서 8. 3. 3).

[97]『陰晴史』, p.114(고종 19. 3. 7).

[98] Drake, *The Empire of the Seas*, p.295.

이 슈펠트는 국무장관에게 "본국 정부의 훈령을 기다리지 않고 조선행을 단행함"이란 조선행 결행전보를 발송한 후 스와타라Swatara호가 대기하고 있는 지부芝罘로 떠났다. 슈펠트는 5월 4일 지부에 도착, 5월 5일 청국 특사 마건충馬建忠과 정여창丁汝昌 제독을 만나 조선행 절차를 숙의한 결과 청국 군함은 5월 7일 출항하고, 미국 스와타라호는 5월 8일 출항하기로 합의했다. 슈펠트는 지부에서 조선행을 앞두고, 5월 6일 홀콤 공사에게 "만약 조약체결이 성취되고 비준된다면, 이는 귀하가 이 문제조선개항에 비상한 관심을 보였기 때문입니다."[99]라는 전문을 보내면서 그동안 이홍장과의 입약교섭에 협조해준 노고에 감사하다는 뜻을 표명했다.

6. 조약초안 원본과 이본 대비분석

슈펠트-이홍장 회담은 1882년 3월 25일부터 4월 18일까지 천진 북양아문北洋衙門에서 모두 다섯 차례 개최되었다.[100] 제1호 조약초안슈펠트, 제2 호 조약초안李鴻章, 제3호 조약초안슈펠트 등을 상호 교환 비교 토의한 결

---

[99] *Shufeldt Papers: Letters*, Shufeldt to Holcombe, May 6, 1882; *Log of the Swatara*, May 8, 1882.

[100] 슈펠트-이홍장 회담은 다음과 같다.
제1차 회담: 3월 25일.
제2차 회담: 4월 5일.
제3차 회담: 4월 10일.
제4차 회담: 4월 14일.
제5차 회담: 4월 18일.

과 제5차 회담에서 제4호 조약초안李鴻章 約稿, 또는 假條約을 확정하였다. 제1·2·3·4호 조약초안 원본 영문본 및 한문본은 슈펠트문서에 일괄, 미국 국회도서관에 보관되어 있다. 특히 제1호 조약초안슈펠트 한문본과 제3호 조약초안슈펠트 영문본은 어느 사서史書에도 기록되어 있지 아니한 유일본이기 때문에 한미외교사 연구에 귀중한 사료史料가 아닐 수 없다.[101] 원본문서는 현재 우리나라 규장각奎章閣이나, 중국 측 문서보관소에도 찾아볼 수 없고, 오직 미국 국회도서관에만 유일한 문서로 보존되고 있다.

제1호 조약초안 영문본은 슈펠트가 북경에서 홀콤 공사와 협의해서 조일조규朝日條規, 1876를 저본底本으로 하여 작성했기 때문에 '조선朝鮮' 국명표기를 일본어 발음대로 'Chosen'이라 표기하고 있다. 주복周馥과 마건충馬建忠이 제1호 조약초안 영문본을 한문으로 번역한 것이다. 그런데 제2호 조약초안 영문본 첫머리에 "조선정부 초안을 이홍장이 수정·보완했다"라고 기록되어 있다. '조선정부 초안'이란 김윤식-이홍장 회담에서 김윤식金允植이 이동인 초고李東仁 草稿를 제시했는데, 이홍장이 이 초고를 가리켜 '기무대신의구약고機務大臣擬具約稿'라고 지칭한 것을 감안할 때 이 초고는 '조선정부 초고'라고 단정할 수 있다. 그러므로 이홍장은 바로 '이동인 초고'를 저본으로 하여 수정·보완하여 제2호 조약초안을 작성한 것이다. 그러나 이동인 초고에는 속방조항이 없었는데도 불구하고 이홍장은 속방조항을 제1조에 명시하고 있다.[102]

---

[101] *Shufeldt Papers*, The Collections in the Manuscript Division, Library of Congress, Washington D. C. 제1호 조약초안(슈펠트) 英文本·漢文本; 제2호 조약초안(李鴻章) 英文本·漢文本; 제3호 조약초안(슈펠트) 英文本; 제4호 조약초안(李鴻章, 假條約 또는 約稿) 漢文本이 일괄문서로 미국 국회도서관에 보관되어 있다.

[102] Chien, *The Opening of Korea*, p.83. 현재 한청 양국에는 李東仁草稿 원본이나 그 전문이 기록된 문서가 전해지고 있지 않다.

제2호 조약초안 한문본을 홀콤 공사가 영문으로 번역한 것이다. 제3호 조약초안슈펠트은 영문본만 있고 한문본이 없는 것으로 보아 아예 한문으로 번역하지 않은 것 같다. 마지막으로 이홍장은 제4호 조약초안을 작성했는데, 그동안 최대 쟁점은 제1조에 속방조항의 삽입여부였기 때문에 제1조에는 공란으로 비워두고, 슈펠트가 본국 정부에 속방조항을 삽입해도 좋은가의 여부를 문의하는 전문을 4월 12일에 발송했는 바, 본국 정부로부터의 회전을 기다려 삭제 또는 삽입을 결정하기로 양측이 합의함으로써 사실상 미청 간의 입약교섭은 타결된 것이다. 따라서 슈펠트는 한미조약 제1조에 속방조항 삽입은 '절대불가' 원칙을 고수하고 있었고, 그 나머지의 각 조항은 대체적으로 이홍장이 작성한 것을 추인追認하는 선으로 타결한 것이다.

한미조약 초안 제1 · 2 · 3 · 4호 한문본 원본에는 조선 측은 조선개국연호朝鮮開國年號를, 미국 측은 서기연호西紀年號를 사용하고, 청국 광서연호光緖年號를 일체 사용하지 아니했다는 점이다. 뿐만 아니라 『이문충공전집李文忠公全集』에 제2호 조약초안李鴻章 전문이 수록되어 있고, 『관계사료關係史料』에도 제2호 조약초안李鴻章 전문이 수록되어 있는데 모두가 원본대로 '조선개국연호'와 '서기연호'만을 사용하고 있다. 이는 이홍장의 속방정책을 단호히 거부하고 조선독립정책을 관철하려는 슈펠트의 조선개항정신을 발현發顯한 것으로 볼 수밖에 없다.

그러나 제4호 조약초안 원본에는 분명히 청국 광서연호가 없는데도 불구하고 관계사료본에는 '중국광서8년中國光緖八年'이라 병기되어 있고, 뿐만 아니라 김윤식이 이홍장으로부터 수교手交받아서 이응준李應浚이 가지고 조선정부에 전달한 규장각본 그리고 음청사본에도 제4호 조약초안 전문이 있는데 여기에는 중국 광서연호가 명기되어 있다. 이는 이홍장이 장차 조선에서 한미 양국 대표가 정식으로 조약을 체결할 때 자신의 속방정책을 관철하기 위하여 한미조약 정본에 중국 광서연호를 병기하려는 의도였음을 간파할 수 있다. 그러나 슈펠트가 마지막으로 이홍장과 합의 서명한 제4호 조약초안 원본에는 분명히 조선개국연호와 서기연호만 사용했음을 확인하고 추인追認한 것이다.

'슈펠트문서'에 일괄 보관되어 있는 한미조약 초안 원본을 기준으로 하여, 각종 사서에 수록되어 있는 이본異本을 정리해 보면 다음과 같다.

○ 제1호 조약초안슈펠트

英文本: 奧平武彦, 朝鮮開國交涉始末, pp.98~103; *Anglo-American Diplomatic Materials Relating to Korea*, pp.923~925.

漢文本: 異本 없음.

○ 제2호 조약초안李鴻章

英文本: 奧平武彦, 朝鮮開國交涉始末, pp.103~108; *Anglo-American Diplomatic Materials*, pp.925~927.

漢文本: 關係史料 권 2, 代擬朝鮮與美國修好通商條約 光緒8년 2월, pp.552~555; 李全集, 권 5, 代擬朝美訂約十款, pp.316~317.

○ 제3호 조약초안슈펠트

英文本: 異本 없음.

○ 제4호 조약초안李鴻章, 假條約 約稿

漢文本: 關係史料 권 2, 美總兵薛擬與朝鮮約稿 8년 3월, pp.561~566.

奎章閣文書, 美總兵薛擬與朝鮮約稿 8년 3월, 古 5720-4.

陰晴史, 美總兵薛擬與朝鮮約稿, pp.106~111.

1) 제1호 조약초안슈펠트

슈펠트는 천진 북양아문北洋衙門에서 1882년 3월 25일 제1차 슈펠트-이홍장 회담을 앞두고 주청 미국 공사 홀콤과 협의, 조일조규朝日條規, 1876를 저본底本으로 하여 전문 10관의 제1호 조약초안을 작성하였다. 그러므로 조선국명朝鮮國名의 영문표기를 일본어 발음대로 표기한 'Chosen'을 그대로 답습하여 표기했던 것이다. 슈펠트는 속방조항과 거중조정居中調停 문구가 없는 순수한 한미 우호평등조약정신을 바탕으로 하여 제1호 조약초안을 작성한 것이다. 슈펠트-이홍장 회담 직전에 해관도대海關道臺 주복周馥이 영문본을 받아서 이를 한문으로 번역하여 회담에 임했다.[103] 그런데 제1호 조약초안 영문본은 원본 이외에 奧平本과 외교자료본 두 사서史書에 전문이 수록되어 있고, 주복이 번역한 한문본은 원본만 있고, 이본異本이 없다.

奧平本英文本[104]

오평본奧平本과 원본原本을 대비 분석해보면 奧平本에는 상당한 오류가 있었음을 발견할 수 있다. 소문자를 대문자로, 대문자를 소문자로 표기한 것, 그리고 원본에는 미국식 영어로 표기되어 있었으나, 이본異本에는 영국식 영어로 표기되어 있는 것 등은 일단 맞는 것으로 간주하였다. 오기된 단어를 보면, 오자誤字가 9개 단어, 결자缺字가 32개 단어, 불필요한 추가단어가 3개 단어나 된다. 이를 예시하면 다음과 같다.

---

[103] 『關係史料』권 2, pp.548~549; 宋炳基, 『近代韓中關係史硏究』, pp.224~225; 奧平武彦, 『朝鮮開國交涉始末』, p.96.

[104] 奧平武彦, 『朝鮮開國交涉始末』, pp.98~103.

誤字 괄호( ) 안은 原本

Preface: sinire(sincere).

IV: the(other), desire(desires).

V: relics(debris).

VII: promiss(promise), on(no).

VIII: benefit(benefits).

X: Confined(Conferred), inure(enure), those originals(three originals).

缺字

IV: or, or commit any other improper act in Chosen, the, to.

V: to get.

VII: or cargoes.

VIII: them, or to vessels owned by the citizens or subjects of either power and employed by, the.

불필요한 追加字, 이탤릭체는 추가자

VII: any *other* foreign country(any foreign country).

X: The *two* contracting(The contracting), or *to* the merchants(or the merchants).

外交資料本 英文本[105]

소문자 · 대문자 표기 및 띄어 쓴 단어 이를테면 ad valorem, good will 등은 정자正子로 간주, 오자誤字에서 제외했다.

誤字 괄호( ) 안은 原本

Preface: established(resolved), position(positive), comention(convention),

[105] Park Il-keun, *Anglo-American Diplomatic Materials Relating to Korea*, pp.923~925. 영문 철자가 오자 투성이다. 아마 교정을 보지 않고 성급하게 출판한 것으로 보인다.

unjust foreigner(August Sovereign).

II : Representation(Representative), each ports(such ports), ernestisy(courtesy), their stead(in their stead).

III: sites(cities), there of(thereof), sailing(violating), having abused(being abused), their nations(other nations), as a crew(as a cover).

IV: placed in(placed on), dwelling(dwellings), citizens(the citizens), there so(there to), Arrest(Arrests), subject(subjects), Government(Governments).

V : free assistance(full assistance), this crew(the crew), carrying(saving), the deliver(the debris).

VI: navigations(navigators)

VII: of(or), crastinsic(coastwise), manifacturies(manufactures), expected(exported), those subjects of Chosen(or on those of subjects of Chosen), subject(subjects), manifactures(manufactures), on imports(in imports, imported(imposed), trade(coastwise trade), articles(duties), in our case(in no case), merchandice in transmitter(merchandise in transit).

VIII: Government(Governments), citizen(citizens), or vessels(or to vessels).

X : The tow contracting parties(The contracting parties), natives or to(nation, or), any nation(any nations), where of(whereof), the one-footing(the foregoing), satisfactions(ratifications).

缺字

IV: or commit any other improper act in Chosen.

VII: or cargoes(of any other nation).

VIII: or vessels(or to vessels).

2) 제2호 조약초안李鴻章

이홍장도 3월 25일 슈펠트와의 회담을 앞두고 주복周馥과 외교고문 마건충馬建忠으로 하여금 전문 10관으로 된 재2호 조약초안을 작성하게 했다. 청국 측이 작성한 조약초안 한문본을 홀콤 공사가 받아서 영문으로 번역했다. 현재 원본原本 영문본 · 한문본 이외의 영문본은 오평본奧平本 · 외교자료본外交資料本, 한문본은 '관계사료'와 '이문충공전집'에 수록되어 있다.

본 문서의 특성을 분석 · 검토해보면, 첫째로, 원본 문서에는 조약명칭이 없으나, '이문충공전집'에는 '代擬朝美訂約十款'으로, '관계사료'에는 '代擬朝鮮與美國修好通商條約 光緖八年二月'이라 표기되어 있다. 청국이 조선을 대신해서 조약초안을 작성했다는 이른바 '대의代擬'를 강조하고 있다. 둘째로, 제1관에 속방조항 과 거중조정居中調停 문구를 명기했다는 사실이다. 셋째로, 제10관에 "조선은 모든 왕래하는 외교문서를 한문漢文만 전용해야 한다"는 것을 강요하고 있다. 넷째로, 조약 말미에 조약 체결 후 조선국왕은 조약정본을 청국 예부禮部로 이자移咨해서 비준批准을 받아야 한다. 다섯째, 원본 문서뿐만 아니라 이본異本문서 모두 중국 광서연호光緖年號를 배제하고 조선개국연호朝鮮開國年號와 미국의 서기西紀만을 사용했다는 것이다. 특히 본 문서는 이홍장이 그의 막료幕僚 주복과 마건충 양인에게 조약초안을 작성하도록 지시해서 성안했음에도 불구하고 중국 광서연호를 병기하지 아니한 것은 이례적인 일이 아닐 수 없다. 여섯째, 제6관에 아편금지를 명시했다는 것이다.

奧平本英文本[106]

오평본奧平本을 원본과 대비해보면, 오자가 15단어, 불필요한 추가단어가 2단어이다. 이를 제시하면 다음과 같다.

誤字괄호( )안은 原本

Ⅰ: hitherto(heretofore), Chosen(Corea), preservature(preservation).

Ⅱ: Authority(Representative), acended(accorded), merchant(merchants), allowd(allowed).

Ⅲ: one(are).

Ⅳ: conceit(concert).

Ⅵ: purpose(purposes), residence(residences), brought(bought), to(into).

Ⅹ: and(are), where of(whereof).

脫字

Ⅷ: kinds of, the, cordial.

불필요한 追加字(이탤릭체는 추가자)

Ⅱ: if matters *shall*(if matters).

Ⅷ: is *necessarily* in complete(is incomplete).

外交資料本英文本[107]

誤字괄호( )안은 原本

Preface: Commission(Commissioner), their free respective(their respective).

Ⅰ: The King of Chosen(The King of Corea).

Ⅱ: Representative(Representatives), each point(each appoint), Consular

[106] 奧平武彦, 『朝鮮開國交涉始末』, pp.103~108.

[107] *Anglo-American Diplomatic Materials Relating to Korea*, pp.925~927.

Author(Consular Representatives), this provisions(the provisions), each cases(such cases), shall arise(arise), conforming(conformity), precedure(procedure).

Ⅲ: crisis weather(stress of weather), shall be offered(shall be afforded), crisis of weather(stress of weather), shall nor(shall not), provisions(provision).

Ⅳ: the forums(the former), correct(concert).

Ⅴ: case of duty(rate of duty), port(ports).

Ⅵ: commerce(commerces), resideness(residences), may be brought(may be bought), strongly(strictly), with(into).

Ⅶ: thefts(theft), in any action should be(in any action be).

Ⅷ: all kinds work(all kinds of law full work), If should(Should), of good will(of cordial good will).

Ⅸ: is necessarily incomeplete(is incomplete), embrodered(embodied), each other language(each other's language).

Ⅹ: power(powers), Cninese languages(Chinese language), in wishes(in witness), Rite of the Chinese Empire(Rites of the Chinese Empire), observed(obeyed).

缺字

II: and people, the Consular Authorities, may be(may be revoked).

李文忠公本・關係史料本漢文本[108]

誤字괄호( )안은 原本

前文: 惠顧商民(惠民).

제2관: 總領事領事 副領事(總領事 副領事), 方可視事(方可視).

---

[108] 『李全集』권 5, pp.316~317, 「代擬朝美訂約十款」; 『關係史料』권 2, pp.552~555, 「代擬朝鮮與美國修好通商條約」(광서 8. 2).

제4관: 現尙未訂改(尙未訂改).

제5관: 前往美國貿易(前貿往美國貿易), 前往朝鮮貿易(前往朝鮮國貿易), 稅則暫難詳定(稅則暫詳定).

제6관: 地方官治理之權(有地方官治理之權), 不違禁例之貨(不違禁之貨), 販運彼口(版運彼口), 至鴉片煙素所嚴禁(至鴉片烟素嚴禁者), 由朝鮮(由鮮朝).

제7관: 朝鮮民人(朝鮮人民), 祇能分別(只能分別), 拏辦追究(挐辦追究).

제8관: 拘拏(拘挐)

제9관: 言語稍通(稍通言語), 歐美各國通例(歐美各國通商).

末尾: 議允批准(議充批准).

3) 제3호 조약초안[슈펠트]

양국 대표는 제1차 회담에서 제1호 초안과 제2호 초안을 대비하면서 검토해본 결과 가장 쟁점이 되는 것은 역시 속방조항이었다. 제1차 회담을 끝낸 후 슈펠트는 제2호 조약초안[李鴻章]의 핵심문제인 속방조항을 조약문에 삽입할 것인가의 여부를 논의하기 위하여 4월 1일 주복[周馥]·마건충[馬建忠]·나풍록[羅豊祿] 등과 회담했으나, 청 측은 속방조항 삽입을 고집했고 미국 측은 속방조항을 삭제할 것을 주장했기 때문에 회담은 결렬되고 말았다. 이에 4월 2일 슈펠트는 홀콤 공사의 협조를 얻어서 제1호 초안과 제2호 초안을 종합검토한 후 취사[取捨]작업을 완료, 전문 11관으로 된 제3호 초안을 작성, 4월 5일 제2차 회담에 임했다. 슈펠트는 영문으로 작성한 제3호 초안을 이홍장에게 보내면서, 속방조항을 삭제하게 된 이유를 적은 별도조회문을 부속문서로 제시했다. 그런데 제3호 초안은 영문본만 미국 국회도서관에 보관되어 있고, 한문본은 아예 없다.[109]

---

109 제3호 조약초안(슈펠트), "Draft of Treaty, No. 3"(Library of Congress); 『關係史料』권 2,

4) 제4호 조약초안約稿, 假條約, 李鴻章

4월 5일 제2차 회담에서 이홍장은 속방조항 삽입을 고집했고 슈펠트는 이를 삭제할 것을 주장했기 때문에 회담은 아무런 성과 없이 끝나고 말았다. 이어 4월 10일 제3차 회담에서 이홍장은 일보 양보, 속방조항을 삭제하는 대신 조선국왕이 미국 대통령에 보내는 별도조회문別途照會文에서 속방조항을 천명하자고 제의함으로써 조약체결의 실마리가 풀리기 시작했다.[110]

이리하여 그동안 양측이 작성한 제1·2·3호 초안을 종합 검토하면서 이를 취사선택하여 마지막으로 제4호 조약초안約稿을 작성하는 데 성공했다. 슈펠트가 국무부로 속방조항 삽입을 인정해도 좋은가라는 문의전문을 4월 12일 타전한 것으로 보아[111] 4월 14일 제4차 회담 시 이홍장이 작성해온 제4호 조약초안을 그대로 승인·통과한 것으로 보인다. 이제 슈펠트는 입약교섭을 장장 1년 반 동안 끌어왔기 때문에 정신적으로 지쳐 있었고, 하루속히 한미조약을 체결해야 한다는 사명감에 불타 있어서 속방조항을 삭제하기로 최종 타결한 이상 이홍장이 제시한 기타의 조항에 대해 거의 동의함으로써 조약문안을 매듭짓기로 결정한 것이다. 이리하여 4월 18일 제5차 회담에서 제4호 조약초안을 확정한 것이다.[112]

4월 18일 전문 15조로 된 가조약본約稿을 확정하면서, 이홍장은 제1조

---

p.557, 「照錄淸摺」(2. 25). 제3호 조약초안(슈펠트)은 필사본(Handwriting)으로서 다른 史書에는 게재된 적이 없고, 미국 국회도서관에만 보관되어 있는 유일 문서이다. 이를 해독하여 그 전문을 처음 공개한 것이다.

110 『關係史料』권 2, p.560.

111 *Anglo-American Diplomatic Materials Relating to Korea*, pp.928~929, Tientsin, April 12, 1882.

112 『關係史料』권 2, pp.559, 561~566.

는 잠정적으로 공백으로 남겨두고, 슈펠트가 국무부로 타전한 속방조항 삽입여부 문의전문에 대한 회전을 기다려 삽입 가부를 결정하자는 데 합의하고 제1조는 공란으로 남기게 된 것이다. 그래서 제1조를 뺀다면 사실상 조약문은 14조로 구성되어 있다. 양측 합의문서를 확실하게 보증하기 위하여 문서 말미에 이홍장은 관인官印을 날인했고, 슈펠트는 사인서명, 手決을 했다.[113] 이와 같이 제4호 조약초안에는 분명히 제1조에는 속방조항 삽입 없이 공백으로 남겨 두었던 것이다. 슈펠트는 5월 5일 지부芝罘에서 마건충으로부터 제4호 조약초안을 조선정부에 송달했다는 것을 확인하고, 5월 8일 조선으로 출항한 것이다.[114]

그런데 제4호 조약초안 원본과 '관계사료본'에는 분명히 제1조는 공백으로 되어 있다.[115] 그러나 규장각본과 음청사본의 제1조에는 속방조항이 명기되어 있다는 사실이다.[116] 규장각본은 4월 21일 김윤식-이홍장 회담 시 김윤식이 이홍장으로부터 수교手交받아 이응준李應浚에게 주었고, 4월 23일 이응준이 이를 휴대하고 귀국, 정부에 전달한 문서이다.[117] 이렇듯 이홍장은 슈펠트와 합의 작성한 제4호 조약초안 원본에는 제1조를 공백으로 비워두고 김윤식에게 수교한 규장각본에는 속방조항을 추가한 것이다. 그러나 음청사본 제1조에는 "정본正本에는 제1조를 사용하지 않고 별도조회하기로 했다正本 第一款 不用 另有照會"라고 기록해 놓은 것으로 보아 김

---

[113] 『李全集』권 5, p.328, 「覆朝鮮總理機務李興寅君」(광서 8. 3. 5); 『關係史料』권 2, p.559(광서 8. 3. 4). "現議暫空第一款 俟該國回信 再議去留 稿本旣定 鴻章於紙尾一圖章 並屬薛總兵簽字爲據"

[114] Drake, *The Empire of the Seas*, p.295.

[115] 『關係史料』권 2, pp.561~566.

[116] 『奎章閣圖書』古 5720-4, 「美總兵薛擬與朝鮮約稿 八年三月」; 『陰晴史』, pp.106~111(고종 19. 3. 4), 「美總兵薛擬與朝鮮約稿」.

[117] 『陰晴史』, pp.103~105(고종 19. 3. 4).

윤식은 원본 제1조에는 공란으로 되어 있다는 것, 별도조회문에 속방조항을 밝히기로 했다는 점을 알고 있었다는 것을 의미한다. 이제 규장각본·음청사본 제1조의 속방조항 전문 내용은 다음과 같다.

> 조선은 중국에 소속된 나라이지만 내치외교內治外交는 이제까지 자주自主하고 있다. 이제 대조선과 미국 양국은 피차 분명하고 진실하게 의론을 정한다. 대조선국 군주는 본 조약 내 각 조항을 윤허允許한다. 자주공례自主公例의 실상을 조사하여 이를 비교하여 처리조처措處할 필요가 있다고 인정한다. 대미국 대통령도 조선국이 중국의 속방이라는 사실을 허락하고 이를 분명히 인정하며, 이후부터 서로가 영원히 이에 간예干預하지 않는다.[118]

이처럼 미국은 조선이 중국의 속국임을 분명히 인정하고 이후부터 절대로 조선문제에 간예하지 않겠다는 점을 명문화하고 있다. 이제 여러 이본異本(關係史料本, 奎章閣本, 陰晴史本)과 원본을 대비對比 분석해보면 다음과 같은 특징을 찾아볼 수 있다.

첫째로, 제2관의 경우, 거중조정居中調停 조항의 표현이 다르게 표기되어 있다는 점이다. 원본原本에는 한미 양국이 서로 평등하게 대우한다平行相待라고 표기하고 있으나, 이본異本에는 '평행상대平行相待' 문구가 생략되어 있고, '영원화평우호永遠和平友好'만을 강조하고 있다. 이는 바로 조선은 중국의 속국이므로 미국과 동등한 독립국이 아님을 강조하기 위한 술책이 아닐 수 없다.

둘째로, 제15관의 경우, 원본에는 조선국 국왕과 미국 대통령은 비준 후 1 년 이내에 비준서를 교환한다고 되어있다. 그러나 이본異本에는 양국

---

[118] 주 116 참조.

대표는 조선에서 의정議定, 영 · 한문본 각 3통에 서명 · 날인하여 빙신憑信을 밝힌 후 양국 군주가 어필御筆 · 비준批准하여 1년 이내에 조선에서 비준서를 교환한다고 되어 있다.

셋째로, 원본에는 조선개국연호朝鮮開國年號와 서기西紀만을 사용했으나 이본에는 모두 중국광서연호中國光緒年號가 병기併記되어 있었다. 이는 이홍장의 속방정책을 반영한 것인데, 사실상 한미조약 정본正本에 중국광서연호가 병기되어 있다.

넷째로, 원본에는 '大美國'이라 표기하고 있으나 이본에는 모두 '大亞美理駕合衆國'이라 표기되어 있다.

奎章閣本 · 陰晴史本 · 關係史料本漢文本

凡例: 原-原本, 奎-奎章閣本, 陰-陰晴史本, 關-淸季中日韓關係史料本

原: 조약 명칭 없음.

奎 · 陰 · 關: 美總兵薛擬與朝鮮約稿 八年 三月.

前文

原: 大美國.

奎 · 陰 · 關: 大亞美理駕合衆國.

제1관

原: 空白.

奎 · 陰: 朝鮮爲中國所屬之邦 而內治外交 向來歸其自主 今大朝鮮美國 彼此明允定議 大朝鮮國主允此條約內各款 按自主公例 必要認眞照辦 大美國國主允定認明朝鮮國 爲中國屬邦 嗣後永遠不相干預.

제2관

原: 大朝鮮國君主 大美國伯理璽天德 應平行相待 兩國人民 永敦和好 若他國偶有不公及輕侮之事 必彼此按照萬國公法 有約之國規例互相援助 或從中善爲

調處 俾獲永保安全.

奎·陰·關: 嗣後 大朝鮮國君主 大美國伯理壐天德 並其商民 各皆永遠和平友好 若他國有何不公輕藐之事 一經照知 必須相助 從中善爲調處 以示友誼關切.

제3관

原: 立約通好後 總領事 領事副領事署領事等官 如領事官辦事不合 彼此均知照所屬駐京公使 將此准文憑追回.

奎·陰·關: 立約通商和好後 總領事等官 若駐紮朝鮮之美國領事等官辦事不合 須知照美國公使 彼此意見相同 可將批准文憑追回.

제4관

原: 由美船主認還.

奎·陰·關: 或有船主或有美國認還.

제6관(추가된 文句)

奎·陰·關: 與征收本國人民及相待最優之國 稅鈔不得額外加增, 所有進出口稅項及海關禁防, 現擬先訂稅則大略, 概照, 洋貨除在口岸, 正稅後, 每船.

제7관

原: 美國各處 貿易, 不得有礙 地方官治理之權 所有本國土産 以及外洋不違禁例之貨 均可就已開口岸 收買發賣 但, 將船隻貨物入官.

奎·陰·關: 美國各處, 任其自便其貿易工作一切, 所定界內, 任其自便 其貿易工作一切 所有土産 以及製造之物 與不違禁之貨 均許買賣 惟租地時, 除按此約內所指明歸美國官員 應管商民外 皆仍歸朝鮮地方官管轄.

제8관

原: 査出重罰.

奎·陰·關: 査出從重懲辦.

제9관

原: 朝鮮米麥大豆 除在口買用外 嚴禁私販出洋.

奎·陰·關: 如朝鮮因由事故 恐致境內缺食 朝鮮國君主轉不准米穀暫禁米糧

出口 經地方官照知後 由美國官員轉飭在各口美國商民 一體遵辦.

제10관

原: 凡礮位鎗刀火藥白鉛, 採辦.

奎 · 陰 · 關: 凡砲位鎗刀火葯(藥)鉛丸, 采辦.

제11관

原: 一面派差拘挐 美國官民不得庇縱揹留 惟該差所執簽票 應先由領事官畫押 方可入美國官民寓所等處查挐.

奎 · 陰 · 關: 或准差役自行往挐 或由領事派人挐交朝鮮差役 美國官民不得稍庇縱揹留.

제13관

原: 須酌照歐美各國通例.

奎 · 陰 · 關: 須酌照萬國公法通例.

제15관

原: 兩國商 明日後於通商稅項國家交際等事 如以利益恩施 允許他國商民 雖爲此約所未載 兩國官員商民 亦一體均沾 惟兩國如有優待他國之利益 係出於甘讓 立有專條 互相酬報者 彼此須將互相酬報之專條 或互訂之專章 一體遵守 方准同沾優待他國之利益 以上各款 現由兩國所派全權大臣 議定 以華文英文謄繕各三分 句法均同先行畫押蓋印 用昭憑信 俟大朝鮮國君主暨 大美國伯理壐天德批准後 彼此知照限一年內 於某處互換

大朝鮮國開國 年 月 日

大美國一千八百 年 月 日.

奎 · 陰 · 關: 現經兩國議定 嗣後朝鮮有何惠政恩典利益施及他國或其商民 無論關涉海面行船通商貿易交往等事 爲該國並其商民從來未沾 抑爲此條約所無者 亦准美國官民一體均霑 惟於優待他國利益係出於禮(甘)讓 立有專條 互相酬報(者) 在彼此須照酬報互訂之專條 一體遵守 方准同霑專條優待之利益 以上各款 現經 大朝鮮大美(各)國大臣 同在朝鮮議定 繕寫華洋文各三分 句法相同 先行畫押蓋印 以昭憑信 仍(俟)兩國御筆批准 總以一年爲期 在朝鮮互換 然後將此

約各款 御此通喩本國官員商民 俾得咸知遵守

大朝鮮國開國年, 印 中國光緖八年 月日

大美國一千八百 年月日.

7. 한미조약 체결교섭의 역사적 의의

근대적 국제공법에 의하면 한 나라의 대외조약이란 것은 조약 당사국 전권대표 간의 협상교섭에 의하여 조약을 체결하는 것이 국제외교의 기본관례이다. 그러나 불행하게도 한미조약 입약협상은 처음부터 조약 당사국인 조선전권의 참여 없이 슈펠트-이홍장 간의 단독회담에서 협상이 진행, 타결되었다.

1880년대 전후 조선정부는 이홍장의 조선개항권고를 받아들여 조선개항정책을 수립, 미국과 조약을 체결하기로 결정했다. 그러나 쇄국鎖國을 반대하며, 구미 각국과의 입약을 통해 조선개항을 적극 주장하는 개화파開化派와 조선개항을 반대하며 쇄국정책을 고수하고 있는 위정척사파衛正斥邪派 간의 알력과 갈등 · 반목으로 정치적 사회적 불안이 심화되어 갔다. 비록 조선정부가 개화파의 개항주장을 수용, 미국과 조약을 체결하기로 개항정책을 확정했지만, 척사파의 강력한 반대여론에 부딪쳐 미국 대표 슈펠트와 입약협상할 전권대표마저 공공연히 파견할 수 없었다. 그래서 청국에서의 학제조사學製造事를 감독 · 시찰한다는 명목으로 영선사領選使 김윤식金允植을 청나라로 파견하였다. 그러나 영선사의 주임무主任務는 미국과의 입약교섭을 협상하기 위한 것이었다.

이홍장은 슈펠트와의 회담을 앞두고 그 자신의 속방정책을 구현하기 위하여 김윤식으로부터 속방정책에 대한 전폭적인 지지와 승인을 받을 필요가 있었다. 이는 장차 슈펠트와의 본회담 시 그 자신의 속방정책을 관철하는 데 있어서 하나의 강력한 설득력이 될 것이기 때문이다. 김윤식-이홍장 회담에서 이홍장은 김윤식으로부터 다음 세 가지 사항에 대하여 승인과 동의를 받았다. 첫째, 조선정부는 한미조약 교섭권을 청국정부에 위임한다中朝處分. 둘째, 이홍장은 조선대표를 대신하여 입약교섭을 주재한다代爲主持. 셋째, 한미조약 제1조에 속방조항屬邦條項을 명문화한다는 것이다. 이와 같이 이홍장은 이상 세 가지 기본 교섭방침을 김윤식으로부터 승인을 받은 후 슈펠트와의 본회담에 임했다. 말할 것도 없이 슈펠트의 조선개항의 기본방책方策은 조선독립정책의 구현이었다. 그러므로 슈펠트가 '속방정책 절대불가' 방침을 고수하고 있기 때문에 이홍장은 본회담에 앞서 김윤식으로부터 속방정책 승인과 동의를 받아 놓으면, 이를 슈펠트에게 속방론 관철을 설득하는 데 지렛대로 이용하기 위해서 이 같은 외교적 술책을 꾸민 것이다.

이홍장은 영선사 김윤식이 미국과의 입약교섭을 협상하기 위하여 청에 파견된 조선대표이지만, 그는김윤식 어디까지나 신임장이 없는 대표일 뿐 전권대신이 아니라는 이유로 김윤식으로부터 슈펠트와의 한미 간 단독회담을 가지도록 주선해 달라는 요구를 거부했던 것이다. 김윤식은 미국 대표와의 단독회담이 좌절되자 이홍장에게 조선을 대신하여 교섭을 주재해대의代擬 줄 것을 요청하였다. 이에 이홍장은 조선 대표를 대신하여 교섭을 주지主持하는 주재자主宰者 역할을 위임받아 당사국 대표인 김윤식을 배제하고 슈펠트와의 미청 간 단독회담을 주관했던 것이다.

슈펠트-이홍장 회담은 1882년 3월 25일부터 4월 18일까지 다섯 차례 천진 북양아문에서 개최되었다. 이 회담에서 이홍장은 시종일관 속방조항을 한미조약 제1조에 명문화할 것을 주장했으나 슈펠트는 '속방조항 삽입 절대불가'를 고수했다. 이홍장의 속방정책과 슈펠트의 조선독립정책이 정면으로 대결 상충하는 난관에 봉착했다. 양자의 모순된 주장을 정리하면 다음과 같다. 이홍장은 슈펠트와의 회담을 앞두고 2월 2일자 슈펠트에게 보낸 편지에서 "조선은 오랜 옛날부터 중국의 속국이며 따라서 조선정부는 중국의 지시instructions를 받아서 행한다."[119]라고 밝히면서 장차 본회담 개최 시 속방조항을 한미조약문에 명문화할 것임을 강력히 시사하고 있다.

이리하여 이홍장은 제1조에 속방조항이 명문화되어 있는 제2호 조약초안李鴻章을 작성해서 제1차 회담에 임했다. 이홍장은 제2호 조약초안에서 조선이 중국의 속국임을 강조하기 위하여 다음 두 가지를 열거하고 있다. 첫째, 제10관에 "조선은 모든 왕복 공문서에 한문만 전용한다"라고 못 박고 있다. 이는 조선이 중국의 정삭正朔, 달력을 받고 있는 속국임을 과시한 것이다. 둘째, 제2호 조약초안 말미에 "조선 국왕은 한미조약 정본을 중국 예부에 이자移咨 비준을 받아야 한다"라고 되어있다. 이는 종속국인 조선이 미국과의 조약을 체결한 후 종주국宗主國인 청나라의 비준을 받아야만 조약이 효력을 발생한다는 것이다. 이는 한청 간의 조공체제朝貢體制를 바탕으로 한 종속관계를 강조한 것이다.

한편 슈펠트는 조일조규朝日條規, 1876를 저본底本으로 한 속방조항이 없는 완전 호혜평등 정신을 강조한 제1호 조약초안슈펠트을 작성해서 제1차 회

[119] *Anglo-American Diplomatic Materials Relating to Korea*, Li Hung-Chang to Shufeldt, February 2, 1882.

담에 임했다. 슈펠트-이홍장 회담은 개회 벽두부터 이홍장의 속방론과 슈펠트의 조선독립주장의 쟁점대결로 개시되었다. 양자간의 한 치의 양보 없는 상반된 주장이 되풀이 되어 회담은 그만 교착상태에 함몰될 수밖에 없었다. 4월 5일 제2차 회담 시 드디어 슈펠트는 "청국 측이 속방론을 계속 주장한다면 모든 입약교섭을 중단하고 즉각 청국을 떠나 귀국할 수밖에 없다."[120]고 단호한 교섭중단 결의를 선언했다.

이와 같이 회담이 결렬 위기에 봉착하자 교착상태를 타개하기 위하여 홀콤 미국공사가 4월 8일 총리아문을 방문, 하루 속히 협상재개를 촉구하는 공식입장을 전달하자, 총리아문 당국은 미국 측에게 속방조항만 인정한다면 청국은 한미조약을 당장 체결할 만반의 태세가 되어 있다고 강조하면서 한미조약문에 속방조항 삽입에 동의해 줄 것을 강요했다. 이에 홀콤 공사는 교섭이 장기간 지연된 데 너무나 실망한 나머지 슈펠트의 의중을 전연 고려하지 않고 속방조항 삽입을 찬성한다는 의사를 표명했다.[121]

이에 총리아문은 이 사실을 이홍장에게 통고하자, 이홍장은 미국 공사가 속방론 삽입을 동의했기 때문에 한미조약 제1관에 속방조항 명문화는 너무나 당연한 일이라고 주장함으로써 회담은 원점으로 돌아가고 말았다. 그러나 슈펠트는 홀콤은 주청 미국공사일 뿐, 입약교섭권은 없으며, 입약교섭의 권한은 조선파견 전권특사인 그 자신에게만 부여되어 있는 고유특권이라고 주장하면서 홀콤의 속방조항 삽입승인을 인정할 수 없다고 선언했다.

이홍장은 슈펠트의 확고부동한 '속방론 삽입 절대불가' 방책方策을 확인

---

120 *Shufeldt Papers*, "The History of the Treaty with Korea"; 金源模, 「朝美條約締結史」, 『史學志』제25집(1992. 7), p.195.

121 *Shufeldt Papers: Korea Correspondence*, Holcombe to Shufeldt, April 5, 6, 18, 1882.

하고 나서 만약 그 자신의 속방론을 계속 주장 고집하다가는 회담은 결렬될 위험성이 크기 때문에 일보 양보하지 않을 수 없었다. 4월 10일 제3차 회담에서 이홍장은 슈펠트에게 다음과 같은 절충안을 제시했다. 슈펠트가 청국 황제에게 청국특사대원大員를 조선으로 파견해 줄 것을 주청奏請하는 문서에 "조선은 어떤 의미에서 중국의 속국이다"라는 문구를 명기할 것, 조약체결 후 조선국왕이 미국 대통령에게 보내는 별도조회문에 "본조약은 청국정부의 승인하에 성립되었다"는 것을 밝힐 것을 요구했다. 이홍장은 이상 두 가지 요구조건을 받아들인다면 속방조항 삽입을 철회할 것이라고 선언했다.

슈펠트는 청국 측의 지연책을 극복하는 데는 도의道義에 호소하는 권고정책이 아니라 '물리적 힘'만이 효력을 발생한다고 확신, "중국인에게 간청과 호소 그리고 자기주장을 인정받으려면 그것은 '힘'뿐이다"라고 확신하기에 이르렀다. 이에 4월 11일자 이홍장에게 보내는 편지에서 자신의 힘의 원리를 다음과 같이 피력하고 있다. 첫째, 미국은 조선이 중국의 속방임을 인정할 수 없다. 둘째, 미국은 한미조약이 청국 황제의 뜻지의旨意을 받들어 체결한다는 것을 인정할 수 없다. 셋째, 한미조약은 한미 양국 간의 평등한 호혜관계를 바탕으로 하여 체결될 것이기에, 한미 양국 이외의 제3국을 끌어들일 수 없다.[122] 이상과 같이 성명하면서 슈펠트는 한미조약이 청국 황제의 명령과 지시를 받아서 체결되었다는 것을 전적으로 부인하였다.

한편 미청 양국 대표는 속방조항 삽입 여부를 미국정부에 공식 문의해서 그 가부를 결정하기로 합의, 슈펠트는 4월 12일자 국무부로 문의전문을 보냈다. 4월 14일 제4차 회담에서 양국 대표는 각기 일보씩 후퇴하여

---

[122] 『李全集』권 5, p.323, 「譯美總兵薛斐爾擬照會稿」.

한미조약 제1관에 속방조항을 삭제하는 대신, 조약체결 후 조선국왕이 미국 대통령에게 보내는 별도조회문에서 속방조항을 명문화하기로 최종 타결하였다. 이리하여 4월 18일 제5차 회담에서 이홍장이 작성한 제4호 조약초안約稿, 假條約을 검토, 양측이 합의함으로써 양국 대표는 상호합의를 확증하기 위하여 문빙文憑을 작성하고 이홍장은 관인을 날인했고 슈펠트는 서명했던 것이다.

제4호 조약초안李鴻章은 전문 15관으로 구성되어 있는데, 제1관은 공백으로 비워두었는 바 이는 미국정부로부터 속방조항 삽입 여부를 문의하는 4월 12일사 전문에 대한 국무부 회전훈령문回電訓令文을 기다려 보아서 삽입 또는 삭제를 결정한다는 뜻에서 공란으로 남겨두었기 때문에 사실상 14관으로 구성된 약고라고 할 수 있다. 슈펠트는 속방조항을 삭제하는 문제를 제외하고는 대체적으로 이홍장의 제4호 조약안을 그대로 인정하고 있다. 그러나 속방조항이 삭제된 제4호 조약초안의 타결은 슈펠트에게는 완전한 조선독립정책 구현을 위한 필요조건일 뿐이지 충분조건은 되지 못하고 있다.

이홍장은 제5차 회담에서 이처럼 슈펠트와 공히 속방조항 삭제를 인정하고 각기 제4호 조약초안에 서명날인 했음에도 불구하고 그의 속방정책에 대한 고정관념은 요지부동이었다. 이는 다음과 같은 사실에서 입증되고 있다.

첫째로, 이홍장은 조선 영의정 이최응李最應에게 보내는 답서에서 "만약 정약正約 중에 속방조항을 삭제할 경우 귀국은 반드시 별도조회문에서 속방조항을 명문화함으로써 귀국이 수백 년 동안 중국에 사대事大하고 있다는 성의를 천하에 소시昭示하여 주기를 바란다."[123]라고 천명하고 있다. 이

123 『李全集』권 5, p.328, 「覆朝鮮總理機務 李興寅君」(광서 8. 3. 5). "若於正約中刪去 必須另

는 이홍장이 비록 한미조약 정본正本에서 속방조항이 삭제된 것과 관계없이 속방정책을 고수하겠다는 의지의 표명으로 간주된다.

둘째로, 제4호 조약초안約稿 원본 제1관에는 분명히 공백으로 남겨 두었는데 이홍장이 김윤식에게 수교手交한 약고를 이응준李應浚이 휴대하고 조선정부에 보고한 문서규장각본奎章閣本에는 제1관에 속방조항이 명문화되어 있다는 사실이다. 제1관에 "미국 대통령은 조선이 중국의 속방이라는 사실을 허락하고, 이를 분명히 인정하며, 이후부터 서로가 영원히 이에 간예干預하지 않는다."[124]라고 명기되어 있다. 이는 미국정부가 조선이 중국의 속국임을 인정하고 조약을 체결한 것인 만큼 속방문제에 간예할 수 없다는 것을 명시하고 있다. 이처럼 이홍장은 원본과는 달리 속방조항이 명문화되어 있는 '이본 약고'를 작성해서 김윤식에게 전달한 것이다.

셋째로, 제1 · 2 · 4호 조약초안 한문본 원본에는 모두 조선개국연호朝鮮開國 年號와 서기西紀만을 사용, 기록하고 있다. 그러나 제4호 조약초안의 경우 관계사료본關係史料本 · 규장각본奎章閣本 · 음청사본陰晴史本 등 이본에는 '중국광서8년中國光緖八年'이라고 병기되어 있다. 원본에 조선개국연호와 서기만을 사용한 것은 슈펠트의 조선독립정책을 반영한 것이라고 해석해볼 수 있다. 그러나 이홍장은 슈펠트와의 회담에서는 중국 광서연호를 배제했으나, 다른 이본異本에서는 이같이 중국 광서연호를 사용한 것은 그의 속방정책이 얼마나 고정불변의 관념임을 반증하고 있다.

行聲明 俾貴國數百年事大之誠 昭示天壤."

124 『奎章閣本』, 「美總兵薛擬與朝鮮約稿」; 『陰晴史』, p.106.

8. 한미조약 제1·2·3·4호 조약 초안 원본

미국 의회도서관 소장

〈附錄〉 條約草案 原本美國 議會圖書館 所藏[125]

1) 第1號 條約草案슈펠트

가. 英文本

No. 1. Draft of Treaty between the United States and Corea compiled by Mr. Holcombe and myself at Peking.

The United States of America and the Kingdom of Chosen, desiring to establish firm, lasting and sincere friendship between the two nations, have resolved to fix in a manner clear and positive, by means of a Treaty, or general Convention of Peace, Amity, and Commerce, the rules which shall in future be mutually observed in the intercourse of their respective countries: for which most desirable object, the President of the United States has conferred full powers upon their Commissioner—and the August Sovereign of the Kingdom of Chosen on his—. And the said commissioners, after having exchanged their said full powers, and duly considered the premises, have agreed to the following articles.

Art. Ⅰ.—There shall be a perfect, permanent and universal peace, and

---

[125] 현재 제1·2·3·4호 조약초안 원본은 미국 의회도서관에 보관되어 있다. 협상 상대국인 중국에는 이본만 있을 뿐, 원본은 실종 상태이다. 그러므로 이들 원본은 유일한 외교문서이다.

a sincere and cordial amity, between the United States of America on the one part, and the Kingdom of Chosen on the other part, and between their people respectively, without exception of persons and places.

Art. II.—The United States shall have the right to appoint a Diplomatic Representative to reside at the Capital of Chosen, and Consular officers at such ports as are or hereafter may be opened to foreign trade. The King of Chosen shall also have the right to appoint a Diplomatic Representative to reside at the Capital of the United States and Consuls at such ports and places within the territory of the United States as he may see fit. Official intercourse shall be carried on in terms of equality and courtesy, and all rules and precedents calculated to obstruct friendly intercourse shall be totally abrogated, and in their stead rules liberal and fit to secure a firm and perpetual peace shall be established.

Art. III.—The citizens of the United States are permitted to frequent the ports and cities of and any other port or place hereafter by treaty with other powers, or with the United States opened to commerce, and to reside with their families and trade there, and to proceed at pleasure with their vessels and merchandise from any of these ports, to any other of them. But said vessels shall not carry on a clandestine and fraudulent trade at other ports of Chosen not declared to be legal, or along the coasts thereof; and any vessel under the American flag violating this provision shall, with her cargo, be subject to confiscation to the Government of Chosen, and the United States will take measures to prevent their flag from being abused by the subjects of other nations as a cover for the violation of the laws of the Kingdom.

Art. IV.—All citizens of the United States of America in Chosen, peaceably attending to their affairs, being placed on a common footing of amity and goodwill with subjects of Chosen, shall receive and enjoy for themselves and everything appertaining to them, the protection of the local authorities of Government, who shall defend them from all insult and injury of any sort. If their dwellings or property be threatened or attacked by mobs, incendiaries, or other violent or lawless persons, the local officers, on requisition of the Consul, shall immediately despatch a military force to disperse the rioters, apprehend the guilty individuals, and punish them with the utmost rigor of the law. Subjects of Chosen guilty of any criminal act towards citizens of the United States, shall be punished by the authorities of Chosen according to the laws of Chosen; and citizens of the United States either on shore or in any merchant vessel, who may insult, trouble, or wound the persons or injure the property of the people of Chosen, or commit any other improper act in Chosen, shall be punished only by the Consul or other public functionary thereto authorized, according to the laws of the United States. Arrests in order to trial may be made by either the Chosen or the United States Authorities.

When controversies arise in the Kimgdom of Chosen between citizens of the United States and subjects of His Majesty, which need to be examined and decided by the public officers of the two nations, it is agreed between the Governments of the United States and Chosen that such cases shall be tried by the proper official of the nationality of the defendant.

The properly authorized official of the plaintiff's nationality shall be freely permitted to attend the trial, and shall be treated with the courtesy due to his position. He shall be granted all proper facilities for watching the proceedings in the interests of justice. If he so desires he shall have the right, to present to examine, and to cross-examine witnesses. If he is dissatisfied with the proceedings, he shall be permitted to protest against them in detail. The law administered will be the law of the nationality of the officer trying the case.

Art. V.—Whenever United States vessels either by stress of weather or by want of fuel and provisions cannot reach one or the other of the open ports in Chosen, they may enter any port or harbor, either to take refuge therein, or to get supplies of wood, coal, and other necessities, or to make repairs, the expenses incurred thereby are to be defrayed by the ship's master. In such events both the officers and the people of the locality shall display their sympathy by redering full assistance and their liberality in supplying the necessities required.

If a United States vessel be wrecked on the coast of Chosen, the nearest Chosen Authority, on being informed of the occurrence, shall immediately send assistance to the crew, provide for their present necessities, and take the measures necessary for the salvage of the ship and the preservation of the cargo. The whole shall then be brought to the knowledge of the nearest Consul or Consular Agent, in order that the latter, in concert with competent authority, may take steps for sending the crew home, and for saving the debris of the ship and cargo.

Art. VI.—The coasts of Chosen, having hitherto been left unsurveyed, are very dangerous for vessels approaching them, and in order to prepare charts showing the positions of islands, rocks, and reefs, as well as the depth of water, whereby all navigators may be enabled safely to pass between the two countries, any United States mariner may freely survey said coasts.

Art. VII. His Majesty the King of Chosen hereby promises and agrees, that no other kind or higher rate of tonnage dues or duties for imports or exports or coastwise trade shall be imposed or levied in the open ports of Chosen upon vessels wholly belonging to citizens of the United States, or upon the produce, manufactures, or merchandise imported in the same from the United States, or from any foreign coountry; or upon the produce, manufactures, or merchandise exported in the same to the United States, or to any foreign coutry, or transported in the same from one open port of Chosen to another, than are imposed or levied on vessels or cargoes of any other nation, or on those of subjects of Chosen.

The United States hereby promise and agree that no other kind or higher rate of tonnage dues or duties for imports shall be imposed or levied in the ports of the United States upon vessels wholly belonging to the subjects of His Majesty, and coming either directly or by way of any foreign port from any of the ports of Chosen which are open to foreign trade, to ports of the United States, or returning there from either directly or by way of any foreign port to any of the open ports of Chosen; or upon the produce, manufactures or merchandise imported in the same from Chosen or from any foreign country, than are imposed or levied on vessels of other nations which make no discrimination against the United States in tonnage dues or duties in imports, exports, or coastwise trade; or than are imposed or levied on vessels and cargoes of citizens of the United States.

His Majesty the King of Chosen hereby further agrees that the duties leviable on merchandise imported to, and exported from the open ports of Chosen shall in no case exceed the maximum rate of 10 percent advalorem, and that such duties of import and export shall be paid only once for all at the ports of entry or shipment, and that no further dues or internal taxes shall be levied on such merchandise in transit.

Art. Ⅷ.—The Governments of Chosen and of the United States mutually agree and under take that subjects of Chosen shall not be permitted to import opium into any of the ports of the United States, and citizens of the United States shall not be permitted to import opium into any of the open ports of Chosen. This absolute prohibition, which extends to vessels owned by the citizens or subjects of either Power, to foreign vessels employed by them, or to vessels owned by the citizens or subjects of either power and employed by other persons or transportation of opium, shall be enforced by appropriate legislation on the part of Chosen and the United States and the benefits of the favored nation clause in existing treaties shall not be claimed by the citizens or subjects of either Power as against the provisions of this Article.

Art. IX.—Friendly relations having been established between the two contracting parties, it is necessary to prescribe trade regulations for the benefit of the merchants of the respective countries.

Such trade regulations, together with detailed provisions, to be added to the Articles of the present Treaty to develop its meaning, and facilitate its observance, shall be agreed upon at the Capital of Chosen, or at— in the country, within eighteen months from the present date by special commissioners appointed by the two countries.

Art. X.—The contracting parties hereby agree that should any time the King of Chosen grant to any nation, or the merchants or citizens of any nations, any right, privilege or favor connected either with navigation, commerce, political or other intercourse, which is not conferred by this Treaty, such right, privilege and favor shall at once freely enure to the benefit of the United States, its public officers, merchants, and citizens.

In faith whereof the Respective Plenipotentiaries have signed and sealed the foregoing at……in English and Chinese, being three originals of each text of even tenor and date, the ratifications of which shall be exchanged at…within one year from the date of its execution.

나. 漢文本

玆者 大亞美理駕合衆國 大朝鮮國 欲堅定兩國誠實永遠友睦之條約及太平和好貿易之章程 以爲兩國日後遵守成規 是以 大亞美理駕合衆國 大伯埋璽大德特派 欽差 大朝鮮國 大君主特派欽差各將所奉 便宜行事之 上諭

及欽奉全權之勅諭 公同較閱 照驗 俱屬妥善當因 將議明各條款 臚列於左

第一款 嗣後 大合衆國與 大朝鮮國及兩國民人 無論在何地方 均應互相友愛 眞誠和好永遠共保相安 萬萬年太平無事

第二款 大朝鮮國允 大合衆國欽派大臣 在朝鮮都城內駐紮 並於現約內所開之埠岸 及嗣後續開之埠岸允 大合衆國派領事等官駐紮 大合衆國允 大朝鮮國欽派大臣在華盛頓京城內駐紮 並於美國無論何處地方均允 大朝鮮國隨意添設領事等官駐紮 凡有交涉公文來往 及兩國官員相見 均應用平行之禮 所有從前規矩章程有礙睦誼者 均應删除 須另設寬厚規矩章程 以定兩國堅固永久之好

第三款 大合衆國民人 嗣後 均准挈眷赴現開埠岸之 並嗣後 大合衆國或他國定立條約 准開各港口市鎭 在彼居住貿易 任其船隻裝載貨物 於以上所立各埠港 互相往來 但該船隻不得駛赴沿海口岸及未開各港 私行違法貿易 如有犯此禁令者 應將船隻貨物充公 歸朝鮮入官 若別國船隻冒 大合衆國旗號 作不法貿易者 大合衆國自應設法禁止

第四款 大合衆國民人 在朝鮮安分貿易辦事者 當與朝鮮人 一體和好友愛 地方官必時加保護 務使身家一切安全 不使受欺辱騷擾等事 倘其屋宇產業 有被內地不法匪徒 逞兇恐嚇 焚毁侵害 一經領事官報明 地方官立當派撥兵役 彈壓驅逐 並將匪徒 查拏按律重懲 倘朝鮮民與合衆國人 有爭鬥詞訟等案 朝鮮民 歸朝鮮官按律治罪 合衆國人 無論在岸上海面 有與朝鮮民 欺侮騷擾毁壞物件 毆傷損害一切非禮 不合情事 應歸領事等官 按本國例懲辦 至捉拏犯人 以備質訊 或由本地方官 或由大合衆國官 均無不可 倘在朝鮮 遇有朝鮮人與合衆國人 因事相爭 兩國官員 應行審定 朝鮮國與合衆國 允此等案件 被告係何國之人 卽歸其本國官員 審定原告之官員 於審定時 可以前往觀審 承審官應以觀審之禮相待 該原告之官員 如欲添傳證

見 或查訊駁(駮)訊案中作證之人 可以再行傳訊 倘觀審之員 以爲辦理不公 亦可逐細辯論 並詳報上憲 所有案件各審定之員 均係各按本國律法辦理

第五款 大合衆國船隻 如遭風損壞 及缺乏糧米甛水等物 不及赴通商埠岸者 大朝鮮國允其進入 無論何處埠岸及何處停泊海灣 以便修理船隻 採買煤柴食用各物 並不禁阻 其費用資財 均出船主 地方官及該處民人 應竭力相幫 盡心照應一切 倘遇合衆國船隻 在朝鮮近岸地方損壞 地方官聞知卽爲拯救 給與日用急需 設法打撈貨物不使損壞 隨照會附近領事官會同地方官設法 使該船主水手人等回國 及拯救破船尙有之木片貨物等項

第六款 從前 於朝鮮海邊 未經試探海水 各處深淺 及何處或有暗礁 於來往船隻 頗有危險 玆大朝鮮國允大合衆國水師官 隋時査探海邊海島水勢以便將各海路深淺情形 有無暗礁 何處危險 繪成圖說 俾利兩國船行

第七款 大朝鮮國允合衆國船隻 在朝鮮通商各埠無論該船載美國貨物 與別國貨物 其進口出口及由此口進被口之稅 與其所納之鈔 均照朝鮮船隻及各國船隻一律征納 並不額外加征 亦不另征他項稅鈔 大合衆國允朝鮮船隻 或有朝鮮通商埠 及他國各口 進美國各海口 或出美國各口 前往他國各口 及回朝鮮通商各埠無論 載朝鮮貨物與別國貨物 均照美國船隻 及各別國於美國船隻 不額外加稅鈔之國 一律征納進口之稅 與 其應納之鈔 並不額外加征 亦不另征他項稅鈔 大朝鮮國允凡於通商各埠所征進口出口貨之稅 不過於貨價所値之十分之一 其應納進出口之稅無論 或於進口或於出口時 只納一次 迨至該貨運入內地 或由內地運士貨出口 不能再有別項之征

第八款 大朝鮮國與大合衆國 彼此商定朝鮮商民 不准販運洋藥入美國通商口岸 合衆國商民 亦不准販運洋藥入朝鮮通商埠岸 並由此口運往彼口

亦不准作一切買賣洋藥之貿易 所有兩國商民無論 雇用本國船 別國船及本國船 爲別國商民 雇用販運洋藥者 均由各本國永遠禁止 再此條兩國商定彼此均不得引 一體均沾之條講解

第九款 兩國旣立約和好 自應議訂貿易章程 以便兩國商民 照辦所有應定貿易章程 及一切表明和約善後之條款 從和約定議畫押之日 起限於十八個月內 或於朝鮮都城 或於朝鮮何處 由兩國特派欽差 再行議定

第十款 現經兩國議定嗣後 大朝鮮朝何惠政 恩典利益 施及他國 或其商民無論 關涉船隻海面通商 貿易政事交往等事 爲該國並其商民 從來未沾抑爲此條約所無者 亦當立准大合衆國 官民一體均沾

以上各條約現經 大合衆國大朝鮮國 各大臣同在朝鮮OO議定 繕寫洋文OO各O分 先爲畫押 蓋印以昭憑信 仍俟兩國 御筆批准 總以一年爲期 在朝鮮OO互換

降生 年 月 日

朝鮮 年 月 日

2) 第2號 條約草案[李鴻章]

가. 英文本

No. 2. Draft of Treaty, between the United States and Corea: purporting to have come from the Government of Corea, and modified by His Excellency Li Hung Chang.

The Kingdom of Chosen and the United States of America being sincerely desirous of establishing abiding relations of amity and friendship between their respective peoples, have therefore appointed:

That is to say the King of Chosen…as his Commissioner Plenipotentiary, and the President of the United States…as his Commissioner Plenipotentiary, who having reciprocally examined their respective full powers have agreed upon the several Articles as under.

Art. Ⅰ.—Chosen being a dependant state of the Chinese Empire, has nevertheless heretofore exercised her own sovereignty in all matters of internal administration and foreign relations. After the conclusion of this Treaty, the King of Corea and the President of the United States shall treat with each other upon terms of perfect equality, and the subjects and citizens of the two nations shall maintain perpetual relations of friendship. If other Powers deal unjustly or oppressively with either Government, the other shall render assistance and protection, or shall act as mediator in order to the preservation of perfect peace.

Art. Ⅱ.—After the conclusion of this Treaty of Commerce and Amity, the High Contracting Powers, may each appoint Diplomatic Representatives at the court of the other, and may each appoint Consular Authorities at the open ports of the other at their own convenience. These officials shall have relations with the corresponding local authorities of equal rank upon a basis of mutual equality. The Diplomatic and Consular Representatives of the two Governments shall receive mutually all the privileges, rights, and consideration without discrimination which are accorded to the same class of representatives from the most favored nation. Consuls shall exercise their functions only after receipt of an exequatur from the Government to which they are accredited.

The Consular Authorities shall be bona-fide officials, and no merchants shall be permitted to exercise the duties of the office, nor shall Consular officers be allowed to engage in trade. At ports to which no Consular Representatives have been appointed, the Consuls of other Powers may be invited to act, provided that no merchant shall be allowed to assume the duties; or the provisions of this Treaty may in such cases be enforced by the local authorities. In the relations between the people of the two nations if matters arise which are offensive to the local authorities and people, the Consular Authorities shall not arbitrarily interfere. If Consular Representatives conduct their business in an improper manner, their exequaturs may be revoked in conformity with the rules of international procedure.

Art. III.—If the vessels of either nation meet with stress of weather or are cast ashore upon the coast of the other, the local authorities upon being informed of the fact shall devise measures for their rescue and protection. All reasonable facilities shall be afforded by the local authorities of either country to vessels of war of the other to make necessary repairs and to purchase supplies at the ports open to trade. But merchant vessels, except when forced by stress of weather, shall not be allowed to enter ports not open to foreign trade, and shall be liable to penalties for violation of this provision.

Art. IV.—The subjects of Chosen who desire to proceed to the various ports of the United States for purposes of commerce shall conform to the laws and regulations of the United States. And the United States agrees to grant to them all the rights, privileges, and immunities which are accorded to the subjects or citizens of the most favored nation.

According to the international laws recognized by the European and American Governments, citizens of the United States who may frequent Corean ports open to foreign trade should be subject to the jurisdiction of the native authorities. But as Chosen has not yet arranged with the United States to modify the laws and procedure of the former in conformity with the laws of Western Nations, Chosen agrees temporarily that citizens of the United States in Chosen, shall be subject to the jurisdiction of their Consular Authorities. If persons from vessels of the United States create disturbance on shore, the local Authorities shall concert measures wirh the Consul for suppressing it.

Art. V.—Merchants and merchant vessels of Chosen visiting the United States for purposes of traffic shall pay tonnage dues and duties and all fees according to the Customs Regulations of the United States.

Merchants and merchant vessels of the United States visiting Chosen for purposes of trade, shall pay duties upon all imports and exports. But as the particular rate of duty to be levied upon each class of merchandise, has not yet been fixed, it is for the present agreed that upon such imports as are necessities of life an ad valorem duty of 10% shall be levied, and that upon such as are luxuries, as foreign wine, tobacco, clocks & watches an ad valorem duty of 30% shall be levied. Native produce exported shall pay an ad valorem duty of 5%.

American merchant vessels entering the ports of Chosen shall pay tonnage dues at the rate of five mace per ton, payable once in three months according to the Chinese calendar.

Art. VI.—Subjects of Chosen who may visit the United States for purposes of commerces shall be permitted to reside and to rent, purchase, construct residences or warehouses in all parts of the country. They shall be permitted to traffic in all merchandise, raw and manufactured, that is not declared contraband by law.

Citizens of the United States resorting to the open ports of Chosen, are permitted to reside at such ports to rent houses or land and to erect buildings, but no coercion or intimidation may be exercised. The land thus leased remains an integral part of the Kingdom of Chosen and the administrative functions of the local authorities shall not be interfered with.

Native produce and foreign imports not contraband may be bought and sold at the ports open to trade. But American merchants are not permitted either to transport foreign imports to the interior for sale, or to proceed to the interior to purchase native produce. Nor are they permitted to transport native produce from one open port to another open port. Violations of this rule will subject vessel and cargo to confiscation and the merchant offending will be handed over to his Consul to be dealt with.

The importation of opium is strictly forbidden. Persons who bring it into the open ports shall be punished by the Authorities of Chosen.

Art. VII.—All crimes and suits at law which may arise in Chosen in which the subjects and citizens of the two Powers are concerned shall be tried in the Court and by the law of the defendant's nationality. In the case of theft and debts the proper officers of the two Governments will make effort to arrest and punish the guilty parties and to secure restitution or payment, but will not be held personally responsible for any losses incurred.

Should the plaintiff in any action be dissatisfied with the judgment he may appeal through his official to the official of defendant for a new trial.

Art. VIII.—The officers and people of either nation residing in the other shall have the right to employ natives for all kinds of lawful work. Should subjects of Chosen guilty of violation of the laws of the Kingdom, or against whom any action had been brought conceal themselves in the residences of American officials or citizens, or in warehouses or on board American merchant vessels, the local Authorities shall, on the one hand, notify the Consul, and on the other despatch constables to make the arrests.

American officials or citizens shall not be permitted to harbor such persons.

Students of either nationality who may proceed to the country of the other in order to study the language, literature, laws, or arts shall be given all possible protection and assistance in evidence of cordial good will.

Art. IX.—This being the first Treaty negotiated by the Government of Chosen, is incomplete and imperfect in provisions. It shall, however, in its stipulations be first carried into operation. As to stipulations not embodied herein, after a period of five years, when the officers and people of the two Powers shall have become more familiar with each other's language, a further negotiation of commercial provisions and regulations in detail in conformity with international law and without unequal discriminations on either part, shall be had.

Art. X.—This treaty and future official correspondence between the two contracting Powers shall be made, on the part of Chosen, in the Chinese language. The United States shall either use the Chinese language, or if English be used it shall be accompanied with a Chinese version, in order to avoid misunderstanding.

The foregoing Articles having been agreed upon by the representatives of the High Contracting Powers are herewith, in the first instance signed and sealed by them in witness whereof the King of Corea shall forward a copy to the Board of Rites of the Chinese Empire, and shall ratify as above.

The President of the United States by and with the advice and consent of the Senate, shall ratify this instrument and the certificates of ratification shall be exchanged at a place to be named, and thereafter they shall be proclaimed in both countries in order that they may be known and obeyed.

Chosen A. D. 1882.

나. 漢文本

大朝鮮國與大美國 切欲敦崇和好惠民是以 大朝鮮國君主特派全權大臣

大美國伯理璽天德特派全權大臣 各將所奉 全權字據 互相校閱 訂立條款 臚列於左

第一款 朝鮮爲中國屬邦 而內政外交事宜向來均得自主 今茲立約後 大朝鮮國君主 大美國伯理璽天德 俱平行相待 兩國人民永敦和好 若他國偶有不公及輕侮之事 必彼此援護 或從中善爲調處 俾獲永保安全

第二款 此次立約通好後 兩國可按照通例 彼此各派秉權大員 往來駐紮並於彼此通商口岸 設立總領事副領事署領事等官 均聽其便 此等官員與本地官交涉往來 均應用品級相當之禮 兩國秉權大員與領事等官 享獲種種恩施 與彼此所待最優之國官員無異 惟領事官必須奉到駐紮之國 批准文憑方可視 所派領事等官 必須眞正官員 不得以商人兼充 亦不得兼作貿易 倘各口未設領事官 或請別國領事兼代 亦不得以商人兼充 或卽由地方官照現定條約代辦 至商民交涉事件 有與本地官民齟齬者 領事官不得任意爭執如領事官辦事不合 彼此均可按照公例 將批准文憑追回

第三款 兩國船隻在彼此沿海地方 若遇遭風擱淺等事 地方官聞知 卽應設法救護 至兩國兵船往來 在彼此已開口岸 如遇買取食物煤炭甛水 修理船隻 地方官應妥爲照料 惟商船於未開口岸 除遭風外 不得駛往 違者罰辦

第四款 朝鮮國商民欲往美國各口各邑貿易 應遵守美國律例章程 美國亦准照待最優國之商人 一體看待至美國商民 前往朝鮮國 准開口岸貿易 若照歐美各國通例 原應歸地方官管轄 惟朝鮮國與美國政制攸殊 尙未訂改東西交涉公律 是以 朝鮮國政府暫許美國商民歸領事官管轄 至美國船上諸色人等 如有上岸滋事 應由地方官會同領事官妥爲彈壓

第五款 朝鮮國商民 並其商船 前貿往美國貿易 凡納稅船鈔等事 應遵照美國海關章程辦理 至美國商民並其商船 前往朝鮮國貿易 進出貨物 均應納稅 惟各色貨物銷滯 不得預知 稅則暫詳定 玆擬先訂大略 各色進口貨有

關民生日用者 照估價値百抽十 其奢靡玩要等物 如洋酒呂宋烟鐘表之類 照估價値百抽三十 至出口土貨 概値百抽五 美國商船進朝鮮口岸 須納船鈔 每噸銀五錢 按中曆一季抽收一次

第六款 朝鮮國商民前往美國各處貿易 准其在該處居住 賃房買屋 起蓋棧房 所有土産 以及製造之物 與不違例之貨 均許買賣 美國商民前往朝鮮已開口岸 准其在該處居住賃房 租地建屋 惟不得稍有勒逼 其出租之地 仍歸朝鮮版圖 不得有碍有地方官治理之權 所有本國土産以及外洋運來不違禁之貨 均可就已開口岸 收買發賣 但美國商民不得以洋貨運入內地售賣 亦不得自入內地採買土貨 倂不得以土貨由此口版(販)運彼口 違者將船隻貨物入官 並將該商交領事官懲辦 至鴉片煙素所嚴禁者 如有運販進口者 由朝鮮官懲辦

第七款 凡美國商民 在朝鮮已開口岸 遇有與朝鮮人民交涉財産及各罪案 俱由被告所屬之官員審斷 各照本國律例定案 惟竊盜逋欠等事 兩國官員只能分別挐辦追究 不能代償 倘案內原告有未甘服者 應聽其所屬官員照會被告 所屬官員覆訊

第八款 凡兩國官員商民在彼此通商地方居住 均可雇請各色人等勷執分內工藝 惟朝鮮人遇犯本國例禁或牽涉被控 凡在美國官民公館寓所行棧及商船隱匿者 由地方官一面知照領事官 一面派差拘挐 美國官民不得庇縱掯留 至兩國生徒 往來學習語言文字律例藝業等事 彼此均宜勷助 以敦睦誼

第九款 玆朝鮮國初次立約 所訂條款姑從簡略 應遵條約已載者先行辦理 其未載者 俟五年後兩國官民 彼此稍通言語 再行議定 至通商詳細章程 須酌照歐美各國通商 公平商訂 無有輕重大小之別

第十款 此次兩國訂立條約 與夫日後往來公牘 朝鮮專用華文 美國亦用華文 或用洋文 必須以華文註明 以免歧誤

以上各款 現由兩國所派全權大臣議定 先行畫押蓋印 用昭憑信 俟大朝鮮國君 主 一面移咨中國禮部 一面批准 大美國伯理璽天德由國會紳耆大臣議充(允)批准後 彼此知照指定一處 互換然後 刊刻通行 使兩國官民咸知遵守

大朝鮮國開國 某年　月 日

大美國一千八百 某年　月 日

3) 第3號 條約草案[슈펠트]

英文本

The Treaty with Korea, No. 3

The Kingdom of Chosen and the United States of America being sincerely desirous of establishing abiding relations of amity and friendship between their respective peoples, have therefore appointed, that is to say…the King of Chosen…as his Commissioner Plenipotentiary and the President of the United States…as his Commissioner Plenipotentiary who having reciprocally examined their respective full powers, which have been found to be in due form, have agreed upon the several articles as under.

Article I.—The King of Chosen and the President of the United States shall treat with each other upon terms of perfect equality and the subjects and citizens of the two nations shall maintain perpetual relations of friendship.

If other powers deal unjustly or oppressively with either Government, the other shall render such assistance as friendly governments, having treaty relations may afford to each other under the laws of nations, or shall act as mediator in order to the preservation of perfect peace.

Article II.—After the conclusion of this treaty of commerce and amity, the High Contracting Powers may each appoint Diplomatic Representatives at the court of the other and may each appoint Consular Authorities at the open ports of the other at their own convenience. These officials shall have relations with the corresponding local authorities of equal rank upon a basis of mutual equality.

The Diplomatic and Consular Representatives of the two Governments shall receive mutually all the privileges, rights and consideration, without discrimination which are accorded to the same class of representatives from the most favored nation.

Consuls shall exercise their functions only after receipt of an exequatur from the Government to which they are accredited. The Consular Authorities shall be bona fide officials and no merchants shall be permitted to exercise the duties of the office, nor shall consular officers be allowed to engage in trade. At ports to which no Consular Representatives have been appointed, the consuls of other Powers may be invited to act, provided that no merchant shall be allowed to assume the dutied; or the provisions of this treaty may in such case be enforced by the local authorities.

If Consular Representatives conduct their business in an improper manner their exequaturs may be revoked, subject to the approval previously obtaines, of the Diplomatic Representative of the government by them they are appointed.

Article III.—Whenever United States vessels, either by stress of weather or by want of fuel or provisions, can not reach one or the other of the open ports in Chosen, they may enter any port or harbor, either to take refuge therein or get supplies of wood, coal, and other necessaries or to make repairs; the expenses incurred thereby are to be defrayed by the ship master. In such events both the officers and the people of the locality shall display their sympathy by rendering full assistance, and their liberality in supplying the necessities required.

If a United States vessel be wrecked on the coast of Chosen, the nearest Chosen authority, on being informed of the occurrence, shall immediately send assistance to the crew, provide for their present necessities, and take the measures necessary for the salvage of the ship and the preservation of the cargo.

The whole shall there be brought to the knowledge of the nearest consul or Consular Agent, in order that the latter in concert with the competent authority, may take steps for sending the crew home, and for saving the debris of the ship and cargo.

Article IV.—All citizens of the United States of America in Chosen, peaceably attending to their affairs, being placed on a common footing of amity and good will with subjects of Chosen, shall receive and enjoy for themselves and everything appertaining to them, the protection of the local authorities of the Government, who shall defend them from all insult and injury of any sort. If their dwellings or property be threatened or attacked by mobs, incendiaries, or other violent or lawless persons, the local officers on requisition of the Consul, shall immediately despatch a military force to disperse the rioters, apprehend the guilty individuals, and punish them with the utmost rigor of the law.

Subjects of Chosen guilty of any criminal act towards citizens of the United States shall be punished by the Authorities of Chosen, according to the laws of Chosen, and citizens of the United States, either on shore or in any merchant vessel, who may insult, trouble, or wound the persons or injure the property of the people of Chosen, shall be punished only by the Consul or other public functionary thereto authorized, according to the laws of the United States. Arrests in order to trial may be made by either the Chosen or the United States Authorities.

When controversies arise in the Kingdom of Chosen between citizens of the United States and subjects of His Majesty, which need to be examined and decided by the public officers of the two Nations, it is agreed between the Governments of the United States and Chosen that such cases shall be tried by the proper official of the nationality of the defendant. The properly authorized official of the plaintiff's nationality shall be freely permitted to attend the trial and shall be treated with the courtesy due his position. He shall be granted all proper facilities for watching the proceedings in the interests of justice. If he so desires, he shall have the right to present, to examine, and to cross-examine witnesses. If he is dissatisfied with the proceedings, he shall be permitted to protest against them in detail. The law administered will be the law of the nationality of the officer trying the case.

It is however mutually agreed and understood between the High Contracting Powers that whenever the King of Chosen has so far modified and reformed the statutes and judicial procedure in his Kingdom that, in the judgment of the United States they conform to the laws and course of justice in the United States, the right of exterritorial jurisdiction over U. S. citizens in Chosen shall be abandoned, and U. S. citizens shall where within the limits of the Kingdom of Chosen be subject to the jurisdiction of the native authorities.

Article V.—Merchants and merchant vessels of Chosen visiting the United States for purposes of traffic shall pay tonnage dues and duties and all fees according to the Customs Regulations of the United States.

Merchants and merchant vessels of the United States visiting Chosen for purposes of trade shall pay duties upon all imports and exports. But as the particular rate of duty to be levied upon each class of merchandise has not yet been fixed, it is for the present agreed that upon such imports as are necessities of life an ad valorem duty not to exceed 10% shall be levied, and that upon such as are luxuries, as foreign wines, tobacco, clocks and watches an ad valorem duty no to exceed 30% shall be levied. Native produce exported shall pay an ad valorem duty not to exceed 5%. And it is agreed that these duties shall be paid once for all at the port of import or export and that no other dues, duties, fees, or taxes of any sort. Whatsoever shall be levied upon the goods in the interior of Chosen or at the port.

American merchant vessels entering the ports of Chosen shall pay tonnage dues at the rate of five mace per ton, payable not more than once in three months according to the Chinese calendar. The tonnage dues shall be applied exclusively to the proper and necessary survey of the coasts of Chosen, and to the construction and maintenance of light-houses, beacons, buoys[bouys sic] etc.

Article VI.—Subjects of Chosen who may visit the United States for purposes of commerce shall be permitted to reside and to rent, purchase, or construct residences or warehouses in all parts of the country. They shall be permitted to traffic in all merchandise, raw and manufactured, that is not declared contraband by law

Citizens of the United States resorting to the open ports of Chosen, are permitted to reside at such ports to rent houses or land and to erect buildings, but no coercion or intimidation may be exercised.

The land thus leased remains an integral part of the Kingdom of Chosen and the administrative functions of the local authorities shall not be interfered with.

Native produce and foreign imports, not contraband, may be bought and sold at the ports open to trade. But American merchants are not permitted either to transport foreign imports to the interior for sale, or to proceed to the interior to purchase native produce. Nor are they permitted to transport native produce from one open port to another open port. Violations of this rule will subject such cargo to confiscation, and the merchant offending will be handed over to his Consul to be dealt with.

The Governments of Chosen and of the United States mutually agree and undertake that subjects of Chosen shall not be permitted to import opium into any of the ports of the United States, and citizens of the United States shall not be permitted to import opium into any of the open ports of Chosen. This absolute prohibition which extends to vessels owned by the citizens or subjects either Power, to foreign vessels employed by them, or to vessels owned by the citizens or subjects of either Power and employed by other persons for transportation of opium shall be enforced by appropriate legislation on the part of Chosen and the Unied States, and the benefits of the favored nation clause in existing treaties shall not be claimed by the citizens or subjects of either Power as against the provisions of this opium clause.

Article VII.—The officers and people of either nation residing in the other shall have the right to employ natives for all kinds of lawful work. Should subjects of Chosen guilty of violation of the laws of the Kingdom, or against whom any action had been brought conceal themselves in the residences of American citizens, or in warehouses, or on board American merchant vessels, the local authorities shall, on the one hand, notify the Consul, and, in the other, despatch constables to make the arrests. But the warrants for such arrests shall have the Consular endorsement before it can be executed in premises occupied by American citizens.

It is to be understood however that American citizens are not permitted to harbor such persons.

Article Ⅷ.—Students of either nationality who may proceed to the country of the other in order to study the language, literature, laws, or arts shall be given all possible protection and assistance in evidence of cordial good will.

Article IX.—This, being the first treaty negotiated by the Government of Chosen, is incomplete and imperfect in its provisions. It shall, however, in its stipulations be first carried into operation. As to stipulations not embodied herein, after a period of five years, when the officers and people of the two Powers shall have become more familiar with each other's language, a further negotiation of commercial provisions and regulations in detail, in conformity wirh international law and without unequal discriminations on either part shall be had.

Article Ⅹ.—This treaty and future official correspondence between the two contracting powers shall be made, on the part of Chosen, in the Chinese language. The United States shall either use the Chinese language, or if English be used, it shall be accompanied with a Chinese version in order to avoid misunderstanding.

Article XI.—The contracting parties hereby agree that should at any time the King of Chosen grant to any nation, or the merchants or citizens of any nation, any right, privilege or favor connected either with navigation, commerce, political or other intercourse, which is not conferred by this Treaty, such right, privilege, and favor, shall at once freely enure to the benefit of the United States, its public officers, merchants, and citizens.

In faith whereof the Respective Plenipotentiaries have signed and sealed the foregoing at—in English and Chinese, being three originals of each text of even tenor and date, the ratifications of which shall be exchanged at within one year from the date of its execution.

4) 第4號 條約草案約稿, 假條約, 李鴻章

漢文本

大朝鮮國與大美國 切欲敦崇和好 惠屌商民 是以 大朝鮮國君主特派全權大臣 大美國伯理璽天德特派全權大臣 各將所奉全權字據互相較閱 訂立條款 臚列於左

第一款 (空白)

第二款 大朝鮮國君主 大美國伯理璽天德 應平行相待 兩國人民 永敦和好 若他國偶有不公及輕侮之事 必彼此按照萬國公法 有約之國規例互相援助 或從中善爲調處 俾獲永保安全

第三款 此次立約通好後 兩國可交派秉權大臣 駐紮彼此都城 並於彼此通商口岸 設立總領事領事副領事署領事等官 均廳其便 此等官員 與本地官交涉往來 均應用品級相當之禮 兩國秉權大臣 與領事等官 享獲種種恩施 與彼此所待最優之國官員無異 惟領事官必須奉到駐紮之國批准文憑 方可視事 所派領事等官 必須眞正官員 不得以商人兼充 亦不得兼作貿易 倘各口未設領事官 或請別國領事兼代 亦不得以商人兼充 或卽由地方官 照現定條約代辦 如領事官辦事不合 彼此均知照所屬駐京公使 將批准文憑追回

第四款 美國船隻在朝鮮左近海面 如遇風颶 或缺糧食煤水 距通商口岸太遠 應許其隨處收泊 以避風颶 購買糧食修理船隻 所有經費 係由船主自

備 地方官民應加憐恤援助 供其所需 如該船主不通商之口 潛往貿易 拏獲船貨入官 如美國船隻在朝鮮海岸破壞 朝鮮地方官一經聞知 卽應飭令 將水手先行救護 供其糧食等項 一面設法保護船隻貨物 幷行知照領事官 俾將水手送回本國 幷將船貨撈起 一切費用 由美船主認還

第五款 美國民人在朝鮮居住 安分守法 其性命財産 朝鮮地方官 應當代爲保護 勿許稍有欺凌損毁 如有不法之徒 欲將美國房屋業産折毁者 地方官一經領事告知 卽應派兵彈壓 幷査拏渠魁按律이하 原本落張으로 奎章閣本으로 대체했음重辦 朝鮮民人如有欺凌美國人 應歸朝鮮官 按大小之別

第六款 朝鮮國商民幷其商船 前往美國貿易 凡納稅船鈔幷一切各費 應遵照美國海關章程辦理 美國商民幷其商船前往朝鮮貿易 進出貨物 均應納稅 其收稅之權 應由朝鮮自主以後進出口稅項 察酌時宜 或增或減 以及稅關禁防偸漏諸弊 悉聽朝鮮政府 設立規則 先期知會美國官 布示商民遵行 惟現在朝鮮稅則尙未詳定 玆擬先訂大略 各色進口貨有關民生日用者 照估價値百抽稅不得過一十 其奢靡玩要等物 如洋酒呂宋煙鐘表之類 照估價値百抽稅不得過三十 至出口土貨 槪値百抽稅不得過五 凡進口洋貨已經在口岸 完納正稅之後 該項貨物或入內地或在口岸 永遠不納別項稅費 美國商船進朝鮮口岸須納船鈔 每噸銀五錢 按中曆一季抽一次

第七款 朝鮮國商民 前往美國各處貿易 准其在該處居住 賃房買屋 起蓋棧房 所有土産 以及製造之物 與不違禁之貨 均許買賣 美國商民前往朝鮮已開口岸 准其在該處居住賃房 租地建屋 惟不得稍有勒逼 該地租價悉照朝鮮所定等則完納 其出租之地 仍歸朝鮮版圖 不得有礙 地方官治理之權 所有本國土産 以及外洋不違禁例之貨 均可就已開口岸 收買發賣 但美國商民 不得以洋貨運入內地售賣 亦不得自入內地採買土貨 倂不得以土貨

※ 이하 原本落張으로 奎章閣本으로 대체했음.

由此口販運彼口 違者將船隻貨物入官 并將該商交領事官懲辦

第八款 朝鮮國與美國彼此商定 朝鮮商民 不准販運洋藥入美國通商口岸 美國商民 亦不准販運洋藥入朝鮮通商口岸 并由此口運往彼口 亦不准作一切買賣洋藥之貿易 所有兩國商民 無論僱用本國船別國船 及本國船爲別國商民僱用販運洋藥者 均由各本國自行永遠禁止 查出重罰

第九款 朝鮮米麥大豆 除在口買用外 嚴禁私販出洋 紅蔘一項 朝鮮舊禁出口　美國人如有潛買出洋者 均查拏入官 仍分別懲罰

第十款 凡礮位鎗刀火藥白鉛一切軍器 應由朝鮮官自行採辦 或美國人奉朝鮮官准買明文 方准進口 如有私販 查貨入官 仍分別懲罰

第十一款 凡兩國官員商民 在彼此通商地方居住 均可僱請各色人等勷執分內工藝 惟朝鮮人遇犯本國例禁 或牽涉被控 凡在美國官民公館寓所行棧及商船隱匿者 由地方官 一面知照領事官 一面派差拘拏 美國官民不得庇縱掯留 惟該差所執簽票 應先由領事官畫押 方可入美國官民寓所等處查拏

第十二款 兩國生徒 往來學習語言文字律例藝業等事 彼此均宜勷助 以敦睦誼

第十三款 茲朝鮮國初次立約 所訂條款姑從簡略 應遵條約 已載者先行辦理 其未載者 俟五年後 兩國官民 彼此言語稍通 再行議定 至通商詳細章程 須酌照歐美各國通例 公平商訂 無有輕重朝鮮律例懲辦 美國民人無論在商船在岸上 如有欺凌騷擾 損傷朝鮮民人性命財産等事 應歸美國領事官或美國所派官員 按照美國律例查拏懲辦 其在朝鮮國內 朝鮮美國民人 如有涉訟應由被告所屬之官員 以本國律例審斷 原告所屬之國 可以派員聽審審官當以禮相待 聽審官如欲傳訊查訊分訊證見 亦聽其便 如以審官所斷爲不公亦許其詳細駁辨 大美國與大朝鮮國彼此明定 如朝鮮日後改定律例及審案辦法 在美國視與本國律例辦法相符 卽將美國官員在朝鮮審案之權收

回 以後朝鮮境內美國人民 卽歸地方官管轄

第十四款 此次兩國訂立條約 與夫日後往來公牘 朝鮮專用華文 美國亦用華文 或用英文 必須以華文註明 以免歧誤

第十五款 兩國商 明日後於通商稅項國家交際等事 如以利益恩施 允許他國商民 雖爲此約所未載 兩國官員商民 亦一體均沾 惟兩國如有優待他國之利益 係出於甘讓 立有專條 互相酬報者 此彼須將互相酬報之專條 或互訂之專章 一體遵守方准 同沾優待他國之利益

以上各款 現由兩國所派全權大臣 議定 以華文英文 謄繕各三分 句法均同先行畫押蓋印 用昭憑信俟

大朝鮮國君主暨 大美國伯理璽天德批准後 彼此知照限一年內 於某處互換

大朝鮮國 開國　　年 月 日

大美國 一千八百　年 月 日

제3장

한미조약 조인식과 슈펠트의 대조선국大朝鮮國 자주독립정신1882. 5. 22

1. 슈펠트의 조선개항 정신

슈펠트는 1867년 1월 와추세트Wachusett호로 제너럴셔먼호 소파사건 진상조사를 위해 조선을 처음으로 탐문항행을 할 때, 조선개항계획을 수립하였다. "내가 처음으로 조선을 방문했을 때1867부터 나는 기회가 주어지면 친히 조선을 방문해서 조선과 최초의 조약체결을 위한 교섭을 하기로 결심했다."[1]라고 자신의 조선개항 사명의 비전을 밝히고 있다. 그는 이때 이미 조선개항계획을 수립하고 이를 미국 해군의 전통적인 포함외교砲艦外交, Gunboat Diplomacy 방책을 지양하고 평화적 호혜교섭방식을 통해 조선개항을 실현시켜 보겠다고 구상한 것이다. 조선개항을 평화적 교섭에 의해 성취하려면 세 가지 방법이 있다. 제1안은 일본의 중재와 알선에 의해, 제2안은 청淸의 중재와 영향력에 의해, 제3안은 미국 단독교섭에 의해 조선개항을 실현시킨다는 것이다.

1878년 4월 사전트Aaron A. Sargent 상원 해군위원장은 한일조약 체결에 자극을 받아 수교를 위한 사절단을 조선에 파견하자는 결의안을 상정했다. 그는 조선개항의 필요성을 다음과 같이 요약하고 있다. 첫째, 경제적 이유로 미국의 대對아시아 통상팽창주의 정책을 구현하려면 조선개항은 반드시 실현되어야 한다. 한반도에까지 통상무역의 범위를 확대, 미국의 잉여 농산물 및 공상품의 판매시장을 확보하고, 조선인을 상품고객으로 끌어들여야 한다. 둘째, 정치적 확대를 이유로 러시아가 한반도를 점령한다

1 *The San Francisco Chronicle*, October 30, 1887; *Robert Wilson Shufeldt Papers, Letters*(1867~1892), The Collections in the Manuscript Division, Library of Congress, "The History of the Treaty with Korea."

면 일본에게 항구적 위협이 된다. 그러므로 '일본 강대화strong Japan'를 도와줌으로써 미국의 영향력을 증대하고 나아가서 러시아의 남진정책을 저지할 수 있다. 셋째, 조난선원의 구휼 및 보호를 위해서라도 조선개항은 필요하다. 넷째, 문화적 이상주의 구현이다. 입약이 실현되면 미국의 유위한 청년들이 한반도로 진출, 한반도의 개화開化를 도울 수 있다.

제1안. 미국은 한일조규 체결1876에 크게 자극과 고무를 받아 일본의 중재에 의해 조선개항 교섭을 시도하게 된 것이다. 일본은 이 조약문에서 "조선은 완전 자주독립국가"임을 명문화하고 있다. 그러나 그것은 조선의 주권독립을 신심으로 원해서가 아니라 한청 간의 전통적인 종속관계를 단절함으로써 장차 청나라의 간섭을 받지 않고 한반도를 정복 · 지배하겠다는 고도의 정치적 계략이었다. 그러나 미국 측 입장에서 보면 은둔왕국隱遁王國이 주권을 찾아 일본과 입약하였다는 것은 곧 조선과의 수교 가능성이 마련되었다고 해석할 수 있다.

이리하여 슈펠트는 1880년 5월 일본의 중재에 의해 입약교섭을 시도해 보았다. 1878년 12월 톰슨Richard W. Thompson 해군장관은 사전트의 결의안에 따라 국무부의 허락을 받아 1867년 제너럴 셔먼호사건 탐문항행 차 조선을 방문한 바 있는 슈펠트 제독을 일본으로 파견하면서 일본의 중재와 알선을 받아 조선개항을 교섭해 보라는 임무를 부여했다. 이에 슈펠트 제독은 타이콘데로가Ticonderoga호를 타고 1880년 4월 일본을 방문, 이노우에井上馨 외상의 소개장을 받아들고 그해 5월 부산을 방문했다. 주일미국공사 빙햄John A. Bingham은 이노우에에게 "불원간 슈펠트가 일본으로 와서 조선을 방문해서 조선개항을 교섭할 것인즉 이에 협조를 해 달라"고 요청했다. 이에 이노우에 외상은 빙햄 공사의 요청을 받아들이고 다음과 같이 답변했다. "조선은 외국과의 통상에 익숙하지 못하므로 개항을 원하지 않고 있다. 그러나 본인은 조선주재 일본 관리에게 슈펠트가 조선에 가면 이에 협조하도록 권고할 용의가 있다"라고 다짐하고 있다.[2]

슈펠트는 타이콘데로가호를 타고 이노우에의 소개장을 들고 1880년 5월 3일 부산을 방문, 부산주재 일본영사 곤도近藤眞鋤에게 이노우에 소개장을 제시하면서 동래부사東萊府使와의 교섭을 주선해줄 것을 요청했다. 이에 곤도는 동래부사 심동신沈東臣을 방문, 슈펠트를 접견해서 한미조약 협상에 응해줄 것을 요청했다. 뿐만 아니라 슈펠트의 친서를 조선정부에 전달해 줄 것까지 부탁했다.

슈펠트 친서 내용은 다음과 같다. "나는 본국 정부로부터 조선을 방문하여 한미 양국 간의 우호적 교섭과 입약을 위하여 이 서한을 전달하라는 권한을 위임받았다. 1871년 만약 조선정부의 회답이 적시適時에 미국에 전달되었더라면 강화도 포격사건 즉 신미양요와 같은 불행한 사건은 일어나지 아니했을 것이다. 미국정부와 국민은 결코 그들의 통치권統治權을 확대하기 위하여 타국을 침략하거나 또는 독립국가의 종교나 정치적 제도를 간섭 혹은 간여한 바 없다. 그러므로 미국정부는 첫째, 만약 자국 선원이 조선해안에서 조난당하면 이들을 보호하고, 둘째, 오늘날 모든 국가들이 일반적으로 상호간 승인하는 것과 같은 그러한 통상의 편의를 요구한다. 그러므로 부산에서 이 문제를 협의할 수 있도록 주선해 주기 바란다."

그러나 심동신 부사는 "조선은 미국과 성기聲氣가 통하지 아니하므로 통화수서通和修書는 이치에 닿지 않는다. 더구나 일본은 우리 조선이 양이洋夷를 엄처嚴處하고 있다는 사실을 알고 있으면서도 이같이 알선함은 교린후의交隣厚誼에 위배된다."고 지적하면서 1871년 미국 아시아함대의

[2] 김원모, 『한미외교관계 100년사』(철학과현실사, 2002), pp.132~133.

강화도 내침신미양요을 규탄하면서 미국과의 수교는 어불성설이며 일본을 통한 조선개항 교섭은 받아들일 수 없다고 주장, 슈펠트 제독을 만나주지도 아니했다. 슈펠트는 이와 같이 조선과의 교섭은 완전 실패하였고, 뿐만 아니라 심동신 부사를 만나보지도 못한 채 일본 나가사키로 돌아갔다.

빙햄 공사는 이노우에 외상에게 다시 조선 당국에 중재 협조를 해줄 것을 요청했다. 이에 이노우에 이상은 조선 예조판서 윤자승尹滋承에게 다음과 같은 친서를 보냈다. "현하 정세는 옛날과 달라 쇄국을 고집할 수 없다. 이는 청일 양국이 다 경험한 바다. 그러므로 조선은 미국의 수호 요청을 받아들어야 한다. 이는 외모外侮, 외침를 막고 사주권을 확보하는 길이다."[3]

제2안. 이와 같이 슈펠트는 1880년 5월 일본의 중재에 의해 입약교섭을 시도해 보았지만 조선 측의 완강한 교섭거부로 좌절되었다. 이리하여 미국 독자적 포함외교에 의한 조선개항을 실현해보겠다는 것이다. 제2안은 일찍이 1871년 미국은 아시아함대의 대규모 병력을 이끌고 강화도로 내침, 미국의 전통적인 포함외교를 통하여 조선개항을 시도해 보았지만, 최초의 한미전쟁이 발발, 조선군 수백 명 병사의 전사자만 낸 채 대원군의 강력한 쇄국양이정책에 부딪쳐 조선개항 시도는 무산되고 말았다. 그러므로 제2안 즉 한미 간 단독 교섭 성사는 한미 간 적대감정으로 말미암아 불가능해졌다.

제3안. 마지막으로 제3안 즉 중국의 중재를 받아 조선개항 교섭시도는 가장 가능성이 높다고 판단, 제3안을 채택한 것이다. 당시 조선의 외교권은 이홍장이 장악하고 있었기 때문에 이홍장을 움직여 조선개항을 시도한다면 한미조약 체결의 가능성은 가장 높다고 판단했다.

---

[3] 상게서, pp.134~135.

이리하여 슈펠트는 이홍장의 초청을 받고 즉각 천진 북양아문을 방문 슈펠 트-이홍장 회담을 통하여 미청 간 최대 쟁점인 속방조항을 삭제하고 그 대신 거중조정 조항을 명문화하고 속방조항은 한미조약이 체결된 후 조선국왕이 미국 대통령에게 보내는 별도조회문에 명문화할 것을 합의함으로써 한미 입약교섭은 타결되었다.

한미조약은 조선왕조가 국내의 위정척사파의 끈질긴 개항반대운동 즉 신사척사운동을 극복하고 구미 열강 가운데 미국과 입약교섭을 통해 체결된 최초의 대외조약이다. 슈펠트는 이홍장의 집요한 속방정책을 극복, 마침내 한미조약 체결을 성사시킴으로써 대조선국 독립정책을 구현했다는 점에서 대단히 의미 깊은 대외조약이다.

한미조약 정본은 영문본 3통, 한문본 3통을 작성, 한미 양국 전권위원이 서명 · 날인한 것인데, 이는 한미청 3국이 각각 1통씩 가지기 위해서 이같이 각기 3통을 작성한 것이다. 그런데 불행하게도 조약 당사국인 한국에도 영문본 한문본 조약문 원본이 보관되어 있지 않다. 뿐만 아니라 한미조약을 주선한 청나라 어디에도 한미조약 원본이 보관되어 있지 않고 있다. 다만 미국 국가공문서보관소National Archive에 영문본 한문본 원본Original이 보관되어 있다.

슈펠트Robert W. Shufeldt, 1822~1895, 설비이薛斐爾는 마한Alfred T. Mahan의 해군팽창론을 신봉하고 있는 전형적 해양제국건설 신봉자이다. 그는 강력한 해군건설로 통상확대정책을 구현해야 한다고 확신하면서 "해군이야말로 정말로 통상개척자이다"라고 역설하고 있다. 미국 해군과 통상과의 관계는 직접 연관되어 있다는 이론은 바로 포함외교砲艦外交, Gunboat Diplomacy 정책에 그 바탕을 두고 있다. 그래서 "해군은 해양에서의 통상기업通商企業과 연관되어 있고, 위대한 국가를 건설하는 모든 행동과 연결되어 있다."라고 지적하고 있다.

이를 원활하게 수행하려면 해군은 해양에서의 경찰역할과 임무를 수행, 상선을 보호함으로써 가능하다고 보았다. 이처럼 평소 해양제국건설 이념을 고수하고 있는 슈펠트는 "정치적 경제적 문제에서 우리는 우리의 잉여생산품을 처분할 판매시장을 확보할 절대적 필요성 때문에 우리의 통상 재창조가 절실히 요망되고 있다."[4]라고 그의 통상팽창주의 이념을 피력하고 있다.

슈펠트는 해군과 상선대商船隊, Mercantile Marine는 미국 대외 통상 확대 정책 구현의 중추적 임무수행자임을 강조하면서, "미국 해군과 상선대는 아메리카적 교의教義, American Creed를 전 세계에 전파하는 공동사자共同使者이다"라고 지적하면서 해군과 상선대와의 긴밀한 유대관계를 강조하고 있다. 상선대는 평화 시에는 해군의 보호를 받으며 통상무역 활동을 벌이다가도 일단 유사시에는 해군에 동원된다. 가령 남북전쟁이 발발하자 연방해군은 상선대로부터 4,500명의 장병을 징병, 해군 및 해병대에 편입시켜 남북전쟁을 승리로 이끌었다. 슈펠트 자신도 남북전쟁 직전에 해군에서 퇴역, 상선대를 지휘하다가 남북전쟁이 발발하자 해군에 동원되어 해전에서 혁혁한 전과를 거둔 바 있다. 미국 상선대에 의한 수출입상품이 11억 3천2백만 달러에 이르고 있다1877. 이 같은 엄청난 수출입량은 모두가 해군의 경찰임무와 보호를 받으며 이루어진 것이다.[5]

그 당시 아시아 통상무역은 영국이 독점하고 있었다. 특히 청국의 대외

---

[4] Robert W. Shufeldt, Commodore USN, *The Relation of the Navy to the Commerce of the U. S.: A Letter Written by Request to Hon. Leopold Morse, Member of Naval Committee, House of Representatives*(Washington : John L. Ginck, Printer, 1878).

[5] *Ibid.*

무역의 86%를 영국이 독점하였다.[6] 미국은 뒤늦게 아시아 태평양에로의 통상무역 확대정책을 추구하였다. 미국 해군의 전통적 포함외교 책략에 의해 대아對亞통상무역 확대정책을 처음으로 구현한 이가 곧 일본개항을 성취시킨 페리M. C. Perry 제독이다. 슈펠트는 아시아 대륙에서 마지막 미개방국인 조선왕국의 문호를 그 자신이 활짝 열어 한반도에까지 미국상품을 수출하고 통상무역 확대정책을 구현해보겠다는 막중한 사명을 수행하기 위하여 그동안 2년 가까이 이홍장과 입약교섭을 벌인 것이다.

슈펠트의 조선개항정책을 강력히 지지하고 있었던 사전트Aaron A. Sargent 상원의원은 1878년 3월 28일 조선개항을 위한 상하양원 합동결의안을 만장일치로 가결 상정한 바 있다.

〈아메리카 합중국 상하양원 조선개항 결의안, 1878〉

아메리카 합중국과 조선왕국 간에 수호통상조약을 평화적 방법으로, 그리고 일본의 우호적 중재에 의해 조약을 체결할 미국정부의 전권위원을 임명·파견할 권능權能을 미국 대통령에게 부여한다. 아울러 동 전권위원의 임무수행 경비총액은 5만 달러로 그 액수가 크기 때문에 달리 지출할 길이 없으면 전액 재무부 국고에서 지출할 필요가 있다.[7]

사전트의 조선개항결의안에 의해 슈펠트는 조선과의 입약전권위원에 임명, 파견되었다. 처음에는 일본의 중재仲裁에 의해 조선과 입약교섭을 위해 1880년 5월 부산을 방문하였지만 동래부사 심동신의 교섭거부로 좌

[6] "An Open Letter to the Ho. A. A. Sargent, of California," *North China Daily News*, May 9, 1882.

[7] William E. Griffis, "The Opening of Korea," *The Korea Magazine*, I (November, 1917), pp.506~510.

절되었다. 그러나 슈펠트는 이홍장의 초청을 받고 청의 중재에 의해 입약교섭을 전개하였다. 이리하여 슈펠트는 북경과 천진 북양아문을 왕래하면서 이홍장과의 지루하고도 암중모색 같은 회담을 벌였다. 슈펠트는 2년 가까이 입약교섭을 벌이면서 "지연외교는 동양외교의 불가분의 요소이다"[8]라고 솔직히 고백하고 있다.

2. 슈펠트의 한미조약 조인식을 위한 조선사행

슈펠트는 드디어 이 같은 지연외교를 극복하고 대망의 한미조약 체결을 위해 조선으로 출항할 준비를 서두르고 있었다. 슈펠트는 소선파견 미국전권특사Envoy Extraordinary and Minister Plenipotentiary of the United States[9]에 임명되었는데 1881년 11월 15일자로 되어 있는 미국전권특사 신임장과 아더Chester Arthur 대통령의 미국국서美國國書[10]를 수령한 것은 1882년 1월 19일이었다. 블레인James G. Blaine 국무장관은 이 같은 대對조선입약훈령문을 슈펠트에게 보내는 동시에 즉각 클리츠J. M. B. Clitz 아시아함대 사령관에게 슈펠트 전권특사를 위해 스와타라Swatara, 산도汕島호를 동원하라는 훈령을 내

---

[8] H. G. Appenzeller, "The Opening of Korea: Admiral Shufeldt's Account of it," *The Korean Repository* Ⅰ(1892), pp.57~62.

[9] *Shufeldt Papers: Letters*, Government House, Pao-Ting-Fu to Shufeldt, February 2, 1882; 金源模, 「朝美條約締結史」, 『史學志』25(1992), pp.187~209.

[10] 『舊韓國外交文書』(고려대 아세아문제연구소, 1967), 권 10(美案 Ⅰ), p.9.

렸다.[11] 1881년 11월 14일자로 되어 있는 블레인 국무장관의 훈령문 요지는 슈펠트에게 조선에서 조난선원 구휼협정을 체결하는 것이 일차적 사명이고, 조선 측의 우호적 반응에 따라 우호통상조약을 체결하는 것이었다. 입약교섭의 전권을 부여하며, 조선 체재기간은 2개월로 제한하고 있다.[12]

슈펠트의 조선사행 일정은 상해를 거쳐 지부芝罘에서 출항할 계획이었다. 출항을 앞두고 4월 28일자 프릴링하이젠Frederick T. Frelinghuysen 국무장관에 보낸 보고문에서 조선 당국과 원활한 언어소통을 위해 통역을 동반하는 것이 바람직한 일이라고 강조했다. 그렇다면 주청 미국공사 홀콤Chester Holcombe은 유능한 외교관이고, 중국어 관어官語를 통효通曉하고 있는 중국통中國通이기 때문에 홀콤을 통역에 임명, 동반하고 싶다는 뜻을 전하면서 지부에서 마건충馬建忠을 만나서 제4호 조약초안李鴻章을 조선정부에 송달했다는 것이 확인되면 국무부로부터 새로운 훈령을 기다릴 것 없이 곧바로 조선으로 향발할 것이라고 언명하고 있다.

그러나 "만약 슈펠트 자신과 이홍장이 최종 승인한 제4호 조약초안을 청국정부가 조선정부에 송달하지 아니했다면, 그리고 4월 12일자 전문보고에서 "속방조항屬邦條項을 조약문에 삽입해도 좋은가?"라는 문의전보에 대한 회전回電을 아직까지 받지 못했고, 또한 청국정부로부터 이에 대한 아무런 조치가 없으면, 그때 가서 본인에게 부과한 사명使命, 조선파견 미국전권특사을 해제하기를 요청할 것입니다."[13]라고 보고했다.

---

[11] Frederick C. Drake, *The Empire of the Seas: A Biography of Rear Admiral Robert Wilson Shufeldt, USN*(University of Hawaii Press, 1984), pp.278~279.

[12] *Shufeldt Papers: Letters*, Blaine to Shufeldt, November 14, 1881.

[13] Park Il-Keun, ed., *Anglo-American Diplomatic Materials Relating to Korea*(1866~1886) (Shin Mun Dang Publishing Company, 1982), pp.928~929, Shufeldt to Frelinghuysen, Shanghai,

홀콤 공사는 국무부로부터 추가훈령속방조항 삽입여부 문의전보에 대한 회전을 기다려보았지만 아무 소식이 없자 "국무부 훈령 받은 바 없음. 국무부에 빨리 전문을 보내기 바람. 조약체결의 성취가 확실함4. 30"[14]이란 전문을 슈펠트에게 보냈다. 슈펠트는 이홍장의 대한종주권對韓宗主權 주장은 바로 일본과 러시아의 침략을 미국의 힘을 빌어 견제해 보겠다는 것이 그의 연미론聯美論의 기본정신이라는 것을 충분히 인식하고 있었다. 뿐만 아니라 슈펠트는 일본도 이른바 정한론征韓論에 의해 조선을 정복 지배하기 위해 한반도 침략기도를 꾀하고 있다는 것을 간파하고 있었다. 그래서 슈펠트는 "신문보도에 의하면 청일 양국 간의 길항拮抗이 날로 격화되고 있다고 판단됩니다. 양국 정부를 지지하는 두 개의 당파친청사대당親淸事大黨과 친일당親日黨가 조선에 형성되었다고 합니다. 그래서 머지않아 조선은 청일 양국의 교전장交戰場이 될 것으로 예상됩니다. 조선이 개화되어야 한다는 것은 극동 아시아에서는 고정관념fixed idea인 것처럼 보입니다."[15]라고 분석하면서 한반도 지배권을 둘러싸고 머지않아 청일 간에 각축전이 벌어질 것으로 전망된다고 프릴링하이젠 국무장관에게 보고하고 있다.

슈펠트는 5월 4일 상해로부터 지부에 도착했다. 정여창丁汝昌 제독이 이끄는 위원威遠·양위揚威·진해鎭海 등 청국 군함 3척이 이미 대기하고 있었다. 5월 5일 슈펠트는 청 후선도候選道 마건충과 통령북양수사기명제독統領北洋水師記名提督 정여창과 만나 마지막 조선사행 절차를 협의했다. 이 자리에서 마건충은 슈펠트에게 앞서 북양아문에서 최종 타결한 제4호 조

April 28, 1882.

[14] Drake, *The Empire of the Seas*, p.295.

[15] *Anglo American Diplomatic Materials Relating to Korea*, Shufeldt to Frelinghuysen, April 28, 1882.

약초안假條約을 조선정부에 송달했다고 확언했다. 청국 군함은 5월 6일에 조선으로 향해 출항했다.[16]

드디어 슈펠트는 딸을 동반하지 않고, 한미조약 조인식을 치른 후 상해에서 만나기로 하고, 5월 8일 중국인 통역자 2명과 중국인 종복從僕을 대동하고 스와타라호에 승선했다. 함장은 쿠퍼P.H. Cooper, 哥貝 대령이었다.[17] 대망의 조선사행 출발은 예정대로 지부를 출항, 일로 조선으로 향발했다. 그런데 공교롭게도 상해에서 발행되고 있는 영자신문*North China Daily News*에는 지난번 슈펠트가 사전트 미국 상원의원에게 보낸 공개서한 전문을 게재 보도하고 있다. 슈펠트는 공개서한 첫머리에 다음과 같이 조선과의 입약立約의 필요성을 개진하고 있다.

> 현재 인류에 대한 나의 동정심은 항상 동아시아 피압박민족down-trodden에 쏠리고 있다는 것을 양지할 것입니다. 국내에 살고 있건, 노예나 이민으로 외국에 나가 살고 있건 간에 아시아 · 아프리카 인민들은 본인이 보기에는 다소간 압제자壓制者의 희생자인 것처럼 보입니다. 그래서 본인은 항상 압제에 대해 분노를 느끼는 바입니다. 일찍이 본인은 억압의 원인을 분석해보았지만 그 결과에 대해서 언제나 분격하지 않을 수 없습니다. 환언하면 본인은 일생동안 피압박민족에 대해 일종의 감상주의적 의식을 가져왔고, 또한 이들에 대해 무한한 동정심을 견지하고 있습니다.[18]

슈펠트는 그동안 이홍장의 끈질긴 속방론屬邦論 주장에 시달리면서 이

[16] Charles O. Paullin, *Diplomatic Negotiations of American Naval Officers, 1778-1883*(Gloucester, Mass. Peter Smith, 1967), p.319.

[17] *Shufeldt Papers: The Log of the USS Swatara*, May 8, 1882. From May 8 to May 26, 1882.

[18] "An Open Letter to The Hon. A. A. Sargent, of California," *North China Daily News*, May 9, 1882.

를 단호히 거절하고, 약소국 조선왕국을 자주독립국가로 인정, 대등한 국가지위와 정체성을 바탕으로 하여 호혜평등互惠平等한 입약을 성취시키겠다는 결의를 표명한 것이다. 슈펠트가 지부를 출항한 그 다음날 5월 9일자 영자신문에 공개서한 전문이 보도되었고, 아울러 청국총세무사淸國總稅務司 하트Robert Hart, 赫德가 머지않아 조선총세무사의 창설도 기도하고 있다고 보도했다. 이 같은 공개서한이 공교롭게도 슈펠트가 조선으로 향발하는 시점에 맞추어 보도되었다는 것은 슈펠트로서는 충격적인 뉴스가 아닐 수 없다. 이홍장은 변덕이 심한데다가 조약문에 속방조항을 마지못해 삭제하는 데 동의했지만, 별도조회문에 속방조항을 명문화히기로 합의한 만큼, 동 영자지의 기사를 빌미로 한미조약 체결을 연기 또는 취소시킬지도 모를 일이 돌발할 우려가 있기 때문이다. 더군다나 영 · 독 · 불 · 러 등 서구 열강들이 계속 조선과 입약교섭을 시도하고 있었기 때문에, 슈펠트는 조선과의 입약의 이니시어티브주도권를 이들 서구 열강에게 빼앗기지 않을까 우려하고 있었다.

이 같은 영자신문 보도를 접한 홀콤 공사도 슈펠트와 같은 우려를 표명하면서 5월 12일 총리아문을 방문, 슈펠트는 한미조약 체결을 학수고대하고 있다고 밝히면서 조선과의 조약체결까지 서구 열강 대표의 조선 접근을 물리치겠다고 미국정부의 대한정책對韓政策을 공식 통고했다. 홀콤 공사는 총리아문 방문결과를 슈펠트에게 보고하면서, "만약 우리가 입약을 지연시킨다면 그들서구 열강이 미국보다 먼저 조선과 입약할 가능성을 배제할 수 없다."[19]고 경고했다. 이는 무슨 돌발변수가 생기더라도 조선개항의 이니시어티브를 서구 열강에 빼앗겨서는 안 되며, 기필코 미국은 한미조약 체결의 위업을 성취할 것을 강조한 긴급전보였다.

[19] Drake, *The Empire of the Seas*, p.296.

3. 한미조약 체결교섭과 '미국통상실기'

쿠퍼 함장이 이끄는 스와타라호를 탑승한 슈펠트는 5월 8일 지부를 출항, 4일간 항행 끝에 1882년 5월 12일 인천 앞바다 호도虎島에 도착했다.[20] 청국 후선도候選道 마건충馬建忠[21] 통령북양수사기명제독統領北洋水師記名提督 정여창도 위원威遠·양위揚威·진해鎭海 등 청국 군함 3척을 이끌고 5월 8일 인천에 도박到泊, 슈펠트가 오기를 기다리고 있었다.[22] 한편 조선정부도 미청 양국의 특사를 맞이할 준비를 하고 있었다. 그래서 통리기무아문統理機務衙門에서는 미청 양국 특사들을 임시로 접대하는 주접관우住接館宇를 인천관사仁川館舍로 정하고,[23] 5월 11일에 경리사經理事 신헌申櫶을 전권대관全權大官에, 경리사 김굉집金宏集을 부관副官에, 부주사副主事 서상우徐相雨를 종사관從事官에 각각 임명하고 조약 체결준비를 완료하였다.[24]

---

[20] *The Log of the USS Swatara*, May 12, 1882; 『高宗時代史』권 2, p.304(고종 19. 3. 25).

[21] 『高宗純宗實錄』中, p.50(고종 19. 6. 10); p.56(고종 19. 7. 13); 『陰晴史』(국사편찬위원회, 1971), pp.177~183; 『通文館志』(朝鮮總督府, 1944), p.250, 今上 19年 壬午條. 馬建忠(Ma Chien-chung, 1845~1899). 청말 양무파(洋務派) 외교관. 단도인(丹徒人). 1877년 이홍장의 명으로 파리 유학, 귀국 후 직예총독(直隷總督) 이홍장 막하의 외교업무 담당. 특히 1881~1882년 슈펠트와 한미조약 입약교섭을 담당했다. 마건충은 세 번 방한했다. 첫 번째는 1882년 5월 한미조약 체결을 위해 내한했고, 두 번째는 동년 6월 23일 서리직예총독 장수성(張樹聲)의 명을 받아 한독조약 체결을 양조(勷助)하기 위하여 정여창(丁汝昌) 제독과 함께 위원호(威遠號)를 타고 내한했다. 세 번째는 동년 8월 10일 장수성의 명을 받아 임오군란(壬午軍亂) 진압차 威勇·超勇·揚威 등 군함 3척을 이끌고 내한, 청 제독 오장경(吳長慶), 통령 정여창과 함께 변란의 책임을 문죄, 대원군(大院君)을 청국 천진으로 납치하였다.

[22] 『高宗時代史』권 2, p.303(고종 19. 3. 21).

[23] 『高宗純宗實錄』中, p.42(고종 19. 3. 20).

[24] 상게서, 中, p.43(고종 19. 3. 24).

드디어 조선전권대관 신헌 일행은 남양南洋 대동선大同船 4척에 분승, 먼저 청국 군함과 미국 군함을 예방, 노문勞問하기로 했다. 5월 14일 신헌 일행은 청변대차일靑邊大遮日 밑에 군막軍幕을 치고 각종 군기軍旗를 배열하고, 뱃머리에서 대취타大吹打의 뇌고雷鼓가 장엄하게 울리는 가운데 발선했다. 미청 양국의 근대식 증기선 군함과 대조되는 빈약한 조선 전통 선단船團이었다. 신헌 대관은 미청 양국 대표와 교섭을 위해 군복을 입고 전통箭筒을 차고 손에는 총융사摠戎司 수기手旗를 들고, 사공들은 순령수巡令手 복장을 하고 자못 위풍당당하게 노를 저어 발선하였다.

신헌·김굉집은 종사관 서상우, 신헌의 아들 석희奭熙, 손자 덕균德均 등을 대동, 먼저 청국 군함을 예방, 마건충에게 삼궤구고례三跪九叩禮를 행했다. 이는 청국황제의 특사라는 뜻에서 최고의 의례인 셈이다. 청국 군함 위원호 함상에는 황색 바탕에 청룡靑龍과 홍색여의주紅色如意珠를 수놓은 청국 청룡횡색기가 필럭이고 있었다. 마건충·정여창을 만나, 명함을 교환하고 인사한 후 그들과 함께 미국 군함 스와타라호를 예방하였다.[25]

스와타라호 함상에는 남색 바탕에 홍색 횡문橫紋을 수놓고 그 윗부분 귀퉁이에 백색 바탕에 미자형米字形의 점을 박아놓은 깃발성조기星條旗이 높다랗게 펄럭이고 있었다. 조선파견 미국전권특사 슈펠트 제독은 모양이 준수하게 보였고, 해군 장교의 모자를 쓰고 해군 장교 복장을 하고 있었다.

〈美國通商實記1882. 5. 14~18〉[26]

고종 19년 임오1882 4월에 청나라 천진天津에서 보내온 북양대신北洋大臣 숙의백肅毅伯 이홍장李鴻章의 공한公翰이 정부에 전달되었는데 그 내용은, "미리견美

[25] *The Log of Swatara*, May 14, 1882; 『美國通商實記』; 『關係史料』권 2, p.607.

[26] 『美國通商實記』(16張, 筆寫本)(서울대학교 도서관 소장); 新東亞(1982年 1月號) 別册附錄, 『韓美修交100年史』, pp.65~67. 本誌最初公開, 美國通商實記(1882. 5), 金源模 번역.

利堅, 아메리카合衆國에서 발신한 공문을 접수한 바, 내용에 '동양에는 고려高麗라는 나라가 있어서 예의문물이 어느 나라에도 앞선다고 하는데, 듣고 보니 매우 부럽소. 그러기에 불가불 일차 시찰을 하고 다음에 대사大使를 파견하여 통상을 할까 합니다'라고 하였기에 통지를 하는 바이오니, 이에 대비가 있기를 바랍니다. 그리고 미국 함정이 불원간에 도착할 것인데, 그때에 여기서도 별사別使를 차출하여 함께 파견할 것이오니 양지하시기를 바랍니다."였다.

정부에서 여러 차례 회의를 열어 현 보국숭록대부輔國崇祿大夫 판중추부사 判中樞府事 지삼군부훈련원사知三軍府訓鍊院事 기무처당상機務處堂上 신헌申櫶을 전권대관全權大官으로 특정하였으니, 이는 그가 덕망이 있고 병자년1876 가을병자년 가을이 아니고 2월임 일본대사 구로다黑田靑隆와 강화江華에서 조약을 맺을 때에 전권대관을 지낸 예가 있기 때문에 특별히 대관에 차임差任하여 1876년 2월 26일 강화에서 한일수호조규韓日修好條規, 병자수호조약가 체결되었는데, 총융사摠戎使를 겸하게 하였다. 종사관從事官 3명, 통역관 2명, 수행원 1명, 신임信任 약간 명을 차정하여 놓고 천진天津의 기별을 기다리게 하였다.

호조戶曹에 명하여 남양南洋 대동선大同船 네 척을 마련케 하였는데, 좌판座板을 쫙 깔고, 좌우 죽난간竹欄干에 대기치大旗幟를 화려하게 꾸며 세우고, 청변대차일靑邊大遮日 밑 한가운데에 군막軍幕을 치고, 숙정패肅靜牌 · 언월도偃月刀 · 관이전貫耳箭 · 영전令箭 · 영기令旗 · 순시기巡視旗 · 청도기淸道旗 · 금고기金鼓旗를 차례대로 배 위에 나열하고, 뱃머리에서 대취타大吹打, 군악대의 뇌고雷鼓가 선두를 호령하는데 위의威儀가 장엄하였다.

미국 함정이 천진에 도착하자, 북양대신이 나와 반가이 영접을 하고 수사제독水師提督 마건충馬建忠 · 정여창丁汝昌 두 사람을 명하여 미국 군함과 함께 인천 팔미도八尾島로 가라고 하였다.

신대관申大官은 교섭차로 군복을 입고 전통箭筒을 차고 손에는 총융사摠戎司 수기手旗를 잡고 발선을 하였다. 사공들은 순령수巡令手 복장을 하고 노를 저어 갔다. 우리 선체가 미국 선체와 너무 차등이 있어서, 접견接見시간을 진시辰時, 오전 7~9시로 약정하였으나 배가 나가지 않아 미시未時, 오후 1~3 시가 거반 되어서 만났다. 해상에서 곤란을 당하여 못내 민망스럽던 즈음에 청나라 함정이 와서 인도해 가는데 나뭇잎처럼 가벼이 순식간에 끌고 갔다. 순식간에 청나라 군함에 도착했다. 밧줄을 잡고 오르니, 배 위에는 황색 바탕에 청룡靑龍과 홍색여의주紅色如意珠를 수놓은 깃발청국 국기이 꽂혀 있었다. 먼저 명함을 건네고 나서 마건충·정여창 두 제독은 반가이 영접했다. 서로 인사를 마친 다음 약간의 대화를 나누고 함께 미국 함정으로 갔더니, 배 위에는 남색 바탕에 홍색횡문紅色橫紋을 놓고 그 윗부분 귀퉁이에 백색 바탕에 비사형米字形으로 많은 점별을 수놓아 박은 깃발이 걸려 있었다미국 성조기星條旗. 미국 사신 슈펠트 제독은 모양이 준수하고, 즐사鷺絲모자수말총 실로 짠 모자를 쓰고 흑색 짧은 소매 좁은 양복저고리에 짧은 두루마기착수단주의窄袖短周衣를 입고 있었는데 웃는 표정으로 악수를 나누고 좌정을 시켰다. 신 대관이 말하기를, "조선은 원래 나라가 태평하여 문학만 숭상하다가 군함을 아직 준비하지 못하여 오늘 바다 위에서 이처럼 곤란을 겪고 시각을 너무 지연시켰습니다. 양국이 화호和好를 맺는 시초부터 이처럼 웃음을 샀으니 못내 부끄럽습니다."고 말했다. 통역이 중국어밖에 몰라서 청나라 사신에게 전해주면 청나라 통역이 이 말을 받아 미국 사신에게 통역을 해주었다. 때문에 교섭이 아주 불편하였다.

이에 미국 사신은 네 다리 높은 탁상四脚高床, 테이블에 여송연呂宋煙과 궐련초卷煙草를 별여 놓고 피우기를 권하며 말하기를, "대관이 아까 해상에서 곤란을 겪은 것은 기필코 배가 좋지 않아서였으니 괴이쩍게 여기지 마십시오. 본 사신은 과거의 경험에 비추어 조선의 장래 행복이 기필코 무궁할 것을 축원합니다. 내가 18세 적에 처음으로 인도국에 갔었는데 항구가 황락하고 인물이 우매한 것을 보고 철부지인 까닭에 코웃음을 쳤었지요. 그 후 46세 때 다시 갔더니, 항구에는 배의 돛이 숲을 이루고 시가에는 철도가 거미줄 얽히듯 하였고, 가옥과 도로는 변하여 그림 속의 천지를 이루었습니다. 그러나 인물은 조금도 변한 티가 없었습니다. 마음으로는 매우 경아驚訝하면서 한편 우방의 발전을 축하하였지요. 다시 내용을 알아본즉 다른 나라의 소유가 되었다고 하여 그냥 못내 애석히 여겼습니다. 그처럼 넓은 땅을 가지고도 국민은 정신을 차리지 못했기 때문입니다. 이제 이 나라를 본즉, 산천이 명수하고 인물이 순후純厚하니 부지런히 노력한다면 몇 년 안 가서 세계에 이름을 드러낼 것입니다. 어찌 군함뿐이겠습니까." 하였다.

약간의 담화를 마치고 뒤이어 식당으로 안내하는데, 갖가지 술과 안주주효酒肴 와 음식이 차례로 들어오고 은근한 정회情懷는 온 자리에 넘쳤다. 연회를 마치고 각기 배를 타고 돌아와 편안히 쉬었다.

이튿날 아침에 두 함정에서 명함이 왔는데, 미국 사신의 것은 흑색 우단으로 칠함漆函을 싸고, 그 칠함 속에는 두꺼운 백지로 된 명함을 담았는데 꼬부랑글씨英文로 씌어 있었다. 청국 사신의 것은 매홍지梅紅紙에다 성명을 썼다. 밤새의 안부를 묻고 갔다. 대관신헌申櫶은 선자지扇子紙로 된 긴 명함을 가자架子, 갸자에 매어 두 함정미청의 군함에 보내주었다.

오시午時에 세 사신슈펠트 · 마건충 · 정여창을 초청하였는데, 미국 사신은 어제와 같은 의관衣冠에 머리가 꼬부라진 지팡이단장를 끌고 나왔고, 청국 사신은 산호로 된 못을 박은 나막신산호등자珊瑚鐙子에 새 깃으로 꾸민 관과 흑색 비단으로 만든 긴 옷소매가 달린 옷흑단장수黑緞長袖을 착용하고 여덟 겹 남색 바탕에 검은 수를 놓은 비단신을 신었는데 매우 선명하였다. 음식은 모두 상품으로 대접하고 술은 이강고梨薑膏 · 소주에다 배즙 · 새앙즙 · 꿀을 넣어 중탕重湯한 술였으며, 은도금 술잔으로 세 사신이 각기 일곱 잔씩을 들었다. 전복 · 실백잣實柏 · 구기자나물 · 약밥약식藥食 · 조악助岳 · 만두 · 정과正果 · 원소병圓小餠 · 찹쌀가루를 반죽하여 꿀물에 담가 먹는 떡 · 다식茶食 따위를 내놓았는데 미국 사신이 약밥과 조악을 가리키며 칭찬하기를, "어느 곳을 막론하고 음식을 가지고 먼저 그곳의 풍토와 인물이 어떠한가를 징험徵驗하는데 오늘의 음식은 진미珍味 아닌 것이 없고 과일도 이처럼 싱싱하니, 이다음에 무궁한 발전이 있을 것입니다. 어찌 군함을 갖추지 못한군함미비軍艦未備 것을 근심하겠습니까."하고 한바탕 크게 웃고 유쾌히 놀았다.

미국 사신이 또 말하기를, "각국과 통상을 하는 본의는 인종은 비록 다르나 생명을 보호하기는 고금이 일반입니다. 그러므로 서로 우호를 맺어 화친함으로써 기술을 배양하고 서로 교역한다면 민지民志가 자연 발달하고 국가가 이로부터 부강해질 것이니 어찌 행복이 아니겠소. 오늘 본 사신이 온 것은 별다른 뜻이 없습니다. 멀리서 들으니 동양에 조선朝鮮이라는 나라가 있는데 문물과 예의가 어느 나라에도 앞선다고 하기에, 의원議院, 미국 상하 양원에서 본 사신을 파견시켜 일차로 시찰을 하고 뒤에 우호를 공고히 하여 안락을 함께 누리자는 뜻일 뿐입니다. 이제 와서 보니 산명수려山明水麗하고 인심이 순후純厚하여 천진스러움이 외면에 나타납니다. 이것이 마음속으로 축하하는 바입니다. 그러나 첫째 언어가 통하지 않아서 교섭이 불편합니다. 바라건대 대관大官께서는 정부제공政府諸公과 회의를 한 뒤에 총명한 젊은이를 미국에 파견시켜 근일 세계의 형편과 국민의 정도를 상세히 시찰하도록 한다면 어학語學은 저절로 통하고 철갑군함도 이로 좇아 제조될 것입니다. 이 어찌 오늘의 급선무가 아니겠습니까?" 고 하니 신헌 대관은, "대사의 언론은 시의時宜에 적합합니다. 대단히 감사합니다. 그러므로 정부에서 회의를 열어 대군주께 상품上稟한 뒤에 북양대신北洋大臣, 이홍장李鴻章에게 통지하겠습니다." 하였다.

마건충·정여창 두 제독도, "조선의 예의문물은 본래부터 뛰어났지요. 간혹 외교등절外交等節에 있어서는 중국과 상의한 전례前例가 이미 있습니다. 또 돌아갈 날이 내일인데 신 대관신헌申櫶의 답변대로 하는 것이 좋을 것 같소." 하였다. 미국 사신이 '예, 예'하며 웃고 곧장 해산하였다.

이튿날 청국 함정에서 초청을 하였는데 화류華榴로 조각한 의자와 화류로 만든 사방고각상四方高脚床에 흑색 전보氈褓를 깔고 용트림 향판香板·수마노비련통鼻連筒·백동白銅·수연대水烟臺·각색 연초烟草 등을 벌여 놓았다. 인사를 마친 다음에 휘장을 걷고 안으로 청해 들였다. 문방文房도 찬란하였다. 조금 후에 음식이 차례로 들어오는데 각가지의 극품極品·좋은 음식은 이루다 먹을 수 없었다. 좋은 말로 일장의 담화를 나누고 돌아왔다.

이튿날 아침에 미국사신과 작별을 하는데 사람이 헌칠하고 언론이 정연하여 아쉬움이 없지 않았다. 악수를 나누고 헤어진 뒤에 곧장 청국 함정에 가서 약간의 대화를 나누고 서로 작별하였다. 전후 4일 동안 그 은근한 정회를 금치

못했다.[27]

5월 14일 조선 전권대관 일행이 미청 군함을 차례로 예방한 후 김굉집김홍집 부관은 청국 군함 위원호威遠號에 남아서 마건충과 별도조회문 작성문제를 심도 있게 필담筆談으로 협의한 바 있다. 마건충은 조약체결 후 미국 대통령에게 바치는 별도조회문約外聲明에서 속방론屬邦論을 명문화하기로 이미 슈펠트-이홍장 간에 합의했다고 언명하면서, 만약 한미조약문에 속방론을 명문화할 경우 한미 양국 간의 평등한 외교관계平行之禮에 장애가 발생할까 우려되므로, "조약을 체결하고 한미 양국 대표가 조약문에 서명날인한 후 별도조회문과 한미조약 정본正本을 미국 대표가 함께 휴대하고 귀국, 미국 대통령에게 이 두 가지 문서를 바치는 것이 좋겠다俟約成畫押後 彼可將照會與條約一幷携回美國 呈明國主也"[28]라고 조약 체결 후 별도조회문을 작성해서 슈펠트에게 전달하기로 절차를 확정했다.

신헌 일행이 청국 군함과 미국 군함을 각각 순방함에 있어서 나라의 체통상體統上 미청 양국 사신에게 선물을 준비하지 않을 수 없었다. 그래서 정부에서는 주로 식물食物을 장만하여 선물하는 것, 각종 음식물을 장만하여 식물선물을 하기로 했다. 이는 조선의 전통적이고 독특한 음식문화를 선양하려는 외교적 계책이다.[29] 이에 5월 13일 인천부사仁川府使 정지용鄭志鎔이 소 한 마리, 돼지 두 마리, 계란, 닭, 생선류, 쌀 등 음식소재를 푸짐히 선사하자, 슈펠트 재독은 답례로 미국 돈달러, 빵, 시가 등을 주었다.[30] 5월

---

[27] 新東亞(1982年 1月號) 別冊附錄, 『韓美修交100年史』, pp.65~67, (번역 金源模, 出典 「美國通商實記」16張 筆寫本, 서울大 도서관 소장).

[28] 『關係史料』권 2, p.644(광서 8. 3. 27).

[29] 『高宗純宗實錄』中, p.43(고종 19. 3. 27).

[30] 馬建忠, 『適可齋紀言記行』(文海出版社, 1896), 권 4, p.347, 「東行初錄」(3. 28).

17일에는 조선 측은 두 번째로 쇠고기 · 채소 등을 선물했고, 5월 18일에는 대합조개 · 계란 등을 보냈더니, 슈펠트 제독은 답례로 시가 · 여송연呂宋煙 · 담배 · 칼 등을 주었다.[31]

5월 15일 조선 전권대신 신헌은 미청 양국의 특사 슈펠트 · 마건충 · 정여창을 인천관사仁川官舍로 초청, 세 사신을 환영하는 연회를 베풀었는데 조선의 전통요리를 대접했다. 이날의 모임은 신헌 대관의 초청만찬 형식으로 이루어졌는데,[32] 특히 슈펠트 제독은 약밥과 조악만두을 맛있게 먹고 나서 "어느 곳을 막론하고 음식을 가지고 먼저 그곳의 풍토와 인물이 어떠한가를 징험徵驗하였는데, 오늘 귀국이 내놓은 음식은 진미珍味 아닌 것이 없고 과일도 이처럼 싱싱하니 이다음에 무궁한 발전이 있을 것입니다. 어찌 전날 군함이 미비한 것을 근심하겠습니까"[33]라고 덕담을 나눈 후, 조선 전통음식의 진미를 감탄하고 있다.

이와 같이 미청 양국의 세 특사는 화기애애한 분위기에서 조선의 전통요리를 맛보았는데, 조선의 전통주 이강고梨薑膏를 일곱 잔씩이나 들었다. 특히 슈펠트는 흥취에 도도하여, "각국과 통상을 하는 본의는 인종은 비록 다르나 생명을 보호하기는 고금이 일반입니다. 그러므로 서로 우호를 맺어 화친함으로써 기술을 배양하고 서로 교역을 한다면 민지民志가 자연 발달하고 국가가 이로부터 부강해질 것이니 어찌 행복이 아니겠습니까. 이제 이 나라를 본즉 산명수려山明水麗하고 인심이 순후純厚하여 천진스러움이 외면에 나타납니다. 이것이 마음속으로 축하하는 바입니다. 그러므로 부지런히 노력한다면 무궁한 발전이 있을 것이고, 몇 년 안 가서 세계

---

31 *The Log of Swatara*, May 15 · 17 · 18, 1882.

32 奧平武彦, 『朝鮮開國交涉始末』(刀江書院, 1969), p.128.

33 『美國通商實記』.

에 이름을 드러낼 것입니다. 어찌 군함뿐이겠습니까."[34]라고 조선의 무궁한 발전을 축원하면서 유쾌한 큰 웃음을 한바탕 터뜨리고 나서 연회는 끝났다.

5월 16일에는 조선국왕이 승정원承政院 우부승지右副承旨 김만식金晩植을 청국 군함으로 파견, 노문했다.[35] 5월 17일 마건충·정여창은 인천행관仁川行館을 방문, 신헌·김굉집과 오찬을 들면서, 제4호 조약초안李鴻章을 최종 검토했다. 이 자리에서 김굉집은 제4호 조약초안 제9관 중 조선 미맥米麥 대두大豆의 수출문제를 거론했다. 김굉집은 만약 미곡을 수출할 경우 식량난이 발생, 민심이 크게 동요될까 염려되니, 조약문에 법적으로 곡물 수출금지를 명문화할 것을 요청하였다. 이에 마건충은 이 문제는 슈펠트 특사를 만나 설득해서 미곡 수출금지를 조약문에 명문화하겠다고 약속했다. 마건충은 약속대로 이날 저녁 스와타라호를 방문, 미곡 수출금지문제를 협의, 조약 정문正文 제8관에 "미곡수출은 잠정적으로 금지한다"는 데 합의한 것이다. 이날 슈펠트는 마건충에게 한미조약 조인기일調印期日을 확정하기를 재촉했다. 5월 18일에는 마건충은 초상국招商局 5명을 서울로 파견, 조선상황朝鮮商況을 시찰하게 했다.[36]

5월 20일 슈펠트 제독은 스와타라호 함장 쿠퍼 해군 대령·페리·스타운톤Staunton 대위·나리스 등을 거느리고 제물포濟物浦로 상륙, 인천부 관사行館를 공식 예방했다. 마건충·정여창도 동석했다. 슈펠트는 신헌 대관 일행과 인사를 교환한 후 한미 양국 전권위임장全權委任狀, 신임장信任狀을 상호 교열校閱하고 미국 아더 대통령의 국서國書를 신 대관에게 수교手交했

---

[34] 『美國通商實記』.

[35] 『關係史料』권 2, p.631(광서 8. 3. 16).

[36] 『適可齋紀言記行』권 4, pp.348~349, 「東行初錄」(4. 1).

다.[37]

슈펠트 제독이 휴대하고 간 두 통의 문서 중 하나는 미국국서美國國書, 다른 하나는 전권위임장신임장이었는데 모두 한문본漢文本으로서 1881년 11월 15일자 작성된 문서였다.[38] 슈펠트는 이 두 가지 외교문서를 조선 전권대관 신헌에게 수교했다. 전권위임장을 보면 다음과 같다.

> 아메리카합중국 대통령 아더는 해군 제독 슈펠트가 성실하고 지혜로워 능히 맡은 바 임무를 수행할 인물임을 믿고, 그를 전권특사全權特使에 임명, 조선에 특파하니, 국서를 진정進呈, 경하하는 바입니다. 아울러 대조선국 군주나 혹은 집정대신執政大臣과 수호통상조약修好通商條約을 협의한 후 조약을 체결함으로써 양국 간 우의友誼와 통상관계를 영원토록 돈독히 할 것이며, 소정조약所定條約을 본국으로 가지고 와서 본국 국회의 비준批准 후 상호 교환할 것입니다. 1881년 11월 15일.[39]

한편 미국 아더 대통령이 대조선국 군주에게 보낸 미국국서는 다음과 같다.

> 아메리카합중국 대통령은 대조선국 군주께 글월을 올립니다. 미국은 중국·일본과 우호통상조약을 맺은 지 이미 여러 해가 되었습니다. 미국 대통령은 귀국 군주와 백성들이 일체가 되어 미국과 화호통상조약和好通商條約을 체결하기를 희망하는 동시에, 또한 귀국 군주께서는 승평昇平을 영원토록 누리시기를 기원하는 바입니다. 이에 슈펠트 제독을 특별히 파견, 우호통상조약을 체결함으로써 양국 인민들의 우의友誼가 더욱 돈독하기를 바랍니다. 1881년 11월

---

37 *The Log of Swatara*, May 20, 1882; 『適可齋紀言記行』권 4, p.350(4. 4).

38 Drake, *The Empire of the Seas*, p.297.

39 『舊韓國外交文書』권 10(美案 I), p.9, 「美全權使臣信任狀」(1881. 11. 15).

15일.[40]

한편 이날 슈펠트에게 수교한 조선전권위임장에는 다음과 같이 적고 있다.

> 대조선국 군주는 대아메리카 합중국 대통령에게 글월을 올립니다. 귀국 정부는 공평정직公平正直하므로 오래 전부터 귀국과 통호通好를 맺고자 하였습니다. 그러나 인연이 닿지 못해 여태까지 조약을 맺지 못했습니다. 이제 귀국 대통령께서는 먼저 전권특사를 파견, 조약체결을 협의하기 위하여 우리나라에 왔은즉, 우리나라 정부에서도 신헌申櫶·김굉집金宏集을 전권위원에 임명, 귀국 대표와 협의, 수일 내에 조약을 체결할 것입니다. 귀국 슈펠트 전권특사가 본 조약문을 휴대하고 귀국, 대통령께 올릴 것이므로, 속히 비준하여, 양국 대표가 비준서批准書를 교환하게 되기를 바라마지 않습니다. 이로부터 우리 양국 인민 간의 화호和好가 더욱 돈독해지기를 바랍니다.
>
> 大朝鮮國 開國四百九十一年 卽 中國光緒八年四月四日 1882. 5. 20[41]

이와 같은 외교문서를 교환한 후 양국 대표는 5월 22일에 화도진花島鎭 언덕에 장방帳房, 임시막사을 치고 조인식을 거행하기로 합의했다.[42] 이와 같이 한미조약 조인식 날짜를 확정한 후 한문본 한미조약문 3통을 재작성했다.[43] 앞서 5월 17일 신헌 대관 일행이 청국 군함을 방문했을 때 김굉집과 마건충은 제4호 조약초안가조약, 이홍장을 검토하면서, 김굉집은 제9관 중 조

[40] 상게서, 권 10, p.9, 「美國國書」(1881. 11. 15).

[41] 상게서, 권 10, p.10, 「美國書에 대한 國王回書草案」(1882. 5. 20).

[42] 『關係史料』권 2, pp.623, 631~632, 653~654; 『適可齋紀言記行』권 4, p.354.

[43] "The Opening of Korea, 1882," *The Korea Mission Field*, 31(April 1935), pp.76~77; "Admiral Shufeldt's Visit to Korea," *The Korea Magazine* I (June, 1917), pp.243~248.

선 미맥米麥 대두大豆 등 곡물수출문제에 대해 이는 조선 식량난을 초래할 것이라며 수용에 난색을 표명하면서 그 대안으로 "인천항에 한하여 수출을 금지할 것"을 요청, 마건충은 이를 슈펠트와 재교섭을 하여 조선 측 제안을 수용하는 데 합의했다.[44] 이에 따라 이날 5월 20일 조약문의 최종 수정 작업을 진행, 인천 개항장으로부터 미곡 및 각종 곡물의 수출을 금지한다고 수정함으로써 한문본漢文本 조약문 정본正本 3통을 정서正書한 것이다.[45]

4. 태극기 창안자는 박영효 아닌 이응준, 태극기 제정1882. 5

신헌申櫶 전권대관 일행이 1882년 5월 14일 남양南洋 대동선大同船을 타고 스와타라호를 예방했을 때, 슈펠트 미국 전권특사는 조선 전권대관 신헌에게 한미조약 조인식에 사용하기 위하여 종래의 삼각형 청룡기青龍旗를 버리고 새로 조선 국기를 제정·사용할 것을 촉구하였다. 한미조약은 구미 열강 가운데 최초로 미국과의 조약체결인 만큼 청의 속국임을 상징하는 삼각형 청룡기를 성조기와 나란히 내걸고 조인식을 거행한다면, 이는 조선이 스스로 청의 속국임을 인정하는 것이기에, 독립국가 간의 조약체결임을 강조하려는 그 자신의 조선개항정신에 위배된다 해서 이같이 조

44 『關係史料』권 2, pp.622, 631, 648~651; 『適可齋紀言記行』권 4, p.348(4, 1).

45 Drake, *The Empire of the Seas*, p.297.

선 국기國旗 제작·사용을 권고한 것이다. 이에 조선 대표는 슈펠트의 권고를 받아들여 스와타라호 함상에서 급히 역관 이응준李應浚이 태극기 국기를 제작해서 5월 22일 한미조약 조인식 때 성조기와 나란히 X자형으로 내걸고 조인식을 거행하였다. 슈펠트의 육필원고 '한미조약 체결사The History of the Treaty with Korea'에서 다음과 같이 조선 국기제정의 유래를 기록하고 있다.

> 한미조약은 축포祝砲가 울려 퍼지고 한미 양국의 국기가 펄럭이는 가운데 제물포에서 조인되었다. 조선 국기는 조인식 거행을 위해 스와타라호 함상에서 급히 제작되었다. 왜냐하면 그때까지 조선대표는 소형국기 또는 길쭉한 삼각기三角旗만을 사용하고 있었기 때문이다. 조선대표는 소형 깃발 또는 대형 삼각기만을 사용하고 있었다.[46]

슈펠트의 '한미조약 체결사'가 발견되기까지 일반적으로 수신사修信使 박영효朴泳孝가 명치환明治丸을 타고 일본사행할 때인 1882년 10월 3일에 조선 국기 태극기를 제정했다는 것이 정설로 인식되어 왔다.[47] 그러나 태극기 제정 4개월 반 전인 1882년 5월 22일 한미조약 조인식에 사용하기 위하여 슈펠트의 권고에 의해 조선국기 태극기를 급히 제작·사용했다는 것은 새로운 역사적 사실이 아닐 수 없다. 게다가 당시는 조선은 아직 국

---

[46] *Shufeldt Papers: Letters*, "The History of the Treaty with Korea, An Incident in the Life of Rear Admiral R. W. Shufeldt, December, 1898" '한미조약 체결사'는 슈펠트 자신의 손으로 쓴 필사문서(Handwritten Materials)이다. 여기서 삼각기(pennon)란 곧 청룡기(靑龍旗)를 의미한다. "The Treaty was signed at Chemulpo, amidst the salutes of cannon and the waving of flags; a Korean national banner(flag) having been made on the Swatara for occasion (for the Koreans up to that time had used only the small flags, or rather large pennons) as the Koreans had only their small flags or rather large pennons."

[47] 『修信使記錄』(국사편찬위원회, 1985), pp.199~200, 「使和記略」(開國 491. 8. 22).

기를 제정한 사실이 없었으므로 으레 성조기만 게양하고 조인식을 거행했다고 믿어왔던 것이다. 이는 태극기 제정의 유래를 재정립하는 데 새로운 역사적 자료가 아닐 수 없다. 더군다나 슈펠트는 청의 속국임을 상징하는 삼각형 청룡기를 버리고 조선의 자주독립국임을 상징하는 새 국기 제정을 강력히 권고했다는 사실이다. 이는 이홍장의 속방론屬邦論을 타파하고 한미조약은 어디까지나 한미 양국의 자주독립국가 간의 호혜평등 관계로 체결되었음을 만천하에 선명宣明하기 위한 외교적 책략이다.

개항기에 있어서 국기제정을 처음으로 권고한 것은 주일 청국공사관 황준헌黃遵憲 참찬관이 조선책략朝鮮策略, 1880에서 비롯되고 있다. 그러나 황준헌은 조선이 청의 속국임을 전제하면서 중국의 용기龍旗를 습용襲用할 것을 종용慫慂하고 있다.[48] 이에 수신사 김홍집이 '조선책략'을 정부에 보고하면서 국기제정 문제를 거론하였다. 이리하여 조선정부는 황준헌의 권고에 따라 국기제정 문제를 청에 주청하게 되었다. 1880년 12월 31일 동지사은사冬至謝恩使 사역원司譯院 부사직副司直 이용숙李容肅이 무비학습武備學習을 위해 천진 북양아문을 방문했을 때[49] 조선정부가 작성한 '請示節略書册' 1본과 '領中樞府事 李裕元의 書函'을 이홍장에게 전달하였다.[50] 특히 '청시절략서책'은 "節略所開各修內有領議政李最應啓本"이라 한 것으로 보아 영의정 이최응이 주관해서 청국 정부에 주청한 것으로 되어 있다.[51]

---

[48] 상게서, p.167, 「朝鮮策略」; 『金弘集遺稿』(고려대 중앙도서관, 1976), pp.306~313. "而卽奏請海陸諸軍 襲用中國龍旗 爲全國徽幟"

[49] 『李文忠公全集』(文海出版社, 1965), 권 5, pp.287~288, 「論朝鮮外交」(광서 7. 2. 2). 이하 『李全集』

[50] 상게서, 『李全集』

[51] 상게서, 『李全集』

‘청시절략서책請示節略書冊’ 안에는 부건문서로 ‘근장작복조선순문각조조선청단謹將酌覆朝鮮詢問各條照繕請單’이 기재되어 있는데, 이는 전문 8조로 되어 한청 간의 통상문제, 각국입약各國立約, 정세定稅, 해도海道, 유학생의 빙표憑票, 외교문서 격식 등을 거론하고 있으며, 이 중에 국기도식國旗圖式은 제7조에 있다.[52]

조선정부의 순문 내용은 다음과 같다.

> 우리나라 선박에는 본시부터 깃발기표旗標이 없다. 이제 깃발을 제정할 계획이다. 일찍이 황준헌黃遵憲이 중국의 용기龍旗를 습용襲用할 것을 주청한 바 있다. 중국의 선박에 다는 기신旗身과 화양畫様은 어떠한지 삼가 문의한다. 우리나라가 깃발을 제정하여 사용하게 되면 어떤 색깔과 깃발 모양을 그려야 마땅할는지 묻는 바이다.[53]

이 같은 순문에 대해 이홍장李鴻章은 다음과 같이 ‘용을 그린 삼각형 방기화룡방기畵龍方旗’를 조선 국기로 제정・사용할 것을 권고하고 있다.

> 무릇 양국의 상선에 달 기식旗式은 국주國主의 깃발과 관계되고 있다. 이는 해상에서 왕래하는 선박이 어느 나라 선척임을 알리기 위해서이다. 이제 귀국 국왕이 스스로 사용하고 있는 깃발은 용을 그린 방기方旗 즉 화룡방기畵龍方旗이다. 이는 역시 중국의 용기龍旗를 모방하여 만든 것이므로 서로 비슷하다. 그러므로 ‘화룡방기’를 국기로 제정하여 선박의 기표旗標로 사용하는 것이 좋다고 본다. 이는 이미 정해서 사용한 선례에 따른 것이다. 장차 용기의 규모척촌尺寸,

---

[52] 『關係史料』권 2, pp.461~467, 「朝鮮中樞府知事 李容肅帶呈節略」(광서 7. 1); 권 2, p.478, 「酌覆朝鮮詢問各條」(광서 7. 1. 28).

[53] 『李全集』권 2, pp.506~508(광서 7. 3. 2); 『關係史料』권 2, pp.493~498(광서 7. 3. 2).

색깔안색顔色, 그리고 그리는 격식도식圖式 등은 본 대신 아문에서 밝히겠다.[54]

이로써 이홍장은 일찍이 황준헌의 용기습용 권고를 바탕으로 하여 '화룡방기'를 조선의 국기로 제정 · 사용할 것을 권고한 것이다. 이는 그 자신의 대한정책의 기본노선인 속방론屬邦論 구현의 일환으로 취한 권고사항이었다. 그러면 화룡방기를 조선국기로 채택 · 사용하라는 청의 종용을 받아들여 조선정부는 과연 용기를 조선 국기로 채택 · 사용했는가가 문제가 되고 있다. 일부 학자는 조선정부가 용기 채택을 결정했으나, 신사위정척사辛巳衛正斥邪, 안기영安驥泳 불궤음모사건不軌陰謀事件 등 국내의 조선개항을 반대하는 정치적 불안으로 말미암아 용기 사용 문제를 일단 중단했다고 지적하면서, 삼각형 용기 사용을 마건충이 권고하였다는 설은 일본 언론이 날조했다고 주장하고 있다.[55]

그러나 '한미조약 체결사'에 의하면 조선정부는 한미조약 체결 때까지 삼각기三角旗를 사용해 왔다고 명기하고 있다.[56] 이는 곧 '삼각형 청룡기'를 가리키고 있다. 비록 청의 용기를 모방한 삼각형 청룡기를 정식으로 조선 국기로 채택한 것은 아니지만, 1882년 5월 14일 조선 신헌申櫶 대관 일행이 스와타라호를 방문했을 때 임시방편으로 사용했다는 것이다. 이 삼각형 청룡기는 임오군란 시 청국 사신 마건충이 권고했다고 일본 신문은 보도하고 있다. "지금까지 조선에는 국기라는 것이 없었으므로 이번에 청국으로부터 내도한 마건충馬建忠이 조선 국기는 청국 국기를 모방하여 삼각형 푸른 바탕청지青地에 용을 그려 사용할 것이며, 청국은 황색을 사용하지

---

[54] 위와 같음.

[55] 權錫奉, 「國旗制定의 由來에 대한 管見」, 『歷史學報』23(1964), pp.41~54.

[56] *Shufeldt Papers: Letters*, "The History of the Treaty with Korea"; 金源模, 「朝美條約締結史」, 『史學志』제25집(1992. 7), pp.187~209.

만 조선은 중국 동쪽에 해당하는 속방屬邦이요, 동쪽은 청색을 존중한다는 의미에서 청색 바탕청지靑地을 사용할 것을 지도指圖하였다."[57]

이는 앞서 1881년 4월 19일자 조선정부의 용기습용에 대한 순문詢問에 대해 이홍장이 화룡방기를 국기로 제정 · 사용할 것을 종용한 사실과 일치하고 있다.[58] 마건충은 북양아문 막하의 외교담당 책임자로서 한미조약 체결을 지도 · 감독하기 위해서 이홍장이 특파한 인물이다. 따라서 마건충은 상사인 이홍장의 속방론을 끝까지 관철해보려고 이같이 삼각형 청룡기를 조선 국기로 채택 · 사용할 것을 강권하고 있다. 그러나 슈펠트는 조선정부가 청룡기를 사용한다는 것은 결국 청의 속국임을 스스로 인정하는 것이고, 이는 조선의 자주독립국 지위를 공인하려는 그 자신의 조선독립국정책에 위배되기 때문에 이를 용인할 수 없어서 청룡기 사용을 중단하고 급히 국기 제작을 강력히 권고한 것이다.

그러면 1882년 5월 14일 스와타라호 함상에서 한미조약 조인식에 사용하기 위하여 조선 국기를 급히 제작하였다면, 어떤 형태의 국기이며, 누구의 창안에 의해 제작한 것인가를 규명해 볼 필요가 있다. 이는 우리나라 국기제정의 유래와 기원起源을 규명하는 데 선결문제가 아닐 수 없다. 슈펠트가 만약 조선이 청룡기를 사용한다면 이는 스스로 조선이 청국의 속국임을 인정하는 것이기에 조선의 독자적 국기를 제작하여 한미조약 조인식 때 성조기와 나란히 게양하고 조인식을 거행할 것을 강권했던 것이다. 이에 조선 측 교섭책임자인 역관 이응준李應浚은 슈펠트의 요청을 받아들여 스와타라호 함상에서 태극도형기太極圖形旗를 급히 제작, 성조기

[57] 新聞集成, 『明治編年史』(財政經濟學會, 1935), 권 5, p.156, 「朝鮮の國旗制定と其の理想」, 『時事新報』(1882. 10. 2).

[58] 『李全集』권 2, pp.506~508; 『關係史料』권 2, pp.493~498(광서 7. 3. 2).

와 나란히 게양하고 한미조약을 체결하였다.

태극문양은 한국의 전통적 민족부호이다. 신라 감은사感恩寺 · 682 · 사적 31호 장대석에 새긴 삼태극三太極문양은 중국의 태극도설太極圖說 · 1070 · 송宋 주돈이周敦頤보다 388년 앞서고 있다. 뿐만 아니라 백제 사비시대538~660 · 백제가 부여에 도읍을 옮긴 시기에 조성된 전남 나주시 복암리 고분군사적 제404호[59] 제철유적에서 묵서墨書로 그린 칼 모양의 목제품7세기초에 태극무늬가 새겨져 있다. 이는 신라 감은사의 태극무늬보다 약 40여 년 앞서고 있다. 이와같이 삼국시대의 태극무늬는 고려시대부터 조선왕조에 이르기 까지 태극문양을 '민족부호'로 사용해오고 있다.

조선왕조 태조는 신덕왕후神德王后가 태조 51396년에 승하함에 태조 61397년 도성 중앙부인 정동현 영국대사관에 정릉을 조성해서 안장했는데, 정릉 호석護石에 태극문양을 선명하게 새겨 놓고 있다. 태종은 1409태종 9년에 정릉을 현재의 정릉성북구으로 이장할 때 태극문양이 새겨져 있는 호석을 청계천 광통교 다리에 호안석으로 축조해 놓고 있다. 그래서 현 정릉에는 호석도 병풍석도 무인석도 없는 단출한 왕릉이다. 창덕궁 대조전 월대月臺 돌계단의 태극문양1610, 영조 책봉식에서 사용한 태극이괘도형기太極二卦圖形旗 · 1725[60]로 이어지면서 태극문양은 한국의 전통적 민족부호로 숭상해 오고 있었기에 이응준은 태극도형기를 제작할 때 한민족의 민족부호인 태극무늬를 채택한 것이다.[61]

이응준은 미청 양국 사신이 인천에 내박한 이래 조약체결 임무를 완료

---

59 『東亞日報』(2009. 6. 4), 국내 最古 태극무늬, 1400년 만에 햇빛, 나주 목암리 제철유적서 발견.

60 阿克敦(淸), 『奉使圖』(1725); 金源模, 태극기의 연혁, p.71.

61 金源模, 『태극기의 연혁』(행정자치부 의정과, 1998. 5),p.65; 『東亞日報』(2017. 3. 13), 비운이 조선 첫 국모(태조 두 번째 부인 신덕왕후 강씨)…아들 잃고 무덤 옮겨져(홍정수 기자).

하고 조선을 떠날 때까지5월 8일부터 5월 26일까지 청국 위원호威遠號와 스와타라호를 번갈아 왕래하면서 조선 대관과 미청 양국 특사와의 연락교섭 책임자로서의 외교활동을 전개했던 인물이다. 조선 전권대관 신헌申櫶 김굉집金宏集은 슈펠트의 국기 제작 권고를 받아들여 급히 이응준에게 제작을 위임하자, 이에 이응준은 즉석에서 태극도형기를 제작한 것이다. 이때 제작한 조선 국기를 보면 흰 바탕 중앙에 태극도형을 그리고, 태극양의太極兩儀의 색깔은 반은 홍색 반은 흑색半紅半黑으로 했으며, 사괘四卦 태극도형기를 제작했다.

이응준이 태극도형기를 제작했다는 사실은 다음 두 가지 기사가 이를 뒷받침해주고 있다. 첫째로 이응준이 일본 일장기와 유사한 국기도식國旗圖式을 만들어서 마건충에게 제시했다는 사실이다. 5월 22일 위원호에서 마건충은 태극도형기를 보고 김굉집에게 다음과 같이 논평하고 있다.

> 마건충이 가로되, 현재 한 가지 고할 일이 있다. 귀국에도 불가불 국기가 있어야 한다. 국기가 있다면 먼 나라에서 온 이 사람원인遠人에게 보여주기 바란다. 어제 이응준이 소매에서 기식旗式을 꺼내 보여준 일이 있었는데, 이는 일본 국기와 비슷할 뿐만 아니라 혼동하기 쉽다. 귀국 기식은 마지막으로 어떻게 정할 것인가. 이전에 황참찬黃遵憲이 이르기를 귀국은 마땅히 중국 용기龍旗를 사용해야 한다고 했는데 본관이 생각해도 이는 역시 미안한 일이다.[62]

이와 같이 마건충-김굉집 필담에서 마건충은 국기제정을 촉구하면서 어제 이응준이 제시한 태극도형기를 보니 그것은 일본 국기와 흡사해서

---

[62] 『舊韓國外交文書』 권 10(美案 I), p.12., 「往淸船問答 初六日」(1882. 5. 22). "馬曰 現有一事奉告 貴國不可無國旗 以示遠人 昨李應浚袖至(知)旗式 似與日本相混 貴國旗式 究竟何若 前黃參贊謂 貴國宜用中國龍旗 以僕觀之 似亦未安"

혼동된다고 논평하고 있다. 무엇보다도 흰 바탕에 태극양의太極兩儀를 반흑반홍으로 그려놓았으니, 얼른 보기에도 일본의 일장기日章旗와 비슷하게 보일 수밖에 없다. 이에 마건충은 태극도형기는 일본 국기와 혼동되기 쉽다는 것, 황참찬이 중국 용기를 습용할 것을 권고했다는 사실을 거론하면서, 흰 바탕에 청운홍룡기青雲紅龍旗를 조선 국기로 채택할 것을 강권한 것이다.[63]

둘째로 5월 27일 남별궁南別宮에서 고별연회 시 김굉집과 마건충과의 필담에서 국기제정문제를 심도 있게 논의하는 과정에서, 테극도형기를 제작했다는 사실이 확연하게 드러나고 있다.

> 馬曰: 국기제정문제를 유의해주기 바란다.
>
> 金曰: 저번에 청운홍룡기를 논의한 바 있었는데, 이는 제작하는 데 너무 공이 들고 비용이 든다. 이응준 감정본鑒正本은 일본 국기와 서로 혼동相混되고 있다. 만약 홍색 바탕에다 청백색青白色으로 합성한 단자團子·태극문양를 사용한다면 일본 국기와의 혼동을 피할 수 있다.[64]

여기서 김굉집은 마건충의 백저청운홍룡기안白底青雲紅龍旗案은 그리기가 어렵고 제작비용이 많이 든다는 이유로 이를 완강히 거부하고, 이응준 감정본, 즉 태극도형기를 국기로 채택할 것을 고집하고 있다는 사실이다. 그러나 마건충은 흰 바탕에 반홍반흑으로 태극양의를 그려놓게 되면 그것은 일본 국기와 혼동되기與日本相混 때문에, 일본 국기와의 혼동을 피하기 위하여 홍색바탕에 청백색으로 합성한 단자태극문양를 사용한다면 일본

---

63 상게서, p.12.

64 상게서, p.14, 「南館別時問答 十一日」(1882. 5. 27) "馬曰 國旗之事 乞君留意 我曰 向論紅龍青雲 製造須費工 李應浚鑒正本 謂與日本相混 若用紅質中青白合成團子 則可免相混否"

국기와의 혼동은 피할 수 있다고 주장하고 있다.

여태까지 한미조약 조인식을 거행할 때 조선은 국기가 없었기 때문에 성조기만을 게양하고 조약을 체결했다고 인식하고 있었으나 위에 든 한미 양국의 외교문서를 통하여 태극기 제정 수개월 전에 한미조약 체결 시 이응준이 태극기를 국기로 만들어서 사용했다는 역사적 사실이 비로소 입증되고 있다.

조선이 용기습용을 거부하고 태극기를 사용하겠다는 것은 곧 조공체제로부터의 이탈, 종속관계로부터의 해방과 독립을 상징하고 있다. 이는 이홍장의 속방정책에 대한 정면도전이 아닐 수 없다. 이에 마건충은 태극도형기는 일본 국기와 유사하다는 이유를 들면서, 흰 바탕에 청운홍룡을 그린 깃발을 국기로 채택할 것을 강청하고 있다.

馬曰: 국기란 각기 그 나라를 명시하는 것이므로 기식旗式을 정하기란 심히 어려운 일이다. 내가 돌아가서 정해볼까 한다. 그런데 귀국 국왕은 홍색 망포蟒袍를 복용服用하고 있지요?

金曰: 운문홍포雲文紅袍를 입고 있다. 양 어깨 및 흉배胸背에 오르내리는 승강昇降 용을 금실로 수놓고 있다.

馬曰: 귀국은 국색國色으로 백색을 숭상하고 있지 않는가.

金曰: 조야朝野의 복착服着은 청색을 숭상하는 것이 많으나, 서민들은 흰 옷白衣을 좋아하고 있다. 이는 은태사殷太師의 유풍遺風이라 한다.

馬曰: 내가 생각하건대 귀국 국기는 흰 바탕에 청운 · 홍룡을 그린 깃발白底靑雲紅龍旗을 사용함이 좋다고 생각한다. 다만 용을 그리되 용의 발톱 네 개四爪龍를 그려서 오조룡五爪龍을 그린 중국 용기와 차별화한다는 것을 암시하고자 한다. 구별을 어떻게 하는고 하니, 조선은 사조四爪, 중국은 오조五爪를 그려서 구별한다는 것이다. 청운을 그리는 것은 구름이 용을 따른다는 뜻에서 취한 것이고, 군신君臣이 백성을 근본으로 하기 때문에 깃발의 바탕을 백색으로 한 것이다.

金曰: 귀하의 생각은 심히 묘하다. 마땅히 조정에 보고해서 알리겠다. 귀하의 권고에 따라 속방屬邦이 중국의 의장儀章을 모방해서 사용하는 것은 좋다고 생각한다.

馬曰: 아무쪼록 기식을 의논하여 정한 후 북양대신李鴻章에게 자행咨行 · 외교문서 보내는 행동함이 타당하다고 생각한다.

金曰: 우리 조정에서 이 문제를 숙의한 후 결정하는 것이 타당한 일이므로 북양대신에의 자청咨請을 연기하는 것이 좋겠다.[65]

5월 22일 한미조약 체결 후 마건충은 한미 양국 대표에게 조약체결을 축하 하면서, 슈펠트 · 신헌 · 김굉집 등 세 사신과 조준영趙準永 · 서상우徐相雨 · 이응준李應浚 등을 위원호로 초청, 조약체결 축하연회를 베풀었다. 신헌 · 조순영은 불참했고, 나머지 인사들은 연회에 참석했다. 축하연회를 끝내고 슈펠트는 스와타라호로 돌아간 후 마건충은 서상우와 이응준이 배석한 가운데 김굉집 부관과 필담으로 대화를 나누었다. 이 자리에서 한미조약 조인식 때 이미 태극기와 성조기를 게양하고 조인식을 성대하게 거행했었음에도 불구하고 마건충은 또다시 조선은 태극기를 버리고 중국의 용기를 습용할 것을 강권하였다.

마건충은 태극도형기는 일본 국기와 비슷해서 혼동된다는 이유로 그

---

[65] 『舊韓國外交文書』권 10(美案 Ⅰ), pp.12~13, 「往淸船問答 初六日」, "馬曰 國旗以昭示各國甚難定式 僕當歸府 乃可仍問 貴國王服用紅色蟒袍否 我曰 雲文紅袍 兩肩及胸背 金繡昇降龍 馬曰 貴國色尙白否 我曰 朝野服着多尙靑 然庶民喜白衣 此乃殷太師遺風云 馬曰 吾想貴國國旗可用白底靑雲紅龍 惟用龍四爪 暗示區劃 何以區別 只在四爪五爪耳 靑雲者 亦取雲從龍之義 君臣以民爲本 故質用白色 我曰 旨意甚妙 當告知朝廷 從可以表屬邦之倣用中國儀章耳 馬曰 旗式商定 可一幷咨行北洋大臣爲妥 我曰 尙須熟商妥定 緩行咨請爲好"

대신 흰 바탕에 청운홍룡을 그린 백저청운홍룡기白底靑雲紅龍旗를 조선국기로 채택·사용할 것을 제안하였다. 특히 마건충은 조선국왕의 곤룡포袞龍袍가 홍색이라는 것, 조정의 관리들의 관복은 청색이라는 것, 일반 백성은 흰 색을 숭상하여 모두 백의를 입고 있다는 사실 등을 거론하면서 백저청운홍룡기를 국기로 채택할 것을 강권하였다. 이는 속방정책을 관철해 보겠다는 외교적 계략이다. 그러나 김굉집은 속국이 종주국의 의장儀章을 따른다는 것은 마땅한 도리이나, 조정에서 이 문제를 자세히 의논한 후 채택여부를 결정하겠다고 언명하면서 마건충의 제안을 우회적으로 거부하였다.[66]

5월 27일 조선에서의 임무를 완료하고 귀국을 앞두고 남별궁南別宮·중국 사신의 여사旅舍, 현 조선호텔 자리에서의 고별연회 석상에서 김굉집과 마지막 회동, 필담을 나눈 바 있다. 이 자리에서 마건충은 또다시 백저청운홍룡기를 조선국기로 채택·사용할 것을 재강조하자 김굉집은 이응준의 태극기 사용을 고수하면서 마건충의 제안을 단호히 거부하였다. 마건충의 지적대로 일본 국기와 비슷해서 혼동하기 쉽다면 홍색 바탕에 청백색으로 합성한 단자團子를 사용한다면 일본 국기와의 혼동은 피할 수 있다고 주장한 것이다. 이와 같이 조선 대표가 용기습용龍旗襲用을 완강히 거부하자, 이에 당황한 마건충은 그 대안으로 이응준의 감정본鑒正本·태극도형기太極圖形旗을 바탕으로 하여 태극팔괘도식太極八卦圖式을 채택할 것을 수정 제안했다.[67]

그러면 태극기는 언제 누구의 창안에 의해 제정되었는가가 가장 핵심적인 문제로 제기되고 있다. 국기제정 1세기를 넘기고도 아직까지 미해결 상태로 내려오고 있다. 그동안 이종원설李淙遠說, 고종설高宗說, 박영효

---

66 馬建忠, 『適可齋記行』권 4, p.356, 「東行初錄」(4. 5).

67 『舊韓國外交文書』권 10(美案 Ⅰ), p.14, 「南館別時問答 十一日」.

설朴泳孝說, 마건충설馬建忠說 등 네 가지 설로 대립되어왔다. 이에 필자는 이를 종합분석해서 각설의 이론적 타당성을 검토해볼까 한다.

첫째로 이종원설이다. "임오 이후 공주관찰사 이종원이 태극팔괘도식太極八卦圖式을 제출했다."[68]는 설이다. 이종원설은 이를 뒷받침해줄 만한 사료적 증빙자료가 없는 막연한 주장이기에 설득력이 없다.

둘째로 고종설이다. 고종설은 바로 일본 동경시사신문 기사에 그 근거를 두고 있다. 동 기사 첫머리에 마건충이 임오군란壬午軍亂이 발발할 때 서울에 와서 삼각형 푸른 바탕青地에 용을 그린 용기龍旗를 국기로 채택할 것을 강요한 일이 있다고 소개하면서 고종은 이를 단호히 거부하고 태극기를 제정했다고 다음과 같이 보도하고 있다.

> 국왕은 이를 크게 분개하여 결단코 청국 국기를 모방할 수 없다고 거절한 다음 사각형의 옥색 바탕에 태극도太極圖를 청적색青赤色으로 그리고 깃발의 네 귀퉁이에는 동서남북의 역괘易卦를 붙여서 이제부터는 조선의 국기로 결정할 것을 하명하셨다고 한다.[69]

고종설을 주장하는 학자는 상기 일본 동경 시사신문時事新聞 기사에 그 근거를 두고 임오군란 때 고종이 태극기를 창안했다고 다음과 같이 주장하고 있다. "마건충은 청장清將의 한 사람으로 오만한 점도 많았으니, 황준헌黃遵憲의 권설勸說을 그대로 지지하여 용기龍旗를 모방 사용하라고 요구한 것쯤은 당연히 있을 법도 하거니와 이 요구를 단연히 거절하고 조선 국왕 스스로 태극국기의 채용을 하명하였다는 점, 그 얼마나 통쾌하게 생

[68] 『湖岩全集』(朝光社, 1939), 권 3, pp.106~107, 「太極國旗의 由來」.

[69] 『明治編年史』권 5, p.156, 「朝鮮の國旗制定と其の理想」; 宮武外骨 編著, 『壬午鷄林事變』, p.60, 「朝鮮の國旗」.

각할 것이냐?"[70]라고 강조하면서 조선국왕은 용기사용 권고를 물리치고 독창적으로 태극기를 제정했다는 것이다.

세 번째로 박영효설이다. 수신사 박영효가 1882년 10월 3일 명치환明治丸을 타고 일본으로 항행 중 태극기를 새로 제정하여 정부에 보고하였다는 것이다. 박영효는 '사화기략'에서 태극기 제정경위를 설명하면서 태극양의를 청홍 양색으로 하고 네 귀퉁이에 4괘를 그린 태극기를 제정, 정부에 보고했다는 점에서 이는 국기 제정의 가장 유력한 정설로 간주되고 있다.[71]

네 번째는 마건충설이다. 1882년 5월 22일 마건충은 위원호에서 한미조약 체결 축하연회를 베푼 후 김굉집과 필담을 나눈 자리에서 마건충은 처음에는 백저 청운홍룡기를 조선국기로 채택 · 사용할 것을 강요하자 김굉집은 이응준의 태극도형기를 고수하면서 백저청운홍룡기 사용을 완강하게 거부하자 그 대안으로 태극팔괘도太極八卦圖를 조선국기로 채택할 것을 제안하였다.

> 馬曰: 국기문제는 중대사이므로 돌아가서 정부 당로자와 세밀히 논의하는 것이 좋겠다. 일전에5월 22일 이 문제白底青雲紅龍旗를 논의한 후 곰곰이 생각해본 결과, 흰 바탕 중앙에 태극도太極圖를 그리고 그 주위에 팔괘八卦를 두른다면 조선 8도의 수와 합치되고 있다. 8괘의 색깔은 완전히 흑색을 사용하여 드러나게 하고, 태극의 색깔은 반홍반흑半紅半黑으로 하며, 깃발 가장자리에는 홍색선紅色線을 두른다면 어떻겠는가. 단 이 같은 견해는 본인의 사견私見이다. 마땅히 우

---

70 리선근, 「우리 국기제정의 유래와 그 의의」, 『국사상의 제문제』2(국사편찬위원회, 1959), p.200.

71 『修信使記錄』, pp.199~200, 「使和記略」(개국 491. 8. 22); 『東京時事新聞抄』(奎章閣本 圖書番號 7561, 1887. 8. 7).

리 정부에 보고할 것이다.

金曰: 귀하의 가르침을 받들겠다. 우리 조정에 이 문제를 보고해서 알리겠다.[72]

마건충설을 주장하는 학자는 위에 든 외교문서를 근거로 마건충설을 제시하면서 "우리 국기의 도식圖式이 청국의 한 외교관에 의하여 제안되었다는 것은 매우 불명예스럽고 또한 불쾌한 일이다."[73]라고 지적하면서, 결국 청국의 영향과 지시에 의해 태극기를 제정했다고 주장하고 있다.

마건충이 태극팔괘도를 제시하게 된 것은 어디까지나 그 자신의 창안이 아니라 이응준의 태극도형기를 보고 난 후 태극도설太極圖說·宋 周敦頤, 1070에 수록되어 있는 팔괘를 추가했다는 사실을 주목할 필요가 있다. 그러므로 태극기 제정은 이응준의 태극도형기太極圖形旗에서 유래한 것이다. 만약 마건충설대로 태극기가 제정되었다면 이는 태극기 제정의 정통성 문제가 제기된다. 따라서 이는 정치적 주체성을 상실한 불명예스럽고 수치스러운 국기제정이 아닐 수 없다.

이상 네 가지 설을 예거例擧해 보았거니와 이를 종합 분석해본 결과, 이응준의 태극도형기가 태극기 제정의 기원起源이 되고 있다는 사실을 강조하지 않을 수 없다. 1882년 5월 14일 스와타라호를 방문한 조선 전권대관 신헌 일행을 맞이하면서 슈펠트 전권특사는 조선이 청국의 속국임을 상징하는 삼각형 용기龍旗를 한미조약 조인식 때 사용한다면 조선이 스스로

72 『舊韓國外交文書』권 10(美案 Ⅰ). p.14, 「南館別時問答 十一日」. "馬曰 國旗之事 關係究非輕 歸當與政府細商 日前議此事後 曾思仍用白底中用太極圖 外週八卦 則恰合八道之數 八卦純用黑色爲顯 太極用半紅半黑 旗外又緣以紅色何若 但次係鄙人所見 歸當語我政府也 我曰 領敎 僕亦當告知敝朝廷也"

73 權錫奉, 「國旗制定의 由來에 대한 管見」, p.54.

청국의 속국임을 인정하는 것이기에 새로 조선국기를 제정하여 조인식 때 성조기와 나란히 게양하고 조인식을 거행한다면 신생조선독립국은 구현된다고 주장했다. 이러한 슈펠트의 충고를 받아들인 조선 전권은 스와타라호 함상에서 이응준이 태극도형기를 제정하였다. 이응준설의 타당성은 다음 세 가지 사실에 근거하고 있다.

첫째, '한미조약체결사'에서 스와타라호 함상에서 조선 국기를 제작하여 한미조약 조인식 때 사용했다고 슈펠트가 기록했다는 사실이다.[74]

둘째, 태극도형기가 박영효의 태극기 제정의 단서가 되었다는 점이다. 마건충이 태극팔괘도를 제안한 것은 사실이지만 그러나 마건충이 앞서 이응준의 태극도형기를 보고난 후 그것이 일본 국기와 혼동된다與日本相混는 이유로 백저청운홍룡기를 채택·사용할 것을 권고하였으나 김굉집이 이를 완강히 거부하자, 그 대안으로 태극팔괘도기를 제시했을 뿐이다. 마건충은 어디까지나 한미조약 체결을 지도감독하기 위하여 이홍장이 특파한 인물이다. 그러기에 속방론 구현의 일환으로 어떤 형태로든지 조선의 국기를 제정함에 있어서 청의 지도指圖에 의해 국기가 제정되었다는 사실을 강조하기 위하여 이 같은 태극팔괘도기太極八卦圖旗를 제안한 것이다.

셋째, 이응준의 태극기를 이미 한미조약 조인식 때 사용한 것인 만큼 이를 정부에 보고, 심도 있게 논의해서 태극기를 제정하기로 결정한 것이다.

수신사 박영효는 1882년 9월 일본 사행 시 태극팔괘도형기를 미리 준비·휴대하고 메이지마루호明治丸를 타고 일본사행을 단행했다. 박영효는 제임스 선장에게 태극팔괘도형기를 내보이면서 자문을 구하자 8괘는 너

---

74 *Shufeldt Papers: Letters*, "The History of the Treaty with Korea"; 金源模, 「朝美條約締結史」, 『史學志』제25집(1992. 7), pp.197~198.

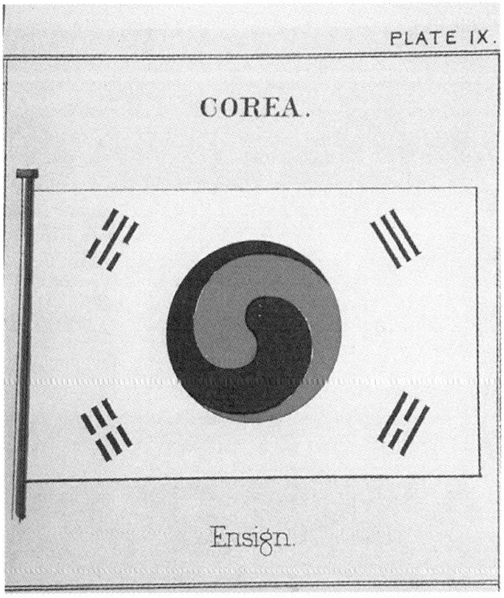

미국 해군부 항해국 '해상국가들의 깃발'(1882. 7. 19)
미국 내셔널 아카이브 소장 태극기

무 복잡하다고 지적하자 박영효는 태극사괘도형기 즉 태극기를 제정, 10월 3일 기무처에 보고하고, 11월 6일 천추절을 맞이하여 연료관延遼館에서 각국 공사를 초청 경축연을 베풀었을 때 태극기를 게양하고 성대한 연회를 행했다. "새로 제정한 국기를 내가 기숙하고 있는 호텔에 내걸었다. 중심부에 태극을 그리고 청홍 색깔로 칠하고 네 귀퉁이에는 건곤감리乾坤坎离 4괘를 그린다. 일찍이 국왕으로부터 명을 받은 바 있다新製國旗懸寓樓 主心畫太極 塡以青紅 四隅畵乾坤坎离四卦 曾有受命於上也."

이렇게 제정한 태극기로 1883년 3월 6일 대조선국 정부는 정식으로 태극기 국기제정을 반포한 것이다.[75]

[75] 『修信使記錄』, 「使和記略」, pp.197~200; 『承政院日記』(高宗篇), 권 8. p.339(고종 20. 1. 27); 『高宗純宗實錄』中, p.87(고종 20. 1. 27). "統理交涉通商事務衙門啓 國旗今旣製造 行會八道四都 使之認驗擧行何如 允之"; 金源模, 『태극기의 연혁』(행정자치부 의정과, 1999. 7), pp.52~56.

태극기 창안자는 박영효가 아니고 이응준이라는 사실이 밝혀진 새로운 자료가 발견되었다. 2004년 1월 17일자 '조선일보'는 박영효 태극기보다 최소 4~5개월 앞선 태극기를 발견했다고 보도했다. 1882년 7월 미국 해군부 항해국에서 발간한 '해상국가들의 깃발*Flags of Maritime Nations*'에 태극기가 수록되어 있다. 총 칼라로 인쇄된 서문에 "300부를 제작, 각 기관에 분배하기 위하여 1882년 7월 19일 상원에서 결의했다."라고 명기되어 있다. '해상 국가들의 깃발'에는 세계 49개국 국기를 비롯하여 여러 깃발들이 채색 그림으로 수록되어 있다. 알파벳 순으로 배열되어 있는데 태극기는 중국의 황룡기黃龍旗 오른쪽 코리아Corea난에 기旗 · Ensign란 이름으로 채색 태극기가 수록되어 있다.[76]

태극기 창안자는 박영효가 아니고 이응준이다. '해상국가들의 깃발'에 수록된 태극기는 바로 이응준이 5월 14일 스와타라호 함상에서 창안한 태극기임을 입증해주는 증빙자료이다. 이응준 창안 태극기는 지금의 태극기와 4괘의 배치가 좌우로 바뀌었고 태극 모양이 약간 다를 뿐 전체적으로 매우 흡사하다. 마건충은 조선은 청나라의 속국이므로 청운홍룡기靑雲紅龍旗를 국기로 채택 · 사용할 것을 강요했다. 슈펠트는 조선이 마건충의 요구대로 청운홍룡기를 사용한다면 이는 조선이 청의 속국임을 시인하는 것이므로 독자적으로 국기제정을 충고했다. 이에 조선은 마건충의 청운홍룡기를 단호히 거부하고 이응준은 태극도형기를 창안한 것이다. 그러자 마건충은 이응준의 태극도형기는 일본 국기와 혼동된다고 비난하면서, 그 대안으로 8괘태극기를 채택할 것을 강권했다. 이에 이응준

---

76 *Flags of Maritime Nations*, United States Navy Department, From the Most Authentic Sources. Prepared by Order of the Secretary of the Navy by the Bureau of Navigation. Washington, D. C. 1882. Plate IX, Corea, Ensign; 『朝鮮日報』(2004. 1. 27), 가장 오래된 태극기 발견, 1882년 7월 美해군부 발간 '깃발' 수록, '박영효 태극기'보다 최소 2~3개월 앞서(유석재 기자).

은 4괘태극기를 제작, 한미조약 조인식에 성조기와 나란히 게양하고 조인식을 거행하였다.

이와 같이 국기 창안자는 이응준이었으며 박영효는 9월 25일 이응준 태극기 중 4괘의 좌우의 위치를 바꾼 뒤 국기를 공식 제정하고 1883년 3월 6일 국기제정을 반포했다. 이어 3월 18일 청 '통상장정성안휘편'에 대청국속고려국기大淸國屬 高麗國旗를 수록하고 있는데 박영효 제정 국기와 고려국기는 4괘의 배치가 현행 태극기와 일치하고 있다. 그런데 박영효의 태극기 실물은 없고 다만 주이의 최고最古 태극기가 실물 태극기로 가장 오래된 태극기임을 입증해주고 있다. 그런데 2008년 영국 국립문서보관소National Archives에 소장되어 있는 태극기를 발견한 한철호는 이를 박영효 태극기라 주장하고 있다. 1882년 11월 1일 일본 외무대보 요시다 기요나리吉田淸成가 주일 영국공사 해리 파크스에게 보낸 문서에 수록된 태극기를 박영효 태극기라고 주장하고 있다. 그러나 박영효가 9월 25일 국기를 제정할 때 "중심부에 태극을 그리고 청홍 색깔로 칠한다主心畵太極 塡以靑紅"라고 명문화하고 있다. 그런데 영국 국립보관소 소장 태극기는 중심 태극기 색깔을 청홍색이 아니고 '홍흑색紅黑色'이라는 사실이다. 박영효가 그렸다면 청홍색으로 그렸을 것이다. 그러므로 이는 박영효 태극기로 간주할 수 없다.[77]

한미조약 조인식 때에는 이응준의 태극기와 성조기를 나란히 게양하고 조인식을 거행했다. 한미조약 체결 후 조선정부는 조공체제朝貢體制를 타

---

[77] 『朝鮮日報』(2008. 5. 30), '태극기 탄생' 비밀이 풀리다. "태극기 창안자는 박영효가 아닌 이응준, 1882년 5월 朝美통상조약 때 첫 게양"(유석재 기자); 『한국일보』(2008. 5. 28), '박영효 태극기' 최초 국기 논란 가열, "1882년 日 외무성 입수할 수 있었던 유일본" "실물로 발견 안됐고 일본측의 자료에만 근거" "이응준 감정본 · 대청국속 고려국기가 최초" 주장도(이왕구 기자).

파하고 자주독립국으로 다시 태어난 조선은 국호國號를 대조선국大朝鮮國, 국왕을 대군주大君主라 개칭하고 연호年號는 중국 연호를 폐기하고 개국연호開國年號를 사용하는 등 자주독립국의 정통성을 확립했다. 한미조약 체결 후 자주독립국으로서 국가의 상징인 국기제정은 대조선국 정체성 확립을 위해 얼마나 시급한 과제임을 통감하고 정식으로 국기를 제정할 것을 결정했다. 그것이 곧 이응준이 태극기를 창안하고, 박영효에 의해 태극기를 제정한 것이다. 바로 이때 미국 해군부로부터 해상국의 국기를 제출할 것을 제의하자 이제 조선개항을 단행하고 영불 등 서구 여러 나라와의 통상수호조약 체결을 앞두고 이응준의 태극기를 미 해군부 항해국에 제출하고 그해 9월 19일 미 해군부Navy Department가 '해상국가들의 깃발'을 간행했다.

5. 한미조약 조인식 이응준 태극기와 성조기 게양 조인식 거행1882. 5. 22

조약체결 준비를 완료한 슈펠트는 홀콤 공사에게 "조선 정부와 조선 백성은 완전히 우호적으로 우리를 우대하고 있기 때문에 조약체결에 어떠한 장애가 없다"[78]고 보고하였고, 이어 그의 딸 몰리에게도 "한미조약 체결은 확실하다—너는 이로 인한 나의 피로뿐만 아니라 우리 두 사람이 같

[78] *Shufeldt Papers: Letters*, Shufeldt to Holcombe, May 20, 1882.

이 나눈 우려에 대해서 보상을 받을 것을 고려해도 좋겠다"[79]라고 조약체결의 전망이 확실해졌다는 소식을 전하고 있다.

5월 21일 제물포濟物浦 만석동萬石洞 화도진花島鎭에서 조약을 체결할 장소에다가 임시막사 장막帳幕을 설치했다.[80] 조선 측이 장방설치 공사를 담당하였고, 청국 측이 병사들을 보내어 역사役事를 도와주었다.[81] 이곳 화도진은 제물포항에 정박해 있는 스와타라호와 위원호를 한눈에 내려다 볼 수 있는 언덕에 있었다.[82] 개항기 프랑스 함대의 강화도 내침1866년 병인양요丙寅洋擾, 이어 미국 아시아함대의 강화도 내침1871년 신미양요辛未洋擾 등 구미 제국주의 열강의 함대가 조선개항을 요구하며 침략할 때 반드시 제물포 앞바다를 거쳐 침략하고 있었다. 따라서 이곳은 해문海門을 방수防守함에 있어서 조선의 국방안보상 보장지중지保障之重地이므로 정부에서는 1879년 7월에 제물포에 화도진花島鎭을 설치하여 양이洋夷의 내침을 경계하고 있었다. 존스 목사는 1901년에 화도진에서 한미조약을 체결했다고 처음으로 고증하고 있다.[83]

최성연崔聖淵은 존스의 설을 인용, 화도진이 한미조약 체결 장소라고 고증했다. "서구 국가와의 최초의 조약은 1882년 5월 22일 슈펠트 제독에 의하여 체결되었다. 제독의 텐트는 오늘의 제물포에의 지방파견관 관

---

[79] *Ibid.*, Shufeldt to Molly, May 20, 1882.

[80] George H. Jones, "Chemulpo," *Korea Review*, Ⅰ(1901), p.12.

[81] 『適可齋記行』권 4, p.355(4. 5).

[82] 金源模, 『韓美修交百年史』(韓國放送事業團, 1982), p.119. 한미조약 체결장소는 저자가 韓美修交100周年記念事業委員會(金溶植)에 참여, 현장답사를 통해 조약장소 고증을 확인했다. 현 인천직할시 東區 花水洞 128~163번지 주변 일대이다. 저자는 한미조약 체결장소(화도진)를 고증한 결과 1982년 12월 4일 한미수교100주년기념사업위원회(김용식)으부터 감사패를 받았다.

[83] George Heber Jones, "Chemulpo", *Korea Review*, Vol. Ⅰ(January, 1901), pp.11~15.

아감리아문監理衙門의 건축 전으로서 현 內洞 法院 소재지 뒤에 설영設營되었다. 한미조약은 인천서 조인되었는데 그곳은 '花島의 세습적인 작은 軍營the hereditary military hamlet of Hado, 花島鎭 別將의 屯所'만이 있던 마석동萬石洞이라는 마을이었다. 화도진의 폐쇄 이후 그 언덕은 지금 작은 집과 큰 저택으로 빽빽이 뒤덮여서 겨우 보행할 수 있는 골목길이 얼기설기 엉키어 있을 뿐, 갑작스레 오고 또 가버린 커다란 변천을 더듬어 볼만한 아무런 흔적도 찾을 길이 없다."[84]

바로 이곳이 한미조약 체결장소이다.[85] 한미조약 정본 한문본은 조선 측이 인천부 관사에서 3통을 필사筆寫하고, 영문본 3통은 미국 측이 스와타라호 함상에서 정서한 것이다. 이같이 정서된 한문본 · 영문본 각 3통을 조약체결 전날인 5월 21일에 청사淸使 마건충에게 보내어 교감校勘을 완료함으로써 한미조약 체결준비를 완결하였다.[86]

5월 22일 9시 30분 슈펠트 전권특사는 쿠퍼 함장을 비롯하여 수행장교단 15명, 선임분대장 스파이서 중위가 지휘하는 해군 호위병 20명 등 총 35명의 수행원을 거느리고 4척 단정에 나누어 타고 스와타라호를 떠나 제물포로 출항했다. 슈펠트 제독이 탑승한 단정 앞머리에는 성조기가 휘날리고 있었다.[87] 슈펠트 일행은 제물포 괭이부리묘도猫島에 상륙, 체결장

---

84 崔聖淵, 仁川鄕土史料 『開港과 洋館歷程』(京畿文化社, 1959), p.54.

85 Appenzeller, "The Opening of Korea", p.62; 『文化財大觀』(仁川市, 1980), p, 214. 인천개항과 더불어 이곳 花島鎭에 仁川稅務司의 빈관(賓館)을 세웠는데, 이 자리가 한미조약 체결장소라고 스와타라호의 쿠퍼 함장이 증언했다고 아펜젤러는 그의 '조선개항담'에서 진술했다.

86 『適可齋記行』권 4, p.355(4. 5).

87 Paullin, *Diplomatic Negotiations of American Naval Officers*, p.321. 슈펠트를 수행한 장교단 명단은 다음과 같다. 쿠퍼(P. H. Cooper) 함장, 펜들튼(E. C. Pendleton) 중위, 타일러(H. R. Tyler) 중위, 군의관 호크((J. A. Hawke), 경리(經理) 해리스(H. T. B. Harris), 기

소인 화도진 장방帳房으로 직행했다.[88] 이곳은 작약도芍藥島 · 물치도와 월미도月尾島 중간에 정박하고 있는 스와타라호를 한눈으로 내려다볼 수 있고, 제물포 민가로부터 조금 떨어져 있는 야트막한 언덕이었다.[89]

신헌 · 김굉집 등 조선전권이 장방에 먼저 입장하여 슈펠트 일행을 대기하고 있었고, 마건충 · 정여창 그리고 청국 군함에 봉직하고 있는 클레이슨Clayson 함장도 한 발 앞서 장방에 와 있었다. 맨 마지막으로 슈펠트 전권특사가 장방에 입장, 잠시 3국 대표들은 서로 인사를 나눈 후, 마건충 · 정여창 등 청국 특사는 장방에 부속되어 있는 별실로 퇴거한 후 조인식을 거행하였다. 원래 이홍장은 한미조약 체결을 지도 · 감독하기 위하여 마건충 · 정여창을 조선으로 특파하였다. 그러나 마건충 · 정여창은 어디까지나 옵서버 자격으로 조인장소인 장방에 입장한 것인데 한미 양국 전권이 조약 정본에 서명 · 날인하는 조인 의식儀式을 지켜보지 못하고 별실로 퇴거당하였다. 이홍장의 원래의 의도는 종주국의 전권 특사가 조인식 현장에 배석하기로 되어 있었으나, 슈펠트는 한미 양국 대표가 대등한 독립국가 자격으로 조약을 체결한다는 것을 강조하기 위하여 이같이 마건충 · 정여창을 별실로 퇴장시킨 것이다.[90]

장방 앞에는 태극기와 성조기를 X자형으로 나란히 꽂고 미 해군 호위병의 양키두들Yankee Doodle의 우렁찬 합창이 장엄하게 울려 퍼지는 가운

관장 애담슨(A. Adamson), 소위 풀람(W. F. Fullam), 데이비드(W. G. David), 란즈델(P. V. Landsdale), 사관 후보생 말로니(J. R. Maloney), 안드류(H. B. Andrew), 발렌틴(H. L. Ballentine), 기관 후보생 햇슨(W. F. C. Hasson), 킹(C. A. E. King), 스파이서(W. F. Spicer) 중위가 지휘하는 스와타라호의 해병 호위대(Marine Guard) 20명 등 총 35명이다.

88 *Ibid.*, p, 321; 『適可齋記行』권 4, p.355(4. 6).

89 金源模, 『韓美修交百年史』, p.120

90 『適可齋記行』권 4, pp.355~356(4. 6), 「東行初錄」.

데, 10시 40분 조인식이 거행되었다. 한미조약 조인식 때 미 해병대는 왜 미국 국가國歌 '성조기여 영원하라The Star Spangled Banner'를 합창하지 않고 굳이 미국 독립전쟁 당시의 애국가 '양키두들'을 합창했을까? '양키두들'이란 노래는 식민지 시대 1750년경 영국으로부터 전래된 혁명진군가이다. 이 노래는 아메리카 독립혁명 이래 미국국민이 애창하는 국민의 애국가가 되었다. 노랫말 중 한 구절을 보면, "양키두들이 조랑말 타고 우리 마을에 오셨네/깃털 꽂은 모자를 쓴 멋쟁이/그 이름 마카로니Macaroni·유럽 대륙풍에 젖은 멋쟁이라 부른다네"[91] 미국 독립군은 '양키두들'을 부르면서 영국군과 항전한 것이다. 슈펠트는 한청 종속관계를 타파하고 신생독립국가 '대조선국' 출범을 경축하기 위하여 양키두들을 합창하게 한 것이다.

1882년 5월 22일 10시 45분에 미 해병대가 양키두들을 우렁차게 합창하는 가운데 조인식이 거행되었다. 한미 양국 전권위원은 한미조약 정본 한문본 · 영문본 각 3통에 각각 서명 · 날인함으로써 조약체결은 엄수되었다. 서명 · 날인이 완료되자 슈펠트 전권특사는 장방 밖에 대기 중인 쿠퍼 함장에게 조약체결이 완수되었다는 신호를 알리자 쿠퍼 함장은 화도진 언덕에서 조인식이 엄수되었다는 신호로 불꽃화살火箭 · 信號用火具을 한 방 쏘자, 스와타라호는 대조선국 대군주를 위해 한미조약 체결을 경축하기 위해 21발의 경축 축포를 발사하니 축포의 굉음은 제물포 천지를 진동했다. 이어 10시 50분에는 청국 위원호威遠號도 이에 화답하듯 15발의 축포가 발사되었다.[92]

---

[91] Howard L. Hurwitz, *An Encyclopedic Dictionary of American History*(Washington Square Press, 1970), p.734; Appenzeller, "The Opening of Korea," p.62. "Yankee Doodle." The marching song of the Revolution came from England about 1750. "Yankee Doodle came to town, Riding on a pony, Stuck a feather in his cap, And called it Macaroni".

[92] *The Log of Swatara*, May 22, 1882; 『適可齋記行』권 4, 356(4. 6), 「東行初錄」. 한미조약 체

한미조약 체결을 엄수하자 미국 스와타라호에서 21발의 축포를 울렸다는 것은 이제 조선국은 청국과의 종속관계를 단절하고 신생 대조선국 출범을 만천하에 알리는 신호탄이라는 상징적 의미가 크다 할 것이다. 뿐만 아니라 청국이 강요하는 청운홍룡기 습용을 단호히 거부하고 이응준 창안의 태극기를 성조기와 나란히 게양하고 조인식을 거행한 것은 신생 대조선 독립국이 탄생했다는 역사적 의미를 상징하고 있다. 이에 반해 청국 위원호는 속방론을 강조하기 위하여 15발의 축포를 발사했을 뿐이다. 이는 청은 여전히 조선 독립국을 인정하지 않고 청의 속방임을 강조하기 위한 상징적 의미를 표출한 것이다.

별실에 퇴거, 대기하고 있었던 마건충과 정여창은 조약체결이 엄수되고, 이어 스와타라호에서 21발, 청국 위원호에서 15발의 축포가 울려퍼진 뒤 별실을 나와 한미 양국 전권에게 정식으로 조약체결 성취를 축하하면서, 슈펠트 제독 신헌 · 김굉집 대관 등 세 전권과 조준영 · 서상우 · 이응준 등을 위원호 축하연회에 초청했다. 신헌 대관은 몸이 불편하다는 이유로 사양했고, 조준영은 다른 볼 일이 있다하여 연회에 불참하고 그 나머지 인사들은 위원호 축하연에 참석했다. 여기서 축배를 들면서 구미 열강 가운데 제일 먼저 한미수교가 성취된 데 대해 마음껏 축하했다. 이 자리에서 슈펠트 특사는 5월 23일 스와타라호에서 조약체결을 축하하는 경축연회를 개최할 예정이라고 전하면서 한청 대표를 초청했다.[93]

조선 전권 대관 일행은 조약체결 후 조선 특산물을 잔뜩 실은 정크선을

결 직후 한미조약 체결을 경축하기 위하여 스와타라호는 대조선국 대군주를 위해 21발의 축포, 청국 위원호는 15발, 청국 진해호(鎭海號)에서는 슈펠트 전권특사를 위해 15발을 발사했다. 그리고 신헌 대관 일행이 이날 3시 45분에 스와타라호를 예방하고 4시 3분에 함상을 떠날 때 15발, 모두 66발의 축포가 발사되었다.

[93] 『適可齋記行』권 4, pp.355~356(4. 6), 「東行初錄」.

스와타라호에 보내어 그동안의 노고에 감사·위로했다. 이날 오후에는 조선전권 일행이 공식적으로 스와타라호를 예방, 한미수교를 축하했다. 조선 전권 일행이 떠날 때 예포 15발을 발사, 입약을 축하한 것이다.[94]

여기서 우리의 관심을 끄는 것은 장방에서 한미조약 조인식을 거행할 때 마건충 일행을 별실로 퇴장시키고 한미 양국 대표가 1대1로 이마를 맞대고 조인식을 거행했다는 사실이다. 생각건대 마건충을 특파할 때 종주국 사신 마건충의 배석하에서 조약체결을 엄수하겠다는 것이 이홍장의 원래 계략이었다. 그러므로 마건충은 옵서버로 참석, 조약체결 과정을 지켜보겠다는 것이었다. 이는 한청 간의 전통적 종속관계임을 공인받기 위한 외교적 계책이었다. 그것은 다음과 같은 사실에서 이를 뒷받침해주고 있다. 일찍이 영선사領選使 김윤식金允植이 이홍장에게 한번 무릎을 꿇어 절하고 세 번 머리를 조아리는 예를 행한 것이다一跪三叩. 이에 주인인 이홍장은 답례로 세 번 읍揖했을 뿐이다.

5월 14일 신헌 대관 일행이 청국 군함을 예방할 때, 영선사 김윤식이 이홍장에게 행한 예법과 달리, 마건충은 신헌 대관에게 삼궤구고례三跪九叩禮·세 번 무릎 꿇어 절하고 아홉 번 머리를 조아린다의 청국 황제에게 올리는 예법을 행할 것을 강요하였다. 이는 조공국이 사대교린외교의 전통적 예법을 그대로 따른 것이었다. 이는 종주국 특사 마건충은 청국 황제를 대신해서 특파되었으므로 조공국 특사는 황제에 올리는 최고의 예법을 행할 것을 강요했다는 것은 종주국 사신이 조약체결 장소에 배석한 가운데 조인식을 거행하겠다는 계략임이 확실하다. 그러나 슈펠트는 이 같은 음모를 간파하고 자주독립 국가 간의 조약체결의 조인식인 만큼 제3국 대표의 배석은 외교 관례상 어긋난다는 이유로 마건충을 퇴장시킨 가운데 조인식을

94 *The Log of Swatara*, May 22, 1882.

거행하였다. 미청 간 속방론 논쟁은 조약체결 마지막 순간까지 치열하게 전개되어 왔음을 확인할 수 있다.[95]

조인식을 거행하고 나서 이날 저녁 신헌 전권대신은 이응준을 마건충에게 보내어, 대조선국 대군주가 미국 대통령에게 보내는 답서 2통을 전달했다. 1통은 대군주의 어명御名이 있고, 1통은 어명이 없는 것으로서, 이응준이 마건충에게 이 2통 중 양자택일을 요구하자, 마건충은 기왕에 조회문에 국왕의 어명이 없었으므로 어명 없는 답서를 보내는 것이 좋겠다고 했다. 이리하여 마건충은 어명 없는 답서를 인수하면서 슈펠트 전권특사에게 전달하겠다고 약속했다.[96]

5월 23일 슈펠트 제독은 스와타라호 함상에서 한미조약 체결을 축하하는 오찬회를 개최했다. 마건충 · 정여창 · 김굉집 · 서상우 등 한청 양국 대표가 초대되었다. 이 자리에서 마건충은 전날 저녁 이응준으로부터 건네받은 조선국왕 답서를 슈펠트에게 선네주면서 입약을 축하했다.[97] 슈펠트는 일찍이 1867년 제너럴 셔먼호사건 탐문항행 시 조선을 방문하면서 그 자신이 장차 조선개항 계획을 수립한 이래 15년 만에 역사적인 한미조약 체결을 성취시킨 데 대한 무한한 자부심과 성취감에 도취, 다음과 같은 소감을 조선 대관에게 피력했다.

> 각국과 통상을 하는 본의는 인종은 비록 다르나 인명을 보호하기는 고금이 일반입니다. 그러므로 우호를 맺어 화친함으로써 기술을 배양하고 서로 교역한다면 민지民志가 자연 발달하고 국가가 이로부터 부강해질 것이니 이 어찌

---

[95] 『陰晴史』, pp.26~27; 『適可齋記行』권 4, p.345(광서 8. 3. 27); 『關係史料』권 2, p.622; 宋炳基, 『近代韓中關係史研究』, p.221.

[96] 『適可齋記行』권 4, p.357(4. 6), 「東行初錄」.

[97] 상세서, pp.357~358(4. 7).

행복이 아니겠습니까. 오늘 본 사신이 이곳에 온 것은 별다른 뜻이 없습니다. 멀리서 듣자하니 동양에 조선이라는 나라가 있다는데, 문물과 예의가 어느 나라보다 앞선다고 하기에, 우리나라 의회에서 본 사신을 파견, 일차적으로 조선을 시찰하고 난 뒤에 우호를 공고히 하여 안락을 함께 누리자는 뜻일 뿐입니다. 이제 와서 보니 산명수려山明水麗하고 인심이 순후純厚하여 천진스러움이 외면에 나타나고 있습니다. 이것이 마음속으로 축하하는 바입니다. 그러나 무엇보다도 언어가 통하지 않아서 교섭이 불편합니다. 바라건대 대관께서는 정부 당로자와 협의한 뒤에 총명한 젊은이를 미국에 파견하여 오늘날 세계의 형편과 국민생활 정도를 상세히 견학하도록 한다면 어학은 저절로 통하고 철갑군함도 이로 좇아 건조할 수 있을 것입니다. 이 어찌 오늘의 급선무가 아니겠습니까?[98]

이로써 슈펠트는 한미조약 체결 후 유학생을 파견하여 양국의 어학을 습득, 외교 교섭의 편의를 도모하고 양국 학술문화교류를 실현한다면 조선왕국의 무궁한 발전이 있을 것이라고 전망했다. 이에 신헌 대관은, "귀전권특사의 언론은 시의時宜 적절한 말씀입니다. 대단히 감사합니다. 그러므로 정부에서 이 문제를 협의한 후 대군주께 상품上禀한 뒤에 북양아문이홍장李鴻章에 통지하겠습니다."[99]

이 당시 조선정부는 구미 각국과 처음으로 교섭하게 되어, 미국을 교섭 상대자로 하는 직접적인 자주외교自主外交를 실행하지 못하고 청나라를 통하여 미국과 간접적인 교섭을 하는 전통적인 대외교섭 방식을 고수하고 있었다. 비록 조약문에 속방조항을 명문화 하는 데는 실패했지만, 청국

---

98 『美國通商實記』; 新東亞 1982年 1月號 別冊附錄, 『韓美修交 100年史』, pp.63~67, 美國通商實記(1882. 5).

99 상게서.

사신은 여전히 한청 간 종속 관계 프레임을 고수하고 있었기 때문에 신 대관의 답변을 듣고 더욱 의기양양해진 마건충은 다음과 같이 호언장담하고 있다. "조선의 예의 문물은 본래부터 뛰어났지요. 간혹 외교 등절等節에 있어서는 중국과 상의한 전례가 이미 있습니다. 또 돌아갈 날이 내일인데 신 대관의 답변대로 하는 것이 좋겠습니다."[100]

5월 24일 신헌 대관 일행이 스와타라호를 예방, 슈펠트에게 대조선국 대군주가 미국 대통령에게 보내는 5월 15일자음 3. 28로 작성한 별도조회문別途照會文·속방조회문屬邦照會文을 전달했다.[101] 이는 앞서 천진 북양아문에서 이홍장은 한미조약문에서 속방조항을 삭제하는 대신, 별도조회문에서 "조선은 중국의 속국이다"라는 문구를 명문화하기로 합의한 데 따른 조치였다. 그러나 한 독립국가의 지위를 인정받고 조약을 체결한 후 이 같은 굴욕적인 문서를 전달한 것은 외교 의례상 전후 모순되는 왜곡된 처사가 아닐 수 없다.

마건충은 5월 22일 한미조약 체결 직후 장방 안에서 신헌·김굉집 조선 전권대신이 일어나서 별도조회문을 슈펠트 전권특사에게 직접 건네주었다고 '동행초록'에 기록하고 있다.[102]그러나 이 같은 기록은 전후가 모순되고 있어서 신빙성이 희박하다. 왜냐하면 마건충·정여창 등은 조약 체결 시 별실에 물러나서 조인식이 끝나기를 기다리고 있었다는 것, 그리고 축포의 굉음이 그친 뒤에 별실에서 나왔기 때문에, 설사 별도조회문속방조회문을 수교했다손 치더라도 전달 장면을 직접 볼 수 없었기 때문이다. 그러므로 이날 조인장소인 장방에서 별도조회문을 슈펠트에게 건네주었

---

100 상게서.

101 Paullin, *Diplomatic Negotiations of American Officers*, p.322.

102 『適可齋記行』권 4, pp.355~356(4. 6), 「東行初錄」.

다는 기록은 결국 조선의 청국에 대한 번복藩服의 의미를 강조하기 위한 외교적 술수라고 판명되고 있다.[103]

그런데 스와타라호가 조선을 떠나기 하루 전날인 5월 24일에 전달된 별도조 회문은 조약 체결 7일 전인 5월 15일에 작성되었고, 조인 2일 후에 슈펠트에게 전달되었다. 원래 북양아문에서 속방조항을 삭제하는 대신 별도조회문에 속방조항을 성명하기로 타결한 것이고, 또 그것은 어니까 지나 조약체결 후에 작성해서 미국 특사에게 전달하기로 잠정 합의한 것인데, 조약체결 7일 전에 작성되었다는 사실을 슈펠트는 뒤늦게 알게 되었다. 슈펠트는 이는 이홍장과의 양해와는 배치되는 것이라고 다음과 같이 언명하고 있다.

> 조선에 대한 청의 종주권宗主權을 명문화할 별도조회문은 이홍장과 본인과의 사이에 양해된 것으로 조약 조인식 후에 작성하기로 합의한 것이었다. 이를 설명할 적당한 통역이 없어서 본인이 조선을 떠날 때까지 몰랐다. 그러나 이런 사실은 그것이 사전의 양해를 깨트렸다는 이외에는 하등 특별한 의미가 없다고 보겠다.[104]

조약체결 전에 별도조회문이 작성되었다는 것에 대해 미청 양국은 각기 정반대의 정치적 의미를 달리하고 있다. 청국 측은 조선이 청의 번복의 지위에 있다는 것을 강조했다는 사실이다. 마건충은 조약체결 전에 조선 전권대관으로 하여금 별도조회문을 작성하게 된 데 대한 정치적 의미를 다음과 같이 개진하고 있다. "별도조회문 작성은 이미 이홍장이 허락

[103] 奥平武彦,『朝鮮開國交涉始末』, p.139.

[104] *Shufeldt Papers: Letters*, Shufeldt to Frelinghuysen, US Naval Hospital, Mare Island, California, August 23, 1882.

한 것이었고, 이에 따라 슈펠트 제독도 완전 동의한 것이었다. 이제 조약 체결 전에 별도조회문 작성을 미국 측이 허락한 것은 이는 조선이 우리의 속방임을 인정하는 것과 다를 바 없다."[105]

이와 같이 미국은 조선의 속방지위를 인정하고 한미조약을 체결했다는 것, 조약체결 전에 별도조회문을 작성하도록 허락했다는 것, 이는 미국이 스스로 조선은 청의 속방임을 인정했다는 정치적 효과의 극대화를 노리고 마건충은 이 같은 계획적인 외교적 술책을 책동한 것이다.

한편 미국 측은 이와 정반대의 정치적 효과가 있다고 주장하고 있다. 즉 조선국왕이 조약체결 전에 별도조회문에서 번복藩服을 인정했으므로 이제 조약을 체결함으로써 조선은 번복의 지위로부터 벗어나, 완전 자주독립국가가 되어 미국과 대등한 국가지위를 인정받게 되었다는 것이다. 그러므로 "번복의 이름은 한미 양국 간의 평등한 국가관계에 아무런 장애가 될 수 없다"는 점을 강조하고 있다.[106]

별도조회문別途照會文[107], 일명 속방조회문屬邦照會文에서 조선국왕은 다음과 같이 성명하고 있다.

> 대조선국大朝鮮國 국주國主는 다음과 같이 조회합니다. 조선은 본래부터 중국의 속방이나 내치內治 외교外交는 조선국 국주가 자주하고 있습니다. 이제 한미 양국이 입약하였으므로 서로 평등하게 예대禮待해야 하며 대조선국 국주는 조약문 안의 각관各款에 따라 자주自主로 처리하되, 조선국이 중국의 속방으로 인해 발생하는 모든 문제는 각 조항에 따라 행할 것인즉 미국은 이에 조금도 간섭

---

105 『適可齋記行』권 4, p.352(4. 4), 「東行初錄」; 『關係史料』권 2, p.621. "立約之前先行聲明 則美國於此條 雖未允列約內 而約先旣許聲名 似卽與認明朝鮮爲我屬邦無異"

106 상게서, "藩服之名 在彼亦無礙平行之體"

107 別途照會文 원본은 현재 미국 국가공문서보관소(National Archives)에 보관되어 있다.

할 수 없습니다. 전권위원을 파견, 조약을 체결하고, 이에 조회문을 보내는 바입니다. 大朝鮮國 開國四百九十一年 卽 光緖八年 三月二十八日1882. 5. 15[108]

슈펠트 제독은 조선개항 임무를 완수하고 5월 25일 제물포를 출항, 5월 26일 그의 딸이 기다리고 있는 상해로 귀환했다.[109]

상해에서 딸 몰리 양을 만나 약 1주일간 체재하면서 한미조약체결 임무수행에 관계되는 외교문서를 정리하고 이를 북경 미국공사관으로 발송한 후, 6월 4일 일본 나가사키長崎로 출항했다. 슈펠트는 그 자신이 조선개항의 위업을 달성한 데 대한 무한한 자부심과 성취감을 가지고 클리츠John B. Clitz 후임으로 아시아함대 사령관에 임명해줄 것을 챈들러Chandler 해군장관에 자청했지만 그의 희망은 좌절되고 말았다. 아시아 함대는 1871년 조선원정신미양요을 단행, 포함외교 정책에 의해 조선개항을 위해 강화도에 내침, 대원군의 쇄국양이정책에 부딪쳐 한미전쟁을 일으킨 함대이다. 슈펠트는 그 자신이 평화적으로 조선개항을 성취했기에 이같이 아시아 함대 사령관의 임무를 맡고 싶었던 것이다.[110]

7월 29일 샌프란시스코에 도착하자, 장장 2년 가까운 긴장된 외교활동과 중국 동양외교의 특징인 지연외교에 지친 나머지 그의 심신은 극도로 피곤 · 곤비困憊로 인해 마침내 메어 아일렌즈Mare Islands에 있는 해군병원에 입원 요양하게 되었다.[111]

---

108 『舊韓國外交文書』권 10(美案 Ⅰ), pp.10~11. 「美大統領에 對한 國王의 照會文」(1882. 5, 15); *Shufeldt Papers: Letters*, Shufeldt to Frelinghuysen, No. 7, May 29, 1882; Drake, *The Empire of the Seas*, p.300. 別途照會文은 청국 통역관이 영문으로 번역하면서 조선어 발음을 무시하고 大朝鮮國을 'Ta Chou Hsien Kwo'라고 중국어 발음으로 표기하고 있다.

109 *The Log of Swatara*, May 25, 1882.

110 *Shufeldt Papers: Letters*, Chandler to Shufeldt, June 2, 1882.

111 Charles O. Paullin, "The Opening of Korea by Commodore Shufeldt," *Political Science*

한미조약 체결비준은 1882년 7월 29일에 상원에, 8월 9일에 외교위원회에 회부되었다. 조약비준이 장장 6, 7개월간 지연되다가 미네소타 출신 상원의원 윈돔William Windom이 상원외교위원회에 호의적 보고서를 제출함으로써 비준의 실마리가 풀리게 되었다. 그동안 상원외교위원회는 아더 대통령이 조선과 입약하기 위해 상원의 동의 없이 전권위원을 임명할 수 있는 권한이 있는가에 대하여 논란이 발생했기 때문이다. 이처럼 6개월간 지연되다가 마침내 1883년 1월 9일 한미조약 비준결의안이 상원에 정식 상정되어 비준되었다.[112]

그러나 상원은 비준결의안을 통과하면서 미국 대통령이 상원의 동의 없이 슈펠트에게 행정대리인Executive Agents 자격으로 전권위원全權委員에 임명한 것은 위헌적 처사라고 지적하면서, 이것이 하나의 외교적 선례先例가 되어서는 안 된다고 경고하고 있다. 심지어 미국 상원은 1883년 1월 9일 한미조약 비준을 가결하면서 슈펠트의 조선개항 교섭임무가 상원에 의해 인준된 것이 아니므로 그런 사람은 수교사절로 기용되어서는 안 된다는 경고구절을 첨가했다. 상원이 전권위원 임명문제를 두고 대통령에게 정식 항의를 제기한 것은 거의 1백 년 만에 처음 있는 사례였다. 그러나 상원에서 이 문제를 여론화하지 않았기 때문에 그 이상의 소란은 일어나지 아니했다. 상원이 대통령에게 제기한 항의문을 보면 다음과 같다.[113]

> 상술한 결의안에서 언급된 조약을 권고 · 동의함에 있어서 상원은 어떠한 외국과 입약교섭立約交涉을 벌일 전권위원을 임명할 수 있는 합헌적 권능Constitutional power이 대통령에게 있다는 것을 시인 또는 묵인한 일이 없다. 대

Quarterly, 25(1910), pp.470~499.

112 Drake, *The Empire of the Seas*, p.298.

113 *Ibid.*, p.298; 『韓美修交100年史』(新東亞 1982년 1월호 別冊附錄), p.62.

통령이 이러한 입약교섭권을 가진 전권위원을 임명하려면 반드시 상원의 권고와 동의를 받아서 임명해야 한다. 가령 국무장관 또는 외교관이 상원 휴회 중 공석이 생길 경우에는 대통령은 공석을 채우기 위하여 새로 임명할 수 있다. 상기한 바와 같이 입약교섭을 목적으로 전권위원을 임명하는 일이 하나의 외교적 선례가 되어서는 안 된다.[114]

한미조약 체결은 슈펠트 개인의 외교적 교섭노력의 결과 이룩된 외교적 성과이다. 그러기에 일반적으로 한미조약을 '슈펠트 조약Shufeldt Treaty'[115]이라 부르게 된 것도 이에 근거하고 있다. 조선개항을 성취시킨 슈펠트의 노력과 공적에 대해서 본국의 일반 여론은 너무나 무관심했다. 미국 국민은 조선왕국의 실체조차 거의 알지도 못했고, 사실상 조선왕국의 존재감마저 미지상태였다. 그때까지만 해도 미국 국민은 극동 아시아의 정치문제에 관심조차 없었다. 뿐만 아니라 워싱턴 아더 대통령 행정부의 수뇌들까지도 이에 냉담한 반응을 보였다.

국무부는 슈펠트의 한미조약체결 노고에 대해 즉각 그리고 진심으로 치하하지도 아니했다. 아더 대통령 자신이 한미조약 비준서에 서명했음에도 불구하고, 이를 완전 무시하는 태도를 견지하고 있었다. 가령 1883년 대통령교서에서 슈펠트의 조선개항 위업에 대해 한마디 언급도 없었고, 다만 "한미조약은 아직도 상원에서 심리 중"이라고 언급했다는 사실은 이를 입증해주고 있다. 이처럼 슈펠트는 워싱턴 집권층으로부터 소외된 '아웃사이더'였다. 미국 국민의 무관심과 정부의 냉대로 슈펠트는 한미조약 체결의 정통성을 인정받지 못한 것이다.[116]

---

114 *Ibid.*, p.298.

115 *Ibid.*, p.298.

116 Frederick Foo Chien, *The Opening of Korea, A Study of Chinese Diplomacy*

6. 한미조약 원본 영문본 · 한문본미국의회도서관 소장

1882년 5월 22일 인천부 제물포 화도진 장방에서 청국 대표 마건충과 정여창을 별실로 퇴장시키고 한미조약 조인식을 거행, 양국 전권특사가 서명 · 날인한 한미조약 한문본 · 영문본 정본正本은 모두 각각 3통이었다. 이는 한미청 3국이 각각 1통씩 나누어 가지기 위한 것이었다. 그런데 조약 당사국인 한국의 장서각藏書閣에는 한미조약 원본이 당연히 보관되어 있어야 함에도 불구하고 현재까지 실종 · 인멸상태로 내려오고 있다. 청국 측에서도, 특히 북양아문에도 보관되어 있다는 사실을 확인할 수 없다. 다만 미국 국가공문서보관소National Archives에 영문본 · 한문본 원본이 소중하게 보관되어 있을 뿐이다.[117] 한미조약 원본이 한국에 없다는 것은 이변이 아닐 수 없다. 마땅히 장서각에 보존되어 있어야 함에도 불구하고 구미 열강 가운데 미국과 최초로 체결한 이 귀중한 조약문서가 인멸되었다는 것은 역사적 문서보관이 얼마나 소홀했는가를 자괴하지 않을 수 없다.

개항기 구미 열강 가운데 최초로 미국과 조약을 체결한 한미조약의 외교문서로서의 역사적 중요성과 그 가치는 아무리 강조해도 지나침이 없을 것이다. 저자는 이 같은 중요한 외교문서가 국내에는 찾을 길 없기에 미국 국가공문서보관소에 보전되어 있다는 사실을 확인하고 이를 입수하기로 결심하였다. 재미 학자 장수영張水榮 · 전 포항공대 총장 박사의 헌신적 교

1876-1885(The Shoe String Press, Inco.), p.91, Paullin, *Diplomatic Negotiations of American Naval Officers*, p.327. 심지어 "The Congressional Record of the 47th Cong. 2nd Sess."에도 한미조약에 관한 기사를 찾아볼 수 없다.

[117] The Archives of Department of States, National Archives, Washington D. C.

섭 끝에 1985년 영문본 · 한문본 조약문서 사본을 입수하였다. 저자는 장 박사로부터 조약문서 복사본을 인수하고 이를 원본 그대로 재구성, 표구하고 보관하면서 본 연구를 진행해왔다.

그러면 여기서 두 가지 의문을 제기하지 않을 수 없다. 그것은 첫째 한미조약 조인식 광경사진의 존재여부이다. 국사편찬위원회에서 『고종시대사高宗時代史』국사편찬위원회, 1968, 권2, pp.307~317(고종 19. 4. 6)를 편찬할 때 한미조약 조인식 광경 사진자료를 발굴하여 게재해 놓고 있다.

둘째, 한미조약 한문본 영문본 모두가 실종 상태이다. 그러면 조약 당사국인 한국에 한미조약 원본이 왜 인멸되었을까에 우리의 관심이 집중되고 있다. 마건충이 가지고 간 한미조약 원본은 아마 북경 어느 고문서보관소에 보관되어 있을지 모르겠으나, 그 실존 여부는 아직 확인하지 못하고 있다. 그런데 상해 청국 총세무사總稅務司는 1891년 조선의 대외조약문對外條約文을 수합, 『조선대외조규집朝鮮對外條規集, 淸 海關本, 1891』을 편찬한 바 있다. 이는 조선 대외관계 최초의 조규집이다. '청 해관본'에 수록되어 있는 한미조약 영문본 · 한문본을 미국 국가공문서보관소의 원본과 대비 · 검토해보면, 오자誤字 결자缺字 등이 오히려 통감부 편찬 『한국조약유찬韓國條約類纂, 統監府, 1908』보다 훨씬 더 많이 발견되고 있다. 이를 구체적으로 예증해보면, 영문본의 경우, 우선 무엇보다도 원본에는 미국식 영어로 표기되어 있었으나, '청 해관본'에는 영국식 영어, 즉 favor를 favour로 표기하고 있다. 오자가 모두 9단어나 된다. 한문본의 경우에는 오자가 9자, 결자가 60자, 도치문倒置文이 2단어, 불필요한 추가자가 3자에 이르고 있다.[118]

만약 '청 해관본' 편찬담당자가 원본을 입수 · 이용했다면 이 같은 엄청

---

[118] *Treaties, Regulations ETC., Between Corea and Other Powers*, 1876~1889(Shanghai, China: Imperial Maritime Customs, 1891), pp.41~49.

난 오기는 없었을 것이다. 이런 관점으로 보면 '청 해관본'은 편찬 시 원본을 이용하지 못했다는 것이 입증되고 있다. 그렇다면 한미조약 조인식에 참가한 마건충이 본국으로 귀국할 때 분명히 영문본·한문본을 휴대하고 간 것은 확실하나, 이 문서가 국가기록보관소 같은데 보관되어 있었다면, '청 해관본'이 이를 이용하지 않았을 리 없다. 그러므로 마건충이 가지고 간 한미조약 원본은 인멸되었을 가능성이 농후하다.

마건충이 가지고 간 한미조약 원본의 인멸 가능성은 다음과 같은 역사기록이 이를 뒷받침해주고 있다. 첫째로 청말 정통 외교문서의 정본을 수록한 것으로 정평이 나있는 『정계중일한관계사료』에 수록 되어 있는 한미조약 한문본을 원본과 대비·분석해보면, 오자가 4자, 결자 1자, 불필요한 추가문자가 무려 18자에 이르고 있다는 사실이다. 뿐만 아니라 영문본은 아예 수록하지 않고 있다.[119]

둘째로 이홍장의 『이문충공전집』[120]을 보면 한미조약문이 아예 수록되어 있지 않다는 사실이다. 제2호 조약초안李鴻章 전문이 수록되어 있을 뿐이다.[121] 한미조약은 이홍장-슈펠트 양인의 단독 교섭결과로 성사되었다 해도 과언이 아니리라. 그러므로 한미조약 조인식에 참석한 마건충이 영문본·한문본 정본을 이홍장에게 보고하지 않았을 리 없다. 그렇다면 왜 '이문충공전집'에 한미조약 전문이 수록되지 않았는가에 대한 의문이 풀리지 않고 있다. 마건충이 한미조약 정본을 가지고 가서 이홍장에게 전하지 않고 자의적으로 처분했을 가능성을 배제할 수 없다. 이와 같이 '청계중일한관계사료'에 수록되어 있는 한미조약문이 오자 결자 불필요한 추

---

119 『關係史料』권 2, pp.611~616, 「照錄朝鮮與美國新議條約 並 兩國國書照會 全權字據」.

120 『李文忠公全集』(文海出版社, 1965), 권7권.

121 상게서, 권 5, pp.316~317, 「代擬朝美訂約十款(附)」.

가문자가 의외로 많다는 사실, 그리고 '이문충공전집'에는 아예 한미조약문이 수록되어 있지 않다는 사실, 이 두 가지 사실을 미루어보더라도 마건충이 휴대하고 간 한미조약 영문본 · 한문본 원본은 인멸되었을 가능성이 농후하다.

이상의 사실을 종합해 정리해보면 현재 미국 국가공문서보관소에 보존하고 있는 한미조약 영문본 · 한문본은 유일무이한 귀중문헌임을 재확인할 수 있다. 더군다나 조약 당사국인 한국에 한미조약 원본이 인멸되었다는 것은 가장 애석한 일이 아닐 수 없다. 문서 인멸의 시기 · 동기 · 계기를 저자 나름대로 추단해본다면, 시기는 통감부 시대 · 일제강점기 · 6 · 25전쟁 혼란기 등 3시기를 생각해 볼 수 있다. 인멸 동기는 무엇보다도 한미조약 체결 이후 한국의 정치적 불안과 주권 상실로 인한 정치적 사회적 혼란이 극심한데 그 원인을 찾아볼 수 있다. 그 다음으로 인멸 계기를 점쳐본다면 일제 당국이 사료 이용 후 고문서 수집가에게 도난 또는 분실되었을 가능성을 생각해 볼 수 있다.

러일전쟁에서 전승을 거둔 일제는 을사늑약을 체결, 통감부를 설치, 한국 지배권을 장악했다. 통감부 당국은 1908년 '한국조약유찬1908'을 편찬했는데, 한미조약 영문본 · 한문본 전문이 수록되어 있다. 이는 '한국조약유찬'을 편찬할 때 원본을 이용했을 것으로 확실시 되고 있다. 그 이유는 '한국조약유찬'에 수록되어 있는 한미조약 영문본 · 한문본은 앞서 편찬된 '청해관본'에 비해 결자 · 오자 · 불필요한 추가 문자가 현저히 적다는 데 그 근거를 들 수 있다. 가령 영문본의 경우 오자는 2단어뿐이다. 한문본의 경우는 오자가 4자, 결자가 1자, 도치가 1자, 불필요한 추가문자 1자뿐이다. 이런 점에서 볼 때 통감부 당국이 '한국조약유찬'을 편찬하고 한미조약 원본이 분실되었거나, 편찬자가 이를 편취騙取했을 가능성을 배제할 수 없다.

그 다음으로 일제강점기 인멸되었다는 가능성을 점쳐볼 수 있다. 일제는 '고종순종실록'을 이왕직李王職 주관하에서 편찬한 바 있다. 이왕직 장관篠田治策 위원장 주관하에 경성제국대학 교수小田省吾의 편찬 총책임으로 만 8년간1927. 4~1935. 3에 걸쳐 '고종순종실록'의 편찬사업이 계속되었다.[122] 그런데 '고종실록'에는 한미조약 한문본 전문만 수록되어 있을 뿐 영문본은 아예 수록하지 않고 있다. '고종실록본'을 '한국조약유찬'과 대비해보면 오자 · 결자 · 도치 · 불필요한 추가문자 등이 훨씬 많다는 사실이다. '고종실록'을 편찬할 때 한미조약 원본을 이용했다면 이 같은 실수를 저지르지 않았을 것으로 보인다.

그 다음으로 생각해볼 수 있는 것은 6 · 25 전쟁이 발발할 때까지 한미조약 원본이 보관되어 있었을까 하는 문제이다. 대한민국 정부 수립 후 최초로 편찬한 '구한말조약휘찬舊韓末條約彙纂'1965과 '한국조약유찬'을 비교해보면 역시 한문본과 영문본 모두가 상당한 오자 · 결자 · 도치를 찾아볼 수 있기 때문에 이때 이미 한미조약 원본을 편찬에 이용하지 않은 것으로 보인다.

이상 세 가지 종합 분석해보면, 역시 통감부에서 1908년 '한국조약유찬'[123] 을 편찬할 때 한미조약 한문본 · 영문본 원본을 이용해서 편찬한 것이 가장 유력시되고 있다. 그러므로 원본을 이용해 편찬업무를 완수한 후 편찬자가 편취했거나 관리 소홀로 민간 고문서 수집가가 이를 훔쳐갔거나 분실되었을 가능성이 가장 높다고 결론을 내릴 수 있다. 그 이유는 우선 무엇보다도 '한국조약유찬'에 수록되어 있는 한문본 · 영문본의 오자 · 결자 · 도치 등이 최초로 편찬된 '청 해관본'보다 그 오자수가 현저하

---

122 『高宗純宗實錄』(국사편찬위원회, 1979), 上, pp.1~6, 解題(崔永禧).

123 『韓國條約類纂』(統監府, 1908).

게 적다는 것이다. 가령 영문본의 경우, 'parties正'를 'party誤'로, 'rigor正'를 'regour誤'로 잘못 표기하고 있다. 심지어 한문본의 경우, '청계중일한관계사료'에 비해 오자 · 결자 · 도치 등이 훨씬 적다는 사실이다. 이런 점으로 보아 통감부에서 한미조약 원본을 이용한 후 조약 원본이 유실되었을 것으로 추단해 볼 수 있다. 유실도 고의적인 폐기 처분이냐, 단순한 관리 소홀로 인한 분실이냐, 또는 편찬 담당자의 편취騙取냐 등 여러 갈래로 생각해볼 수 있으나 정확한 판단을 내릴 수 없다.

한미조약이 체결된 이후 오늘날까지 각 사서史書에 수록되어 있는 한미조약 영분본 · 한문본이 제 각기 오자 · 결자 투성이다. 이와 같이 각 사서에 오자 · 결자 등이 많이 생긴 근본적 이유는 무엇보다도 한미조약 원본이 국내에는 없었고 미국에만 보관되어 있다는 것, 조약 당사국인 한국에조차 원본이 인멸되어 버렸다는 것, 그리고 일반 학자들이 미국 국가공문서보관소에 접근, 문서열람이 어렵다는 것 등이 그 원인이 되고 있다.

이제 미국 워싱턴의 국가공문서보관소에 보관되어 있는 한미조약 영문본 · 한문본을 분석 · 검토해보면, 영문본의 경우, 문서 상단에 '原本 · Original'이라 쓰고 밑줄까지 쳐놓고 있다. 한미조약Treaty between the United Staes of America and the Kingdom of Chosen[124]이라 명기하고 있다. 영문본은 길이가 6m가 넘는 대문서이다. 얼른 보아서 필사筆寫한 듯한 아주 엄숙한 기분이 들 정도로 정중한 외교문서 특유의 필기체 활자로 되어 있다. 조약문 말미에 "조선, 서기 1882년 5월 22일Chosen, May the 22nd, A. D. 1882"이라 적고, "슈펠트, 미국 해군제독, 조선파견 미국특사R. W. Shufeldt, Commodore U.S.N. Envoy of the U.S. to Chosen"이라 서명해 놓고 있다. 그리고 끝에 "大朝鮮國

124 『朝鮮日報』(1988. 5. 19), 韓美수호통상조약은 日帝의 誤記, 原本엔 朝美條約…바로 잡아야(金源模).

開國四百九十一年四月初六日 全權大官 經理統理機務衙門事 申櫶 全權副官 經理統理機務衙門事 金宏集"의 수결手決과 함께 "일품봉사지인弌品奉使之印"이란 직인職印이 찍혀있다.

한문본은 길이가 약 2m 정도이다. 영문본이 한문본보다 길이가 3배 이상 되는 것은 한문본은 축소 복사했다는 것, 그리고 표의문자이고 영문본은 표음문자이기 때문에 길어진 것이다. 5월 20일 슈펠트 · 마건충 · 정여창 등 미청 양국 대표가 인천부 관사를 방문, 한미 양국 대표는 전권위임장을 상호 교열하고, 이 자리에서 슈펠트 전권특사는 미국 국서와 신임장을 신헌 대관에게 수교한 것이다.[125] 그런데 이날 한미 양국 대표는 친진에서 슈펠트-이홍장 회담에서 타결한 최종안인 제4호 조약초안假條約을 놓고 최종 문안을 수정 · 정리했다. 그리고 영문본과 내용이 일치되도록 한문본 문장을 수정하였는데, 특히 이날 양국 대표가 새로 타결한 것은 미곡수출을 금지했다는 사실이다. 이리하여 최종 조약 문안을 완성, 조선측은 한문본을 단아端雅한 해서체楷書體로 3통을 필사한 것이다.

한문본 말미에 조선 측은 "大朝鮮國 開國四百九十一年 卽 中國光緒八年 四月初六日"이라 하여 한청 양국의 연호年號를 병기하고 있으나, 미국측은 '西紀年月日'만 적고 있다. 한일조규1876에는 조선 측은 중국연호를 배제하고 개국연호와 간지를 사용했고, 일본 측은 기원紀元과 명치연호明治年號를 사용하고 있었는데,[126] 한미조약에는 개국연호와 광서연호를 병기한 것이 다르다고 하겠다. 이는 이홍장의 조선에 대한 종속관계를 반영한 것이라 하겠다. 조약 명칭을 보면 원본 · 규장각본 · 실록본에서는 '조미조약'이라 표기하였고, '청 해관본'은 '미국과의 인천조약仁川條約' '조미우

125 『適可齋記行』권 4, p.350(4. 4).

126 『舊韓末條約彙纂』(1964), 上, pp.3~16.

호통상조약朝美友好通商條約', 통감부본은 '한미수호통상조약韓米修好通商條約', '구한말조약휘찬舊韓末條約彙纂'에는 '한미수호통상조약韓美修好通商條約'이라 표기하고 있다. 이처럼 원래의 명칭이 편찬자의 취향에 따라 변질 · 왜곡되고 있다.

그런데 여기서 영문본의 경우 문제가 되는 것은 조선의 국명 · 인명 · 지명의 영문표기이다. 가령 인명의 경우, 신헌申櫶을 'Shin Chen', 김굉(홍)집金宏(弘)集을 'Chin Hong Chi' 등 중국어 발음으로 표기하고 있다. 지명의 경우 인천仁川을 'Yin-Chuen'이라 하여 조선어 발음을 따르고 있다. 인천의 중국어 발음은 'Jenchuan'이다. 그러나 국호國號 표기의 경우 유독 조선朝鮮을 'Chosen'으로 일본어 발음대로 표기했다는 사실이다. 인명을 중국어 발음으로 표기한 것은 마건충의 수행 통역관이 중국인이기 때문에 이같이 표기한 것으로 보인다. 그러나 조선朝鮮을 'Chosen'으로 표기한 것은 한미조약 영문 번역 담당자가 주청미국 공사 홀콤이기 때문에 한일조규에 표기된 그대로 습용한 것이다.

원래 슈펠트는 천진에서 한미조약문을 초안할 때 한일조규를 저본으로 했다 는 것, 홀콤 공사가 제1호 조약초안슈펠트 영문본을 기초했을 뿐만 아니라 한문본인 제2호 조약초안이홍장李鴻章을 영문으로 번역했다. 그러므로 홀콤 공사는 일본어 발음으로 적어놓은 한일조규의 'Chosen'을 그대로 습용한 것으로 보인다. 이리하여 제1호와 제2호에는 모두 'Chosen'이라 표기하고 있다. 한미조약 영문본에도 조선을 'Chosen'이라 표기했다. 그러나 한미수교 후 1883년 9월 조선보빙사가 미국사행시에는 아더 대통령에게 국서를 제정했을 때는 대조선大朝鮮을 'Tah Chosun'이라 한국어 발음으로 표기했다.[127]

---

[127] *The New York Herald*, September 19, 1883.

7. 슈펠트의 '한미조약 체결사'번역

《해제》

슈펠트의 '한미조약 체결사The History of the Treaty with Korea, 1898'는 미국 의회도서관에 보관되어 있는 '슈펠트 문서Shufeldt Papers' 중 한미조약집 가운데 포함되어 있다*Shufeldt Papers: Letters*, The Collections in the Manuscript Division, Library of Congress. 본 문서는 육필본肉筆本 · Hand-written Documents이지만 슈펠트 자신이 집필한 것이 아니고 제3자가 슈펠트의 구술口述을 받아 이를 종합 · 정리하여 원고를 작성한 것이며, 따라서 무기명 문서이다. 슈펠트 별세1895 3년 후인 1898년에 슈펠트 수행비서가 슈펠트의 구술口述을 받아 집필한 것으로 보인다. 본 문서의 문장을 보면 1인칭 I가 아니라 3인칭 He를 사용했다는 것, 그리고 문서 끝부분에 "상기한 것이 그가 기억하고 있는 전부이다"라고 기록한 것으로 보아 슈펠트가 1895년 임종을 앞두고 측근 비서에게 한미조약 체결과정을 자세히 진술하면서 이를 기록으로 남기도록 한 것으로 해석해볼 수 있다.

슈펠트는 네 번 한국을 방문했다. 첫 번째는 1867년 제너럴 셔먼호사건 탐문항행이고, 두 번째는 슈펠트는 1880년 일본중재에 의한 조선과의 입약교섭을 시도했으며, 세 번째는 1882년 5월 한미조약 체결을 위해 제물포를 방문했고, 네 번째는 1886년 10월 고종의 초청으로 영애 몰리를 동반하고 방한한 것이다. 슈펠트는 제1차 방한 시 이미 조선개항 계획을 수립했고, 그로부터 15년간 끈질긴 노력 끝에 마침내 은둔왕국 조선개항의 위업을 달성하였다.[128] 그러기에 그의 조선개항 성취야말로 그에게는 일

---

[128] *San Francisco Chronicle*, October 30, 1887, "R. W. Shufeldt: Corea's Troubles."

생일대의 생애 최고의 보람과 긍지를 가지기에 조금도 부족함이 없으리라. 슈펠트는 이와 같은 조선개항 위업은 페리 제독의 일본개항보다도 더 보람찬 업적이라고 자부하고 있다. 그러기에 그는 한미조약 체결과정을 측근 비서에게 소상히 구술함으로써 이 같은 귀중한 '한미조약 체결사'를 남기게 된 것이다.

측근 비서가 슈펠트의 구술을 받아 본 문서를 작성했다면 과연 그 주인공은 누구인가에 관심이 집중되고 있다. 그 집필 당사자는 바로 그의 딸 몰리Molly Shufeldt이다. 몰리는 슈펠트의 질녀이지만 그의 양녀로 입양, 슈펠트의 딸이 되었다.[129] 몰리는 슈펠트의 구술원고를 작성해 두었다가 슈펠트 타계 3년 후 1898년에 본 문서를 정리하여 이를 '슈펠트 문서' 중 '한미조약 문서철'에 삽입했다.

본 문서 작성자가 몰리라는 이유는 다음 두 가지 사실에 근거하고 있다. 첫째, 슈펠트는 1881년 3월 주청미국공산관부 해군무관으로 임명된 이후부터 한미조약체결 때까지 줄곧 영애 몰리를 자신의 비서로 동반했다는 사실이다. 슈펠트는 1867년 제1차 조선방문 이래 수립한 조선개항 계획을 실현해보려고 블레인James G. Blaine 국무장관에게 입약교섭 전권특사에 임명해줄 것을 자청했다. 이에 블레인 국무장관은 1881년 3월 15일 헌트William H. Hunt 해군장관에게 슈펠트를 주청미국공사관부 해군무관에 임명해주도록 협조를 구함으로써 마침내 조선과의 입약을 교섭하는 비밀권한a secret authority을 띠고 주청미국공사관부 해군무관Naval attache to the American Legation에 부임하였다. 표면적인 직책은 해군무관이지만, 슈펠트에

---

[129] Frederick C. Drake, *The Empire of the Seas, A Biography of Rear Admiral Robert Wilson Shufeldt, USN*(University of Hawaii Press, 1984), pp.134, 142.

게는 사실상 입약교섭의 전권이 부여되어 있다.[130]

해군무관에 임명된 슈펠트는 1881년 5월 19일 샌프란시스코를 출항, 임지 북경으로 향발하면서 몰리를 "그의 비서 겸 필요한 사회적 행사의 공식적 여주인공his secretary of and official hostess for necessary social functions" 자격으로 동반한 것이다.[131] 슈펠트는 천진 북양아문에서의 슈펠트-이홍장 회담을 앞두고 1882년 1월 19일 성식으로 조선파견미국전권특사Envoy Extraordinary and Minister Plenipotentiary of the United States에 임명되었다.[132] 몰리는 슈펠트의 비서로 보정부保定府에서의 교섭, 그리고 북양아문에서의 회담을 계속하는 동안 슈펠트를 수행하면서 교섭과정을 지켜보았다. 그러므로 몰리가 어느 누구보다 한미조약 체결교섭과정을 소상하게 알고 있었다는 사실을 우리는 주목해야 한다.

둘째, 1882년 5월 8일 스와타라호를 승선, 조선으로 항행할 때 슈펠트는 딸 몰리를 동반하지 않고, 그 자신이 조선에서 한미조약 체결임무를 성취하고 상해로 돌아와서 만나기로 하고 단신 출항했고, 조약체결임무를 완수하고 상해로 돌아온 후 딸 몰리로 하여금 한미조약 체결 경과 보고서를 작성해서 홀콤Chester Holcombe 주청미국공사에게 제출하였다.[133]

이상 두 가지 사실을 근거로 몰리 양은 시종일관 아버지 슈펠트 제독의 비서로 모든 외교문서를 직접 처리하였고, 게다가 입약교섭에서 조약체

---

[130] *The Robert Wilson Shufeldt Papers: Letters*, The Collections in the Manuscript, Division, Library of Congress, Washington D. C., Hunt to Shufeldt, March 18, 1881; H. G. Appenzeller, "The Opening of Korea: Admiral Shufeldt's Account of it", *The Korean Repository*, 1(1892), p.61; Drake, *The Empire of the Seas*, p.261.

[131] Drake, *The Empire of the Seas*, p.261.

[132] *Shufeldt Papers: Letters*, Pao-Ting-Fu to Shufeldt, February 2, 1882; Drake, *Ibid.*, p.278.

[133] *The Log of the USS Swatara*, May 8, 1882; Shufeldt Papers: Letters, Chandler to Shufeldt, June 2, 1882.

결까지 비서직을 맡아 각종 외교보고서를 작성했다는 것, 그리고 본문에서 "조약 체결된 지 14년"이라는 기록으로 보아 1896년에 몰리 양이 본 문서를 작성했다는 결론에 도달하게 된다.

본 '한미조약체결사'는 육필본Hand-written Letters으로 '슈펠트 문서' 중 제1호 조약초안슈펠트과 제4호 조약초안가조약假條約, 이홍장李鴻章 사이에 삽입되어 있다. 본 문서는 슈펠트 자신이 직접 집필한 문서가 아니기 때문에 사료적 가치가 적다고 간과하기 쉽다. 그러나 모든 외교문서는 비서가 작성하게 되어 있다. 조약체결 당사자가 사랑하는 딸이자 비서인 몰리에게 자신의 조약체결 과정을 상세히 구술한 것을 비서인 몰리가 슈펠트 사후 3년만에 이를 충실히 옮겨 적은 문서이기 때문에 일차사료로써의 가치가 충분히 인정되고 있다.

이러한 시각에서 저자는 본 육필 원고문을 해독하고 이를 역주譯註하였다. 내용을 보면, 북양아문에서의 이홍장과의 회담, 속방조항 삭제여부를 둘러싸고 미청 양국 대표와의 끈질긴 교섭과 담판, 그리고 제물포에서의 한미 간 교섭, 한미조약 체결과정과 조인식 거행에 이르기까지 상세하게 기술하고 있다.

본 문서에서 우리의 주목을 끄는 대목은 한미조약 조인식에서 사용할 조선국기 태극기를 새로 창안・제정하여 성조기와 나란히 게양하고 한미조약 조인식을 거행했다는 역사적 사실이다. 본 문서가 작성되어 슈펠트 문서에 포함되어 미국 의회도서관에 기탁된 지 장근 1백여 년이 되도록 본 문서의 사료적 가치의 중요성을 인식, 이를 한미외교관계사에 이용・서술하기는 처음 있는 성사가 아닐 수 없다. 그동안 한미조약 체결 당시에는 조선 국기 태극기가 제정되지 않아서 성조기만 게양하고 조인식을 거행했다고 일반적으로 인식하고 있었다. 그러나 본 문서에서 보듯이 슈펠트는 만약 조선 당국이 마건충의 강요에 의해 청운홍룡기青雲紅龍旗를 사용한다면 조선이 스스로 청국의 속국임을 인정하기 때문에 조선 국기를 제정할 것을 권고하자, 스와타라호 함상에서 이응준李應浚은 태극기를 제작, 1882년 5월 22일 한미조약 조인식 때 성조기와 태극기를 나란히 게양하고 장엄한 축포가 울려 퍼지는 가운데 조인식을 엄수했던 것이다.

> 한미조약은 예포가 울려 퍼지고 한미 양국의 국기가 나부끼는 가운데 제물포에서 조인되었다. 조선국기Korean National Banner, flag는 이 조인식 행사를 위해 스와티라호 함상에서 급히 제작되었다.
>
> The Treaty was signed at Chemulpo, amidst the salutes of cannon and the waving of flags; a Korean national bannerflag having been made on the Swatara for the occasionfor the Koreans up to that time had used only the small flags, or rather large pennons as the Koreans had only their small flags or rather large pennons.

일반적으로 수신사 박영효朴泳孝가 메이지마루明治丸를 타고 일본사행 도중 1882년 10월 3일 태극기를 제정, 국기로 채택·사용했다는 것이 정설화되고 있다.[134] 그러나 태극기 제정 4개월 전에 한미조약 조인식 때 이미 이응준은 태극기를 제정·사용했다는 것은 새로운 역사적 사실이 아닐 수 없다. 그러므로 태극기 창안자는 박영효가 아니라 이응준임을 역사적으로 입증해주는 증빙자료이다. 따라서 이응준의 태극기는 한국 국기 제정의 원형原型·prototype으로서 박영효의 태극기 제정1882. 10. 3의 원조가 되고 있다. 이는 태극기 제정의 유래와 역사를 재정립 규명하는 데 결정적 증빙자료가 되고 있다는 점에서 본 문서의 사료적 가치로서의 의의는 크다할 것이다.

---

[134] 『修信使記錄』(국사편찬위원호, 1985), pp.1999~200, 「使和記略」(개국 491. 8. 22).

The History of the Treaty with Korea, 1898

Shubeldt Papers : Letters, the Collections in the Manuseript Division, Library of Congress.

슈펠트의 '한미조약 체결사1898' 역주

1867년 슈펠트Robert Wilson Shufeldt, 薛斐爾, 1822~1895 제독은 제너럴 셔먼General Sherman호 사건 진상을 탐문하기 위하여 와추세트Wachusett호를 이끌고 조선으로 탐문 · 항행하라는 명령을 받았다.[135] 비록 조선은 그 당시 모든 외국인에게 문호를 폐쇄한 나라였지만, 그는 기꺼이 이를 수락했다. 탐문항행에 필요한 모든 편의가 제공되었다. 슈펠트는 조선국왕에게 보내는 그 자신의 친서親書를 조선 지방관에 전하면서 서울로 전달해줄 것을 요구하면서 이에 대한 회신回信이 오기를 기다리고 있었다.

조선국왕의 답서가 오기를 기다리고 있는 동안 슈펠트 제독은 제너럴 셔먼호사건 발발의 진상을 철저히 조사해 본 결과, 셔먼호는 이름만 미국 선적船籍 함정일 뿐, 선장 승무원 모두가 조선인에게 잘못을 저질러in fault 이로 인해 완전 소파燒破되었고, 조선인들은 엄격하게도 자신들의 정당방위권리를 위해 행동했다는 사실을 알게 되었다.[136]

슈펠트는 조선에는 천연자원이 풍부하다는 것, 조선인의 친절하고도

---

135 金源模, 『近代韓美關係史』(韓美戰爭篇) (철학과현실사, 1992), pp.198~236, 슈펠트의 探問航行과 朝鮮開港 計劃. 슈펠트 제독은 와추세트호를 이끌고 1867년 1월 22일부터 2월 3일까지 12일 동안 黃海道 長淵縣 대동강 하구와 巨文島 등지를 순항하면서 제너럴셔먼호 탐문항행을 벌였다.

136 *San Francisco Chronicle*, October 30, 1887. 셔먼호사건의 진상을 탐문해본 결과, 셔먼호는 양이(洋夷)를 동반한 중국 해적선으로 오인 받았다는 것, 셔먼호가 평양 大同江에서 너무 공격적 도발행위를 자행, 이로 인해 자취지화(自取之禍)를 당했다고 결론을 내리고 있다.

지성적인 성격을 보고 깊은 감명을 느꼈고, 그래서 장차 은둔왕국隱遁王國 조선의 문호를 서방세계에 개방할 결심을 굳히게 되었다. 그는 날씨가 점점 혹독하게 추워짐에 따라 조선국왕의 답장이 올 때까지 기다릴 수 없어서 조선을 떠나지 않을 수 없었다. 그러나 슈펠트에 보낸 조선국왕의 답장은 미국 국무부에 전달, 거기서 10년 동안 고스란히 보관되어 있었다.[137]

1878년 슈펠트는 해군부 조달국장에 취임, 사슬 닻줄chain cable 사용실험을 했고, 해군 훈련제도를 현행 수준급으로 확립했으며, 연속 복무증명서 및 해군 현역지위 향상을 위한 기타 조치 등을 공포하는 등 해군을 위해 많은 공헌을 했다. 그래서 그는 직접 관계되는 업무 이외의 다른 계획을 실천에 옮길 수 없었다. 특히 그가 구상하는 바는 세계 전역에 걸쳐 미국 해군함정을 위한 저탄소Coaling Station 개설계획 등이 포함되어 있었다. 그는 이러한 계획을 수행하기 위하여 국장직을 사직하고 타이콘데로가Ticonderoga호 함장에 임명되어 국무부 후원하에 세계 일주항행 즉 외교 및 통상순항을 결행하게 된 것이다.

슈펠트에게는 약소국가들과 예비조약 협상체결 권능이 부여되어 있었다. 특히 그에게 미국인의 생명과 통상무역을 보호하기 위하여 조선정부와 입약立約을 위한 협상 · 교섭할 권능이 부여되어 있었다. 그는 처음에는 일본의 영향력중재仲裁을 빌어, 조선개항교섭을 시도했다.[138] 일본은 이

137 金源模, 『近代韓美關係史』, pp.223~225, 조선정부의 회신문. 슈펠트는 '조선국왕에 보내는 친서'와 '長淵縣監 韓致容에게 본내는 친서' 등 두 통의 서한을 金大淸에게 전하면서 친서전달을 부탁했다. 그러나 슈펠트는 회신문을 받아보지 못하고, 巨文島 탐사항행을 단행했다. 슈펠트가 이 회신문 사본을 직접 받아보게 된 것은 13년 후인 1880년 5월 4일 일본의 중재로 조선개항 교섭을 위해 부산을 방문했을 때, 沈東臣 東萊府使로부터 받은 것이다.

138 Charles O. Paullin, "The Opening of Korea by Commodore Shufeldt," *Political Science*

미 조선에 진출, 발판을 확보하고 있었다1876년 한일조규 체결. 그러나 일본은 이제 막 신헌법명치유신明治維新을 채택한 지 얼마 되지 아니하고, 게다가 대내문제가 많기 때문에 대외사對外事에 관여할 여유가 없었다.

슈펠트는 나가사키長崎 주재 청국 영사 여휴余弌와 접촉한 결과, 여휴 영사는 북양대신 직예총독 이홍장에게 도움중재仲裁을 요청해보라는 충고를 받았다. 이에 슈펠트는 여휴 영사의 충고대로 이홍장에게 구원을 요청하는 친서를 보냈더니, 이 총독으로부터 천진을 방문하라는 초청장을 받게 되었다. 그래서 슈펠트는 그의 보좌관 겸 비서 마닉스D. P. Mannix를 대동하고 천진행를 단행했다.[139]

슈펠트는 이홍장과 예비교섭을 하고, 일단 본국으로 돌아갔다가 6개월 만에 청국을 재방문했다. 재방문 시 슈펠트는 표면적으로는 주청미국공사관부 해군무관 자격으로 파견되었지만, 사실상 조선과 입약교섭의 전권을 부여받고 천진을 방문한 것이다.[140] 이때 그는 새로 체결한 미청조약美淸條約을 휴대하고 갔다. 그러나 실제적으로 국무부로부터 부여받은 직함은 '대對조선 입약교섭 전권특사'Envoy Extraordinary and Minister Plenipotentiary to Negotiate a Treaty with Korea이다.

Quarterly, 25(1910), pp.470~499; 金源模, 『韓美修交百年史』(韓國放送事業團, 1982), p.111. 슈펠트는 1878년 타이콘데로가호를 타고 세계 순항 길에 올랐고, 조선과의 입약교섭권을 부여받아 일본의 중재로 조선개항을 실현해 보고자, 1880년 5월 4일 부산을 방문, 교섭을 시도해보았으나, 동래부사 沈東臣은 "조선은 미국과 성기(聲氣)가 통하지 아니하므로 통화수서(通和修書)는 이치에 맞지 않는다"는 이유로 단호히 교섭을 거절당함으로써 입약교섭 시도는 실패하고 말았다.

[139] 슈펠트는 이홍장의 초청을 받고 1880년 8월 천진을 방문, 이홍장과의 회담에서 조선과의 입약교섭을 주선해주겠다는 약속을 받고 일단 귀국했다.

[140] 1881년 6월 블레인(J. G, Blaine) 국무장관은 슈펠트에게 대(對)조선입약교섭전권을 부여하고 북경으로 파견했다.

그런데 입약교섭을 비밀리에 진행시킬 필요가 있었다. 왜냐하면 유럽 열강이 조선개항을 시도하고 있는 바, 그들이 조선과의 교섭이 실패로 끝날 경우, 미국특사의 대조선입약교섭시도를 방해할 가능성이 있기 때문이다. 이홍장은 슈펠트에게 유럽 열강의 적개심과 호기심을 회피하기 위하여 슈펠트에게 청국 해군고문관naval adviser으로 영입 고빙하겠다고 제의했나. 이는 이홍장이 슈펠트를 위해 특별히 배려한 직책이다. 그러나 슈펠트는 이홍장이 제의한 청국 해군고문관직을 수락할 것인가 거절할 것인가의 여부를 결정하는 데 주저하고 있었다.

천진에 도착하자마자 슈펠트는 북경으로 직행, 엔젤James B. Angell 주청 미국공사에게 새로 체결한 미청조약을 거부한다는 뜻을 전달하고, 총리아문을 방문, 회담에 들어갔다.

대청對淸교섭은 동양적 방식으로 지지부진하게 시간만 끌었다. 슈펠트는 이홍장 총독을 비롯하여 청국 고위 당국과 빈번하게 회담을 벌이는 한편, 연회를 개최하는 등 교섭을 활발히 전개했다. 슈펠트는 회담에서 이 총독에게 위해위威海衛: 산동반도山東半島 동북안 소재 항구도시, 청은 이곳에 요새를 구축, 1888년 북양함대의 기지로 삼았다에 요새지要塞地 구축을 제안했다. 슈펠트는 청국 함장으로부터 청국 해군고문직 고빙雇聘 제의를 받고나서 이의 수락 여부를 결정하지 못하고 있었다. 이 총독에게 고빙된 것조차 보고할 판단을 그르치게 한 것이다.

여기서 아직 시기상조이기는 하지만, 양측의 특성을 보여주는 일화 한 토막을 소개해볼까 한다.

어느 날 이 총독의 신임을 받고 있는 유럽 열강의 한 외교관이 슈펠트를 예방, 자기가 당장 청국 해군고문직을 떠맡을 수 있으며, 그러나 수익금收益金은 공동 분배하겠다고 확언했다. 이 같은 무례한 언사보다 더 분노와 경악을 일으키는 말이 어디 있겠는가. 그는 내 대답을 듣기 전에 자리에서 일어나면서 약속한다는 제스처를 보였는데, 그는 내가 곧 미국으로 귀국하리라고 상상하고 있는 것처럼 보였다. 격노한 사람이 조약을 해치기에는 너무 시기가 늦었다. 왜냐하면 해군고문관직을 막 포기할 만큼 협상이 진행 중이었기 때문이다. 조선으로부터 교섭사절단이 천진에 와서 대기하고 있었다.[141]

조선대표영선사領選使 김윤식金允植가 중국에 와있다는 것은 대단히 편리하다. 왜냐하면 교섭을 서두를 필요가 있을 경우, 조선 대표와 원활하게 교섭을 진행할 수 있기 때문이다. 조선에서는 사절단영선사파견이 건설적이지만, 그러나 조선사절단이 이곳에 와서는 교섭을 지연시키는 것이 동양인들에게 소중하다는 사실을 알게 될 것이다.

협상교섭이 지연하게 된 주원인은 청의 대한 종주권對韓宗主權의 주장 때문이었다. 청은 미국이 조선개항을 실현해줄 것을 열망하고 있었다. 청나라, 특히 중국 북부는 대개 산이 헐벗어서 목재木材가 없다. 그러나 조선은 산림이 울창하고 땅은 기름지다. 뿐만 아니라 가장 선망의 대상이 되는 것은 각종 약재藥材가 생산되고 있다는 것이다. 특히 고려홍삼高麗紅蔘은 중

141 宋炳基, 『近代韓中關係史研究』(단대출판부, 1985), pp.210~216. 조선정부는 쇄국을 타파하고 조선개항을 단행하기로 결정하고 미국과의 입약교섭을 위하여 전권특사를 청에 파견하기로 했다. 그러나 국내 개항을 반대하는 위정척사파의 신사척사운동(辛巳斥邪運動)이 거세게 일어나자 '전권특사라'는 명칭 대신 '영선사'라는 명칭으로 김윤식을 파견한 것이다. 領選使 金允植 일행(尹泰駿 · 白樂倫 · 卞元圭)은 1881년 11월 27일 保定府에 도착, 이홍장 총독과 회담했다. 김윤식은 이홍장에게 입약교섭을 위해 슈펠트와의 단독회담을 주선해달라고 요청했으나, 이홍장은 김윤식이 신임장이 없고 입약교섭의 전권이 없는 특사이기 때문에 슈펠트와의 단독회담은 불가하다고 했다. 그러나 이것은 하나의 표면적 구실이고, 근본 목적은 조선은 청의 속국이기 때문에 외교권이 없다는 것을 강조하기 위한 조치였다.

국인에게 다 죽어가는 사람을 살려주는 영약靈藥으로 간주되고 있다. 뿐만 아니라 조선에는 금 · 은 · 납鉛 · 동 · 철 그리고 양질의 석탄 등이 풍부하다. 청은 이 같은 조선의 천연자원을 원하고 있다. 그러나 중국인들은 죽음의 고통을 받아가면서 조선으로 들어가 상거래를 하고 싶어 하는 유혹을 받고 있다. 그 과정은 간단하다. 물론 한청 간에는 밀교역密交易이 이루어지고 있으며, 심지어 이를 어길 경우 사형선고라는 형법을 정해놓고 제한된 규모의 범위 안에서 불법적인 상거래를 하고 있다.

겨울철에 슈펠트는 또다시 북경에 가서 총리아문을 방문, 청으로부터 조선개항 교섭권 보장을 받아내는 데 성공했다. 그러나 천진으로 돌아오면서 청의 교섭지연정책policy procrastination은 재개되기에 이르렀다.

장기간 교섭협상을 지연해오다가 드디어 청국은 조선에 대한 중국의 종주권宗主權 주장을 인정해달라고 강요했다. 이에 미국특사슈펠트는 미국은 외국과 입약할 권리가 있다고 응수하면서, 만약 청국이 계속 조선에 대한 종주권을 주장한다면 청은 과거 현재 미래에도 속국 조선의 모든 행동에 책임을 져야할 것이다. 그렇다면 미국은 교섭을 중단할 수도 있다고 강조하였다.

이홍장과의 마지막 담판이 남아 있다. 이홍장은 최종 단독회담을 위해 슈펠트 제독을 초청했다. 슈펠트는 초청을 수락, 아주 필요한 수행원만 대동하고 천진 북양아문을 방문했다. 심지어 통역마저 뒤에 남기고 단신으로 떠났다. 그러나 막상 북양아문에 도착해보니, 깜짝 놀라지 않을 수 없었다. 단독회담인줄 알고 단신으로 왔었는데, 회담 장소에는 이홍장의 측근 막료幕僚들이 모여 있지 않은가.

치열한 담판이 신속하게 전개되었다. 슈펠트는 종래의 '속방론 절대반대' 주장을 반복 주장하면서 회담을 끝냈다. 그는 말로 제스처를 써가면서 이홍장에게 속방론 주장을 포기할 것을 설득했다. 그러나 슈펠트는 이홍장이 자기를 이처럼 홀대해준 데 대해 분노와 혐오감을 느끼지 않을 수 없었다. 그래서 그는 청국이 계속 속방론을 주장한다면 모든 교섭을 중단, 즉각 청국을 떠나 귀국하겠다는 결의를 표명했다. 북양아문의 중문中門이 활짝 열려 있었고, 슈펠트는 가마를 타고 중문을 빠져나가고 말았다. 그는 다시는 돌아오지 않겠다고 다짐했다그는 북양아문을 나설 때 분노와 좌절감을 참을 수 없었다.[142]

모든 것이 이제 끝장난 것이다. 그러나 청은 조선에 대한 관심이 너무 깊었고 크기 때문에 조선에 진출할 수 있는 유일한 호기好機를 놓치고 싶지 아니했다. 그날 밤 늦게 청국 관리 다수가 그 어떤 유럽인을 동반하지 않고 슈펠트 관사를 방문했다. 이들은 전날 미국특사를 홀대한 데 대한 해명과 사과를 늘어놓으면서 협상재개를 요청했다. 모든 논란점contested points · 속방조항 삭제문제을 용인容認하겠다고 약속했다. 이로부터 청국은 점점 열성을 가지고 교섭에 임했다. 그러나 미국 측은 분명히 냉담한 반응을 보여 주었다. 난상토론 끝에 양측은 교섭협상을 재개하기로 일단 합의하기에 이르렀다. 그러나 슈펠트는 북양아문을 재방문하지 않겠다고 고집했다.

그러자 이홍장 총독은 그 다음날 위풍당당한 의장병儀仗兵을 거느리고 친히 슈펠트 관사를 방문했는데, 그는 일산日傘을 받쳐 든 교자轎子를 타

---

[142] 『淸季中日韓關係史料』(中央硏究院近代史硏究所, 1972), 권 2, p.557. "惟於第一款聲明 朝鮮爲中國屬邦 堅不允從" 1882년 4월 1일 북양아문에서 슈펠트는 이홍장(李鴻章)의 막료(幕僚) 주복(周馥) · 마건충(馬建忠) · 나풍록(羅豐祿) 등과 회담을 했는데, 이 자리에서 속방조항 문제가 심도 있게 논의되었다. 슈펠트는 이홍장의 초고에 "조선은 중국의 속국이다"라는 구절을 재1조에 명문화하는 것을 단호히 거부했다. 이로 인해 속방론 담판은 결렬되고 말았다.

고, 그 옆에는 좌우에 부채를 부치는 시녀侍女, 그리고 무수한 호위병이 에워싸고 있었다. 이 총독은 공작 깃털을 달고 있었는데, 이는 어느 친왕親王의 장례식 후에 광서제光緖帝가 하사한 선물이었다. 이홍장은 슈펠트에게 은근한 위로와 치하를 행했다. 그는 분명히 그의 유머를 시험하기라도 하는 것같이 보였다. 요구 조건에 동의하면 입약문제는 타결된다고 호언장담했다. 그런 후 이홍장은 슈펠트의 어깨 위에 손을 대고 나란히 북양아문을 거닐면서 최근의 개혁모습을 시찰하였다.[143]

이제 모든 것이 순조로이 진행되었고, 아직도 조선에서는 조약을 체결할 때까지 비밀을 유지할 필요가 있었다. 슈펠트 제독은 한미조약 조인식에 참석하기 위하여 천진을 출발, 지부芝罘에 도착, 스와타라Swatara호와 청국 군함砲艦이 도착하기를 기다리고 있었다. 슈펠트 제독은 이 스와타라호를 탑승하고 청국 군함의 호위를 받으며 조선으로 항행할 예정이었다.[144]

독일 기함과 영국 기함 등이 지부항에 정박, 사태발전을 주시·감독하고 있었다. 스와타라호와 청국 포함들이 정한 시각에 도착했다. 그 다음 날 아침에는 짙은 안개로 우리 함정의 이동항행을 완전히 감출 수 있었

---

[143] 『關係史料』권 2, pp.559~560. "由朝鮮另備照會 美國外部 聲明朝鮮久爲中國藩屬 內政外交向來歸其自主" 1882년 4월 5일 제2차 회담 시 이홍장은 속방조항을 고집했고, 슈펠트는 "조선은 조공국이지만, 정교금령(政敎禁令)은 자주자행하고 있다"는 사실을 청국이 인정했으므로, 속방조항 명문화를 반대하면서, 미국은 이홍장이 계속 속방론을 주장할 경우 조선 대표와 직접 교섭하겠다고 주장했다. 4월 9~10일경 최종 회담에서, 한미조약 체결 후 미국 대통령에게 보내는 조선국왕의 별도조회문에 "조선은 오랫동안 중국의 속국이지만 내정외교는 자주하고 있다"라고 밝히고, 조약문에는 속방조항을 삭제하기로 최종 타결하였다.

[144] 『高宗時代史』(국사편찬위원회, 1968), 권 2, p.303(고종 19. 3. 21). 청 候選道 馬建忠·統領北洋水師記名提督 丁汝昌이 청국 군함 威遠·揚威·鎭海 등 군함 3척을 이끌고 1882년 5월 8일 仁川府 虎島 앞바다에 도착, 정박했다.

다. 이리하여 미국특사가 탑승한 스와타라호는 조선을 향해 출항했다.[145]

짙은 안개가 걷히자마자 스와타라호의 모습이 보이지 않자, 영국 독일 함정들은 그제사 이상히 여기고, 즉각 이동을 개시, 각기 자기나라 공사에게 이 사실스와타라호의 증발을 알리기 위하여 전속력으로 북쪽을 향해 항행하기 시작했다. 그래서 양키 함정스와타라호은 그 성가신 영독 군함의 감시를 따돌리고 조선으로 순조로이 항행하는 데 성공했고, 영독 함정들은 그들의 경계임무가 실패로 돌아갔음을 비로소 깨닫게 되었다. 영독 함정들은 천진으로 직항, 각기 자기 나라 공사에게 이 같은 사실을 보고했던 것이다.

한미조약은 예포禮砲가 울려 퍼지고, 한미 양국의 국기가 나부끼는 가운데 제물포濟物浦에서 조인되었다. 조선 국기Korean National Banner, flag는 이 조인식을 위해 스와타라호 함상에서 급히 제작되었다.[146] 왜냐하면 그때까지 조선

---

[145] 상게서, 권 2, p.304(고종 19. 3. 25); *The Log of the USS Swatara*, May 12, 1882. 슈펠트는 스와타라호를 이끌고 1882년 5월 12일에 인천부 호도 앞바다에 도착, 정박했다.

[146] 한미조약 조인식에 사용하기 위하여 스와타라호 함상에서 조선 국기를 제작했다는 사실은 우리나라 국기제정의 유래와 역사를 재정립하는 데 새로운 역사적 전기가 아닐 수 없다. 1882년 5월 14일 조선전권대관 신헌(申櫶) · 김굉집(金宏集) 일행이 스와타라호를 방문했을 때 슈펠트는 조선이 중국의 속국임을 상징하는 청룡기(青龍旗)를 사용하지 말고 새로운 국기를 제작할 것을 권고하였다. 슈펠트는 속방론을 철저히 거부하고, 독립국가 간의 조약체결임을 강조하기 위하여 국기제작을 촉구했는데, 조선 대표는 이를 수락, 역관 이응준(李應浚)이 창안한 태극기를 제작하여 성조기(星條旗)와 나란히 게양하고 조인식을 엄수했다. 이는 태극기의 창안자는 박영효가 아니라 이응준임을 입증하는 증빙자료이다. 따라서 박영효의 태극기 제정의 원형(原型 · Prototype)이 되고 있다. 한미조약 조인식에 사용한 국기가 이응준의 태극기라는 사실은 다음 두 가지 외교문서에서 확인할 수 있다. 첫째, 한미조약 체결 직후 5월 22일 청국 위원호에서 김굉집과 마건충과의 필담에서 마건충은 "어제 이응준이 기식(旗式)을 보여주었는데, 이는 일본국기와 비슷할 뿐만 아니라 서로 혼동하기 쉽다." 『舊韓國外交文書』권 10(美案 1), p.12. 「往淸船問答初六日(1882. 5. 22)」. "昨李應浚 袖至(知)旗式 似與日本相混". 둘째로, 5월 27일 南別宮에서 고별연회 석상에서 마건충은 태극도형기는 일본국기와 유사하므로 황준헌(黃遵憲)의 청룡기(青龍旗)

대표는 소형 국기 또는 길쭉한 삼각기[청룡기青龍旗]만을 사용하고 있었기 때문이다 조선인은 소형 깃발 또는 대형 삼각기만을 보유하고 있었다.[147]

구미 열강 가운데 미국과 최초로 체결한 한미조약은 그 후 조선이 모든 유럽 열강과 조약을 체결하는 데 하나의 사례가 되었다. 영국 전권특사 파크스Harry S. Parkes, 巴夏禮는 "조선에 조금도 해를 주지 않고 영국에게 이익을 주게 되는 작은 조항조차" 개찬改竄하기가 불가능해졌다고 신랄히 비난하고 있다.

한미조약은 1882년 5월 22일 제물포濟物浦에서 체결, 조인되었다. 그러나 1883년 5월 19일 비준문서批准文書를 교환했다. 엘라배마 출신 모건John

---

를 습용(襲用)할 것을 권고함에 따라 흰 바탕에 청운홍룡(青雲紅龍)을 그린 깃발 즉 백저청운홍룡기(白底青雲紅龍旗)를 국기로 채택할 것을 강권하자, 김굉집은 "청운홍룡기는 제작하기가 어렵고, 게다가 비용과 공력이 많이 든다. 이응준 감정본(鑒正本)이 일본 국기와 혼동된다면, 만약 홍색 바탕에 청색과 백색으로 합성한 단자(團子)를 그린다면 일본국기와 혼동을 피할 수 있다."라고 말하면서 용기습용을 단호히 거부했다. 『舊韓國外交文書』권 10, p.14, 「南館別時問答十一日」(1882. 5. 27). "向論紅龍青雲 製造須費工 李應浚鑒正本 謂與日本相混 若用紅質中青白合成團子 則可免相混否".

147 일찍이 주일 청국참찬관 황준헌은 수신사 김굉집(金弘集)에게 조선책략(朝鮮策略)을 전달했는데, 여기서 처음으로 조선은 중국의 속방이므로 용기습용(龍旗襲用)을 권고하고 있다. 『修信使記錄』(국사편찬위원회, 1985), p.167, 「朝鮮策略」; 『金弘集遺稿』(고려대 중앙도서관, 1976), pp.306~313. 조선정부는 이 같은 권고에 따라 1881년 4월 청국정부에 국기문제를 순문(詢問)한 바 있는데, 이홍장은 용을 그린 방기(方旗) 즉 '畵龍方旗'를 국기로 채택 · 사용할 것을 촉구하고 있다. 『李文忠公全集』(文海出版社, 1965), 권 2, pp.506~508(광서 7. 3. 2); 『關係史料』권 2, pp.493~498(광서 7. 3. 2). 더군다나 한미조약 조인식을 위해 이홍장은 마건충을 조선에 특파했는데, 마건충은 이홍장의 속방론을 구현하기 위하여 조선 전권대관에게 삼각형 청룡기 사용을 촉구한 것이다. 일본 '時事新報'에 의하면, 조선 대표가 5월 14일 스와타라호를 방문할 때 이 삼각형 청룡기를 사용한 것이 확인되고 있다. "이번에 청국으로부터 내도한 마건충이 조선 국기는 청국 국기를 모방하여 '삼각형 푸른 바탕에 용을 그린 깃발'을 사용할 것이다."라고 한 점으로 보아 '삼각형 용기'를 일시 사용했음을 확인할 수 있다. 『明治編年史』(財政經濟學會, 1935), 권 5, p.156, 「朝鮮の國旗制定と其の理想」(時事新報, 1882. 10. 2).

T. Morgan 상원의원의 노력이 없었더라면 입약立約은 더 지연되었을 것이다.[148] 자기 나라의 영광과 국가이익interests에 관계되는 모든 조항을 살려야 하기 때문이다.

한미조약의 체결 역사는 여러 가지 면에서 독특한 점이 없지 않다. 이 조약은 원래 한 사람슈펠트의 조선개항 구상이라는 미래비전에서 출발했다는 것, 그 사람이 조선과의 입약소원立約素願을 장기간 품고 있으면서 꾸준히 조약체결 교섭을 전개, 마침내 입약을 성취했다는 점에서 그것은 한 개인의 단독조약single-handed이라 일컬을 수 있다.[149] 일반적으로 "페리M. C. Perry가 일본을 개항했듯이 슈펠트도 조선을 개항했다."라고 말하고 있다. 그러나 전연 그렇지 않다. 페리는 위압적인 대함대를 거느리고 일본원정을 수행했을 뿐만 아니라 도쿠가와 막부德川幕府 당국을 달래기 위하여 푸짐한 선물을 가지고 가서 일본개항 교섭회담에 임했다는 사실이다.[150] 그러나 이것과는 정반대로 슈펠트는 위압적인 해군함대도 조선국왕에 바칠 선물준비도 없이 평화적인 입약교섭을 통해 조선개항을 성취했기 때문이다.[151]

---

148 Drake, *The Empire of the Seas*, pp.311, 343~344. 앨라배마 출신 상원의원 모건은 미국 해군증강을 찬성하면서, "미개인(未開人)의 지위를 향상하고 문명화(文明化)하는 것이 미국의 임무"라고 확신하고 있는 슈펠트의 조선개항정신과 비전을 적극 지원하고 있었다.

149 Drake, *The Empire of the Seas*, p.298. 슈펠트가 입약교섭의 이니시어티브를 잡고, 조선개항을 성취시켰기 때문에 이를 한미조약이라 하지 않고, 일반적으로 이를 가리켜 '슈펠트조약(Shufeldt Treaty)'이라 일컫고 있다.

150 Paullin, *Diplomatic Negotiations of American Naval Officers, 1778~1883*, pp.215~243. 페리 제독은 군함 7척, 총병력 1천여 명의 대병력을 이끌고 일본원정을 단행했는데, 에도만(江戶灣) 해상에서 미군함대의 군사시위, 그리고 회담 장소에는 수백 명의 미군 장병이 도열한 가운데 미일 개항교섭회담이 진행되었다. 이른바 포함외교(gunboat diplomacy)에 의해 일본개항은 성취되었다.

151 페리의 일본원정과는 달리 슈펠트는 중무장하지 않은 스와타라호를 타고 단신 조선행을

슈펠트는 동양인들이 그처럼 숭상하고 있었던 위엄과 존엄을 유지할 만큼의 임시수당extra-allowance도 받지 못했다. 그는 단 한 사람의 수행비서도 동반하지 않았고, 그의 딸이 수행비서로, 아버지의 건강을 돌보는 주치의로서 의료업무 담당비서도 겸했으나 그녀 역시 동반하지 않았다.[152]

조약체결을 위해 음식대접축현祝宴 또는 선물 선사를 위한 경비지출도 없었다. 그러므로 입약까지의 전 업무가 전적으로 미국의 국가적 위신, 슈펠트 개인의 명성과 영향력에 의해 완수된 것이다. 일반적으로 청국에서 말하기를 조선과 입약한 나라는 미국이 유일단독국唯一單獨國이며, 입약을 성취시킨 사람도 슈펠트 제독이라는 단독인單獨人이라고 했다. 이홍장과의 장기간 지루한 교섭협상 과정에서 그의 헌신적 노력과 고달픔곤비困憊 그리고 노심초사로 인해 슈펠트는 치명적인 질병에 걸리고 말았지만, 오랫동안 품어왔었던 조선개항 숙원宿願을 드디어 이룩했다는 성취감에 들떠 의기양양한 나머지 긴장감이 풀리자마자 이 같은 병을 가볍게 취급하다가 그만 해군병원에 입원하게 되었다.[153]

상술한 것이 그가슈펠트 기억하고 있는 전부이다. 그는 진정한 미국인이다. 국가가 자기 자신에게 최초로 임무를 부여한 것처럼미국정부가 최초로 조

단행했으며, 심지어 비서조차 동반하지 않고 평화적 외교교섭에 의해 한미조약을 성취하였다.

[152] Drake, *The Empire of the Seas*, pp.134, 261. 몰리(Molly Shufeldt) 양은 슈펠트의 조카딸이지만 입양해서 그의 딸이 되었다. 그는 1881년 5월 주청미국공사관부 해군무관에 임명되어 북경부임 시 그의 딸 몰리를 비서로 채용, 동반 부임했다. 그러나 한미조약 입약교섭이 타결되어 조약체결을 위해 조선으로 향발할 때, 슈펠트는 몰리를 상해(上海)에 남겨두고 단독으로 조선에 와서 한미조약을 체결하고 나서 상해로 돌아와 만나기로 했다.

[153] Paullin, "The Opening of Korea by Commodore Shufeldt," pp.470~499. 슈펠트 제독은 2년 가까이 입약교섭에 지친 나머지 조약체결을 성사시킨 후 긴장감이 풀리자 그만 피로병이 발생한 것이다. 그래서 메어 아일랜드(Mare Island)에 있는 해군병원에 입원, 요양하게 되었다.

선과의 입약교섭권을 위임했다는 것 지구상 모든 나라 가운데 자기 나라미국가 조선 왕국과 최초의 체약국締約國이 되어야 한다는 그의 소명召命의식이 강하기 때문에, 개인적인 영광, 개인적인 이해관계, 개인적인 건강과 신변안전, 이 모든 것을 무시해 버렸다는 것이다.

조선은 급속하게 발전하고 있다. 세계 모든 나라 국민은 이제 안전하게 조선에로의 여행을 할 수 있게 되었다. 한미조약 체결 당시 다음과 같은 내용이 새겨져 있는 비석 즉 척화비斥和碑를 볼 수 있다. "양이가 침범하는데 싸우지 아니하면 화친하는 것이요, 화친을 주장함은 곧 나라를 팔아먹는 것이다洋夷侵犯 非戰則和 主和賣國". 관세關稅는 12년 전보다 무려 20배나 받고 있다. 제물포에 있는 외국인 조계지租界地의 땅값은 12년 전 수백 원하던 것이 이제 수천 원으로 열 배에 이르고 있다.

조선은 광물 및 농산물이 풍부하다. 조선인은 이해력이 뛰어나고 예절 바르며 또 부지런한 백성이다. 조선과의 우의友誼 증진은 개발할 가치가 있다. 그러나 조선에 가 있는 미국인 각개인은 훌륭한 사업을 하고 있다. 〔그들 미국인은 금광개발권운산금광개발권雲山金鑛開發權을 가지고 있으며, 조선 최초의 철도부설권경인철도京仁鐵道을 획득, 철로를 건설하고, 전국에 걸쳐 전기 가설권을 보유하고 있다〕 우리 미국정부의 보수적 대한정책 때문에 한미조약에 의해 기대한 것만큼의 수익을 올리지 못하고 있다.[154]

한미조약이 체결된 지도 어언 14년이 경과했다. 미일조약이 체결된 지 30년이 지나서야 미국은 일본이 통상무역에서 중요한 나라임을 비로소

[154] 미국의 대한정책의 기본노선은 통상무역팽창주의정책의 구현이다. 그러기에 적극적 관심을 가지고 조선개항을 성취한 것이다. 그러나 조약체결 이후 미국정부는 고립주의정책으로 후퇴, 대한불간섭정책(Non-Intervention Policy)를 고수, 한미조약 제1조에 명문화 되어있는 거중조정(good offices) 공약을 폐기함으로써 결과적으로 한국은 일본 제국주의정책에 희생되고 말았다.

알게 되었다. 조선개항은 미국에게는 승리를 가져왔으며 조선은 동아시아에서 미국의 가장 유익한 우방vantage friend이 되었기 때문에, 우리는 보다 큰 이해심을 가지고 조선으로 가야하며, 이 부유하고 아름다운 나라고요한 아침의 나라, 조선과 국교國交를 맺게 된 것은 더욱 감사하게 생각한다.

워싱턴 1898년 12월

미국 해군소장 슈펠트, 생애 중 최대사건인 '한미조약 체결사'

Washington D. C., December, 1898

History of our Treaty with Korea

An Incident in the life of Rear Admiral R. W. Shufeldt U. S. N.

8. 한미조약의 역사적 의의와 한미조약 전문 번역

근대 한국사에서 조선개항과 한미조약 체결은 역사적으로 어떠한 의의를 가지는가를 살펴볼 필요가 있다.

첫째, 한국은 구미 여러 나라 가운데 미국과 최초로 입약함으로써 쇄국정책을 타파하고 개항정책을 채택, 명실상부하게 세계만방에 문호를 개방했다.

둘째, 미국은 한미조약을 체결하기 위하여 이에 대한 충분한 대가를 치렀다는 사실이다. 1866년 제너럴셔먼호사건의 불상사를 비롯하여 1871년 미국 로저스 아시아함대의 조선원정신미양요으로 전통적인 포함외교 정책에 의해 물리적 힘에 의해 조선개항을 시도했지만 대원군의 쇄국양이

정책에 부딪쳐 한미전쟁의 발발로 수백 명의 전사자를 냈다. 가령 1844년 미청 간의 망하조약望厦條約, 1854년 미일조약은 이러한 피의 대가를 지불하지 않고도 입약을 성사시켰으나, 1882년 한미조약은 그야말로 값진 대가를 치르고 나서야 조선개항이 이룩된 것이다.

셋째, 미국은 조선을 주권 자주독립국으로 인정하고, 한미 양국 간에 호혜평등한 입장에서 조약을 체결했다. 미국은 교섭 개시 이래 일관되게 조선에 대한 청의 종주권을 적극 배제 · 무시하고, 독립국으로서의 한국의 외교권 행사를 충분히 인정했다. 그러므로 한미조약은 주권독립국가 간의 쌍무적 협약이라는 점에서 양국 간에 평등한 외교관계 수립의 법적 근거를 마련했다고 볼 수 있다. 따라서 한미조약은 문서상으로나마 한청 간의 종속관계를 단절하고 주권 독립국가로서의 신생 '대조선국'의 탄생을 세계만방에 공표한 것이다.

넷째, 한미조약은 미국 의회의 비준을 거친 한국 최초의 공식 외교문서이다. 1883년 5월 초대 주한미국공사 푸트가 서울에서 비준서를 교환함으로써 외교관계가 정식으로 발효되었다. 이로써 한미조약은 앞으로 대조선국이 유럽 열강과도 입약을 할 때 하나의 모델케이스가 되었다. 이제 대조선국은 영 · 독 · 불 · 러 등 유럽 열강과 조약을 체결할 때 항시 한미조약을 본보기로 삼았다. 한미조약 체결을 계기로 대조선국은 국제외교의 다변화의 길을 열어놓았다는 점에서 실로 그 의의는 크다고 할 것이다.

다섯째, 한미조약은 청일 양국이 구미 여러 나라와 체결한 조약보다 훨씬 불평등성이 배제된 진보적인 평등조약이다. 상대국과의 평등성을 존중했을 뿐만 아니라 '호혜평등the principle of reciprocity의 원리'를 최대한도로 살렸다는 것이다. 가령 제2조에 이홍장은 처음부터 한미 간에 공사보다

낮은 '총영사'를 교환 · 주둔할 것을 주장했지만, 슈펠트는 이를 물리치고 공사급 외교사절주한미국 특명전권공사(Envoy Extraordinary and Minister Plenipotentiary to Korea)을 교환하기로 선처한 것은 대등한 외교 관계를 강조했기 때문이다.

제4조에 한국에 거주하는 미국 시민의 생명과 재산상의 안전보호, 이에 대한 영사재판은 미국 법률에 따라 심판한다는 이른바 치외법권을 설정했으나, 조선의 법제와 사법기관이 정비되는 대로 이러한 치외법권은 철폐한다고 규정하고 있다.

제5조에 최혜국最惠國 대우를 인정했으나, 미국 수출입 상품에 10%, 사치품에 30%, 수출 도산품에는 5%씩 각각 과세한다고 규정한 것은 조선의 관세자주권을 존중했다고 볼 수 있다.

제6조에 "조선국 상민 중 미국에 가는 자는 해당국該國 전역에서 대지垈地를 임차할 수 있고, 토지를 매수해서 주택이나 창고를 건축할 수 있다. 한국인은 미국 내에서 각종 본업 및 부업Their various calling and avocations에 종사할 수 있다"라고 규정한 것은 양국 국민이 상대국에서의 주거이동의 자유, 경제활동의 자유를 최대한도로 보장한 것이다. 또한 제6조에는 "조선국 개항장開港場에서 취득한 토지는 여전히 해당국의 불가분不可分의 고유 영토"라고 규정한 것은 미국이 조선왕국의 영토권을 인정한 것으로 볼 수 있다.

제11조에 언어 · 문예 · 법률 및 기술 등을 연구하기 위하여 양국 간에 유학생 파견을 적극 장려한 것은 한미 간의 문화교류로 한국의 근대화를 촉진시키기 위한 미국의 이상주의적 정신의 구현으로 볼 수 있다.

여섯째, 한미조약은 슈펠트의 개인외교의 성취라고 지적할 수 있다. 따라서 슈펠트의 조선개항 정신이 강력하게 투영된 조약이라는 점에서 더욱 주목되고 있다. 그러면 슈펠트의 조선개항 정신은 무엇인가. 슈펠트는 정치적으로는 한국의 독립을 보장하고, 문화적으로는 문명개화文明開化 즉 근대화시켜보자는 것이었다. 1882년 1월 슈펠트 제독은 사전트 미 상원 의원에게 보낸 공한에서, "피압박 국민에 대한 동정을 금할 수 없다"고 밝히면서 조선의 자주독립을 부조扶助하겠다고 다짐하고 있다.

슈펠트는 한미조약 체결을 앞두고 스와타라호 함상에서 조선 대표에게, "각국과 통상을 하는 본의는 인종은 비록 다르나 생명을 보호하기는 고금이 일반입니다. 그러므로 서로 우호를 맺어 화친함으로써 기술을 배양하고 서로 교역한다면 민지民智가 자연 발달하고 국가가 이로부터 부강해질 것이니 어찌 행복이 아니겠소. 오늘 본 사신이 조선에 온 것은 별다른 뜻이 있어서가 아닙니다. 멀리서 듣자하니 동양에는 조선이라는 나라가 있는데, 문물과 예의가 어느 나라보다 앞선다고 하기에 본국 정부에서 본 사신을 파견하여 먼저 우호를 공고히 하고 안락을 함께 누리자는 뜻일 뿐입니다. 이제 와서 보니 산명수려山明水麗하고 인심이 순후純厚하여 천진스러움이 외면에 나타납니다. 이것이 마음속으로 축하하는 바입니다. 그러나 첫째 언어가 통하지 않아서 교섭이 불편합니다. 바라건대 귀국의 총명한 젊은이를 미국에 파견시켜 근일 세계의 형편과 국민의 정도를 상세히 시찰하도록 한다면 어학은 저절로 통하고 철갑군함鐵甲軍艦도 이를 좇아 건조할 수 있을 것입니다. 이 어찌 오늘의 급선무가 아니겠습니까"미국통상실기라고 밝혔다.

슈펠트의 조선개항 정신은 바로 이홍장의 끈질긴 속방정책을 물리치고 조선의 주권독립국가를 인정했다는 것, 조선의 근대화를 진심으로 염원했다는데 그 의의를 찾아볼 수 있다.

1854년 일본개항을 성취시킨 페리 제독을 미국 해군사와 일본사에서는 다 같이 위대한 업적을 이룩한 위인이라고 극구 칭찬하고 있다. 그러나 이에 비해 1882년 조선개항을 성취시킨 슈펠트 제독은 한 평범한 해군사관으로 기억되고 있을 뿐이다. 전자는 미국 해군의 전통적인 포함책략에 의해 피 한 방울 흘리지 않고도 일본의 문호를 개방해서 일본 근대화의 길을 열어놓았다는 점에서 일본사에서 역사적 영웅인물로 추앙받고 있다. 그러나 후자의 경우 페리보다 더 투철한 개항정신으로 은둔 조선왕조의 문호를 활짝 열어 근대화의 길을 터놓았으나, 조선왕조는 결과적으로 근대화를 이룩하기는커녕 부국강병책에 의해 강력한 독립정부로 발전하지 못하고 주변 강대국 간의 각축전의 틈바구니에 끼어 자체의 국력배양에 실패, 독립권을 보전하지 못한 채, 마침내 일본의 식민지로 전락했다. 이때문에 슈펠트의 위대한 개항업적은 햇빛을 보지 못했다.

이제 우리는 조선개항을 위해 헌신한 슈펠트의 끈질긴 집념과 그의 개항정신을 재평가할 필요가 있다. 슈펠트 제독은 1867년 처음으로 조선방문 시에 계획했던 그의 조선개항의 꿈이 1882년에 실현될 때까지 무려 15년 간 꾸준한 노력과 불요불굴의 정신을 발휘, 쇄국 조선의 문호를 개방시켰다.

특히 슈펠트는 1880년부터 한청일 3국을 순방하면서 왕복외교shuttle diplomacy에 의해 조선개항을 성취해야겠다는 굳은 사명감을 가지고 이홍장의 지연외교를 극복, 한미조약 체결을 성사시켰다. 그럼에도 불구하고 불행하게도 조선왕조는 슈펠트의 숭고한 개항정신을 이어받아 한 독립국가로 성장 · 발전 못했고 국력배양을 달성, 근대화의 길을 트지 못한 채 일제의 식민지로 전락하게 된 쓰라린 비극을 역사적 교훈으로 받아들여야 한다.

한미조약 제1조에는 '거중조정' 문구가 명시되어 있다. 거중조정居中調停이란 구미의 외교용어로서 영문본에는 'good offices'라 표기되어 있고,

한미조약 조인식 광경(1882. 5. 22)

한문본에는 '종중선위조처從中善爲調處'라 기록되어 있다. 이는 조선이 제3국으로부터 불공경묘不公輕藐 침략를 받을 경우 조약 상대국인 미국이 이에 개입해서 분쟁을 해결하고 화해하도록 해준다는 뜻이다. 따라서 이 거중조정은 19세기 후반기 조선이 주체적으로 해결하지 못하고 모든 외교적 분쟁문제를 강대국의 개입에 힘입어 해결하고자 했다.

거중조정 문구를 제1조에 삽입한 이는 이홍장이다. 이홍장의 대한정책의 기본노선은 한마디로 조선으로 하여금 친청연미론親淸聯美論을 구현하는 것이었다. 즉 "조선은 청나라와 친하고속방론, 미국과 연맹해야만 독립국가를 유지할 수 있다"는 뜻이다. 다시 말하면 한반도에 미국 세력을 끌어들여서 북으로부터 러시아의 남진南進을 저지하고 남으로 일본의 침략정한론征韓論을 막아봄으로써 청은 조선에 대한 종주권宗主權을 유지해보자는 것이었다. 이러한 '친청연미론'은 미국이 한반도의 외교적 분쟁문제를 해결하는 조정자 역할을 맡도록 하는 이홍장의 고도의 외교적 책략인 것이다.[155]

〈한미조약전문번역, 1882. 5. 22〉

Treaty between the United States of America and the Kingdom of Chosen. May the 22nd, A. D. 1882.

대조선국과 대아메리카합중국은 양국 국민 사이에 영원한 친선과 우호의 관계가 확립되기를 충심으로 열망하며, 이를 실현시키기 위해 대조선국 군주가 특파한 전권대관 경리통리기무아문사 신헌申櫶과 전권부관 경리통리기무아문사 김굉집金宏集과 대미국 대통령이 특파한 전권대신 수사총병水師總兵 슈펠트薛斐爾는 각기 가지고온 전권위임장全權委任狀을 서로 제시·교열較閱하고 그것이 적당한 형식을 갖춘 것임을 확인한 후 조문을 협정하였다. 조문은 다음과 같다.

제1조 이로부터 대조선국 군주와 대미국 대통령 및 두 나라 인민은 각개各皆 영원히 평화롭고 사이좋게 지낸다. 만약 제3국이 어떤 불공경묘不公輕藐 침략하는 사단이 발생한다면 일단 이를 조약상대국美에 조회한 후 즉시 이에 개입, 반드시 서로 도와주며 중간에서 거중조정居中調停·good offices·從中善爲調處함으로써 두터운 우의友誼를 보여준다.

제2조 다음에 입약하여 통상화호通商和好한 뒤에 양국은 각각 병권대신秉權大臣·公使·領事을 파견하여 피차 상대국 도성都城·首都에 주차시키고

[155] 김원모, 『한미 외교관계100년사』(철학과현실사, 2002), pp.148~152, 184~185.

아울러 피차의 통상항구에는 영사관領事館을 설립하되 이는 자국의 편의에 따른다. 이들 관원은 본지 관원과 더불어 왕래 교섭하되 동등한 품급品級에 상당한 예우로써 응대한다. 양국의 병권대신공사 및 영사領事 등 관헌은 여러 가지 은시恩施와 피차에 접대에 다름이 없는 최우국最優國 특권을 향획享獲한다. 오직 영사관領事官은 반드시 봉도奉到한 주재국에 비준문빙批准文憑을 제정한 후 비로소 시무한다. 파견된 영사 등관은 반드시 진정한 관원이 되어야 하며 상인으로서의 업무를 겸직할 수 없고 또 무역貿易을 겸행할 수도 없다. 각 항구에 영사관이 개설하지 않은 항구에는 혹 타국의 영사에 청하여 대신 업무를 겸행하되, 역시 상인으로서의 상행위를 겸할 수 없고, 혹은 지방관에 의하여 규정조약에 비추어 대신 사무를 처리할 수 있다. 만약 조선에 주차하는 미국영사 등관이 불합리하게 사무를 처리하면 미국공사에게 조회하여 피차 의견이 서로 같지 아니할 때는 가히 비준문빙批准文憑을 회수할 수 있다.

제3조 미국 선척船隻이 조선의 해면에서 태풍을 만났을 때, 또 양식과 석탄과 담수음료수가 떨어졌을 때 통상항구가 아주 먼 곳이면 어떤 곳이나 막론하고 이들 배를 가까운 항구로 수박收泊, 태풍을 대피하도록 허용하고, 양식을 구매하며 선척을 수리하되 소요된 경비는 관계 선주가 그 수리비를 자비할 것이며, 지방관민은 구휼救恤을 해주면서 소요된 수요품을 제공하는 등 도와준다. 만일 이 선박이 통상할 수 없는 미개항장으로 당국의 눈을 피하여 들어가서 무역활동을 하면 해당 선박에 선적된 화물과 선원을 나포·몰수한다. 만알 미국 선척이 조선 해안에서 파손되면 조선 지방관은 그 소식을 듣는 대로 즉시 선원들을 구호하고 양식 등을 공급하되 일면으로는 설법設法하여 선척 화물을 보호하고 모든 것을 영사관에게 통지 조회하여 선원을 본국으로 송환할 것이요, 아울러 선척과 화물을 구

출토록하되 일체 비용은 선주나 미국 정부가 비용을 환불한다.

제4조 조선에 재주한 미합중국 국민은 조선정부 지방관으로부터 생명 재산의 보호를 받을 것이며 어떠한 종류의 기만과 능멸 그리고 손상피해도 보호를 받는다. 만약 불법한 자들이 미국인의 가옥 등을 파괴할 때는 지방관은 영사의 요구에 의해 즉시 군대를 파견해 소란을 피운 범법자를 해산시키고 범법자를 체포하여 처벌한다. 조선인으로서 조선에 거주하는 미국인에게 범행을 저지른 자는 조선국이 조선법률에 의거하여 처벌하고, 미국인으로서 해안이나 선상에서 조선인에게 기만 능멸하거나 소란을 일으키면서 조선인의 생명과 재산을 손상케 한 자는 미합중국 영사 또는 해당 권능을 가진 기타 관리만이 미합중국 법률에 의해 체포하고 처벌한다. 조선 국내에서 미국인과의 사이에 분쟁이 생기고 그것이 양국 관원이 심문하고 판결됨을 요하는 경우에는 이 같은 사건은 피고被告 국적의 해당 관리가 법에 의해 심리한다. 그리고 해당 권능을 가진 원고原告 국적의 관리에게는 심리참석審理參席이 자유롭게 인가되며, 그 지위에 상당한 예禮로 대우하여야 한다. 공정을 기하기 위하여 소송절차를 감시함에 적당한 일체의 편의가 그에게 허여許與되어야 하며, 만일 그가 원한다면 그는 증인을 소환하여 신문하고 또는 반대심문反對審問할 권리를 갖는다. 만약 그가 소송에 불만을 가질 때에는 항변할 권한을 허여한다. 그러나 대조선국이 조선의 법령과 재판절차를 수정 및 개혁한 때문에 그것이 미국의 법령 및 재판절차와 일치된다고 미국이 판단할 때에는 언제든지 조선에 있는 미국인에 대한 치외법권治外法權은 철폐될 것이며, 그 후에는 미국 국민이 조선 경내境內에 있을 때에는 지방관의 관할에 속한다.

제5조 조선국의 상민이나 상선이 무역을 목적으로 미합중국에 가면 미합중국의 세관稅關규칙에 의하여 관세關稅나 톤세ton·噸稅 및 일체 수수료

를 지불하여야 하며, 미국인이나 최혜국인最惠國人에게 부과되는 것보다 높거나 또는 다른 세율稅率의 관세나 톤세는 그들에게 강요되지 않는다. 무역을 목적으로 조선국에 오는 미국 상인 및 상선은 모두 수출입 상품에 대하여 관세를 지불하여야 한다. 관세부과권關稅賦課權은 응당 조선국정부에 속한다. 수출입 상품에 대한 관세 정율定率은 밀수 기타 비행을 방지하기 위한 세관규칙과 함께 조선국에서 정하고, 미국 해당관리들에게 통지하여 그들로 하여금 그들의 민인民人에게 알려서 이를 준수케 하여야 한다. 그러나 우선 대강은 다음과 같이 정한다. 일용품류의 수출입품에 관한 관세 정률은 종가세從價稅 10%를 초과하지 않으며, 사치품 등 즉 외국술, 외국담배, 시계류時計類의 수입품에 대한 관세 정률은 종가세 30%를 초과하지 않는다. 그리고 수출토산품은 종가 5%를 초과하지 않는 관세를 지불한다. 그리고 외국 수입품 관세는 다만 한번 통관通關 항구에서 지불하고, 기타 요금 · 관세 · 수수료 · 세금 또는 어떠한 종류의 부과금이라도 조선국 안에서나 어떤 항구에서도 해당 수입품에 대하여 세금을 부과하지 않는다. 조선국 항구에 들어오는 미국상선은 매톤每噸 5전錢의 세율로 톤세를 지불하되 청국력淸國曆에 의하여 3개월에 한 번씩 매 선박에 대하여 세금을 부과한다.

제6조 조선국 상민으로서 미국에 가는 자는 미국 전역에서 대지垈地를 임차賃借할 수 있으며, 토지를 매수하여 주택이나 창고를 건축할 수 있다. 그들에게는 그들이 각종 본업 및 부업에 종사할 수 있으며, 법률에 의하여 금제품禁制品으로 규정되지 않은 일체의 미가공 및 가공상품을 자유롭게 교역할 수 있다. 미국상민으로서 대외통상에 개방되어 있는 조선국 항구에 왕래하는 자에게는 해당 개항장開港場 조계지租界地 경내境內에 거주하며, 해당 지역에서는 건물 또는 토지를 임대하거나, 주택 또는 창고를 건

축함이 허가된다. 그들에게는 개항장 경계 내에서 그들의 각종 본업 및 부업에 종사하며, 법률에 의하여 금제품으로 규정되지 않은 모든 미가공 및 가공 상품을 교역할 수 있다. 토지나 건물의 취득에 있어서의 강제나 협박은 불허될 것이며, 조선국 당국의 소정의 지대地代가 지불될 것이다. 그리고 조선국 개항장에서 이같이 취득된 토지는 여전히 해당 왕국의 불가결不可缺의 일부분이라는 것과, 해당 지역 내의 인민과 재산에 대한 일체의 재판권裁判權은 조선관원에 속함을 정하고, 다만 본 조약에 의하여 명시적으로 포기된 것만은 예외로 한다. 미국상민들이 외국 수입품을 판매하기 위하여 내지內地로 수송하거나 토산품을 구매하기 위하여 내지로 들어가는 것을 불허한다. 본 규칙을 위반하면 해당 상품은 몰수할 것이며 범법상인은 영사관에게 체포 · 인도되어 징벌한다.

제7조 조선국과 미국은 조선국 상민이 미국의 어느 항구에든지 아편阿片수입은 불허하며 미국상민이 아편을 조선국의 어느 항구에든지 수입하거나 또는 이를 한 항구에서 다른 항구로 수송하거나 또는 이를 조선국 내에서 교역함을 불허한다. 이는 양국 상민을 무론하고 고용한 외국선박 및 어느 일방국의 상민이 소유하고 아편 수송용으로 별개인別個人이 고용한 선박에도 미치는 것이고 이는 미국 또는 조선국 측의 적당한 입법에 의하여 행해지며 범법자는 엄벌한다.

제8조 조선정부가 조선 내의 사고로 인하여 식량난을 우려할 만한 이유가 있을 경우에는 언제든지 임시적으로 일체의 양곡수출을 금지할 수 있으며, 이러한 때에는 그 내용을 조선국이 미국의 해당 관리를 통하여 조선에 거주하는 미국민에게 정식으로 알린 후 이를 실시한다. 그리고 각종 미곡 및 양곡수출은 인천항仁川港에서는 금지한다. 조선국은 오래전부터 홍삼紅蔘수출을 금지하여 왔으므로 만약 미국민이 수출하기 위하여 밀매

할 경우에는 이를 몰수하며 위반자는 처벌한다.

제9조 모든 대포 · 창도鎗刀 · 화약 · 탄환 및 일체 군기軍器의 구입은 조선국 관원에게만 허가되며 미국인은 조선정부로부터 서면상 면허免許로서만 그것을 수입할 수 있다. 만약 이 물품들을 밀수입할 경우에는 몰수하며 범법자는 처벌한다.

제10조 양국 관원 · 상민으로서 피차 통상지방에 거주하는 자는 모든 합법적인 사업에 있어서 해당 지방민을 고용할 수 있다. 만약 조선인으로서 조선 국법을 범한 자, 또는 어떤 소송을 제기당한 자가 미국민의 주택 창고 또는 미국 선박에 은복隱伏한다면 미국 영사관은 해당 지방관으로부터 이 사실의 통지를 받는 대로 지방관이 경찰을 파견하여 체포함을 허가하거나 또는 영사관이 그 자를 체포하여 지방경찰에게 인도하여야 한다. 미국민은 이 같은 자를 은닉해서는 안 된다.

제11조 양국 학생으로서 언어 · 문자 · 법률 또는 기술을 학습하기 위하여 왕래하는 자는 돈독한 친목 · 우의로서 가능한 한 모든 보호와 원조를 제공해야 한다.

제12조 본 조약은 조선국이 최초에 입약立約한 조약으로서 그 조항들에 있어서 간략하나 이에 규정된 모든 점들이 실시될 것이며, 이에 포함되지 않은 것은 5년 후 양국 관민이 각각 언어소통에 익숙하게 되었을 때 만국공법萬國公法의 통례상通例上 공평하게 상의商議하여 상세한 통상조항 및 규칙에 관하여 재교섭한다.

제13조 본 조약 체결 후 앞으로 양국 정부 간의 왕복문서는 조선국에서는 한문漢文을 사용하며, 혹 영문英文을 사용한다면 한문을 여기에 첨부하여 상호 오해를 피하도록 한다.

제14조 양 조약국은 이후에 조선국이 어느 때든지 어느 국가나 어느 나

라 상민 또는 인민에 대하여 항해 통상 정치 기타 어떠한 통교通交에 관련된 것임을 막론하고 본 조약에 의하여 부여되지 않은 어떤 권리 또는 특혜를 허가할 때에는 이와 같은 권리 특권 및 특혜는 미국의 관민官民과 상인에게도 무조건 균점均霑된다. 그러나 이 같은 권리 특권 또는 특혜가 해당 관계나 타국에 의하여 용인된 어떤 조건 또는 대등한 보수를 수반할 때에는 언제나 미국과 그 관리 및 인민은 관계 여러 조건 또는 보수를 응낙할 때에 한하여 이 같은 권리 특혜를 향수할 수 있다.

이상 각 조항은 대조선국과 대미국 대신이 인천부仁川府에서 의정議定하여 동일한 내용 및 일자日字의 한문 · 영문 각 3통씩 원문原文으로 작성하여 서명 · 날인하고, 그 비준은 조인일調印日부터 1년 이내에 교환될 것이며, 그때 본 조약은 전 조항을 양국 정부에 의하여 각각 국내에서 공포하여 주지시키고, 그 관원 상민에 의하여 각각 준수될 것이다.

大朝鮮國開國四百九十一年 卽 中國光緒八年 四月初六日

全權大官經理統理機務衙門事 申櫶

全權副官經理統理機務衙門事 金宏集

大美國一千八百八十二年 五月二十二日

全權大臣 水師總兵 薛斐爾슈펠트

R. W. Shufeldt Commodore U. S. Envoy of the U. S. to Chosen.[156]

---

156 『高宗時代史』(국사편찬위원회, 1968), 권 2, pp.307~317(고종 19. 4. 6). 여기서 '韓美條約調印式 光景' 사진도판이 게재되어 있는데 분명 슈펠트는 마건충 · 정여창 배석을 거부하고 이들을 별실로 퇴장시킨 가운데 한미 양국 전권이 조약문에 서명 · 날인했다. 그러나 본 조인식 광경 사진에는 마건충 · 정여창이 배석한 것으로 되어 있다. 슈펠트는 조인식 거행할 때 마건충 · 정여창을 별실로 퇴출하고 조인식을 거행했다.

9. 슈펠트의 조선개항1882 위업 달성과 극동 아시아에서의 국제정치의 역학적 관계

한미조약 체결로 조선개항을 성취시킨 슈펠트는 자신의 조선개항 위업을 이렇게 자찬하고 있다. "나는 우리나라를 위해 최후의 쇄국鎖國 조선왕국을 서구 문명권으로 끌어들이는 위업을 달성하는 데 우리 미국이 개척자가 되었다는 점에서 대단히 만족하게 생각한다. 그것은 콜럼버스가 달걀을 쳐서 세운 것처럼 누구나 하기 쉬운 일이다."[157] 그러나 그것은 '콜럼버스의 달걀'처럼 누구나 하기 쉬운 것처럼 보이지만 사실상 벅찬 과업이 아닐 수 없다. 슈펠트는 일찍이 1867년 와추세트호로 제너럴 셔먼호사건 탐문항행을 위해 조선에 처음 내항했을 때 이미 조선개항계획을 수립했고, 이래 1880년 5월 일본의 중재로 조선개항을 시도했다가 실패하는 등 15년 동안 끈질긴 입약교섭 끝에 조선개항의 위업을 달성하였다.

일반적으로 역사가들은 슈펠트의 조선개항 위업과 일본개항을 성취시킨 페리Matthew C. Perry의 일본개항 공로 간에 유사성을 적시하고 있다. 한미조약 체결 직후 미국 해군사관학교 교장인 파쿼N. H. Farquhar는 슈펠트와 페리를 비교하면서, "한미조약 체결은 귀하를 페리와 동등의 역사적 인물로 평가받게 될 것이며, 귀하의 공로를 인정하지 않는 비방자들은 귀하의 이름이 청사靑史에 빛날 것임을 오랫동안 망각하고 있을 것입니다."[158]라고 슈펠트의 조선개항 공적을 높이 평가하고 있다. 그 당시 런던의 한 신문기사에서도 한미조약의 역사적 의의를 다음과 같이 평가하고 있다.

---

157 Drake, *The Empire of the Seas*, p.298.

158 *Shufeldt Papers: Letters*, N. H. Farquhar to Shufeldt, August 8, 1882.

거의 모든 유럽 열강이 개항하려다가 실패했고, 온갖 난관을 극복, 단 한 방의 포탄을 허비하지도 않았으며, 상대국에 악감정의 이미지를 남기지 아니한 가운데 30년 전 일본을 개항시키는 데 성공을 거둔 페리 제독의 일본개항 위업을 회상한다면 한미 간 조약체결은 극동 아시아에서의 또 하나의 미국외교 교섭을 평화적으로 성취시킨 위업이 아닐 수 없다.[159]

슈펠트와 페리를 대비 분석해보면 슈펠트의 조선개항이 더 값진 성과라고 평가되고 있다. 그것은 다음 두 가지 교섭방침에 기초하고 있다. 첫째, 페리는 1853~54년 2개년 간 교섭 끝에 일본개항을 성취시킨 반면, 슈펠트는 조선개항을 위해 장장 15년간 헌신했다는 것이다. 둘째, 페리는 포함외교에 의해 미일조약을 체결했지만, 슈펠트는 단 한 발의 포탄도 허비하지 않고 평화적 외교에 의해 한미조약을 체결했기 때문이다. 페리 제독이 비록 피 한 방울 흘리지 않고 평화리에 미일조약을 체결했지만, 페리 제독은 일본원정 시 군함 7척, 수해병 1천여 명의 대병력을 이끌고, 도도쿠가와 막부德川幕府에 바칠 푸짐한 선물을 준비하고 에도만江戶灣에 입항, 대대적인 해상 군사시위를 통한 위협적 포함외교에 의해 미일조약을 성사시킨 것이다.

만약 이때 도쿠가와 막부가 일찍이 조선 신미양요1871처럼 일본군이 미국 페리함대에 대해 적대적 항쟁을 벌였다면 피를 흘리는 전쟁이 발생, 일본개항은 실패로 끝났을 것이다. 슈펠트는 포함외교로는 결코 조선개항을 실현시킬 수 없다는 것을 깨닫고 평화적 교섭에 의해 조선개항을 성취시켰다. 그럼에도 불구하고 미국사에서는 페리를 한 위대한 역사적 인물로 추앙하고 있는 반면, 슈펠트의 공적은 과소평가되고 있다.

---

159 John W. Foster, *American Diplomacy in the Orient*(Paragon Book Gallery, LTD., 1903), p.326.

가령 '미국사사전'에는 '페리의 일본원정Perry's Expedition to Japan'이란 별도 항목을 설정, 페리의 일본개항 위업을 극찬하고 있는 반면, 슈펠트의 조선개항에 대해서는 아예 항목조차 설정하지 않고 이를 완전 무시하고 있다. 다만 '미국해군Navy, United States' 항목 중에 슈펠트의 한미조약 체결 사실을 3행으로 간략하게 기술하고 있을 뿐이다.[160]

뿐만 아니라 '미국전기사전'에 의하면 페리 항목은 무려 3쪽에 걸친 대대적인 지면을 할애, 페리의 미일조약 체결1854. 3. 31 위업을 기리고 있는 반면, 슈펠트 항목은 1쪽 정도로 조선개항 사실을 간략하게 서술하고 있을 뿐이다.[161]

이와 같이 미국 해군당국은 슈펠트의 조선개항보다 페리의 일본개항에 비중을 크게 두면서, 이를 역사적 대위업으로 기록하고 있다. 한편 일본역사에서도 페리의 미일조약 위업을 크게 기리면서 미우협회米友協會는 1901년 구리빈상륙기념비九里濱上陸紀念碑를 우라가浦賀에 세워놓았는데, 비문에는 이토히로부미伊藤博文의 친필 '北米合衆國水師提督伯理上陸紀念碑'1953. 6. 9라고 써놓고 페리의 일본개항 위업을 영원히 기리고 있다.[162]

미일 양국이 페리의 일본개항 위업을 크게 부각시킨 이유는 일본은 페리의 미일조약 체결을 계기로 메이지유신明治維新, 1868을 일으켜 근대화에 성공, 일약 세계적인 강대국으로 급부상했기 때문이다. 이에 반해 조선왕국은 '슈펠트 조약'으로 조선개항은 성취했지만 조선정부는 슈펠트의 조

---

160 *Dictionary of American History*(Charles Scribner's Sons, New York, 1976), vol. 5, p.22, "Navy, United States"; p.263, "Perry's Ecxpedition to Japan."

161 Allen Johnson, ed., *Dictionary of American Biography*(Charles Scribner's Sons, New York, 1964), vol. 7, pp.486~489, "Perry, Matthew Calbraith"; vol. 9, pp.139~140, "Shufeldt, Robert Wilson."

162 『歷代文化 皇國史大觀』(朝鮮新聞社, 1936), pp.324~325, 米使 ペルリの 來朝.

선개항정신독립을 이어받아 주체적으로 근대화를 성취하지 못한 채, 오히려 외세개입을 자초, 결국 국권을 상실하여 망국의 비운을 초래했기 때문이다. 독립을 뒷받침해줄 국력배양에 실패, 외세에 의존하는 수밖에 없는 시대상황에서 1905년 7월 27일 미일 간에 악명 높은 '태프트-가쓰라 비밀협정Taft-Katsra Agreement'[163]을 체결, 미국은 일본이 필리핀을 침략하지 않는다는 조건으로 한국에서의 일본의 자유재량권free hand을 인정, 한국에서의 일본의 보호국 수립을 승인하고 말았다. 이로써 한반도의 운명이 당사국인 한국을 배제하고 남의 손미일으로 '코리아 패싱Korea passing · 조선배제'이 이루어져 을사늑약이 체결되었고, 대한제국은 일본의 식민지로 진락했던 것이다.[164] 만약 조선이 개화운동에 성공, 주권국가로 발전했다면 슈펠트의 조선개항 위업에 대한 역사적 평가는 이처럼 평가절하되지 않았을 것이다.

조선왕국은 구미열강 가운데 최초로 미국과 수교함으로써 쇄국양이정책을 청산하고 명실 공히 세계만방에 문호를 개방, 구미문화를 받아들일 수 있는 길이 열렸다는 것, 종주국 청과의 전통적인 종속관계를 단절하고 신생 자주독립국가로서 개화정책開化政策을 추진할 수 있게 되었다는 것, 따라서 한미조약은 청일 양국이 구미 열강과 체결한 조약보다도 훨씬 불평등성이 배제된 진보적인 조약으로서 한미 양국 간의 호혜평등the principle of reciprocity의 원리를 최대한도로 보장했다는 것 등, 그 역사적 의의는 아무리 강조해도 지나침이 없으리라.

---

[163] 金源模, 『開化期 韓美交涉關係史』(단국대학교출판부, 2003), p.250.

[164] Raymond A. Esthus, "The Taft-Katsura Agreement-Reality or Myth?," *The Journal of Modern History*, 31(March, 1959), pp.46~51; Tyler Dennett, "President Roosevelt's Secret Pact with Japan," *The Current History Magazine*, 21(October, 1924), pp.15~21. 얼마나 비밀거래외교인지 당시 주일 미국대사 그리스콤(Griscom)조차 이 사실을 전혀 몰랐다.

袁世凱, 1859~1916

한편 미국도 슈펠트의 조선개항 성취로 한반도를 포함한 아시아 전역에로의 통상무역 팽창주의 정책이 구현되었다는 점에서 한미조약 체결의 역사적 의의는 실로 크다고 하지 않을 수 없다. 이제 한미조약 체결이 한반도를 중심으로 러청미일 4개 강대국 간에 국제정치학적 역학관계에서 상호 어떠한 정치적 영향력을 끼쳤고, 또 어떤 변수變數로 작용했는가를 규명할 필요가 있다. 한미조약이 지니고 있는 극동 아시아에서의 국제 정치학적 의미를 종합 분석해 봄으써 그 정치적 영향을 다음 네 가지로 요약 정리해 볼까 한다.

첫째, 한미조약 체결은 극동 아시아의 국제관계에 심대한 정치적 영향을 끼쳤을 뿐만 아니라 극동 아시아에서의 세력균형이 깨어지는 계기가 되었다. 그것은 청의 이홍장이 이른바 친청연미론親淸聯美論에 의해 미국 세력을 한반도로 끌어들여 미국으로 하여금 북쪽의 러시아 남진정책을 견제하고, 남쪽 일본의 한반도 침략정한론征韓論을 방지함으로써 청은 조선에 대한 종주권宗主權을 유지·보전해보겠다는 것이었다. 심지어 원세개袁世凱, 1859~1916를 주차조선총리駐箚朝鮮總理, 1885. 10. 3에 임명, 조선의 내정간섭을 일삼고 있었다.

이홍장은 중국령 투르키스탄Turkiatn·중앙아시아 위그르 아프가니스탄에의 러시아 침략, 러시아의 라자레프Lazarev와 한반도 침략과 한국과의 외교수립기도에 대한 영미 양국의 경계, 일본의 유구병합과 정한론 등 러일의 한반도 침략 가능성을 우려한 끝에 연미론에 의해 러일의 침략을 저지하려고 한국에 한미 입약을 중재하였으며, 마침내 한미조약이 체결된 것이다. 한미조약 조인식 직후 이홍장은 미국 대통령에 보내는 조선국왕의 별도조회문에 속방론the dependency of his country on China을 명문화하도록 책동했다. 그리고 한미조약문에는 거중조정good offices, 從中善爲調處 조항, 즉 타국이 한국을 침략할 경우 미국이 개입, 제3국과의 분쟁사를 해결해준다고 명문화하고 있다.[165]

거중조정 조항은 전적으로 이홍장이 삽입한 것인데 한반도의 안보를 미청 양국이 담보하겠다는 계략이다. 이와는 반대로 일본의 대한정책은 어떻든 한청 간의 종속관계를 단절시키는 것이 핵심적인 과제이다. 이는 한청 간 전통적 종속관계를 단절하게 되면 청의 간섭 없이 한국을 정복할 수 있다는 정치적 책략이다. 이리하여 한청 간 전통적 조공체제朝貢體制의 유교적 '효도관계a filial relationship'를 단절함으로써 청의 간섭 없이 대한 지배권을 확립하기 위하여 청의 속방론을 배제하고, 조선의 독립국지위를 보장한 한미조약을 긍정적으로 받아들인 것이다.

한편 미국의 대對아시아정책의 기본노선은 통상무역 팽창주의정책의 구현이다. 따라서 조선을 개항함으로써 한반도에까지 통상무역의 범위를 확대시키고, 극동 아시아에서의 통상패권을 확립하는 것이 미국의 대아시아정책의 궁극적 지상목표이다. 이러한 국가정책을 구현하기 위하여 슈펠트는 이홍장의 속방론을 단호히 거부하고 조선의 완전 자주독립국지위를 국제법상 최초로 공인하였고, 그 결과 일본은 정한론 구현을 위해 조선독립국 지위를 적극 지지하게 된 것이다.

---

[165] George Alexander Lensen, *Balance of Intrigue, International Rivalry in Korea & Manchuria, 1884-1899*(A Florida State University Book, University Presses of Florida, Tallahassee, 1982), Vol. Ⅰ, p.17.

속방문제는 미청 간의 교섭에서 최대 쟁점이 되었다. 한미조약 체결 후 주청 미국공사에 부임한 영John R. Young 공사는 프릴링하이젠 국무장관에게, "만약 조선이 독립왕국이라면 우리는 청국과 관계없이 조선국과 직접 교섭할 수 있다. 그러나 조선이 청제국淸帝國의 속국이라면 우리는 청의 총리아문總理衙門과 직접 조선 문제를 교섭하여할 것이다. 대부분의 경우와 마찬가지로 이 문제속방론屬邦論가 의심스러우면, 우리는 통상조약을 간접적인 방법으로 체결하는 데 우리의 지혜를 발휘해야 한다."[166]

이 같은 조선독립국 문제에 대한 공식적 유권해석요구를 받은 프릴링하이젠 국무장관은 조선은 서구 정치학적 견지에서 볼 때 독립국이라고 전제하면서,

> 모든 상황에 비추어 보더라도 본인은 조선이 행정상 독립국임을 기정사실로 인정하지 않을 수 없다. 그것은 과거 수년간 여러 차례로 조선의 독립국을 인정해왔었는데, 그렇다고 해서 본 조약체결로 조선이 새로 독립국이 되었거나 승인된 것은 아니다. 우리는 조선을 '사실상의 독립국de facto independence'으로 간주한다. …우리가 청국의 우호적인 도움을 받아들였다 해서 그것은 결코 청의 대한종주권對韓宗主權을 인정하는 것은 아니다.[167]

이와 같이 미국정부는 공식적으로 조선을 '사실상의 독립국'으로 인정함으로써 일본의 조선독립정책을 지지하게 되었고, 그 결과 청일 간의 세력균형이 깨뜨러지는 데 획기적 전기轉機가 되었다. 그것은 아시아 외교

---

166 *Diplomatic Dispatches From United States Ministers*, China, vol. 59., Young to Frelinghuyzen, May 1, 1882.

167 *Diplomatic Instructions of the Department of State*, China, Frelinghuysen to Young, August 4, 1882.

에 있어서 청의 내적 약화와 일본의 외적인 강대화strong Japan를 촉진시키는 계기가 되었다.

둘째, 한미조약 체결은 청제국의 해체와 분열을 가져오는 계기가 되었을 뿐만 아니라 조선을 국제음모international intrigues의 와중渦中에 휩쓸리게 되는 전기가 되었다. 그것은 마치 베트남安南과 미얀마緬甸가 청과 영불 간의 조약체결로 각각 청제국의 기반羈絆으로부터 이탈·분할되어 결국 영불 식민지가 되었듯이베트남 1884, 미얀마 1886, 조선도 청의 영향권으로부터 이탈, 결국 일본의 식민지가 될 가능성이 농후해졌기 때문이다. 미국은 청의 속방정책보다는 '조선의 절대적 독립'을 주장하고 있다. 일본을 지지했기 때문에, 마침내 일본의 한반도 침략을 간접적으로 도와주는 결과를 초래했다.[168]

청일전쟁에서 일본이 전승을 거둔 후 1895년 4월 17일 이등박문伊藤博文-이홍장李鴻章 간에 청일강화조약하관조약下關條約을 체결했는데, 재1조에 "청국은 조선국의 완전무결한 독립자주국獨立自主國임을 확인한다"라고 명문화하고 있다. 이는 일본이 전통적인 한청 간 종속관계를 단절, 청의 간섭을 받지 않고 한국을 정복·지배하겠다는 외교전략의 표명이다. 이로써 일본의 한국 지배는 명약관화한 역사적 사실로 공인되고 있었다.[169]

셋째, 슈펠트는 한미조약 제1조에 속방론을 명문화하는 것을 단호히 거부하면서 그 대신 조약체결 후 조선국왕이 미국 대통령에 보내는 별도조회문에 속방론을 명문화하는 데 동의한 것이다. 이는 미국의 굴종외교屈

---

[168] Tyler Dennett, *Americans in Eastern Asia*(Barnes and Noble, INC, N. Y., 1922), p.461; Chien, *The Opening of Korea*, p.92.

[169] 『日本外交史辭典』附錄 p.20; 『舊韓末條約彙纂』中, pp.148~166; 金源模, 『開化期 韓美交涉關係史』, pp.859~860, 950.

아산만에서 일본군 청일전쟁 전승 개선식(1894)

從外交, genuflections가 아닐 수 없다. 그 결과 청의 대한내정간섭을 자초하게 되었을 뿐만 아니라 종당에는 한반도 지배권을 둘러싸고 청일전쟁1894~95 발발의 원인이 되었다.

청은 이 별도조회문을 정치적으로 최대한 악용하였다는 사실이다. 원래 이홍장-슈펠트 간에 천진에서 조약체결 후 조선정부가 별도조회문을 작성, 미국 대표에게 수교手交하기로 상호 양해 합의한 것이다. 이에 의하면 "조선이 중국의 속방이라는 사실을 조약문에 명기하지 않았다. 그러나 조약체결 후 조선이 별도로 조회문을 준비해서 미국 국무부外部에 성명하기로 했는데, 그 내용은 조선은 오랫동안 중국에 번속藩屬되어 있지만 내정외교內政外交는 본래부터 자주自主하고 있다."[170]라고

---

[170] 『李全集』권 5, p.327(광서 8. 3. 3), 「論美使籌議朝約」. "中國屬邦 未能於約內載明 或俟畫押後由朝鮮另備照會 美國外部聲明 朝鮮久爲中國藩屬 內政外交向來歸其自主云"

밝히고 있다.

마건충이 조선 대표에게 조약체결 1주일 전인 5월 15일에 별도조회문을 작성하도록 강요한 후, 이 별도조회문을 조약체결 2일 후인 5월 24일에 슈펠트에게 전달하도록 했다. 그러므로 슈펠트는 이 같은 사실을 임무를 끝마치고 상해로 출항할 때까지 전연 모르고 있었다. 조약체결 전 별도조회문 작성에 대해 미청 양국은 각기 정치적 의미를 달리하고 있다. 청국 측은 "조약체결 전 조회문 작성을 미국이 허락한 것은 사실상 조선이 중국의 속방과 다를 바 없다는 것을 시인했다."[171]라고 주장하고 있다. 그러니 한편 미국 측은 이와는 정반대로 해석하고 있다. 조약체결 전에 별도조회문에서 조선이 번속을 인정했지만, 이제 조약체결 후 조선은 번복藩服의 지위를 벗어나 자주독립국이 되었으므로 번복의 이름은 한미 양국 간의 평등한 국가관계에 아무런 장애요인이 될 수 없다고 주장했다.[172]

속방론은 슈펠트-이홍장 간에 이미 폐기하기로 확정했고, 이로써 조선의 독립국임을 인정하고 한미조약을 체결했음에도 불구하고 마건충은 별도조회문에 조선국왕이 "조선은 중국의 속국이다"를 명문화한 것을 기화로 또다시 속방론을 재거론하고 있다. 뿐만 아니라 이홍장은 조약체결 후 조선국왕에게 "조선은 중국의 속국이다"라는 공식문서를 보내고 있다.

조선 국왕 전하께

지난해 미국 · 영국 · 독일 정부는 각각 조선과 조약을 체결할 목적으로 조선 전권사절을 파견했고, 우리 중국정부는 이들 공사들을 소개하도록 마건충

[171] 『適可齋記行』권 4, p.352(광서 8. 4. 4), 「東行初錄」; 『關係史料』권 2, pp.621~622. "而已許申明於立約之先 似卽與認明朝鮮我屬邦無異"

[172] 상게서, 권 4, p.352.

을 임명했습니다. 그때 귀국 정부는 이들 나라들에게 조선은 중국의 속국이었음을 알렸고, 우리의 황제께는 내가 이 사실을 알려드렸습니다.

동시에 체결된 조약 초안문을 우리 정부에 보냈습니다. 귀국 외부대신 민영목閔泳穆 씨로부터 미국과 일본과 각기 최근에 체결한 통상장정通商章程과 세칙稅則에 관한 사본을 제가 후일에 받았습니다. 저는 이 통상장정과 그 이전의 조약 사이에 몇 가지 차이점이 있음을 발견했으나 이의는 달지 않겠습니다. 며칠 전에 영국 공사 파크스Harry Parkes 경이 제게 다녀갔는데 그가 새로운 통상장정과 세칙에 관해 토론할 목적으로 조선에 간다는 정보를 전하께 알려드립니다. 독일 공사 또한 같은 목적으로 일본으로부터 귀국으로 가고자 한다는 사실을 들었습니다. 그러므로 진심으로 전하께 권하건대, 통상장정과 관련된 모든 문제들은 전하께서 적절한 판단을 할 자유를 당연히 가지셔야 할 것이며, 여러 사절단과 조급한 토론을 허락해서는 안 될 것이며, 그렇게 성급하게 토론함으로써 조선은 중국의 속국이라는 사실에 대한 주장을 무효화시킬지도 모를 것입니다. 특별히 200년 동안 귀국은 우리 중국왕조에 순종해왔으며, 우리의 가장 중요한 속국이었으며, 다른 어떤 속국들보다도 유리한 대우를 받아왔습니다. 이 사실을 명심하셔서 전하를 속이려는 어떤 사람이 있더라도 혹은 부적절한 충고를 하는 그 누구의 이야기라도 듣지 말고, 저에게 그 토론할 사항을 알려주시고, 이 사절단을 통해 일어나는 모든 일들을 알려주셔야 합니다. 이홍장[173]

이와 같이 마건충의 계략에 의해 조약체결 전 작성된 별도조회문을 미국이 접수하게 되었는데, 그 결과 한반도를 둘러싼 국제정치외교적인 역학관계, 즉 청일 간 세력균형의 대변화를 일으키는 계기가 되었다. 미국

[173] *The Collected Letters of Yun Tchi Ho*(National History Compilation Committee, Seoul, Korea, 1980), pp.198~199, From Li Hung Chang To the King of Corea; 윤치호 지음, 윤경남 옮김, 『佐翁 윤치호 서한집』(호산문화, 1995), pp.187~188.

이 별도조회문에 속방론 명문화를 승인함으로써 다음 다섯 가지 정치변화를 촉발했다.

첫째, 별도조회문의 속방론 명문화는 청의 대한종주권對韓宗主權 주장에 명분名分을 제공했을 뿐만 아니라 청의 대한개입對韓介入 및 대한내정간섭을 초래했다. 예를 들면, 마건충은 조약체결 한 달 후 그해 6월에 두 번째 방한, 한독조약을 양조勷助한다는 구실로 조약체결에 개입했고,[174] 이어 8월에는 임오군란을 진압한다는 명분으로 마건충은 청군을 출병, 군란의 책임을 물어 대원군을 천진으로 납치해 갔다.[175]

뿐만 아니라 조약체결 4개월 후 마건충은 조선 대표를 천진으로 불러 한청 간의 종속적인 조약을 체결하였으니, 그것이 1882년 10월 3일 조청상민수륙무역장정朝淸商民水陸貿易章程을 체결하였는데, 그 전문에 "금번 체결하는 수륙무역장정은 중국이 속방을 우대하는 후의厚意에서 나온 것인 만큼 다른 각국과 일체 균점均霑하는 예와는 같지 않다."[176]라고 속방론을 조약 전문에 명문화했다는 사실이다. 이로써 청은 이를 대한종주권 주장의 법적 근거로 악용하였다.

둘째, 청은 조청무역장정에 속방론을 명문화하고부터 대한 내정간섭과 종주권 강화정책을 추진·강화하였다. 이를테면 이홍장은 원세개袁世凱를 조선총리朝鮮總理로 임명·파견, 한러밀약설1886. 7과 관련 국왕폐위음모를 자행했고, 이어 초대 주미전권공사 박정양朴定陽의 파미派美를 적극 반대·

---

174 『高宗純宗實錄』中, p.50(고종 19. 6. 10); 『高宗時代史』권 2, p.326(고종 19. 5. 8).

175 『陰晴史』, pp.177~183; 『通文館志』(朝鮮總督府, 1944), p.250, 今上 19年 壬午條; 『高宗時代史』권 2, pp.344~345(고종 19. 6. 27).

176 *Corean Treaties, 1876-1889*, pp.64~70; 『舊韓末條約彙纂』下, pp.392~406; 『李全集』권 5, pp.330~332(광서 8. 8. 29), 「議朝鮮通商章程」.

방해했다.[177]

셋째, 조선정부의 청병請兵으로 청은 임오군란1882. 7. 23~24을 진압한다는 구실로 출병, 청일 양군의 서울 진주로 외세개입을 자초, 그 결과 갑신정변1884. 12. 4 발발의 원인이 되었다. 이로부터 청은 대한지배권을 확립, 갑신정변 이래 청일전쟁 발발까지 사실상 한반도의 지배자로 군림하였고, 일본은 이 기간 청 세력을 한반도로부터 몰아내기 위하여 부국강병책을 강행, 마침내 청일전쟁 발발의 원인이 되었다.

넷째, 미국은 한미조약 제1조에 거중조정good offices, 從中善爲調處 조항 삽입을 승인했다. 원래 거중조정 조항은 이홍장이 미국의 힘을 빌어 일본의 대한침략과 러시아의 남진을 저지함으로써 대한종주권을 유지하고자 삽입한 것인데, 슈펠트는 속방론을 조약문에서 삭제하는 것만을 고집하면서 거중조정 조항 삽입을 용인했던 것이다. 이는 미국의 도덕적 우월권moral superiority을 앞세운 순진한 외교naive diplomacy로 간주되고 있다. 이로써 미국의 책무가 법률적 견지에서 미국이 거중조정의 감시자tender로서 제한을 받게 되었고,[178] 그 결과 미국은 한반도의 안보를 책임져야 한다는 안보쟁점이 한미 양국 간에 발생하게 된 소지素地가 되었다.

다섯째, 미국은 청과의 조선개항 입약교섭 개시 이래 한미조약 체결 때까지 시종일관 조선의 자주독립국 지위를 공인公認했다는 사실이다. 이로써 구미 열강 가운데 최초로 한미 간 대등한 독립국 간의 평등조약을 체결했다는 것, 조선왕국은 완전 자주독립국가라는 사실을 세계만방에 과시한 것이다. 미국이 조선독립국 정책을 국가정책적 차원에서 공인한 것은 다음 네 가지 사실이 이를 입증하고 있다.

---

177 金源模, 『開化期 韓美交涉關係史』, pp.614~651.

178 Drake, *The Empire of the Seas*, p.303.

첫째, 대등한 독립국가 간의 조약체결인 만큼 슈펠트는 한미 양국의 국기를 게양하고 조인식을 거행했다. 만약 조선이 조인식에서 마건충의 권고대로 청운홍룡기를 사용했다면 이는 스스로 조선이 청의 속국임을 인정하는 결과가 되므로, 슈펠트는 홍룡기 사용을 거부하고 조선 대표에게 새로 국기를 제정할 것을 권고하자, 조선 측은 스와타라호 함상에서 태극기를 제작하여 조인식 때 성조기와 나란히 게양하고 한미조약 조인식을 거행하였다.

둘째, 슈펠트는 마건충 · 정여창의 배석陪席을 거부하고 그들을 별실로 퇴장시킨 가운데 한미 양국 대표가 1대1로 마주앉아서 조인식을 엄수하였다. 원래 이홍장이 파견한 마건충의 본무는 종주국 사신으로서 한미조약 체결과정을 지도 · 감독함으로써 속방론을 구현하는 것이었다. 그러기에 홍룡기 사용을 적극 권고했고, 마지막으로 조인식 때 배석한 가운데 조약체결을 지켜보겠다는 것이었다. 그러나 슈펠트는 한미조약 체결 현장에 제3국 대표가 배석한다면 이는 결국 조선의 종속국 지위를 인정하는 것이기에 마건충 · 정여창의 배석을 거부하고 별실로 퇴장 시킨 가운데 한미 양국 대표는 조약문에 서명 · 날인하였다.

셋째, 조약체결을 엄수하고 나서 스와타라호는 대조선국 군주를 위해, 한미조약 체결을 경축하기 위해 21발의 축포를 발사했다. 이는 조선왕국이 청의 속국이 아니라 신생 '대조선국' 탄생을 만천하에 알리는 신호탄이라는 상징적 의미가 담긴 예포이다. 그러나 청의 위원호는 조선이 청의 속국임을 강조하기 위해 겨우 15발의 예포를 발사했을 뿐이다.

넷째, 한미조약 비준 후 미국 아더 대통령은 푸트Lucius H. Foote, 福德를 초대 주한미국특명전권공사Envoy Extraordinary and Minister Plenipotentiary to Corea에 임명했다. 일반적으로 3급 공사인 변리공사Minister Resident 아니면 총영사를 임명하는 관례를 깨고 청일 양국의 미국 공사보다 직급이 높은 최고의 특명전권공사를 파견함으로써 대조선국의 자주독립국가 지위를 공인하였다.[179]

[179] Horace N. Allen, *Korea: Fact and Fancy, Being A Republication of Two Books Entitled "Korean Tales" and "A Chronological Index"*(Seoul: Methodist Publishing House, 1904), p.162, February 26, 1883; 金源模, 『近代韓國外交史年表』(단대출판부, 1984), p.107(1883. 2. 26).

제4장

조선보빙사의 미국사행

1. 조성개항과 한미수교의 역사적 의의

조성왕조는 대원군 집정 이래로 쇄국정책을 고수해 왔다. 그러나 1870년대 후반기 개화사상이 대두하고 이어 대원군이 실각됨에 따라 1876년에 한일수호조규가 체결됨으로써 비로소 개항했다. 이를 계기로 구미 각국과 수교의 필요성이 제기되더니, 1882년 5월 22일에 인천 제물포 화도진花島鎭 언덕에서 역사적인 한미조약이 체결되었다. 조선개항과 한미조약 체결의 역사적인 의의를 다음과 같이 정리해 볼 수 있다.

첫째, 조선정부는 구미열강 가운데 미국과 최초로 입약함으로써 쇄국정책을 청산하고 명실공히 세계만방에 문호를 개방했다. 이로써 조선은 구미 선진문화를 받아들일 수 있게 되었다.

둘째, 조선은 한미조약을 체결하기 위하여 이에 대한 충분한 대가를 지불했다. 이를 테면 1866년 제너럴셔먼호사건을 비롯하여 1871년에는 조선개항을 위하여 미국은 전통적인 포함외교Gunboat Diplomacy 정책에 따라 로저스John Rodgers 제독이 이끄는 아시아함대가 강화도에 내침, 조선이 개항을 거부하자 미국은 셔먼호사건에 대한 응징보복으로 한미전쟁신미양요까지 일으켜 조선군 수백 명의 인명피해가 발생했지만 조선개항은 대원군의 강력한 쇄국양이정책에 의해 좌절되었다. 이에 비해 1844년 미청 망하望廈조약, 1854년 미일조약 등은 피의 대가를 지불하지 않고도 입약은 성취했으나, 1882년의 한미조약은 그야말로 값비싼 대가를 치르고 나서야 비로소 한미조약이 체결되었다.

셋째, 슈펠트는 이홍장李鴻章의 끈질긴 속방정책을 단호히 물리치고 조선을 주권독립국가로 인정하고, 한미 간 호혜평등의 입장에서 조약을 체결했다. 미국은 입약교섭 처음부터 청의 '속방론'을 적극 거부하고 조선을 자주독립국으로 인정하고 한미조약 교섭에 임했다. 그러므로 한미조약은 주권독립국가 간의 쌍무적 협약이라는 국제법적 근거에 의해 호혜평등한 외교관계가 수립되었다고 볼 수 있다. 따라서 한미조약은 문서상으로나마 한청 간의 전통적인 조공朝貢관계를 단절하고 신생 '대조선국'이라는 독립국가가 탄생했다는 점에서 역사적 의미는 크다고 하지 않을 수 없다.

한미조약 제2조에 "본 조약을 입약하고 통상 화호한 뒤에 양 체약국締約國은 각각 병권대신秉權大臣, 공사을 파견하여 피차의 도성수도에 주차시키고, 또 내외통상에 개방되어 있는 상대국의 개항장에 영사를 임명, 주재할 수 있으니, 이는 자국의 편의에 따른다."[1]라 규정하고 있다. 한미 양국은 공사 및 영사를 상대국 수도와 개항장에 파견 주재할 수 있다는 것이다.

이와 같이 한미조약 제2조의 공·영사 교환 주재 조항에 따라 미국정부는 1883년 5월 푸트를 주한특명전권공사에 임명, 서울에 주재케 했다. 푸트 공사는 5월 19일 독판교섭통상사무 민영목閔泳穆과 비준문서를 교환함으로써 한미조약은 정식으로 발효되었다. 이에 따라 푸트는 서울에 주한미국공사관을 개설하는 동시에 상호주의 원칙에 따라 조선정부에 외교사절단조선보빙사을 파미할 것을 건의하였다.

이홍장의 대한정책의 기본노선은 종주권 유지를 위한 속방정책에 그 바탕을 두고 있다. 그러나 슈펠트는 청의 속방정책을 단호히 거부하고 시

---

[1] *Diplomatic Documents*(한미조약 원본: 영문본 및 한문본). National Archives. "After the conclusion of this Treaty of Amity and Commerce, the High Contracting Powers may each appoint Diplomatic Representatives to reside at the Court of the other, and may each appoint consular Representatives at the ports of the other which are open to Foreign commerce, at their own convenience." "此次立約 通商和好後 兩國可交派秉權大臣 駐紮彼此都城 並於彼此通商口岸 設立領事等官 均聽其便"

종일관 조선의 자주독립국가를 인정하였다. 이홍장은 한미조약에 속방조항을 명문화하는 데는 실패했지만 대한對韓 종주권 宗主權 주장에는 아무런 변화가 없었다. 조약이 체결되고 비준문서가 교환됨과 동시에 푸트 공사가 견미사절단을 파미할 것을 건의한 것도 조선의 독립국가 승인을 재확인하는 동시에 이를 국제적으로 공인받음으로써 청의 속방론 주장을 봉쇄하자는 데 그 목적이 있었다. 미국의 대한정책에는 바로 '조선의 강대화strong Korea'를 이룩하는 데 그 주안점을 두고 있거니와, 이러한 정책은 한미조약 제1조에 명문화되어 있는 거중조정居中調停, good offices조항에 근거하고 있다. 만약 이처럼 적극적이고 강력한 대한공약, 즉 '조선 독립국 승인'을 구체적으로 실천화하지 않을 경우, 또 다시 이홍장의 속방론 주장에 휘말려 그동안 슈펠트가 이룩해 놓은 한미조약 정신은 수포로 돌아갈 것이기 때문이다.

저자는 조선보빙사 파미 결정의 경위를 먼저 살펴본 후에 미국사행과 보빙사의 미국 각지로의 시찰 순행과 귀국 복명까지 소상하게 추적, 심층적으로 분석연구를 시도해 보기로 했다. 원래 관계사란 양국의 사료를 바탕으로 하여 연구해야 한다. 그러나 보빙사 미국사행의 경우 저자가 발견한 '견미사절 홍영식복명문답기遣美使節 洪英植復命問答記'를 제외하면 한국 측 보빙사 자료는 영성하다. 이에 반해 미국의 각 신문은 보빙사의 미국 사행에 대해 상세한 보도를 하고 있다.[2] 이에 미국 신문자료와 외교문서를 바탕으로 보빙사의 미국사행 연구를 체계적으로 정리·연구할 수 있게 되었다.

1882년 5월 22일 인천 제물포 화도진 언덕에서 역사적인 한미조약이

---

[2] 미국의 각 신문자료를 수집하는 데 크게 도와준 분으로는 스워다우트(Robert R. Swartout) 박사, 그리고 장수영(張水榮, 전 포항공대 총장), 변종화(卞鐘和) 박사 등이다.

체결되었다. 조선은 구미 여러 나라 가운데 미국과 최초로 입약함으로써 쇄국정책을 청산하고 명실 공히 국제공동체의 일원이 된 것이다. 조선개항이 성취됨으로써 문호를 개방, 구미 선진문화를 받아들일 수 있게 되었다. 무엇보다도 미국은 자주독립국이라는 호혜평등에 기초한 한미조약을 체결함으로써 이홍장의 끈질긴 속방정책을 타파했다는 데 그 역사적 의미는 크다할 것이다. 이로써 한청 간 전통적인 조공관계를 단절하고 '대조선국'이라는 독립국가로 새 출발한 것이다.

미국의 대한정책의 기조는 청의 속방정책을 저지하고 조선의 자주독립을 지원하는 데 있다. 말하자면 '조선의 강대화'를 이룩하자는 것이었다. 이에 반해 이홍장의 대한정책의 기본노선은 연미론聯美論에 의한 '속방론 강화'에 주안점을 두고 있다. 한미조약 교섭과정에서 비록 슈펠트의 강력한 반대로 "조선은 중국의 속국이다"라는 조항을 조약문에 명문화하는 데는 실패했지만, 이 조약 체결교섭 과정에서 청국은 대한종주권 주장을 강화하는 데 하나의 방편으로 조약체결 후 조선국왕이 미국 대통령에 보내는 별도조회문에 '속방론'을 명문화시켰다는 사실이다. 그러나 미국은 전혀 다른 목적을 가지고 있었다. 한미조약에서 미국은 사실상 조선이 완전 자주독립국complete independence를 인정했기 때문이다. 그래서 조선 국왕을 비롯하여 개화파는 이를 크게 환영하면서, 한미조약 체결은 정치적으로는 조선이 청국의 기반으로부터 해방되는 하나의 쐐기a wedge 역할을 하고 있다고 보았다.[3]

---

[3] George, H. Jones, "Chemulpo," *The Korea Review*, vol. Ⅰ(1901), pp.11~15; H. G. Appenzeller, "The Opening of Korea: Admiral Shufeldt's Account of it," *The Korean Repository*, vol. Ⅰ(1892), pp.57~62; R. T. Pollard, "American Relations With Korea, 1882~1895," *The Chinese Social and Political Science Review*, 16(1932), p.431, 제물포(濟物浦) 화도진(花島鎭) 언덕에 장방(帳房, 임시막사)을 치고 그 앞에 태극기와 성조기를 꽂고

2. 한미조약 비준서 교환1883. 5. 19

슈펠트Robert W. Shufeldt, 薛斐爾 제독은 주한미국전권공사Envoy of the United States to Corea[4] 자격으로 한미조약 체결의 대임을 완수하고 청국으로 일단 돌아갔다가, 6월 4일에 일본 나가사키長崎에 기항, 요코하마橫濱를 거쳐 귀국했다.[5] 슈펠트는 한미조약 원본을 휴대하고 워싱턴에 가서 아더 대통령에 복명했다.[6] 아더 대통령은 한미조약문을 의회에 회부, 1883년 1월 9일 드디어 미국 상원에서 속방조항이 삭제된 한미조약의 비준을 승인했다.[7] 상원에서 조약문이 비준 승인되자 아더Chester A. Arthur, 阿禮圖 대통령은 2월 13일 이를 최종 비준한 후 1883년 3월 9일자로 푸트Lucius H. Foote, 福德, 1826~1913를 초대 주한 미국특명전권공사Envoy Extraordinary and Minister Plenipotentiary에 임명하는 동시에[8] 3월 12일에는 그를 대조선국에 파견,

---

미국 해병대의 양키 두들(Yankee Doodle, 미국 애국가)을 합창하는 가운데, 조선 전권 신헌(申櫶)·김굉집(金宏集), 미국 전권 슈펠트 사이에 한미조약이 조인되었다.

[4] Imperial Maritime Customs, *Treaties, Relations, ETC., Between Corea and Other Powers, 1876-1889*(Shanghai, 1891), p.49.

[5] B. H. Buckingham, George C. Foulk, and Walter McLean, *Observations upon the Korean Coast, Japanese-Korean Ports, and Siberia, Made During a Journey From the Asiatic Station to the United States Through Siberia and Europe, June 3 to September 8, 1882*(Washington: Government Printing Office, 1883), p.7.

[6] 『新聞集成 明治編年史』(신문집성 명치편년사편찬회, 1935), 권 5, p.106, 米韓條約締結(東京日日, 1882. 7. 6).

[7] United States Department of State, *Papers Relating to the Foreign Relations of the United States*, Washington, D. C.: Government Printing Office(hereinafter cited as *FRUS*), 1883, pp.241~243. No. 6 and 7, Foote to Frelinghuysen, May 24 and 25, 1883; 『明治編年史』권 5, p.219, 米韓條約批准成る(東京日日, 1883. 1. 18), 駐美日本公使 寺島의 전문보고에 의함.

[8] 『奎章閣圖書』(영문본 및 한문본, 23219·23220), 駐朝鮮 미국인 Foote에 대한 信任狀.

1882년 5월 22일에 체결한 한미조약의 비준문서를 교환할 권능을 부여한다는 전권빙거全權憑據, 신임장를 수여했다.[9] 이에 아더 대통령은 3월 14일자로 된 대통령의 비준서를 푸트 공사에게 전하면서 조선부임을 명했다.[10]

푸트는 뉴욕에서 어린 시절을 보내다가 청년이 되자 캘리포니아로 이주했다. 처음에는 변호사를 개업하다가 남북전쟁이 발발하자 캘리포니아 주정부의 관리가 됨으로써 관계와 인연를 맺게 되었다. 그는 부스Booth 주지사 밑에서 주정부의 요직을 역임했다. 이어 1872~1876년 4년간 주방위군사령관Adjutant General을 지냈기 때문에 그는 평생 '장군'이란 존칭을 받게 되었다. 1879년부터 3년간 칠레 발파라이소Valparaiso 주재 미국영사로 근무했다. 1882년 주칠레 미국공사 킬패트릭Kilpatrick 장군이 임기 중 사망하자, 푸트는 그 후임으로 1년간 미국공사로 산티아고Santiago에 주재 근무했다. 한미 간에 국교國交가 수립되자 아더 대통령은 푸트를 소환, 초대 주한미국특명전권공사에 임명했다.[11]

캘리포니아 출신인 푸트를 초대 주한미국전권공사로 임명한 것은 아더 대통령이 장차 한미 간에 교역증대를 푸트에게 크게 기대했다는 증거이다. 푸트는 1883 년 4월 샌프란시스코 발 요코하마 행 정기 우편증기선인

Chester A. Arthur, President of the U. S. A. To His Majesty, The King of Chosen, March 9, 1883;『舊韓國外交文書』(高大, 아세아문제연구소, 1967), 권 10(美案 Ⅰ), p.18, 欽差大臣 福德派遣의 國書.

9 『奎章閣圖書』(영문본 및 한문본, 23167 · 23168). 한미수호통상조약 비준교환에 대한 全權委任狀(1883. 3. 12). 미국정부는 조선정부가 '개국연호'를 사용한 데 호응하여 푸트 공사의 全權憑據(신임장)에 西紀와 함께 미국 독립 후 107년이 된다 해서 '개국 107년'이란 연호를 사용했다.

10 *Diplomatic Documents*, National Archives, Chester A. Arthur, President of the United States of America to His Majesty, The King of Chosen, March 14, 1883.

11 Harriet D. Schuwar, "Establishment of Korean-American Relations: A Centennial," *Department of State bulletin*, vol. 82(June 1982), pp.1~15.

페킹City of Peking호를 타고 일본으로 향발했다. 아더 대통령을 비롯하여 푸트 공사는 조선왕국과의 통상교역에 비상한 관심을 보였는데, 특히 뉴욕에서 아시아 교역상을 경영하던 프레이저 상사Frazar Company, 豊泰洋行의 사장 프레이저Everret Frazar, 厚禮節가 푸트를 수행했다는 데서도 그 일단을 엿볼 수 있다. 프레이저는 신임 주한 미국 공사 푸트를 일본 도쿄까지 수행하면서 아시아 교역에 대한 정보를 입수하고 장차 조선과의 교역의 길을 탐색하는 임무를 띠고 동행한 것이다.[12]

푸트가 서울에 부임하는 길에 일본 도쿄에 도착한 것은 그해 4월이었다. 푸트의 도쿄 체재에 대한 일본 언론은 크게 관심을 표명했다. 북지나일일신문北支那日日新聞에 게재된 기사를 인용보도하면서 푸트의 조선부임을 가리켜 "미국은 이제 조선을 독립국가로 승인했다"라고 보도했다. 이를 계기로 조선에 대한 청일 공동보호의 문호가 활짝 열리게 되었다고 전망하고 있다.

> 아메리카 합중국 특명사절 겸 전권공사 푸트 씨가 이번 조선 경성京城에 주차명駐箚命을 받은 것은 청국정부를 위해 좋은 일이 아니다. 청국정부는 끝까지 조선국을 청의 속방屬邦이라고 주장했음에도 불구하고 합중국정부는 단연코 이를 거부하고, 슈펠트 조약한미조약을 비준 승인한 것은 실로 청국정부에게 놀라운 일이다. 합중국으로서는 독립국의 예禮로써 조선국을 대우하였으며, 또한 청정淸廷, 청국정부으로 하여금 조선의 외교사무에 일체 간여하지 못하게 한 것이다. 이는 합중국정부가, 특히 위계상位階上 그 나라가 유럽 여러 나라 정부에 파견한 여러 공사의 지위보다 한층 높은 '특명사절 겸 전권공사'를 서울에

---

12 Everett Frazar, *Korea, And Her Relations to China, Japan and the United States, A Paper Read Before The New England Society, of Orange, New Jersey, in Music Hall, November 15, 1883*. p.4.

파견 주차시킨 것만 보아도 명백히 드러난 것이다. 미국정부가 이러한 조치를 취한 것은 미국의 대對조선교섭의 방법이 종전에 청국이 취했던 대조선교섭방법종속관계과 크게 다르다는 것을 의미한다. 그러므로 청국은 이 같은 미국의 조치에 대해 일단 항의를 제기할 것임에 틀림없다. 사실상 이번의 미국의 조치는 일본정부에게 대만족을 주었고, 그 지위를 공고히 했다고 말할 수 있다. 무엇보다도 미국정부가 이번의 일거一擧로서 청국이 주장해왔던 권리대한종주권對韓 宗主權를 깨뜨린 것은 크게는 일본 외부경外務卿의 수고를 덜어주었다. 이로써 일본정부는 이미 예상한 대로 조선국에 대한 청일 공동보호의 문이 활짝 열리게 되었다.[13]

상기 "미국은 이제 조선을 독립국가로 승인했다."는 일본의 환영기사의 진의는 일본이 이제 청의 간섭을 받을 것 없이 '정한론' 구현의 기회가 도래했다고 낙관했기 때문이다. 일본이 한일조규에서 조선의 독립을 보장한다고 명문화한 것도 한청 간의 전통적인 종속관계, 속방론을 타파하고 한반도를 정복하겠다는 침략저의가 깔린 것이다. 미일의 대한정책의 공통점은 '속방론 타파, 조선독립'이었다. 이제 미국이 속방론을 타파하고 조선독립을 이룩했으니 이는 일본의 한반도 정복의 앞날이 다가왔다고 전망한 것이다.

미국정부가 이처럼 주한 미국공사의 지위를 주일 미국공사 및 주청 미국공사의 지위와 대등 또는 그 이상의 '특명전권공사'의 지위로 강화하게 된 것은 조선은 완전한 독립국가이기 때문에 앞으로 청의 대한간섭을 미연에 방지하겠다는 외교적 책략으로서 이같이 쐐기를 박은 것이다. 가령 1883년 수교한 영국의 경우 주한 영국공사관을 주청 미국공사관의 부속기관으로 하였고, 독일은 영사를 파견함으로써 영독 양국은 간접적으

13 『明治編年史』권 5, p.283, 「米國朝鮮を獨立國として承認」(東京日日, 1883. 4. 28).

로 청의 대한종주권 주장을 지지했다. 그런데 1884년 8월 12일, 미국정부는 주한 미국공사의 지위를 특명전권공사에서 변리공사 겸 총영사Minister Resident and Consul General로 격하시키고 말았다. 이 같은 강등조치에 불만을 품은 푸트는 공사직을 사임하겠다고 선언했다. 이 기회를 타서 청국정부는 주한 미국공사를 주청 미국공사에 종속시키는 조치를 취해 줄 것을 미국정부에 요청했지만, 미국정부는 1885년 12월 5일자 이를 거부함으로써 계속 조선의 독립국 지위를 인정·고수하고 있다.[14]

그런데 조선정부는 제2차 수신사 김홍집金弘集이 일본을 다녀온 지 얼마 안 되어 1881년 1월에 일본의 신문물제도를 시찰한다는 명목으로 조사朝士 조준영趙準永·박정양朴定陽·어윤중魚允中·홍영식洪英植 등 10여 명으로 구성된 이른바 신사유람단紳士遊覽團을 일본에 파견한 바 있었는데, 이때 윤치호尹致昊가 수행, 도쿄에 머물면서 첫 일본 유학생이 되었다.[15]

푸트 공사는 도쿄에 체재하고 있는 동안 윤치호에게 영어를 가르쳤고, 결국 윤치호는 조선인으로서는 최초의 영어를 배운 학생이 되었다. 이리하여 푸트는 윤치호를 수행통역관으로 채용했다.[16] 푸트는 윤치호의 영어로는 통역이 어려워 일본외상 이노우에井上馨의 개인비서 사이토齋藤修一郎를 통역관으로 대동했다. 사이토는 영어를 잘하므로 3개월간 조선에 체재하면서 이중통역을 하다가 돌아갔다.[17]

푸트는 윤치호와 사이토를 동반하고 5월초 요코하마橫濱를 출항, 5월 6

---

[14] Tyler Dennett, *Americcans in Eastern Asia*(N. Y.: Barnes and Noble, Inc., 1922), p.475.

[15] 鄭玉子, 「紳士遊覽團考」, 『歷史學報』27(1965. 4), pp.105~142.

[16] 푸트는 윤치호(尹致昊)의 이름을 일본어 발음대로 'In-Chi-Sa'라 표기했다. *FRUS*, 1883, p.244, No. 111, Foote to Frelinghuysen, June 29, 1883.

[17] 宋炳基, 『尹致昊日記』(探求堂, 1975), 下, p.342; 金道泰, 『徐載弼博士自敍傳』(首善社, 1948), p.68.

일 나가사키長崎에 도착했다. 푸트 일행은 미국 아시아함대의 모함 모노카시Monocacy호로 5월 8일 아침 나가사키를 출항, 5월 13일 제물포濟物浦 근해에 도착했다. 그런데 이 모노카시호는 일찍이 1871년 미국의 강화도 내침신미양요 때 참전했던 포함이다. 악천후로 말미암아 이틀 동안 부평富平 근처의 어떤 섬Fukuye에서 체류하다가 13일 저녁에 제물포에 입항한 것이다. 모노카시호가 입항하자 조선인 관리 2인이 등선, 배의 국적, 배 이름, 그리고 입항목적 등을 물었다. 말하자면 간단한 통관절차를 취했다. 푸트 공사 일행은 인천부사의 예방을 받았고, 그의 관사로 초청되어 환대를 받았다.[18]

푸트 공사 일행이 제물포에 도착했다는 부평부사의 보고를 받은 조선정부는 홍영식洪英植·김사철金思轍을 영접위원按伴使에 임명, 제물포로 파견했다. 그들은 독판교섭통상사무 민영목閔泳穆의 영접서신을 휴대하고 5월 15일 모노카시호에 등선, 푸트 공사에 전달하면서 정식 초청했다. 조선정부의 영접서신은 다음과 같다.

> 대조선국大朝鮮國 독판교섭통상사무督辦交涉通商事務 민영목閔泳穆은 대미국大美國 흠차대신欽差大臣 복福, Foote 각하에 글을 올립니다. 듣자니 귀 대신은 명命을 받들고 멀리 우리나라에 도착한 것은 대단히 기쁜 일입니다. 본 대신은 우리나라 서울에서 비준문서批准文書를 교환할까 합니다. 이에 조선정부는 귀하를 서울까지 모시는데 본 아문衙門 협판協辦 홍영식, 주사主事 김사철을 파견, 인천仁川 구안口岸에서 귀하를 영접할 것입니다.[19]

[18] *FRUS*, 1883, pp.241~242, Foote to Frelinghuysen, May 24, 1883.

[19] 『奎章閣圖書』(영문본, 2322), 「美國欽差大臣迎接書信」 Min Yong-Mok to Foote, Foreign Office, Seoul, May 1883; 「美案」 I, pp.15~16, 「仁川迎接의 件」.

한편 영접위원 홍영식 · 김사철은 모노카시호에 올라 영접서신을 전달할 때 코튼Cotton 함장은 태극기를 함상 정면 마스트에 높다랗게 게양한 후 21발의 예포를 발사하니, 이는 한미수교를 경축하는 대조선국 국기에 대한 최초의 예포였다. 영접서신을 정식으로 접수한 후 푸트 공사는 선상에서 홍영식 · 김사철과 장시간 대화를 나누었다. 통역을 통해 대화를 나누어본 결과 조선대표는 태서문물에 정통한 지성적인 인물이라고 판단했다. 조선대표는 한결같이 한미 우호관계로 훌륭한 성과를 기대한다고 전제하면서 미국의 대對동아시아정책을 충분히 이해하고 있다고 말했다. 이에 푸트 공사는 민 독판의 서울 초청을 흔쾌히 수락했다.[20]

5월 17일 아침 드디어 푸트 공사 일행은 서울로 출발했다. 조선정부는 푸트 공사 일행을 서울까지 호송하는 데, 사인교四人轎 등 가마와 조랑말, 그리고 호위병을 동원했다. 푸트 공사의 일행을 보면, 푸트 공사와 공사부인Rose F. Foote, 비서 스커더Charles S. Scudder, 스미스소니언 미국 국립박물관 쥬이P. L. Jouy, 일본인 통역관 사이토齋藤修一郎, 조선인 통역관 윤치호尹致昊, 그리고 코튼 함장과 모노카시호 해군장교 8명 등이다. 특히 푸트 여사는 서양 여인의 최초 한반도 입국이었고, 이후 선교사 부인의 조선입국의 선례가 되었다.[21]

서울까지 가는 길은 공로公路이지만 도로 사정이 좋지 않은 꼬부랑길이었다. 무수한 언덕과 계곡을 거쳐 지루한 여행을 계속하면서 처음으로 조선의 농촌풍경을 목격할 수 있었다. 길가에 늘어선 구경꾼들이 인산인해

---

[20] *FRUS*, 1883, pp.241~242, No. 109, Foote to Frelinghuysen, May 24, 1883.

[21] *FRUS*, 1883, p, 244, No. 111, Foote to Frelinghuysen, June 29, 1883; Mary V. Tingley Lawrence, *A Diplomat's Helpmate, How Rose F. Foote, Wife of the First U. S. Minister and Envoy Extraordinary to Korea, Served Her Country in the Far East*(San Francisco, H. S. Crocker Company Publishers, 1918), pp.1~50.

를 이루었다. 대개 구경꾼 가운데 여인들은 단 한 사람도 찾아볼 수 없었고, 모두 남자들과 어린이들이 모여 푸트 공사 일행의 행열을 호기심에 찬 표정으로 지켜보았다. 흰 무명옷을 입고 머리에는 원추형 모자갓, conical shaped hats, 조선 전통 의관衣冠에다 흰옷을 입고 갓을 쓰고 있었다. 그들의 모습은 호기심 어린 표정이었고, 그러나 적의敵意 어린 호전적 기질은 보이지 아니했다

조선인의 옷차림은 중국인이나 일본인과는 판이했다. 체격은 중국인보다도 '더 건장한 민족a more stalwart race'으로 보였다. 공로 양편에 펼쳐 있는 농가를 보니, 토담에디 초가지붕을 한 오막살이로 보아 가난한 민족임을 실감했다. 게다가 농경지를 보니 밀, 보리, 벼, 기장 등의 경작 논밭이 보였고, 산에는 발육부진의 전나무, 소나무 숲이 있었으나, 삼림이 울창하지 아니했다. 조선말은 체구가 작았지만 조선 소한우韓牛는 체구가 크고 체격도 좋아보였다. 소는 주로 농경지를 경작하고 짐을 실어 나르는 데 이용되고 있었다.[22]

푸트 일행은 서울까지 가는데 중간에서 자주 쉬어갔기 때문에 무려 10시간이나 걸렸다. 이처럼 10시간 장거리 여행 끝에 양화진楊花津에 도착, 나룻배로 한강을 건너야만 했다. 양화진 나루에는 양화진 유수留守와 외아문外衙門 관리가 푸트 일행을 영접했다. 양화진에서 서울 도성까지의 연로에는 구경꾼들로 벽을 이루었다. 구경꾼들은 높은 언덕배기에 모여앉아 푸트 일행을 신기한 듯 지켜보았다. 푸트 일행은 드디어 남대문에 당도, 그 우람한 조선의 건축미에 탄성을 연발했다. 그러나 남대문을 지나 좁고 더러운 골목길을 지나면서, 하수처리가 안된 단층 초가집들로 꽉 찬 거리를 지날 때 푸트 공사는 조선인의 생활수준이 극히 빈곤하다는 것을

[22] *FRUS*, 1883, pp.241~242, No. 109, Foote to Frelinghuysen, May 24, 1883.

Paul G. Moellendorff, 穆麟德, 1848~1901

절실히 실감했다. 서울 중심가로 접어들면서 간선도로가 정사각으로 뚫려 있었고, 규모가 작은 각종 상품 가게廛房들이 즐비하게 늘어져 있었는데, 진열된 상품이라곤 손으로 만든 수세공품手細工品과 공예품, 그리고 거친 면직물 정도였다. 푸트 일행은 두 집으로 안내되었는데 푸트 공사는 조선해관 총세무사이며 내무협판인 묄렌도르프Paul G. Moellendorff, 穆麟德, 1848~1901 집에 유숙했다.[23]

푸트 공사가 묄렌도르프 집에 투숙하자, 민영목 독판은 푸트 공사를 예방, "미국정부가 한미조약 비준문서를 교환하기 위하여 귀하를 파견해준 데 대해 감사한다."는 공식적 인사를 나누었다. 5월 18일 민 독판이 재차 푸트 공사를 예방, 5월 19일 오후 2시에 조선 외아문에서 비준문서를 교환하기로 합의했다. 푸트 공사가 서울에 도착하자 대조선국 대군주는 독판교섭통상사무 민영목을 대미국 흠차대신 푸트와 한미조약 비준문서를 호환互換하기 위하여 전권대신에 특파한다는 임명칙지任命勅旨를 내렸다.[24]

5월 19일 오후 2시에 푸트 공사는 코튼 함장을 비롯하여 정장한 해군장교 8명을 대동하고 통리교섭통상사무아문을 방문, 역사적인 한미조약 비

---

[23] *Ibid.*

[24] *Diplomatic Documents*, National Archives, No. 61, Translation of Red Paper Script, May 18, 1883; 『美案』I , p.16, 「全權大臣閔泳穆任命勅旨」(1883. 5. 18).

준문서를 교환했다.[25] 이때 교환한 비준문서의 내용은 다음과 같다.

> 대조선국 대군주는 비批하노라. 저번에 대미국과 맺은 조약을 본인은 이미 상세히 살펴보았고, 각관各款 각절各節을 살펴보았다. 이를 시행함이 마땅하므로 이에 비준하는 바이다. 국보국새를 사용하여 친히 날인하는 바이니, 소명昭明하여 믿고 의지할지어다.
>
> 대조선국 개국 492년 4월 12일1883년 5월 18일
> 대군주 어압御押
> 대조선국 대군주보[26]

한편 아더 대통령은 1월 9일[27] 상원의 인준을 거쳐 1883년 3월 14일자로 미국정부의 비준서를 승인 · 작성하였는데, 푸트 공사는 외아문에서 '아더 대통령의 비준서'를 민영목 독판에게 수교手交했다. 미국정부의 비준서는 다음과 같다.

> 본인은 푸트를 주한 특명전권공사E. E. and M. P.에 임명하였습니다. 그는 1882년 5월 22일에 체결한 한미조약 비준문서를 휴대하고 대군주大君主께 이를 진정進呈할 것입니다.
>
> 본인은 한청 양국 간의 관계를 비추어보더라도 우리 양국 간에 조약으로 확

[25] *FRUS*, 1883, pp.241~242, No. 109, Foote to Frelinghuysen, May 24, 1883; 『高宗純宗實錄』 中, p.92(고종 20. 4. 13).

[26] *Diplomatic Documents*, National Archives, 「朝美朝約批准書」; 『美案』 I , p.16, 「朝美條約批准書」, "大朝鮮國大君主批曰 這大美國條約 予已詳察省覽 各款各節 逐一均可施行 爲此批准 蓋用國寶 並親行畫押 用昭憑信 大朝鮮國 開國四百九十二年 四月 十二日 大君主 御押 大朝鮮國大君主寶"

[27] Francis C. Jones, *Foreign Diplomacy in Korea, 1866~1894*(Ph. D. Dissertation, Harvard University, 1935, unpublished), p.413.

보된 권리를 위반하거나, 미국과 미국 시민의 이해관계를 해치는 일이 없는 한, 한청관계에 관여하고 싶지 않습니다. 미국정부로서는 조선이 청의 속국이라는 문제를 따지고 싶지 않습니다. 다만 우리는 대군주께서 조선은 대내 대외적인 정치문제는 자주적으로 처리하고 있다고 말씀하신 데 대해 만족하고 있습니다. 국제적 교섭의 대의大義를 위해서도 자치권self-control이 있는 조선은 독립국가independent state로서의 여러 권리와 여러 의무가 부여되어 있습니다. 이제 미국 상원의 충고와 동의를 얻어서 본인은 본 조약이 제3국과 미국과의 협상을 통해서가 아니라 우리 주권 국가sovereign nations 간의 협약에 의해 체결된 조약이라고 인준認准하는 바입니다.

대군주의 서한한미조약 체결 후 아더 대통령에 보낸 別途照會文에서 한미조약에 대한 해석을 밝혔는데, 본인은 한미조약문의 각 조항 내용을 청국 고위관리의 임석하에 이를 확인했으며, 청국 고위관리도 조약문 내용을 충분히 인정하면서, 이에 반대하지 아니했을 뿐만 아니라 오히려 조약 체결을 적극 도와주었습니다.

본인은 대군주와 귀국 국민에게 행복과 번영이 있기를 기원하는 바입니다.

1883년 3월 14일[28]

비준문서 교환의식을 마친 후 푸트 공사는 통리교섭통상사무아문을 재방문하여 민영목 독판과 국서신임장 제정일자를 협의한 결과, 5월 20일로 결정했다. 이 자리에서 푸트는 신임장국서 및 국서 제정사提呈辭 사본을 민 독판에게 수교手交했다. 5월 20일 푸트 공사는 민 독판의 안내로 예궐詣闕, 편전에서 국서 봉정식國書 奉呈式을 거행했다. 이 자리에서 푸트는 3월 9일자로 작성된 아더 대통령의 신임장letter of credence을 대군주께 봉정했다.[29]

---

[28] *Diplomatic Documents*, National Archives, Chester A. Arthur, President of the United States of America to His Majesty, The King of Chosen, March 14, 1883.

[29] *FRUS*, 1883, p, 243, Foote to Frelinghuysen, March 25, 1883(Received July 16); 『高宗純宗實錄』中, p.92(고종 20. 4. 14); 『承政院日記』(高宗篇) 권 8, p.404(고종 20. 4. 13).

미국 비준국서의 내용은 다음과 같다.

미국 국회上院는 이미 조선왕국과의 외교관계 유지를 승인하였으므로 본인은 이에 우리 미국의 저명한 시민의 한 사람인 푸트를 발탁拔擢, 특명전권공사Envoy Extraordinary and Minister Plenipotentiary, E. E. and M. P. 자격으로 귀국에 주차駐箚하도록 임명하는 바입니다. 그는 대군주와 귀국 정부에 대해 우의友誼를 가지고 조선정부와 국민과 가장 친밀하고도 우호적인 관계를 계발啓發 유지할 것을 진심으로 간망하고 있습니다. 우리 양국은 완전 상호 유익한 관계를 유지하기를 희망합니다. 본인은 그의 능력과 성실성을 신임하고 있으므로 대군주께서는 그를 만족하게 받아들일 줄 알며, 그는 귀국 정부의 호의에 부응, 그의 공사 임무를 성실히 수행할 것이며, 우리 양국 정부 간의 이해관계를 증진할 것임을 확신하는 바입니다.

이에 본인은 대군주께서 그를 전폭 신임하시와 그가 미국정부의 대표로서 대군주께 진언하는 말을 신용하기 바라며, 이리하여 무엇보다도 가장 성실한 우의가 돈독해질 것입니다. 대군주께 신의 가호와 복수무궁福壽無窮을 축원합니다.[30]

비준국서를 대군주께 봉정한 후 푸트 공사는 다음과 같이 제정사提呈辭를 낭독했다.

본인은 미국 대통령으로부터 주한 미국특명전권공사의 임명을 받고, 최근 체결된 한미조약 비준문서를 휴대하고 귀국 수도에 도착하였습니다. 본 조약은 엄숙하게 비준되었으며 비준문서 교환을 완료하였습니다. 본인은 미국 대

---

[30] 『奎章閣圖書』(영문본 및 한문본: 23219 · 23220), 「駐朝鮮 美國人 L. H. Foote에 대한 信任狀」Chester A. Arthur, President of the United States of America to His Majesty, The King of Chosen, March 9, 1883.

통령의 친서를 휴대하고 왔는데 대통령을 대신해서 대군주께 바치는 바입니다. 조선정부와 미국정부 간의 모든 교섭은 가장 솔직하고도 우호적인 교섭이 될 것입니다. 이를 위해 미국 대통령은 상원의 충고와 인준을 받아 본인을 미국정부의 대표로 임명한 것입니다. 이에 본인은 대군주 가까이에 상주常駐하게 될 것입니다. 이에 본인은 본 조약체결을 협상함에 있어서 미국정부의 대의大義는 한미조약 체결로 귀국 국민의 안락과 행복이 고양高揚될 것이라는 고상한 동기와 확신을 가지고 미국정부는 한미조약 체결에 임했다는 사실을 대군주께 재확인시키라는 훈령을 받았던 것입니다.

진보주의의 시대에는 상비군常備軍보다도 더 강력한 '도덕적 힘moral power'이 존재하고 있습니다. 한 국가가 허약해지는 것은 이러한 '도덕적 힘'이 약화되었기 때문입니다. 과거의 뿌리 깊은 전통으로부터 과감히 탈피하고 영원불멸의 국가적 번영을 꾀하려면, 쇄국정책鎖國政策을 고수固守하고서는 이를 확보할 수 없다는 신념을 대군주께서 표명하였습니다. 변화는 급진적이기 때문에, 이것만이改革 역사가 오랜 조선왕국朝鮮王國을 위해 유익한 결과를 가져올 수 있을 것입니다. 우호국가 간에 상호 자유로운 교섭을 통해서만이 최고의 문명국가를 성취할 수 있는 시대가 도래할 것임을 입증하고 있습니다. 이와 같이 지식은 널리 유포流布되고 있으며, 각국의 생산품과 발명품은 널리 보편화되고 있습니다. 우리는 평등한 조약규칙equitable treaty regulation과 국가보전國家保全, national integrity을 보장하고, 인류의 복지를 증진하는 데 이바지할 것임을 확신하는 바입니다. 미국 대통령은 본인에게 귀국을 미국의 이웃나라로 환영한다는 말씀을 대군주께 전해달라고 했습니다. 끝으로 대통령의 친서와 국서를 대군주께 봉정하는 바입니다.[31]

이와 같이 푸트 공사는 제정사에서 조선왕국은 쇄국정책을 과감히 타파하고 문호를 활짝 열어, 미국의 진보적 사상을 받아들여 문명개화를 달

[31] *FRUS*, 1883, p.243, Address of Mr. Foote to the King of Corea.

성하고 양국 간의 통상증진을 통해 국가적 번영을 성취할 것을 희구했다. 또한 이러한 조선의 국가적 번영과 국가보전을 위해 한미조약을 체결한 것이며, 이를 바탕으로 하여 개혁을 통해 문명국가가 이룩될 것이며, 미국은 조선을 위해 상비군보다도 더 막강한 '도덕적 힘'이 되어주겠다고 약속했다. 이는 이제 막 개항을 달성한 조선왕국으로서는 최대의 고무적인 찬사이며, 더군다나 미국 대표가 국서 제정사에서 이같이 공언했다는 점에서, 이후 대군주로 하여금 국제적인 분쟁사가 발생할 적마다 대미對美 의존심依存心을 고수하는 근거가 되고 있다. 푸트 공사의 제정사가 끝난 후, 대군주는 매우 흡족한 표정으로 자기는 한미조약에 특별한 관심을 가지고 비준문서 교환을 학수고대했다고 밝히면서 이어 다음과 같은 짤막한 답사를 읽었다.

> 공사, 본인은 미국 대통령의 우악優渥한 친서를 받자와 대단히 환흡歡洽하는 바입니다. 대통령께서 강녕하실 줄 믿습니다. 대통령께서 귀하를 미국정부의 대표로 우리나라에 파견한 것은 아주 반가운 일입니다. 이제 우리 양국간의 우의友誼가 확고하게 다져졌으며 이러한 우호관계는 항상 계속 유지될 것으로 확신하는 바입니다.[32]

[32] *FRUS*, 1883, p.244, Reply of the King to Mr. Foote.

3. 조선보빙사 파미 결정

비준문서 교환5. 19과 국서 제정식5. 20을 모두 완료하고 푸트 공사는 정동貞洞에 상주공사관을 개설하고 공사관 업무를 개시했다. 한미조약 체결을 위한 교섭과정에서 시종일관 청국의 이홍장李鴻章과 미국의 슈펠트가 교섭책임자로서의 역할을 수행했다. 그러나 당사국인 조선국 전권은 교섭에서 철저히 배제되었다. 말하자면 대한정책의 최고 책임자인 이홍장의 중재외교仲裁外交에 의해 한미조약은 체결된 것이다. 이홍장은 대한對韓 종주권宗主權 유지를 위해 연미론聯美論에 의해 조선개항을 권도勸導하면서 속방론屬邦論을 주장했지만, 슈펠트는 이를 단연코 거부하고 조선을 완전 자주독립국가의 한 주체적 단위單位로 인정, 대등한 주권국가로서 한미조약을 체결한 것이다.

여태까지 청의 외교적 지배를 받아왔던 조선으로서는 이제 청과의 종속관계를 청산하고 독립국가로서의 독자적인 외교를 펴지 않을 수 없다. 더군다나 아더 대통령의 국서를 받는 자리에서 푸트 공사는 제정사에서 미국은 조선의 국가발전에 '도덕적 힘'이 되어주겠다고 고무적인 공언을 했다. 이에 고종은 푸트 공사의 부임에 대한 보답으로 조선보빙사를 미국에 파견, 조선개항으로 국제사회의 일원이 된 신생 독립국으로서의 국가적 존재감을 세계만방에 과시함으로써 전통적인 한청 종속관계를 떨쳐버리려고 시도한 것이다. 7월 5일 푸트 공사는 고종을 알현하는 자리에서 만약 조선정부가 조선보빙사를 미국에 파견한다면 미국정부는 이를 크게 환영할 것이라고 전망하면서 공식적으로 조선보빙사 파미派美를 권고했

다.[33]

조선보빙사를 파미하기로 결정하자 김옥균金玉均은 고종에게 조선보빙사의 전권대신에 민영익閔泳翊을 천거했다. 김옥균은 민영익 같은 젊고 민씨척족閔氏戚族 세력의 실력자를 미국에 보내어 그 나라의 정치 경제 등 선진문물을 시찰하고 돌아오면, 반드시 조선의 부패한 내정內政을 개혁하고 나아가서는 청의 정치적 기반羈絆으로부터 벗어나 자주독립을 실현할 수 있다고 판단하고 민영익을 조선보빙사의 전권대신으로 천거하면서 민 왕후에 주청하여 고종의 윤허를 받아내었다.[34]

푸트 공사의 서울 부임 이래로 조선보빙사 파미를 고려해왔던 고종은 드디어 6월 5일 조선보빙사를 파미하기로 결정하면서, 한미조약 체결에 중요한 역할을 담당하였고, 김옥균이 천거한 민씨 척족세력의 대표적 인물인 협판교섭통상사무 민영익을 전권대신에, 접반사接伴使 · 영접위원로서 푸트 공사를 인천에서 영접했던 협판교섭통상사무 홍영식을 전권부대신에, 종사관에는 서광범徐光範을 임명했다. "미국 공사가 국서를 가져와서 우호관계가 이미 도타워졌으니, 이에 답하는 방문이 있어야 할 것이다. 협판교섭통상사무 민영익을 전권대신으로 하고 협판교섭통상사무 홍영식을 부대신으로 하여 가게 하라. 미국에 답례로 방문하라고 명하셨습니다. 국서는 문임文任 · 홍문관 제학弘文館 提學을 시켜 짓게 하는 것이 어떠하겠습니까?" 하니 윤허한다고 전교하였다.[35]

---

[33] U. S. Department of State, *Despatches From United States Ministers to Korea, 1883~1905*. File Microcopies of Records in the National Archives, Washington D. C., No. 134(hereinafter cited as *Korea Despatches*), vol, Ⅰ, No. 14, Foote to Frelinghuysen, July 13, 1883.

[34] 金道泰, 『徐載弼博士自敍傳』, pp.68~69.

[35] 『日省錄』권 20, p.119(고종 20. 6. 5); 『承政院日記』권 8, pp.458~459(고종 20. 6. 5~6).

이처럼 조선보빙사 파미 결정이 내리자, 푸트 공사는 즉각 프릴링하이젠F. T. Frelinghuysen, 費林輝 국무장관에게 이 사실을 보고하면서 조선보빙사 파미의 의의를 다음과 같이 역설하고 있다. "다른 동양 여러 나라와 마찬가지로 조선은 틀림없이 외국인 고문관 다수 채용을 필요로 할 것입니다. 우리의 조선 고문관 참여 여부는 이들 보빙사가 미국에 가서 받은 인상과 그들의 보고서 여하에 달려 있다고 봅니다. 현재 그들은 우리나라와 미국의 제도에 대해 최대로 높이 평가하고 있습니다."[36]

그러면 조선정부가 보빙사를 파미한 목적은 무엇인가에 접근해야 한다. 첫째로, 조선은 무엇보다도 미국으로부터 승인받은 완전 자주독립국가라는 사실을 국제적으로 널리 선양宣揚하는 것이었다. 이당시 국내 정치정세를 보면 한미조약 체결 직후인 1882년 7월에 임오군란壬午軍亂이 발생, 이를 진압하기 위하여 청일 양군이 서울에 진주하여 긴장이 고조되고 있었다. 그 결과 청은 군란의 책임을 물어 대원군을 천진으로 납치하는 등, 청 세력은 강화되었고, 반면 일본 세력은 후퇴하게 되었다. 이를 계기로 이홍장은 묄렌도르프를 조선에 파견하는 등 청의 대한 내정간섭이 시작되었다. 원래 슈펠트는 이홍장의 속방정책을 단호히 물리치고 조선의 국가적 지위를 '완전 자주독립국가'의 한 주체로 인정했다. 이를 뒷받침하기 위하여 미국정부는 재빨리 한미조약을 비준함과 동시에 특명전권공사를 파견, 서울에 상주공사관을 개설하면서 보빙사 파미를 조선정부에 건의한 것이다. 이와 같이 미국정부는 대한對韓 독립국정책을 유지·추진했

[36] *Korea Despatches*, vol 1, Foote to Frelinghuysen, July 13, 1883. "As other Oriental countries have done, Corea will undoubtedly require a large corps of foreign assistants. Our part in this work will depend very much upon the impressions and reports of these envoys. At present they have the highest opinions of our country and its institutions."

다는 사실은 곧 청의 대한 종주권對韓 宗主權 주장을 근원적으로 봉쇄하겠다는 결단으로 간주, 조선정부는 이에 호응, 보빙사 파미 건의를 기꺼이 수락한 것이다.

둘째로, 고문관 및 군사교관 고빙문제이다. 주일 미국공사 빙햄John A. Bingham, 聘咸이 1883년 9월 20일 프릴링하이젠 국무장관에 보낸 보고문에 의하면, "표면적으로는 푸트 공사가 휴대하고 온 미국 대통령의 친서에 대한 대조선국 대군주의 회신미국 국서에 대한 답서을 전달하는 것이 보빙사 파미의 목적이었다. 그러나 실제적 목적은 묄렌도르프 대신으로 조선 외아문에서 근무할 미국인 외교 고문관을 초빙하고, 군사교관을 확보하며 나아가서는 미국으로부터 차관借款을 얻는 것이 파미 목적이었다."[37]라고 보고했다.

이홍장은 한미조약에 "조선은 중국의 속국이다"를 삽입하려 시도했지만 슈펠트의 강경한 반대로 이를 명문화하는 데 실패했지만, 한미조약 체결 직후 속방정책을 구현하고 대한 종주권 주장을 강화하기 위하여 그의 심복인 묄렌도르프를 조선에 파견했다. 묄렌도르프는 협판교섭통상사무정치 · 외교, 전환국총판典圜局總辦, 공조참판건설, 병조참판국방, 조선해관 총세무사관세 등의 요직을 독차지하면서 조선의 내정간섭에 깊숙이 관여하기 시작했다.[38]

묄렌도르프를 파견할 때 주청 미국공사 영John R. Young 楊約翰은 청의 대한 내정간섭이 우려되어 묄렌도르프 대신 미국인 고문관을 파견하자고

---

37 U. S. Department of State, *Despatches from United States Ministers to Japan, 1855~1906*. File Microcopies of Records in the National Archives, Washington D. C.: No. 133. vol. 49, No. 17744(hereinafter *Japan Despatches*), Bingham to Frelinghuysen, September 20, 1883.

38 金源模, 『開化期 韓美交涉關係史』(단국대학교출판부, 2003), 「청한론」, pp.429~443.

건의했지만 이홍장은 이를 거부했다.[39] 이에 조선정부는 내정간섭內政干涉을 일삼고 있는 묄렌도르프를 추방하고 그 대신 미국인 고문관을 고빙雇聘하는 동시에 군사교관을 초빙, 군사개혁을 시도해보겠다는 것이었다. 보빙사를 파견한 후 1883년 10월 19일 고종은 직접 푸트 공사에게 미국인 고문관 및 군사교관을 파견해 줄 것을 요청하였다.[40]

뿐만 아니라 민영익 전권공사는 미국에 가서 이 문제를 정식으로 거론하면서 슈펠트를 고문관으로 파견해 줄 것과 교사 및 군사교관을 파견해줄 것을 미국정부에 요청했다. 이러한 고빙요청을 받은 국무부는, "조선정부가 서울 주재 미국공사관을 통해 고문관 파견을 신청한다면 미국정부는 유능한 고문관을 확보 · 파견하도록 노력할 것이다."라고 약속했다.[41] 심지어 민영익은 1884년 해군으로부터 퇴역하는 슈펠트를 고문관으로 초빙하는 교섭을 벌이기도 했다. 그러나 이는 실현되지 못했다.[42]

한편 차관문제는 이미 김옥균이 제3차 일본사행 시 일본정부에 차관교섭을 벌이고 있었으므로 빙햄 공사는 이를 본국 정부에 보고하면서, 보빙사가 미국에 가면 반드시 차관교섭을 할 것이라고 예상한 데 근거하고 있다. 그러나 보빙사가 워싱턴에 가서 실제로 차관문제를 교섭한 일은 없었다.

이리하여 조선정부는 대원군의 반대파인 민씨 척족세력의 대표적 인물

---

39 Rosalie von Moellendorff, P. *G. von Moellendorff, Ein Lebensbild*(Leipzig: Otto Harrassowitz, 1930), p.38.

40 *Korea Despatches*, vol. 1, No. 32, Foote to Frelinghuysen, October 19, 1883; George M. McCune and John A. Harrison, ed., *Korean-American Relations: Documents Pertaining To the Far Eastern Diplomacy of the United States*, vol. 1, The Initial Period, 1883~1886(hereinafter cited as *Korean-American Relations*, 1), pp.53~54.

41 Jones, *Foreign Diplomacy in Korea, 1866-1894*, p.415.

42 *Shufeldt Papers*, National Archives, Foulk to Shufeldt, October 4, 1886.

인 민영익[43]을 전권대신에 임명했다. 그러면 그토록 끈질기게 속방론을 주장하던 대한정책의 최고 책임자 이홍장은 보빙사 파미를 왜 반대하지 아니했는가에 관심이 집중되고 있다. 우선 무엇보다도 묄렌도르프는 조선에 부임하고부터 임명권자인 이홍장의 명령을 어기고 점차 친러거청親露拒淸 정책으로 선회했다는 사실이다. 조선의 독립을 위하여는 제3세력인 러시아 세력을 끌어들임으로써인아책引俄策 청일 세력을 견제하겠다는 것이다.[44]

주청 미국공사 영은 이홍장이 이러한 묄렌도르프의 배신적 행태에 분노를 터뜨리면서 미국의 입장조선 독립국정책을 양해했다고 국무부에 보고했다. 그러나 무엇보다도 가장 중요한 요인은 그 당시 청이 안고 있는 대외문제 처리의 압박감이었다. 그것은 안남安南, 베트남문제로 청불전쟁淸佛戰爭의 처리문제, 그리고 임오군란 발발로 청일 간의 긴장상태가 고조되어 있었기 때문에 청은 이제 보빙사 파미문제로 미국과 그 어떤 분쟁을 일으키기를 원치 않았기 때문이다.[45]

미국사행美國使行 결정이 내리자 괴원槐院, 승문원承文院에서는 아더 대통령에게 진정進呈할 대조선국 국서를 찬출撰出케 했다.[46] 이어 고종은 보빙사

---

[43] Tyler Dennett, "Early American Policy in Korea, 1883~7: The Services of Lieutenant George C. Foulk," *Political Science Quarterly*, 38(1923), pp.86~87. 데네트는 보빙사 전권대신에 민영익을 발탁한 것은 이홍장이 미국으로부터 청의 대한 종주권(對韓 宗主權) 주장을 승인받기 위하여 두 번째로 시도했다고 지적했다. 그는 민영익을 친청사대적(親淸事大的) 인물로 보았기 때문이다. 그러나 이 같은 견해는 잘못된 판단이다. 미국사행 시의 민영익은 개항을 적극 지지한 개화파 인물이며, 그가 친청사대파로 전향한 것은 미국사행을 완수하고 귀국 이후의 일이다.

[44] Moellendorff, *op.cit.*, pp, 67, 79.

[45] Jones, *Foreign Diplomacy in Korea, 1866~1894*, p.414.

[46] 『日省錄』권 20, p.120(고종 20. 6. 6).

파미유서派美諭書를 발표했다.

전권대신 민영익, 부대신 홍영식을 흠차欽差한다. 대조선국 대군주는 협판교섭통상사무 민영익을 전권대신에, 협판교섭통상사무 홍영식을 부대신에 임명 특파한다. 경卿들은 공평하고 충성스럽고 근실공평충근公平忠勤하고 몹시 총명하여 자세히 살피는종명상심綜明詳審 것으로 생각되므로 이에 미국 서울로 즉각 가서 국서를 진정進呈하고, 아울러 경하할 것이며, 조약을 준수하고 양국 화목和睦이 온 세상에 미칠화흡和洽 것이며 우의友誼를 영구히 돈독히 할 것을 명하는 바이다.

대조선국 개국 492년 6월 12일1883. 7. 16[47]

보빙사 파미를 적극 주선한 푸트 공사는 즉시 대조선국 대군주가 전권사신을 임명한 사실을 프릴링하이젠 국무장관에 보고하면서 조선사절단이 미국에 가면 이들을 영접하는 데 만전을 기해 달라고 당부하고 있다.[48] 푸트 공사는 국무장관에게 보낸 7월 13일자 보고문에서 이번 대조선국 대군주가 보빙사 파미 결정을 내린 것은 그 자신의 권고에 의해 단행된 것이라고 전제하면서, "그들은 우리의 관습 · 우편제도 · 공립학교 제도 등을 배우려고 열망하고 있으며, 특히 미국의 국방제도와 병기공장을 시찰하고자 합니다. 다른 동양 여러 나라와 마찬가지로 조선은 다수 외국인 고문관foreign assistants을 필요로 하고 있는 것은 틀림없는 사실입니다. 이에 참여 여부는 이들 보빙사가 미국에 가서 받은 인상, 그리고 그들의 방미 보고서 여하에 달려 있다고 봅니다. 현재로서는 그들은 우리나라와 우리

[47] 『舊韓國外交文書』권 10(美案 1), p.20, 「全權大臣閔泳翊 副大臣洪英植 派美諭書」.

[48] 『奎章閣圖書』(한문역본, 23167), 「朝美修好通商條約 批准交換에 대한 全權委任狀」.

미국의 제도에 대하여 높이 평가하고 있습니다."[49]라고 보고했다.

프릴링하이젠 국무장관은 푸트 공사의 보고문을 접수하고, 보빙사 파미 사실을 확인하면서 보빙사가 워싱턴에 도착하면 미국정부는 국빈the guest of this government으로서 환대할 것임을 언명하였다. 또한 그들이 워싱턴에 오면 임무완수를 위해 그들에게 충분한 기회를 제공할 것이고, 보빙사 파미에 대해 감사하며, 그들은 미국 국민과 대통령으로부터 정중한 환영을 받을 것이며, 이를 계기로 조선의 대미對美 관심과 한미 양국 간의 친선우호관계가 더욱 계발啓發 · 유지되는 길이 열리게 될 것이라고 낙관적 전망을 피력했다.[50]

이어 프릴링하이젠 국무장관은 푸트 공사에게 보빙사 파미환영의 공식서한을 보냈다. 이는 곧 외교절차상 아그레망agrement에 해당된다. 국무장관의 환영친서는 다음과 같다.

> 보빙사報聘使 파미派美를 알리는 지난달 13일자7. 13의 귀하의 14호 서한을 접수했다. 대통령께서는 조선 국왕의 이 같은 친절한 조치에 대해 충심으로 감사하며 보빙사 민영익 · 홍영식은 대통령은 물론 미국 국민으로부터 충심으로 환영을 받을 것으로 확신한다. 우리는 그들의 소망을 충분히 고려할 것이며, 그들에게 조선의 국익을 위해서나 양국 간의 친선우호관계를 위해 그들로 하여금 임무를 완수할 기회를 그들에게 제공할 것이다. 우리는 대조선국과 우호친선관계를 계발啓發하고자 한다.[51]

---

[49] *FRUS*, 1883, pp.244~245, No. 14, Foote to Frelinghuysen, July 13, 1883.

[50] U. S. Department of State, ***Diplomatic Instructions of the Department of State 1801~1906: Korea***. File Microcopies of Records in the National Archives, Washington D. C.: No. 77(hereinafter cited as *Korea Instructions*), vol. 1, No. 19, Frelinghuysen to Foote, August 30, 1883.

[51] *FRUS*, 1883, p.248, No. 114, Frelinghuysen to Foote, August 30, 1883.

프릴링하이젠 국무장관은 조선사절단을 최대한도로 우대하는 뜻에서 보빙사 일행이 샌프란시스코桑港에 도착하면 그들이 휴대하고 온 모든 수하물에 대해 무료 통관절차 조치를 취하도록 미국 재무장관에 요청, 이를 승인받았다고 했다.[52] 이 같은 행리면세行李免稅 조치에 대하여 조선정부는 진심으로 감사하다는 전문을 미국정부에 발송했다. "우리 전권대신 일행의 행리에 대해 면세조치를 취한 것은 미국 대통령의 우의友誼의 표시이며, 이를 계기로 양국 간에 화호和好가 더욱 돈독, 양국 교제는 영원히 친목해질 것이다."[53]라고 밝혔다.

푸트 공사는 자신이 타고 온 모노카시호로 보빙사 일행을 일본 요코하마橫濱까지 호송해 달라는 협조전문을 나가사키 주재 아시아함대 사령관 크로스비Crosby 제독에게 보냈다. 그때 모노카시호는 제물포에 정박 중이었고, 때마침 코튼 함장은 석탄 및 생활필수품 보급을 인수하기 위하여 나가사키로 출항할 참이었다. 한편 조선보빙사는 외국 사정에 어둡기 때문에 푸트 공사는 이들이 일본 도쿄에 가면, 최대한도로 이들에게 항해편의를 제공해달라는 협조전문을 주일 미국 공사 빙햄에게 발송했다.[54] 이렇듯 푸트는 보빙사 일행의 일본 취항 및 일본에서 미국까지의 도항渡航하는 문제에 이르기까지 세심한 배려를 베풀었다.

한편 조선정부는 보빙사 파미절차派美節次를 끝내고, 7월 16일음 6. 12에 기정起程한다고 발표하면서, 이 같은 사실을 청국정부에 공식 통고하기

---

[52] *Korea Instructions*, vol. 1, No. 19, Frelinghuysen to Foote, August 30, 1883; 『美案』1, p.29, 「報聘全權兩大臣 行李免稅 承認의 件」(1883. 10. 29).

[53] 『美案』1, p.29, 「行李免稅에 대한 感謝」(1883. 10. 29).

[54] *Korea Despatches*, vol, 1, No. 14, Foote to Frelinghuysen, July 13, 1883; 『漢城旬報』(博文局), 제5호, p.18(癸未 11. 10).

위하여 승문원承文院에서 자문咨文·중국으로 보내는 문서을 찬출케 했다.[55] 이 자문에서 "미국 공사 복덕福德·푸트이 와서 비준문서를 교환, 한미조약의 의誼를 표했으므로 이에 대해 회례回禮함은 마땅한 도리이다. 우리나라와 미국은 이미 교호交好를 수립했으므로 예禮로써 교빙交聘함은 마땅한 일이다."[56]라고 밝혔다.

4. 조선보빙사의 미국사행

대조선국이 견미사절遣美使節을 파견한 목적은 두 가지이다. 첫째, 대조선국 독립국 지위를 세계만방에 선명宣明하는 것이었다. 그 당시 청국은 한미조약에서 속방조항을 삭제하고 조선을 독립국가로 인정했음에도 불구하고 대한종주권對韓宗主權을 주장하면서 조선을 중국의 속국으로 간주하고 있었다. 이에 조선보빙사 파미를 계기로 워싱턴 국제사회에서 이제는 대조선국이 완전 자주독립국임을 공인받으려는 것이었다. 둘째, 미국 산업시설을 시찰하면서 미국의 선진과학문물을 수용하여 근대화운동을 전개, 부강한 나라로 육성하는 것이었다. 서양 과학문물을 도입하여 개화운동 전개가 보빙사 미국사행의 주목적임을 알 수 있다.[57]

---

55 『日省錄』권 20, p.128(고종 20. 6. 12).

56 『淸季中日韓關係史料』(中央硏究院, 1972), 권 3, pp.1195~97, 「總署收朝鮮國王咨文」(1883. 9. 16).

57 H. J. Noble, "The Korean Mission to the United States in 1883," *Transactions of the Korea Branch of the Royal Asiatic Society*, vol 18(1929), pp.1~21.

1883년 7월 중순 일본 도쿄에 도착한 조선보빙사 일행은 빙햄 주일 미국공사가 천거한 로우엘 서기관을 추가해서 조선보빙사Chosunese Special Mission 구성원을 확정했다. 로우엘 서기관이 국무장관에 보고한 조선보빙사 사절단의 구성원 명단은 다음과 같다.

조선보빙사朝鮮報聘使 Chosunese Special Mission 구성원 명단

1) 민영익閔泳翊 Min Yong Ik, 1860~1914, 23세, 전권대신全權大臣, 특명전권공사Envoy Extraordinary and Minister Plenipotentiary
2) 홍영식洪英植 Hong Yong Sik, 1856~1884, 27세, 전권부대신全權副大臣 Vice Minister
3) 서광범徐光範 So Koang Pom, 1857~1897, 26세, 종사관從事官 Secretary
4) 로우엘Percival Lowell, 魯越, 1855~1916, 외교참찬관外交參贊官 및 고문Foreign Secretary and Counsellor
5) 유길준兪吉濬 Yu Kil Chun, 1856~1914, 27세, 수원隨員 수행원Attache

견미 조선보빙사 일행(1883) 왼쪽부터 전열 로우엘, 홍영식, 민영익, 서광범, 우리탕
후열 현흥택, 미야오카, 유길준, 최경석, 고영철, 변수

6) 최경석崔景錫 Cheu Kyong Sok, ?~1886, 隨員 Attache

7) 변수邊燧 Pyon Su, 1861~1891, 22세, 隨員 Attache

8) 고영철高永喆 Ko Yong Chol, 隨員 Attache

9) 현흥택玄興澤 Hyon Heung Thek, 隨員 Attache

10) 우리탕吳禮堂, Woo Li Tang, 중국어 통역Interpreter[58]

상기 조선보빙사 구성원 명단에서 보듯이 민영익은 23세, 홍영식은 27세, 서광범은 26세로 보빙사 구성원의 연령은 모두 20대 청년이었다. 로우엘은 구성원 명단에서 네 번째로 기록되어 있다. 그는 정식으로 외교참찬관의 임명을 받고 조선보빙사를 미국 워싱턴까지 안내·통역하는 총책임자 역할을 수행했다. 사실상 조선보빙사는 최초로 미국사행을 단행한만큼 외국, 특히 미국의 사정에 어두울 뿐만 아니라 언어불통으로 미국에서의 외교절차도 전혀 알지 못하고 있었다. 국제 정치외교 무대의 초년생이었다. 이 때문에 빙햄 주일 미국공사는 로우엘이 이러한 외교절차를 주관하면서 보빙사를 안전하게 안내하는 책임자로 임명한 것이다. 이는 빙햄 공사가 푸트 공사의 협조요청을 받아들이고 취한 비상조치이다. 한편 조선보빙사의 최대 고민은 언어장벽이었다. 그래서 미국정부와의 교섭에서 조선어·일본어·중국어·영어 4개 언어 통역으로 의사소통이 이루어졌다. 그래서 중국인 우리탕을 통역으로 채용했다.

한미교섭에서 주로 사용한 언어는 일본어였다. 조선어를 일본어로 통역하면 이를 영어로 통역하는 이중 통역 절차로 진행했다. 그래서 로우엘

[58] U. S. Department of State, *Notes From the Korean Legation in the United States to the Department of State, 1883-1906*. File Microcopies of Records in the National Archives, Washington D. C.: No. 166(hereinafter cited as *Notes From the Korean Legation*), Percival Lowell to the Secretary of State, September 30, 1883, Chosunese Special Mission.

은 영어를 잘하는 일본인 청년 미야오카宮岡恒次郎를 그의 개인 통역비서로 채용했다. 그러므로 미야오카는 조선보빙사의 비공식 수행원으로 로우엘을 수행했다. 우리탕은 일찍이 미국유학생으로서 1883년 묄렌도르프를 수행, 조선해관 총세무사에 근무하고 있었다.[59] 그는 영어를 잘 구사하기 때문에 조선정부는 우리탕을 중국어 통역관으로 임용했고, 미야오카는 일본 청년으로서 영어를 유창하게 하므로 로우엘은 개인비서로 채용한 것이다.[60]

조선보빙사는 일본 요코하마와 도쿄에서 약 1개월간 체류하면서 빙햄 주일공사의 주선에 의해 로우엘을 외교 비서로 임용하는 등 미국으로의 항행준비를 했다. 주일 미국공사관의 고워드Gustavus Goward 서기관은 조선보빙사의 장도를 축하하는 뜻에서 환송파티를 열어주었다. 그러나 일본정부는 조선보빙사의 미국사행에 대해 완전 냉담한 반응을 보였다. 일본신문도 이에 발맞추어 조선보빙사의 도쿄 체재와 미국사행에 대해 일체 보도를 한 바 없다. 이러한 무관심한 일본정부의 냉대를 푸트 공사는 "편협하고도 근시안적인 처사"[61]라고 비난하였다.

조선보빙사 일행 가운데는 상당수가 일본을 방문했거나, 유학한 인사가 있었다. 전권대신 민영익을 비롯하여 홍영식, 서광범, 유길준, 변수 등

---

[59] Horace N. Allen, *Korea: Fact and Fancy, Being a Republication of Two Books Entitled "Korean Tales" and "A Chronological Index"*(Seoul, Methodist Publishing House, 1904), p.162; 金源模, 『近代韓國外交史年表』(檀大出版部, 1984), p.107.

[60] *Daily Examiner*, September 5, 1883.

[61] Harold J. Noble, "The Korean Mission to the United States in 1883, The First Embassy Sent by Korea to an Occidental Nation," *Transactions of the Korea Branch of the Royal Asiatic Society*, 18(1929), p.6; *Japan Despatches*, vol. 49, No. 1728, Bingham to Frelinghuysen, August 27, 1883; *Jiji Shinpo*, August 17, 1883; Harold F. Cook, "Gustavus Goward and Korea," *Journal of Social Science and Humanities*(*JSSH*), 32(1970), p.4.

은 일본 도쿄를 방문 또는 유학한 일이 있었기 때문에 지면 있는 일본 인사도 상당수 있었을 것이고, 따라서 일본 체재 중 개인적으로 상호 방문과 내방도 있을 수 있었지만, 그들은 여관방에 들어앉아 바깥출입을 일체 하지 아니했다. 이러한 밀폐생활을 '뉴욕 타임스'는 다음과 같이 전했다. "조선보빙사 일행은 일본 수도를 방문했을 때, 스스로 바깥출입을 삼가고 완전히 격리 고립생활을 했으며, 여관방에서 단조로운 국악소리를 되풀이하여 들으면서, '자발적인 감금생활voluntary imprisonment'을 영위했다."[62]

조선보빙사는 8월 15일경 동서양기선회사Occidental and Oriental Company 소속 태평양 횡단여객선 아라빅Arabic호에 승선했다. 승객은 조선보빙사 일행을 포함하여 모두 256명이었다. 이 정기여객선은 홍콩香港-요코하마橫濱-샌프란시스코桑港를 연결하는 4천 톤급 여객선으로 요코하마에서 샌프란시스코까지 횡단항행에 약 22일이 소요된다. '서유견문'에서 이 여객선의 규모를 다음과 같이 기술하고 있다.

> 그 선중에 적물積物하는 곳이 아주 견고해서 파도가 갑판 위로 올라와도 침습浸濕하는 우려가 없고, 또 여객의 객실은 침구 세면도구 및 일용품 등을 고루 갖추고 있었다. 식당 · 목욕실 · 연실煙室 · 주방의 위치가 모두 차례대로 배치되어 있으며 음식물도 육해산물陸海産物로 골고루 갖추어 승객이 주문하면 순식간에 제공된다. 승객들의 각종 오락도구도 구비하고 있으니, 서화 및 음악을 준비하여 관람의 편의를 제공하고 있다. 뿐만 아니라 의약품을 구비하고 있어 불의의 질병에 대비하니 묘망杳茫한 만경창파萬頃蒼波에 한 조각배를 타고 가는데도 그 생활의 편리함은 마치 대도시 한가운데 살고 있는 것과 다름이 없다. 무릇 바다는 천하만국의 공동 소유물이라 특정한 나라의 주인이 없고, 선박은 어느 나라의 소속 배일지라도 그 나라의 국토와 똑같이 간주되므로 다른 나라의

[62] *New York Times*, September 3, 1883.

제어制御를 받지 아니하며, 양국의 배가 만날 때는 서로 자기 나라의 깃발을 게양, 예경禮敬을 표하고 있다.[63]

조선보빙사 일행은 아라빅호로 약 20여 일 항행한 끝에 1883년 9월 2일 샌프란시스코항에 입항했다.[64] 미국 육군소장 스코필드John M. Schofield 장군의 영접을 받으며 무관세통관으로 입국했다. 프릴링하이젠 국무장관은 재무장관에게 조선보빙사를 일급 외국공사 예우로 무관세통관조치를 요청하자, 재무장관은 샌프란시스코 세관장에게 이 같은 특별지시를 내렸다.[65]

상항桑港, 샌프란시스코은 캘리포니아葛尼布尼亞 주의 인후咽喉에 위치한 미국 서부 요충항구이다. 원래 캘리포니아는 멕시코墨西哥國의 관할을 받다가 1846년 이곳 인민이 반란을 일으키자, 미국이 거금을 주고 구입했다. 최초의 인구는 150명에 불과하지만, 1883년 현재의 인구는 20만 명에 이르고 있다. 1848년 시에라 네바다Sierra Nevada 산맥에서 금광이 발견된 이래 이 금광으로 많은 사람이 몰려들고 있는 이른바 골드 러시Gold Rush로 1년 수출하는 금이 6천만 원에 이르고 있다. 따라서 만국의 금 시세를 좌우하고 있다. 상항은 동양에 대한 교역항구로 발전하고 있다.[66]

보빙사 일행은 팰리스 호텔Palace Hotel, 八禮秀客店에 여장을 풀었다. 상항의 첫 인상에 대하여 다음과 같이 적고 있다. "우리는 상항 주택의 겉모양, 시가전차 그리고 거리풍경 등 우리가 호텔까지 오는 도중 우리가 본

---

[63] 兪吉濬, 『西遊見聞』(交詢社, 1895), p.476.

[64] *New York Times*, September 17, 1883.

[65] *Korea Instructions*, vol. 1, No. 27, Frelinghuysen to Foote, October 16, 1883.

[66] 兪吉濬, 『西遊見聞』, pp.504~505.

여러 가지 풍물을 보고 크게 경탄했다. 그러나 무엇보다도 우리를 놀라게 한 것은 호텔의 규모가 엄청나게 크다는 사실이다. 호텔 안에 들어가 천장을 쳐다보니, 장려하고도 가느다란 기둥으로 떠받힌 천장이 아득하게 높다는 것, 사방 벽은 흰색으로 깨끗하게 칠해 있는데다가 유리창 틈으로 햇빛이 비추자 흰 벽과 기둥은 연분홍 색깔로 환하게 변해서 그 아름다운 광경에 황홀감을 느꼈다. 코니스cornices, 배내기, 벽 윗부분에 장식으로 두른 돌출부의 우아한 장식, 장대한 기둥, 화려한 가구장식, 식탁의 설비비품 등은 우리가 일찍이 보지 못했던 그러한 장려한 광경이었다. 그리고 호텔의 대접견실에는 성장한 신사숙녀가 앉아서 담소를 나누고 있다. 그중에 흑인 급사waiter의 모습은 신기했다. 그들은 얼굴은 새까만데 백색 상의를 입고 있어서 대조적이었다. 특히 그들의 눈빛은 사람의 눈 같지 않게 눈자위가 신비롭게 희게 보였다."[67]

유길준은 '서유견문'에서 호텔 규모를 이렇게 소개했다.

팰리스호텔은 만국 중 가장 으뜸가는 호텔로, 흰 돌로 건축한 9층 건물로 3,000명을 수용할 수 있다. 하층의 외면에는 시점市店, 가게이 있는데, 각종 술, 과자, 담배, 약품, 그리고 의관衣冠 제품 등을 판매하고 있다. 각층으로는 엘리베이터機關의 힘을 빌어 오르내리고 있다. 그 넓은 뜰 위에 유리로 덮어씌워 눈비를 가리고 있으며 매일 저녁 악공樂工 수십 명이 한바탕 음악 연주를 하여 나그네의 객회를 풀어주고 있다. 객실을 보면, 벽은 백회로 칠하기도 하고 혹은 채지彩紙로 도배하였고, 유리창에는 비단 커튼을 드리웠고, 테이블과 의자가 있고 각종 문방구를 갖추고 있었다. 그리고 침대 위에는 정결한 금침衾枕이 깔려 있었으며, 방마다 화장실과 욕실이 딸려 있었다. 의관을 걸어두는 옷장도 있었고, 화장대경대도 갖추고 있었다. 이 호텔의 숙박비는 상등실은 1일 은銀 7

[67] *New York Herald*, October 15, 1883.

원, 하등은 2원 내지 3원이었다.[68]

푸트 공사는 그의 친구 샌프란시스코 무역협회장 페이버J. S. Faber에게 보낸 7월 14일자 편지에서 조선보빙사를 정중하게 환영할 것을 당부하면서, 보빙사의 미국사행을 계기로 한미 간의 통상무역의 증진을 기대한다고 다음과 같이 밝히고 있다.

> 페이버 무역협회장에게
>
> 미국 증기선 모노카시호로 전권대신 2명과 그 수행원이 조선을 출발, 요코하마를 거쳐 미국으로 떠납니다. 그들은 미국정부에 국서신임장를 제정하기 위하여 파견된 인물이며, 샌프란시스코에 며칠간 체류하게 될 것입니다. 특수임무인 국서제정이라는 공식행사 이외에도 그들은 아마도 서구문명을 직접 많이 보고 배우려 할 것입니다. 그들은 자기 나라의 필요성개화운동에 따라 모든 것을 조사·검토하라는 훈령을 받고 있습니다. 사절단은 고위관리인데 한 사람은 국왕의 조카이며민영익, 한 사람은 영의정의 아들입니다홍영식. 귀하는 이들이 어떤 사회에도 잘 적응할 수 있는 재능이 있는 인물임을 알 것입니다. 샌프란시스코에서 그들에게 주목할 만한 것을 보여준다면, 통상교역상의 이득을 반드시 거두게 될 것입니다. 샌프란시스코는 한미교역을 집중적으로 수행할 중심도시가 될 것입니다. 조선은 농업, 광업을 아울러 갖추었다는 점에서 캘리포니아와 흡사한 나라입니다. 조선의 인구는 1,500만 명이고, 모든 것을 필요로 하는 나라입니다.[69]

"조선사절단이 상항에 도착하자 우선 그들 자신의 특이한 옷차림이 관심과 호기심을 끌기에 충분했다. 길이가 2인치 또는 3인치나 되어 보이는

---

[68] 兪吉濬, 『西遊見聞』, pp.506~507.

[69] *New York Times*, September 17, 1883.

상투에다 호박琥珀 달린 망건, 그 위에 탕건과 갓을 쓰고 있었다. 갓은 대나무테에다 명주실과 말총으로 짠 것인데 투명체이다. 그 생김새는 퀘이커 교도가 쓰는 모자와 실크해트beaver를 절충한 모자처럼 보였다. 탕건은 마치 젤리 깡통처럼 생겼다. 저고리와 통 넓은 바지를 입고 그 위에 마고자와 도포 또는 흰색 비단 두루마기를 입고 있었다. 대님을 매고 버선을 신고 있었으며, 신발은 중국인의 신발처럼 가죽으로 만든 갖신을 신고 있었다.

외출 시에는 도포道袍를 입고 다녔다. 그러나 공식행사 때는 사모관대紗帽冠帶 차림의 관복을 입고 있었는데, 특히 이 관복은 비단옷으로 그 색깔이 청·홍·백·흑색으로 다양했다. 공무公務를 집행할 때나 방문객을 맞이할 때는 반드시 이 관복을 입고 있었다. 한마디로 조선사절단의 옷차림은 환상적인 것이다."[70]

한편 조선을 소개하는 기사가 보도되었는데, 조선은 폐쇄적인 '섬나라'라고 엉뚱하게 소개하고 있었다. 섬나라 조선은 산악국가로서 분업이 없고 국민 대부분이 농사를 지어 자급자족하는 농업국가라고 소개했다. "북한 지방 주민은 주로 고구마를 먹고 산다. 복숭아, 사과, 배, 오얏 등 과일이 풍부하다. 산악 국가이기 때문에 호피虎皮 등 야생동물의 모피가 많이 생산된다. 고려인삼高麗人蔘이란 약초가 생산되어 중국과 일본에서 널리 애용되고 있다. 금·은 등이 풍부하게 매장되어 있지만, 채굴 도구가 개발되어 있지 아니해서 개광開鑛하지 못하고 있다. 한마디로 조선의 농업·광업은 원시적 단계를 벗어나지 못하고 있다. 조선민족은 남존여비男尊女卑 사상이 강하다. 여자는 외출이 금지되어 있다. 그래서 집안에 갇혀 가정의 일만 하게 된다. 남편은 부인을 하잘것없는 구실로 친정으로

70 *Ibid.*

내쫓을 권리가 있다칠거지악七去之惡. 그러나 심각한 가난을 제외하고는 여성을 매매하는 일은 없다. 그런데 이 섬나라 조선은 고려高麗 · Corea로 불려오다가 나라 이름이 '조선朝鮮'으로 바뀌었는데, 그것은 '고요한 아침morning calm의 나라'를 의미한다. 산악국가이기 때문에 교통이 불편할 뿐만 아니라 여행객을 위한 숙박시설도 없다. 가난한 백성은 도보로 여행하지만 부자나 귀족양반은 가마 또는 조랑말을 타고 여행한다. 도로는 겨우 사람이 걸어 다닐 정도로 좁고 거칠다. 조선 사람은 중국인과 일본인과 마찬가지로 한자漢字를 사용하고 있다. 말은 다르지만 한중일 세 나라의 유식한 사람들은 필담筆談으로 한자를 통해 의사소통이 가능하다."[71]

그러나 '뉴욕 헤럴드'는 조선을 보다 분석적으로 보도하고 있다. "조선 정부의 구조를 보면 최고 권력은 국왕에 있지만, 국왕은 실제상의 실권이 없다. 의정부議政府가 실권을 행사하고 있기 때문이다. 조선 국왕은 상비常備 육군도 해군도 보유하고 있지 않기 때문에, 실질적인 지배권력은 약하다. 이는 곧 국방부재國防不在를 의미한다. 그러면 정치권력을 장악하는 힘은 어디서 얻을 수 있는가. 그것은 중국으로부터 얻는다는 것이다. 한청 양국은 오랫동안 조공관계朝貢關係를 맺고 있다. 국가안보를 중국에 의존하고 있기 때문에 육군도 해군도 필요 없다는 뜻이다. 조선 국왕은 통치권력의 힘을 중국 황제로부터 위임받고 있다는 것이다책봉冊封을 받는다는 뜻.

조선에는 금 · 은 등 광물자원이 풍부하지만 개광할 기회가 없다. 조선의 농산물로 가장 유명하고 많이 생산되는 것은 쌀이다. 쌀은 조선민족의 주식곡물이며 전량이 국내소비이다. 일부 지역에 면화를 경작, 수직手

---

[71] *Daily Examiner*, September 5, 1883. 조선을 섬나라로 소개한 것은 잘못된 보도이다. 서양의 여러 자료에도 섬나라로 표기된 것은 고려시대 몽골(元)이 내침하자 고려는 강화도(江華島) 섬에 도읍(都邑)을 옮기고 40년간 대몽항쟁(對蒙抗爭)을 벌인 데서 유래하였다.

織으로 무명옷감을 짜내고 있다. 명주도 생산되지만 대량생산이 못되며, 사실상 비단은 중국의 주요생산품인 만큼 명주생산은 중국으로부터 견제를 받고 있는 실정이다. 조선의 주요 생산물은 임산물林産物이다. 무진장한 삼림에서 우수한 목재木材가 생산되고 있다. 한옥을 보면 거목 통나무를 다듬어서 대들보로 멋있게 지붕을 떠받치고 있다. 조선 사람은 손으로 다듬은 대로의 자연적인 색깔을 소중히 여기며 결코 이에 색칠을 가하거나 페인트를 칠하지 않는다.

그러면 조선이 필요로 하는 상품은 무엇인가. 그것은 조선인이 입을 면직물이다. 조선의 남녀 의상에는 면직물이 주류를 이루고 있기 때문이다. 여름철에는 얇은 천으로 된 삼베나 모시옷을 입지만, 가을과 겨울철에는 솜을 두둑이 놓은 무명옷을 입고 다닌다. 미제 면직물은 그 질이 우수하고 가볍고 질기기 때문에 조선인에게 호감을 받을 전망이다. 조선의 세탁 양식을 보면 부인네가 빨래거리를 냇가나 물웅덩이로 가져가서 넓적한 돌 위에 얹어놓고 빨래방망이로 두들겨서 물에 헹구어 깨끗하게 빤다. 그러므로 옷감은 우선 질겨야 한다. 조선백성은 일반적으로 옷을 깨끗이 입고 다니며 결코 누더기 옷을 입지 아니한다. 조선 상류층 양반계층은 모두 시계를 갖기를 원하고 있다. 그들은 값싸고 다양한 미제시계를 대환영하고 있다. 그러므로 양키방물方物, Yankee notions이라고 알려진 미제상품에 대한 수요가 아마도 격증할 전망이다. 이처럼 미국은 모든 필요한 상품을 조선에 수출할 수 있지만, 미국이 조선으로부터 수입할 상품은 하나도 없다고 본다."[72]

9월 4일 아침 10시에 바틀레트Bartlett 샌프란시스코 시장이 팰리스 호텔로 보빙사를 예방, 샌프란시스코시를 대표하여 환영인사를 행했다. 바틀

[72] *New York Herald*, September 10, 1883.

레트 시장은 환영사에서 이렇게 말했다. "본인은 샌프란시스코 시장으로서 각하께서 우리 도시를 방문해주신 데 대해 진심으로 환영하는 바입니다. 본인은 귀하의 방문을 계기로 한미 양국 간에 유쾌하고도 호혜적인 관계가 이루어질 것으로 기대합니다. 모든 외국 정부와 친선관계를 수립·유지한다는 것은 우리 정부의 국가정책이 되어왔으며, 우리는 이 정책을 전적으로 지지하는 바입니다. 본인은 한미 양국이 가장 우호적인 관계를 수립할 것을 기대합니다. 또한 양국 간에 친선 유대관계가 지속되기를 희망합니다. 본인은 주재공사로서 귀하의 미국 체재가 유쾌하기를 바라며, 아울러 미국 국민과 관습에 대해 좋은 인상을 가지기를 바랍니다."[73] 그러나 캘리포니아 주지사의 내방은 없었다.

이 자리에서 민영익 전권공사는 통역을 통하여 바틀레트 시장에게 다음과 같은 답사를 했다. "샌프란시스코 시장, 이렇게 환영해준 데 대해 감사하며, 본인은 푸트 공사의 조선부임에 대한 답례방문return visit으로서 미국정부의 이 같은 처사에 즐겁고 흡족하게 생각합니다."[74]라고 말했다.

이어 스코필드 장군과 켈턴Kelton 장군이 육군 장교를 대동하고 보빙사를 예방했다. 12시에는 상항의 상공회의소Chamber of Commerce 부소장 스테이플즈W. J. Staples와 서프Wales Cerf, 그리고 상업회의소Boad of Trade의 메리W. L. Merry 부소장 등의 예방을 받고 환담을 나누었다. 이 자리에는 호즈Hawes 플레처Horace Fletcher 대령도 배석했다. 회견 시 샌프란시스코의 상공업 대표들은 보빙사에게 상공회의소와 상업회의소를 방문해줄 것을 초청하자, 보빙사는 즉각 이를 수락했다. 호텔에서 오찬을 나눈 후, 플레처 대령의

---

[73] *Evening Bulletin*, September 4, 1883.

[74] *Daily Examiner*, September 5, 1883.

안내로 샌프란시스코 시내의 명승지 관광길에 나섰다.[75]

보빙사 일행은 샌프란시스코의 대표적 명소인 클리프 하우스Cliff House, 巖亭와 골든게이트 공원Golden Gate Park, 佑杜蘭公園을 관광했다. 유길준은 이때의 인상을 이렇게 적고 있다. "암정은 암상에 건조한 정자를 가리킴이니, 이곳은 샌프란시스코 서방 3리 지점에 있고, 대동양을 임하고 있다. 격파노도激波怒濤가 계단 앞까지 올리와 산더미 같은 파도가 부딪쳐 장관을 이루고 있다. 만경창파는 끝없이 펼쳐져 있고, 금문교金門橋의 풍경은 그림을 그려놓은 것 같다."[76]

9월 5일 보빙사 일행은 프레시디오Presidio 육군기지를 방문, 대평양지구 사령관 스코필드 소장의 영접을 받으며 예포가 울리는 가운데 군의장대를 사열했다. 여기서 민영익은 지휘관의 권유로 대포를 발사하기도 했다. 9월 6일 오후 2시에는 보빙사 일행은 샌프란시스코의 상공회의소를 방문, 리셉션을 받았다. 약 300여 명의 실업인이 모인 환영연에서 스테이플즈 상공회의소 부소장은 다음과 같은 환영사를 했다. "미국에서 가장 신흥 상업도시인 샌프란시스코는 가장 오랜 문명국가조선의 외교사절을 환영합니다. 아울러 양국 간의 상업상의 거래가 상호 이익이 될 것으로 기대하는 바입니다. 양국 간의 무역거래에 있어서 조선은 우리에게 가치 있는 많은 것을 제공해줄 것이라 믿습니다. 또한 귀하도 필요한 물품을 우리나라에서 찾아낼 수 있으리라 믿습니다. 우리 상공인들은 우리가 원하고 있는 것 중에서 귀국이 어떤 것을 생산하고 있는가를 신속히 알아낼 것이며, 아울러 이에 대한 교환으로 우리의 산물들을 귀하에게 제공할 것입니다. 과거 조선은 쇄국정책으로 세계로부터 거의 차단·고립되어 왔

---

75 *Ibid*.

76 兪吉濬, 『西遊見聞』, pp.505~506.

었지만, 이제 개항을 계기로 상업적 교섭을 통해서, 우리는 귀하에 대하여 귀하는 우리에 대하여 상호 더 많은 것을 알게 될 것임을 확신합니다."

이러한 환영사가 끝나자 민영익 전권공사는 다음과 같은 답사를 했다. "본인은 여러분이 본인 일행을 이처럼 따뜻하게 환영해주신 데 대하여 감사드립니다. 본인은 우리나라의 상업상의 전망에 대하여 깊은 관심을 가지고 있으며, 본인이 귀국할 때 많은 것을 배워가지고 돌아가기를 희망합니다. 본인은 이것이 우리나라와 귀국 간의 진정한 친선관계의 시작이 되리라 믿어 의심치 않으며, 본인은 이를 인식하고 존중하는 바입니다."[77] 이어 스코트Irbing M. Scott의 안내로 유니언 철공소를 비롯하여 각 공장을 시찰하였다.[78]

9월 7일 오전에는 보빙사 일행은 바틀레트 샌프란시스코 시장을 예방, 그동안 환영해준 데 대한 감사인사와 고별인사를 나눈 후 대륙횡단철도를 타기 위하여 새크라멘토Sacramento 역으로 향발했다. 일찍이 미국은 1853~54년 페리 제독의 일본원정으로 1854년 미일조약을 체결, 미일 간에 국교가 수립되었다. 그로부터 6년 후인 1860년 2월 일본 도쿠가와막부德川幕府는 정사正使를 비롯하여 수행원 종복을 포함하여 총 77명의 견미사절遣米使節, 新見正興을 파미한 바 있다. 이때는 아직 대륙횡단철도가 착공도 되기 전이기 때문에 일본 견미사절은 파나마 운하를 거쳐 대서양을 항행, 동부 뉴욕에 상륙했다.[79] 그러나 조선보빙사는 대류횡단철도선인 센트럴 유니언 퍼시픽 철도the Central and Union Pacific Railroads를 타고 대륙횡단 철

---

[77] 홍사중, 『상투 틀고 미국에 가다』(홍성사, 1983), pp.68~69.

[78] *Daily Examiner*, September 5, 1883.

[79] 『萬延元年 遣米使節史料集成』(風間書房, 1961), 권 1, pp.3, 74~102; 『日本外交年表竝主要文書』(原書房, 1965), p.28.

도여행을 즐길 수 있었다.[80]

유길준은 기차증기차蒸氣車의 규모를 이렇게 적고 있다. "객차는 견고한 나무로 정교하게 짰으며, 너비가 4~5척, 높이가 7척 이상이며, 길이는 20여 척에 이르고 있다. 연황색 및 잡색의 페인트를 칠하여 비눈우설雨雪의 침습을 방지해주고 있다. 좌우의 차창은 모두 유리로 끼워놓았고 그 위에는 커튼을 드리우고 있다. 두 줄로 된 철의자 위에는 화려한 융단을 깔아놓았는데, 한 의자에 두 사람씩 앉게 되어 있다. 그래서 객차 하나에 20명 이상 30~40명까지 수용할 수 있다. 기차는 주야를 가리지 않고 운행하는데, 차중에 침구도 마련되어 있는 바, 낮에는 걸어두었다가 밤에 내려서 상하 2층의 평상平床에서 취침하게 되어 있다. 또한 식당차음식차飮食車가 있는데 하루 세 끼 식사를 제공한다. 뿐만 아니라 화장실도 있어서 세수도 할 수 있다. 기차는 여객선화륜선火輪船보다 빠르며, 한 시간 300여 리를 달릴 수 있다."[81]

대륙횡단 철도는 시발역 새크라멘토→솔트 레이크 시티Salt Lake City→오그덴→오마하→시카고→클리블랜드Cleveland→피츠버그Pittsburgh→워싱턴으로 이어지는 대동맥 간선철도로 동부 샌프란시스코에서 워싱턴까지는

---

80 Howard L. Hurwitz, *An Encyclopedic Dictionary of American History*(New York, Washington Square Press, 1970), pp.99, 671; T. Harry Williams, Richard N. Current, Frank Freidel, *A History of the United States To 1877*(New York, Alfred A. Knopf, 1969), pp.626, 747. 대륙횡단철도는 센트럴 퍼시픽 철도(Central Pacific Railroad)와 유니언 퍼시픽 철도(Union Pacific Railroad) 2개 노선으로 연결되어 있다. 센트럴 퍼시픽 철도는 1861년 6월 착공, 1869년 5월에 완공되었으며, 시발역은 새크라멘토이고 시에라 네바다(Sierra Nevada) 산맥을 넘어 유타주 오그덴(Ogden)까지 전장 689마일이 된다. 이 철도는 주로 중국인 쿨리가 동원되어 철도공사를 완공했다. 한편 유니언 퍼시픽 철도는 1863년에 착공, 1869년 5월에 완공되었으며, 시발역 오마하(Omaha)역에서 오그덴까지 전장 1,086마일이다. 따라서 오그덴 역은 양 철도의 접속역이 되고 있다.

81 兪吉濬, 『西遊見聞』, p.471.

약 1주일 정도 걸린다.

그런데 조선보빙사 일행이 타고가는 동부행 열차에는 그 당시 메릴랜드주 볼티모어에 있는 가우처 여자대학Goucher Women's College의 총장 가우처John F. Goucher 목사가 동승하고 있었다. 가우처 목사는 민영익 일행과 사귀게 되었고, 조선에서의 감리교 선교에 관심을 가지게 되었다.[82] 그 결과 가우처 목사는 1884년 1월 31일 일본주재 감리교선교회 대표자인 매클레이Robert S. Maclay 목사에게 "조선에 가서 그 나라를 실지 답사한 후 선교사업에 착수하기 바란다."[83]라는 서한을 보냈다. 이리하여 매클레이 목사 부처는 1884년 6월 개신교 목사로는 처음으로 조선을 방문했다. 장로교 의료 선교사 알렌Horace N. Allen, 安連이 내한한 것은 9월 20일이므로 매클레이는 알렌보다 3개월 앞서 내한했다. 그는 일시 방문이었지만 조선에 감리교 선교의 선구자가 되었다.[84]

보빙사 일행은 샌프란시스코를 떠나 5일간 기차여행 끝에 9월 12일 중간 기착지역인 시카고에 도착했다. 시카고 벌링턴 퀸시 로드Burlington Quincy Road에 있는 정거장에 도착하자, 남북전쟁에 혁혁한 전공을 세운 셰리던Philip H. Sheridan 육군중장의 영접을 받았다.[85] 그는 포시드Forsythe 장군을 비롯하여 막료 그레고리Gregory 대령, 셰리던M. V. Sheridan 대령, 클라크Clark 대위 등을 대동하고 조선보빙사 일행을 영접했다. 셰리던 대령은

---

[82] Noble, "The Korean Mission to the U. S. in 1883," p.7; William E. Griffis, *A Modern Pioneer in Korea: The Life Story of Henry G. Appenzeller*(New York, Fleming H. Revell Company, 1912), pp.52~53; 白樂濬, 『韓國改新教史』(延大出版部, 1979), pp.81~82.

[83] R. S. Maclay, "Korea's Permit to Christianity," *The Missionary Review of the World*, 9(August 1895), p.287; L. George Paik, *The History of Protestant Mission in Korea, 1832-1910*(Seoul, Yonsei University Press, 1970), pp.81~84.

[84] 金源模, 『近代韓國外交史年表』, pp.20~21.

[85] Noble, *op.cit.*, p.6.

조선보빙사 일행을 마차 두 대에 나누어 태우고, 경찰대의 호위를 받으며 숙소인 파머 하우스Palmer House로 안내, 여장을 풀었다.[86]

그날 저녁 하우Howe 씨가 베푼 만찬회에 참석, 한미 양국의 신사들이 저녁 한때를 즐겼다. '시카고 트리뷴'지는 조선보빙사에 대한 인상을 이렇게 보도하고 있다.

> 조선보빙사의 옷차림은 이상해 보였다. 통바지를 입고 있었는데 주아브병프랑스 경보병, 원래 알제리인으로 편성되었는데 아라비아 옷을 입음의 바지처럼 보였다. 저고리는 헐렁한데다가 그 위에 두루마기를 입었는데 무릎까지 내려왔다. 천은 비단인데 취향에 따라 색깔은 다양했다. 바지의 천은 면棉이고 솜 넣은 버선을 신었고 가죽신갖신을 신고 있었는데 중국인의 신발과 흡사했다. 그런데 식탁에 앉아 식사할 때 그들은 모자를 벗지 않고 관모冠帽를 쓴 채 식사하고 있었다. 모자갓는 챙이 넓고 모양은 원뿔 모양sugar-loaf이었다. 비단망건skull caps 위에 대나무와 비단실로 정교하게 짠 갓을 쓰고 있었는데 긴 갓끈이 턱에 매어져 있었다. 그들의 관모는 미화로 15달러나 되는 값비싼 것이었다.
>
> 도포Over-garment는 얇은 사紗로 만들어졌다. 그들 중 한 사람은 안경을 끼고 있었는데 턱에는 긴 수염을 달고 있었다. 그런데 보빙사 일행은 모두 기혼인인데도 부인을 동반하지 않은 것은 이상해 보였다. 이것은 남존여비 사상이 뿌리 깊게 남아있기 때문이다. 일반적으로 조선인은 여자를 천시한다. 조선인은 조혼의 풍습이 있다. 모든 남자는 정실부인 이외에 경제적으로 부양할 수 있는 한 한두 사람의 첩을 거느리고 산다. 조선의 부인은 사회적 지위social status가 없다. 가령 미국인이 조선인 집에 초청되어 방문한다 해도 그의 부인을 소개받는 것을 기대할 수 없다. 이는 '내외內外'의 풍습이 있기 때문이다. 조선인은 남들이 보는 앞에서 남녀가 공공연히 키스하는 일은 없다.[87]

---

[86] *Chicago Tribune*, September 13, 1883.

[87] *Ibid.*

한편 조선민족의 특성을 이렇게 소개하고 있다.

조선의 수도는 서울So Oool이다. 외국인으로서 이 나라에 발을 들여놓으면 모두가 죽음을 당한다. 그 이유는 모르겠다. 지금에는개항 이후 이 법이 엄격하게 적용되지 않고 있다. 조선민족은 아주 예의 바르고 행동거지行動擧止가 정중하며, 금욕주의적 민족이다. 그들은 희로애락을 얼굴 표정에 절대로 나타내지 않는다. 그들은 오락도 없고 기쁨을 자아내는 놀이game 같은 것이 없다. 그러나 그들은 미국의 오락을 훌륭하게 감상하고 있다. 그들은 '고방Go-bang'이라는 도박을 즐기고 있는데, 이는 조선식 포커카드 놀이 놀이이다.[88]

여기서 "외국인을 죽인다"는 말은 병인박해1866 때 대원군의 천주교 탄압정책에 따라 프랑스 로마 가톨릭 선교사 다수를 새남터에서 처형한 것을 말하고 있다. 그리고 '고방'이란 조선의 전통적인 도박놀이 기구인 투전鬪牋을 가리키고 있다. 한 기자가 지금 조선을 통치하고 있는 국왕의 이름을 물었더니 국왕은 죽을 때까지 이름을 쓰지 않는다고 대답하자, 도저히 이해할 수 없다는 반응을 보였다.[89]

9월 13일 보빙사 일행은 시카고 시내의 관광을 즐겼다. 유길준은 이 당시의 시카고를 이렇게 소개하고 있다.

시카고池家皐는 미국의 다섯 번째의 대도시로서 인구는 40만에 이르며 동쪽으로 미시간美時干호를 끼고 수륙교통의 중심지이다. 북방의 산물이 이곳에 집산하므로 상거래가 활발한 상업도시이다. 특히 미시간호는 시민의 행락行樂하는 장소로 이용되고 있다. 호수 가에 한줄기 치마로馳馬路가 있는데 나무나 돌

[88] *Ibid.*

[89] *Ibid.*

을 사용하지 않고 자갈사력沙礫을 깔아 다져놓았기 때문에 먼지가 나지 않는다. 길 좌우에 수목이 울창하여 그 사이로 준마가 달리고 있었다. 도로 곁에 공원이 있어 시민의 휴게소로 이용되고 있으며 호수에는 수많은 보트소주小舟가 떠다니고 있었다. 매일 아침 시민들은 어린이와 함께 보트를 타고 호수의 맑은 공기를 한껏 마시니 건강에 좋다. 사람이 많이 사는 도심지는 공기가 탁하고, 또 불결하기 때문에 인체에 해로우므로 이 같은 소풍을 즐기고 있다. 병약한 어린이는 별도의 배로 태워 다니는데 이 같은 비용은 성부가 부담하고 있다는 것이다.[90]

조선보빙사는 시카고에서 1박하고 9월 13일 저녁 워싱턴으로 향발했다. 셰리던 장군은 조선사절단을 특별히 예우한다는 뜻에서 그의 참모 그레고리 대령으로 하여금 워싱턴까지 수행·경호하도록 지시했다. 조선보빙사는 9월 15일 데이비스John Davis 국무장관 서리의 영접을 받으며 워싱턴에 도착했다. 국빈들이 유숙하는 알링턴 호텔Arlington Hotel에 투숙했다.[91]

샌프란시스코에서 워싱턴까지 1주일에 걸친 대륙횡단 철도여행을 했다. 민영익 전권공사는 대륙횡단 철도여행 소감을 이렇게 털어놓고 있다. "대륙횡단 철도여행은 길고도 지루한 여행이었다. 우리는 아름다운 농촌 풍경을 많이 목격했다. 그런데 이상한 것은 농가에는 사람이 살고 있지 않은 것 같았다. 우리는 농부 한 사람도 볼 수 없었기 때문이다. 어째서 한 사람도 살고 있지 않을까. 우리는 미국이 무한하게 넓은 들판으로부터 생산되는 농산물 수확량이 엄청나게 많다는 사실을 알고 있다. 우리는 장강미시시피 강도 보았다. 철도 연변에 인디언이 서 있는 것을 보았다. 이들은 조선인에게 관심을 보인 것은 놀라운 일이다. 그래서 아메리카 인디언

[90] 兪吉濬, 『西遊見聞』, pp.500~502.

[91] *Korean-American Relations*, I, pp.32~34, Frelinghuysen to Foote, October 16, 1883.

에 대해 많은 질문을 했던 것이다."[92]

원래 동서양을 막론하고 외국 특사가 오면 이를 영접하고 안내하는 관리를 임명 · 파견하는 것은 하나의 외교관례로 되어 있다. 조선에서는 이를 접반사接伴使라 부르고 있다. 미국정부는 조선보빙사가 샌프란시스코에 도착하고부터 누구를 접반사로 임명할 것인가를 두고 신중히 검토한 끝에 슈펠트를 적격인물로 지명했다. 슈펠트는 한미조약 체결의 당사자이고, 조선개항에 공로가 있다는 것, 조선보빙사의 비중으로 보아 슈펠트 제독을 임명하는 것은 너무나 당연한 조치라고 판단했다. 이에 데이비스 국무장관 서리는 챈들러William E. Chandler 해군장관에게 보낸 서한에서, "조선보빙사는 지금 샌프란시스코로부터 워싱턴으로 오고 있다. 사절단이 체미 중 미국정부는 이들을 정중하게 예우해야 하며 그들에게 여러 가지 관심거리를 보여주어야 한다. 공적인 문제나 일반적인 관심을 끄는 주요 문제에 친숙해지도록 친절하게 안내함이 바람직한 일이다. 이러한 임무를 훌륭하게 수행하기 위해 해군장교 한 사람을 선발하되, 본인의 생각으로는 지금까지 조선 문제와의 관련으로 보아 슈펠트를 선임한다면 어느 면으로 보더라도 적절한 인물 발탁이 아닌가 생각된다."[93]라고 지명천거指名薦擧를 의뢰했다.

이러한 지명천거를 의뢰받은 해군부에서도 역시 슈펠트가 한미조약 체결로 조선개항을 성취한 인물인 만큼 적격의 지명임을 인식하고 이에 찬동하면서 슈펠트에게 조선사절단 영접책임을 맡아달라고 교섭했다. 이리하여 잉글리시Earl English 해군장관 서리는 데이비스 국무장관 서리에게 "본

---

[92] *New York Herald*, October 15, 1883.

[93] *Robert W. Shufeldt Letters: The Collections in the Manuscript Division*, Library of Congress, Davis to Chandler, September 13, 1883.

해군부로서도 조선사절단의 영접책임자로 슈펠트를 발탁한 데 대해 만족하며, 그는 비공식 인터뷰에서 본 임무수행에 극히 만족을 표명하면서, 동의 의사를 암시한 바 있다. 그러나 조선사절단을 적절하게 안내하려면 막대한 비용이 소요되는 바 이를 국무부가 부담해주기 바란다."[94]라고 회답했다. 이와 같이 슈펠트가 일단 영접책임을 수락한 이상, 국무부는 슈펠트의 동의에 감사한다면서, 모든 비용은 국무부에서 지출하게 된다고 약속했다.[95]

잉글리시 해군장관 서리는 9월 14일 슈펠트에게 공식적으로 조선사절단 영접위원접반사接件使으로 임명한다는 공한을 발송했다. 이 공한에서 외국 특사의 영접임무는 중차대하며, 공식적 외교의전外交儀典행사에서부터 시찰여행과 숙박에 이르기까지 전권을 위임한다는 것, 임무수행을 원활하게 하기 위하여 해군보좌관으로서 해군장교 2명을 파견하겠다는 것, 이에 소요되는 경비를 국무부에서 전액 부담한다는 것 등의 내용의 공한을 슈펠트에게 발송했다.[96]

그런데 슈펠트는 처음에는 조선사절단 영접책임자 지명천거에 수락을 암시했지만 갑자기 심경에 변화를 일으켜, 영접위원 지명을 거절하고 말았다. 다만 비공식적으로 사교상 조선보빙사를 자주 방문할 용의가 있다고 밝히고 이다.[97] 이에 챈들러 해군장관은 슈펠트 임명을 포기하고 다른 해군장교를 물색하게 되었다.[98] 그 당시 슈펠트 소장은 해군부 자문위원회the Advisory Board의 책임자로 근무하고 있었다. 그는 자문위원회의 일이

---

[94] *Ibid.*, English to Davis, September 13, 1883.

[95] *Ibid.*, Davis to English, September 13, 1883.

[96] *Ibid.*, English to Shufeldt, September, 14, 1883.

[97] *Ibid.*, English to Shufeldt, September 15, 1883.

[98] *Ibid.*, Chandler to Davis, September, 28, 1883.

너무 벅차기 때문에 여기다가 조선보빙사 영접위원 직책을 추가로 맡게 되면 직무 수행상 너무 부담이 가중된다는 이유로 이를 사양한다고 거절 이유를 밝히고 있다.[99] 이에 해군부는 메이슨Theodore B. Mason 해군대위와 포크George C. Foulk, 福久 해군소위를 영접위원으로 임명했다.[100]

이와 같이 조선보빙사 영접위원은 장성급에서 위관급으로 강등되었으니, 그만큼 조선보빙사의 지위는 격하될 수밖에 없었다. 한미조약 제2조에 한미 양국은 상호주의 원칙에 따라 상대국 수도에 공사관을 개설, 공사를 주재하도록 명문화되어 있다. 이에 따라 미국은 정동에 상주공사관을 개설, 푸트 공사가 주재하고 있다. 그러나 조선은 '절대빈곤 국가'여서 워싱턴에 상주공사관을 개설할 재력財力이 없었다. 일본은 미일조약 체결 후 1860년 77명의 대규모 견미사절단을 파견한 반면 조선보빙사는 겨우 10명에 불과했다. 조선보빙사의 미국사행은 외교적 임시방편의 교빙交聘에 불과하다. 국서를 제정하고 미국으로부터 차관이나 얻어 보겠다는 것이었다. 슈펠트가 보빙사 영접위원을 고사한 것도 워싱턴에 상주공사관을 수립할 수 없을 만큼 절대빈곤의 조선의 입지를 너무나 잘 알고 거절한 것으로 판단된다. 약소국 가난한 나라의 외교관 교환交驩이 시작부터 어긋나서 이 같은 위관급 영접위원 대우를 받아야만 했다.

그 당시 아더 대통령과 프릴링하이젠 국무장관은 뉴욕에 머물고 있었다. 프릴링하이젠 국무장관은 데이비스 차관보에게 국서 제정식은 9월 18일에 뉴욕 피브스 애비뉴 호텔Fifth Avenue Hotel 대접견실에서 거행한다고 통고하면서, 뉴욕까지 조선보빙사를 안전하게 호송하기를 당부했다. 조선보빙사가 워싱턴에 나타나자 미국 외교계는 조선이 워싱턴에 상주공사

[99] *Ibid.*, Davis to Chandler, September 29, 1883.

[100] *Ibid.*, Chandler to Davis, September 28, 1883.

관을 개설할 가능성이 있다고 전망하면서 이들을 초대, 만찬회를 베풀었다. 각국 외교관들을 초청한 만찬회에서, 조선보빙사는 식생활의 변화에도 불구하고 아무런 불편을 느끼지 않고 서구식 식사에 재빨리 적응, 미국식 식사를 즐기고 있었다. 서구 여러 나라의 외교관들은 조선보빙사가 너무 시간을 끌면서 지루하게 식사한다고 푸념할 정도로 그들은 식탁에 앉아서 느긋하게 서구요리를 즐기고 있었다.[101]

23년 전 1860년 일본 최초의 견미사절이 워싱턴을 방문했을 때 워싱턴 거리의 인상을 다음과 같이 소개하고 있다. "주택들은 거의 4, 5층 건물이며 기단基壇은 방석方石으로 축조되어 있고 2층부터 벽돌로 쌓아올렸다. 지붕은 높지 않으나 굴뚝만은 높다랗게 서 있다. 도로의 노폭은 시원하게 넓으며 중앙에는 마차가 왕래하고 도로 좌우에 가로수를 2, 3칸 간격으로 심어놓았는데 나무마다 뿌리로부터 나무 위쪽에 상자를 매달아놓고 밤이 되면 이곳에 가스램프를 환히 밝혀놓고 있다."[102]

그로부터 23년 후인 1883년 9월 조선보빙사가 워싱턴을 방문했을 때의 인상도 역시 경이적인 것이었다. "이 도시는 합중국의 서울이다. 이 나라를 창건한 대통령 워싱턴의 성을 따서 수도의 명칭을 정한 것이다. 인구는 15만 명에 불과하다. 포토맥Potomac, 布土幕河강과 애너코스티어Anacostia, 西支河강이 합류하는 요충지에 자리 잡고 있고, 강물은 거울을 깔아놓은 듯 맑으며, 산봉우리의 청수淸秀함은 그림을 그려놓은 듯 그 경개景槪가 절승絶勝하다. 사각형 가로는 기름을 발라놓은 듯 깨끗하고 양 곁에 가로수를 심어놓았고, 대로의 너비는 160척에 이르고, 길에는 마차의 왕래가 끊일 사이 없으니 그 번화한 경황景況은 실로 수도의 면모를 과시하고 있

101 *New York Herald*, September 17, 1883.

102 『遣米使節史料集成』권 1, p.114.

다."[103]라고 찬탄했다.

그러면 여기서 조선보빙사의 영접위원에 임명된 메이슨과 포크George C. Foulk, 1858~1893의 인물 분석을 할 필요가 있다. 메이슨은 보빙사 체미 기간에만 영접업무를 수행했기 때문에 그다지 중요한 의미가 없지만, 포크는 영접업무를 완수한 후, 해군무관 자격으로 민영익 전권대신을 수행, 조선에 와서 주한 미국공사 대리를 역임하는 등 초기 한미관계에 중요한 역할을 수행했다. 메이슨은 그 당시 해군부 해군정보국Naval Intelligence Office에 근무하고 있는 해군장교로서 보빙사의 영접 위원에 발탁된 것이다.[104]

포크는 그 당시 해군도서관Naval Library에 근무하고 있다가 조선보빙사 영접위원에 발탁되었다. 그는 1860년 초 펜실베이니아주에서 출생, 14세 어린 나이로 아나폴리스 해군사관학교에 입학했다. 매우 어린 나이로 입학하자 주위에서는 그의 학업능력을 의심하기도 했었다. 그러나 결과는 정반대였다. 그는 해사를 자기반에서 수석으로 졸업했기 때문이다. 이만큼 그는 조숙한 면을 보여주었다. 1876년 졸업 후 아시아 해역을 담당하고 있는 아시아함대에 파견되어 근무하였다. 이때부터 그는 아시아문제와 관련을 맺기 시작했다. 그는 재능이 뛰어나서 단순한 학문적 기술적인 부문에만 국한해서 활동하지 않고, 보다 폭넓은 분야로 관심을 돌렸다. 그는 자기 소관업무 이외의 일에 관심을 가지고 실제로 능력을 발휘, 상사의 주목을 받게 되었다. 그 결과 함대 사령관의 신임을 얻어 장관將官 전속부관assistant flag-lieutenant으로 발탁되어 근무하게 되었다. 아시아함대가 일본 나가사키에 기항하고 있을 때 그는 일본어를 배우기 시작했다. 그는 어학에 천부적 재능이 있어서 재빨리 일본어를 습득했다. 이때 일본어 습

[103] 兪吉濬, 『西遊見聞』, p.490.

[104] Noble, "The Korean Mission to the U. S. in 1883," p.7.

득과정에서 사귄 일본 여인과 결혼하였다.[105]

아시아함대 근무를 마치고 1882년 1월 24일 포크는 본국으로 전속명령을 받았다. 그런데 이때 포크는 본국으로 귀국하는 길에 한반도, 시베리아를 거쳐 유럽까지 세계 일주 시찰여행을 한 후 귀국하라는 명령을 받았다. 그는 모험심이 남달리 뛰어나 동료 버킹햄B. H. Buckingham 해군대위, 맥클린Walter McLean 해군소위와 함께 1882년 6월 3일부터 9월 8일 까지 3개월간 아시아 유럽 대륙에 걸친 광범위한 시찰여행을 끝내고 9월 하순에 귀국했다.[106]

그 낭시 일본 미쓰비시三菱 기선회사Mitsu Bishi Steamship Company는 일본의 주요항구로부터 조선의 부산釜山, 원산元山을 거쳐 러시아의 극동 요새항구인 블라디보스토크까지 취항하고 있었다. 포크 일행은 주일 러시아 공사대리 로젠H. I. R. Rosen의 소개장을 휴대하고 6월 3일 요코하마를 떠나 6월 4일 나가사키에 기항했다. 나가사키에 도착하기 전날 슈펠트 제독은 1882년 5월 22일 인천 제물포濟物浦에서 역사적인 한미조약을 체결하고 스와타라Swatara호를 타고 이곳 나가사키에 기항했다. 이 한미조약에서 부산 · 원산 등 조선의 몇 개 주요항구가 개항, 미국 해군전함이 입항할 수 있게 되었다. 이 조약이 체결되기 전에는 미국인의 조선 입국은 금지되어 있었다. 포크 일행이 휴대하고 있는 미쓰비시 기선회사가 발행한 항행권 뒷면에, "일본인 이외의 승객은 조선의 부산 · 원산항에 상륙을 불허함"이라고 기재되어 있었다. 그러나 포크 일행은 한미조약 체결 직후에 여행하게 되었으므로 일본 거류민이 있는 부산 · 원산에 상륙할 수 있는 법적 근

105 "George C. Foulk," *The Korea Review*, vol. 1(1901), pp.344~349.

106 Buckinham, Foulk, and McLean, *Observations upon the Korean Coast, Japanese-Korean Ports*, pp.1~163.

거를 가지게 되었다.[107]

6월 6일 오후 나가사키를 출항, 대마도對馬島를 거쳐 6월 7일 부산에 도착했다. "흙빛이 오렌지 적색인 점으로 보아 철광석이 생산되고 있는 것 같이 보인다. 조선인은 모두 흰옷白衣을 입고 다니는데 푸른 나무숲을 배경으로 그 흰빛이 아주 선명해 보였다."라고 조선의 첫 인상을 전하면서 조선민족은 '백의민족'임을 확인했다. 일본은 1876년 조일조규 체결로 일찍부터 부산·원산 등 항구를 개항하여 일본 거류지를 형성하고 있었다. 그 당시 부산 일본 거류지에는 약 2,000명의 일본인이 살고 있었다. 일본 영사관의 국기 게양대에는 일장기가 높다랗게 펄럭이고 있었다. 미쓰비시 부산출장소, 상공회의소, 일본은행 등이 개설되어 있었다. 일본 공공기관 건물은 서구식으로 산듯하게 지어진 반면, 조선인의 일반주택은 대부분 초라한 초가집이어서 대조적이었다. 한일 간 교역이 주류인데, 조선은 피혁, 골제품, 면화, 조선종이韓紙, 모피, 인삼, 어물 등을 일본에 수출하고, 일본으로부터는 램프, 시계, 면직물 등 구미 상품을 수입하고 있었다. 이렇듯 일본은 조선의 대외교역을 지배하고 있었다. 조선은 제조공장이 없는 아주 가난한 나라인 것으로 보였다.[108]

포크 일행은 미쓰비시 기선회사의 상륙불허를 무시하고 부산항에 하륙, 부산거리를 관광했다. 부두에서 만난 조선인은 다 같이 일본어가 유창했다. 의사소통이 안 될 때는 한자漢字를 써서 필담筆談으로 의사소통이 가능했다. 조선인은 일반적으로 한문을 잘 알고 있었다. 그러나 조선에는

[107] Harold J. Noble, "The Korean Mission to the United States in 1883, The First Embassy Sent by Korea to an Occidental Nation," *Transactions of the Korea Branch of the Royal Asiatic Society*, 18(1929), pp.7~8.

[108] *Ibid.*, pp.8~10.

고유한 표음문자phonetic alphabet인 언문諺文, 한글이 있었지만, 양반 지배층을 포함한 지식계급은 이를 무시하고, 다만 부녀자나 교육정도가 낮은 하층 서민계층만 언문을 사용하고 있었다. 조선 여자는 외출이 금지되어 있었고, 그래서 집안에만 갇혀 살고 있기 때문에 길거리에는 여자를 거의 볼 수 없다. 그래서 스와타라호의 장교들도 한미조약 체결교섭 중 인천에 체재하고 있는 동안 조선 여자를 한 사람도 본 일이 없다고 전했다. 그러나 부산에서는 집 앞 담이나 울타리 너머로 포크 일행을 호기심에 찬 눈초리로 유심히 바라보는 모습을 볼 수 있었다. 일본인의 보고에 의하면 조선에는 관직을 얻거나 승진을 하려면 상관에게 뇌물賂物을 바쳐야만 가능하다. 매관매직賣官賣職과 가렴주구苛斂誅求가 보편화되어 있다는 것이다.[109]

조선인은 남녀 모두 키가 크고 체격이 장대해 보였다. 일반적으로 조선인은 일본인과 중국인보다도 더 외국인을 존경하고 있었다. 조선 남자는 긴 담뱃대로 담배를 많이 피우고 있었다. 부산 거리를 거닐다가 포크 일행은 큰 길가에 장승을 보았다. "큰 길 가에 약 20피트 높이의 네모난 큰 기둥 꼭대기에 '일그러진 면상面相, a distorted face'을 새겨서, 이를 붉은 빛으로 칠해놓았는데주칠朱漆, 무시무시해 보였다. 이 장승은 질병과 악귀를 쫓아내는 상징물이고, 동시에 이정표里程標 역할을 한다는 것이었다."[110]

6월 8일 포크 일행은 부산 시찰을 끝내고 원산元山으로 향발했다. 그 당시 원산 일본 거류지에는 일본인 약 1,000명이 거주하고 있었다. 원산 부두에서 조선인은 부산에서와 마찬가지로 역시 일본어를 잘했고, 한미조약이 체결되었으므로 원산에 미국 거류지居留地를 언제 개설할 것인가에 비상한 관심을 보였다. 역시 원산항의 수출입도 일본이 지배하고 있었다.

---

[109] *Ibid.*, pp.10~16.

[110] *Ibid.*, pp.12~15.

조선의 가장 유명하고도 진귀한 특산물은 호피虎皮이다. 조선에는 호랑이가 많이 서식하고 있는데, 호피 한 장에 25달러를 주어야만 입수할 수 있다.[111]

포크 일행은 이처럼 부산·원산 시찰을 끝내고 6월 10일 블라디보스토크로 향발했다. 포크 일행은 블라디보스토크에서 시베리아 대륙횡단철도를 타고 유럽을 거쳐 9월 하순 귀국했다. 아시아 근무를 마치고 본국으로 귀임할 때 포크는 일본어를 유창하게 구사할 수 있었는데 이것이 조선보빙사 영접위원으로 발탁되는 가장 중요한 요인이 되고 있다.[112]

포크는 조선보빙사를 수행하면서 통역을 담당, 미국 각지, 주로 동부지방의 시찰여행을 안내하면서 민영익 전권공사의 신임을 얻었다.[113] 그 결과 주한 미국공사관부 해군무관海軍武官에 임명되었다. 그 당시 일본 도쿄와 중국 북경의 미국공사관에도 해군무관을 파견한 일이 없었는데 유독 주한 미국공사관에만 해군무관직을 신설, 포크를 파견하게 된 것인데, 이는 어디까지나 민영익 공사의 요청에 의해 단행된 인사조치였다.[114]

포크는 주한 미국공사관부 해군무관에 임명되자, 1883년 12월 민영익을 수행, 트렌턴Trenton호로 유럽 일주항행을 하게 되었다. 약 6개월간 조선보빙사를 수행하면서 그는 한국어도 습득할 수 있었고 특히 서광범, 변수와 친교할 수 있었다. 6개월간 세계 일주항행 끝에 서울에 부임한 것은 1884년 6월 2일이었다. 그는 일본의 근대화 모델명치유신明治維新을 따라 정치개혁을 시도하려는 급진개화파에 동정적인 지지의도를 보였다. 조선부

111 *Ibid.*, pp.16~18.

112 "George C. Foulk," pp.344~349.

113 Frazar, *Korea and Her Relations to China, Japan and the United States*, p.50.

114 Dennett, "Early American Policy in Korea, 1883~87," p.88.

임 직후 그는 지방시찰여행, 주로 삼남三南지방에 대한 광범위한 시찰여행을 하였는데, 그의 '여행보고서'는 외교문서에 남아 있다. 미국인으로서는 최초의 장기간 시찰여행이었다. 포크는 고종의 신임을 받아 군사교관 파견문제, 교사 초빙문제 등을 주선했을 뿐만 아니라 최경석崔景錫이 경영하는 농무목축시험장 설치에도 일익을 담당하였다. 포크는 조선 정치에 있어서 최대 시련기에 주선 미국공사관에서 근무하였는데, 그는 처음부터 김옥균·서광범·홍영식 등 급진개화파extreme radicals에 동정적인 지지를 하고 있었다. 이처럼 정치노선에 따라 한국의 독립안과 일본의 근대화 사례를 본보기로 한 개화정책을 적극 지지하였다. 그런데 민영익은 귀국 직후부터 정치노선의 변화를 보였다. 그는 원래 조선개항을 주장해온 개화파였는데 '보수적 개화성향the conservatively progressive tendencies'을 띠기 시작하였다.[115]

민영익을 중심으로 한 민씨척족세력은 정치적 요직을 독점하면서 급진개화파와 대립, 김옥균을 중심으로 한 개화파와 정치적 갈등 끝에 1884년 12월 4일 갑신정변甲申政變이 발발한 것이다. 포크는 한국 개화의 실패를 이렇게 분석 논평했다. "한국사에서 여러 번 일어난 일이지만 이처럼 양파 간에 상반된 목적cross-purposes을 가지고 상호작용하다 보니까 개인적인 오차personal equation가 노정露呈하게 마련이고, 결국 개혁안은 슬픈 개화실패의 결과를 초래하고 말았다."[116] 갑신정변 실패 후 그는 급진개화파를 후원했다 해서 민영익으로부터 오해와 의심을 받기도 했다.[117]

미국정부는 한미조약을 체결할 때부터 교역 상대국으로서 한국에 대한

115 "George C. Foulk," pp.344~349.

116 *Ibid.*

117 *Ibid.*

통상이익을 기대했었지만 사실상 조선은 미국에게는 경제적 통상증대의 이익을 기대할 수 없는 '한계성 농업국가marginal agricultural country'에 불과했다. 그래서인지 아더 대통령은 서울에 미국공사관을 개설한 지 불과 1년 남짓해서 1884년 8월 15일에 주한미국 공사의 지위를 특명전권공사로부터 변리공사 및 총영사Minister Resident and Consul General로 격하하고 말았다.[118] 푸트 공사는 이에 항의하면서 1885년 1월 공사직을 사임하였고, 그 결과 포크가 공사대리직을 맡게 되었다. 포크는 1886년 12월까지 2년간 공사대리로 일했다.[119]

1886년 12월 포크는 록힐William W. Rockhill, 柔克義에게 공사대리직을 인계하고 1887년 정초 부인과 함께 일본으로 건너갔다. 교토 동지사대학同志社大學 수학과 교수로 초빙된 그는 선교본부로부터 정식으로 임명된 선교사는 아니지만, 교수로 봉직하면서, 개신교 선교에 열성을 보였다. 그러나 건강이 악화, 부인과 함께 요코하마 근처의 산속에 있는 요양소에 가서 정양하고 있었다. 1893년 8월 6일 그는 산길을 홀로 산책하다가 뇌출혈로 쓰러져 급사했다. 향년 35세였다. 교토에 있는 그의 친구 알브레트Albrecht는 포크를 이렇게 평가했다. "그는 마음씨가 따뜻했고 다정다감한 이다. 열성적이고 성실한 교사이며 가장 헌신적인 남편일 뿐만 아니라 진실로 열성적이고 헌신적인 기독교 신앙인이었다. 그는 눈물을 흘리며 주예수를 위해 기도하고 설교했다. 그의 일본인 아내도 독실한 신앙인이며 학교와 교회는 그를 영원히 기억하고 그리워할 것이다."[120]

---

118 *Diplomatic Documents*, National Archives, President Arthur to the King of Tah Chosun, August 15, 1884.

119 金源模, 『近代韓國外交史年表』, pp.114, 118; Allen, *"A Chronological Index,"* p.170.

120 "Editorial Paragraphs on G. C, Foulk", *Missionary Herald*, 89(1893) p.389.

제5장

조선보빙사 한글국서제정식과
보스턴·뉴욕 산업·공공기관 시찰 여행

1. 한글국서 제정식

조선보빙사는 워싱턴에서 이틀간 체재하면서 리셉션과 간단한 명승지 관광을 즐긴 후 9월 17일 뉴욕으로 향발했다. 보빙사는 데이비스 국무차관과 포크의 안내를 받으면서 뉴욕행 열차 특등객차parlor car에 승차, 당일 저녁 저지시티, 펜실베이니아Jersey City, Pennsylvania 정거장에 도착했다.[1] 하차한 후 민영익 전권대신을 선두로 서열에 따라 일렬로 플랫폼을 나왔다. 조선보빙사 일행의 뉴욕 도착 광경을 '뉴욕 타임스'는 실감 있게 보도했다. "그들이 입은 옷은 오페라 합창단에 등장하는 고위 성직자의 옷차림과 비슷했고 그보다도 더 화려했다. 그들은 높고 검은 원추형 모자갓를 쓰고 있었는데, 그것은 마치 알프스 산맥의 농부가 쓰고 있는 모자와 흡사했다. 그들이 신고 있는 가죽구두갖신는 일본 형식의 신발이었다."[2]

조선보빙사는 갓을 쓰고 도포를 입기도 하고 혹은 비단 두루마기를 입기도 해서, 그 옷차림이 자못 화려하게 보이면서도 약간 신기하게 보였다. 이러한 옷차림을 보고 "한복韓服은 나태한 생활a life of idleness에 알맞다." 라고 부정적 평가를 하면서, 갓 한 개의 값은 60달러과장된 평가에 이른다고 전했다.[3] 조선보빙사는 나루터를 건너서 마차를 타고 뉴욕 중심가로 들어갔다. 민영익 · 홍영식 · 서광범 등 삼사三使는 피브스 애비뉴 호텔에 투숙, 여장을 풀었고, 기타 수행원은 벤담Vendome 호텔에 투숙했다.[4] 특히 아더

---

[1] *New York Herald*, September 18, 1883.

[2] *New York Times*, September 18, 1883.

[3] *New York Herald*, September 18, 1883.

[4] *Ibid.*

대통령의 특별지시로 민영익 공사는 호텔 3층 자신이 유숙하고 있는 가까운 방을 사용하도록 배려했다. 저녁에는 호텔 복도를 왕래하면서 으리으리한 호텔 내부의 사치스런 광경에 경탄하고 있었다.[5]

민영익 전권대신은 대조선 국왕의 미국 대통령에 보내는 회신문回信文을 제출했다.

> 저희 민영익과 홍영식은 존경하는 미국 대통령 각하께 말씀드리기 위하여 온 사람들입니다. 또한 조선정부의 전권사절단으로서 대통령 각하께 왔습니다. 저희는 각하와 미국 시민들의 건강과 평안을 진심으로 바라는 마음을 대통령께 전하고자 합니다. 저희 국민들은 상호 친밀한 관계를 맺고 두 나라 사람들은 행복한 관계를 계속 유지하도록 하며, 국민들이 변하지 않고 영원히 평화와 행복 속에서 살 수 있기를 기원합니다. 저희 정부로부터 두 개의 공식 문서를 각하께 봉정奉呈합니다. 첫 번째 문서는 조선국왕이 대통령께 드리는 회신서回信書입니다. 두 번째 문서는 저희가 대통령께 제정할 국서신임장입니다.[6]

조선국왕이 민영익·홍영식 전권사절단을 통해 전달할 신임장에는 다음과 같이 기재되어 있다.

> 우리 두 나라 사이의 수교가 이루어지고 우호관계를 확립했으므로 저는 큰 기쁨을 각하께 전하기 위하여 특명전권대사로서 민영익과 부사로서 홍영식을 미국에 보냅니다. 저의 깊은 신임과 생각을 전적으로 표현하건대 그들은 분명히 의심의 여지없이 그들의 의무를 수행할 것이며, 두 나라간의 신뢰가 증가하

---

[5] *New York Times*, September 18, 1883.

[6] *The Collected Letters of Yun Tchi Ho*(National History Compilation Committee, Seoul, Korea, 1980), pp.199~200, To the President of U. S. A.; 윤치호 지음, 윤경남 옮김, 『佐翁 윤치호 서한집』(호산문화, 1995), p.188.

며 완전한 조화가 이루어지도록 완전한 신뢰와 신임이 그들에게 주어지기를 희망하는 바입니다.

존경하는 각하께서도 저의 생각과 완전히 일치하리라 믿습니다. 제 손으로 직접 썼고 1883년 6월 14일 제 사무실에서 봉인했습니다.[7]

조선보빙사의 뉴욕 도착을 계기로 '뉴욕 타임스'와 '뉴욕 헤럴드'는 취재 경쟁을 다투면서 다음과 같이 조선을 소개하고 있다. 이 나라의 공식 국호國號는 '대조선大朝鮮, Tah Chosun'이며 그 뜻은 '고요한 아침의 위대한 나라land of the great morning calm'이다. 수도는 서울인데 염강鹽江, Salee River 또는 강화해협江華海峽으로부터 60마일 내륙에 자리 잡고 있는 성곽도시이다. 서울은 국방상 외적의 침입으로부터 방위하기에 유리한 천연적 성채城砦를 이루고 있다. 지세地勢를 보면, 배산임수背山臨水하고 있는 바, 앞에는 한강漢江 뒤에는 북한산北漢山이 있다. 두 개의 간선도로를 중심으로 4개 구역으로 나누어져 있으며 두 개의 간선도로는 상가 역할을 하고 있다육주비전六注比廛. 조선국왕은 왕비 이외에 수많은 후궁後宮을 거느리고 왕궁에서 살고 있다. 국왕은 이름이 없고 승하昇遐한 후 이름을 가진다.

국왕을 모시고 있는 후궁들 대부분은 궁중용 의상 자수刺繡를 비롯하여 기타 환상적인 장식품 등을 만들면서 한가한 시간을 보내야만 했다. 국왕이 외국인을 만나본 것은 묄렌도르프와 푸트 공사뿐이다. 그러나 왕비는 일체 외국인을 만나볼 수 없다. 푸트 공사 부인도 아직까지 왕비를 만나보지 못했다. 조선 부인은 외출이 금지되어 있을 뿐만 아니라 집안에만 갇혀 생활하며, 따라서 사회적 지위도 없다. 그러나 조선 부인들은 외국인을 구경하고 싶은 호기심은 대단히 강해서 문틈으로 내다보거나 또는

---

[7] *The Collected Letters of Yun Tchi Ho*, pp.200~201; 『佐翁 윤치호 서한집』, p.189.

수풀이나 나무 그늘 밑에 숨어서 은밀하게 외국인의 모습을 훔쳐보다가 군인들에게 들켜서 쫓겨 들어가는 진풍경이 벌어지기도 했다.[8]

조선민족은 불교를 신앙하고 있으며 그들은 감정을 나타내는 일이 없다. 희로애락의 감정을 얼굴 표정에 나타내면 이는 조선 예법에 어긋난 행동이기 때문이다. 극기克己야말로 최고의 미덕이며 교양 있는 예의범절로 손꼽힌다. 한편 조선보빙사의 방미訪美를 계기로 한미 간의 통상증진의 가능성을 이렇게 전망하고 있다. "이번의 조선사절단의 방미를 계기로 최근 양국 간에 체결된 한미조약의 임무를 완수하게 될 것으로 보인다. 조선은 미국으로부터 농업 및 광산개발용 기계, 면직물 따위를 요구할 것이다. 앞으로 조선은 일본처럼 미국 제조업자들이 진출할 가능성이 있는 훌륭한 상품판매시장이 될 것 같다. 조선의 인구는 약 1,500만이다. 수도는 서울이고 인구는 75만이다약간 과장된 표현. 조선에는 황금 · 은 · 쌀 등이 주산물이다. 땅은 기름지고 기후조건은 뉴욕과 흡사하며 이곳보다 약간 따뜻한 편이다."[9]

국서 제정식은 1883년 9월 18일 오전 11시, 장소는 23가 피브스 애비뉴 호텔 1층 대접견실이었다. 조선보빙사 일행은 민영익 · 홍영식 · 서광범 삼사三使 순으로 일렬종대로 국서제정 식장을 향해 가는데, 모두 사모관대紗帽冠帶로 정장한 정복 차림이었다. 공식행사에는 반드시 관복을 착용해야 하기 때문이다.[10]

민영익閔泳翊 전권공사는 짙은 보랏빛 오얏 빛깔의 긴 관복 즉 벼슬아치가 입는 정복인 사모관대紗帽冠帶를 입고 있었다. 허리에는 찬란한 각띠각대

---

[8] *New York Herald*, September 18, 1883; *New York Times*, September 18, 1883.

[9] *New York Times*, September 18, 1883.

[10] *New York Herald*, September 19, 1883.

角帶를 두르고 있었고, 가슴에는 자주빛 바탕에 백색 쌍학雙鶴을 정교하게 수繡 놓은 흉배胸背를 달고 있었다. 머리에는 말총과 가는 대나무로 짠 원추형 사모紗帽를 쓰고 있었다. 또 버선을 신고 그 위에 장화처럼 생긴 목이 긴 목화木靴를 신고 있었다. 홍영식洪英植 부대신은 오얏 빛깔의 관복을 입고 있었으나, 흉배에는 학 한 마리단학單鶴가 수 놓여 있었다. 종사관 서광범徐光範은 보라색 관복을 입고 있었다. 그 뒤에 로우엘 참찬관이 뒤따랐는데 그는 이브닝드레스를 입고 있었다. 각 수행원들도 비슷한 관복을 입고 있었으나, 색깔만은 달라 혹은 녹색, 흑색 혹은 청색 등 다양한 색깔이었다.[11] 그야말로 황홀한 관복 행렬 광경인데 이는 '환상적 기묘幻想的 奇妙, peculiarly fanciful'의 관복 행렬이었다.[12]

오전 11시 정각 아더 대통령을 중심으로 오른편에 프릴링하이젠 국무장관, 왼편에 데이비스 국무차관보가 접견실 중앙에 서 있었고, 그 뒤에 국무부 고위관리 필립스Phillips 츄John Chew 그리고 영접위원 메이슨 해군대위와 포크 해군소위 등이 도열하고 있었다. 대접견실에는 따로 대기실이 딸려 있었는데 대기실로 통하는 문이 활짝 열려 있었다. 대통령 일행은 바로 대기실 문을 향해 서서 조선보빙사 일행을 맞이할 채비를 하고 있었다. 드디어 민영익 전권대신을 선두로 조선보빙사 일행이 대기실에 들어서자마자 대접견실에 서 있는 아더 대통령을 향해 정면이 아닌 측면으로 두 손을 이마에 마주 대고 앉아서 무릎을 꿇고 허리를 굽혀 큰절肅拜을 행했다. 일종 '예비 큰절preliminary salaam'을 한 셈이다.

각 수행원도 같은 예법을 행했다. 이어 대접견실로 들어가서 일렬횡대로 서서 역시 대통령을 향해 측면으로 향해 큰절을 했다. 이는 국왕에게

---

[11] *New York Times*, Sepember 19, 1883; *New York Daily Tribune*, September 19, 1883.

[12] *Frank Leslie's Illustrated Newspaper*, New York, September 29, 1883.

조선보빙사 3사(민영익 · 홍영식 · 서광범)가
미국 대통령께 큰절을 올리고 있다.(1883. 9. 18))

큰절을 할 때는 정면으로 하지 않고 옆으로 비스듬히 큰절을 하는 것과 똑같은 예법인데, 외국의 국가원수에게도 이러한 예법을 그대로 적용하고 있다. 이는 국가원수에게 행하는 최고의 경례이다. 큰절인사가 끝나자 아더 대통령은 선 채로 고개를 숙여 답례를 했다.[13]

23년 전 1860년 일본 최초의 견미사절遣米使節은 당시 미국 대통령 뷰캐넌James Buchanan, 薄可南을 만나 국서를 제정할 때 삼사三使는 2, 3보 앞으로 나아가 선 채로 일배, 중앙으로 나아가 일배한 후 국서를 제정했고, 카스Lewis Cass 국무장관의 안내로 대통령과 악수인사를 행한 후 일배하고 물

[13] *Ibid*; *New York Herald*, September 19, 1883; *New York Times*, September 19, 1883; *New York Dailly Tribune*, September 19, 1883.

러났다. 이와 같이 일본 사절은 조선보빙사처럼 큰절을 하지 않고 선 채로 고개를 숙여 절을 했을 뿐이다. 그리고 구미식 인사로 악수의 예를 나누었다.[14]

큰절인사가 끝나자 프릴링하이젠 국무장관이 앞으로 나와 민영익 공사를 대통령에게 소개하면서 악수를 교환했다. 차례대로 악수인사가 끝나자, 민영익 전권대신은 아더 대통령에게 한글국서신임장을 봉정했다. 이날 민영익 전권대신이 제정提呈한 국서 원본은 한문본이지만 '뉴욕 헤럴드' 1883년 9월 19일자에 한글본이 팩시밀리 전송사진도판으로 보도되었는데 한글본 국서를 소개하면 다음과 같다.한글 원문 그대로 옮겼음. 한자漢字 없는 순한글본임. 저자는 이해를 돕기 위해 漢字를 넣었음.

〈한글본 국서〉

ᄃᆡ됴선국 ᄃᆡ군주大朝鮮國 大君主ᄂᆞᆫ ᄃᆡ미국ᄇᆡᆨ니ᄉᆡ텬덕大美國伯理璽天德, president게 글월을 올니ᄋᆞᆸ 이ᄉᆞ이 두 나라이 됴약條約을 박구고 화의和誼가 돗타우ᄆᆡ 전권ᄃᆡ신全權大臣 민녕익閔泳翊과 부ᄃᆡ신副大臣 홍영식洪英植을 흠차欽差ᄒᆞ여 귀국貴國의 보ᄂᆡ서 폐ᄇᆡᆨ幣帛 갑ᄂᆞᆫ녜禮을 닥긔노니 이 ᄃᆡ신大 臣들이 공번公反되며 충성忠誠허며 주밀周密ᄒᆞ며 자서仔細ᄒᆞ여 능能히 ᄂᆡ의 속마음을 몸바더 고달告達헐 터이며 범사凡事의 변리辨理허미 적당適當허리니 다ᄒᆡᆼ多幸히 ᄇᆞ라노니 정성精誠을 미루어 서루 미더서 더욱 화목和睦케 ᄒᆞ며 한가지 ᄐᆡ평太平을 누리게 ᄒᆞ시ᄋᆞᆸ ᄉᆡᆼ각허건ᄃᆡ 쏘한 귀ᄇᆡᆨ니ᄉᆡ텬덕貴伯理璽天德 · 대통령도 깃거허실ᄇᆡ리이로소이다

ᄀᆡ국 ᄉᆞᄇᆡᆨ구십이년 뉵월 십이일開國四百九十二年 六月十二日[15]

---

14 『遣米使節史料集成』권 1, p.124.

15 *New York Herald*, September 19, 1883, "The Corean Official Documents"; 「한글 국서(信任狀) 발굴」(金源模), 『東亞日報』(1982. 2. 1); 『中央日報』(1982. 2. 1); 『朝鮮日報』(1982. 2. 1); *The Korea Times*, February 2, 1982, Credentials of 1st Korean Envoy to US Discovered

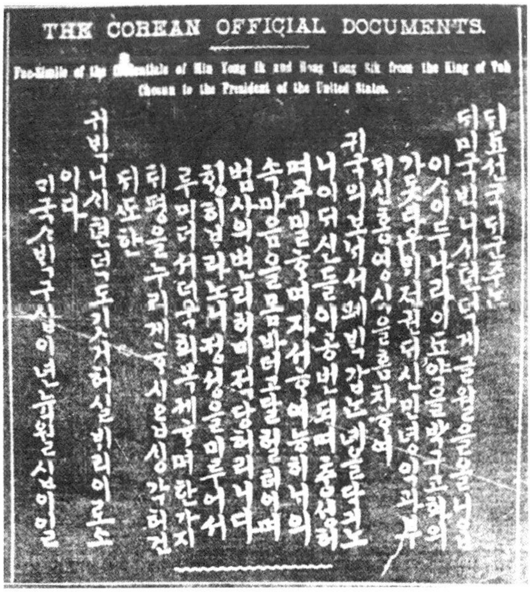

THE COREAN OFFICIAL DOCUMENTS.

Fac-Simile of the Credentials of Min Yong Ik and Hong Yong Sik from the King of Tah Chosun to the President of the United States.

한글 국서 신임장

New York Herald, September 19, 1883.

〈國書 漢文本〉

大朝鮮國大君主 致書於大美國伯理璽天德 玆者兩國條約互換 和好旣敦 欽差全權大臣閔泳翊 副大臣洪英植 前往貴國 修報聘之禮 該大臣等 公忠綜詳 必能代達衷曲 辨理妥協 幸望推誠相信 益臻友睦 共享昇平 諒亦貴伯理璽天德之所

---

by Kim Won Mo; 장수영, 「1883년의 견미사절단과 수행원 변수」, 『재미과기협회보』vol. 11, November-December, 1982, pp.51~54; 김성배, 「고종 황제의 주체의식과 한글」, 『나라사랑』42(1982), pp.172~174. 민영익 전권대신이 제정한 한글국서와 한문원본에는 "개국 492년 6월 12일(1883. 6. 12)"이라 명기되어 있다. 이는 보빙사가 미국사행을 앞두고 미리 국서를 준비했음을 말해주고 있다. 여기 국서 한글본은 보빙사가 워싱턴에 도착하고 나서 한문본을 한글로 번역해서 붓글씨로 작성하여 '뉴욕 헤럴드'에 보도 자료로 제공한 것이다. 여기서 우리가 국서한글본과 민영익의 국서제정사 한글본은 한국어문학사상 1880년대의 시대적 한글표기의 가치와 언어발달과정을 파악할 수 있는 귀중한 자료임을 인식해야 한다.

歡悅也

開國四百九十二年 六月十二日 大朝鮮國大君主手決 및 御寶

奉勅督辦交涉通商事務 閔泳翊蓋印[16]

〈한글국서 영문 번역〉

Notes From the Korean Legation;New York Herald, Wednesday, September 19, 1883. The Corean Official Documents:

Fac-Simile of the Credentials of Min Yong Ik and Hong Yong Sik from the King of Tah Chosun to the President of the United Sates.

Translation of the Above.

The following is a translation of the Credentials of the Ambassadors from the King of Corea to President Arthur, given in fac-simile above:—

His Majesty the Korea of Tah Chosun to His Excellency Chester A. Arthur, President of The United States of America:—

The ratifications of the treaty concluded between our countries having now been exchanged and friendly relations established, I now send to the United States of America as Minister Plenipotentiary and Envoy Extraordinary, Min Yong Ik, and as Vice Minister, Hong Yong Sik, in order to convey to Your Excellency the assurance of My gratification.

Being in My confidence and instructed so as fully to express My ideas, they will no doubt satisfactorily perform their duties, and I hope that full faith and credence will be given to them, in order that the friendship of our countries may increase and that perfect harmony may be attained.

I have no doubt that Your Excellency will fully share My views.

---

16 *Diplomatic Documents*, National Archives, 『美國 國書』; 『美案』권 1, p.21, 「報聘全權大臣 閔泳翊 洪英植 派美國書」. 국서 한문본은 미국사행을 앞두고 서울에서 한문으로 작성해서 이를 휴대하고 가서 아더 대통령에게 국서를 제정했다.

Done under My own hand and seal in the four hundred and ninety second year of My House, sixth moon, eleventh day(14th July, 1883)

(Seal) The King of Tah Chosun

By order Min Yong Ik

(Seal) President of the Foreign Office.[17]

민영익 전권대신은 1883년 6월 12일자양 7. 14로 작성한 국서전권빙거全權憑據, 신임장와 미국 대통령에 보내는 대조선국 대군주의 회신回信을 아더 대통령에게 제정하고 나서 다음과 같은 제정사提呈辭를 낭독했다.

〈한글 제정사〉한글 원문 그대로 옮겼고, 이해를 돕기 위하여 漢字를 넣었음

ᄉᆞ신使臣 민녕익閔泳翊 홍영식洪英植 등等은 낫흐로 ᄃᆡ아미리가합중국大亞美理駕合衆國 ᄃᆡᄇᆡᆨ니ᄉᆡ천덕大伯理璽天德게 알외ᄋᆞᆸᄂᆞ이다 ᄉᆞ신등使臣等이 ᄃᆡ됴선국大朝鮮國 ᄃᆡ군수大君土 흠명欽命을 밧ᄉᆞ와 와서 대신代身으로 ᄂᆡᄇᆡᆨ니ᄉᆡ천덕大伯理璽天德게서와 밋 합중국合衆國 모든 인민人民이 한가지로 안녕安寧험을 누리시기을 청請ᄒᆞ오며 ᄯᅩᄂᆞᆫ 두 나라 인민人民이 서로 사귀고 죠와허ᄂᆞᆫ 우의友誼에 확실헌 ᄯᅳᆺ슬 고告ᄒᆞ여 피차彼此 돈밀敦密ᄒᆞᆷ을 ᄉᆡᆼ각허와 실상實狀으로 서루 직힘을 정定ᄒᆞ여 기리 무궁無窮헌 복福이 되기을 ᄇᆞ라ᄂᆞ이다 밧드러온 바 국서國書 두 봉封의 ᄒᆞ나ᄂᆞᆫ 우리 ᄃᆡ군주大君主게ᄋᆞᆸ서 ᄃᆡᄇᆡᆨ니ᄉᆡ천덕大伯理璽天德게 회답回答허심이오 ᄒᆞ나ᄂᆞᆫ ᄉᆞ신의 전권빙거全權憑據, 신임장오니 삼가 밧침을 알외ᄋᆞᆸᄂᆞ이다[18]

〈한글국서 제정사 영문 번역〉

Fac-simile of the Text of the Address Delivered to President Arthur by the Ambassadors on the part of the King.

---

[17] *New York Herald*, September 19, 1883.

[18] *New York Herald*, September 19, 1883, '한글 국서(신임장)' 제정사(提呈辭).

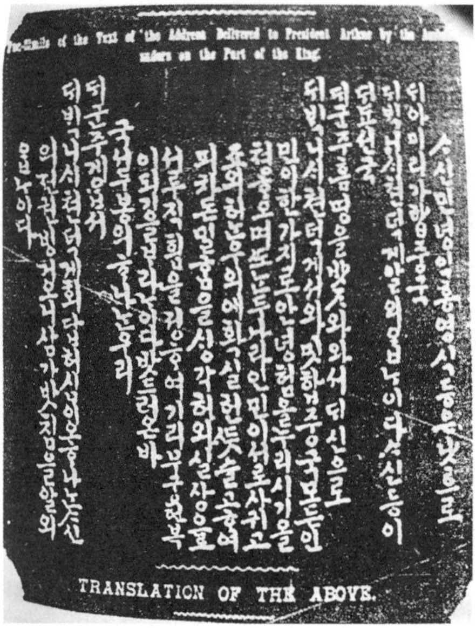

Fac-Simile of the Text of the Address Delivered to President Arthur by the Ambassadors on the Part of the King.

TRANSLATION OF THE ABOVE.

한글 국서 제정사
New York Herald, September 19, 1883.

Translation of the Above.

Following is the text of the address delivered by the ambassadors on the part of the King to the President: To His Excellency The President of the United States of America:

We, Min Yong Ik and Hong Yong Sik, are present in person to address Your Excellency the President of the United States of America. Together we have come to Your Excellency as the representatives of the government of Tah Chosun. We desire to convey to Your Excellency from our hearts our sincere wishes for the health and welfare of Your Excellency and the people of the United States. The people of our countries having entered into friendly intercourse with each other, and having both on our side and yours bound themselves mutually to continue these happy relations, we pray that the people of both our lands may live forever without change in peace and happiness. We beg to offer to Your Excellency two official papers from our government. The first is a reply to Your Excellency from His Majesty the King of Tah Chosun. The second is our letter of credentials, which we herewith ask leave to present.[19]

민영익 공사가 세정사를 다 끝내자 로우엘 참찬관은 이를 영어로 통역했다. 한편 아더 대통령에게 보낸 대조선국 대군주의 회신回信 내용은 다음과 같다.

〈미국 국서에 대한 대군주의 회신〉

미국 특명전권공사 푸트 편으로 보내주신 각하의 서한을 봉독하였으며 본인은 아더 대통령에 대한 서한 내용에 대하여 즐겁고 흡족하게 여기는 바입니다. 작년에 체결된 한미소약은 비준 실시되고 있는 바, 이처럼 자연스런 결과에 대하여 우리나라는 자축하고 있는 바입니다. 푸트 공사는 공정 솔직한 인물이며 우리와 화합하고 있습니다. 우리 수도 서울에서 행하고 있는 그의 공사 임무처리는 항상 우리 정부의 견해와 일치하고 있습니다. 그는 미국정부의 사명使命을 성실히 수행할 것 입니다. 본인이 늘 희망하고 확신하고 있는 바입니다마는 우리 양국의 관계는 날마다 더욱 친밀해질 것이며, 그것은 우리 모두에게 만족한 결과를 가져올 것입니다. 각하의 은혜로운 통치하에 아메리카 합중국 국민은 영원한 축복을 누리게 될 것을 기원하는 바입니다.

〈答美國國書〉

大朝鮮國大君主 函覆 大美國伯理璽天德 向按貴國使臣福德齎到貴伯理璽天德來書 披開之餘 實深欣幸 並將上年訂立之約款 已經批准施行 本國民人 莫不

[19] *Ibid.*

喜懽 貴國使臣福德 和厚公正駐京辦事 咸底允洽 克體貴國簡昆之隆 交誼日篤 尤用嘉悅無已 遙祝 貴伯理璽天德 撫有臣民 共躋仁壽焉 開國四百九十二年 六月十二日 大朝鮮國大君主手決 및 御寶 奉勅 督辦交涉通商事務 閔泳翊蓋印[20]

국서를 제장하고 제정사가 끝나자 아더 대통령은 다음과 같은 답사答辭를 행했다.

〈아더 대통령 답사〉

대조선국大朝鮮國 전권대신全權大臣 및 부대신副大臣

본인은 여러분을 대조선국 대군주大君主와 정부의 대표로 영접하게 되어 대단히 기쁘게 생각하며, 진심으로 환영하는 바입니다. 우리는 주위에 수많은 도서島嶼로 둘러싸인 아름다운 한반도와 그 산들, 그리고 조선 백성의 근면성에 대하여 잘 알고 있습니다. 사실 귀국 국민의 인구는 우리나라가 독립 당시의 인구의 두 배나 됩니다.

우리 양국의 영역領域 사이에 가로놓여 있는 대양大洋도 이제는 증기기선 항해의 도입과 완비로 편리하고도 안전한 교역의 대공로大公路가 된 것입니다. 이제 귀국은 우리의 이웃 나라가 되었습니다.

지리적 관점에서 볼 때 우리 미국은 모든 나라 중에서, 특히 동양 여러 나라와 우의友誼 및 통상관계通商關係를 증진할 것이며, 그것은 곧 우리나라와 동양 여러 나라에게 다 같이 유익한 결과가 될 것이고 또한 이러한 관계는 앞으로 증진될 것으로 확신합니다.

우리 공화국은 과거 역사에서 보듯이 국력國力 부富 무진장한 자원을 가지고 있기 때문에 다른 나라 국민을 지배 · 통치하거나 타국의 영토를 획득 · 점령할 의도는 전연 없으며, 오로지 상호 우호관계와 호혜적互惠的인 교역交易을 통

[20] *Diplomatic Documents*, National Archives, 「國王答書」; 『美案』1, p.21, 「美國國書에 대한 國王答書」.

해 이익을 같이 나누고자 합니다.

우리는 귀하와 사귀게 됨으로써 우리에게 상당한 이익이 될 수 있다는 것을 알고 있습니다. 여러분은 농기구 및 농산가공품면農産加工品面에서 기계기술면에서 우리가 이룩해놓은 발전상發展相과 친숙해짐으로써 그것이 귀국이 우리에게 베풀어준 은혜에 대한 우리의 보상임을 아시고 만족하실 줄 믿습니다. 그밖에 미국의 교육제도와 법률 가운데서도 귀국이 채택할 부분을 발견할 것입니다.

귀국이 우리 미국과 최초로 통상조약을 체결한 것은 가장 적절한 조치라고 생각합니다. 귀사절貴使節께서는 귀국 군주께 본인의 경의를 전해주시고 아울러 귀국 사절단을 파견함으로써 본인과 미국 국민에게 영광을 베풀어주신 데 대하여 충심으로 감사의 말씀을 전해주기 바랍니다. 귀하께서 체미滯美 중 건강과 즐거움을 함께 누리시기를 바랍니다. 우리 정부와 국민이 여러분을 이토록 따뜻하게 환영하는 것은 바로 여러분께서 우리 미국에 대하여 즐거운 추억을 간직하고 귀국하는 데 그 목적이 있습니다.[21]

아더 대통령이 답사를 끝내자, 이를 한국어로 통역하였다. 대개 언어소통은 영어를 일본어로 통역하면, 이를 다시 한국어로 통역하는 이중통역의 절차를 밟았다. 영어를 일본어로 통역하면 한국어 통역은 쉽다. 보빙사 가운데 상당수가 일본어를 해득하고 있었기 때문이다. 민영익 전권공사가 최초로 아더 대통령에게 한국어로 제정사를 행한 것은 그들에게 신기하게 들렸다. 한국어에 대하여 이렇게 소개하고 있다. "한국어를 사용할 줄 아는 유럽인은 단 두 사람뿐이며, 일본어처럼 한국어를 습득하기란 그다지 어려운 일이 아니다. 조선 글자는 표음문자表音文字이며, '차 상자 같은 문자the tea-chest Characters, 한자漢字를 가리킴'와 유사하게 생긴 알파벳 문자

21 *Notes From the Korean Legation*, Draft; *FRUS*, Corea(1883), pp. 249~250, President Arthur Address to the the Representatives of Tah Chosun.

이다. 몇 개의 글자를 합쳐서 한 개의 단어를 구성하며 종서縱書로 쓰고 위에서 아래로 읽는다. 한국어 습득의 가장 큰 난관은 바로 한국어를 배우고자하는 외국인에게 참수령an edict decapitating, 斬首令, 1866년 병인박해丙寅迫害 때 프랑스 신부를 참수함을 내리고 있다는 점이다. 한국어는 이탈리아 말처럼 매우 음악적으로 발음되고 있다."[22]라고 조선은 독특한 문자인 한글을 가지고 있다고 소개했다.

한편 국서 제정식이 끝난 후 로우엘 참찬관은 기자회견에서 한국어의 특이성을 이렇게 피력하고 있다. "한국어는 중국어나 일본어와는 전적으로 상이한 언어이다. 이처럼 3국의 언어가 다르기 때문에 세 사람 중 한 사람이 아무리 큰 소리로 읽어봤댔자 다른 두 사람은 이를 조금도 이해하지 못한다. 그런데 중국어의 경우 표의문자表意文字이기 때문에 하나의 사상 또는 집단적인 사상을 표현할 때 한 글자를 사용하며, 언어의 한 단어를 이룩하는 데 여러 음절을 사용하는 반면, 한국어의 경우 표음문자알파벳를 사용하는 이점이 있다. 그러나 한국어는 일본어와 유사하다. 동양의 대부분의 언어와 마찬가지로 한국어는 오른쪽에서 왼쪽으로 위에서 아래로 읽는다."[23]

이와 같이 조선은 일본과 중국의 문자와 상이한 독특한 고유의 표음문자 한글을 가지고 있는 문화민족이며, 언어체계는 우랄알타이어계로서

---

[22] *New York Times*, September 18, 1883. "The language is spoken by only two Europeans. It is not so very difficult to acquire, being somewhat like Japanese. It is phonetic, and has an alphabet, the letters of which resemble the common tea-chest Characters. The words are written in clusters, not in line, and are read down like a column of figures. The chief obstacle to its acquirement hitherto has been an edict decapitating any foreigner who attempted to learn it. It is very musical and sounds like Italian."

[23] *New York Herald*, September 19, 1883.

신택스syntax, 구문는 일본어와 유사하다는 것이다.

아더 대통령은 민영익 전권대신에게 회신문을 전했다.

〈아더 대통령의 회신문〉

대사의 말씀은 아더 대통령에게 번역하여 드렸으며 그의 회답문서를 받았습니다. 그의 뜻은 민영익 정사에게 충분히 전달되었고 대통령의 요지要旨는 다음과 같습니다.

대조선왕국과 조정의 전권사절단으로 정사 민영익과 부사 홍영식 여러분을 맞이하게 되어 대단히 기쁘며 진심으로 환영하는 바입니다.

우리는 많은 섬으로 둘러싸여진 아름다운 조선반도와 미국보다 누 배가 넘는 사람들이 만드는 공산품에 대해서도 조금은 알고 있습니다. 미국이 독립하였을 당시 각각의 영토는 대양大洋을 사이에 끼고 있었는데, 증기선의 소개와 완성에 접하여 편리한 고속도로와 안전한 교통체계를 갖추게 되었습니다.

귀국은 우리의 우방입니다. 지역적 위치로 볼 때 미합중국은 동양의 모든 국가들과 친교親交와 통상관계를 맺음으로써 그들과 미합중국 간에 호혜적 이익이 입증되어야 하며 계속적으로 증진되어야 할 것으로 믿습니다.

미 공화국은 힘이 있음을 인식하며 부富와 자원이 풍부한 나라로서 남의 나라와 국민을 통치하거나 그들의 영토를 점령하여 지배하는 일이 없을 것이며, 다만 상호 우호관계를 가지며 공정한 통상이 되도록 노력할 것입니다. 우리가 개발한 농기구와 그 사용법 등 여러분에게도 전반에 걸쳐 만족할 만한 기계제품을 소개함으로써 유익함을 알게 될 것이며, 이를 귀국에서 잘 활용하여 익숙하게 되면 우리에게도 큰 혜택이 되리라 믿습니다. 또한 교육제도와 우리의 법률체계의 많은 부분을 귀국에서 채택하여 응용할 수 있을 것입니다.

대조선국 대군주께 존경의 인사를 전해주시고 사절단을 파송하여 우리를 영광스럽게 해주신 데 대하여 저의 영예와 우리 국민의 인사를 함께 전해주시기 바랍니다. 여러분이 미국에 머무는 동안 건강과 기쁨이 넘치게 되리라 확신합니다. 우리 정부와 국민들은 여러분이 미국에 대해 좋은 추억을 간직하고 귀국하시기를 기대합니다. 미합중국 대통령 아더.[24]

한편 미국 대통령은 대조선국 대군주에게 보내는 회신문回信文을 전달했다.

〈미국 대통령의 회신문〉

대조선국 대군주께

본인은 대조선국 대군주the King of Tah Chosun 전하께서 전권대사 민영익과 부사 홍영식을 미합중국 정부에 제출할 신임장을 주어 파견하심과 그 편에 1883년 7월 14일자 대군주의 서신을 받았으며 전권사절단의 고매한 인품을 접하게 되어 본인으로서는 큰 기쁨을 가졌습니다. 이 대조선 사절단은 예의범절이 바르게 이 나라에 체류하고 있으며, 우리 정부는 최선의 성의와 신뢰를 갖고 그들을 보호하겠습니다. 공직자들과의 공무관계 유지와 개인적인 교제의 기쁨도 누리며 상호 존중함을 얻어가고 있습니다.

대군주 전하의 조정을 위한 그들의 노력이 훌륭한 것이어서 미국이 받아들이고 있습니다. 이제 미합중국과 대조선국 간에 조약이 성공적으로 이루어졌으므로 저는 이 기회에 대군주께서 미국 시민과 정부가 공감하고 교류하게 됨을 축하하며 그 희망이 상호 이익이 되고 지속되기를 바라고 있습니다. 두 나라를 행복하게 결합시키고 우호적 관계를 증진시키고자 슬기로운 자문을 제공하며 진정한 노력을 기울이겠습니다.

두 나라 사이에 호혜적이고 우호적인 관계를 증진시키고 유지하기 위한 효과를 얻으려는 전하의 서신이 저를 감동시켰습니다. 전하께 저의 간절한 안부 말씀을 전하며 전하와 귀국 조정과 국민 모두가 행복하고 번영하기를 기원합

---

24 *The Collected Letters of Yun Tchi Ho*, pp.201~203, To the Ambassadors of Corea; 『佐翁 윤치호 서한집』, pp.190~191, 조선 전권대사께.

니다. 미국 대통령.[25]

국서신임장 제정식은 15분 만에 모두 끝났다.[26] 조선보빙사 일행은 대접견실로부터 퇴장하면서 대기실로 나와서 대기실 문 앞에서, 입장할 때와 똑같이 대통령을 향해 큰절을 하고 퇴장했다. 이러한 정중한 인사에 대하여 "이러한 인사와 경례는 국왕이나 기타 독립국가의 국가원수를 알현할 때에만 행하며, 그 이외의 경우에는 이러한 경례는 결코 하지 않는다."[27] 라고 소개했다.

그런데 이처럼 조선보빙사는 동방예의지국東方禮義之國답게 최대의 경례敬禮와 예의범절을 보였음에도 불구하고 대통령에게 선물 한 점 진상하지 않았다는 것은 이해가 가지 않는다. 가령 23년 전 1860년 일본 최초의 견미사절遣米使節은 그 당시 뷰캐넌 대통령에게 다음과 같은 선물을 바쳤다. 대도大刀 두 사루, 안장, 등자鐙子, 비단장막錦幔幕, 마끼에蒔繪, 금은가루로 칠기 표면에 무늬를 놓은 일본의 독특한 미술공예품, 책장書棚, 나시지梨子地, 金銀의 斑點을 배나무 열매처럼 무늬 놓은 蒔繪, 종이 넣는 상자料紙箱, 벼룻집硯箱, 족자, 취렴翠簾, 푸른 대나무 발, 병풍, 일본비단, 두루마리卷子, 금분金粉, 둥근 화로丸火鉢 등이었다. 실로 푸짐한 선물을 대통령에게 진상한 것이다. 대통령은 이들 선물 중에서, 특히 취렴 · 병풍 · 책장 · 칠기류를 가장 진귀하게 여겼다는 것이다.[28] 그러나 조선보빙사가 아더 대통령에게 선물을 진상했다는 기사가 없는 점으로 보아 아예 선물 준비를 하지 않은 것 같다. 이는 조선의 재정

---

25 *The Collected Letters of Yun Tchi Ho*, pp.209~210, To the King of Corea; 『佐翁 윤치호 서한집』, p.195, 대조선국 대군주께.

26 *New York Daily Tribune*, September 19, 1883.

27 *New York Herald*, September 19, 1883.

28 『遣米使節史料集成』권 1, p.127.

상태가 빈궁함을 의미하고 있다.

국서 제정식이 끝나자 뉴욕에서 발행되는 각 신문은 이를 대대적으로 보도하면서 신생 독립국가 조선과의 수교와 통상교역의 가능성을 기대한다는 기사를 게재했다. 특히 '뉴욕 헤럴드'는 민영익이 아더 대통령에게 바친 국서신임장, 원본은 한문본임를 한글로 번역, 붓글씨로 작성한 '국서 한글본'과 '한글 제정사'를 사진도판으로 보도하고 있다. 이 두 개의 한글문서는 직책상으로 볼 때 서장관 서광범이 한글로 번역하여 붓글씨로 작성한 것으로 추정해 볼 수 있다. 미국 신문에 한글문서가 보도된 것은 이것이 처음 있는 성사盛事가 아닐 수 없다. 신문사로부터 한글문서를 제출해 달라고 요구했다기보다는 로우엘 참찬관이 조선은 고유한 표음문자 한글을 가지고 있는 문화민족이라는 사실을 널리 과시하기 위해 취한 기획보도전략인 것으로 분석되고 있다. 로우엘은 기자들과의 인터뷰에서 자주 조선은 청일과 다른 특이한 표음문자인 한글을 가지고 있는 문화국가임을 누차 강조했기 때문이다.[29]

한글국서 문서 보도의 역사적 의미를 다음과 같이 정리해 볼 수 있다. 첫째, 조선보빙사는 자주외교를 국제적으로 과시하고, 미국을 비롯한 열강으로부터 독립국가라는 사실을 인정받기 위한 것이었다. 한미조약 체결 직후 조선에는 임오군란이 발생하자 난을 진압한다는 구실로 청일 양국의 군대가 서울에 진주하였다. 임오군란을 진압한 청은 군란의 책임을 물어 대원군을 천진天津으로 납치해 가면서 조선에 대한 내정간섭을 일삼기 시작하였다. 이러한 긴장상태가 고조되는 가운데 보빙사를 파미한 것이다. 그러므로 조선정부로서는 청의 내정간섭을 물리치고 자주적인 외교활동을 벌이고 있다는 것을 강조하기 위하여 한글문서를 작성해서 미

---

[29] *New York Herald*, September 19, 1883.

국 신문에 보도 자료로 제공한 것으로 해석해 볼 수 있다.

둘째, 조선보빙사는 로우엘 참찬관의 주선으로 의식적 의도적으로 국서를 한글로 번역 소개했다. 이것은 적어도 조선왕조가 청일과 상이한 문화적 전통과 독자적인 고유한 표음문자 한글을 가지고 있다는 사실을 강조하기 위한 것이었다.

셋째, 조선정부는 청국 연호年號를 타파하고 최초로 국서에 개국연호만을 사용했다. 개항기 까지만해도 모든 공문서에는 청국 연호만 사용했고, 1882년의 한미조약에도 청국 연호와 개국연호를 병용했다.[30] 대조선국이 국서에 청국의 연호를 사용하지 않고 대조선국의 개국연호開國年號만을 정정당당하게 사용한 것은 대군주의 국가관 민족관이 확고부동하고, 주체의식이 뚜렷했다는 것을 입증해주고 있다. 따라서 개국연호만을 사용한 것은 결국 대조선국이 주권자주독립국가임을 세계만방에 과시 · 선명宣明한 것으로 해석된다.[31]

한글국서 제정식이 끝난 후 로우엘 참찬관은 '뉴욕 헤럴드' 기자와의 인터뷰에서 한미조약 체결과 이번의 보빙사 파미의 의의를 이렇게 요약하고 있다. "그 가치는 대단히 크다. 우리는 개항으로 문호가 활짝 열려 있는 이 나라로 진출할 절호의 기회a great opportunity가 도래했다고 본다. 그것은 마치 20년 전 중국에서와 같이 오늘날 미국인은 조선인으로부터 신임을 받고 있다. 우리는 신생국 조선과 수익성이 높은 통상관계를 수립할 태세가 되어 있는 나라는 미국밖에 없다고 본다. 조선은 외국인이 개발해야 할 풍부한 지하자원이 있다. 특히 조선에는 금은의 매장량이 풍부

---

30 *Diplomatic Documents*, National Archives, 한미조약 원본: 영문본 및 한문본.

31 金源模, 『韓美修交百年史』(한국방송사업단, 1982), pp.131~132; 김성배, 「고종 황제의 주체의식과 한글」, 『나라사랑』42(1982), pp.172~174.

하다. 그러나 조선은 풍부한 지하자원이 부존賦存되어 있으면서도 개광開鑛하는 데 필요한 적절한 기계와 장비가 없기 때문에 개광하지 못하고 있으며, 그러므로 조선은 이제 이러한 기계와 장비를 미국으로부터 도입할 것은 명백한 사실이다. 조선인은 틀림없이 일본인처럼 구미식 사회적 생활편의시설과 유행풍조를 받아들이는 데 열의를 보일 것이다. 이런 점으로 보아 조선과 유리한 통상을 전개할 호기가 도래했다고 본다. 조선에는 광물자원 이외에도 쌀·면화·삼·견직물 등이 해외로 수출되고 있으며 그 질도 우수하다. 지금까지 조선의 대외무역은 전적으로 청일 양국에만 국한되어 있었다. 만약 우리가 한미조약에서 보장한 유리점을 살린다면 우리는 통상교역에서 높은 이득을 보게 될 것이다."[32]

한편 이처럼 한미 교역의 전망이 밝고, 또 한국 광산개발을 위해 미국의 진출 가능성이 높다고 전망하면서도 수백 년간 고수해온 쇄국정책으로 인한 조선의 폐쇄성이 장애요인이 되지 않을까 우려하기도 했다. 그러나 이 점에 대해서도 푸트 공사의 부임으로 한미 간의 우의가 돈독해진만큼 별문제가 없다고 이렇게 낙관적 전망을 하고 있다.

조선의 고립과 쇄국은 일본의 쇄국과 흡사한 것같이 보인다. 조선인은 오랫동안 외국인과의 접촉과 교섭을 기피해왔고, 또 이들을 불러들이지도 않은 채 완전 고립상태로 살아 왔으며, 너무나 가난하기 때문에 외부 세계에로의 여행을 하지 못했고, 외국 상품을 구매할 재력財力도 없으며 또 외국으로 판매할 상품도 없다. 그러나 이제 조선인은 외부 세계에 민감한 반응과 관심을 보이고 있다. 조선보빙사가 미국에서 신기한 외부 세계의 정세를 알려고 하는 동기에서 파미派美되었다는 데서 그 충분한 증거가 입증되고 있다. 작년 푸트 공사가

[32] *New York Herald*, September 19, 1883.

조선에 부임, 대조선국 대군주에게 선물을 바치는 등 인간적인 호의를 보인 바 있거니와 이는 모든 조선인에게 미국인의 훌륭한 인간성과 품위를 가진 인간상人間像을 심어주었다는 점에서 미국으로서는 흐뭇한 일이 아닐 수 없다.[33]

국서제정식이 끝나고 나서 오찬의식은 없었다. 당일 오후에는 조선보빙사는 뉴욕 시내의 관광을 즐겼다. 조선보빙사는 뉴욕 도시가 세계 제일의 대도시임을 실감했다. 유길준은 그 당시 뉴욕의 도시 규모를 이렇게 전하고 있다.

뉴욕紐約은 합중국 중 최대 규모의 도시이다. 맨해턴滿巴丹 섬의 한 귀퉁이를 점하여 동으로 하협河峽을 격하여 브루클린富祿吉仁州과 상대하고, 서로는 허드슨강浩道遜河을 경계로 저지시티椿紐州와 서로 바라보니 그 길이가 18리에 걸쳐 있고 너비가 3리에 이르니 인구는 120여 만 인이다. 날마다 이곳을 찾는 방문객이 7, 80만 명이나 되는 고로 200만 명이 살고 있는 도시이다. 대서양을 통항通航하여 동으로 유럽과 교역하고 남으로 파나마波羅馬를 통항하여 남미 여러 나라와 무역하며 내륙지방으로 철도가 종횡으로 사통四通하는지라 교통의 중심도시이다. 할렘 강賀春과 허드슨 강의 두 강을 통하여 수륙 운수의 편리가 극진하니 물화의 교역이 번창하여 1년간 출입수출입이 대략 우리나라 돈으로 140억 냥이나 된다. 영국의 런던을 제외하고는 그 호대함이 세계상 이에 필적할 만한 도시가 없으며, 이 도시는 실로 세계 제2의 도시이다.[34]

조선보빙사는 뉴욕에서 가장 규모가 큰 중앙공원Central Park을 관광했다. 이 공원은 남북이 7리가 넘고 동서는 2리에 이르는 대공원으로서 뉴욕시 중앙에 자리 잡고 있으며 시민의 휴양처로 이용되고 있다. 원래 평지였으

[33] *New York Times*, September 19, 1883

[34] 兪吉濬, 『西遊見聞』, pp.493~494.

나 인공으로 조산造山하고 호수 한가운데 반월형 섬을 만들어 그 위에 정자를 지었고, 분수대를 설치하고 있다. 이 공원에는 미술관, 자연과학박물관, 동물원 등이 있다.[35] 중앙공원 관광을 마친 후 보스턴으로 향발했다. 챈들러 해군장관의 특별 배려로 폴 리버 라인Fall River Line 기선회사의 브리스틀Bristol호를 타고 5시 30분 보스턴으로 향발했다.[36]

2. 보스턴 산업시찰과 한미 문화 · 과학 교류

조선보빙사의 보스턴 방문은 순전히 산업시찰에 주안점을 두었다. 따라서 이는 한미 과학기술 교류의 시단始端이 되고 있다는 점에서 의미 있는 산업시찰이 아닐 수 없다.[37] 메이슨 · 포크 등 영접장교를 포함하여 조선보빙사 일행 13명은 폴 리버라인Fall River Line 회사 소속 기선 브리스톨Bristol호를 타고 밤새도록 항행 끝에 9월 19일 아침 6시경에 보스턴에 도

---

[35] 상게서, pp.495~496; *New York Daily Tribune*, September 19, 1883.

[36] *New York Times*, September 18, 19, 1883.

[37] 변종화(卞鐘和, Chong Wha Pyun, University of Lowell), 「1883년의 한국사절단의 미국방문과 한미 과학기술교류 100년의 시초」, 『재미과기협회보』10(May-June 1982), pp.30~33; 11(July-August, 1982), pp.27~31; 卞鐘和, 「1883년의 한국사절단의 보스톤 방문과 한미과학기술교류의 발단」, 『한국과학사학회지』4권 1호(1982. 12), pp.3~25. 보스턴 지방에는 현재 일간지 2종이 발행되고 있지만, 1883년에는 일간지 7종, 주간지 5, 6종이 발간되었는데, 이들은 조선보빙사의 시찰동정을 상세히 보도하고 있다. 로우엘대학 화학과 교수 변종화 박사는 이들 신문 기사를 발굴, 1883년 최초의 한미 과학기술교류에 대한 논문을 발표하였다.

착했다. 조선보빙사는 외국박람회협회의 사무총장 노튼C. B. Norton 장군과 벤담Vendome호텔 주인 월코트J. W. Wolcott의 영접을 받았다.[38] 메이슨 중위의 소개인사가 끝난 후 벤담호텔에 여장을 풀었다.[39] "조선보빙사가 호텔에 도착하자마자 호텔 주인 월코트는 태극기를 가져오게 한 후 9시 정각에 조선사절단의 보스턴 방문의 환영 · 예우 표시로 태극기를 국기 게양대에 게양했다. 이는 국빈에 대한 최대의 예우이며 대조선국 국기太極旗, a Corean flag가 미국 도시에 게양되기는 최초의 국기게양 행사였다."[40]

주지하는 바와 같이 1882년 8월 수신사 박영효朴泳孝가 일본사행 시 처음으로 태극기를 제정9. 25, 10월 3일 국기國旗 신제新制 사실을 기무처機務處에 보고함으로써 국기제정이 확정된 것이다. 1883년 3월 6일 정식으로 국기제정을 반포함으로써 태극기는 대조선국 국기가 되었다.[41]

그러나 박영효의 국기제정보다 4개월 앞서 태극기李應浚, 1882. 5를 제정해서 성조기와 나란히 게양하고 1882년 5월 22일 한미조약을 체결했다. 조선보빙사가 국기제정 직후에 태극기를 휴대하고 미국사행을 단행했다는 점에서 그들의 자주독립의지가 얼마나 투철했는지를 확인할 수 있는 대목이다.

벤담호텔은 1871년에 건축된 호텔이며 코먼웰스 애비뉴Commonwealth

---

38 *New York Daily Tribune*, September 19, 1883; *New York Times*, September 18, 1883; *Boston Evening Transcript*, September 19, 1883.

39 *Boston Post*, September 21, 1883, "Hotel Arrivals."

40 *Boston Daily Globe*, September 19, 1883. "Soon after the arrival of the embassy at the Vendome, Mr. Wolcott sent for a Corean flag, and at 9 o'clock the ensign of that nationality for the first time, floated in an American city."

41 『修信使記錄』(국사편찬위원회, 1971), pp.197~199, 「使和記略」; 『高宗純宗實錄』中, p.87(고종 20. 1. 27); 金源模, 『태극기의 연혁』(행정자치부, 1998), p.54; 「太極旗의 변천사」, 『책방소식』(한국출판판매주식회사, 1983), pp.6~8.

Ave.와 다트머드Dartmouth St.가와 교차하는 코너에 위치하고 있다. 월코트는 남북전쟁에 참전한 예비역 대령으로서 1880년 이 호텔을 구입, 최초로 백열전등을 가설하는 등 대수리를 한 후 이를 경영하고 있었다.[42] 호텔에서 조반을 든 후 노톤Norton 사무총장의 초청으로 11시 외국박람회Foreign Exhibition를 비공식 방문했다.[43] 외국박람회를 시찰한 후 건물 계단에서 기념촬영을 한 후 브래들Bradle 총재의 안내로 미국박람회American Exposition를 방문, 오후 2시까지 전시품을 관람하였다.[44]

외국박람회는 외국박람회협회The Foreign Exhibition Association라는 법인체를 조직하여서 준비 끝에 '외국 미술품, 외국생산품, 외국제조품'Foreign Arts, Products, Manufactures만을 전시하기 위하여 1883년 9월 3일 개장했다. 개장일부터 6개월 간의 예정으로 전시회를 개최했다.[45]

외국 및 미국 박람회 방문은 한미 과학교류의 시단始端이 되고 있다. 조선보빙사는 이 두 개의 국제적 박람회를 관람하고 구미의 선진과학문명의 발전상에 경탄을 금할 수 없었다. 특히 그들은 광산 채굴도구, 농기구 및 면직물 등에 비상한 관심을 표명했다. 이것은 조선이 당장 절실하게 필요로 하는 상품이다. 이제 보빙사는 영어를 재빨리 익혀 간단한 인사말을 할 수 있었고, 미국의 의식주 생활에 적응, 불편 없이 생활했으며 미국 문명과 관습에 재빨리 적응하고 있었다.[46]

박람회 시찰을 끝내고 보빙사 일행은 보스턴 시내의 명승지 관광길에

---

[42] *Boston Evening Transcript*, June 5, 1885; Boston Globe, June 5, 1885.; *Dedham Transcript*, June 6 1885; J. H. Kay, "Lost Boston," Houghton Mifflin, Boston, 1880, p.199.

[43] *Boston Home Journal*, September 22, 1883. "Foreign Exhibition Notes."

[44] *Boston Herald*, September 20, 1883.

[45] *New York Times*, January 13, 1883; *Boston Commercial Bulletin*, September 8, 1883.

[46] *Boston Daily Globe*, September 19, 1883.

올랐다. 유길준은 보스턴을 이렇게 소개하고 있다. "보스턴寶樹墪은 뉴욕 동북방 대서양 연안에 돌출한 해각海角에 위치한 도시로 인구는 35만 명이다. 뉴욕 다음가는 항구도시로 상선의 출입이 많고 철도의 운수가 편리한 교통 중심지이다. 제조업과 자연과학이술理術의 학문이 발달하여, 특히 합중국에서 방직업과 조선업造船業이 가장 발달하고 있다. 이 도시의 명물로 대음악관이 있는데 이를 태평악회당太平樂會堂이라 부르고 있다. 10년 전 남북전쟁이 끝나고, 유럽에서는 보불普佛전쟁이 종식되어 1872년 세계평화를 기념하기 위하여 만국의 가인歌人 악사를 초청, 국제음악회를 이곳에서 개최하였는데, 악공 1,500명, 가수 15,000명이 모여 대규모의 음악회를 개최한 바 있다."[47]

조선보빙사는 마차를 타고 보스턴 시가를 한눈으로 내려다 볼 수 있는 브루클라인Brookline의 코리 힐Corey Hill을 관광했다.[48] 유길준의 한시 반과산회고飯顆山懷古를 보면 보빙사 일행은 보스턴 교외 찰스타운Charlestown 소재 미국독립전쟁의 최대 격전지인 벙커 힐 기념관Bunker Hill Monument을 방문한 것으로 되어 있다. 여기 '반과산飯顆山'은 '벙커힐'의 한문음역이다.

> 飯顆山懷古 兪吉濬
>
> 劍歌初動販茶舟 一戰風聲倡十州 검가초동판다주 일전풍성창십주
>
> 餒虎江山浮海口 飛龍雲雨起田頭 뇌호강산부해구 비룡운우기전두
>
> 石殘義士嬰城地 樹老英雄立國秋 석잔의사영성지 수노영웅입국추
>
> 誰識遊人無限恨 讀碑西日水東流 수식유인무한한 독비서일수동류[49]

---

[47] 兪吉濬, 『西遊見聞』, pp.502~504.

[48] *Boston Daily Evening Traveller*, September 20, 1883.

[49] 『兪吉濬全書』(一潮閣, 1971), 제5권, 「詩文篇」, pp.88, 180.

변종화는 유길준의 벙커힐飯顆山 회고시를 보고 그 역사적 유래를 해설하고 있다. "첫 귀는 보스턴 다회사건The Boston Tea Party, 1773의 이야기이고, 둘째 귀는 전쟁소문이 돌자 아메리카 식민지 13주가 모두 들고 일어선 것을 말하고 있다. 함련頷聯의 뇌호餒虎 즉 굶주린 호랑이는 영국군을 가리키고, 그들이 점령하고 있던 보스턴은 바다 입구에 떠 있다고 형용하고 있다. 비룡飛龍은 독립군인데 그 전사戰士는 모두 원래 농사짓던 사람이라고 주註가 붙어 있다. 경련頸聯의 첫줄은 둘러싼다는 뜻이고, 추秋는 가을이 아니라 때를 말한다. 미련尾聯의 유인遊人은 떠도는 사람 즉 시인유길준 자신을 가리킨 말이고, '무한無限한 한恨'은 끝없는 원한, 한탄인데 미국은 독립전쟁에 승리하여 부강한 선진국이 되었는데, 이에 반하여 우리나라는 미개하고 약소하여 열강의 틈바구니에 끼어 그 운명이 위태로운 처지에 놓여 있는 것을 근심하고 걱정한 것이라 생각된다."

칼의 노래가 차를 파는 배 위에서 처음 움직였고, 전쟁의 바람소리에 십여주十餘州가 독립의 의병을 일으켰다.

굶주린 호랑이의 땅은 바다 입구에 떠 있고, 하늘을 나르는 용의 구름과 비는 밭머리에서 일어났다.

의사義士들이 성을 둘러쌓았던 땅에 그 돌들이 남아 있고, 영웅들이 나라를 세웠을 적의 나무들은 이미 고목古木이 되었도다.

누가 나그네의 끝이 없는 시름을 알겠는가, 비석을 보고 생각에 잠기니 해는 서쪽으로 기울고 물은 끊임없이 동쪽으로 흘러가더라.[50]

보빙사는 외국 및 미국 박람회를 관람했을 뿐만 아니라 보스턴 시내 소

---

[50] 변종화, 「꽃빛은 불붙는 듯 하도다」, 『한울몸』(Hanelmom, P. O. Box 19A, Freeland, MI 48623, U.S.A.), 창간호(1982. 9), pp.94~99.

재 각 공립학교도 시찰할 계획이었다.[51] 이날 오후 보스턴 관광을 마치고 호텔로 돌아오자 보스턴 시장 파머Palmer가 벤담 호텔을 예방했다.[52] 이는 아더 대통령이 보빙사가 보스턴에 도착하기 전에 연방정부 관리들에게 조선보빙사의 영접을 지시했기 때문이다.[53]

이날 저녁에는 외국박람회로부터 정식 초청을 받고 재방문했다. 보빙사의 보스턴 방문 목적이 외국박람회 참관에 있었기 때문에[54] 외국박람회 재방문은 당연한 처사였다. 보빙사는 재방문 시 휴대하고 간 몇 가지 조선 토산품을 출품했다. 조선보빙사의 외국박람회 참관을 보스턴의 한 신문은 이렇게 보도하고 있다. "조선보빙사는 보스턴에 있는 동안 외국박람회를 참관했다. 이 박람회에는 조선이 정식으로 출품 전시한 상품은 없다. 그러나 몇 가지 표본상품과 천연자원품이 출품되었다. 보빙사는 오늘 낮 두 박람회미국박람회와 외국박람회를 비공식 방문했다. 보빙사는 낮에 보스턴 시내의 명소고적을 관광했다. 미국 박람회에서는 노스 캐롤라이나주 전시실에 전시되어 있는 원면과 목화씨앗에 특별한 관심을 보였다. 그들은 이 전시품을 보고, 다량의 목화 종자를 구입하겠다는 소망을 밝혔다. 그들 나라에 도입한 종자라고는 병에 숨겨 넣어온 목화씨앗 4개뿐이었다. 저녁에는 외국박람회에 참석, 외국박람회 직원의 영접을 받았고, 그들의 안내로 전시장을 관람하면서 몇 가지 매력을 끄는 전시품을 보고 관심과 호기심을 보였다."[55]

"병에 목화씨앗 4개를 숨겨왔다"는 고사故事는 바로 고려 공민왕대 1363

---

[51] *Boston Daily Globe*, September 19, 1883.

[52] *Boston Home Journal*, September 22, 1883.

[53] *Boston Daily Globe*, September 19, 1883.

[54] *New York Daily Tribune*, September 19, 1883; *New York Times*, September 18, 1883.

[55] *Boston Morning Journal*, September 20, 1883.

년 문익점文益漸이 서장관으로 원元나라에 가서 귀국 시 목화씨앗목면실木棉實을 벼룻집에 숨겨옴으로써 한국에 목화도입의 기원을 이루었다는 데 근거하고 있다. 이로써 보빙사는 미국 목화도입에 강렬한 관심을 밝혔고, 실재로 귀국 시 최경석崔景錫은 미국 목화 종자를 도입, 농무목축시험장에서 이를 시험 재배함으로써 한국 의생활衣生活에 변혁을 가져왔다.

보빙사가 그날 저녁 외국박람회를 두 번째 방문했을 때 출품한 것은 도자기, 화병, 주전자 등이었다. 실로 초라한 출품이기에 조선의 절대 빈곤상을 상징하고 있다. 보스턴 시립도서관 희귀본실에는 1883년 보스턴 외국 박람회의 "official catalog" 2권이 보관되어 있는데, 제1권 '조선란'에는 "to come" 즉 "출품 예정"이라 기록되어 있고, 제2권 p.315에 "Corea/From The Government/1. porcelain and china vases, jugs, etc."이라 기록되어 있으며, 총 43개국이 출품하고 있다. 중국 40, 일본 546, 영국 293, 프랑스 274, 독일 195, 이탈리아 510 등이다. 모두 정부 출품이 아니고 상사商社나 개인자격으로 출품한 데 반하여 대조선국만은 '정부출품'으로 되어 있다.[56]

보빙사가 정부출품으로 제공한 것은 고려자기와 조선백자로 보인다. 비록 출품수는 몇 점이 되지 않지만 조선이 최초로 외국박람회에 조선 토산품을 출품 전시한 것은 대단히 의미 있는 일이었다. 이로써 조선은 개방외교정책에 의한 국제사회에로의 적극적인 진출과 개화의지를 과시한 것은 외교적 성과가 아닐 수 없다. 사실상 보빙사절 일행은 이 미국박람회와 외국박람회를 관람하고 문화적 충격을 느꼈다. 좀처럼 감정을 표명하지 않던 보빙사가 구미 여러 나라의 실용적인 발명품과 제조상품의 우수성을 보고 경탄을 연발하지 않을 수 없었다. 이를 본국의 낙후된 산업

---

56 卞鐘和, 「1883년의 한국사절단의 보스톤 방문과 한미과학기술교류의 발단」, p.9.

과 원시적인 제조산업과 비교해본다면 이들의 경탄은 이해할 만하다.[57]

외국박람회에 한국이 출품한 것은 도자기 수점에 불과하지만 자국 제품을 출품, 참가한 것은 한국이 국제사회에로의 진출과 근대화의 의지를 나타낸 것으로 주목할 만한 일이라고 하겠다. 민영익 공사는 박람회 관람에서 충격적인 자극을 받고, 근대화운동 추진사업의 일환으로 이듬해 서울에서 국제산업박람회를 개최한다고 발표하면서, 미국으로부터 박람회 전시용 상품을 다량 도입하는 절차를 타진했다.[58]

그러나 국내 정치적 불안갑신정변, 1884과 이를 실행할 국력國力의 취약성, 게다가 청일 간의 군사적 긴장관계 고조 등의 장애요인으로 말미암아 이러한 숭고한 문명개화운동의 의지는 무산되고 말았다.

9월 20일에는 벤담호텔 주인 월코트는 보빙사 일행을 자신이 경영하고 있는 "캔턴Canton 소재 월코트 씨의 크고 유명한 농장Wolcott Farm"으로 초대했다.[59] 여기서 참찬관 로우엘은 자기 고향집으로 돌아갔고, 보빙사 일행은 농장주 월코트의 안내로 메이슨 · 포크 영접위원과 함께 보빙사 일행은 벤담호텔을 출발, 보스턴-프로비던스Providence 열차를 타고 그린 로지Green Lodge역에 하차, 사두四頭마차를 타고 캔턴의 월코트 농장으로 향발했다. 보빙사 일행은 농장 야외 아름다운 참나무 숲에서 점심 식사를 끝낸 후, 농장에 전시되어 있는 서양 낫을 비롯하여 각종 농기구와 그 조작과정을 시찰하였다. 이어 온실에 들어가 채소를 비롯하여 각종 작물이 온

---

[57] *Daily Evening Traveller*, September 20, 1883.

[58] *New York Times*, October 23, 1883; December 16, 1883; March 13, 1884.

[59] *Canton Journal*, April 27, 1894. 월코트 농장은 한 신문에는 "블루 힐스(Blue Hills)에 있다"고 했으나(*Daily Evening Traveller*, September 20, 1883), 한 신문에는 "캔턴에 있는 월코트 씨의 크고 유명한 농장"이라고 소개하고 있다(*Dedham Trascript*, September 22, 1883; *Boston Daily Globe*, September 21, 1883).

실에서 재배되고 있는 것을 처음으로 체험했다. 그리고 각종 가축을 기르는 목장도 관람하였는데, 가축 사료용으로 목초를 썰어서 저장해 두는 원통형으로 높이선 사료저장탑사일로silo를 보았다. 뿐만 아니라 온갖 화초를 기르는 화원花園도 둘러보았다. 이러한 농목축장과 온실 및 화원을 둘러보면서, 일행 중 한 수행원이 크게 감탄하면서 큰 관심을 보였다. 그는 틀림없이 귀국 후 미국의 근대적 영농기술을 도입하여 한국 최초의 농무목축시험장을 개설한 최경석임은 말할 것도 없다.[60]

이 농장에는 900마리의 돼지와 64마리의 암소를 기르고 있었는데 일행은 축사를 둘러보면서 가축의 등을 쓰다듬어 주기도 했다. 또한 대규모 화원도 구경하였는데, 일행 중 육군대령이자 식물학자인 한 수행원이 특히 이것을 보고 좋아했다고 한 것은 틀림없이 군관 출신으로 농업에 관심이 많던 최경석을 두고 한 말이다. 월코트는 그의 호텔경영 솜씨, 특히 미국 최초로 백열전등을 호텔에 가설해서 탁월한 호텔경영방식대로 선진적 영농법營農法을 채택하고 있었다.[61]

미국 신문에는 최경석은 무관이며 식물학자라고 소개하면서 그가 시찰하는 도중 농작물 재배방법에 비상한 관심을 표명했다고 전하면서 보빙사 일행의 행동거지를 이렇게 평하고 있다. "보빙사 일행은 이상한 옷을 입고 있었다. 식사할 때도 모자를 쓴 채 식사했다. 그들은 연회에는 별관심이 없었고, 오로지 한 가지라도 더 많은 것을 관찰하고 배우려 하는 데

---

[60] *Korean-American Relations*, 1, pp.32~34, Frelinghuysen to Foote, October 16, 1883; Noble, "The Korean Mission to the United States in 1883," p, 13; *Dedham Transcript*, September 22, 1883; *Lowell Weekly Times*, September 28, 1883; *Lowell Daily Citizen*, September 21, 1883; *Lowell Morning Times*, September 22, 1883.

[61] *Lowell Morning Times*, September 22, 1883; *Lowell Daily Citizen*, September 21, 1883; *Lowell Weekly Times*, September 28, 1883.

열의를 보였다. 그들의 태도는 매우 겸손하였고, 특히 전권공사 민영익은 왕가의 공자公子임에도 불구하고 대부분의 일반 미국인처럼 행동했다. 그들의 행동거지는 권위적이 아니라 민주적이었다. 어떤 면에서는 미국인보다도 더 민주적인 행동을 보였다. 그들은 양키 식사를 즐겼고 미국 시가를 즐겨 피웠다."[62] 이처럼 보빙사는 양반 특유의 정중한 예의와 품위를 유지하면서도 미국의 생활태도와 에티켓에 재빨리 적응하는 여유를 보였다.

그날 저녁 보빙사 일행은 보스턴 극장에서 잘마Jalma라는 연극공연을 관람했다.[63] 이 연극의 내용은 동양의 어떤 나라의 '잘마'라는 주인공이 적수와 투쟁하는데, 때로는 자기의 힘과 기지로, 때로는 무지개여왕과 그의 어머니의 도움으로 아슬아슬하게 위기를 모면, 결국 승리를 쟁취하는 내용이다. 보빙사가 관심을 끈 대목은 연극의 스토리가 아니고 화려한 무대와 등장인물들이 연출하는 황홀한 무용이었다. 공연이 클라이맥스에 이르자, 300명의 무희舞姬들이 온갖 은빛 호화찬란한 갑옷을 입고 번쩍이는 창과 깃발을 들고 춤을 추고 있었던 장면을 보고 감탄하였다. 영어를 전혀 모르는 보빙사이지만 이러한 쇼 공연을 마음껏 즐겼다.[64]

9월 21일에는 보스턴 북쪽 40km 지점에 있는 미국 최대 규모의 공업도시 로우엘Lowell시를 방문했다.[65] 로우엘시는 매사추세츠주 동북부 메리맥Merrimack강과 콩코드Concord강이 합류하는 지점에 위치하며, 로우엘

---

[62] *Lowell Dailly Citizen*, September 21, 1883.

[63] *Boston Daily Globe*, September 21, 1883; *Boston Home Journal*, September 22, 1883.

[64] 卞鐘和, 전게서, p.11; *Boston Evening Transcript*, September 20, 1883; *Boston Commonwealth*, September 22, 1883; *Boston Daily Globe*, September 21, 1883; *Boston Home Journal*, September 22, 1883, "Foreign Exhibition Notes,"

[65] *Lowell Daily Courier*, September 21, 1883.

이라는 도시명은 보스턴 실업가 로우엘Francis Cabot Lowell, 1775~1817의 이름을 따 서 명명되었다. 그는 3년간 영국여행 시 영국의 동력직기動力織機, power loom의 기술 디자인을 기억해서 귀국한 후 1814년에 재설계 제작에 성공하여 보스턴 교외 월담Waltham에서 세계 최초로 방직기紡織機와 방적기紡績機 공장을 세웠는데 이것은 원료인 면화로부터 시작하여 최종 제품이 나오기까지의 전 과정을 한 공장 안에서 자동기계를 사용하고, 월담형型이라 불리는 공장제工場制 공장을 세움으로써 미국 산업혁명의 기수가 되었다.

이 공장은 면화 원료로부터 최종 제품에 이르기까지 전 과정을 한 공장 안에서 생산하는 것으로서 미국 최초의 일관작업공장integrated mill이었다. 로우엘 사망 후 1820년에 이곳 로우엘에 공업도시를 건설, 미국 산업혁명을 일으켰다. 로우엘 산업도시가 건설되자 1835년 뉴잉글랜드 지방 최초의 보스턴-로우엘 간의 철도가 개통되었고, 로우엘 방직공장 이외에도 로우엘 기계제작소를 건설, 방직기계와 엔진을 생산하였으며, 이에 따라 의약품을 제조하는 제약공장도 세워졌다. 로우엘의 공업도시를 모델로 하여 그 뒤 1848년에는 메리맥강 하류 지점에 또 하나의 공업도시 로렌스Lawrence를 건설하였다.[66]

이제 보빙사 일행은 로우엘 공업도시를 시찰하기 위하여 9월 21일 11시 30 분에 철도편으로 로우엘에 도착했다. 역에서 마차를 타고 부트Boott 방직공장의 컴녹Cumnock 관리인의 안내로 주요 방직공장 4개를 시찰하였다.[67] 먼저 부트 방직공장1835년 창설의 하나인 롤트 방직공장Roalt Mills에서

---

[66] 卞鐘和, 전게서, p.11; A. L. Eno, Jr., *Cotton was King-A History of Lowell, Mass.*(New Hampshire Building Co., 1976).

[67] *Korea Instructions*, vol. 1, Frelinghuysen to Foote, August 30, 1883; *Lowell Morning Times*,

면사綿絲, 면포棉布 등의 직조과정을 시찰했다.[68]

두 번째로 로우엘에서 최초로 설립되어 1823년부터 가동해온 메라맥 직조공장Merrimack Manufacturing Company's Mills에서 날염직포捺染織布의 제조과정을, 세 번째로 로우엘 직조공장Lowell Manufacturing Company's Mills에서 양탄자 직조과정을, 네 번째로 로렌스 직조공장Lawrence Manufacturing Company's Mills에서 편물編物, 메리야스 내의內衣 양말 등의 제조과정을 관람했다.[69] "보빙사는 공장에서 제조과정을 보고 비상한 관심과 흥미를 표명하면서 크게 기뻐하였고, 공장방문을 통해 보람 있는 시찰을 했다고 만족하고 있다."[70]라고 전했다. 한편 어떤 신문은 "보빙사는 이번 시찰여행에서 보고 들은 비를 본국 정부에 보고하면서 이를 채택할 것을 건의할 것 같다."[71]라고 전망하기도 했다.

보빙사는 4개 공장시찰을 끝내고 기차역 근처에 있는 메리맥 하우스Merrimack House에서 오찬을 들고, 오후에는 마차를 타고 상가를 둘러보았다.[72] 마지막으로 에어 특허제약회사Ayer's Patent Medicine Works도 견학했는데 이 제약회사는 특허에 의하여 대량으로 제조하여 처방 없이 판매하는 약품이다.[73] 제약회사를 시찰한 후 오후 4시 20분에 특급열차편으로 보스턴

September 22, 1883; *Lowell Daily Courier*, September 21, 1883.

[68] *Lowell Daily Citizen*, September 21, 1883; *Korean-American Relations*, 1, p.33.

[69] *Korean-American Relations*, 1, p.33; *Lowell Daily Courier*, September 21, 1883; P. M. Molloy, ed., *The Lower Merrimack River Valley-An Inventory of Historic Engineering and Industrial Sites*(Merrimack Valley Textile Museum, North Andover, Mass., 1978).

[70] *Lowell Morning Times*, September 22, 1883.

[71] Lowell Morning Mail, September 22, 1883.

[72] Saturday Voix Populi, September 22, 1883.

[73] *Korea Instructions*, vol. 1, Frelinghuysen to Foote, August 30, 1883; *Korean-American Relations*, 1, p.33, Frelinghuysen to Foote, October 16, 1883.

으로 향발했다.[74]

9월 22일 보빙사 일행은 매사추세츠 주정부를 방문하여 버틀러Benjamin F. Butler 지사의 영접을 받았고,[75] 이어 보스턴 시청을 방문하였는데, 마침 파머Albert Palmer 시장이 부재중이어서 오브리엔O'Brien 시의회 의원이 대신 영접했다.[76] 보스턴 시내의 공립학교도 시찰할 예정이라고 했었는데,[77] 어느 학교를 시찰했는지 알 수 없다. 보스턴 시내의 공공기관을 시찰한 후 오후에는 로우엘 가家를 방문했다. 조선보빙사 참찬관 로우엘은 보스턴에서 보빙사와 헤어져 본가에 가서 보빙사 일행을 맞이할 준비를 했다.

로우엘은 보스턴 지방의 명문가 자제로서 하버드 대학을 우수한 성적으로 졸업하고 나서 1년에 걸쳐 유럽 각국을 순방하고 중동지방을 거쳐 일본 순방 중 조선보빙사 외교 참찬관에 임명되었다. 미국 산업혁명의 창시자요 로우엘시 이름시명市名의 유래가 된 로우엘Francis Cabot Lowell은 바로 그의 증조부의 이복동생이었고, 로우엘시의 부트 방직공장을 창업한 자는 그의 조부John A. Lowell와 외조부Abbott Lawrence였다.[78]

특히 그의 외조부 알보트 로렌스는 제조업자인 동시에 외교 · 정치가로서 로우엘시의 면직공장 경영에 관여했을 뿐만 아니라 미국 제2의 방직도시 로렌스 건설자 중의 한 사람으로 로렌스Lawrence란 시명市名은 그의 이름을 따서 명명命名된 것이다. 로우엘의 외조부 로렌스는 연방정부 국회의원이 되어 정치가로 활약했을 뿐만 아니라 주영 미국공사를 역임했는데, 로우엘의 어머니는 아버지 주영공사1849~52 재직 중에 영국 런던에

[74] *Lowell Morning Times*, September 22, 1883; *Lowell Weekly Times*, September 28, 1883.

[75] Noble, *op.cit.*, p.13.

[76] *Boston Evening Transcript*, September 22, 1883.

[77] *Daily Evening Ttaveller*, September 20, 1883.

[78] 卞鐘和, 전게서, p.13.

서 자랐는데 그녀는 미모와 기지로 알려져 있었다.[79] 이렇듯 훌륭한 가문의 배경을 가진 로우엘 가는 대저택이었을 것으로 짐작된다. 보빙사는 로우엘에서 푸짐한 향응을 받으며 이틀간 휴식을 취했다. 9월 24일까지 보빙사 동정에 관한 기사가 없는 점으로 보아 보빙사는 공식적 방문은 일절 하지 않고 로우엘 가에서 휴식을 취한 것으로 보인다.

3. 뉴욕 공공기관 시찰

보빙사는 보스턴 지방 산업도시를 시찰한 후 뉴욕으로 돌아와서 피브스 애비뉴 호텔에 투숙했다. 9월 24일 10시 30분 보빙사 일행은 로우Low 시장을 비롯하여 뉴욕시 상공인과의 회담을 끝마치고 로우 시장의 안내로 브루클린 해군공창Brooklyn Navy Yard을 방문, 어프셔John H. Upshur 제독해군 준장 미드Meade 함장해군 대령 포터E. E. Potter 함장의 영접을 받았다. 조선보빙사는 모두 관복을 입었고, 어프셔 제독을 비롯하여 해군장교들은 해군장교가 쓰는 삼각모cocked hat를 쓰고 금몰도금한 장식용 줄을 달고 군도를 들고 도열해 있었다. 콜로라도Colorado호 함상으로부터 예포 15발이 울리는 가운데 조선보빙사는 공창工廠 안으로 들어가서 각 부서를 시찰하였다. 어프셔 제독의 관저에서 오찬을 나눈 후 트렌턴호를 타고 발전소를 둘러보

79 F. Greenslet, *The Lowell and Their Seven Worlds*(Boston, 1946); W. Bridgwater and S. Kurtz, *Columbia Encyclopedia*(Columbia University Press, New York, 1863), p.1186; A. L. Lowell, *Biography of Percival Lowell*(Macmillan, New York, 1935).

았다.

이어 예인선 카텔파Catelpa호를 타고 사우스 브루클린에 있는 드라이독건선거乾船渠으로 이동했다. 마지막으로 하보마이어Havomeyer 제당공장을 시찰했다. 저녁에는 니블로 가든Niblo's Garden에서 '엑셀스터Excelstor' "언제나 보다 높은 것을 목표로! 보다 높이"뉴욕 주의 표어라는 연극을 관람했다.[80] 민영익 공사는 연극을 관람한 후 한미 양국의 의상을 비교하면서 한복보다는 미국 의상이 질기고 간편하지만 한복의 아름다움을 강조했다. "나는 무대 위에서 일본옷, 중국옷과 함께 한복이 곧 등장할 것으로 기대한다. 한복을 입고 무대공연을 하면 훌륭하게 보일 것이다. 왜냐하면 한복은 작업에는 불편하지만 시각적으로 보기에는 다른 어느 나라의 의상보다도 훨씬 아름답기 때문이다."[81]

9월 25일에는 로우 브라더 상사商社 A. A. Low and Brother, 프레이저 상사Frazar and Company, 카터 호울리 상사Carter, Hawley and Company, 카스웰 상사J. Caswell and Company, 포그 상사W. H. Fogg and Company, 하울렌드 아스핀월 상사Howland and Aspinwall 등 뉴욕지방 실업계 대표들의 환대를 받았다.[82] 이들은 한미수교로 장차 대한對韓교역에 비상한 관심을 표명하면서 보빙사를 환영연회에 초빙한 것이다.

특히 프레이저는 대한교역에 비상한 관심을 표명하면서 보빙사를 위해 헌신적인 알선을 아끼지 아니했다. 이로 말미암아 프레이저Everett Frazar, 厚禮節은 1884년 1월 17일 뉴욕 주재 한국명예총영사Korean Honorary Consul General New York에 임명되었는데, 그 당시 대조선국 정부는 워싱턴에 상주

---

[80] *New York Times*, September 25, 1883.

[81] *New York Herald*, October 15, 1883.

[82] *New York Times*, September 26, 1883.

공사관을 개설하지 못했기 대문에 프레이저는 사실상 주미 한국공사의 대리인 역할을 수행한 셈이다.[83]

9월 25일에는 뉴욕 병원New York Hospital을 시찰했다. 병원 설비를 보고 크게 감탄했는데, 특히 소아과병실에 들어가서 보빙사는 어린 소녀의 머리를 쓰다듬어 주면서 악수하기도 했다. 이때 최경석은 입원중인 사내아이를 응급치료해서 좌중을 깜짝 놀라게 했다. 아마 최경석崔景錫은 침술鍼術로 응급치료를 한 것으로 추측해 볼 수 있다. 병원 시찰 후 웨스턴 유니언 전신국Western Union Telegraph Office을 방문했다. 여기서 워싱턴으로 통신문을 전송하면 즉각 회신이 오는 것을 보고 아주 신기하게 여겼다. 특히 민영익 공사는 우편물 따위를 전달해주는 기송관氣送管, Pneumatic tubes의 작동을 보고 경탄했다. 그는 종이쪽지에다 몇 개의 단어를 적어 보냈더니, 다른 튜브를 통해 반송되어오는 과정을 보고 탄성歎聲을 연발했다. 이어 에퀴타블 빌딩Equitable Building을 방문, 발전기로부터 전기불이 켜지는 과정을 보고 귀신의 장난이 아닌가 하고 경이로운 놀라움을 보였다.[84]

유길준兪吉濬은 전등의 신기함을 이렇게 진솔하게 고백하고 있다. "우리는 일본에서 전기용품을 관람한 일이 있다. 그러나 '전깃불'이 어떻게 켜지는지는 몰랐다. 우리는 인간의 힘으로서가 아니라 마귀devils의 힘으로 불이 켜지게 된다고 생각했다. 이제 우리는 미국에 와서야 비로소 그 사용방법의 이치를 알게 되었다. 뿐만 아니라 안전하게 조작되는 것도 알 수 있었다."[85] 이처럼 유길준은 전기의 실용성을 높이 평가하면서 장차 조

---

83 Allen, "A Chronological Index," p.165; 金源模, 『近代韓國外交史年表』, p.110.

84 *New York Times*, September 26, 1883.

85 *New York Herald*, October 15, 1883; 金源模, 『開化期 韓美交涉關係史』, p.578. "In speaking of the electric light Mr. Yu Kil Chun, attache says: In Japan we saw electrical apparatus, but could not be told what was, though we were left to understand that nobody knew,

선에도 전등 사용의 가능성을 전망하고 있다. "우리는 조선에서도 전기를 사용하고 싶다. 미국에서 여러분은 전기가 가스나 석유등보다도 값싸고 훨씬 편리하다는 것을 보여주었다. 그러므로 우리는 이 이상 실험해볼 필요가 없다고 본다."[86]

보빙사는 은행을 방문했을 때 아무도 손쉽게 닿을 수 없는 곳에 금고가 있는데, 이곳에 재산을 맡기면 안전하다는 이야기를 듣고 크게 웃기도 했다. 델모니코Delmonico의 집에서 점심을 든 후 우체국Post Office Building을 방문했다. 우체국에서는 특히 전권부대신 홍영식洪英植이 우체업무에 비상한 관심을 보였다. 이어 보석상 티파니 상사Tiffany and Company를 시찰했다. 여기서 대형 다이아몬드를 보고 크게 놀랐다.[87]

9월 26일 보빙사 일행은 카탈프Catalps, 대통령 전용선호를 타고 아이슬란드Island 에 있는 뉴욕 주지사를 예방했다. 부두에는 핸콕Hancock 장군을 대리하여 휘플William D. Whipple 부관을 비롯하여 정장 차림을 한 3, 40명의 해군장교의 영접을 받았다. 카탈프호의 마스트에는 태극기the Corean flag가 높다랗게 게양되어 펄럭이고 있었다. 이는 아더 대통령의 지시로 조선보빙사 일행이 대통령 전용선 카탈프호를 이용하도록 배려하고 예우차원에서 태극기를 게양하도록 지시한 것이다. 보빙사 일행이 미국에 도착한 후 두 번째로 대통령 전용선 카탈프호 마스트에 태극기를 게양한 것이다. 미

---

and that it was a force controlled by devils and not surely under human control." 이상 '뉴욕 헤럴드' 기사에서 보듯이 개화기 때 전등불을 '마귀불'이라 불렀던 것은 유길준의 전깃불이 켜지는 신기함에 대한 감탄사에서 유래되었음을 확인할 수 있다.

86 金源模, 「乾淸宮 멕케 電燈所와 韓國 최초의 電氣點燈(1887)」, 『史學志』21(1987), pp.197~237.

87 *New York Times*, September 26,1883; Noble, "The Korean Mission to the United States," p.13.

국 해병대가 태극기를 거꾸로 게양했음에도 불구하고 보빙사는 대조선국을 상징하는 자기 나라의 국기가 펄럭이고 있는 모습을 보고 아주 감격했다.[88]

뉴욕 타임스는 대조선국 국기 태극기를 이렇게 소개하고 있다. "아더카탈프호의 마스트 위에 나부끼고 있는 그들의 깃발에는 나침반과 같은 모양의 방위方位를 가리키는 부호, 즉 사괘四卦가 네 귀퉁이에 그려져 있었고, 중앙에는 히에로글리프상형문자象形文字같이 생긴 도안圖案, 즉 태극양의太極兩儀가 있었는데, 이는 '대조선국의 행복을 상징하는 문장紋章 the Corean emblem of happiness'이다."[89] 이처럼 미국 신문에 태극기를 처음으로 소개하였는데 아주 신비로운 국기임을 강조하고 있다.

휘플 부관은 보빙사를 콜럼버스Columbus 보루堡壘로 안내했다. 이때 제5포병부대에서는 보빙사의 내방을 환영하는 뜻으로 성벽에서 17발의 예포가 울렸다. 군악대의 환영연주가 울리는 가운데 예포가 발포되면서 때마침 바람 한 점 없는 파란 창공을 배경으로 하여 동그라미의 포연砲煙을 아름답게 그리자, 보빙사는 이 같은 경이로운 광경에 크게 감탄했다. 이어 잭슨Jackson 장군의 지휘로 군대사열식이 거행되었다. 보빙사는 사열대에 올라 군악대를 선두로 보무당당한 군대의 행진을 사열하면서 매우 흐뭇한 만족감에 젖어들었다.

열병식을 끝마치고 군 막사를 두루 살핀 후, 휘플 부관의 관저에서 인디언 유물을 관람했다. 그리고 각 포대를 시찰한 후 헨콕 사령관 관저를

---

88 *New York Herald*, September 27, 1883.

89 *New York Times*, September 27, 1883. "Their flag which was flying on the Chester A. Arthur had the points of the compass on the corners and a hieroglyphic in the center representing the Corean emblem of happiness."

예방, 오찬을 들었다. 그때 헨콕 사령관은 무릎에 부상을 입고 관저에서 정양 중이었다. 직접 조선보빙사를 영접하지 못했기 때문에 관저로 초청, 오찬을 나누게 되었다. 오찬 중 해밀턴Hamilton 보루의 군악대가 가극 음악을 연주해서 오찬 흥취를 돋구었다. 점심 식사 후 보빙사는 시가를 피우면서 여유 있는 태도로 전투훈련을 관전했는데, 이때 포병대장의 조작 도움을 받으며 민영익 전권공사는 처음으로 대포를 발포해 보았다.[90]

보빙사 일행은 동양 외교관 특유의 품위를 지니고 있었다. 조선 양반들의 행동거지가 미국인이 보기에는 아주 정중하고도 경건하게 보였다. 어린아이들이 보빙사 일행의 옷차림을 구경하느라 밀치는 일이 있어도 그들은 놀라거나 서두르는 법이 없이 점잖은 '팔자八字걸음'으로 다녔다. 그들은 결코 담소하는 일이 없었다. 그러나 종사관 서광범徐光範은 명랑하게 생긴 키 작은 사람으로서 모든 미국인에게 호감을 샀다. 그는 시종 웃으면서 이야기를 나누었다. 그는 영어를 습득, 간단한 인사말로 '굿모닝' 정도를 했다. 한미 간에는 이중통역으로 의사소통이 이루어졌다. 미국인 통역이 일본말로 종사관에게 이야기 내용을 전하면, 종사관은 이를 부대신 홍영식洪英植에게 전하고, 홍영식은 조선어로 민영익 공사에게 전했다. 이와 같이 의사소통은 조선어로 직접 소통하지 않고 일본어를 통해 의사전달이 되고 있었다. 민영익 공사는 일본어를 알고 있었기 때문에 종사관에게 전달되는 내용을 알고 있었다. 그러나 대화 내용이 중요한 일이면 홍영식 부대신이 이를 조선말로 통역해 주었다.[91]

군사훈련 광경을 시찰한 후 조선보빙사 일행은 태통령 전용선 아더호를 타고 뉴욕 센트럴 허드슨 리버 철도회사New York Central and Hudson River

[90] *New York Herald*, September 27, 1883; *New York Times*, September 27, 1883.

[91] *New York Herald*, September 28, 1883.

Railroad Company 소속 곡물창고grain elevators를 방문했다. "그들은 이러한 신기한 구경을 하는 데 결코 지칠 줄 몰랐다. 그들은 안내하는 곳마다 어디든지 기꺼이 따라다녔다. 어제 밤에는 나는 몹시 피로했었는데, 보빙사는 피로의 기색도 없이 여전히 활력이 넘쳐 있었다."[92]라고 메이슨 영접관은 전했다. 저녁에는 어프셔 제독과 에드슨Edson 시장의 안내로 카지노에서 연극 공연을 관람했다. 보빙사는 미국인의 의상생활이 편리하고도 유용한 면을 보고 크게 감동하였지만, 그러나 한복韓服이 미국인의 의상보다도 더 아름다운 옷이라고 자화자찬하고 있었다.[93]

종사관 서광범은 미국 여자의 옷치림에 대하여 이렇게 평가하고 있다. "우리는 미국인 가운데 조선인과 유사한 사람들을 많이 보았다. 우리와 키가 비슷하고 눈빛과 머리카락 색깔이 비슷한 남자를 보았다. 그러나 일반적으로 미국인은 외모로 보아 체격이 조선인보다도 더 건장해 보였다. 우리는 수염을 기르고 있지만, 미국 남자만큼 턱수염이 많지 아니하다. 콧수염은 미국인처럼 치켜 올리지 않고 항상 아래로 늘어뜨리고 있다. 우리는 여태까지 일본여자와 중국여자만 보아왔다. 그러나 미국여자는 어느 나라 여자보다도 더 아름다운 여자이다. 대부분 미국여자는 검은색 옷이나 또는 푸른색 옷을 입고 있었다. 날씨가 따뜻하면 흰색 옷을 입고 다닌다. 어떤 여자는 모자나 보닛끈을 매는 챙 없는 모자을 뒤로 제쳐 쓰고 있었으므로 앞머리가 내다보였다. 어떤 여자는 머리 위에 수평으로 모자를 쓰고 있었다. 이 두 가지 착모着帽 스타일 가운데, 뒤로 제쳐 쓰는 모습이 훨씬 멋이 있어 보였다."[94]라고 한미중일 4개국 여자의상을 비교

92 *New York Times*, September 27, 1883.

93 *Ibid.*

94 *New York Herald*, October 15, 1883.

평가하고 있다.

9월 27일에는 아놀드Arnold 백화점, 콘스터블Constable회사, 클라플린Claflin회사 등을 시찰한 후,[95] 메르서가Mercer Street에 있는 뉴욕 소방서New York Fire Department를 방문, 밴 코트Van Cott 서장의 영접을 받았다. 보빙사는 소방소 홀에 전시되어 있는 각종 소방도구를 관람했다. 이때 갑자기 화재 발생 경보를 알리는 종이 울리자 말이 걸어 나오고 소방대가 출동, 소방차의 엔진을 작동, 즉각 소방차가 우레같이 엔진을 울리면서 화재 진압에 동원되는 신속한 움직임을 보고 깜짝 놀랐다. 민영익 공사는 이러한 신속한 동원을 보고 자기는 실제로 화재가 발생한 것이라고 크게 당황했다고 통역관을 통해 전했다.[96]

소방서 유센Carl Jussen 비서관이 보빙사에게 일본어로 소방훈련을 설명하자 민영익 공사는 신속한 기동력에 감탄했다. 그레이트 존스가Great Jones Street에 있는 엔진회사Engine Company를 방문, 쇼트Colonel Short의 영접을 받았다. 쇼트는 보빙사에게 방명록에 서명을 요청하자, 먼저 민영익이 책상에 앉아 펜을 들고 천천히 서명했다. 조선에서는 붓글씨를 쓰고 있어서 붓글씨 쓰는 방법으로 정중하게 썼기 때문에 이름을 쓰는 데 몇 분이 걸렸다. 보빙사 일행이 서열순으로 방명록에 서명을 완료하자, 수행하던 미국인 해군장교 메이슨 · 포크 영접관은 펜으로 서명을 번개 치듯 신속히 써버렸다. 보빙사는 한결같이 "이곳에서는 모든 것이 재빨리 수행된다. 저들은 글씨를 쓰는 데도 얼마나 빨리 쓰는가?"라고 찬사를 보냈다. 이어 유센 비서관이 화실火室, fire box을 열어 제치고 민영익 공사로 하여금 장갑 낀 손으로 버튼을 누르게 하자, 신호가 울렸고 정확히 2분 만에 소방차가 도착

[95] *New York Times*, September 27, 1883.

[96] *New York Times*, September 28, 1883.

했다. 소방차가 도착하자마자, 소방대원은 호스를 끼워 연기가 자욱하게 피어오른 화재발생 장소에 물을 뿜어 진화작업을 훌륭하게 수행했다.[97]

보빙사는 정오에 뉴욕 시청을 방문했다. 유길준은 뉴욕 시가 고층건물 스카이라인의 모습을 생생하게 설명하고 있다.

> 가로의 상점이 청결하고 관공서 및 교회사원寺院의 규모가 굉장히 화려하다. 붉은 벽돌과 백석으로 지은 건물은 하늘 높이 솟아 있어 항시 구름이 그 위에 걸려있으니, 실로 웅도雄都의 기상을 과시하고 있다. 상업공관의 규모를 보면 길이가 120칸, 너비는 125칸, 높이는 130척이나 되어 건축비용만 해도 3,600만냥이나 된다. 뉴욕 시청의 청사 건축비용은 1억 냥이 된다니, 이로 미루어 보더라도 기타의 굉장한 규모를 가히 짐작된다. 호텔 한 개의 세납稅納하는 관세官稅가 720만 냥에 이르니 기타 다른 것도 이에 따라 알 수 있다. 시중의 모든 도로는 편석片石으로 깔아 놓았으므로 견고하고 청결하다. 도로 중앙에는 마차가 끄는 궤도철로가 깔려 있어서 행인이 편리했고, 양쪽에 2, 3장丈의 철기둥을 세우고 그 위에 기차철로를 가설, 사람과 화물의 운송을 편하게 하니 이는 천하의 장관이 아닐 수 없다. 어떤 사람은 철로가 주택의 창과 가지런하므로 기차 지나는 소리가 시끄러워 안면安眠이 방해된다고 했다소음공해.[98]

에드슨 시장은 보빙사를 영접, 오찬을 베풀었다. 에드슨 시장은 환영사에서 이렇게 인사말을 했다.

> 본인은 뉴욕 시민을 대신하여 각하를 충심으로 환영하며, 귀 사절단에게 우리가 누리고 있는 자유freedom를 보여드리게 되어 기쁘게 생각합니다. 본인은 귀국 국민과 우리 뉴욕시 상인 간의 통상교역관계 및 정치관계가 유쾌하고도

97 *New York Herald*, September 28, 1883.

98 兪吉濬, 『西遊見聞』, p.494.

호혜적互惠的인 관계로 발전하고, 나아가서 상서롭게 출발한 양국 관계가 평화롭고도 영속적인 행운이 있기를 희망하는 바입니다.[99]

에드슨 시장이 이 같은 환영사를 하자, 민영익 공사는 준비해온 답사를 조선어로 낭독하였는데, 포크 영접관이 이를 영어로 통역했다. 포크의 통역문은 다음과 같다.

공사민영익閔泳翊께서는 본인에게 다음과 같은 말씀을 전해달라고 합니다. 공사는 귀하의 친절한 배려에 감사하며 뉴욕 시장을 만날 기회를 가지게 되어 자랑스럽게 여긴다고 합니다. 이곳을 방문하게 되어 계속 유쾌한 기분이며, 이 나라 전국에 걸친 시찰여행, 특히 뉴욕 시내의 관광을 통하여 무한한 감탄을 금할 수 없다는 것입니다. 한미 간의 통상조약에 관해서는 공사께서는 자기 나라의 정부가 통상의 문호를 미국 국민에게 개방한 것을 다행한 일로서 기쁘게 여기고 있습니다. 조선을 떠나 미국으로 오기 전에 푸트 주한 미국공사는 민영익 공사에게 공사가 미국에 가면 미국 국민으로부터 친절한 대우를 받을 것이라고 말했습니다. 민 공사는 푸트가 말한 것보다도 더 친절한 영접을 받았다고 말했습니다. 끝으로 각하께서는 한미 양국 국민은 국가적 우의友誼와 통상교역을 통하여 '한 집one house'에 살고 있는 것같이 '하나의 국민one people'이 되어주기를 희망한다고 표명表明했습니다. 그는 귀하께서 '뉴욕시의 자유에로의 친절한 초대kind invitation to the freedom of the City'를 기꺼이 수락했으며, 공사가 아직까지 보지 못한 것이 있으면 귀하께서도 공사로 하여금 직접 시찰할 수 있는 기회를 마련해 주기를 바란다는 뜻을 전합니다.[100]

보빙사는 뉴욕 시장의 안내로 각 부서를 시찰한 후 시장실에 비치되

[99] *New York Herald*, September 28, 1883.
[100] *Ibid.*

어 있는 방명록에 서명하고 시청을 떠났다. 이어 이브닝 포스트The Evening Post 신문사와 뉴욕 헤럴드The New York Herald 신문사를 방문, 신문제작과정을 시찰했다.[101] 특히 보빙사 일행은 뉴욕 헤럴드사를 방문했을 때 9월 19일자 '한글본 국서'와 민영익 공사의 '한글본 국서 제정사' 등 한글문서 두 개를 사진도판으로 전면全面 보도해준 데 대해 충심으로 감사하다는 인사를 했다. 그것은 미국신문에 '한글국서' 문서가 소개 보도되기는 이것이 최초의 일이기 때문이다. 이로써 조선은 중국 · 일본과 상이한 독특하고도 독자적인 표음문자 한글Corean Characters을 가진 문화민족임을 전 세계에 선명宣明한 것이다. 민영익 공사는 뉴욕 헤럴드에 한글문서가 게재된 데 대해 무한한 큰 감명을 받았다고 전제하면서 신문 인쇄에 비상한 관심을 표명했다. 그래서 보빙사의 동정을 보도한 각 신문 기사를 한국어로 번역해서 뉴스의 신속보도를 비로소 알게 되었다. 민영익 공사는 신문 인쇄에 대해 이렇게 평했다. "우리 조선도 이러한 활자를 가지고 있지만 인쇄과정은 미국과 다르다. 200여 년 전 조선국 국왕은 수많은 금속활자를 발명했었다. 그로부터 우리나라는 철활자를 사용해 오고 있다."[102]라고 말했다.

일반적으로 조선에서 활자가 만들어지게 된 시기는 대개 12세기 말에서 13세기 초인데 조선조 초기부터 금속활자를 발명, 각종 서적을 인쇄해서 서적보급에 큰 이바지를 했다. 조선조 태종 3년 즉 1403년에 계미자癸未字, 1403[103]라는 동활자銅活字를 발명 · 사용하기 시작했는데, 이는 유럽에서

---

[101] *Korean-American Relations*, 1, p.34, Frelinghuysen to Foote, October 16, 1883.

[102] *New York Herald*, October 15, 1883.

[103] 계미자(癸未字)는 조선왕조 태종 3년(1403) 주조(鑄造)된 조선 최초의 동활자(銅活字)이다. 왕명으로 주자소(鑄字所)를 설치하고 송판본(宋版本)의 古註 詩 書 左傳을 표본으로 해서 10만자의 구리활자를 만들었다.

1434년경 활자 인쇄술의 발명자로 알려진 구텐베르크Gutenberg보다도 무려 30년이나 앞서고 있다. 민영익은 조선이 세계에서 가장 먼저 금속활자를 발명 사용한 문화민족임을 자랑하면서 품속에 간직하고 있었던 철활자로 인쇄된 한문고본漢文古本 한 권을 꺼내어 신문사 직원들에게 직접 펼쳐 보이기도 했다. 사실상 그당시 중국이나 일본에서도 이러한 종류의 철활자를 발명하지 못했기 때문이다. 현재 일본과 중국에서 쓰이고 있는 철활자는 1800년 이래 예수회 선교사가 들어가서 만들었다고 부언했다.[104]

보빙사 일행은 뉴욕 시찰을 끝마치고 오후 늦게 마차를 타고 웨스트 포인트West Point 육군사관학교를 방문하기 위하여 역으로 달렸다. 이때 어린이를 가득 태운 마차가 뒤따라오면서 환호의 '헬로' 함성을 울리자, 민영익 공사는 뒤돌아보면서 "안녕하십니까"라고 답례했다. 보빙사는 특급열차편으로 웨스트 포인트에 도착, 일박했다.[105]

9월 28일 보빙사 일행은 육군사관학교를 방문, 메리트Merritt 육사 교장의 영접을 받았다. 육사 연병장에는 사관생도들이 보빙사를 맞이하기 위하여 도열하고 있었다. 화려하고도 다양한 색깔의 사모관대 관복을 차려입은 조선보빙사 일행을 태운 마차가 연병장에 도착하자 사관생도들은 일제히 "그들은 왜 그들의 남편을 동반하지 않았는가?"라고 수군거렸다. 사관생도들은 보빙사 일행이 다양한 색깔의 관복을 입고 있었기 때문에 귀부인의 일행인줄 오해하고 있었다.[106]

육군사관학교는 보빙사를 맞이할 채비가 되어 있었다. 그러나 연방정부로부터 영접비용의 지출이 없었기 때문에 특별한 환대연회는 없었지만

---

104 *New York Herald*, Octotober 15, 1883.

105 *New York Times*, September 27, 1883; September 28, 1883.

106 *New York Herald*, September 29, 1883.

약식 환영회를 베풀었다. 메리트 교장은 전속부관에게 보빙사 일행의 육사 시찰을 친절하게 도와주라고 지시했다. 안내장교는 육사생도의 교육내용을 설명했고, 물리실험실로 안내, 미치Michie 교수는 실험실 내의 실험도구와 기구 등을 설명했으며, 천문관측기구와 폭탄수집품 등도 보여주었다. 미술부에 가서 진열된 석고상을 보고 크게 감탄했다. 이처럼 육사 내부의 각 실험실과 시설물을 보고 나서 연병장에서 오거Augur 대위가 지휘하는 장엄한 기병대騎兵隊의 퍼레이드를 관람했다. 특히 기병대가 산악 같은 큰 말을 타고 장애물을 뛰어넘으며 비호 같이 질주하는 광경은 실로 스릴 넘치는 상무정신尙武精神의 화신化身인양 생각되었다.

이때 육사 군악대는 한국 가극Corean Opera의 한 곡을 연주해서 보빙사의 흥취를 돋우었다. 아마 이때 연주한 곡은 '아리랑'이 아닌가 생각된다. 특히 보빙사의 수행원 중에 무관출신인 현흥택玄興澤과 최경석崔景錫이 가장 흥미 있게 이를 지켜보았을 것이다. 민영익 공사는 기병대 퍼레이드를 관람하고, "태양신의 빛the light of the sun god이 그대 미국 아들 용사의 머리 위에 찬연히 빛날지어다"라고 찬사를 하자 로우엘 참찬관은 이를 영어로 통역했다. 마지막으로 민영익 공사는 "이제 작별할까 합니다. 그러면 안녕히 계십시오"라고 일본어로 작별인사를 하고 정오경 육사를 떠났다. 보빙사는 선창으로 돌아와서 대통령 전용 요트 디스패치Despatch호를 타고 워싱턴으로 향발했다.[107]

그러나 보빙사는 육사만 방문하고 아나폴리스Annapolis에 있는 해군사관학교는 방문하지 아니했다. 이곳 해사 박물관에는 1871년 미국 아시아함대가 강화도江華島를 침략했을 때 발생한 한미전쟁신미양요辛未洋擾 당시 전리품으로 빼앗아간 수자기帥字旗를 비롯하여 각종 대포 및 전복 등 전리품이

107 *Ibid.*

보관되어 있었기 때문에 보빙사가 해사를 방문했더라면 감개무량했었을 것이다.

4. 워싱턴 정부 공공기관 순방과 한미 외교관계, 국제박람회

육사 방문시찰을 끝낸 보빙사 일행은 9월 29일 워싱턴으로 돌아와서 알링턴 호텔에 투숙했다. 이때부터 보빙사는 귀국준비를 하기 시작했다. 낮에는 각 공공기관을 순방하면서 연방정부의 관료기관을 방문 시찰했다. 그리고 밤이 되면 그동안 뉴욕 보스턴 등 동부지방 산업시설 시찰에 대한 의견교환을 하면서 시찰 결과를 정리했다.[108] 보빙사는 프릴링하이젠 국무장관을 몇 차례 방문, 대조선국의 정치개혁을 위해 정치외교 담당 고문관을, 군사개혁을 위해 군사교관을, 그리고 근대식 교육개혁을 위해 교사 등을 파견해줄 것을 요청했다. 이 같은 고빙요청을 받은 국무장관은 고문관, 교사, 군사교관 등을 파견하는 데 적극 협조하겠다고 약속했다.[109]

고문관 및 군사교관 초빙문제는 이미 보빙사가 미국으로의 사행 직후 고종이 7월 25일에 푸트 미국공사에게 거론, 본국 정부에 파견해줄 것을 요청한 바 있다.[110] 이제 민영익 공사는 이 문제를 정식으로 공론화하면서

---

108 *New York Herald*, October 15, 1883.

109 Noble, "The Korean Mission to the United States," p.14.

110 H. H, Underwood, *Modern Education in Korea*(New York, International Press, 1926), pp.12~13; Allen, "A Chronological Index," p.163; 金源模, 『近代韓國外交史年表』, p.108.

조선보빙사 일행, 왼쪽부터 전열 홍영식, 민영익, 서광범, 로우엘,
후열 현흥택, 최경석, 유길준, 고연철, 변수

고문관 · 교사 고빙파견을 요청하자, 국무장관은 긍정적인 반응을 표명하고 있다. 특히 보빙사가 농무부를 방문했을 때 최경석은 각종 농작물 종자種子, 농약品, 영농 팸플릿 등을 다량 입수했다.

홍영식은 미국의 각 관청을 시찰하면서 연방정부의 행정기구, 정부조직, 정치제도, 삼권분립 그리고 미국 관료의 임무와 책임 등에 비상한 관심을 표명했다.[111]

그는 미국의 정치제도와 정부조직법을 도입하여 조선의 정치개혁을 실현하는 것이 바람직하다고 믿고 있었다. 이때부터 홍영식은 정치적 개혁을 통한 근대화운동을 추진하겠다는 그의 개화의지開化意志를 정립한 것이다. 그 결과 귀국 후 갑신정변甲申政變, 1884의 주역으로 활약하였다. 최경석은 귀국 후 정치에 관여하지 않고 영농개혁을 위해 농무목축시험장農務牧畜試驗場, 1884을 개설, 운영했다.

보빙사의 워싱턴 연방정부의 각 부처部處 순방시찰은 수도 워싱턴 시민

[111] *New York Times*, October 15, 1883.

에게 신기한 구경거리가 되었다. 보빙사 일행의 특이한 옷차림이 워싱턴 시민의 관심과 호기심을 불러일으키기에 충분했기 때문이다. "보빙사 일행은 각양각색의 비단옷과 말총으로 만든 진기한 원추형 검은 모자갓를 쓰고 워싱턴 거리를 '팔지자八之字' 양반걸음으로 활보했기 때문에 워싱턴 시민에게 좋은 구경거리가 되었다. 워싱턴 시민은 괴상한 옷차림을 한 보빙사가 공원을 거닐고, 마차를 타고 펜실베이니아 거리를 왕래하는 모습을 신기한 듯 지켜보았다. 정부관서의 공무원들도 괴상한 옷차림에 피부빛이 거무스름한 이들 외국인 사절단의 정중한 행동거지行動擧止를 보고 신기한 듯 일손을 멈추고 구경했다. 그들은 틀림없이 신 아라비안나이트a new Arabian Nights에 등장하는 인물이 여기 현신現身했다고 믿고 있었을 것이다."[112]라고 평했다.

구미 여러 나라 가운데 조선과 최초로 국교를 수립한 나라가 미국이고, 또 조선이 최초로 보빙사를 파미하게 되자, 조선정부의 대미통상 기대도 그만큼 컸던 것은 두말할 나위가 없다. 이 점을 감안해서 그 당시 협판교섭통상사무외무차관에 해당 묄렌도르프는 보빙사 파미를 계기로 서울에서 국제박람회를 개최할 것을 정부에 건의한 바 있다. 그는 7월 14일자로 서울에서 대규모 국제산업박람회 개최를 제의했는데, 이는 고종이 7월 9일에 보빙사 파미를 결정하고 보빙사를 임명했다는 사실을 고려한다면 보빙사 미국사행이 결정된 직후에 제안한 것이라고 볼 수 있다. 따라서 보빙사가 미국사행 기정起程 일자는 7월 16일이기 때문에 민영익 공사는 묄렌도르프의 편지를 휴대하고 미국으로 떠났을 것이라고 판단된다. 이제 묄렌도르프의 편지를 소개하면 다음과 같다.

---

112 Noble, "The Korean Mission to the United States," p, 14.

조선국왕은 상공업자원을 개발하기 위하여 그리고 이 나라의 수도 서울에서 박물관Museum을 설치, 특히 광산 채굴도구, 농기구, 지질조사기구地質調査機具 그리고 기타 이와 관련된 각종 자료를 포함한 외국 수출품의 표본 및 모형을 전시할 전시관을 설치할 것을 제안한다. 이러한 전시관을 개설하게 되면 1,200만 조선 국민은 가장 원시적 상태로부터 벗어나 근대적 문명혜택을 받게 될 것이다.

진시 품목은 모두 영어와 한문으로 기록목록을 작성하되, 출품회사의 사명社名을 명기할 것이다. 아메리카합중국의 상인 및 제조회사도 본 박람회에 출품하도록 초청받을 것이다. 모든 출품물出品物은 중국 상해上海에 있는 대리인 스네드라지H. Snethlage 씨 앞으로 보내야 하며, 출품목록 및 가격목록을 포함하여 모든 서신은 본인에게 직접 보내야 한다. 조선정부는 송장送狀, invoices에 기재된 가격에 따라 이들 상품을 구입할 특권이 있다.

이러한 제도에 따라 통상무역이 상호 이익이 될 것임을 희망하며 따라서 상품 주문을 이런 식으로 하면 상품이 우리에게 직접 배달될 것이기 때문에 중간상인仲介人의 도움이 필요 없게 된다. 그러므로 동아시아 여러 나라에 상업대리인을 파견하지 못한 미국의 각 회사들도 크게 덕을 보게 될 것이다.[113]

민영익 전권공사는 묄렌도르프의 서신을 동봉, 국제박람회 개최에 협력 출품해달라는 서한을 국무장관에게 전달했다. 10월 4일자 서한에서 묄렌도르프의 국제박람회 개최 구상을 설명하면서 개관일자는 미정이지만 출품할 견본과 모형을 보내줄 것을 요청했다.[114]

이러한 요청을 받은 국무장관은 이를 아더 대통령에게 보고, 적극 협조하겠다는 대통령의 허락을 받아서 보빙사에게 통고했다. 민 공사는 이러

---

[113] *Notes From the Korean Legation*, His Corean Majesty's Foreign Office, Seoul, July 14, 1883. P. G, von Moellendorff,

[114] *Ibid.*, Min Yong Ik to Frelinghuysen, October 4, 1883.

한 허락을 받고 미국정부의 협조에 감사하다는 답서를 보내면서 과학 및 제조공업에 관련된 모든 품목, 특히 광산 농업 분야의 기구 출품을 환영한다고 밝혔다.[115]

개항한 지 얼마 안 된 조선왕국이 국제박람회를 개최한다는 것은 빅뉴스가 아닐 수 없다. '뉴욕 헤럴드'는 "민 공사는 조선에서 외국박람회를 개최하는 문제를 가지고 국무부 당국과 교섭을 벌이고 있다. 이러한 조치는 조선에게는 가장 중요한 행사가 될 것이다. 왜냐하면 조선에서 외국박람회를 개최하면 조선 국민들에게 외국제 상품을 보여주는 호기가 될 것이며, 이를 계기로 대외교역을 촉진할 것이며, 아직도 뿌리 깊게 남아있는 조선인의 '대외편견prejudice'의 고정관념을 타파할 수 있는 기회가 될 것이기 때문이다. 박람회 개최는 조선의 대외교섭을 발전시키는 조치이므로 조선은 자국에 대한 미국인의 관심을 끌어들일 필요가 있다는 것을 깨달은 것이다."[116]라고 크게 보도하고 있다.

이어 '뉴욕 헤럴드'는 묄렌도르프의 국제박람회International Exhibition 개최를 요청한 서한 전문을 소개하면서 미국정부가 이에 협조하겠다는 뜻을 밝혔다는 것, 워싱턴서 상공회의소에 출품의뢰를 했다는 것을 보도하고 있다.[117]

한편 '뉴욕 타임스'는 국제박람회 개최에 대하여 상당히 희망적인 전망을 내놓고 있다. "최근 조선왕국으로서 재미있는 사건은 이처럼 먼 나라에서 국제적 대산업전시회를 개최하겠다고 제의했다는 사실이다. 더욱 우리의 주목을 끌었고 놀라운 사실은 이처럼 원시상태로부터 겨우 문명

---

[115] *Ibid.*, Min Yong Ik to Frelinghuysen, October 15, 1883.

[116] *New York Herald*, October 15, 1883.

[117] *New York Herald*, October 23, 1883.

사회에로 눈을 돌리고 있는 이때에, 이들 백성들에게 관심을 끌만한 상품, 이를테면 광산개발기계, 농기구 그리고 기타 상품 등을 조선으로 보내달라고 미국정부에 요청했다는 것이다. 일찍이 미국정부는 일본을 개항시켰듯이 최초로 조선과도 우호통상조약을 체결했다. 조선인은 미국에 대해 친밀한 우의를 표하고 있기 때문에 미국정부로서도 조선의 수도 서울에서 개최될 산업박람회industrial fair에 미국상품을 출품하도록 장려하는 것이 바람직한 일이며, 이는 현명한 처사라고 보는 바이다."[118]라고 보도하면서 서울박람회 개최에 크게 기대하고 있었다.

한편 스미소니언 미국 국립박물관은 조선의 의약품한방韓方 수집을 박물관에 전시하고 싶다는 뜻을 밝히자, 민영익 공사는 가지고온 약초와 약뿌리아마 고려인삼高麗人蔘일 가능성 표본을 전시관에 출품했다. 민 공사는 몇 가지 안 되는 약초이지만 그래도 조선 고유의 토산 약초를 미국 박물관에 출품 전시하게 되어 매우 만족을 표하면서 이번 기회에 미국정부가 정식으로 요청하면 기타 조선의 토산품土産品을 보내주겠다고 약속했다.[119]

조선보빙사는 미국정부의 국빈國賓 대접을 받고 있었으므로 미국에서의 체재비용은 미국정부가 전액 부담했다. 그러나 개인적 사비가 문제가 된 것이다. 그리하여 민영익은 그 자신이 휴대하고 간 대조선흠차전권대신 민영익장大朝鮮欽差全權大臣 閔泳翊章이란 조선정부 직인職印을 사용하여 환어음을 발행하는 문제를 교섭한 일이 있었다. 즉 미화 3,000달러를 인출하기 위하여 환어음을 발행하되, 조선정부가 지불보증을 서고, 결제決濟는 주한 미국공사관에서 처리하도록 하는 어음발행문제를 협의했다. 만약 미국은행에서 어음발행을 허락하면, 조선정부에 '특별 어음발행 송

118 *New York Times*, October 23, 1883.

119 *Notes From the Korean Legation*, Min Yong Ik to Frelinghuysen, October 22, 1883.

장special letter of invoice'을 보낸다는 것이다.[120]

그런데 미화 3,000달러 인출과 어음발행 문제는 어떻게 처리되었는지 그 후속 기록이 없어서 알 수 없지만 보빙사의 체면을 고려해서 지출되었을 것으로 보인다. 민영익 공사는 이 3,000달러를 6개월 간에 걸친 세계일주항행 비용으로 사용했을 것이다. 미국정부는 보빙사가 국빈이기 때문에 보빙사가 체미 중 그들의 건강관리에도 신경을 썼다는 사실만 보더라도 철저하게 보빙사를 보살폈다는 것을 알 수 있다. 국무부는 해군소속 군의관Medical Inspector 허드슨Adrian Hudson 박사를 보빙사 전속 주치의로 임명, 수행하게 했다. 허드슨 박사는 보빙사 일행의 보건진료를 전담하면서 친절하게 건강관리를 보살폈다. 이 같은 친절한 조치에 대하여 민영익 공사는 미국정부와 허드슨 박사에게 진심으로 감사의 뜻을 표했다.[121]

민영익 공사는 10월 15일자 국무장관에 보낸 공한에서 "본인은 미국 체재 중 우리 보빙사에게 베풀어준 귀국 정부의 친절한 영접에 대해 감사의 뜻을 대통령에게 전해주기 바란다."[122]라고 밝혔다. 프릴링하이젠 국무장관도 보빙사의 미국 사행임무가 성공적으로 끝났다는 사실을 푸트 공사에게 전하면서, 보빙사의 방미에 대해 "미국정부와 미국 국민을 대신하여 보빙사의 방미訪美에 감사한다."[123]는 뜻을 전했다.

한편 푸트 공사도 이러한 국무장관의 공한을 받고 보빙사의 방미성과를 이렇게 보고하고 있다. "조선사절단은 아직 서울에 돌아오지 아니했다. 그러나 미국정부와 국민은 보빙사에게 따뜻하고도 친절한 환영을 했

---

[120] *Ibid.*

[121] *Ibid.*, Min Yong Ik to Frelinghuysen, October 31, 1883.

[122] *Ibid.*, Min Yong Ik to Frelinghuysen, October 15, 1883.

[123] *Korean-American Relations*, 1, pp.32~34, Frelinghuysen to Foote, October 16, 1883.

다는 소문이 나돌고 있다. 이번 기회에 조선사절단은 미국의 정부제도의 실제운영을 목격했고, 미국의 무진장한 천연자원과 경제적 번영 그리고 각종 산업시설을 시찰하였으며, 미국 시민과 직접 접촉을 통해서 친절한 관대款待를 받았다는 사실을 확인하였다. 그러므로 금번 보빙사의 방미성과가 컸다는 사실을 인정하지 않을 수 없다. 보빙사가 귀국하면 미국의 진보사상advanced ideas을 채택할 것은 의심할 여지가 없다. 이를 계기로 조선은 국가적인 번영과 생활향상이 이루어질 것이다. 미국정부가 대한對韓 통상관계 증진뿐만 아니라 조선의 이러한 쇄신刷新을 고려한 것은 만족할 만한 일이다."[124]라고 보고했다. 이처럼 푸트 공사는 보빙사가 귀국하면 미국의 정치제도와 진보사상을 채택, 개화운동開化運動이 성과를 거두게 될 것이라고 전망했다.

이제 보빙사는 공식적 방미일정을 마무리하고 귀국준비를 서둘렀다. 이리하여 10월 12일 백악관으로 아더 대통령을 예방, 고별인사를 행했다. 이 자리에서 민 공사는 대통령에게 그동안 미국정부와 미국 국민이 베풀어준 친절한 환대에 대해 충심으로 감사한다는 인사말을 전했다. 이에 아더 대통령은 국무장관에게 보빙사 일행을 미국 해군함정으로 조선까지 안전하게 호송케 하라는 특별지시를 내렸다. 이에 국무장관은 챈들러 해군장관에게 해군함정 트렌턴Trenton호를 파견해달라는 협조를 요청했다.[125]

챈들러 해군장관은 트렌턴호로 조선보빙사 일행을 대서양을 경유, 유럽을 거쳐 조선까지 호송하겠다는 회신을 국무장관에 보냈다. 이같이 결정되자 프릴링하이젠 국무장관은 이 사실을 푸트 공사에게 다음과 같이

---

124 *FRUS*, Corea(1883), pp.125~126, Foote to Frelinghuysen, December 17, 1883.

125 Noble, "The Korean Mission to the United States," p.14.

통고했다. "최근 대통령의 특별지시에 따라 본인은 민영익 전권대신과 그 자신이 선정한 수행원 2인서광범 · 변수에게 미국 해군함정 트렌턴호를 타고 조선으로 돌아가도록 항행편의를 제공했다. 트렌턴호는 이들을 태우고 곧 대서양으로 출항할 것이다. 이러한 항행편의의 제안은 민 특사에 의해 기꺼이 수락되었다. 11월 3일자 본인은 해군장관으로부터 트렌턴호로 조선보빙사 일행 호송에 동의한다는 회신을 받았다. 이 회신에서 해군장관은 트렌턴호 함장 피티언R. L. Phythian 대령에게 보빙사 일행을 호송하라는 지시를 내리면서 항행비용은 해군 비상지출금the contingent appropriation으로 충당할 것이라고 한다."[126]

트렌튼호로 조선보빙사 일행을 태우고 대서양을 횡단항행, 유럽 여러 나라를 두루 시찰한 후 수에즈 운하를 통과, 인도양을 지나 조선까지 이르는 세계일주항행이며, 약 6개월이 소요되는 장기 항행인데, 그 비용을 전액 해군부에서 전담한 것은 보빙사에 대한 극진한 특별예우가 아닐 수 없다. 여기서 보빙사는 두 패로 나뉘어 귀국하게 되었다는 사실이다. 민영익이 이끄는 사절단은 최초의 세계 일주항행을 하게 되었고, 홍영식洪英植 전권부대신은 참찬관 로우엘 · 중국인 우리탕吳禮堂, 수행원 현흥택玄興澤 · 최경석崔景錫 · 고영철高永喆, 그리고 로우엘의 개인비서 일본인 미야오카宮岡恒次郎를 거느리고 대통령 고별인사10. 12 후 10월 16일에 왔던 항행항로를 따라 귀국길에 올랐다.[127] 홍영식 일행은 10월 24일 샌프란시스코에서 리오the City of Rio호를 탑승, 일본을 경유하여 귀국 여정에 올랐다.[128]

---

[126] *FRUS*, Corea(1883), p.125, Frlinghuysen to Foote, November 12, 1883.

[127] *Korean-American Relations*, 1, pp.32~34, No. 27, Frelinghusen to Foote, October 16, 1883.

[128] 월터(Gary Dean Walter), 「1883년 美合衆國에 派遣된 大朝鮮國特別使節團에 關한 硏究」, 『亞細亞學報』6(1969. 6), p.194; *New York Times*, November 16, 1883.

또 한패인 민영익 전권대신은 종사관 서광범徐光範, 수행원 변수邊燧 그리고 해군무관 포크를 대동하고 유럽 일주항행을 하게 되었다. 한편 유길준兪吉濬은 민영익 공사의 특별 배려로 본인의 희망에 따라 미국유학을 하기 위하여 남았다. 한국인 최초의 국비 미국 유학생이 된 유길준은 관복과 한복을 벗어버리고 영국 신사가 입는 양복을 입고 미국에 남아 공부하게 되었는데, 이때 상투를 자르고 최초의 단발한 모던보이가 되었다. 조선정부가 단발령斷髮令을 내린 것은 1895년 12월 30일음 11. 15이었다. 유길준은 단발령 시행 12년 전에 '단발 제1호'의 선구자가 되었다.[129] 민 공사의 주선으로 유길준은 세일럼Salem의 모스E. Morse의 지도하에 향후 약 5년간 미국유학 예정인 바, 유학을 마치고 귀국하면 영어를 구사하는 최초의 관리가 될 것이라고 기대하고 있었다.[130]

그러면 보빙사가 무엇 때문에 두 패로 나뉘어 귀국하게 되었는가에 대하여 분석 · 검토할 필요가 있다. 정사正使 민영익과 부사副使 홍영식은 미국사행하기 전까지만 해도 정치적 노선과 주의主義 주장을 같이하는 개화파 동지인물이었다. 그러나 미국 사행하는 도중 이들 양자 간에는 심각한 정치적 의견대립으로 말미암아 마침내 동행귀국하지 못하고 두 패로 나누어지게 되었다.

홍영식은 영의정 홍순목洪淳穆의 아들로서 지위 문벌이 혁혁할 뿐만 아니라 돈후敦厚 공정한 자질과 탁락卓犖한 기우氣宇와 섬부贍富한 학식을 겸비한 청년으로서 급진 개화파의 지도적 인물이었다. 미국사행 전 민영익과 친밀한 교계交契가 있어서 부사로 발탁되어 그와 함께 파미된 것인데, 워싱턴 체재 중 민 공사와 정치적 견해 충돌을 빚고 말았다. 한편 민씨 척

---

129 *New York Times*, November 8, 1883; 『高宗純宗實錄』中, p.574(고종 32. 11. 15).

130 *New York Times*, November 16, 1883.

족세력의 영수인 민영익은 사대주의를 고집하고 청국에 의존하는 이른바 부청주의附淸主義를 내세우고 있었다. 홍영식은 그 자신 미국의 선진 정치제도를 본받아 정치적 개혁을 통해 조국 근대화운동을 성취할 것을 주장해왔으니, 결국 이러한 홍영식의 자주독립 노선과 민영익의 친청사대주의 사상이 정면충돌을 일으킨 것이다. 이로 말미암아 보빙사는 두 패로 나뉘어 귀국하였다.[131]

이 같은 정치적 이념갈등과 정치개혁주의와 수구사대주의 간의 불화갈등으로 인한 사행使行의 분열상이 얼마나 심각했는가는 1년 후에 발생한 갑신정변에서 입증되고 있다. 역사적으로 볼 때 견외사신遣外使臣 간의 의견 분열상은 이번이 처음은 아니었다. 가령 임란壬亂 직전 조선통신사의 일본사행 시 정사 황윤길黃允吉과 부사 김성일金誠一 간의 의견대립으로 결국 왜군의 침략을 막지 못하고 7년 전란을 당해야만 했다. 이와 같이 보빙사 간의 의견대립으로 갑신정변이라는 끔찍한 정변이 발생했다.

마지막으로 생각해볼 수 있는 것은 긍정적인 사고방식인데, 그것은 편의에 의해 사행이 두 패로 나뉘어졌다는 것이다. 그러나 만일 민 공사가 보빙사 일행을 두 패로 나누지 않고 전원 동행하겠다는 굳은 의지를 표명했더라면 미국정부도 이에 따랐을 것이다. 민 공사가 트렌턴호를 타고 6개월 간 긴 항행하는 동안 서광범과 자주 개화운동 방식에 대하여 의견충돌을 일으켰다는 사실을 보더라도 이 같은 긍정설은 설득력이 없다.[132] 조선보빙사는 모두 10명에 불과한데 어쩌면 행동통일을 하지 못하고 이 같은 분열상을 보인 것은 조선 정부로서는 개항 이후의 최초의 견미사절遣美使節로서는 치욕적인 사건이 아닐 수 없다. 이는 앞으로 정치적 대충돌이

---

131 閔泰瑗,『金玉均傳記』(乙酉文化社, 1969), pp.72~73.

132 Noble, "The Korean Mission to the United States," p.15.

발생할 것이라고 예고하고 있다.

'고요한 아침의 나라The Land of Morning Calm' 은둔국 조선왕국의 문호를 개방시킨 미국으로서는 보빙사의 미국사행을 계기로 이 미지未知의 나라에 대한 관심과 흥미는 대단히 높았다. 그리하여 두 사람을 파견하여 조선에 대한 정치 · 경제 · 문화적 정보를 수집하려고 기도한 것이다. 그 한 사람은 자연과학적 정보, 또 한 사람은 정치경제의 정보를 수집하려고 기도했다. 한 사람은 자연과학적 정보, 한 사람은 정치경제적 정보를 수집하는 것이 그 파견 목적이었다. 이리하여 스미소니언 미국 국립박물관은 11월 5일 비나도우John B. Bernadou, 蕃於道를 조선에 파견, 조선의 과학적 탐험scientific exploration의 임무를 부여했다.[133] 또 한 사람은 보빙사 영접 책임을 맡아 안내했던 포크를 주한 미국공사관부 해군무관에 임명했다.

11월 12일자로 국무장관은 해군장관의 동의를 얻어 포크를 해군무관Naval Attache에 임명했다. 조선에서의 포크의 사명은 정치적 경제적 정보를 수집해서 이를 국무부에 보고하는 것이었다. 그당시 미국정부는 북경北京이나 일본에 있는 미국공사관에도 해군무관을 파견한 바 없다. 더군다나 조선은 근대식 해군의 기초마저 수립되지 못한 터이기 때문에 당

[133] *Korean Instruction*, vol, 1, No. 29, November 5, 1883. 버나도우 해군 소위의 내한일자에 두 가지 견해가 엇갈리고 있다. 먼저 버나도우는 홍영식 일행과 동행하여 내한했다는 것이다. 李光麟, 開化黨硏究(一潮閣, 1973), p.222. 한편 그리피스는 포크와 함께 민영익 일행과 함께 유럽을 거쳐 1884년 6월 2일에 내한했다고 주장했다. William E. Griffis, *Corea: The Hermit Nation*(New York, Charles Scribner's Sons, 1894), p.447. 그러나 遣美使節 洪英植復命問答記(金源模 소장)에 의하면 고종이 홍영식에게 동행인은 몇 분인가 하문하자 홍영식은 대답하기를 "외교 참찬관 魯越(Lowell), 중국인 吳禮堂, 그리고 수원 3인 崔景錫 · 高永喆 · 玄興澤"이라고 대답했다. 버나도우의 임명일자가 11월 5일인데 이때 벌써 홍영식은 미국을 떠난 뒤이다. 尹致昊日記(1884. 3. 20)에 버나도우에 관한 기사가 보인다. 이런 점으로 보아 버나도우는 보빙사 일행과 관계없이 독자적으로 내한했다고 판단된다.『尹致昊日記』권 1, p.54(1884. 3. 20).

장 해군무관을 파견할 필요성이 없었다는 점에서 이는 이례적인 인사발령이었고,[134] 그것은 조선의 정치적 경제적 정세를 현지 조사하기 위한 조치로 보아야 한다. 프릴링하이젠 국무장관은 포크를 해군무관에 임명하면서 그의 사명使命을 이렇게 밝히고 있다.

> 귀하의 주임무는 해군에 관한 모든 문제를 해군장관에게 보고하는 일이며, 귀하는 해군장관의 훈령을 성실히 수행해야 한다. 여태까지 한반도는 미지의 나라이며 외국인으로서 이 나라를 방문한 일이 없다. 본 국무부는 귀하가 조선에 가서 한미 간의 통상무역관계 증진을 위해 현지답사 조사한 바를 보고하면 귀하의 제의를 기꺼이 받아들일 것이다. 귀하는 조선정부 · 국민과 최선의 우호관계를 유지할 것을 믿어 의심치 않는다. 귀하는 전문적 직업적인 자문을 위해 진언하는 어떠한 요구사항에 대해서도 귀를 기울여야 한다. 특히 해양교육nautical education 문제에 관한 사항과 기타 이와 관련된 사항에 대해 주목해야 한다. 이러한 임무수행은 조선에서의 공식적 직무수행에는 포함되지 아니한다. 부언하고 싶은 것은 모든 보고문은 국무부로 보내야 한다.[135]

포크 해군무관은 이러한 임명장과 국무부 훈령을 받고 조선에 부임해서 실제로 1884년 9월 22일부터 10월 8일 까지 16일간 서울을 중심으로 한 수도권을 답사 여행한 끝에 「조선 수도권 조사시행 보고서」Report of Observations Made During A Journey in the Capital District of Korea를 작성, 국무부에 보고했다.[136] 이 보고서는 조선의 정치 · 경제 · 문화 · 풍습 · 지질 등 광범위한 장문의 조사보고서로서, 그것은 외국인에 의한 최초의 조사보고서이

---

[134] Noble, "The Korean Mission to the United States," p.15.

[135] *Korea Instructions*, vol. 1, Frelinghuysen to Foulk, November 12, 1883.

[136] *FRUS*, Corea(1884), pp.315~331, No. 229, Foulk to Frelinghuysen, October 10, 1884.

며, 갑신정변 직전에 작성되었다는 점에서 의미 있는 보고서이다.

민영익 공사는 11월 2일 챈들러 해군장관을 방문, 트렌턴호 파견과 항행비용을 해군부에서 부담해준 데 대해 감사하다는 인사말을 전했다. 이 자리에서 미국 증기 여객선 조선취항문제가 거론되었다. 현재 미국 태평양 횡단 증기여객선은 샌프란시스코桑港-요코하마橫濱-홍콩香港을 연결 취항하고 있는 바, 이를 한반도에까지 연장 운항하겠다는 것이었다. 만약 이러한 여객선이 개설되면 이제 막 개항을 성취한 조선으로서는 고무적인 취항이 아닐 수 없다. 처음에는 별로 수익이 없을지 모르지만, 장차 한미 간의 교역이 증대하게 되면 성공을 거두게 될 것이라고 전망하고 있다. 민 공사는 여객선 연장 취항문제를 본국정부에 보고, 이를 실현시켜 보겠다고 약속했다.[137]

홍영식 일행은 10월 16일 귀국길에 올랐고, 민영익 공사는 해군부를 방문, 마지막으로 고별인사를 행한 후 서광범 · 변수 그리고 포크 해군무관을 대동하고 11월 6일 뉴욕으로 이동, 빅토리아Victoria호텔에서 여장을 풀었다. 이제 포크는 보빙사를 조선까지 호송하는 데 안내책임자가 되었다. 특히 아더 대통령은 트렌턴호의 함대사령관 해군제독 전용객실을 민 공사가 사용하도록 피티언 함장에게 특별지시를 내렸다. 트렌턴호에 승선할 때까지 보빙사 일행은 빅토리아 호텔에 유숙하면서 뉴욕 시내 관광과 쇼핑을 즐겼고, 포크는 장차 서울에서 개최될 국제박람회에 미국 산업체가 많이 참여하도록 뉴욕 지방 상공인들과 접촉, 출품교섭을 벌였다. 서울 산업박람회에 출품할 품목은 주로 농기구와 광산 채굴도구, 지질조사 도구 등이다.[138]

---

[137] *Notes From the Korean Legation*, Min Yong Ik to Frelinghuysen, November 2, 1883.

[138] *New York Times*, November 8, 1883.

조선은 원시적인 농업국가이고, 지하자원이 풍부하지만 근대적 개광도구가 없기 때문에 광산은 미개발 상태라고 지적하면서, 미국 제조업체가 이러한 농기구와 광산개광도구를 출품 전시하게 되면 장차 조선은 미국 제조업체로부터 많은 공산품을 수입하게 될 것이고, 그렇게 되면 자연히 미국의 출품제조업체들도 수익이 많을 것으로 전망했다. 그리고 한미간에는 아직도 증기여객선 취항편이 없기 때문에 전시 품목을 상하이上海대리인 스네드라지에게 보내어 조선으로 운송하도록 조처했다.[139]

민 공사는 사우스가 73번지에 있는 프레이저 상사를 방문, 조산은 내년봄에 국제박람회를 개최할 예정인 바, 각종 기계류, 광산도구, 농기구류, 지질조사도구 등 미제 공산품을 출품하는데 협조해줄 것을 요청하면서 장차 개설할 박람회에 전시하기 위하여 최신 농기구를 주문했다. 프레이저는 산업박람회 개최를 계기로 조선은 미제 공산품의 대수요국이 될 것으로 전망하면서,[140] 뉴욕 지방의 유력한 각 상공업계의 대표자들과 조선보빙사 일행을 한자리에 초청, 뉴욕 음악관Music Hall에서 대연회를 베풀었다. 뉴저지 오렌지에 본부를 둔 유력한 상공인들로 구성되어 있는 뉴잉글랜드협회The New England Society가 있는데, 11월 15일 저녁 프레이저는 이 모임에서 '조선과 청일미 관계'라는 논문을 발표하면서 청일과 관련하여 조선의 역사적 특이성과 정치 경제적 배경을 소개하는 연설을 행했다.[141]

이 논문은 미국인으로서는 최초의 한국에 관한 논문이라는 점에서 의미 있는 보고문이다. 프레이저는 대對아시아 교역에 주도적 역할을 한 뉴욕지방의 무역인으로서, 그동안 조선에 관한 자료를 정리, 이 논문을 작

[139] *Ibid.*

[140] *New York Times*, December 16, 1883.

[141] Frazar, *Korea, And Her Relations to China, Japan and the United States*, pp.1~52.

성 발표했다. 민영익 공사는 프레이저의 열성적인 대한對韓관심과 우호적 태도에 감명을 받았다. 이에 민영익 공사는 서울 산업박람회에 출품할 상품을 선정選定 발송할 책임을 프레이저에게 위임했다. 이러한 공로가 인정되어 조선정부는 1884년 1월 17일 프레이저를 뉴욕 주재 조선명예총영사에 임명했다.[142]

보빙사는 쇼핑을 즐기고 있었는데, 특히 민영익 공사는 25회 생일을 미국에서 맞이하면서 그의 젊은 연령으로 보아 있음직한 유행적인 성향을 드러냈다. 민 공사는 백화점에 들러 키드 가죽장갑을 구입, 이것을 끼고 아주 만족하였다. 한복 도포 옷차림에다 미제 가죽장갑은 어딘가 어울리지 않아 어색하게 여겨 아주 당혹한 표정을 짓기도 했다. 그래서 유길준은 재빨리 상투를 잘라 단발하고 한복을 벗어버리고 양복을 사 입기도 했다.[143] 보빙사가 뉴욕에 있는 동안 국무장관은 보빙사에게 미화 지폐견본이 들어있는 팸플릿 책자를 보냈다. 민 공사는 이 책자를 받고 부척 기뻐했고 귀국하면 조선정부에 바쳐 앞으로 조선 화폐개혁에 자료로 이용하겠다는 뜻을 표했다.[144]

그당시 동아시아 여러 나라의 역사, 특히 은둔국 조선역사에 관심을 가지고 있었던 그리피스William Elliot Griffis가 뉴욕에 머물고 있었다. 그는 보빙사가 빅토리아 호텔에 유숙하고 있다는 소식을 전해 듣고 11월 27일 빅토리아 호텔로 보빙사를 예방했다. 그리피스는 "조선: 내외정세 Corea, Without and WithinPhiladelpia, 1884"라는 저서를 집필 중이었는데, 이 책 가운데 "하멜 표류기Hamel's Narrative" 부분에 대한 주석 작업을 하는 중이었다.

---

[142] Allen, "A Chronological Index," p, 165; 金源模,『近代韓國外交史年表』, p.110.

[143] *New York Times*, November 16, 1883,

[144] *Notes From the Korean Legation*, Min Yong Ik to Frelinghuysen, November 23, 1883.

그래서 민영익 · 서광범 · 변수를 만나 이 문제에 관하여 상호 의견을 교환했다. 특히 서광범과 변수는 일본어에 능통하여 유창한 일본말로 대화했다고 한다.[145]

보빙사 일행은 미국에서의 약 3개월간에 걸친 시찰여행을 결산하고 12월 1일 트렌턴호를 타고 유럽으로 향발할 예정이다.[146] 민영익 공사는 방미성과에 대해 이렇게 피력했다.

> 서울을 떠날 때 푸트 공사는 우리들에게 이렇게 말한 바 있다. 미국정부는 우리들에게 즐거운 환영회를 베풀 것이며, 우리는 미국의 위대한 공공기관을 시찰할 뿐만 아니라 증기기관과 전기시설까지 관람할 것이고, 조선에서 볼 수 없는 기타 많은 풍물風物을 보게 될 것이라고 말했다. 그래서 우리는 그의 친절한 격려의 말씀에 감사하고 있다. 그런데 이제 그의 말씀은 현실화되었다. 오히려 푸트 공사가 언급한 것보다도 더 지나치게 우리는 친절하고도 정중한 환대를 받았다. 그래서 우리는 미국정부와 국민 그리고 각 공공기관에 대하여 크게 감탄과 감사를 드리는 바이다.[147]

---

145 Griffis, *Corea: The Hermit Nation*, pp.446~447.

146 『承政院日記』권 8, p.769(고종 21. 5. 9); *Korea Instructions*, vol. 1, No. 31, Frelinghuysen to Foote, November 12, 1883; Jones, *Foreign Diplomacy in Korea, 1866-1894*, p.416.

147 *New York Herald*, October 15, 1883.

5. 조선보빙사 전권부대신 홍영식 귀국복명

홍영식洪英植 전권부대신은 10월 12일 아더 대통령에게 고별인사를 행하고 10월 16일 워싱턴을 떠나 귀국길에 올랐다. 일행은 참찬관 로우엘, 중국인 우리탕吳禮堂, 수행원 최경석崔景錫 · 고영철高永喆 · 현흥택玄興澤, 그리고 로우엘의 개인비서 미야오카宮岡恒次郎 등이다. 10월 24일 리오호를 타고 상항桑港을 출항했다.[148]

홍영식 일행은 하와이를 거쳐 일본 요코하마橫濱에 도착, 도쿄로 이동, 김옥균金玉均을 만났다. 그 당시 김옥균은 대일차관교섭을 위해 도쿄에 체재 중이었다. 김옥균은 일본정부와 차관교섭을 벌였지만 여의치 못해서, 아메리카 무역상사American Trading Company의 모스James R. Morse, 謨於時에게 대미차관을 교섭했던 바, 처음에는 호의적인 반응을 보였으나, 청불 간의 인도지나전쟁安南戰의 발발로 이를 거부하고 말았다. 모스는 지금 청불 간에 안남越南문제로 전쟁을 하고 있는데, 청국에 있어서의 조선은 마치 청국에 있어서의 안남과 같아서 장차 조선에서 어떤 사태가 발생할지 알지 못하므로 차관을 공여할 수가 없다는 것이다.[149]

김옥균은 차관을 얻어 정치적 개혁을 단행함으로써 개화운동을 벌일 비전을 가지고 있었다. 도쿄에서 김옥균과 홍영식 간에 갑신정변을 모의했는지는 알 수 없지만, 일본의 근대화 방식명치유신明治維新을 모델로 도입,

---

[148] *Korean-American Relations*, 1, p, 34, Frelinghuysen to Foote, October 16, 1883; *New York Times*, November 16, 1883; 월터, 「1883년 美合衆國에 派遣된 大朝鮮國特別使節團에 關한 硏究」 p.194

[149] 『尹致昊日記』권 1, p.27(1883. 12. 21).

조국근대화를 성취시켜보겠다는 점에서는 의견을 같이한 것으로 볼 수 있다.

홍영식 일행은 12월 하순에 귀국, 12월 21일 고종에게 복명했다.[150] 그런데 홍영식의 복명사실에 관한 기록은 조선 측 사료에 전연 찾아볼 수 없다. 이는 홍영식이 갑신정변1884 실패로 역적에 몰려서 사서에 등재하지 않은 것이었다. 그러다가 1981년 3월『견미사절 홍영식 복명문답기』가 발견되어 학계에 보고되었다. 이는 최초의 조선보빙사 미국사행기록이라는 점에서 한미 교섭사 연구에 중요한 외교문서로 평가되고 있다.[151] 원래 이 문서는 실록 승정원일기 같은 사서史書에 기록될 예정이었지만, 갑신정변 실패로 홍영식은 비참한 주검을 당했고 심지어 삭탈관직, 노륙지전孥戮之典, 처자를 죽임을 당했고, 그의 아버지 전 영의정 홍순목洪淳穆은 자결하고 말았다.[152] 이처럼 홍영식이 대역죄인으로 몰리게 되자 사장되어 오던 이 문서를 100년 만에 저자가 기적적으로 발굴 입수하였다.[153]

본 문서가 가지는 사료적 가치를 다음과 같이 분석해 볼 수 있다.

첫째, 이 문서의 발견으로 최초의 보빙사 파미派美에 관한 조선 측 사료의 빈곤성을 극복할 수 있다는 점이다. 보빙사가 9월 2일 미국 상항에 도착하면서부터 12월 1일까지 체미 기간 중 샌프란시스코 크로니클, 뉴욕 타임스, 뉴욕 헤럴드, 보스턴 지방의 각 주요 신문들이 보빙사의 방미 활

150『高宗純宗實錄』中, p.128(고종 20. 11. 21);『日省錄』권 20, p.292(고종 20. 11. 21);『漢城旬報』제7호, pp.1~2(개국 492. 11. 1);『尹致昊日記』권 1, p.27(1883. 12. 20).

151「遣美使節 洪英植復命問答記」(金源模 所藏);『東亞日報』(1981. 3. 30); *The Korea Times*, March 31, 1981; *The Korea Herald*, March 31, 1981. 이 문서는 20.7×278.5cm이고 총 149行, 1행 당 20자 내외로서 총 2,887자에 이르고 있다. 초서(草書)와 행서(行書)의 혼체필사본(混體筆寫本)이며 지질은 얇은 태지(胎紙)로 되어 있다.

152『南陽洪氏 拙翁公波譜』全(1979);『高宗純宗實錄』中, pp.141, 174, 175, 176, 183.

153 金源模,「遣美使節 洪英植復命問答記」,『史學志』15(1981), pp.182~230.

동상을 상세히 보도하고 있다. 우리는 이를 통해서 보빙사의 활동상을 어느 정도 파악할 수 있다. 그러나 최초의 견미사절遣美使節인데도 불구하고 사행일기使行日記 하나 남아 있지 않다. 다만 승정원일기에 민영익의 복명기만 남아 있을 뿐이다. 가령 일본의 경우 1854년 미일조약이 체결되고 1860년 최초의 견미사절遣米使節을 파미하였는데 이때 수행원 모리다森田清行는 미국사행에 관한 자세한 일기를 남겨 놓고 있다.[154]

그러나 1883년 조선 최초의 견미사절에 관한 일기나 기행문 하나 남아 있지 않다. 더군다나 민영익 전권대신은 미국정부가 제공한 트렌턴호로 6개월간 세계 일주항행을 벌였음에도 불구하고 일기 한 장 남아 있지 않다. 도대체 서장관의 임무는 무엇인가? 문서기록이 주임무임에도 불구하고 기록물 한 장 없다. 그들은 아예 기록을 하지 않은 것 같다. 비록 일본의 아행일기亞行日記만큼 자세한 일기는 아니지만 본『복명문답기』가 발견됨으로써 조선 측 사료의 빈곤성을 어느 정도 해소할 수 있게 되었다.

둘째, 본 복명문답기는 1880년대 초의 개화사상 및 한미 외교교섭사 연구에 귀중한 자료로 평가되고 있다는 점이다. 특히 부대신으로 도미, 미국의 정치 · 경제 · 교육 · 국방 · 농업 · 상공업 · 전신우편 등 다방면의 미국 선진문물을 현지에서 견문하고 귀국, 복명문답기를 남겼다는 점에서 갑신정변의 주역인 홍영식의 개화사상 연구에 귀중한 자료가 되고 있다.

셋째, 조선의 대미인식의 전환을 본 문서에서 확인할 수 있다. 1873년 대원군의 실각을 계기로 양이관洋夷觀의 대변화가 일어나기 시작했고, 그 후 1880년 10월 수신사 김홍집金弘集이 황준헌黃遵憲의 '조선책략朝鮮策略'을 받아가지고 귀국, 이를 고종에게 바침으로써 조선정부는 비로소 쇄국양

[154]『遣米使節史料集成』권 1.

이정책으로부터 개항정책으로 전환했다.[155] 조선정부는 한미조약 체결을 계기로 대미적대감정에서 대미우호감정으로 전환했다.[156]

이로부터 조선은 비로소 미국인을 인간적으로 대우하기 시작했다. 가령 1871년 미국 아시아함대가 강화도 내침신미양요 시 조선 당국은 끝까지 미국인을 가리켜 견양犬羊 같은 인간 동물로 비하 간주했고, 심지어 미군을 가리켜 해랑적海浪賊에 비유했다. 영의정 김병학金炳學은 고종과의 문답에서 "미리견彌利堅, 美國이라는 나라에는 단지 부락만 있을 뿐이다. 중간에 화성돈華盛頓, 워싱턴이라는 자가 성지城池를 개척하고 기지基址를 얻어서 해외의 양이洋夷들과 통섭通涉하고 있다."[157]라고 지적했다. 이처럼 조선의 양반 지배계층은 외부세계와 완전히 단절된 폐쇄사회에 갇혀 있었기에 태서문물에 어두웠다. 1880년 '조선책략'의 도입을 계기로 대미인식은 변화를 일으켜, 개항정책을 채택, 미국과 최초로 수교가 이룩되었고, 그 결과 보빙사 홍영식이 미국 각지를 순방 시찰하고 와서 미국이 과연 세계 최대의 부강국인 동시에 선진문명국임을 확인했다.

넷째, 한국 역사상 최초로 자주외교를 수행했다는 사실을 본 문서를 통하여 확인할 수 있다. 보빙사의 임명과 파견에서부터 뉴욕에서의 한글국서제정國書提呈과 워싱턴에서의 각국 공사관 순방에 이르기까지 완벽한 자주외교를 수행했다. 사실상 한미조약 체결 직후 임오군란이 발생했고, 그 결과 서울에는 청일 양국의 군대가 주둔, 긴장이 고조된 가운데 보빙사

---

155 『金弘集遺稿』(고려대출판부, 1976), pp.306~313; 趙一文, 『朝鮮策略』(건국대출판부, 1977), pp.7~38.

156 Hahm Pyong Choon, "Korean Perception of America," 『史學志』17(1983), pp.7~45; 咸秉春, 「韓國의 對美認識」, 『韓國과 美國』(博英社, 1983), pp.29~68.

157 『日省錄』권 8, pp.124~125(고종 8. 4. 20). "領議政金炳學曰 所謂彌利堅只有部落而已 中間有華盛頓云者 開拓城池 建得基址 與海外洋夷 互相通涉"

를 파미했다. 대원군을 납치하는 등 청국의 대한내정간섭은 이때부터 시작되었으나, 조선정부는 청의 제재를 받지 않고 자주적 독자적으로 보빙사를 파미함으로써 조선이 자주독립국가임을 국제사회에서 처음으로 공인公認받은 것이다.

다섯째, 홍영식 부자 간의 시국관時局觀의 차이점을 발견할 수 있다. 그의 아버지 홍순목은 대원군 집정기 영의정으로서 강력한 쇄국척화론자로서 대원군의 쇄국양이鎖國攘夷 정책의 이념적 옹호론자이다. 그는 1871년 미국 아시아함대가 강화도 내침 시 로우Frederick F. Low, 鏤斐迪 공사와 로저스John Rodgers 제독의 조선개항요구를 단호히 거부하는 이유를 이렇게 밝히고 있다. "우리나라는 동방예의의 나라임은 천하가 다 아는 바이다. 이제 음사지기陰邪之氣, 서양의 요사스런 기풍가 사방에 유독流毒하고 있지만, 오로지 우리 청구靑邱, 조선만이 이에 물들지 않고 홀로 깨끗하게 지켜 내려오고 있는 것은 바로 예의를 상수相守하고 있었기 때문이다. 병인양요 이후로 양추洋醜, 서양 오랑캐를 물리친 것은 천하에 자랑할 만한 일이니, 이제 이러한 양이가 침범해서 화친和親을 요구한다 해도 우리는 거론할 바 못된다."[158]라고 천명함으로써 철저한 쇄국만이 우리의 전통적인 예의와 문화를 고수·유지하는 길이요, 화친은 곧 예의와 문화의 타락을 의미하며 나아가서는 국가의 멸망을 가져온다는 도그마에 빠지고 있다.

이에 반하여 그의 아들 홍영식은 일찍이 신사유람단의 일원으로 도일, 일본의 근대화 모습을 시찰한 바 있었고, 이어 보빙사의 전권부대신으로

158 『祁堂稿(洪淳穆)』年譜 56세조; 『高宗純宗實錄』上, pp.363~364(고종 8. 4. 25), "洪淳穆曰 我東之爲禮義之邦 天下之所共知 而見今一種陰邪之氣 流毒四方 惟此靑邱一片 獨保乾淨者 寔以禮義相守故 丙寅以後 攘斥洋醜 又可以有辭於天下 今雖此夷 若是侵犯 和之一字 斷非可論"

미국사행, 미국의 경이적인 과학문명발전상을 시찰함으로써 가장 진보적인 개화사상가 정치개혁파가 되었다. 특히 그는 미국의 정치제도, 교육제도를 도입하여 조국근대화를 성취해야 한다고 역설하고 있다. 그의 급진적인 개화사상 이념은 갑신정변으로 발전했지만, 정변이 3일천하로 실패한 후 김옥균金玉均 등은 일본으로 망명했지만 홍영식은 모든 책임을 지고 죽음으로써 혁명가다운 개화의지를 보여주었다.[159]

여섯째, 고종의 인간상人間像을 재정립해볼 수 있다. 일반적으로 고종의 인간성을 평함에 있어서 '어리석은 인간'이라 평하는 자와 '현명한 군주'라고 주장하는 두 가지 상반된 견해가 대립하고 있다. 가령 고종과 가장 오랫동안 밀접한 친교親交관계를 유지해온 알렌은 고종을 가리켜 '머리가 모자라는 군주the muddle-minded monarch'[160]라고 혹평하면서, 한 왕조를 부지扶持하지 못했던 혼군昏君이라 단정하고 있다. 이러한 시각은 어느 면에서는 서울주재 미국 외교관으로서, 한 왕조의 멸망을 끝까지 지켜보았던 한 이방인의 증언으로서 타당한 논평이라고 받아들여지고 있다. 그러나 우리는 시대적 역사적 상황을 참작하고 한 인간을 평가해야 한다.

청일전쟁, 러일전쟁 이후의 고종의 인간상을 평함에 있어서는 이러한 주장이 합리적인 인물평일지 모르지만, 적어도 1880년대에 있어서의 고종의 참다운 인간성은 결코 혼군은 아니었다. 가령 초대 주한 미국 전권공사 푸트는 고종을 가리켜 '가장 현명하고도 사리에 밝은 인간a most

---

159 李光麟, 『開化黨硏究』, p.220. 이광린은 홍영식의 인상을 "믿음직하면서도 어딘가 혁명가다운 꿋꿋한 모습을 뚜렷이 드러내고 있었다"고 평하고 있다.

160 Fred H. Harrington, *God Mammon and the Japanese, Dr. Horace N. Allen and Korean-American Relations, 1884~1905*(The University of Wisconsin Press, 1944), pp.12, 42~43, 296.

sensible and enlightened man'[161]이라고 그의 첫 인상을 밝혔다. 한편 1886~1890년 4년간 고종의 정치외교 고문관을 역임한 데니Owen N. Denny, 德尼는 "한 위대한 국가의 통치자답게 확고부동한 결의와 기꺼이 대처하겠다는 마음의 자세와 인내심을 보여주고 있다a firmness, cheerfulness and patience worthy of a ruler of a great nation"[162]라고 결의에 찬 군주로 평했다. 특히 데니는 1887년 청의 항의와 반대를 단호히 물리치고 초대 주미 한국특명전권공사 박정양朴定陽을 파미할 때의 고종의 확고부동한 결의와 차분한 위엄을 높이 평가하고 있다.[163]

고종의 인간성을 논함에 있어서 보는 관점에 따라 그 견해가 다를 수 있겠지만, 적어도 본 문서에서 고종의 날카로운 통찰력과 견식을 보더라도 그의 인간성을, '나약한 혼군'으로 취급할 수만은 없다. 그는 기울어져 가는 한 왕조의 마지막 군주로서 친청사대수구당親淸事大守舊黨과 개화당開化黨 간의 대립항쟁, 나아가서는 제각기 한반도를 정복 지배하려는 청일러 등 제국주의 열강의 각축전의 틈바구니에 끼어 마치 큰 맷돌에 치인 것처럼 그러한 정치적 함정에 빠진 한 시대적 희생물이지 결코 암군暗君일 수는 없다.

일곱째, 홍영식의 귀국복명 이래 고종은 대미의존對美依存 관념을 굳히

---

161 Robert R. Swartout, Jr. and Fred C. Bohm, "An American Officer in 19th Century Korea: The Journal of George W. Woods," *Journal of Social Sciences and Humanities*, 52(1980), p.25; Fred C. Bohm and Robert R. Swartout Jr., *Naval Surgeon in Yi Korea: The Journal of George W. Woods*(Berkely: Institute of East Asian Studies, University of California, 1984), pp.16, 44~57.

162 Owen N. Dehhy, *China and Korea*(Shanghaii, Kelly and Walsh, Limited, 1888), p.45; 金源模, 「淸韓論」, 『東洋學』10(1980), p.291.

163 金源模, 「朴定陽의 對美自主外交와 常駐公使館開設」, 『藍史鄭在覺博士古稀紀念東洋學論叢』(高麗苑, 1984), pp.361~396.

게 되었다. 본 문서에서 보듯이 고종은 홍영식을 통해 미국의 경이로운 국가발전상과 군사적 부강국임을 확인하고부터 푸트 공사에게 푸짐한 선물을 주는 등 더욱 친밀한 친미관계를 맺었다. 이로써 미국은 한국에 있어서의 미국의 정치적, 경제적, 문화적 영향력을 행사하게 되었다. 일반적으로 19세기 후반기 제국주의적 무력외교가 지배하는 한반도를 가리켜 '나봇 포도원'Naboth's Vineyard, 구약 열왕기 상 19장이라고 일컫고 있다. 청일러 등 아합과 같은 열강이 제각기 한반도를 병탄하려고 침략야욕을 불태우고 있었기 때문이다. 이러한 제국주의 열강의 각축장이 되어버린 한반도에서, 한국을 구제할 나라는 오직 미국밖에 없다고 확신, 다른 열강보다도 우선적으로 경제적 이권을 미국에 주고 있다. 한국이 위기에 처하면 미국은 '거중조정good offices, 從中善爲調處'을 해주겠다고 미국은 한미조약 제1조에서 공약했기 때문이다. 이러한 대미의존관념은 대한제국 멸망까지 변함없이 고수하고 있었다.[164]

일반적으로 19세기 후반기 제국주의시대에 있어서 구미열강의 대對아시아정책을 두 가지 유형으로 정의해볼 수 있다. 하나는 영불러 등 유럽 열강은 '허약한 아시아weak Asia' 정책을 추구했다. 이는 아시아에 있어서 모든 토착정부의 약화를 조장하면서 자국의 상업적 이권만 추구하면서 영토를 점령 · 분할함으로써 이를 식민지화하려는 정책을 가리키고 있다.[165]

이를테면 영국은 1839년 아편전쟁 이래 대중對中침략을 감행했고, 뒤이

[164] Kim Won Mo, "American Good Offices in Korea, 1882~1905," *Journal of Social Sciences and Humanities*, 41(June 1975), pp.93~139; 金源模, 「美國의 對韓居中調停(1882~1905)」, 『史學志』 8(1974), pp.19~67.

[165] Dennett, "American Good Offices in Asia," p.4.

어 1860년에는 영불군의 북경공략으로 중국의 이권을 독점하더니 영토분할을 감행했다. 그 결과 홍콩향항香港을 영국의 식민지화했다. 한편 러시아도 부동항不凍港을 확보하려고 계속 동진정책을 추구하더니 마침내 1859년 대마도對馬島를 점거했고, 마산포馬山浦 조차租借, 1900. 4. 20를 획득했다.[166] 이에 위협을 느낀 영국은 러시아의 남침기도南侵企圖를 저지하기 위하여 1885년 거문도巨文島를 점거했다. 이처럼 유럽열강은 아시아의 분할과 식민지화정책을 추구하고 있었다.

또 하나는 미국이 추구하는 '강력한 아시아strong Asia' 정책이다.[167] 미국은 전통적인 문호개방정책에 따라 유럽열강의 침략지배정책을 반대하고 영토보전을 보장함으로써 이권을 공동으로 분배하는 이른바 경제적 제국주의economic imperialism정책을 추진했다. 미국은 아시아 토착정부의 주권자주독립국가 수립을 도와줌으로써 유럽열강의 제국주의적 침략위협으로부터 보호한다는 국가정책을 추구했다. 이리하여 미국은 조선을 포함하여 아시아 토착정부의 독립을 희망하고 있었다. 결국 미국은 토착정부의 주권유지를 보장하고, 유럽열강의 식민지화를 방지하면서 오로지 통상무역의 범위만 확장하는 이른바 경제적 팽창주의 정책을 추진했다.

이러한 대對아시아정책에 따라 미국의 슈펠트 제독은 이홍장의 끈질긴 속방정책을 단호히 물리치고 조선의 자주독립을 완전히 인정하면서 한미조약을 체결했다. 한미조약 체결 직후 미국은 또다시 이를 국제적으로 공인받기 위하여 조선보빙사 파미를 적극 추진하였으며, 이것이 모두 '강력한 아시아', 나아가서는 '조선 강대화strong Korea' 정책을 추구하는 미국의

166 Buckinham, Foulk, and McLean, *Observations upon the Korean Coast, Japanese-Korean Ports*, and Siberia p.20 ; Allen, "A Chronological Index," P.211, April 20, 1900.

167 Dennett, *op.cit.*, p.4.

대한정책의 구현이다.

1883년 조선정부가 미국정부의 권고로 보빙사를 파미한 목적을 다음 세 가지로 요약해볼 수 있다. 첫째, 무엇보다도 자주독립국가임을 국제적으로 공인받기 위한 것이었다. 한미조약 체결 직후 임오군란이 발생, 청일 양군이 서울에 진주, 군사적 긴장이 고조되더니, 마침내 청은 대원군을 납치하는 등 대한내정간섭對韓內政干涉을 일삼기 시작했다. 이제 조선정부는 청의 대한종주권對韓宗主權 주장을 봉쇄하고 자주독립국의 지위를 재확인코자 보빙사를 파미하기로 결정했다. 둘째, 보빙사 파미를 계기로 미국의 선진문명을 직접 시찰한 후 개화정책을 추진해보자는 것이었다. 셋째, 고문관, 군사교관, 교사 등을 고빙하여 정치 · 군사 · 교육의 근대화를 도모하는 한편 차관을 도입하여 경제개발을 추진하자는 것이었다.

한미조약 체결 직후 미국의 대한정책의 기본노선은 '조선 강대화정책'과 조선의 자주 외교정책의 구현에 그 바탕을 두고 있다. 그러면 그토록 대한종주권을 주장해온 청이 조선 보빙사 파미를 왜 반대하지 아니했는가를 규명해볼 필요가 있다. 그 당시 청은 베트남安南 문제로 청불 간 전쟁 중이었고청불전쟁, 또한 임오군란 이래 청일 간 군사적 긴장상태가 계속되고 있었던 만큼 보빙사 파미문제로 미국과 외교적 분쟁을 일으킬 수 없어 보빙사 파미를 반대할 수 없었다.

위에 든 조선정부의 세 가지 목적은 달성되었는가를 분석해볼 필요가 있다. 첫째로 조선보빙사는 워싱턴에서 자주외교를 통해 조선의 완전 자주독립국 지위를 국제적으로 공인받게 되었다. 둘째로 보빙사의 파미를 계기로 개화정책은 보빙사의 귀국과 더불어 의욕적으로 추진되었으니, 가령 농업근대화를 위해 농무목축시험장의 개설이 그것이다. 그러나 정치적 개혁은 실패로 끝났다. 급진개화파는 미국의 선진문물을 도입, 정치적 개혁을 실현시켜보려고 갑신정변을 일으켰지만 3일천하로 실패하고 말았다.

셋째, 고문관, 군사교관, 교사 등 고빙雇聘문제는 갑신정변 발발로 말미암아 즉시 실현되지 못하였지만 정치가 안정됨에 따라 고빙은 성공적이었다. 보빙사는 슈펠트를 고문관으로 초빙교섭을 시도해 보았지만, 본인의 개인사정과 청의 반대로 결국 실패했다. 그러나 그 뒤 이홍장李鴻章이 파견한 인물이지만 1886년 미국인 데니의 고빙으로 어느 정도 충족되었다. 1886년 7월 5일에는 길모어George A. Gilmore, 吉模, 벙커D. A. Bunker, 房巨, 헐버트Homer B. Hulbert, 紇法 등 교사를 고빙, 유영공원育英公院을 개설, 교사로 고빙했다. 그리고 군사교관 초빙은 1887년 4월 28일에 다이William M. Dye, 茶伊, 커민스Cummins, 리John G. Lee, 乙理 등 군사교관을 초빙했다.[168]

보빙사의 미국사행美國使行 의의를 정리해보면, 첫째, 보빙사는 워싱턴에서 연방정부와 각국 공사관을 순방하고 태극기를 게양하고 한글국서를 제정하는 등 자주외교를 실천했다. 이는 조선의 대외관계사에 있어서 최초의 외교적 성사盛事가 아닐 수 없다. 뿐만 아니라 민영익 전권대신이 아더 대통령에 바친 한글국서에는 개국연호만을 사용했다는 점이다. 가령 한미조약에는 청국 연호와 개국연호를 병기했지만 국서에는 개국연호만을 사용함으로써 자주독립국임을 강조했다.

둘째, 이 국서와 국서제정사를 한글로 번역해서 사진도판으로 작성해서 미국신문에 최초로 한글국서 문서가 게재되었다. 이로써 한국은 중국과 일본과 달리 고유한 표음문자인 한글문자를 가진 문화국이면서 독자

---

[168] George A. Gilmore, *Korea From Its Capital, with a chapter on Missions*(Philadelphia, 1892), p.228; Underwood, *Modern Education in Korea*, pp.12~13; Allen, "A Chlonological Index," pp.174~175, 177; 金源模, 『近代韓國外交史年表』, pp.123~124, 127.

적 표음문자 한글을 가진 문화민족임을 전 세계에 선명한 것이다.

셋째, 한미 간의 문화 및 과학교류를 실현했다는 점이다. 가령 보빙사는 보스턴 외국 박람회에 화병, 주전자 등 고려청자와 조선백자 등을 출품 전시했을 뿐만 아니라 휴대하고 간 조선의 특산물인 고려인삼 등 의약품한방약韓方藥 등을 스미소니언 미국 국립박물관에 출품 전시함으로써 한미 간에 문화과학교류가 이루어진 성과를 거두었다. 한편 보빙사도 미국정부로부터 각종 종자 및 농기구 등을 수입, 조선의 농업근대화를 이룩하려고 농무목축시험장을 개설 운영했다. 뿐만 아니라 수행원 유길준兪吉濬은 조선인 최초를 상투를 자르고, 단발하고 양복을 입고 조선 최초의 국비 미국유학생이 되었다.

넷째, 보빙사 일행의 귀국과 더불어 조선정부는 대미우호 관념이 굳어지게 되었다. 1871년 한미전쟁신미양요辛未洋擾 때 조선의 대미적대관념은 최절정에 다다랐다. 그러나 1882년 한미조약 체결로 대미적개심敵愾心은 대미우호감정으로 전환했고 이어 1883년 조선보빙사의 미국사행으로 미국의 선진문물을 시찰하고 돌아온 후 고종은 대미의존관념을 가지게 되었다.

보빙사가 워싱턴 당국과 경제교류를 강력히 희망하면서 서울에 국제박람회 개최의사를 밝혔다는 점이다. 미국정부는 이에 적극 찬동, 미국의 공산품 수출의 일대 전기로 보고 전시품을 출품했음은 물론 이를 적극 지원하겠다고 약속했다. 뿐만 아니라 미국정부는 미국 증기정기여객선의 조선 연장취항문제를 거론하면서 한미 간의 통상무역 교류의 활성화를 실현하겠다는 것이다. 그러나 이 두 가지 의욕적인 사업은 갑신정변 발발로 말미암아 무산되고 말았다.

미국정부는 조선보빙사의 방미를 한미 간 통상교역 증진의 일대 전기로 간주, 장차 대한교역 활성화에 낙관적 전망을 가지고 있었다. 그러나 보빙사 귀국과 동시에 조선에는 수구사대당과 급진개화파 간의 대립과 항쟁으로 정치적 사회적 혼란과 동요가 계속되었고, 이에 따라 미국의 대한對韓 관심도는 퇴조되기에 이르렀다. 푸트 공사는 '한미교역의 부진상'의 전망을 본국정부에 보고함으로써[169] 미국은 이제 한미무역의 발전전망이 어둡다는 결론을 내리게 되었다. 사실상 보빙사가 미국에 체재하고 있는 동안만 하더라도 미국정부의 대한對韓 관심은 대단히 높았다. 그러기에 포크는 주한 미국공사관부 해군무관에 임명되었다. 사실상 그 당시 중국이나 일본에도 해군무관 파견은 없었고 오직 조선에만 해군무관을 파견했다. 뿐만 아니라 버나도우를 과학적 탐험을 목적으로 파견하는 등 적극적인 한반도 진출의지를 보였다. 그러나 푸트 공사의 이 같은 부정적 보고에 따라 미국정부는 1884년 8월 15일자로 주한미국공사관의 지위를 특명전권공사로부터 변리공사 겸 종영사로 격하했다.[170]

보빙사의 미국사행 후 개화정책은 발전적 단계를 맞이했다. 그러나 민영익의 친청사대親淸事大정책으로의 전향, 그 결과 갑신정변의 실패로 급진개화파는 절멸되고 수구 민씨사대당 세력이 집권하기에 이르렀다. 이리하여 수구사대정권이 부활해서 개화開化 알레르기 현상이 정부 내부에 만연, 1894년 청일전쟁까지의 10년간은 개화운동의 가혹한 자복기雌伏期[171]를 맞이하게 되었다. 이리하여 보빙사의 개화사상의 발로로 추진된 농무목축시험장, 그리고 육영공원 등은 지속적으로 확대 발전되지 못하

[169] *FRUS*, 1884, p.126, No. 74, Foote to Frelinghuysen, April 29, 1884.

[170] *Diplomatic Documents*, National Archives, President Arthur to His Majesty, The King of Tah Chosun, August 15, 1884.

[171] 姜在彦, 『朝鮮の開化思想』(岩波書店, 1980), p.229.

고 폐지되고 말았다. 그 결과 미국정부는 한미조약 제1조에 거중조정good offices, 從中善爲調處 공약을 명문화했음에도 불구하고 한미 수교 초기에 취했던 이러한 적극적인 대한거중조정의 준행遵行 자세로부터 일단 후퇴하더니, 마침내 청일전쟁발발을 계기로 대한불간섭 중립정책으로 후퇴하였다.

제6장

조선보빙사 전권대신 민영익의 대미자주외교와 세계 일주항행

1. 민씨 외척세력의 영수 죽동궁竹洞宮 민영익

1882년 5월 22일 조선정부는 구미 열강 중 제일 먼저 미국과 한미조약을 체결함으로써 명실상부하게도 조선개항을 성취하였다. 한미수교는 조선의 대외관계사에 있어서 신기원을 이룩했다는 점에서 의미 깊은 입약立約이 아닐 수 없다. 조선은 이를 계기로 유럽열강과 입약·수교함으로써 외교적 다변화를 이룩할 수 있었다.

한미관계사는 전후기로 대별해볼 수 있다. 한미 간에 정식 외교관계가 없었던 수교 이전의 관계사를 한미교섭사라 한다면, 1882년의 한미수교 이후의 관계사는 한미외교사라 정의해볼 수 있다. 저자는 이미 수교 이전의 한미관계사를 정리하여 출간한 바 있다. 이는 신미양요를 집중 연구한 학위논문으로 1979년에 출판하였다.[1]

저자는 한미 외교사의 신기원新紀元을 개척한 민영익의 대미 자주외교 활동을 분석·검토하고자 한다. 조선보빙사 전권대신 민영익의 미국사행과 세계 일주항행은 초기 한미 외교사에 있어서 특기할 만한 외교적 성과가 아닐 수 없다. 쇄국 조선이 문호를 개방하고 입약한 상대국에 역사상 처음으로 견미사절遣美使節을 파견하여 대미 자주외교를 수행했고, 한국인으로서는 최초로 세계 일주항행을 단행하여 신생 대조선국이 자주독립국가임을 세계만방에 과시했기 때문이다.

한미외교사의 개척적 외교업적을 수립한 민영익을 연구함에 있어서 가장 어려운 장애요인은 그 자신이 단 한줄의 기록문서도 남기지 아니했다는 점이다. 가령 조선보빙사 전권 대신으로서의 4개월 간의 미국사행 기

[1] 金源模, 『近代韓美交涉史』(홍성사, 1979).

간이나 6개월 간에 걸친 세계 일주항행 기간 중에 민영익은 '견문기'나 '일기' 같은 기록물을 전혀 남기지 아니했다. 뿐만 아니라 그가 저술한 문집조차 남아 있지 않다. 이런 점으로 보아 민영익은 아예 처음부터 기록 문서를 남기지 아니한 외교관으로 유명하다. 그러나 저자는 본고에서 미국 외교문서와 각종 미국 신문자료를 통하여 이 같은 자료 빈곤성을 극복하고, 민영익의 외교행적을 추구追究하여 초기 한미외교사를 체계화하려고 시도했다.

조선보빙사 전권대신 민영익

민영익閔泳翊, 1860~1914은 1860년 4월 20일음 당대 외척外戚의 명문가인 여흥민씨驪興閔氏 민태호閔台鎬의 아들로 태어났다.[2] 자를 자상子相 또는 우홍遇鴻, 호를 운미芸楣, 사호賜號는 예정禮庭이라 했다. 백부 민승호閔升鎬가 아들이 없어서 민승호가에 입양되었다. 민승호는 바로 민 왕후閔王后의 친정 오라버니로서 민 왕후는 친정가문을 이을 후사로 총명한 재질을 타고난 민영익을 지목하였다. 그러나 처음에는 민태호가 이를 거절하였다. 이에 민태호의 아우 민규호閔奎鎬가 민영익을 입양시킴으로써 부귀영화를 함께 도모하는 것이 상책이라고 권고하자 마침내 민태호는 입양을 승낙했다.[3]

---

[2] 『驪興閔氏族譜』(驪興閔氏 大同譜所, 1923).

[3] 『梅泉野錄』(국사편찬위원회, 1971), p.27(고종 13).

민승호는 민치구閔致久의 아들로서 민치록閔致祿에 입양했는데, 민 왕후는 민영익에게 고모가 된다. 뿐만 아니라 1882년 1월에는 그의 생가인 민태호의 딸이며 민영익의 여동생이 세자빈世子嬪에 책봉되었다.[4] 이렇게 볼 때 민영익은 생가로는 세자빈이 그의 친누이이고, 양가로는 민 왕후가 그의 고모가 되므로 막강한 외척세력의 기반과 배경을 지니고 정계에 화려하게 등장했다.[5]

민영익은 1887년에 정시庭試 문과文科 병과에 급제하였고, 대교待教 한림주서翰林注書를 거쳐 이조참의吏曹參議가 되었다. 이와 같은 민영익의 취승驟陞을 시기한 그의 숙부 민규호는 연소배로서 마땅히 독서로써 회양晦養해야 하거늘 권력욕에만 광분하고 있다고 비난하면서, 민영익에게 자숙과 학문연마를 촉구하였다.[6] 그러나 민영익이 출세가도를 달리자 숙부인 민규호와의 사이에 권력쟁탈전이 벌어졌고, 이것은 자연히 민승호, 민규호 간의 형제간 권력암투로 비화되고 말았다.

원래 민영익의 생가인 민태호, 민규호 형제는 빈한한 집안이었다. 집안이 얼마나 가난했던지 민태호 형제는 조석으로 콩죽두죽豆粥을 먹고 연명할 정도로 빈곤했다. 그러나 민규호의 주장대로 민영익을 민승호에 입양시키고부터 벼슬길에 올라 드디어 민규호는 이 덕택으로 안악군수安岳郡守가 되었다. 한번은 그의 부인이 거친 모시옷감을 구해서 옷을 지으려하자 민규호는 그 베는 거칠기 때문에 명부命婦, 봉작을 받은 부인의 옷감으로는 합당치 아니하니 다른 세저細苧, 세모시로 바꾸는 것이 좋겠다고 꾸짖자, 그의 부

[4] 『高宗純宗實錄』中, p.38(고종 19. 1. 26); 下, p.350(광무 8. 11. 5). 세자빈은 황태자비가 된 후 1904년 11월 5일에 요절했음.

[5] 『璿源系譜』; 『梅泉野錄』, p.54.

[6] 『梅泉野錄』, pp.42~44.

인이 하는 말이 "부자夫子께서는 정동貞洞 패옥敗屋 중에서 콩죽을 먹던 때를 기억하지 못합니까. 이것으로도 만족합니다."라고 반박했다. 이로부터 민규호는 남편을 모욕했다 해서 부인과 일체 잠자리를 같이 하지 않고 별거했기 때문에 민규호는 아들이 없었다.[7]

민영익이 민승호의 아들로 입양하고, 이어 사환仕宦·벼슬길에 오르면서부터 민영익과 민규호 숙질 사이에 권력쟁탈전이 벌어지게 되었다. 민규호는 민 왕후의 간청에 따라 민영익의 입양에 공로가 있다 해서 민 왕후의 총애를 받았고, 이를 기화로 막강한 권세를 노리면서 민승호를 제거하려는 정치적 음모를 도모했다. 민규호로서는 민승호를 제거하는 것이 곧 민영익의 권력을 견제하는 것이 되기 때문에 대권을 장악해보겠다는 야욕으로 민 왕후와 대원군 사이의 불편한 관계를 역이용하였다. 그리하여 민규호는 민승호와 대원군 사이의 관계악화를 조장하고 이간질하면서, 대원군으로 하여금 민승호를 제거하게 하는 정치적 음모술수를 구사하기에 이르렀다.[8]

흥선대원군興宣大院君은 10년의 집정세도 끝에 1873년 11월에 민 왕후 척족세력에 의해 실각되었다. 운현궁雲峴宮에 물러앉은 대원군은 정치적 보복의 기회만을 노리고 있었다. 이때 민규호는 대원군으로 하여금 민승호를 제거시키는 음모를 꾸민 것이다. 1874년 11월 어느 날 민승호는 어떤 사람으로부터 비단보에 곱게 싼 상자 하나를 선물로 받았다. 그는 그것을 아주 귀중한 보배가 들어있는 상자로 알고 안방으로 들어가 상자 뚜껑을 열었으나, 천만뜻밖에도 화약이 폭발하여 그 자리에서 폭사하고 말았다. 세상 사람들은 이것이 대원군의 정치적 보복이며 그 배후에는 민규호가

---

[7] 상게서, pp.27~28.

[8] 상게서, p.27.

이같이 '서로 죽이는 일상장相戕'을 꾸며냈다고 말한다.[9]

민승호의 폭사사건 이후부터 민영익과 민규호와의 숙질간에 불화관계가 심화되었고, 이를 계기로 대원군을 실각시킨 민 왕후의 척족세력의 정치적 기반은 더욱 굳건해지면서 민영익은 고모인 민 왕후의 지지로 결국 민씨세도가의 영수로 급부상했다. 권력쟁탈전에서 패배한 민규호는 실세失勢에 통분한 나머지, 마침내 화병으로 1878년 겨울에 석고石膏 두 냥을 복용, 음독자살하고 말았다.[10]

이제 민씨 일가 중 정적을 제거하는 데 성공한 청년 민영익은 명실상부하게 민씨척족閔氏戚族세력의 영수가 되었다. 그는 이와 같이 20대 초반에 이미 정부의 다수 고관 현직顯職을 역임하면서 정병政柄을 장악했기 때문에 그를 가리켜 세상 사람들은 '칠겸대감七兼大監'이란 영광스러운 별칭을 붙이고 있었다. 세인들은 과거에 대원군이 집권했을 때와 대비해서 그가 살고 있는 본제本第를 죽동궁竹洞宮, 민영익을 죽동궁대감竹洞宮大監이라 통칭하고 있었다.[11]

이렇듯 죽동궁대감을 중심으로 재기才氣가 발랄한 청년들이 죽동궁대감 막하로 모여들면서 강력한 개화파 세력이 형성되기에 이르렀다. 1878년 민영익의 문하에는 이른바 팔학사八學士가 형성되었다. 즉, 민영익을 중심인물로 하여 뭉친 팔학사이중칠李重七 · 조동희趙同熙 · 홍영식洪英植 · 김홍균金興均 · 홍순형洪淳馨 · 심상훈沈相薰 · 김옥균金玉均 · 어윤중魚允中 등 죽동궁 정치세력이 형성되었다.[12]

---

[9] 상게서, pp.26~27; 『大韓季年史』(국사편찬위원회, 1971), 上, p.9(고종 11. 겨울).

[10] 『梅泉野錄』, p.45(고종 15).

[11] 『每日申報』(1914. 6. 10, 6. 12).

[12] 『梅泉野錄』, p.44(고종 15).

조선은 1876년 조일조규朝日條規 체결로 개항을 성취했지만, 이는 일본의 정한론征韓論 구현을 위해 포함외교에 의한 강제적인 조선개항이었다. 일본에 개항했지만 여전히 쇄국양이정책은 변함이 없었다. 조선의 문호를 구미 열강에게 개방해야 한다는 조선개항문제를 둘러싸고 개항을 반대하는 위정척사파衛正斥邪派와 개화와 조선개항을 주장하는 개화파開化派 간에 치열한 공방전이 전개되더니, 국론은 완전히 분열되기에 이르렀다. 이와 같은 국론분열의 와중에 민영익은 이제 강력한 민씨 척족세력을 배경으로 하고 이른바 '팔학사'의 전폭적인 추대를 받아 개화파의 지도자로 급부상하였다. 결국 민영익은 척사파를 누르고 조선개항을 성취시키는데 일익을 담당하였고, 그 결과 1882년 5월 22일 역사적인 한미조약이 체결되어 조선개항은 명실상부하게 실현되었다.

행호군行護軍 민영익은 1880년 12월에 통리기무아문統理機務衙門 당상堂上이 되어 1882년 임오군란壬午軍亂을 맞이했다.[13] 임오군란은 대원군의 정계복귀를 대의명분으로 내걸고 척사파의 반란으로 발전되었다. 대원군이 재집권하려면 민씨 척족세력을 제거하지 않을 수 없었다. 이 당시 민영익의 생부 민태호는 강화부유수江華府留守로 재직하고 있었는데, 난군은 민태호를 비롯한 민씨 척신들의 집을 습격하여 방화와 약탈을 자행했을 뿐만 아니라 궁궐로 난입하여 민 왕후를 시해하려고 난동을 부렸다. 이에 민 왕후는 궁녀로 변장하고 장호원長湖院 충주목사 민응식閔應植의 집에 피신, 화를 면했다.

한편 난군은 일본 교련관 호리모토掘本禮造를 죽이고 일본공사관을 습격, 불태웠으며 이로 인해 일본공사 하나부사花房義質는 부랴부랴 일본으로 도망치고 말았다. 이때 민영익은 머리를 깎고 방갓을 쓰고 짚신을 신

[13] 『高宗純宗實錄』上, p.629(고종 17. 12. 22).

은 채 승복차림으로 변장하고 양근楊根 김오위장가金五衛將家에 은신, 식객 노릇을 하면서 화를 면했다.[14] 결국 임오군란은 청국 오장경吳長慶 원세개袁世凱의 청군淸軍의 서울 진주를 초래했고, 그 결과 대원군의 납치로 끝났으며, 민 왕후의 환궁으로 민씨 세력의 재집권을 가져왔다.

임오군란이 수습되고 난 직후 1882년 10월에 정부에서는 특명전권대신 겸 수신사修信使 박영효朴泳孝를 일본에 파견했다. 정사正使에 박영효, 부사副使에 김만식金晩植, 종사관에 서광범徐光範이었다. 이때 민영익은 김옥균과 함께 일본 국정을 상탐詳探한다는 임무를 띠고 박영효 수신사 일행을 따라 일본 도쿄로 향발했다. 팔학사의 한 사람인 김옥균과 민영익은 수신사 수행원 자격으로 일본에 간 것이 아니고 이와 별도로 일본의 국정을 살핀다는 특별임무를 띠고 도일했다.[15] 명치유신明治維新 이래 근대화의 길을 걷고 있는 일본의 경이로운 발전상을 몸소 시찰할 수 있는 좋은 기회였다.

이 당시 민영익은 이미 민씨 외척세력의 대표적 인물로 부상한 상태였다. 고종은 그 당시 유위한 청년 가운데 김옥균을 장래 촉망되는 인물로 지목하고 있었다. 이에 반해 민 왕후는 친정 조카 민영익을 민씨 외척세력을 대표하는 동량棟梁으로서 신임하고 있었다. 1882년 묄렌도르프Paul G. Moellendorff, 목인덕穆麟德, 1848~1901가 조선정부 외교고문 겸 조선해관 총세무사로 부임하자, 민영익은 민 왕후와 묄렌도르프 사이의 교량 역할을 담당했다. 민영익은 민 왕후의 비서역을 담당하고, 묄렌도르프와 제휴해서 해

[14] 『明治編年史』권 5, pp.140~141, 閔泳翊の消息(東京日日, 1882. 8. 26); 『梅泉野錄』, p.59.

[15] 『修信使記錄』(국사편찬위원회, 1958), 「使和記略」, pp.195, 236~237, 265; 『明治編年史』권 5, p.163, 朝鮮謝罪使朴泳孝一行着京(東京日日, 1882. 10. 16); 『日本外交文書』韓國篇(泰東文化社), 권 3, pp.248~249, 朝鮮國使節到着御屆の件(1882. 10. 13).

관海關 수입의 일부를 민 왕후에 헌납함으로써 왕비의 내탕금內帑金에 충당하였다. 이로써 민영익은 청국 세력을 배경으로 막강한 실력자로 정계에 등장했다.[16]

이홍장李鴻章이 파견한 정치고문인 묄렌도르프는 서울에 부임하자마자 정부기구 개편 및 제도개혁을 단행할 것을 건의한 바 있었는데 정부는 그의 권고안을 받아들여 1882년 11월 17일에 통리아문統理衙門을 설치했고, 11월 18일에는 내무아문內務衙門을 각각 설치했다.[17] 그러나 정부는 12월 4일에 내무아문을 통리군국사무아문統理軍國事務衙門으로, 통리아문을 통리교섭통상사무아문統理交涉通商事務衙門, 외교통상부로 각각 개칭하고 독판사무督辦事務를 판리사무辦理事務라 칭하면서 조영하趙寧夏를 통리교섭통상사무아문의 판리사무로, 민영익을 협판協辦으로 임명했다.[18]

묄렌도르프는 12월 26일 고종을 배알한 자리에서 제도를 개혁하는 문제, 항구 개설문제, 조선해관 설치문제를 거론하면서, 앞으로 광산개발 및 철도건설 사업에 착수할 것을 건의했다. 고종은 이에 적극 찬동했다. 그러나 조선은 이러한 개발사업을 추진할 재원이 없었다. 그래서 청국 정부로부터 개발자금을 차관해오기로 결정했다. 개발자금으로 은화 100만 테일Tael의 차관을 청국정부로부터 빌리기로 했다.[19]

이리하여 고종은 해관사무를 시찰한다는 명목으로 묄렌도르프와 민영

---

[16] Allen, "A Chronological Index," p.162; 金源模, 『近代韓國外交史年表』(단대출판부, 1984), pp.106~107; 古筠紀念會, 『金玉均傳』(慶應出版社, 1944), pp.240~241.

[17] 『高宗純宗實錄』中, p.77(고종 19. 11. 17, 11. 18).

[18] 상게서, 中, p.80(고종 19. 12. 4, 5).

[19] Rosalie von Moellendorff, P. *G. von Moellendorff: Ein Lebensbild*(Leipzig: Otto Harrassowitz, 1930), p.50.

익에게 차관도입 교섭의 전권을 위임하고 청국으로 파견했다.[20] 묄렌도르프가 단장이 되고 권지협판교섭통상사무權知協辦通商事務 민영익은 부단장격이었다. 이들은 1883년 1월 청국 상해上海로 떠났다. 이들은 상해로 가서 이같이 거액의 차관을 한꺼번에 얻는다는 것은 현실적으로 어렵다는 것을 깨닫고 우선 당장 급한대로 30만~40만 테일을 차관하고 그 나머지는 후일에 얻기로 방침을 정했다. 이리하여 1월 30일부터 청국의 대기선회사인 차이나 머천트China Merchant 회사와 차관도입교섭을 벌인 결과 청국정부의 보증이 있어야 돈을 빌려 주겠다 하므로 2월 7일 묄렌도르프와 민영익은 천진天津에 가서 이홍장을 만나 차관문제를 교섭하여 매듭짓게 되었다. 이들은 잘딘 마데손상사Jardin Matheson and Company, 怡和洋行와 상해—제물포, 천진—제물포 간의 정기 여객선 취항협정을 체결하였고, 뿐만 아니라 상해—서울, 서울—블라디보스토크 간의 전선가설협정을 체결했다. 이러한 경제적 성과를 거둔 뒤 4월 10일 귀국했다.[21]

2. 조선보빙사 민영익의 대미자주외교와 세계 일주항행

민영익을 중심으로 한 개화파는 조선개항을 반대하고 심지어 조선책략朝鮮策略, 황준헌黃遵憲을 불태우는 등 과격한 쇄국정책을 표방하고 있는 척

[20] 『高宗純宗實錄』中, p.81(고종 19. 12. 14).

[21] Moellendorff, *op.cit.*, pp.51~54.

사파를 물리치고 드디어 1882년 5월 22일 구미 열강 가운데 제일 먼저 미국과 한미조약을 체결하는 데 성공했다. 한미조약 체결은 이제 조선이 한청 간에 유지해왔던 전통적인 조공체제朝貢體制를 타파하고 자주독립국가로서 국제사회의 한 성원成員이 되었다는 점에서 역사적 의의가 크다고 하지 않을 수 없다. 미국정부는 한미조약을 비준하고, 1883년 3월 9일 푸트Lucius H. Foote, 福德를 초대 주한 미국전권공사에 임명하여 파견했다.[22] 푸트 공사는 1883년 5월 19일 통리교섭 통상사무아문에서 비준문서를 교환함으로써 한미 간의 외교관계가 정식으로 수립되었다.[23] 푸트 공사는 부인과 동반 즉시 정동貞洞에 미국공사관을 개설했다.

조약을 체결하고 비준문서까지 교환한 이상 상대국 수도에 전권공사를 파견하여 상주공사관을 개설한다는 것은 너무나 당연한 처사라고 한미조약문에 명문화되어 있다. 미국은 이러한 절차를 완료하고 서울 정동에 주한미국공사관을 개설, 외교업무를 개시했는데도 불구하고 조선정부는 전권공사를 파견하여 워싱턴에 상주공사관을 개설할 재정 형편이 못되었다. 그 주요인은 재정력이 없었기 때문이다. 조선정부는 워싱턴에 상주공사관을 개설할 자금을 마련할 방도가 없었다. 이에 푸트 공사는 이 점을 감안하여 그 대안代案으로 임시방편으로 견미사절遣美使節을 파견할 것을 건의했는데[24] 조선정부는 푸트의 건의를 받아들여 조선보빙사를 파미하

[22] 『奎章閣圖書』(영문본 및 한문본, 23219, 23220), Chester A. Arthur, President of the U. S. A. To His Majesty, The King of Chosen, March 9, 1883; *Diplomatic Documents*, Naional Archives, Chester A. Arthur, President of the United States of America to His Majesty, The King of Chosen, March 14, 1883.

[23] U. S. Department of State, *Papers Relating to the Foreign Relations of the United States*(hereinafter cited as *FRUS*), Washington D. C.: Government Printing Office, 1883, pp.241~242, No, 109; 『高宗純宗實錄』中, p.92(고종 20. 4. 13).

[24] U. S. Department of State, *Despatches From United States Minister to Korea, 1883~1905*,

기로 결정했다.

견미사절遣美使節 파견을 결정하자, 김옥균은 즉각 고종에게 민영익을 조선보빙사 전권대신에 추천했다. 김옥균은 팔학사의 일원이었고 개화파의 중심인물이지만, 민씨 척족세력의 실력자인 민영익을 천거한 이유는 정치개혁을 통하여 청의 정치적 기반羈絆으로부터 벗어나 자주독립을 실현시켜보겠다는 그의 정치적 이상과 이념을 같이 했기 때문이었다. 민영익은 조선보빙사 전권대신으로 미국사행을 떠날 때까지만 해도 이같이 김옥균과 개회의지방향을 같이 하는 친밀한 개화파 동지였다.[25]

조선정부는 조선보빙사 전권대신에 민영익, 부대신에 홍영식, 종사관에 서광범 등을 임명했다.[26] 조선보빙사 일행은 1883년 9월 18일 아더 대통령에게 보내는 한글국서신임장를 제정한 후 미국 동부지방 보스턴의 산업시설을 시찰하는 순방 시찰여행길에 올랐다.[27] 조선정부의 보빙사 파미는 조선이 완전히 자주독립국가임을 세계만방에 과시하고 이를 국제적으로 공인받았다는 데 그 역사적 의의는 실로 크다고 할 것이다.

첫째로 조선보빙사는 태극기를 국기國旗로 제정 · 반포한 직후에[28] 이 태극기를 휴대하고 미국사행美國使行을 단행, 외교행사에 태극기를 사용했다는 사실을 중시하지 않을 수 없다. 조선보빙사가 공식행사나 미국 각지로 시찰여행을 갈 때마다, 특히 미국 대통령의 전용여객선 카탈프Catalps호

File Microcopies of Records in the National Archives, Washington, D. C., No. 134(hereinafter cited as *Korea Despatches*), vol. 1, No, 14, Foote to Frelinghuysen, July 13, 1883.

25 金道泰, 『徐載弼博士自敍傳』(首善社, 1948), pp.68~69.

26 『日省錄』권 20, p.119(고종 20. 6. 5); 『承政院日記』권 8, pp.458~459(고종 20. 6. 6).

27 *New York Herald*, September 18, 1883.

28 『高宗純宗實錄』中, p.87(고종 20. 1. 27). "統理交涉通商事務衙門 啓 國旗今旣製造行會八道四都 使之認驗擧行何如 允之"

마스트에 태극기를 높다랗게 게양하고 시찰여행을 단행했다는 것, 보빙사가 투숙하고 있는 보스턴 벤담호텔 국기게양대에 태극기를 게양하는 등 대조선국 국기the Corean flag를 미국 땅에 처음으로 선양宣揚한 것은 대단히 의미 있는 성사가 아닐 수 없다.[29] 이와 같이 국기제정 직후 견미사절의 미국 동부지방에서의 공식적 외교행사에 처음으로 태극기를 사용한 것이다.

둘째로 조선보빙사가 휴대하고 간 국서신임장에는 개국연호開國年號를 사용했다는 점이다. 여태까지는 중국연호만을 전용하는 것이 하나의 외교상 관례였으니, 최초의 대미 외교문서국서에 중국연호를 폐기하고 개국연호만을 사용했다는 점에서 자주외교의 의지를 읽을 수 있다.[30] 셋째로 민영익이 아더 대통령에게 바친 국서 원본은 한문으로 되어있었지만 조선보빙사는 한글국서를 제정했고, 민영익은 국서제정사國書提呈辭도 한글로 작성, 이 두 건의 외교문서를 붓글씨로 써서 사진도판으로 제작하여 미국 '뉴욕헤럴드'에 전면全面보도한 것이다.[31] 한글 외교문서 두 건이 미국 신문에 게재·소개되기는 역사상 처음 있는 성사盛事이다. 이는 바로 한국이 중국과 일본과는 다른 고유한 표음문자인 한글을 가지고 있는 문화국임을 전 세계에 과시한 것이다.

조선보빙사 일행은 미국사행 임무를 완수하고 귀국하는데 두 패로 나뉘어 귀국길에 올랐다. 홍영식 전권부대신은 참찬관 미국인 로우엘Percival Lowell, 魯越, 청국인 우리탕吳禮堂, 수행원 현흥택玄興澤 최경석崔景錫 고영철高

---

[29] *Boston Daily Globe*, September 19, 1883; *New York Times*, September 27, 1883; *New York Herald*, September 27, 1883.

[30] 『舊韓國外交文書』권 10(美案 1), p.21 「報聘全權大臣 閔泳翊·洪英植派美國書」.

[31] *New York Herald*, September 19, 1883.

永喆, 그리고 로우엘의 개인비서 일본인 미야오카宮岡恒次郎 등을 대동하고 10월 16일 오던 항로를 따라 귀국했다.[32]

한편 민영익 전권대신은 10월 12일 백악관을 예방하여 아더 대통령에게 고별인사를 끝내고 대서양을 건너 유럽 각국을 순방한 후 인도양을 거쳐 귀국하기로 결정했다. 그러자 아더 대통령은 해군장관에게 특별 지시하여 해군 군함 트렌턴Trenton호로 조선보빙사 일행을 호송하라고 특별히 배려해 주었다. 뿐만 아니라 미국정부는 조선까지의 반년에 걸친 세계 일주항행 비용도 해군 비상지출금으로 충당하게 하는 특별예우를 단행했다.[33] 민영익 전권대신은 해군무관 포크George C. Foulk, 福久, 종사관 서광범徐光範, 수원 변수邊燧 등을 인솔하고 1883년 12월 1일 해군대령 피티언Robert L. Phythian 함장이 이끄는 트렌턴호를 탑승, 뉴욕항을 출항하여 대서양 횡단항행에 올랐다.[34]

민영익은 항행 중 함장이 전용하는 함장실에 기거하였고, 대서양 횡단항행을 하는 동안 조금도 피로의 기색이 없이 즐거운 시간을 보냈다. 함상에서의 식사에도 불편을 느끼지 않았고 뱃멀미도 없었다. 대서양 횡단항행 중 보빙사 일행은 대서양상 아조레스Azores 군도의 포르투갈령 파이알Faial도의 오르타Horta에 기항했는데, 이곳에서 다브니Dabney 영사와 그의 가족의 환대를 받았고, 다브니 영사의 안내로 그곳 관광을 즐겼다. 그후 오르타에서 석탄 125톤을 적재하고 지브롤터Gibraltar까지의 1,000마일에

---

32 George M. McCune and John A. Harrison, *Korean-American Relations, Documents Pertaining to The Far Eastern Diplomacy of the United States*, vol 1: The Initial Period, 1883~1886(University of California Press, 1951), pp.32~34, No. 27, Frelinghuysen to Foote, October 16, 1883.

33 *FRUS*, Corea, 1883, p.125, Frelinghuysen to Foote, November 12, 1883.

34 *FRUS*, 1884, p.126, No, 75, Foote to Frelinghuysen, June 17, 1884.

이르는 5일간의 장기간 항행에 나섰다.[35]

그러나 불행하게도 해상에서 강한 역풍을 만나, 지브롤터까지 불과 350마일을 앞두고 트렌턴호는 리스본Lisbon으로 회전항행하지 않을 수 없었다. 이때부터 트렌턴호는 강풍을 동반한 악조건의 기상으로 리스본까지 항행하는 데 3일이나 걸렸다. 때마침 크리스마스 철인데다가 식량 보급도 떨어져가고 있었으며, 장기간 대서양 항행으로 지쳐 있었다. 보빙사 일행은 리스본을 거쳐 드디어 스페인 남단에 있는 영국 직할령인 지브롤터항에 기항했다. 그들 일행은 지브롤터 주재 미국영사 스피라근Spilagne 부자의 영접을 받았다. 스필라근은 보빙사 일행을 미노타우로스Minotauros · 신화에 나오는 몸은 사람이고 머리는 소인 괴물 등 지브롤터의 명승고적지로 안내했다. 특히 때마침 영국 에딘버러 공The Duke of Edinburgh이 미노타우로스에서 지브롤터 군대를 사열하는 광경을 보빙사 일행은 관람할 수 있었다.[36]

지브롤터에서의 관광을 끝내고 프랑스 마르세유Marseille로 이동했다. 마르세유까지의 항행은 순풍으로 항행이 순조로웠고, 해상생활은 유쾌했다. 보빙사 일행은 마르세유 시내의 관광여행을 즐겼다. 마르세유는 프랑스 동남부의 최대 무역항구로, 보빙사 일행은 뉴욕을 떠난 이래 유럽주에서는 처음으로 번화한 항구도시를 시찰하였다. 1884년 1월 10일 마르세유를 출발, 프랑스 동남부의 도시 리옹Lyon으로 이동했다. 그런데 리옹 정거장에서 뜻하지 않은 도난사고가 발생했다. 리옹 정거장의 수하물을 나

---

[35] *Rear Admiral Robert Wilson Shufeldt's Letters*, The Collections in the Manuscript Division, Library of Congress(hereinafter cited as *Shufeldt Letters*), George C. Foulk to Shufeldt, U. S. Trenton, Port Said, Egypt, February 26, 1884.

[36] *Shufeldt Letters*, Foulk to Shufeldt, February 26, 1884.

르는 짐꾼이 민영익 공사와 포크 해군무관의 손가방을 받아들고 운반하는 척하다가 종적을 감추어버린 것이다. 민 공사의 손가방에는 그 소중한 사모관대가 들어 있었다. 리옹 주재 미국영사와 리옹 정거장 역무원, 그리고 경찰이 총동원되어 수색했지만 손가방을 찾아내지 못하고 분실하고 말았다.[37]

보빙사 일행은 리옹을 떠나 도버해협을 횡단 항행한 끝에 1월 16일에 런던에 입항하여 랑함Langham 호텔에 투숙했다.[38] 런던 체재는 약 1주일 예정이었다. '서유견문'에는 런던을 세계 제일의 경이로운 도시라고 소개하고 있다.

> 런던은 영길리英吉利의 서울이니 영국은 즉 대불열전국大不列顛國, Great Britain, 大英帝國이다. 그 본토는 묘소眇少한 섬나라이지만 속지屬地, 식민지는 6대주에 산재하고 있어서 사해四海를 호시虎視하고 있다. 그 국민의 부섬富贍이 만국에 으뜸이니 역시 일대방一大邦의 왕성王城이며, 인구는 325만이 넘고, 내외 상민 및 관광객수만 해도 수백만이 되고 있으며 호수戶數는 528,890여 호에 이르는 실로 천하제일의 도시이다. 남북이 15리에 가깝고 동서가 20리를 넘으니 템스강探秀河이 시 중앙을 통류通流하여 3분의 2는 강북에 있고, 3분의 1은 강남에 있다. 도로는 벽돌 모양의 나무 조각으로 깔아 놓았고, 그 위에 마차가 끊일 사이 없이 왕래하고, 고가철로와 지하철로가 있어서 공중과 지하에 질주하는 기차 지나는 소리, 거리의 인파의 번잡한 소리와 함께 벽력 같은 기차의 뇌성雷聲이 갑자기 일어났다가 사라지곤 했다. 이같이 번화한 도시는 실로 만국 중 최대의 도시이다. 이 도시에는 또한 빈민도 많이 살고 있어서 가로상에 남루한 옷을 입고 옷을 잘 입은 부자와 어울려 다니고 있는지라, 사람들은 말하기를 천하에

---

37 *Ibid.*

38 *The Times*(London), January 17, 1884.

제일 부하기도 런던 같은 도시가 없고, 제일 가난하기도 런던 같은 도시가 없다고 한다.[39]

조선보빙사 일행은 런던에 약 1주일 동안 머물면서 런던 시내에 있는 명승고적을 두루 살펴보았다. 윈저Windsor궁전, 국회의사당, 웨스트민스터 성당Westminster Abbey, 수정궁Crystal Palace, 사우스 켄싱턴South Kensington, 堅徵敦, 하이드 파크Hyde Park, 동식물원, 터소우 납인형관蠟人形館 · Madame Tussaud's 등 명승유적지를 관광했다. 특히 윈저성을 볼 때 중세 봉건군주의 건축물이 훌륭하다고 감탄하면서 국왕이 성곽에서 살지 않으면 안 되는 시대의 유적이기 때문에 영국여왕은 미국 백악관과 같은 관저에서 살았더라면 더욱 행복했을 것이라고 말했다. 또한 대영박물관을 관람할 때 영국 국왕이 인도 공자로부터 받은 선물과 아편전쟁 후 1860년 영불군의 북경공략 때 청국 황제의 하궁夏宮으로부터 약탈해온 전리품 등을 관람하고 서광범은 "인도 공자가 불행해"라고 말하면서, "미국은 이러한 약탈행위를 하지 않으니 미국 국민은 훌륭한 국민이다."라고 말했다. 조선보빙사는 서구 제국주의 열강의 대중對中침략전쟁을 이 유물을 통하여 비로소 깨닫게 되었다.[40]

민 공사의 요청으로 포크는 보빙사 일행을 주영 미국공사관으로 안내했다. 그곳에서 그들은 로우엘Lowell 공사의 영접을 받았다. 그런데 로우엘 공사는 조선보빙사의 런던 방문을 전연 모르고 있었다. 미국공사관 해군무관 채드윅Chadwick은 보빙사 일행을 자기 관저로 초대하여 환영연을 베풀기도 했다. 이어 채드윅 해군무관은 보빙사를 런던 시내의 각 기관으로

---

39 『兪吉濬全書』(一潮閣, 1971), 권 1(西游見聞), pp.508~509.

40 *Shufeldt Letters*, Foulk to Shufeldt, February 26, 1884.

친절하게 안내하면서 시찰여행을 즐기게 했다.[41]

미국공사관을 방문한 후 보빙사는 주영 일본공사관과 주영 청국공사관을 잇달아 순방했다. 먼저 민영익 공사는 일본공사관의 모리森有禮 일본공사를 방문했다.[42] 그런데 민 공사는 모리 공사로부터 모욕적인 냉대를 받았다. 민 공사 일행과 대좌한 모리 공사는 포크 해군무관이 배석한 가운데 화제를 전통적인 한중관계로 돌렸다. 모리 공사는 한중관계는 조공관계朝貢關係이므로 "조선은 독립국가가 아니고 청국의 속방屬邦"이라는 말을 꺼냈다. 이에 격분한 민 공사는 모리 공사의 모욕적인 발언을 반박하면서 속방문제를 둘러싸고 열띤 공방전을 전개했다. 민 공사는 일본공사관을 공식적으로 방문한 것은 아니었다. 그럼에도 불구하고 모리 공사가 '속방론dependency'을 거론한 것은 일제의 한반도 침략야욕정한론征韓論의 일단을 여실히 드러낸 발언이었다. 포크는 시종일관 침묵을 지키면서 민영익-모리 간의 속방문제 공방전을 듣고만 있었다. 그러나 포크가 듣기에는 모리 공사가 화제를 리드하면서 논쟁점에 이르러 민 공사보다 훨씬 조리 있고 세련되게 토론하고 있다는 인상을 받았다. 아무튼 민 공사는 일본공사관을 나설 때 아주 불쾌한 인상으로 떠났다.[43]

그 다음에 주영 청국공사관을 방문했다. 보빙사는 일본공사와는 대조적으로 주영 청국공사 증기택曾紀澤, Tseng Chi-tse 후작[44]으로부터 따뜻한 환

[41] *Ibid.*

[42] 『日本外交史辭典』(日本外交史辭典編纂委員會, 1979), pp.938~939. 모리 아리노리(森有禮, 1847~1889)는 초대 주미공사(1870), 주청공사(1875)를 거쳐 1879년 주영 일본공사로 부임했다.

[43] *Shufeldt Letters*, Foulk to Shufeldt, February 26, 1884.

[44] Arthur W. Hummel, ed., *Eminent Chinese of Ch'ing Period*(1644~1912), vol 2(Washington, United States Government Printing Office, 1944), pp.746~747. 曾紀澤(Tseng Chi-tse, 1839~1890)은 주영·주불 청국공사를 역임했다.

대를 받았다. 민 공사는 증 공사를 만났을 때, "朝鮮人 閔泳翊, Min Yong Ik, a Chosunese"라 인쇄된 명함을 내놓고 환담을 나누었다. 일본공사관을 방문했을 때도 이러한 명함을 내놓았는데, 이는 공식적인 방문일 때 사용하는 명함이었다. 청국공사관 방문을 끝내고 조선보빙사는 일체 공식적인 방문을 하지 아니했다.[45]

보빙사가 런던에 체재하고 있는 동안 본국으로부터 한영·한독조약이 체결되었다는 소식을 전해 들었다. 포크는 청국공사관으로 온 조약체결에 관한 전문電文을 입수한 후 번역하여 민 공사에게 보고했다. 원래 한영조약은 1882년 6월 6일에 조영하趙寧夏·김굉집金宏集과 윌즈George O. Willes, 韋力士 사이에 체결되었지만, 영국정부가 조약 내용에 불만을 표시하면서 비준을 거부함으로써 자동 취소되었다. 그러다가 1883년 11월 26일 한영·한독조약이 동시에 체결된 것이다.[46] 그래서 민 공사는 영독 양국과의 조약체결 소식을 전해 듣고 처음에는 한미조약과 똑같은 조건으로 체결되지 않았다 해서 몹시 유감의 뜻을 표했지만, 포크가 한영조약은 조선에 불리한 조약이 아니라는 내용을 설명하자 민 공사는 만족했다.

런던 시내의 각 신문기자들이 보빙사를 방문해서 취재했지만 영국정부의 관리나 실업인들의 내방은 일체 없었다. 뿐만 아니라 보빙사가 영국정부 기관을 방문한 일도 없었다. 다만 병원 의사 한 사람이 보빙사가 입고 다니는 한복의 우아한 품위에 관심을 가지고 민 공사를 찾아와서, 내년 런던에서 개최 예정인 위생박람회Sanitary Exposition에 한복 견본을 출품·전시해달라고 요청했다. 민 공사는 이 같은 제의에 쾌히 승낙하면서 한복 견본을 출품하겠다고 약속하였다. 런던 체재기간은 보빙사의 계획보다도

[45] *Shufeldt Letters*, Foulk to Shufeldt, February 26, 1884.

[46] Allen, "A Chronological Index," p.164; 金源模, 『近代韓國外交史年表』, p.109.

더 길었다. 1주일간 체재 중 보빙사는 아무런 불편 없이 유쾌하게 런던 시내 구경을 하면서 시간을 보냈다. 그들은 런던 특유의 짙은 안개와 습기에도 불구하고 결코 우울한 기분이 아니고 명랑한 모습으로 런던 관광을 즐겼다.[47]

1주일간의 런던방문을 끝내고 보빙사 일행은 칼레-도버Calais-Dover 정기 여객선을 타고 파리로 향발했다. 보빙사 일행은 뉴욕에서 대서양 횡단항행을 할 때 악천후로 해상항행이 어려웠음에도 불구하고 뱃멀미가 없었는데 이번 도버해협 항행 때는 대서양 항행보다는 훨씬 일기가 좋았는데도 심한 뱃멀미를 앓고 모두 쓰러지고 말았다. 난항 끝에 보빙사 일행은 파리에 도착했다. 『서유견문』에 파리는 '유행의 본산지'라고 소개하고 있다.

> 파리巴里는 불란서의 서울이다. 인구는 180만, 센강細菌河 남단에 있고 강 위에 33개의 철교와 석교가 가설되어 있다. 주위가 70리에 이른다. 도로가 청초淸楚하고 가옥의 장려함이 천하제일의 도시이다. 제1세 나폴레옹拿破崙 황제가 남정북벌南征北伐 끝에 구주歐洲의 제방諸邦을 탄병呑倂하고 그 재화를 거두어 수도의 면모를 일신하였으니, 루브르궁杜老宮을 수리하고 개선문凱旋門을 중심으로 12 대가로가 통해 궁실도로의 규모가 웅장 · 화려하다. 파리는 옛날 로마羅馬 대장 시저時慈가 공취攻取한 지방이니카이사르의 갈리아 정복 그때 이곳에 성곽을 축조하고부터 차차 증축하여 일대 도시로 성장하더니 나폴레옹의 공력功力으로 거대한 성시城市가 되었다. 파리는 유행의 본산지이니 이를 '파리巴里의 시체時體'라 한다. 그러므로 파리는 천하만국의 경성 중의 경성京城이다.[48]

---

[47] *Shufeldt Letters*, Foulk to Shufeldt, February 26, 1884.

[48] 『西遊見聞』, pp.525~526.

보빙사 일행은 팔레 르와얄Palais Royal, 八禮老逸, 루브르궁, 뤽상브르궁Palais du Luxembourg, 婁參福宮, 노트르담 대성당, 콩코드 공원Concord, 昆高道 등 파리 시내의 명승고적을 두루 관광했다.

보빙사 일행은 주불 미국공사와 일본공사[49]를 방문했다. 특히 주불 미국공사 모튼Morton은 보빙사를 위한 환영 리셉션을 베풀었다. 이 자리에서 모튼 공사는 피티언 함장을 통하여 한불 간의 입약교섭에 관한 미국정부의 훈령을 받았다고 전했다. 한영·한독조약이 체결되었으므로 미국 국무부는 조선의 다변외교多邊外交를 위해 한불조약의 체결을 도와주라는 훈령을 주불 미국공사에게 내렸다.

이와 같은 미국의 대한개방외교정책의 도움으로 1886년 6월 4일 데니O. N. Denny, 德尼의 중재하에 한불조약이 체결되었다.[50] 모튼 공사는 한영·한독조약이 체결된 직후에 이 같은 훈령을 받았다고 상기시키면서 민 공사에게 한불조약을 입약하도록 도와줄 것을 요청했다. 한영·한독조약 체결소식을 들은 지 불과 4일밖에 안되었지만 모튼 공사는 불독 양국의 실업인들로부터 서울에 교역소trading depots 개설을 희망하는 신청을 접수하면서 대한통상對韓通商의 유리점을 설명하기도 했다.

특히 스위스 영사는 모튼 공사와 민영익 보빙사 일행이 함께 있는 자리에서 "본인은 최초의 조선보빙사를 만나게 되어 기쁩니다."라는 인사말을 적은 명함을 민 공사에게 직접 전하면서 조끼주머니로부터 회중시계를 꺼내어 시계 상자에 넣어 민 공사에게 증정했다. 이처럼 값진 회중시계를

---

49 『日本外交史辭典』 附錄, p.367. 그당시 주불 일본공사는 光妙寺三郎이다.

50 Robert R. Swartout, *Mandarins, Gunboats, and Power Politics: Owen Nickerson Denny and the International Rivalries in Korea*(The University Press of Hawaii, 1980), pp.60, 62~65, 153; Allen, "A Chronological Index," p.174; 金源模, 『近代韓國外交史年表』, p.123.

증정하는 것은 조선과의 교역을 희망한다는 것을 의미한다. 이는 곧 스위스는 장차 조선에 대하여 시계수출을 강력히 희망한다는 메시지를 전했다고 말할 수 있다.[51]

보빙사 일행은 파리 체재 중 루브르 미술박물관, 폐병관廢兵館, Hotel des Invalides, 나폴레옹묘Tomb of Napoleon, 고블랭직織 제조소Gobelins, 동물원, 불로뉴 공원Bois de Boulogne, 개선문, 그랜드 오페라하우스 등 명소를 관광했다. 이어 파리 시청을 방문했다. 조선보빙사가 파리 시청을 방문했다는 소식을 듣고는 한 프랑스인이 반가이 보빙사 일행을 맞이했다. 그는 현재 에디슨 발전기회사Edison Dynamo Engine의 기사로 일하고 있다고 자기소개를 하면서, 일찍이 1866년 제1차 프랑스 함대의 조선원정병인양요 시 프랑스 군함의 수병으로서 서울 서강西江까지 소항溯航한 일이 있었다고 말하면서 조선을 잘 알고 있다고 전했다.[52]

파리 공식방문과 시내관광을 끝내고 조선보빙사는 마르세유로 향발했다. 그러나 함상에서 전기탐조등을 설치하느라 꼬박 5일간을 해상에서 허비했다. 마르세유에서 잠시 휴식을 취한 후 이탈리아로 향발했다. 트렌턴호는 지중해를 통과, 긴 항행 끝에 2월 4일 이탈리아의 나폴리항에 기항했다. 조선보빙사는 나폴리에 2월 20일까지 16일 동안을 체류하면서 관광을 즐겼다. 그동안 이탈리아의 서울 로마에 가서 2일간 고대 로마제국의 명승고적을 관광여행을 한 후 나폴리에 돌아와서 나폴리 시내의 명승지를 두루 시찰하고 나폴리 도처에 있는 폼페이Pompeii, 헤르쿨라네움Herculaneum, 포추올리Pozzuoli 등지로 두루 관광여행을 즐겼다. 나폴리 주재 미국영사 헤른원트Hernghwont는 보빙사 일행을 영접하고 환영연회를 베

---

[51] *Shufeldt Letters*, Foulk to Shufeldt, February 26, 1884.

[52] *Ibid.*

풀면서 일주항행의 노고를 치하했다.[53]

민영익 공사 일행의 세계 일주항행 비용은 미국 해군부에서 부담하였는데, 민 공사는 해군부 재정관으로부터 800달러의 여행비용을 수령하여 그동안 유럽 각국을 순방하는 데 400달러를 쓰고도 400달러가 남았다. 그래서 그 남아 있는 돈으로 이집트 고대유적지를 관광하기로 계획했다. 그들은 나폴리를 떠나 카이로에 도착, 나일강변에 우뚝 솟아 있는 수많은 피라미드 등 고대 이집트 문명유적지를 보고 경탄했다. 이집트 관광여행을 끝으로 이제 비용이 많이 드는 여행은 끝냈다.

유럽 각국과 이집트 관광을 하는 동안 포크 해군무관은 백과사전을 번역해서 각국의 정체政體·역사·국민상태, 그리고 흥망성쇠에 이르기까지의 역사적 배경을 설명해주었다. 보빙사 일행은 이를 토대로 직접 견문한 바를 종합적으로 토론하면서 유럽 선진문명의 우월성을 재인식하게 되었다. 특히 관광여행 중 가장 관심과 흥미를 보인자는 서광범이었다. 그는 영어를 약간 해득하고 있었는데, 자기가 견문한 것과 포크가 설명한 여러 가지 통계를 정확하게 기억하고 있었다. 국내 사정은 민 공사보다도 서광범이 훨씬 더 많이 알고 있었다. 그에 의하면 조선정부는 정치적 개혁을 통해 개화운동을 벌임으로써 근대화를 이룩해야 하며, 이러한 거창한 개화사업을 추진하려면 한미조약 체결 당사자인 슈펠트Robert W. Shufeldt, 薛斐爾 같은 정치고문이 절대로 필요하다고 역설하면서, 슈펠트를 조선정부 고문관으로 초빙해야 한다고 주장했다.

그래서 슈펠트가 서울에 부임하면 조선의 현 사태를 정확하게 설명함으로써 한미 간의 우호적 유대관계를 다지겠다고 그의 소신을 밝혔다. 사실상 보빙사가 유럽으로 떠날 때 일부 미국정부 고위관리들은 보빙사가

---

[53] *Ibid.*

유럽여행을 하면 미국에서 받은 미국에 대한 좋은 인상이 약화·희석되지 않을까 우려했지만, 막상 유럽여행을 하면서 그 반응은 정반대였다. 영불 등 구세계의 박물관에는 서구 제국주의 열강이 침략전쟁을 통해 약탈해간 전리품이 많이 있었고, 이로써 보빙사 일행은 미국이 약소국가를 침략·지배하지 않는 공평무사한 선진국임을 재인식했기 때문이다. 이러한 유럽 구세계와 미주 신세계를 대조하면서 조선보빙사 일행의 미국에 대한 신망信望은 더욱 두터워졌다.[54]

거의 3개월에 걸친 유럽 일주항행을 모두 끝마치고 이집트 포트 사이드Port Said에서 포크 해군무관은 2월 26일자로 그동안 보빙사를 수행하면서 유럽 각국 도시를 순방 관광한 내용을 정리하여 슈펠트에게 장문의 보고서를 보냈다. 1884년 2월 27일 밤 트렌턴호는 드디어 서구 세계를 뒤로하고 수에즈 운하를 거쳐 홍해를 빠져나와 아덴Aden에 기항한 후 아라비아 해역을 거쳐 인도양에 연한 실론스리랑카에 기항했다. 아시아로 항행중인 트랜튼호 함상에서 포크는 보빙사들 사이의 행동거지가 정반대인 것을 감지했다. 민영익은 시종일관 계자본癸子本 유교서적을 탐독하고 있었는데, 그것은 모처럼 구미의 선진문물을 시찰하고 근대화 계몽啓蒙운동을 벌일 절호의 기회를 놓칠 우려가 있는 것처럼 보였다. 이에 반하여 서광범徐光範과 변수邊燧는 포크가 백과사전을 번역하여 설명하면 열심히 노트하고, 또 시찰한 내용을 토론하는 등 구미 선진과학문명을 수용收容할 열의를 보였다.[55]

이와 같이 개화인물an enlightened man이었던 민영익 전권대신은 트렌턴호

[54] *Ibid.*

[55] *Korean-American Relations*, vol. 2, pp.106~108, Report of Information Relative to the Revolutionary Attempt in Seoul, Corea, by George C. Foulk, December 4~7, 1884.

를 타고 귀국하는 함상에서 보수반동적保守反動的 정치경향을 보인 반면, 서광범 · 변수 등은 제도개혁과 정치개혁의 의지를 보였다. 이는 장차 이들 양파 사이에 적대적 충돌을 야기할 불길한 조짐이었다. 장기항행 중 포크는 서광범 · 변수에게 조선어를 습득하기 시작하여 간단한 인사말을 나눌 수 있었다. 포크는 조선어를 습득해 두면 장차 서울 미국공사관부 해군무관에 부임해서 현지사정을 파악하는 데 크게 도움이 될 것이라고 생각했다.[56]

보빙사 일행은 인도양을 횡단항행, 말라카해협을 거쳐 싱가포르에 기항했다가, 일로 남지나해를 거쳐 홍콩香港을 경유하여 일본 나가사키長崎에 잠시 기항한 후 귀국했다. 1884년 5월 31일 드디어 인천 제물포에 도착했다.[57]

3. 민영익 귀국 복명1884. 6.

민영익 조선보빙사 일행은 1883년 12월 1일 뉴욕항을 출항하고부터 유럽 각국을 순방, 장장 만 6개월간 세계 일주항행 끝에 1884년 5월 31일 인천 제물포에 도착, 6월 2일에 귀국 복명했다.[58] 민영익 일행이 인천에 도

---

56 *Shufeldt Letters*, Foulk to Shufeldt, February 26, 1884; William E. Griffis, *Corea: The Hermit Nation*(New York, Charles Scribner's Sons, 1894), p.448.

57 『明治編年史』권 5, p.414, 「遣米韓使歸國す」(東京日日, 1884, 1, 28).

58 Allen, "A Chronological Index," p.165; 金源模, 『近代韓國外交史年表』, p.112.

착한다는 소식을 전해들은 개화파의 동지 김옥균金玉均은 윤치호尹致昊를 대동하고 인천으로 가서 민영익 일행을 마중 나와 영접했다.[59] 적어도 민영익은 귀국할 때까지만 해도 김옥균 · 홍영식 · 서광범 · 변수 등 개화파의 중심인물들과 뜻을 같이하는 개화파 동지였다. 일본 신문은 조선보빙사의 귀국소식을 "견미한사遣米韓使 귀국하다"라는 표제로 이렇게 보도하고 있다.

> 거월去月 1일1883. 12. 1 북미北米합중국군함 트렌턴호대포 10門는 뉴욕紐育 항을 해람解纜해서 동양으로 향항向航했는데, 이 함정은 리치먼드Richmond호와 대체했는 바, 동양 미국함대아시아함대의 지휘함이다. 즉 이 함정은 먼저번 한정韓廷으로부터 미국으로 파견된 사절使節일행을 태워오기 위해 파견된 것이다. 본 함정은 먼저 대서양을 항행해서 지중해로 들어가 지브롤터를 비롯하여 마르세유馬耳塞, 佛, 나폴리伊, 포트 사이드埃及 등 여러 항구와 기타 한사韓使가 정박을 희망하는 여러 항구에 기항하여, 그 일행으로 하여금 유명한 항구들을 유람케 했다. 또한 마르세유항에 잠시 정박하고, 한사韓使는 런던倫敦 파리巴里 등 양 도시를 순람巡覽했다 한다. 이 함정의 함장은 피티언이란 사람이다.[60]

이상과 같이 일본 신문은 조선보빙사의 귀국소식을 논평 없이 사실보도하고 있다.

보빙사 일행은 6월 2일 사인교 또는 당나귀를 타고 그날 저녁 서울에 무사히 도착했다.[61] 제물포로부터 서울로 가는 도중 서광범은 포크에게 민영익의 거취에 매우 우려를 표명했다. 민영익 공사는 도미할 때는 개화

---

59 『尹致昊日記』(국사편찬위원회, 1973), 권 1, p.68(1884. 5. 28, 6. 1~2).

60 『明治編年史』권 5, p.414, 「遣米韓使歸國す」(東京日日, 1884. 1. 28).

61 *FRUS*, 1884, p.126, No. 75, Foote to Frelinghuysen, June 17, 1884.

의도를 가지고 출발했지만, 그동안 미국을 떠나 유럽 각국으로 6개월간의 장기 세계 일주항행을 하면서 심경의 변화를 일으켜 부청적附淸的 정치성향을 밝혔기 때문이다. 서광범은 민영익이 서울에 도착하면 장차 구미 각국에서 견문한 구미 선진 진보사상을 버리고 보수 반동적 수구사대사상守舊事大思想으로 후퇴할 것이라고 전망하고 있다. 이 말은 선견지명이 있는 적중된 예언이었다.[62]

민영익 전권대신은 그 다음날 6월 3일 미국 공사관을 방문하여 푸트 공사에게 그동안 미국정부가 보빙사를 극진히 환대해 주었고, 미국정부의 주선으로 세계일주항행을 무사히 마치고 귀국한 데 대해 감사의 뜻을 전하면서 그의 미국방문과 세계 일주항행의 소감을 이렇게 솔직히 개진했다. "나는 암흑세계에서 태어나서 광명세계로 들어갔다가 이제 또다시 암흑세계로 되돌아왔다. 나는 아직 내 진로를 분명히 취할 수 없는데, 곧 앞으로의 나의 거취를 밝히게 될 것을 희망한다."[63] 이와 같이 민영익은 구미 선진과학문명을 유감없이 시찰하고 귀국했음에도 불구하고 이를 교훈 삼아 근대화운동을 일으키겠다는 데 무관심함을 엿볼 수 있는 대목이다.

1883년 12월에 귀국 복명한 홍영식 전권부대신도 어느 친구에게 미국사행 소감을 이렇게 말한 바 있다. "어둠 속으로부터 나와 눈부신 광명세계로 뛰어 들어간 기분이다."[64] 민 · 홍 양인은 다같이 암흑세계로부터 광명세계로 들어갔다는 데는 공통점을 이루고 있다. 그러나 홍영식은 미국의 광명세계에서 보고들은대로 선진문명을 수용하여 정치적 개혁을 통해

---

62 Harold J. Noble, "The Korean Mission to the United States in 1883, The First Embassy Sent by Korea to an Occidental Nation," *Transactions of the Korea Branch of the Royal Asiatic Society*, 18(1929), p.17.

63 *FRUS*, 1884, p.126, No, 75, Foote to Frelinghuysen, June 17, 1884,

64 Noble, "The Korean Mission to the United States in 1883," p.16.

근대화운동을 벌이려는 개혁의지를 보인 반면, 민영익은 "시기를 기다리지 않고 망령되이 일인日人의 망거妄擧에 따라 혹 급진을 꾀한다면 가히 개화당開化黨의 큰 실책이 되는 것이다."[65]라고 급진개화파들이 일본세력을 배경으로 추진하는 정치적 개혁운동을 경고하고 있다. 그리고 그는 나아가서 "모름지기 청병清兵으로 하여금 이들 개화당을 탄압함으로써 국사國事를 새로이 해야 한다."[66]라고 노골적으로 부청정책附清政策을 천명했다. 갑신정변의 발생은 이 두 사람의 상반된 보혁保革사상과 정책갈등에서 비롯되고 있다.

조선보빙사가 미국 해군함정 트렌턴호로 귀국함에, 김병시金炳始 외아문外衙門 독판은 감사하다는 표시로 트렌턴호의 피티언 함장을 비롯하여 장교단을 조선정부의 빈객으로 예우, 초청한다는 서한을 푸트 공사에게 전하면서, 윤치호尹致昊를 영접위원에 임명하고 인천 제물포로 파견했다.[67]

이리하여 6월 7일 피티언 함장을 비롯하여 군의관 보겔트E. S. Bogert 박사, 홀웨이W. O. Holway 목사, 트릴리J. Trilley 기관장, 워커Asa Walker 해군대위, 베리A. G. Berry 해군대위, 보드위크J. L. Borthwick 가괸사, 코킨스C. G. Calkins 해군대위, 스코트H. B. Scott 박사, 호리건P. W. Hourigan 해군소위, 그리고 해군사관생도 윌슨W. J. Wilson 등 10여 명이 서울에 입성했다. 6월 12일에 고종은 피티언 함장 일행을 접견한 자리에서 "지난번 미국정부가 조선보빙사에게 베푼 친절한 영접에 충심으로 감사한다."고 치하했다.[68] 고종은 피티

---

[65] 『尹致昊日記』권 1, pp.105~106(1884. 11. 4).

[66] 상게서, 권 1, p.87(1884. 8. 4).

[67] *FRUS*, 1884, p.127, Kim Peung Si to Foote, June 9, 1884.

[68] *Ibid.*, p.127, Foote to Frelinghuysen, June 19, 1884.

언 함장 일행에게 각각 선물어사지물御賜之物을 내리고 동궁東宮과 함께 환영연을 베풀어주면서, 보빙사의 안전한 호송護送에 감사하다는 뜻을 표명했다. 피티언 함장도 푸트 공사를 통해 조선정부가 베풀어준 환영연에 감사한다고 전했다.[69]

전권대신 민영익은 6월 2일음 5. 9 이경二更 · 오후 10시 전후에 종사관 서광범을 대동하고 중희당重熙堂에서 고종께 귀국, 복명하였다.[70]

〈민영익의 복명문답기〉

상上이 중희당에 거둥하였다. 전권대신이 입시할 때, 행 좌승지左承旨 이응하李應夏, 가주서假注書 한영석韓永錫, 기사관記事官 김춘희金春熙 · 민정식閔正植, 전권대신 민영익閔泳翊, 종사관 서광범徐光範이 차례로 나아가 엎드렸다.

상上이 이르기를, "사관史官은 좌우로 나누어 있으라." 하였다. 상이 전권대신에게 명하여 앞으로 나오게 하였다.

상이 이르기를, "먼 길을 잘 다녀왔는가?"하니, 민영익이 이르기를, "왕령王靈의 은택으로 무사히 다녀왔습니다." 하였다.

상이 이르기를, "미국 대통령을 몇 차례나 보았는가?" 하니, 민영익이 아뢰기를, "들어갔을 때 한 번 보았고 떠날 때 또 보았으니, 모두 두 차례 보았습니다." 하였다.

상이 이르기를, "대통령을 어디에서 보았는가?" 하니, 민영익이 아뢰기를, "그 당시 워싱턴華盛頓에 있지 않았으므로 뉴욕紐約에 가서 보았습니다." 하였다.

상이 이르기를, "접대하는 절차접대지절接待之節가 매우 후하다고 하던데, 과연 그렇던가?" 하니, 민영익이 아뢰기를, "과연 매우 후하게 대접해 주었습니다. 각국의 공사公使에 비해 볼 때 특별한 예우를 받았습니다." 하자,

---

[69] 『舊韓國外交文書』권 10(美案 1), pp.54~55, Phythian to Foote, June 19, 1884.

[70] 『承政院日記』(고종편), 권 8, p.769(고종 21. 5. 9).

상이 이르기를, "여기에 주재하는 미국 공사를 보면 그 나라 사람의 품성이 관후寬厚하다는 것을 미루어 알 수 있다." 하였다.

이어 하교下敎하기를, "미국의 부강함은 천하제일이라 하는데, 경이 지금 눈으로 보니 과연 그러하던가?" 하니, 민영익이 아뢰기를, "그 나라는 곡식을 생산하는 땅이 많고地多産穀 사람들이 모두 실제에 힘씁니다. 그래서 상무商務가 가장 왕성하니, 다른 나라와는 비교가 되지 않습니다." 하였다.

상이 이르기를, "올 때 몇 나라를 두루 보았는가?" 하니, 민영익이 아뢰기를, "작년 11월 3일에 미국 뉴욕에서 배로 출발하여, 19일에 포르투갈 소속 섬 아조레스浦屬島, Azoles Is.에 정박하였고, 12월 1일양 12. 29 영국령英國屬 섬에 정박하고, 11일1884. 1. 8에 불계佛界 마르세유馬塞에 정박하여 4일을 머물렀고, 12월 15일양 1. 12 불란서 서울 파리巴黎에 도착하여 당일에 출발하였으며, 영국 서울 런던倫敦에 도착하여 8일을 머물렀고, 다시 파리에 도착하여 7일을 머물렀으며, 마르세유에 도착하여 다시 배에 올랐습니다. 갑신년甲申年, 1884 1월 9일2. 5에 이탈리아伊太利에 정박하였고, 16일2. 12에 로마羅馬에 도착하여 2일을 머물렀으며, 29일2. 25에 이집트埃及에 정박하였고, 2월 3일2. 29에 이집트 서울 카이로에 들어가 4일을 머물렀으며, 13일3. 10에 영국 소속 아덴Aden: 아라비아 서남부의 영국 보호령 亞丁에 정박하여 3일을 머물렀고, 24일3. 21에 인도印度에 정박하여 13일을 머물렀으며, 3월 11일4. 6에 실론Ceylon, 錫蘭: 스리랑카에 정박하여 5일을 머물렀고, 23일4. 18에 싱가포르新加波, Singapore에 정박하여 5일을 머물렀으며, 4월 6일5. 1에 영국 소속 홍콩香港에 정박하여 9일을 머물렀고, 다시 일본 나가사키長崎에 정박하였다가 지금 막 귀국하는 길입니다." 하였다.

상이 이르기를, "다녀온 이수里數는 얼마나 되는가?" 하니, 민영익이 아뢰기를, "우리나라의 이수로 어림짐작하면 7, 8만리는 됩니다." 하였다.

상이 이르기를, "여러 나라를 두루 본 가운데 어느 곳이 가장 명승지던가?" 하니, 민영익이 아뢰기를, "서양 모든 나라가 모두 불란서의 서울인 파리를 제일로 여깁니다만, 신이 본 바로는 미국의 뉴욕이 명승지로 생각됩니다. 파리는 번화하고 화려하지 않은 곳은 아니나, 그 웅장하고 성대하기로는 뉴욕만 못한 듯하였습니다." 하였다.

상이 이르기를, "그 곳 역시 무비武備를 숭상하던가?" 하니, 민영익이 이르기를, "서양의 각국이 부강함은 오로지 상무商務를 위주로 했기 때문이며, 만약 전쟁이 일어날 단서가 있으면 반드시 항만港灣을 봉쇄할 것이므로, 각국이 서로 화해하도록 권합니다勸解. 그래서 미국은 무비를 숭상하지 않아도 자연 막강한 것입니다." 하였다.

상이 이르기를, "대통령이 이번에 바뀌었다고遞改 하던가?" 하니, 민영익이 아뢰기를, "신이 나오기 전에는 미처 듣지 못하였습니다. 그런데 대통령은 3년(4년임)을 임기로 삼고 있지만, 만약 대중이 바란다면 또한 잉임仍任 · 인임: 갈릴 기한이 된 관리를 그대로 두는 일하는 예가 있으며, 대통령이 바뀔 때는 이하 여러 관원은 역시 모두 일체 바뀐다고 합니다." 하였다.

상이 이르기를, "그러나 의원議院 · 미국 上下院 의원은 바뀌지 않은 듯하더라. 근자에 불란서도 역시 대통령제를 한다고 하던가?" 하니, 민영익이 그러하다고 아뢰었다.

또 상이 이르기를, "두루 여러 나라를 보았는데 혹시 그 군주도 보았는가?" 하니, 민영익이 아뢰기를, "본 적은 없습니다만, 영국에 도착하였을 때 그 군주는 다른 곳에 갔었고, 안내해 주는 사람이 있어서 한 번 군주가 사는 궁궐을 보기는 했습니다." 하였다.

상이 이르기를, "영국의 군주는 여왕인가?" 하니, 민영익이 아뢰기를, "영국의 제도는 혈속血屬 · 양성평등을 군주로 삼습니다. 그러므로 만약 남자는 없고 여자만 있다면 때로 여자를 여왕으로 삼기도 합니다." 하였다.

상이 이르기를, "듣자니 미국의 수군제독水軍提督 슈펠트도 같이 나왔다고 하던데, 그러한가?" 하자, 민영익이 아뢰기를, "같이온 사람은 함장艦長 · 트렌톤호 피티언 함장입니다." 하였다.

상이 이르기를, "함장이 관명官名이라면 또한 일본의 대장大長, 중장中長, 소장小長과 같은 것인가?" 하니, 민영익이 아뢰기를, "함장은 소장의 아래입니다." 하였다.

상이 이르기를, "미국의 궁궐 제도는 어떠한가?" 하니, 민영익이 아뢰기를, "궁궐이 매우 검소하면서 작아 도리어 상민商民의 집만도 못합니다. 미국뿐만 아니라 각국이 모두 그러합니다. 그 검소하면서 작다고 하는 것은 구라파의 장대하고 화려한 것에 비해서 말하는 것입니다. 만약 아세아 여러 나라에 비긴다면 같은 차원에서 말할 수는 없습니다." 하였다.

상이 이르기를, "수로水路에서 오래 수고하였으니, 혹시 병을 앓은 적은 없었는가?" 하니, 민영익이 아뢰기를, "-원문 빠짐- 다행히 별 탈은 없었습니다만, 그동안에 세 번 큰 풍파를 만나 자못 위태로운 상황을 겪었습니다." 하였다.

상이 이르기를, "수행한 여러 사람도 모두 별 탈이 없는가?" 하니, 민영익이 아뢰기를, "다행히 모두 별 탈이 없었습니다." 하였다.

상이 이르기를, "떠날 때 -원문 빠짐- 그렇지만 이번에 올 때는 그래도 수월했던 것 같다." 하니, 민영익이 아뢰기를, "성상의 염려가 이와 같으니, 황송하고 감격하여 어찌 할 바를 모르겠습니다." 하였다.

상이 전권대신에게 먼저 물러가라고 명하였다. 승지와 사관이 차례로 물러나왔다.[71]

4. 민영익의 보수반동주의 정책과 갑신정변

일반적으로 개항 전후기에 있어서 조선 정계는 쇄국양이鎖國攘夷를 고집하는 위정척사파衛正斥邪派와 개화 및 개항을 주장하는 개화파로 대별할 수 있다. 1870년대로 접어들면서 조선개항문제를 둘러싸고 이들 양파간

---

[71] 『承政院日記』(고종편), 권 8, p.769(고종 21. 5. 9); 『승정원일기』고종 105(민족문화추진회, 1998), pp.170~173.

의 적대감정은 첨예화되었다. 민 왕후를 정점으로 하는 민씨 척족세력은 정부요직을 독점하면서 개화 개항정책을 주도하더니, 쇄국정책the exclusive policy을 고수하던 대원군이 실각됨을 기화로 마침내 1876년 조일조규를 체결했고, 이어 척사파의 문호폐쇄정책을 분쇄하여 마침내 1882년 5월 22일 한미조약 체결로 명실 공히 조선개항이 실현되었다.

그런데 개항 직후 조선보빙사의 미국사행 이후로 개화파 내부에 분열이 발생했다. 민영익이 이끄는 민씨 척족세력 일파는 차츰 '보수적 개화 성향the conservatively progressive tendencies'을 띠기 시작하였고, 김옥균 · 홍영식 · 박영효 · 서광범 등 지성적이고 정력적인 젊은 인사들로 뭉친 일파는 '급진적인 개화파extreme radicals'로 돌변하기 시작했다. 적어도 민영익은 미국사행을 성공적으로 수행하고 귀국할 때까지만 해도 '급진적 개혁radical reform'을 표방하는 자유주의적인 개화사상을 신봉하는 급진개혁파 인사들과 이념이나 정치노선을 같이 했다. 그러나 민영익이 미국사행을 완수하고 1884년 6월 귀국하면서부터 개화파 내부의 보수파와 급진파 간의 적대적 감정은 표면화되더니 양파 간 분열되기 시작했다.[72]

그러면 민영익은 어찌해서 급진개화파와 결별하게 되었는가를 규명할 필요가 있다. 민영익은 개화와 개혁을 절실히 원하고 있었다. 그러나 그는 어디까지나 그 자신의 민씨 가문과 그 일파에 의해 개혁이 주도 · 수행되기를 희망하였다는 것이 그가 보수반동保守反動으로 전향케 되는데 근본적인 원인이 되고 있다. 미국사행 이후 민영익은 차츰 급진개화파 세력을 위협적인 적대적 세력으로 간주했고, 민씨 일파가 계속 세력을 유지하고 급진개화파를 견제할 길은 친청사대적親清事大的 정치 성향으로 지향하

---

[72] "George C. Foulk," *The Korea Review*, vol. 1(1901), pp.344~349; Homer B. Hulbert, *The Passing of Korea*(Yonsei University Press, 1969), p.124.

는 방법밖에 없었다. 이리하여 개항정책을 추진했을 때 그토록 반대했던 청의 조선에 대한 종주권宗主權 주장을 다시 인정하면서, 친청사대정책으로 급선회하게 되었다.

한편 급진 개화파는 서광범이 포크에게 말한 바와 같이 일본의 근대화명치유신明治維新방식을 롤 모델로 본받아 조선을 근대화시켜보겠다는 정치적 야심에 불타고 있었다. 이리하여 급진개화파는 정부요직을 독점하고 있는 민씨 사대당을 몰아내고 정치적 개혁을 성취해보고자 '친일적 개화파'로 변하게 되었다. 처음부터 민씨 일파가 보수반동적retrogressive인 태도를 취했더라면 급진개화파의 정치노선은 달라졌을 것이다. 어쨌든 이때부터 양파 간에 어느 쪽이 개혁의 주도권을 잡느냐 하는 문제를 두고 치열한 정치적 파워 게임이 벌어지게 되었다. 극단적인 대립을 하고 있는 양파는 서로 '상반된 목적Cross-purposes'을 가지고 개화와 개혁을 추진했기 때문에 자연히 '개인적 오차Personal equation'가 생겨 의견충돌이 벌어지게 되었고, 결국 개화의 목적은 좋았지만 비극적 결과를 초래하기에 이르렀다.[73]

정부는 민영익이 일본 나가사키에 기착했다는 보고를 받고 5월 26일 그를 이조참판 吏曹參判에 승진 발령했고,[74] 이어 협판군국사무協辦軍國事務를 겸임하게까지 취승驟陞 인사를 단행했다.[75] 갑신정변 발발 보름전인 11월 19일에 정부는 민영익을 기기국총판機器局總辦에 임명했다. 이처럼 민영익은 승승장구의 출세가도를 걷고 있었다.[76]

---

[73] *Ibid.*

[74] 『高宗純宗實錄』中, p.144(고종 21. 5. 2); 『高宗時代史』권 2, p.600(고종 21. 5. 2).

[75] 상게서, 中, p.169(고종 21. 8. 28); 상게서, 권 2, p.651(고종 21. 8. 28).

[76] 상게서, 中, p.175(고종 21. 10. 2); 상게서, 권 2, p.672(고종 21. 10. 2).

이홍장이 독일인 묄렌도르프를 조선정부의 고문관으로 천거·파견하게 된 궁극적 목적은 어디까지나 대한종주권對韓宗主權 강화정책의 구현을 위한 정치적 포석이었다고 간주되고 있다. 뿐만 아니라 임오군란을 계기로 서울에 원세개袁世凱의 청군 주둔으로 청의 정치적 영향력이 강화되었고, 그 결과 내정간섭의 기미가 보이기 시작했다. 1884년 3월 30일 고종은 윤치호와의 대담에서, "만약 청국이 무리하게 우리나라 권리를 압제한다면 미국과 미국공사는 반드시 극력 청국과 다투어 논박爭辨할 것이다."라고 말하자, 윤치호는 "무릇 미국은 반드시 우리나라의 수모受侮를 차갑게만 보지 않을 것입니다. 미국의 입장은 약한 자를 도와주고 강한 자를 누르는 데 있습니다助弱抑悍. 힘써 우리나라가 자주하는 일체의 일을 도울 것임을 우리 사신조선보빙사에게 말한 바 있습니다. 그런즉 다른 나라가 그 강한 것을 믿고 우리나라의 권리를 간섭한다면 미국은 반드시 심력을 다해 그 시비를 다투어 논박할 것은 조금도 의심할 여지가 없습니다."[77]라고 응답했다.

이 같은 대담은 결국 한미조약 제1조에 명문화되어 있는 '거중조정good offices, 從中善爲調處' 조항에 근거, 조선이 청으로부터 지나친 주권침해를 당할 경우 미국이 이에 개입하여 청의 대한對韓 내정간섭을 억제해줄 것이라고 전망한 대담이었다. 한편 푸트 공사도 이 같은 고종의 안보불안에 대해 동정하면서, "무리불공無理不公한 죄가 들어나면 미국은 반드시 중간에서서 옳은 것을 돕고 잘못된 것을 억누를 수 있을 것입니다扶直抑曲."[78]라고 말함으로써 '거중조정' 행사에 힘쓰겠다고 암시했다.

민영익은 미국사행 이전에는 김옥균·홍영식·서광범 등과 뜻을 같이

---

[77] 『尹致昊日記』권 1, p.55(1884. 3. 30),

[78] 상게서, 권 1, p.56(1884. 3. 30).

하는 개화파였지만, 이제 그 자신이 구미 각국을 유람하면서 근대 과학문명 세계를 시찰하고 귀국한 이후부터는 김옥균 등 급진개화파와 결별하고 보수 반동적 친청사대파로 후퇴했다. 민영익은 청국을 믿고 의존하며, 일본을 싫어서 미워한다는 '의신청국 염오일본依信淸國 厭惡日本'의 정치노선을 택하면서 묄렌도르프목인덕와 밀착하여 청국세력을 배경으로 하여 정치세력을 강화했다. 심지어 독일인 고문관 묄렌도르프는 민영익에게 김옥균을 제거해야만 정치적 이상을 실현할 수 있다고 강조하기도 했다.[79]

이제 김옥균은 민영익에게 최대의 정적이 되고 말았다. 김옥균은 민영익이 '청국에 붙는 뜻附淸之志'을 굳히고 일본을 증오하게 된 이유를, "민영익이 미국사행 시 일본을 경유하면서 미국인 주르당Payton Jourdan, 造端을 통사通詞, 통역로 채용하기로 약속했는데, 일본정부가 이를 방해했기 때문이다."[80]라고 분석하고 있다. 민영익은 실제 도쿄에서 보빙사 외교 참찬관에 당초 주르당을 채용하기로 작정했었는데, 일본이 이를 방해하고 그 대신 로우엘을 참찬관에 임명하도록 했다는 것이다.

급진개화파를 배후에서 조종하고 있는 일본은 민영익을 중심으로 결속된 정파를 지나당支那黨이라 하고, 일본을 지지하는 정파를 일본당日本黨으로 대별하고 있다. 지나당은 민영익이 미국사행을 완수하고 귀국한 후 결성된 정파로서 민태호閔台鎬·조영하趙寧夏·김윤식金允植·윤태준尹泰駿·한규직韓圭稷·이조연李祖淵 등이 중심인물들이며 그 당의 영수는 민영익閔泳翊이라 분석하고 있다. 이에 일본당日本黨은 이들 친청세력을 제거, 친일정부를 수립하려고 기도했다.[81]

---

[79] 『大韓季年史』上, p.24.

[80] 『金玉均全集』(亞細亞文化社, 1979), p.30.

[81] 伊藤博文, 『秘書類纂朝鮮交涉資料』(原書房, 1970), 上, pp.269~281; Hilary Conroy, *The*

친일 개화파의 서광범은 "우리 논지는 독립은 타국의 간섭 없이 이룩되어야 한다. 지나支那에 관계없이 정치를 개량하고 외교를 확대하는 것이 곧 독립이다."[82]라고 그의 정치이상을 천명하고 있다. 조선보빙사 전권부대신 홍영식은 친일개화파의 중심인물이 되었다. '음청사'에서 이들의 정치노선을 이렇게 밝히고 있다.

> 홍영식은 미국사행에서 귀국하고부터 구미의 서양제도洋制를 심히 사모하고 존중하는 반면 청국을 노예시奴視하고 아울러 공맹孔孟의 윤상지도倫常之道를 기탄없이 배척하고 있다. 이로써 자기가 이류異類, 開化人物가 되었음을 알게 되었다. 김옥균 · 박영효 · 서광범 등이 일본으로부터 돌아와서1882년 수신사 박영효의 일본사행 일본을 흠모欽艷, 동양의 영국으로 공경하면서 사사건건 일본을 선망하고 있다. 이들은 중국을 배척하고 서양을 존중한다는 배화존양지론排華尊洋之論을 외치면서 말끝마다 자주自主를 논하고 있다.[83]

이상에서 보듯이 김옥균 등은 스스로 개화독립당이라 자칭하면서 일본방식으로 근대화를 이룩하고 자주독립을 달성할 것을 표방하고 있다.

한편 미국정부도 이와 같은 친일 · 친청 양파의 분열과 대립을 우려하면서 양 당파의 정치적 특색을 이렇게 분석하고 있다.

> 한 당親淸黨은 중국이 과거 조선과 우호적인 국가이기 때문에 청에 동정을 하고 있다. 다른 한 당親日開化派은 청의 콧대를 꺾어버림으로써 이웃 나라들에 대

Japanese Seizure of Korea, 1868~1910, A Study of Realism and Idealism in International Relations(University of Pennsylvania Press, 1960), pp.126~139.

82 『秘書類纂朝鮮交涉資料』上, p.283.

83 『陰晴史』(국사편찬위원회, 1971), 下, p.565, 甲申(1884).

한 청의 여러 권리諸權利, pretensions를 단념케 해야 한다고 주장하고 있다.[84]

이상과 같이 양파간의 긴장관계를 분석하면서, 지금 인도차이나 반도에서 청불淸佛 전쟁이 발발하리라는 풍설이 나돌고 있는데, 전쟁이 발발하면 서울에 주둔하고 있는 원세개의 청군을 철수하게 될 것이고, 이를 기화로 친일당은 친청당을 제거하는 정변을 일으킬 것이라고 전망하면서 조선의 안보와 영토보전문제에 대해 깊은 우려를 표명하고 있다.[85]

이와 같이 친청 친일 양파 간에 적대감정이 심화되면 결국 유혈사태를 면치 못할 것임은 명약관화한 사실로 드러나기 시작했다. 이에 위기감을 감지한 윤치호는 민영익에게, "공께서 만약 백성을 편안하게 하고 국가를 이롭게便民利國 하는 일을 행할 뜻이 있다면 모름지기 힘을 합해야할 것입니다. 저 작은 시내가 합쳐서 바다가 되고, 모래알이 쌓여 산이 되듯이 천하만사는 마음을 합치면 이룩하기 쉽고, 마음이 둘이나 셋으로 흩어지면 공사 간에 불미스런 일만 생길 것입니다."[86]라고 말하면서 미국사행을 통해서 구미 각국의 근대 선진문물을 시찰하고 돌아온 이 마당에, 합심 대동단결하여 조국 근대화운동을 실천할 것을 강력히 촉구하고 있다. 그러나 윤치호의 정치적 이상론과는 정반대로 양파 간에는 정치적 갈등과 적개심은 노골화되기 시작했다. 친청당과 개화독립당 사이에 정면대결은 불가피하게 되었고, 이 같은 정치적 분쟁은 다음 두 가지 문제를 둘러싸고 폭발하기 시작했다.

첫째로 화폐주조문제이다. 민영익은 묄렌도르프의 학문이 탁월하다

---

[84] *Korean-American Relations*, I, p.96, Foote to Secretary of State, September 2, 1884.

[85] *Ibid.*

[86] 『尹致昊日記』권 1, p.68(1884. 6. 2).

고 격찬하면서 묄렌도르프의 화폐개혁안에 따라 당오전當五錢, 당십전當十錢의 고주론鼓鑄論을 고종에게 상주하면서, 동전을 찍어내어 궁색한 재정문제를 타개할 것을 주장했다. 이에 고종은 민영익에게 김옥균과 묄렌도르프 3자간에 상의해서 결정 · 시행할 것을 하명했다.[87]

죽동궁竹洞宮, 민영익가閔泳翊家에서 3자가 회동하여 논의했는데, 민영익과 묄렌도르프는 마땅히 금은화폐를 균주均鑄함이 옳지만 지금 재정난이 극심하므로 우선 당오전, 당십전, 당백전當百錢 등을 새로 주조하여 재정난을 타개함이 상책이라고 주장했다. 그러나 김옥균은 그것은 일시적 미봉책이라고 반박하면서 일본으로부터 금채金債, 차관 3백만 원을 차관하여 국용國用에 사용할 것을 주장하면서 민영익의 화폐고주론을 반대하였다.[88]

김옥균은 고종에게 "조선정부에서 만든 국채위임장만 있으면 성사할 수 있습니다."[89]라고 상주했다. 고종은 평소부터 청의 내정간섭에 혐오감을 느끼고 있었기에, 친일개화당에 동정적인 입장을 취했고, 민 왕후를 정점으로 한 민영익의 친청사대파에 대해 반감을 가지고 있었다. 그래서 마침내 김옥균의 대일 차관안借款案을 채택하여 그에게 국채위임장을 주면서, 차관교섭의 대임을 맡도록 하였다. 그러나 김옥균이 차관교섭 차 도일한 사이에 민영익은 끈질기게도 고종을 설득하여 당오전 등을 주조하고 말았다. 당오전 등의 주조로 금융재정이 문란해지고 국민경제가 더욱 악화된 것은 두말할 필요가 없다.[90]

둘째로 슈펠트 외교 고문관 고빙雇聘문제이다. 묄렌도르프는 어디까지

---

87 『大韓季年史』上, p.18(고종 20, 여름4월).

88 『高宗時代史』권 2, p.437(고종 20. 4. 11); 『大韓季年史』上, p.18.

89 『金玉均全集』, p.24.

90 상게서, pp.26~29.

나 이홍장이 파견한 인물이다. 이에 고종은 조선이 청의 정치적 기반羈絆으로부터 벗어나 자주독립을 성취하려면, 공평무사公平無私한 미국인 고문관을 고빙함이 상책이라 판단, 속방론屬邦論을 거부하고 조선의 완전 독립국가를 인정하면서 한미조약 체결을 성사시킨 슈펠트를 외교 고문관으로 고빙하면 청의 내정간섭을 배제할 수 있다고 전망하였다. 이리하여 미국인 고문관 채용을 결심했다. 1883년 10월 19일 고종은 푸트 공사를 접견한 자리에서, 미국정부가 조선보빙사 일행을 관대款待해준 데 대해 감사함을 표명하면서, 외교 고문관과 군사교관을 파견해줄 것을 정식으로 요청하였다. 고종은 외교 고문관으로는 슈펠트를 의중 인물로 지목하고 있었다.[91]

고문관 고빙문제는 이렇게 거론되었지만 조선보빙사가 미국사행으로부터 귀국할 때까지 아무런 진전이 없었다. 거론된 지 1년 뒤인 1884년 9월 3일에 푸트 공사는 "홍영식이 워싱턴에 갔을 때 슈펠트에게 고문관 교섭을 벌인 결과, 슈펠트는 만약 조선정부가 원한다면 조선정부 고문자격advisory capacity으로 내한하겠다는 희망을 표명했다."[92]라고 국무장관에게 보고하면서 슈펠트의 파한派韓을 주선해줄 것을 요청했다.

슈펠트 고문관 고빙문제가 공식적으로 거론되면서부터 고종은 푸트 공사에게 슈펠트를 '조선정부 고문관Advisor to the Corean Government'으로 고빙할 의사가 있다고 천명하였고, 아울러 조선군 재편성을 통한 군사적 개혁을 위해 군사교관 파견도 조속히 실행해줄 것을 촉구하였다. 그러나 슈펠트 본인은 이 같은 교섭제의를 받고 처음에는 민영익, 홍영식에게 긍정적인

---

[91] *Korea Despatches*, vol. 1, Lucius H. Foote to the Secretary of State, No. 32, "Confidential," October 19, 1883.

[92] *Ibid.*, vol. 1, Foote to Secretary of State, September 3, 1884.

반응을 보였으나,[93] 실제 고문관 부임에는 소극적인 태도를 견지함에 따라 슈펠트 고빙은 난관에 봉착하게 되었다. 이에 푸트 공사는 국무장관에게 슈펠트가 오지 못하면 그 대안으로 다른 유능한 인재를 대신인물로 파견해줄 것을 요청하였다.[94]

이와 같이 푸트 공사가 슈펠트 대신 다른 유능한 미국인을 선발해서 파견해 달라고 촉구한 이유는 "만약 미국정부가 외교고문관을 파견하지 않을 경우, 조선정부는 독일, 프랑스 등 제3국으로부터 고문관을 고빙하게 될 것이고, 그렇게 되면 미국이 그토록 확보하려고 노력을 경주했던 조선정부에 대한 미국의 발언권과 영향력voice and influence은 상실하게 될 것이다."[95]라고 전망했기 때문이다. 미국정부가 이같이 외교고문관 파견에 미온적인 태도를 보이자, 푸트 공사는 조선독립에 관심을 보인 포크 해군무관을 비공식적으로 조선정부의 고문관 역할을 담당하도록 조처했다.[96]

슈펠트 고문관 고빙문제는 1884년 6월부터 공식적으로 거론되었는데 민영익 친청사대당 일파는 슈펠트 고빙을 반대하면서 역시 이홍장이 추천한 미국인 데니O. N. Denny, 德尼를 고빙할 것을 강력히 주장했다. 그러나 고종과 개화독립당은 시종일관 슈펠트 고빙을 고집하고 있었다. 1884년 6월 9일 고종은 슈펠트 고빙 이유를 이렇게 털어놓았다. "데니가 비록 재능이 출중하나 그는 청국 이홍장李鴻章이 천거한 인물이다. 이제 내가 이

---

[93] George A. Lensen, *Balance of Intrigue, International Rivalry in Korea and Manchuria, 1884~1899*(Library of Congress Cataloging in Publication Data, 1982), p.24.

[94] *Korean-American Relations*, vol. 1, p.56.

[95] *Ibid.*, vol. 1, pp.56~57, Foote to Secretary of State, November 15, 1884.

[96] Robert T. Pollard, "American Relations with Korea, 1882~1895," *Chinese Social and Political Science Review*, 16(1932), pp.434~435; Kim Yung Chung, "Great Britain and Korea, 1883~1887," Ph. D. desertation(Indiana University, 1965), pp.69~90.

사람데니을 고빙한다면 전일에 슈펠트를 초빙하기로 약속한 것과 모순 · 배치되는 일이다. 외국에서는 내가 전일에 고빙하기로 약속한 것을 배신하고, 청국이 추천한 바에 따랐다는 말을 반드시 듣게 될 것이다. 그렇다면 내 체면이 더렵혀지는 일이 아니겠는가."[97] 고종은 이상과 같이 데니 고빙을 묵살하고 슈펠트 고빙을 확정하면서 푸트 공사에게 고빙교섭과 협조를 위임했다.[98]

고종이 슈펠트를 고빙하기로 결정하자, 민영익은 데니에 관심을 집중시키면서 데니 고빙 이유를 이렇게 밝히고 있다. "내가 데니를 채용하고자 하는 것은 다만 청국의 환심을 잃지 않으면서, 안으로는 우리나라를 위하여 좋은 일을 도모하려는 것뿐이다. 슈펠트가 좋지 않다는 것은 아니다. 다만 슈펠트와 청국사람과의 정의情誼는 빙탄氷炭과 같아서 만약 우리가 그를 채용한다면 반드시 청국과 수시로 갈등이 일어날 것이니 어찌 괴롭지 않겠는 가."[99]

이와 같이 민영익은 슈펠트가 한미조약 교섭 시 속방론 문제로 이홍장과 의견대립이 심했고, 슈펠트야말로 이홍장이 가장 싫어하는 기피인물이기 때문에 조선정부가 슈펠트를 고문관으로 고빙하면 청의 대한종주권 강화정책에 배치背馳되므로 이로 인해 발생하는 한청 간의 긴장관계를 우려하여 반대하는 것이라고 주장했다.

개화독립당에서는 이 같은 민영익의 태도는 비굴한 종속외교從屬外交라고 비난하면서 슈펠트 고빙을 강력히 추진하고 나섰다. 홍영식은 조선정부가 이미 미국정부에 정식으로 슈펠트 고빙을 요청했고, 미국정부도 이

---

[97] 『尹致昊日記』권 1, p.71(1884. 6. 9).

[98] 상게서.

[99] 상게서, p.72(1884. 6. 10).

미 슈펠트를 파견하기로 결정했으며, 슈펠트를 초빙하는 것이 조선정부를 위해서나 그 자신의 명예를 위해서나 최상책이라고 주장했다.[100]

한편 서광범도 홍영식의 견해에 동조하면서 슈펠트 고빙 이유를 다음과 같이 밝히고 있다. "슈펠트가 데니보다 배나 낫다고 하겠다. 왜냐하면 지금 우리나라가 부진不振한 것은 옛것에 얽매이고 굳센 기상이 없어서 능히 사람들과 대변對辨하지 못했기 때문이다. 슈펠트는 기상이 강직하고 명성이 커서 청인淸人이 두려워하고 꺼려하고 있다. 우리나라가 그를 초빙해서 고문관으로 채용한다면 청나라 사람들도 반드시 끽소리도 못하고 두려워할 것이다."[101] 고종은 홍영식·서광범의 슈펠트 고빙 기용起用 주장을 받아들여 6월 13일 이를 확정하고 푸트 공사에게 통고했다.[102]

그럼에도 불구하고 민영익은 "청나라를 믿고 의지하며 일본을 싫어서 미워한다는依信淸國 厭惡日本"는 그의 정치 신념에 따라 이홍장이 천거한 데니를 기용한다면 자주독립을 보전할 수 있다고 강조하면서 슈펠트 고빙을 반대했다. 심지어 민 왕후가 민영익에게 고종의 슈펠트 고빙결정에 순종할 것을 당부했음에도 불구하고 민영익은 한사코 이를 물리치고 자신의 주장을 굽히지 않았다.[103]

이 같은 주장에 대해 개화독립당은 민영익의 대청의존對淸依存정책을 비난하면서 이는 곧 조선을 청의 속국으로 만드는 행위라고 규탄하고 있다. 사태가 이에 이르자 양측은 독립국 논쟁으로 발전하게 되었다. 민영익은 그 자신이 미국사행으로 자주외교를 성공적으로 수행했음에도 불구하고,

---

100 상게서.

101 상게서, p.73(1884. 6. 11).

102 상게서, p.74(1884. 6. 13).

103 상게서, p.74(1884. 6. 12).

조선이 청의 내정간섭에서 벗어나지 못하고 있기 때문에 명실상부한 독립국 지위에 대해 회의懷疑를 느끼게 되었다. 그리하여 조선이 독립할 기회가 도래할는지에 대해 윤치호에게 질문한 일이 있었다. 이에 윤치호는 "공은 어찌 이같이 묻는가. 우리나라가 미영 제국과 조약을 체결한 날부터 곧 독립국이 된 것이다. 세상에 어찌 속국과 더불어 평등한 조약을 맺을 나라가 어디 있겠는가. 지금 우리나라는 독립 여부를 따질 필요가 없고 다만 나라를 강하게 하는 데 주력하지 않으면 안 된다."[104]라고 언명했다.

고종을 비롯하여 개화독립당의 슈펠트 고빙 주장이 우세했음에도 불구하고 푸트 공사의 태도변화로 민영익의 데니 고빙 주장으로 역전되기에 이르렀다. 이러한 변화는 무엇보다도 슈펠트 본인이 조선 고문관 부임을 달갑게 받아들이지 아니한 것이 주원인이었지만, 푸트 공사는 마침내 민영익의 건의를 받아들여 데니 고빙을 적극 주선했기 때문이다. 푸트는 데니 고빙 이유를 이렇게 밝히고 있다. "둘 가운데 한 사람을 선택하는 것은 전적으로 귀국 정부에 달려 있다. 그러나 슈펠트는 지위가 높고 명망이 있어서 설령 고문관에 부임하더라도 오랫동안 조선에 머물러 있지 아니할 것이다. 그러므로 내가 생각하기에는 데니가 나을 것이다."[105]

이로써 개화독립당은 당오전고주當五錢鼓鑄 문제와 슈펠트 고빙 문제에서 친청사대당에게 완전 참패를 당하고 말았다. 이로부터 친청사대당의 영수 민영익은 천하에 거리낌 없이 오만무례한 행동을 자행했다. 1884년 11월 15일 고종은 푸트 공사 부인, 그리고 영국 에스턴William G. Aston, 阿須頓 영사부인 등을 대궐로 초청하여 양요리洋料理 만찬을 베풀었다. 이 자리에

[104] 상게서, p.106(1884. 11. 6).

[105] 상게서, pp.71~73(1884. 6. 9, 6. 11).

는 친청사대당의 민영익 · 이조연 등이 동석하고 있었는데, 마침 미국 공사 부인이 상 위에 오른 홍시紅柿가 큼직하고 아름답다고 칭찬하였더니, 민영익이 이조연에게 "그대가 오늘 이 자리의 주석主席인데 미국공사 부인이 홍시를 칭찬하니 홍시를 구해서 선사하라"고 하자 미국공사 부인이 무슨 말이냐고 묻자 민영익은 "이조연이 이 같은 감 200개를 구해서 귀부인께 선사하려 한다."라고 대답하자 만좌가 폭소를 터뜨렸다.

이에 미국공사 부인은 자기가 천한 데가 있어서 저와 같은 감을 구해주려 한다고 오해하면서 심한 모욕을 당했다고 남편 푸트에게 하소연했다. 이에 푸트 공사는 민영익이 고의적으로 무례하게도 자기 아내를 조롱했다고 비난하면서, "미국 풍속에는 남자가 여자를 조롱하는 것은 매우 불경不敬한 것으로 되어있다."라고 전제하고, "민영익이 미국사행 때 미국정부로부터 파격적인 후대를 받게 된 것도 모두 자기가 주선해서 그렇게 된 것인데, 이제 와서 대권大權을 장악하고부터 너무나 오만불손한 짓을 자행함은 배신행위가 아닐 수 없다."[106]고 개탄했다.

이제 민영익은 보수반동적 정치이념으로 무장하고 미국을 멀리하고, 전적으로 청에 의존하는 외세의존정책으로 전환하는 정책변화 행보를 걷고 있었다. 이에 "일본을 싫어서 미워한다厭惡日本"는 것뿐만 아니라 "미국을 싫어서 미워한다厭惡美國"는 것으로까지 대외정책의 돌변적 정치변화로 발전했다. 가령 미국 미들턴 상사Middleton and Co.의 사장 미들턴密得頓이나 버나도우John B. Bernadou, 蕃於道 해군무관 등이 조선 정계의 당로자요 실력자인 민영익을 찾아가서 명함을 내고 면담을 요청하면 민영익은 고의적으로 "오늘 일이 있다今日有事"라는 핑계로 만나주지도 아니했다. 이 소식을 전해 들은 푸트 공사는 "민씨가 어찌 이같이 오만할까. 버나도우 조상은

[106] 상게서, p.108(1884. 11. 15~16).

유럽에서도 유명한 가문이고 그의 아버지도 미국에서 유명한 인사이다. 그리고 버나도우는 미국공사관 해군무관으로서 학문도 민씨보다 우월한데 민씨가 어찌 우영사右營使로서 이같이 무례한가"[107]라고 규탄하고 있다.

민영익은 미국사행을 떠날 때까지만 해도 분명히 '문명독립'을 정치적 이상으로 표방하고 있는 개화파의 지도적 인물이었다. 그러기에 김옥균은 민영익을 조선보빙사의 전권대신에 천거한 것이다. 그러나 민영익은 미국사행에서 자주외교를 완수하고 구미 선진문물을 유감없이 시찰하고 미국정부의 특별배려로 트렌턴호를 타고 세계 일주항행을 하고 귀국한 직후에 대청의존對清依存정책으로 후퇴하고 말았다. 윤치호는 민영익의 대청의존외교를 규탄하면서, 자강自强함으로써 청의 제재로부터 벗어나 독립을 보전하자는 이른바 강명론剛明論을 지킬 것을 민영익에게 촉구했다. 강명론의 궁극적 목표는 무릇 우리나라 인민을 보호하고 우리의 권리를 잃지 않는 데 있다.[108]

그럼에도 불구하고 민영익은 조선인 최초의 세계 일주항행을 완수하고 돌아와서도 "새로운 것을 일으키고 옛것을 고침으로써興新改舊" 독립을 도모하겠다는 개화문명정책을 포기하고 스스로 청에의 예속隸屬의 길을 선택하고 있었으니 이는 한미조약 정신에 배치되는 시대착오적인 정치이념이 아닐 수 없다.[109]

이제 민영익을 중심으로 한 친청사대당 세력과 김옥균 · 홍영식 · 서광범 등을 중심으로 한 개화독립당 사이에 충돌은 불가피하여 양파 간에 전운이 감돌고 있었다. 1884년 11월 3일 다케조에竹添進一郎 일본공사는 진수

---

[107] 상게서, pp.108~109(1884. 11. 17).

[108] 상게서, pp.76~77(1884. 6. 21).

[109] 상게서, p.106(1884. 11. 6).

당陳樹棠 청국공사, 조선 외아문독판 김홍집金弘集, 묄렌도르프 등을 초청하여 일본공사관에서 베푼 공식연회 석상에서 청인淸人에게 여지없이 욕설후욕詬辱을 퍼부었다.[110] 이 광경을 목도한 윤치호는 바로 일본공사가 청인에게 도발적인 언사로 분격시켜 어떤 사단을 일으켜 정치적 우월권을 확보하기 위한 음모가 서려 있다고 직감했다. 따라서 윤치호는 개화당이 일본의 힘을 빌어 어떤 정변을 야기할 조짐이 있음을 예감했다. 윤치호는 고종도 양파 간의 반목으로 서울에서 청일전쟁이 발발할까 우려하고 있다고 전제하면서, "시기를 기다리지 않고 망령되이 일인의 경거망동輕擧妄動에 따라 급진을 도모한다면 이는 가히 개화당의 큰 실책이다."[111]리고 경고하고 있다.

한편 갑신정변 발발 5일 전인 11월 29일에 김옥균이 푸트 공사를 방문했을 때, 푸트 공사도 사태가 급박함을 직감하고 김옥균에게 "유지有志를 널리 모아 조용히 시기를 기다리되 급히 서둘러 추진한다면 이는 오히려 개화의 길에 방해가 된다."[112]라고 충고했다. 그러나 1884년 12월 4일 두 당파 간에 알력軋轢이 드디어 폭발함으로써[113] 유혈적 정변으로 끝나고 말았다.

갑신정변은 청군의 개입으로 완전 실패하였고, 그 결과 민영익의 보수반동세력의 집권을 가져왔으며 급진개화파의 파멸을 초래했다. 이로부터 청일전쟁 발발까지의 10년 동안 개화운동의 가혹한 자복기雌伏期[114]가 계

---

[110] Francis C. Jones, "Foreign Diplomacy in Korea, 1866~1894," Ph. D. Dissertation(Harvard University, 1935), p.96; Moellendorff, *op.cit.*, pp.71~72.

[111] 『尹致昊日記』권 1, pp.105~106(1884. 11. 4).

[112] 상게서, p.114(1884. 11. 29).

[113] 『明治編年史』권 5, p.559, 「突如 京城に變亂起る」(東京日日, 1884 12. 16).

[114] 姜在彦, 『朝鮮の開化思想』(岩波書店, 1980), p.229.

속되었다. 따라서 이 10년간은 청에게는 사실상 한반도 지배기간이었고, 일본에게는 절치부심切齒腐心 와신상담臥薪嘗膽, 청국세력을 몰아내고 한반도를 정복·지배하기 위한 청일전쟁 도발 무력강화 준비기간이라고 정의할 수 있다.

미국사행 전에는 개화파의 지도적 인물로서 조선개항을 절망切望하여 개화운동에 앞장선 민영익은 미국사행과 세계 일주항행을 통해 폭넓은 구미 선진문물을 직접 견문한 바를 교훈삼아 이를 개화운동에 충분히 활용하지 못하고 외세의존정책에 의해 권력유지에만 급급하였다. 그 결과 오히려 보수반동의 정치이념으로 후퇴함으로써 급진개화파와 정치적 상잔相殘의 비극을 초래했다. 민영익의 친청사대당이나 김옥균의 급진개화파가 추진한 정치목표는 다같이 외세의존에 의한 정권장악이라는 데는 공통적인 요소이므로 양파 간 파워 게임은 불가피한 것이었다. 그러므로 그 당시 민영익의 막강한 정치적 위상을 고려할 때 개화파와의 정치적 제휴와 협조를 포기하고 보수반동으로 전향한 것이 가까이는 갑신정변의 원인이 되었고, 멀리로는 청일전쟁 발발의 원인遠因이 되었다.

1880년대 한미조약 체결교섭을 앞두고 조선 정계에는 쇄국양이정책을 고수하는 위정척사파와 개화와 개항을 주장하는 개화파 등 두 정파가 대립·항쟁하고 있었다. 민영익 문하의 이른바 팔학사八學士들, 특히 김옥균, 홍영식 등은 민영익과 뜻을 같이하는 개화파 동지였다. 이들 신진기예의 개화파는 척사파의 반대를 물리치고 1882년 5월 22일 역사적인 한미조약 체결을 성취시켰다. 한미수교 직후 민씨 척족세력의 영수인 민영익은 김옥균의 천거로 조선보빙사의 전권대신에 임명, 미국사행을 통해 대미자주외교를 완수했다. 이런 점에서 볼 때 민영익은 한미외교사의 신기원을 이룩한 개척적인 외교관이다. 민영익의 대미자주외교의 성과를 다음 세 가지로 요약해볼 수 있다.

첫째, 조선보빙사는 미국사행 시 태극기를 휴대하고 외교행사에 사용했다는 사실이다. 태극기를 국기國旗로 제정·반포한 직후에 견미사절遣美使節이 처음으로 태극기를 가지고 도미했다는 것은 특기할 만한 성사가 아닐 수 없다. 태극기 사용은 대조선국이 완전 자주독립국임을 전 세계에 선명한 성사가 아닐 수 없다.

둘째, 민영익 전권공사가 아더 대통령에게 제정한 한글국서신임장에서 '대조선국 대군주'라는 새 국호國號와 개국연호開國年號를 사용했다는 점이다. 여태까지는 모든 공식문서를 비롯하여 외교문서에는 청국연호만을 사용했었는데, 민영익의 국서에는 처음으로 청국연호를 버리고 개국연호만을 전용했다는 점에서 그 역사적 의의는 크다고 하겠다. 뿐만 아니라 '대조선'의 영문표기를 'Tah Chosun'으로 표기했다. 이로써 대조선국은 한청 간 전통적인 조공관계를 단절하고 신생 자주독립국으로 거듭 탄생했음을 세계만방에 선양한 것이다.

셋째, 민영익은 한문본 국서를 한글로 번역하여 '뉴욕헤럴드'에 한글국서를 한글국서제정사提呈辭와 함께 게재했다. 원래 국서신임장 원본은 한문으로 기록되어 있었는데 이를 한글로 번역하여 이를 붓글씨로 정서하여 사진도판을 제작하여 한글제정사와 함께 미국 신문에 게재한 것이다. 이 두 건의 한글문서가 미국신문에 전면全面 게재된 것은 역사상 최초의 성사盛事가 아닐 수 없다. 이로써 대조선국은 중국과 일본과 다른 고유한 표음문자 한글문자가 있는 문화민족임을 전 세계에 선명宣明한 것이다. 따라서 한국은 중국, 일본과 달리 독자적인 한글 문화국가임을 과시했던 것이다.

민영익은 미국사행을 통해 대미자주외교 임무를 완수하고 구미 선진문물을 시찰하고 한국인으로서는 처음으로 장장 6개월간1883. 12. 1~1884. 5. 3에 걸친 세계 일주항행을 한 후 귀국했다. 민영익은 미국사행 전에는 김옥균·홍영식 등과 뜻을 같이하는 개화파 동지였다. 그러나 미국사행과 세계 일주항행을 통하여 구미 선진문물을 직접 견문하고 귀국했음에도 불구하고 이와 같은 구미 선진문물을 수용, 개화운동에 활용하지 않고 오로지 정권유지에만 사로잡혀 스스로 보수반동으로 후퇴해버렸다.

이로써 "청나라를 믿고 의지하며, 일본을 싫어서 미워한다依信淸國 厭惡日本" "미국을 싫어서 미워한다厭惡美國"는 친청반미일親淸反美日정책을 표방하는 친청사대당과 "중국을 배척하고 서양을 존중한다排華尊洋"는 정치이상을 표방하는 친일개화독립당 등 2대 정파로 분열되는 정국으로 돌변했다. 이들 보혁保革 두 정파는 모두 외세의존外勢依存에 의한 정권탈취를 기도했다는 점에서 공통점을 지니고 있다. 민씨 사대당은 화폐주조당호전當五錢문제, 대일차관문제. 슈펠트 고빙문제 등을 둘러싸고 친일개화당과 정치적 분쟁을 일으킨 결과, 결국 김옥균 개화파가 주장하는 300만 원 일본차관을 묵살하고 당백전을 주조했고, 슈펠트 대신 이홍장이 추천한 데니를 외교고문으로 고빙하게 되었다. 개화당의 이러한 일련의 정치적 패배가 결국 정치보복의 기폭제가 되었으니 그것이 1884년에 폭발한 갑신정변이다.

민영익은 미국사행 전에는 개화파의 중심인물이었고, 귀국 후에는 친청사대당의 영수로서 막강한 정치적 영향력을 발휘했다. 이러한 그의 정치적 위상을 고려할 때, 그가 친일개화파와 제휴하여 개화운동을 전개하지 않고 스스로 보수반동적 정치노선으로 후퇴한 것이 곧 갑신정변 발발의 원인으로 작용하였고, 이는 10년 후 청일전쟁 발발의 한 원인遠因이 되었다. 갑신정변은 청일의 무력개입의 결과 폭발한 정치적 쿠데타였다. 청의 무력개입으로 갑신정변은 3일천하로 완전 실패했다. 이로부터 1894년 청일전쟁이 발발할 때까지 10년간은 보수반동 정파에게는 정치적 지배기간이었고, 친일 급진개화파에게는 가혹한 개화운동 자복기雌伏期였다. 따라서 이 10년간은 청에게는 한반도 지배기간이었고, 일본에게는 절치부심, 와신상담, 청국세력을 한반도부터 축출하기 위한, 정한론征韓論 실현을 위한, 청일전쟁 준비기간이었다. 민영익은 미국사행에서 파격적인 특별대우를 받았고 더군다나 미 해군의 항행비용부담으로 트렌턴호로 6개월간 세계 일주항행을 하고 돌아와서부터 이같이 미국을 싫어하고 미워하는 반미감정을 가지고 보수반동으로 전향한 것은 그가 개혁을 적극 지지하면서 한미조약 체결을 성사시킨 한미조약 정신에 대한 배신행위가 아닐 수 없다.

제7장

전권부대신 홍영식의 개화사상과 갑신정변

1. 급진 개화사상가 홍영식

갑신정변에 가담한 개화독립당의 인물은 모두 정변실패 결과 불우한 생애를 마쳤다. 홍영식의 경우도 예외는 아니었다. 홍영식은 대원군 집정기 영의정 홍순목洪淳穆의 아들로 명문대가의 출신이면서도 그의 아버지와는 정치노선을 달리했다. 홍순목은 위정척사파의 영수로서 조선개항을 반대하고 폐관자수閉關自守를 고수한 수구사대당의 중심인물이었다. 그러나 홍영식은 아버지와는 정반대로 개화사상가로서 조선개항을 역설했고, 조선보빙사로서 미국을 다녀온 후 제도개혁을 단행, 우정국郵征局을 창설했을 뿐만 아니라 갑신정변을 주도하여 우정국 개국연회에서 거사했지만 3일천하로 당년 30세의 나이로 생애를 마감했다. 그러면 홍영식은 어찌하여 그의 아버지의 정치노선을 따라 출세에 안주하지 않고 정반대의 혁명사상가라는 험난한 길을 걷게 된 것인가? 홍영식은 이처럼 명문대가의 순탄한 정치적 배경을 저버리고 대담하게도 개화독립당에 가담, 갑신정변이라는 엄청난 정치적 쿠데타를 일으켰단 말인가.

홍영식洪英植, 1855~1884은 위정척사파의 영수 영의정 홍순목洪淳穆의 둘째 아들로 1855철종 6년 12월에 태어났다. 본관은 남양홍씨南陽洪氏, 자를 중육仲育, 호를 금석琴石이라 했다. 그는 나면서부터 비상한 재질이 뛰어나 약관 18세의 나이에 1873년 계유식년癸酉式年 문과 병과 35명 중 장원급제했다. 정자正字, 正九品로 규장각奎章閣 대교待教가 되었다.[1]

[1] 『南陽洪氏 拙翁公波譜』全, p.61; 洪淳穆, 『祁堂稿』四十歲 乙卯條, 五十七歲壬申條; 『高宗純宗實錄』(探求堂, 1979), 上, pp.396~397(고종 9. 7, 22, 7. 25), p.446(고종 11. 2. 17); 『國朝文科榜目』(태학사, 1988), 권 3, p.1711. 홍영식은 갑신정변 실패 결과 大逆不道罪人이기 때

홍영식은 천성이 총명 영리하지만 그 반면 성격상 경박한 약점이 있었다. 그는 개화파 민영익·김옥균 등과 어울려 다니면서 장시간 시무時務에 관해 토론을 벌이고 있었다. 여기서 '時務'란 곧 개항을 해서 서구문물을 받아들여 정치개혁을 달성하겠다는 개화사상을 말한다. 쇄국양이정책을 고수하고 있는 홍순목이 보기에는 실로 위험한 아이라고 생각하지 않을 수 없었다. 그래서 홍순목은 아들 홍영식이 장차 집을 지킬 아이가 못될까 염려했다. 이러한 그의 경박한 성질을 경계하는 뜻에서 자를 '仲育'이라 부르게 했다.[2]

홍영식의 아버지 홍순목은 대원군의 강력한 쇄국양이정책의 수문장 역할을 충실히 수행한 인물이다. 1871년 5월 미국 아시아함대의 로저스John Rodgers, 魯籍壽 제독이 군함 5척을 이끌고 강화도江華島에 내침, 개항을 요구하였으나 대원군은 단호히 이를 거부하자 역사상 최초의 한미전쟁신미양요辛未洋擾이 발발했다. 한미전쟁을 치른 직후인 그해 7월 25일양 9. 9 진강입시進講入侍 때 홍순목과 고종과의 대화에서 우리는 그의 위정척사衛正斥邪 사상의 일단을 극명하게 알 수 있다.

上: 미국 오랑캐美夷가 우리나라 국경을 침범한 것은 극히 통탄痛惋스런 일이 아닐 수 없다.

洪: 이들 오랑캐는 본시 날렵하고 사납기에慓悍 그 수가 많지 않지만 그 세력은 창궐합니다. 강화도로부터 계속 불리한 보고패전소식가 들어오니 더욱 통탄스런 일입니다.

문에 국조문과방목에는 삭탈관직에 따라 성명만은 삭제되어 있다. "同治十二年 四月二十六日 親臨景武臺 癸酉式年 文科 殿試榜 丙科三十五人 乙卯生 父淳穆 祖鍾遠 曾祖顯圭 外祖李宗淳 本今州 南陽人 居京"

[2] 『梅泉野錄』(국사편찬위원회, 1971), p.68.

上: 미국 오랑캐가 우리나라와 화약和約을 바라고 있는 바, 그들의 속셈을 알 수 없다. 우리나라는 수천 년 동안 예의의 나라로 내려오고 있는데, 어찌 견양犬羊 같은 오랑캐나라와 서로 화친相和한단 말인가. 비록 앞으로 몇 년 동안 이들과 사양하지 않고 자기 고집만을 주장相持하는 일이 있다 하더라도 단호히 화호和好를 거절해야 한다. 만약 누구든지 '和'라는 글자를 입 밖에 꺼내는 자가 있다면 매국賣國의 율律로 다스릴 것이다.

洪: 우리나라는 동방예의의 나라라는 것은 천하가 다 아는 사실입니다. 오늘날 일종一種 음사지기陰邪之氣, 서양종교 즉 천주교가 사방으로 그 독이 퍼지고流毒 있지만 오로지 우리나라 청구靑邱만이 이에 물들지 않고 깨끗하게 지켜오고 있습니다. 이는 우리나라가 예의를 서로 닦고相修 있기 때문입니다. 병인丙寅洋擾 이래로 양추洋醜 · 美佛 등 洋夷를 단호히 물리치고攘斥 있습니다.[3]

이상의 대화에서 보듯이 홍순목은 개항을 적극적으로 반대해온 척사파완고당頑固黨의 영수로서 활약했다. 그는 1876년 한일수교 때나 1882년 한미조약 체결 당시에도 여전히 개항을 반대하는 위정척사파의 정신적 지주역할을 다했다. 1882년 임오군란 당시 영의정을 지냈고, 그로부터 영중추부사領中樞府事로 있다. 이와 같이 홍순목은 보수적 척사파의 영수였지만 그의 아들 홍영식은 일찍부터 개화사상에 심취되어 있는 개화파의 중심인물이었다. 갑신정변을 배후 지원한 일본측 기록에 의하면 홍순목 부자의 정치이념의 갈등과 반목을 다음과 같이 요약하고 있다.

오늘날 집권대신이라 칭하는 자는 대개 모두가 50세 이상 70세 전후의 노인들로서 그 주의主義 역시 낡아서 주공周公 공자孔子의 도道를 지키고 중국의 광대함을 우러러 받들며, 조선개국 5백 년 이래의 구물舊物을 보수하면서 한걸음도

---

[3]『祁堂稿』,「五十六歲 辛未條」.

> 나아가지 못하고 있다. 대원군을 비롯하여 영의정 홍순목洪淳穆, 좌의정 김병국金炳國, 우의정 송근수宋近洙, 보국대부輔國大夫 민태호閔台鎬, 동 민겸호閔謙鎬, 참판 이재완李載完 등으로서 모두 50세 이하의 인물은 없다. 다만 이재완만은 국왕의 종제從弟로서 27세라고 한다. 기타 조정에 있는 보수당保守黨의 세력은 구름처럼 성하여 일일이 그 이름을 들 여유조차 없다. 그렇지만 한편으로 개진당改進黨이 없는 것도 아니다. 보국輔國 이재원李載元은 국왕의 종형從兄으로서 57세, 군무사軍務司 영관領官 윤웅렬尹雄烈은 무관 중 유일의 개신가改進家로서 43세, 현령縣令 이조연李祖淵은 지방관 중 유일의 개진가로서 38세, 기타 응교應教 어윤중魚允中, 참의參議 홍영식, 참판 민영익, 동 김홍집, 교리校理 김옥균, 동 신기선申箕善, 통정대부通政大夫 고영희高永喜, 승지承旨 엄세영嚴世永 등이다. 그중에도 민영익·어윤중·홍영식과 같은 장년의 유력자라 칭하는 자도 있다. 정부의 전면권병權柄은 십중팔구는 보수당에 돌아가 있으니 개진改進의 주의主義를 달성할 길이 없다.[4]

여기서 보수당이란 위정척사파요, 개진당이란 개화파를 일컫고 있다. 이와 같이 홍순목은 개항을 반대하고 폐관자수閉關自守를 고집하면서 한미수교를 반대했지만, 이에 반하여 그의 아들 홍영식은 일찍부터 신진개화파 민영익·김옥균 등과 교유하면서 개항을 통해 서구문물을 받아들여 근대화할 것을 주장했다. 1880년 수신사 김홍집金弘集이 일본으로부터 청국 참찬관 황준헌黃遵憲의 조선책략朝鮮策略을 받아가지고 귀국, 고종에게 바치고 나서부터 조선정부는 쇄국정책으로부터 개항정책으로 급선회하게 되었다. 이에 조선정부는 일본 국정을 자세히 탐문하기 위하여 1881년 1월에 신사유람단紳士遊覽團을 일본에 파견했다. 조사朝士 박정양朴定陽·홍영식 등 12명, 수행원 유길준兪吉濬 등 26명, 통사通詞 문순석文順錫 등 12명,

---

[4] 福城駒多郎, 『朝鮮處分纂論 第二編』(東京書肆 椿香堂, 1882), pp.22~23.

하인 12명 등 총 62명으로 구성된 신사유람단이 도일했다.[5]

이때 홍영식은 동래부東萊府 암행어사라는 직함을 받고 주로 일본 육군을 시찰할 계획이었다.[6] 이리하여 홍영식은 근대화한 일본의 육군체제를 상탐詳探하는 임무를 띠고 일본의 주요 군 기관을 방문 시찰했다. 홍영식은 일본의 육군제도를 상세히 시찰한 후 동년 9월에 귀국, 복명하는 자리에서 『문견사건聞見事件』 및 『시찰기視察記』를 고종에게 바쳤다.[7] 홍영식은 일본 육군제도를 시찰하고 귀국, 『일본육군총제日本陸軍總制』, 『일본육군조전日本陸軍操典』 등을 편찬, 군사제도의 개혁을 주장하면서 국방강화를 역설했다.[8]

이제 홍영식은 명치유신으로 근대화를 이룩한 일본의 선진문물을 시찰하고 돌아오면서부터 개화파의 중심인물이 되었다. 1882년 12월에는 이조참의吏曹參議가 되었고,[9] 이어 협판교섭통상사무가 되어 1883년 1월 24일 독판교섭통상사무 민영목閔泳穆과 함께 조선국 대표로 일본국 변리공사 다케조에竹添進一郞와 교섭, 부산에서 부산구설해저전선조관釜山口設海底電線條款을 체결했다.[10]

민씨 외척세력의 영수인 민영익은 대원군의 쇄국정책을 강력히 반대하면서 개항을 주장해온 개화파 인물이었다. 그당시 그의 문하에는 이른바 팔학사라는 신진기예의 청년들이 민영익을 중심으로 모여 개항의 당위성

---

[5] 鄭玉子, 「紳士遊覽團考」, 『歷史學報』27(1965. 4), pp.105~142.

[6] 『高宗時代史』(국사편찬위원회, 1968), 권 2, p.216(고종 18. 1. 11).

[7] 『高宗純宗實錄』中, p.21(고종 18. 9. 1); 『舊韓國外交文書』(고려대 아세아문제연구소, 1965), 권 1(日案 1), pp.56~57, 「신사유람단 안내에 관한 건」(1881. 5. 26).

[8] 『日本陸軍總制』4권 2책(규장각도서 3271); 『日本陸軍操典』6권 4책(규장각도서 3702, 3710).

[9] 『高宗純宗實錄』中, pp.79~82(고종 19. 12. 29).

[10] 상게서, 중, p.86(고종 20. 1. 24).

을 역설했다. 팔학사八學士란 이중칠李重七 · 조동희趙同熙 · 홍영식洪英植 · 김홍균金興均 · 홍순형洪淳馨 · 심상훈沈相薰 · 김옥균金玉均 · 어윤중魚允中 등 8인이다.[11] 이렇듯 홍영식은 민영익과 심기가 통해 다 같이 개항 당위성의 의지로 결속했고, 그 결과 마침내 한미조약이 체결된 것이다. 특히 민영익은 일찍이 청국과 일본을 각각 시찰하였고, 김옥균도 일본 시찰을 하고 돌아왔으며, 홍영식도 어윤중과 함께 신사유람단의 일원으로 일본 선진 문물을 시찰하고 돌아온 만큼, 이들 팔학사의 정책노선은 개항정책을 관철하는 것이었다. 이리하여 1882년 5월 드디어 한미조약이 체결, 미국과 수교함으로써 명실상부하게 조선개항은 성취된 것이다.

개화파의 동지로서 민영익과 홍영식은 협판교섭통상사무로 같이 일하게 되었다. 외척의 실력자 민영익은 홍영식의 재기才氣를 사랑하여 외교 업무를 같이 처리하는 동지가 되었다. 1883년 7월 조선정부는 새로 수교한 미국에 조선보빙사를 파견할 때 전권대신에 민영익이 발탁되자, 민영익은 홍영식을 전권부대신으로 동행하게 되었다. 적어도 조선보빙사가 미국사행을 완수하고 귀국할 때까지만 해도 민영익과 홍영식의 정치노선은 개화사상으로 굳게 결속되어 있는 개화파 동지였다. 그러나 미국사행을 완수하고 귀국하면서부터 민영익은 개화파로부터 이탈하여 친청사대당의 영수가 되었고, 홍영식은 개화독립당의 중심인물이 되었다.

미국사행 임무를 완수하고 민영익은 해군무관 포크를 동반, 유럽 각국을 순방하고 세계 일주 항행길에 나섰지만, 전권부대신 홍영식은 로우엘 참찬관을 대동, 샌프란시스코를 출항, 일본 도쿄로 돌아와서 일본에서 차관교섭 차 도쿄에 머물고 있는 김옥균을 만나 정치개혁을 협의했다. 이 자리에서 홍영식은 구미 선진문물을 수용, 근대화운동을 하려면 정치개

[11] 『梅泉野錄』, pp.43~44.

혁을 선행해야 한다는 그 자신의 개화사상을 피력했다. 이와 같이 이들 양자 간의 의기투합이 이루어지게 된 사실은 홍영식이 귀국한 직후, 그리고 김옥균이 차관교섭을 실패하고 귀국하면서부터 양자 간에 자주 접촉한 데서 이를 뒷받침해주고 있다.[12] 홍영식은 일본에서 김옥균을 만나 정치개혁에 관한 밀담을 나눈 후 1883년 12월 20일에 귀국했다.[13] 귀국 당일 홍영식은 고종께 복명했다.[14]

홍영식의 복명사실을 '한성순보'는 이렇게 보도하고 있다.

> 11월 21일양 12. 20 전권부대신 홍영식이 복명하였다. 부대신 홍영식은 미국으로부터 일본을 거쳐 인천항에 상륙하여 이날 입경入京하였다. 외교 참찬관 미국인 로우엘魯越, Percival Lowell과 청국인 우리탕吳禮堂도 함께 왔다. 우리나라와 미국 사이의 교섭은 지난번 옥백玉帛을 나누는 교빙交聘이 시작되었으니 이는 아시아와 아메리카 두 주 사이에 화호和好가 크게 홍왕할 일대 국면局面이다. 우리나라 전권대신이 미국에 도착했을 때의 상황을 듣건대, 미국정부와 국민은 다함께 기꺼이 환대하여 대우가 융숭했다 하니, 참으로 만리 먼 나라가 이웃나라가 되고 세계 각국이 형제나라라 하겠다. 전권대신의 축사와 미국 아더 대통령의 답사를 보건대 양국 간의 국교에 틈이 없음을 알 수 있겠다.[15]

---

[12] Percival Lowell, "A Korean Coup d'Etat," *Atlantic*, 58(1966), pp.599~618; 『尹致昊日記』(국사편찬위원회, 1973), 권 1, pp.27~28(1883. 12. 21); 宋炳基, 『國譯 尹致昊日記』(탐구당, 1975), 上, pp.73~75(1883. 12. 1); 『日省錄』(서울대 출판부, 1972), 권 20, p.292(고종 20. 11. 21).

[13] 『尹致昊日記』권 1, p.27(1883. 12. 20).

[14] 『高宗純宗實錄』中, p.128(고종 20. 11. 21); 『日省錄』권 20, p.292(고종 20. 11. 21); 『承政院日記 高宗篇』(국사편찬위원회, 1968), 권 8, p.623(고종 20. 11. 21).

[15] 『漢城旬報』(寬勳클럽信永硏究基金, 1983), p.121(朝鮮開國492년 癸未 12월 초1일). "二十一日 全權副大臣洪英植復命 副大臣洪英植 自美國從日本 駛至仁川港 是日入京 外國參贊官美國人魯越 華人吳禮堂 偕至焉 我國與美國交涉伊始 玉帛相將寔開亞美兩洲 和好興旺之一大局面也 玆聞我全權大臣 渡美境時景況 政府人民 擧懷所悅 實心款曲 禮數隆洽 眞萬里比

이와 같이 홍영식은 입경 당일 입궐 복명했다. 그런데 '승정원일기'에 의하면 이날 국왕은 전권부대신 홍영식에게 "유대입시留待入侍 · 입시를 기다리라"만 하명했을 뿐, 복명사실에 대한 기록은 없다. 이런 점으로 보아 홍영식은 궐내에 입시를 기다리고 있다가 그 이튿날 경연經筵에 입시해서 복명문답을 나눈 것으로 보인다.[16] 그 이튿날 1883년 12월 21일음 11. 22 홍영식이 경연 석상에 입시, 복명문답을 나눈 『홍영식복명문답기洪英植復命問答記』가 100년 만에 발견되어 학계에 보고된 바 있다.[17]

홍영식은 귀국 후 1884년 2월 2일 병마사兵馬使 겸 함경도 안무사按撫使에 임명되었지만 "부친의 나이가 많고 병이 위중하다親年高而親病重也"는 이유로 사직상소를 올려서 부임하지 아니했다.[18]

2. 우정국郵征局 창설

조선정부는 제도개혁의 일환책으로 마건상馬建常, 候選 中書舍人의 건의에 의하여 1883년 1월 13일 통리교섭통상사무아문 내에 정각사征推司, 장교

隣 四海弟兄 觀於全權大臣陳詞 及大統領阿大答辯 兩國交際之無間 然可見矣"

16 『承政院日記』 권 8, p.623(고종 20. 11. 21); 『高宗純宗實錄』中, p.128(고종 20. 11. 21); 『日省錄』권 20, p.292(고종 20. 11. 21). 홍영식은 12월 20일(음 11. 21) 유대입시(留待入侍) 하명을 받고 대궐에서 하룻밤을 유한 후에 그 이튿날 12월 21일 (음 11. 22)에 경연에서 국왕과 복병문답을 나누었다. 그러나 복명문답 내용은 없다.

17 金源模, 「遣美使節 洪英植復命問答記」, 『史學志』15(1981), pp.183~230.

18 『日省錄』권 21, p.6(고종 21. 1. 6); 『承政院日記』권 8, p.711(고종 21. 3. 16).

사掌交司, 부교사富敎司, 우정사郵程司 등 4사를 분치分置하는 동시에 동문학同文學을 설치했다. 홍영식은 처음에는 참의교섭통상사무에 임명되었다가 곧 2월 19일 협판교섭통상사무로 승진했다.[19] 홍영식은 일찍이 신사유람단의 조사朝士로 일본 시찰 시 일본 육군성을 조사하면서 일본의 우편제도에 비상한 관심을 표명한 바 있다. 일본 우편의 창시자이며 그 당시 역체총관驛遞總官, 前島密의 자서전『우편창업담郵便創業談』에 의하면, "홍영식이라는 사람이 있어, 역체국에 와서 우편업무에 관해 질문하기에 나는 일체의 서류를 증여하면서 조속히 조선에도 우편기관을 개설할 것을 권고하였다."[20]라고 회상하고 있다. 이와 같이 우편 창시에 관심을 가진 홍영식은 신설된 우정사에 소속되었다. 우정사의 관원을 보면 다음과 같다.

독판교섭통상사무督辦交涉通商事務 제사사무諸司事務 민영목閔泳穆
협판우정사사무協辦郵程司事務 홍영식洪英植
참의우정사사무參議郵程司事務 이교영李敎榮
우정사주사郵程司主事 정만조鄭萬朝[21]

통리교섭통상사무아문장정統理交涉通商事務衙門章程에 의하면 우정사郵程司의 업무를 다음과 같이 규정하고 있다. "우정사를 설치하여 전보 역전驛傳 철로 및 수로 통구通衢 등 여러 운도업무를 관장한다. 관청 일을 다스리는 것官辦과 상담을 하는 것商辦을 막론하고 의론하여 장정을 제정함이 온당한 일이다. 이와 같이 법을 만들어 보호하며 점차 업무를 확대 발전한

[19]『承政院日記』권 8, p.273(고종 19. 12. 5); p.319(고종 20. 1. 12).
[20] 陳錤洪, 「韓國遞信史」, 『韓國文化史大系』(고려대 민족문화연구소, 1968), 권 3(科學 · 技術史), pp.467~468.
[21]『漢城旬報』제7호(조선개국 492년 12월 1일, 1883. 12. 29).

다."[22] 우정사 설치는 장차 본격적인 우편사업의 개시를 전제로 한 것이었다.

우정사 업무를 총괄했던 홍영식은 조선보빙사의 전권부대신으로 미국사행 때, 도쿄에 들러 1883년 8월에 우편업무에 숙달한 일본인 3명의 고빙문제를 교섭한 바 있다.[23] 미국사행 중 미국정부는 조선보빙사에게 "귀국하면 미국의 우편제도를 모방하여 조선에도 우편제도를 수립할 것을 권고하였다"[24]는 것, 뿐만 아니라 홍영식은 '복명문답기'에도 "기기器機의 제조 및 배, 차, 우편, 전보 등속은 어느 나라를 막론하고 급선무가 아닐 수 없다然一切器機製造 及船車郵電之屬 無非有國之所急務"[25]라고 우편제도의 도입이 급선무임을 강조하고 있다.

홍영식은 미국사행 임무를 완수하고 귀국한 이후에도 우정사 업무를 계속 관장하고 있었는데, 병조참판 홍영식이 협판군국사무協辦軍國事務, 內衙門에 임명됨에 따라 우정사 업무는 내아문에 예속하게 되었다.[26] 이리하여 1884년 4월 22일에 정부는 대군주의 칙유勅諭를 받들어 우정국을 창설하면서 우정국 총판에 홍영식을 임명하였다. 정부는 우정국 설립취지를 다음과 같이 밝히고 있다.

> 우리나라는 각국과 통상한 이래로 내외의 관섭關涉이 날로 증가하고 관상官商의 소식도 이에 따라서 많아지니, 체전遞傳을 편리하게 하는 조치가 없으면 소식을 연락하는 방법이 아님은 원근이 마찬가지다. 그러므로 명하여 우정총

---

[22] 『統署章程附屬章程』(奎章閣圖書, 15323~4); 陳錤洪, 「韓國遞信史」, p.470.

[23] 『東京橫濱每日新聞』(1883. 8. 8)(陳錤洪 所藏).

[24] "Corean Preparing to Go Home," *New York Times*, November 8, 1883.

[25] 『洪英植復命問答記』(金源模 所藏).

[26] 『承政院日記』권 8, pp.731~732(고종 21. 3, 28); 『日省錄』권 21, p.85(고종 21. 3. 28).

우정국 총판 홍영식

대조선국 우초(우표)

국郵征總局을 설립하여 연해의 각 항구로 왕래하는 우편물을 관할하게 하니, 내지內地의 우편까지도 점차 확장하여 공사公私의 이익을 거두게 해야 할 것이다. 이에 병조참판 홍영식을 우정국 총판郵征局總辦에 임명하여 우정국郵征局 업무를 총괄하게 하고, 그 국이 거행해야 할 장정章程과 필요한 소속 관원은 모두 그 총판을 시켜 품신하여 시행하라고 군국아문軍國衙門과 통상아문通商衙門에 분부하라.[27]

조선정부는 이와 같이 우정총국을 신설하고 즉각 주한 각국 공사에게

[27] 『承政院日記』권 8, p.730(고종 21. 3. 27); 『승정원일기』고종 104(민족문화추진회, 1998), pp.307~308; 『舊韓國外交文書』권 1(日案 1), p.120, 「우정총국의 설립과 총판 홍영식 임명의 건」(고종 21. 4. 9). "自與各國通商以來 內外關涉 日有增加 官商信息 隨以殷繁 苟無妥爲遞傳 非所以聯絡聲氣 遐邇一體也 玆命設立郵征總局 管辦沿海各口往來信函 至於內地郵便 亦宜漸次擴張 俾收公私利益 兵曹參判洪英植 郵征總辦差下 使之辦理該局 應行章程 及所需屬員 竝令該總辦 稟明施行事 分付軍國衙門 通商衙門"

우정국 설립사실을 통고했다.[28] 홍영식은 이상 칙유勅諭에 따라 동년 6월 8일에 개략장정별단槪略章程別單을 마련해서 올렸고,[29] 우정총국에서 일할 진용陣容을 구성했다. 홍영식은 10월 11일 우정총국 사사司事 14명의 명단을 발표했다. "이조가 구전口傳 정사를 하여 우정총국 사사郵征總局司事 14자리에 이상만李象萬, 김낙집金樂集, 안종수安宗洙, 박영호朴泳好, 심상기沈相耆, 서재창徐載昌, 홍병후洪昺厚, 서광숙徐光肅, 조한상趙漢尙, 이상재李商在, 신낙균申洛均, 남궁억南宮檍, 조창교趙昌教, 안욱상安昱相을 단부單付하였다." 이들은 주로 개화파 인사였다. 10일 후 "분국分局을 설치할 것인데 소속 인원이 충분하지 못하니, 유하 성익영成翊永을 본국 사사에 임명하고 해조로 하여금 구전口傳으로 하비下批하게 하는 것이 어떻겠습니까?"하니 윤허한다고 전교하였다. 이와 같이 성익영을 추가로 임명, 사사는 총 15명이 되었다.[30]

사사司事 인물을 분석해보면, 이들 중 신낙균 · 남궁억 · 성익영 등은 동문학同文學 출신이고, 김낙집은 로우엘의 '고요한 아침의 나라'에 소개된 수학자이다. 안종수는 신사유람단 수행원으로 일본에서 귀국 후 『농정신편農政新編』을 번역했고, 박영호 · 서광숙 · 서재창 등은 각각 박영효朴泳孝 · 서재필徐載弼의 실제實弟이고, 이상재는 인천 분국장이다.[31] 그야말로 개화운동의 이상理想 실현에 불타는 신진기예의 청년인사들이었다. 그러

---

[28] 『舊韓國外交關係附屬文書』(고려대 아세아문제연구소, 1972), 권 3(統署日記 1), p.56(고종 21. 4. 10~11); p.58(고종 21. 4. 15).

[29] 『承政院日記』권 8, p.774(고종 21. 5. 15); 『日省錄』권 21, p.125(고종 21. 5. 15).

[30] 『承政院日記』권 8, p.912(고종 21. 8. 23); p.925(고종 21. 9. 3).

[31] 『漢城周報』제4호(1886. 2. 22); Percival Lowell, *Choson: The Land of The Morning Calm, A Sketch of Korea*(Boston, Ticknor and Company, 1886), p.261; 퍼시벌 로우웰 著, 趙景哲 譯, 『고요한 아침의 나라』(大光文化社, 1986), p.270.

나 온건 개혁파의 김윤식金允植은 홍영식의 우정총국 진용을 이렇게 혹평하고 있다. "영식은 우정국을 창설했다. 스스로 우정국 총판이 되어 '천박하고 경솔한 소년浮薄少年들'을 불러 모와 동료僚屬로 삼았다. 그는 스스로 '일세의 영준英俊들'을 모두 이곳에 모았다고 일컫고 있다."[32]

홍영식은 기구를 조직한 후 즉시 개설준비에 착수했다. 우편업무를 개시할 경우 가장 긴요한 것은 우표郵票이다. 그래서 홍영식은 인천 세무사 하스J. Hass, 夏士에게 우표 주문업무를 위탁했다. 하스는 상해 일본 총영사品川에게 다음 두 가지를 질문했다. 첫째, 조선정부가 동은銅銀 두 가지 동전을 주조하려 하는 바, 조각자를 일본으로부터 고빙할 수 있는지의 여부, 둘째, 조선정부에서 새로 우표를 제작할 필요가 있으므로 별지 추형雛形과 똑같은 우표를 일본에서 제작할 수 있으며, 그 비용대가은 대강 얼마나 되는지, 이상과 같은 질문을 받은 일본 총영사는 이노우에井上馨 외상에게 보고했고, 이노우에는 하스에게 "만약 우표제작을 주문하려면 반드시 인천 일본영사 고바야시小林端一를 경유해서 발주發注할 것이다."[33]라고 회답했다.

이리하여 하스의 교섭에 따라 오문五文, 십문十文, 이십오문二十五文, 오십문五十文, 백문百文 등 5종 우표를 일본 대장성大藏省 인쇄국에 발주했다. 8월 9일에 5종 우표의 원판이 완성되었고, 그중 오문 · 십문 2종의 우표는 우정국 개국 이전에 도착해서 개국과 동시에 사용되었다. 그러나 나머지 3종은 12월 8일에 인쇄에 착수, 갑신정변 후 우정국이 혁파된 후 1885년 4월 17일에 '우편절수 대소 2궤郵便切手 大小二櫃'가 도착했다.

조선정부는 우정국을 개설함에 있어서 용어를 일본식 용어를 따르지

---

32 『續陰晴史』(국사편찬위원회, 1971), 下, p.579(乙酉 6월).

33 『仁川府史』(仁川府, 1933), p.880.

않고 독창성 있게 사용했다. 이를테면 우편을 우정郵征, 우표를 우정초표郵征鈔標 또는 우초郵鈔라고 명명했다. 그런데 여기에서 '절수깃떼, 切手'라는 용어는 일본어 우표인데 이는 일본공사관을 경유해서 주문한 우표가 도착했기 때문에 일본어를 그대로 사용한 것이다.[34]

원래 묄렌도르프Paul G. Moellendorff, 목인덕穆麟德의 간청에 의해 홍콩香港 우체국 부국장 허치슨W. du F. Hutchison, 轄治臣을 우정국 고문으로 고빙하였지만, 허치슨이 1885년 10월 14일에 내한했기 때문에 우정국 개국 때는 참여하지 못했다. 허치슨의 내한이 지연됨에 홍영식은 일본인 2명을 고빙하기로 방침을 정하고, 1884년 7월 1일자 비직오등역체관非職五等驛遞官 오비小尾輔明, 전 외무출사 미야자키宮崎言成와 고빙계약을 체결, 우정국 고문으로 초빙했다.[35] 한편 10월 29일에는 우정국의 직제장정職制章程, 사무장정, 경성 내 우정왕복개설규법規法, 경성—인천 간 왕복우정규법 등을 책자로 출판했다. 특히 우정규칙은 전문 7장 46조로 되어 있다.[36]

홍영식은 전동典洞에 있는 전의감典醫監 청사견지동堅志洞 39의 7, 현 우정국청사 건물를 우정국 청사로 정하면서,[37] 우정국사무직제장정을 마련한 후 업무를 개시했다. 이에 의하면 "우정국은 역전驛傳 우송 등 일체의 사무를 총할하는 아문이다. 그 사무를 준행하는 규법은 3과로 나누고, 과 밑에 15부를 둔다."라고 규정하고 있다. 본국에는 규획과, 발착과, 계산과 등 3과를 두

---

[34] 『舊韓國外交關係附屬文書』권 3(統署日記 1), p.192(고종 21. 3. 3).

[35] Horace N. Allen, "A Chronologocal Index," p, 173; 金源模, 『近代韓國外交史年表』, p.121; 陳錤洪, 「韓國遞信史」, pp.477~478; 鈴木省吾, 『朝鮮名士金氏言行錄』(博友堂, 1886), p.6. 「조선명사김씨언행록」에는 小尾直輔라 기록되어 있다.

[36] 『高宗時代史』권 2, pp.655~662(고종 21. 9. 11).

[37] 『한국지명총람』(한글학회, 1966), 권 1(서울편), p.200.

고 그 밑에 15부를 설치하고 별도로 인천분국을 설치하였다.[38]

이와 같이 만반의 준비를 완료한 후 홍영식은 마침내 1884년 11월 18일부터 우편업무를 개시한다고 발표하였고, 정부에서도 주한 각국 공사관에 '우정규칙' 등을 송부하면서 "11월 18일부터 우정사무를 개시한다"라고 통고했다.[39] "우정총국에서 체신사무를 올해 10월 1일양 11. 18부터 개시하겠다는데 우정국을 포치鋪置할 곳과 우편물을 운반할 때에 깃발旗章로 표식하지 않을 수 없기 때문에 합당한 깃발도안旗章圖書과 각 과의 사업분장分掌을 적어서 들여보냈다."[40]

이와 같이 우편기장을 마련하고 우편사무 개시일을 공포한 후 우편업무를 15명의 우정국 사사司事가 윤회입직輪回入直한다는 근무규칙까지 정하면서 한국 역사상 처음으로 근대적 우편제도가 수립된 것이다. 그러나 홍영식이 개화의지를 가지고 개시한 근대 구미식 우편제도도 그가 주도한 갑신정변 실패로 말미암아 우편업무 개시 20일 만인 1884년 12월 8일 우정국은 혁파되고 말았다.[41]

---

38 陳錤洪, 『舊韓國時代의 郵票와 郵政』(경문각, 1964), pp.21, 235~240, 「大朝鮮國郵征局事務職制章程」, "一郵征局者 凡屬驛傳郵送之一切事務 並爲總轄之衙門也 其事務遵行之規法分爲三課 課分十五部 其目如左 規劃課 四部一職務部 線路部 地誌部 說明部, 發着課 七部一點查部 捺印部 區分部 謄記部 集分部 時限部 郵鈔賣下部, 計算課 四部一郵鈔出納部 檢查勘定簿部 錢貨出納部 器機部."

39 『舊韓國外交文書』권 10(美案 1), p.80(1884. 11. 10); 권 1(日案 1), pp.161~162(1884. 11. 10); 『尹致昊日記』권 1, p.107(1884. 11. 11).

40 『高宗純宗實錄』中, p.172(고종 21. 9. 30). "郵征總局 以郵征事務 自今十月一日開施 而郵征局鋪置之處 郵征物運載之時 不可無旗章 以爲標識故 合用旗章圖書 及各課分掌 書入啓"

41 『承政院日記』권 8, pp.967~968(고종 21. 10. 21); 『高宗純宗實錄』中, p.173(고종 21. 10. 21).

3. 3일천하로 끝난 갑신정변

홍영식이 김옥균이 주도하는 개화당에 언제부터 적극 가담하게 되었는가에 대한 시기 문제는 대개 세 가지로 압축할 수 있다. 첫째, 신사유람단을 다녀오면서부터 홍영식은 개화당에서 활동하기 시작했다는 것이다. '대한계년사'에 "이에 앞서 박영효 · 김옥균 · 홍영식 · 서광범 등은 모두 청국에 의신依信하고 있는 민씨 일파의 시정施政에 불만을 품고 있었을 뿐만 아니라 이들이민씨파 청국정부와 상통하고 있는 데 대해 통분히고 있었다. 김옥균 등이 일본에 가 있을 때 일본의 조야朝野 정략사政略士들과 널리 교제하면서부터 세계대세를 조금 깨닫게 되었고, 귀국 후 국사를 맡고부터 스스로 조선독립을 부르짖게 되었다."[42]라고 신사유람단 사행 직후부터 개화당 활동을 개시했다고 보았다.

둘째, 포크에 의하면 홍영식은 미국사행 직후부터 개화당에 적극 가담 활동했다고 다음과 같이 증언하고 있다.

> 전권부대신 홍영식이 이끄는 조선보빙사 일행이 1883년 겨울에 귀국했다. 이때부터 홍영식은 개화당과 관련을 맺었다. 그는 미국사행에 대해 "문명의 빛이 너무나 밝아서 눈부실 정도"라고 소감을 피력하기도 했다. 그는 대의大義를 위해 개화정신을 가지고 개화당에 들어갔다. 그러나 그는 개화정신을 실천하는 데 있어서 서광범과 김옥균은 너무 느리게 그리고 성가실 정도로 과단성果斷性이 없다고 생각했다. 그는 우정국 총판에 임명되어 오랫동안 준비 끝에 우편제도 수립사업을 약간 이룩했다.[43]

---

42 『大韓季年史』上, pp.19~20(고종 20. 夏4월).

43 "Report of information relative to the Revolutionary attempt in Seoul, Corea, by G. C.

급진 개화파 인물(일본 1882). 왼쪽부터 전열 미상, 김만식(金晩植), 박용화(朴鏞和), 민영익(閔泳翊), 김옥균(金玉均), 서광범(徐光範). 후열 미상, 박유굉(朴裕宏), 윤치호(尹致昊), 유길준(兪吉濬), 변수(邊燧), 일본인

셋째, 미국사행을 개시하면서부터 본격적으로 개화운동 일선에 뛰어들었다는 것이다. 조선보빙사 수행원 유길준兪吉濬은 홍영식이 일본 도쿄에서 행한 김옥균과의 정변政變 거사계획 사실을 이렇게 회상하고 있다.

얼마 안 되어 내가 유학차 미국으로 갈 때 일본 도쿄에서 홍영식과 같이 김옥균을 만나 정치개혁문제를 의정議定한 바 있다. 김옥균은 나라 밖에서 군사를 양성하고, 홍영식은 나라 안에서 서울 주둔 청일 양국 군대를 철수하도록 권고하고, 5년 후 거사하기로 약속했다. 나는 일개 서생書生으로 이러한 거사계획에 참여할 수 없었고, 다만 두 사람의 거사계획 담화를 듣고만 있었다.[44]

Foulk, December 4~7, 1884," George M. McCune and John A. Harrison, ed., *Korean-American Relations*, vol. 1(University of California Press, 1951), pp.101~111.

[44] 『兪吉濬全書』권 5(詩文篇), pp.263~265, 「書趙忠定公」"未幾余以遊學將向北美之合衆國 與

이와 같이 홍영식은 전권대신 민영익을 따돌리고 유길준을 동반, 그당시 대일차관교섭차 일본에 머물고 있는 김옥균을 은밀히 만나, 정변거사 계획을 구체적으로 협의했다는 것이다.

이상 세 가지 참여시기를 종합 분석해보면 유길준의 주장이 가장 설득력이 있다. 그 이유는 민영익과 홍영식은 뜻을 같이하는 개화파라는 점, 교섭통상사무아문 협판으로 같이 근무한 동료라는 것 때문이다. 더군다나 민영익이 보빙사 전권대신에 임명되면서 홍영식을 부대신으로 천거해서 미국사행을 같이 했다. 만약 홍영식이 민씨 일파에 대한 반감과 정치이념을 달리했다면 민영익은 홍영식을 부대신으로 천거하지 아니했을 것이다. 윤치호는 민영익의 홍영식 부대신 천거 사실을 이렇게 기록하고 있다. "근래 세론世論은 민영익을 평하기를 '도루 집어 홍이라' 한다. 그것은 전에 홍영식을 주상께 천거했다가 도리어 그에게 공격을 받았고, 뒤에 김홍집을 천거했다가 도리어 김홍집으로부터 배척을 당해 한쪽 구석으로 몰렸기 때문이다."[45] 이처럼 민영익은 홍영식을 천거, 미국사행을 같이 했음에도 불구하고 오히려 홍영식에게 배신당했다고 기록하고 있다.

미국사행 출발부터 일본 도쿄에서 홍영식과 김옥균이 민씨 척족세력을 제거할 음모를 계획했다는 사실은 다음 두 가지 사실이 입증해주고 있다. 첫째, 홍영식은 미국사행 임무를 완수한 후에는 민영익과 행동을 같이하지 아니했다는 사실이다. 양자는 두 패로 나뉘어 귀국한 것이다. 민영익 일행은 뉴욕에서 유럽 각국을 순방하고 세계 일주 항행길에 나섰지만, 홍영식은 워싱턴에서 아더 대통령을 만나 고별인사를 나눈 직후 곧바로 갔

洪公英植 會金公于日本東京 議定改革大議 金公在國外 主養主兵人 洪公在國內 主勸撤都下二國兵 約五年後擧事 余一書生 不能有所贊劃 只許參聽任究 察萬國情形"

[45] 『尹致昊日記』권 1, p.127(1884. 12. 29).

던 항로를 따라 일본 도쿄로 와서 김옥균과 은밀한 정변거사계획을 협의했다.

민태원閔泰瑗에 의하면, 미국사행 시 워싱턴에서 이미 민영익·홍영식 정부사正副使 간에 정치노선을 달리하면서 불화·갈등이 발생했다고 다음과 같이 증언하고 있다. "홍영식은 워싱턴 체류 중 민영익과 정견政見의 충돌을 보게 되었다. 민영익은 사대주의事大主義를 고집한 데 반하여 홍영식은 독립자주를 역설한 결과 마침내 단호히 손을 뿌리치고 동서로 길을 나누어分路 민영익은 유럽 만유漫遊의 길을 떠나고 홍영식은 태평양을 건너 고국으로 돌아온 것이다."[46]

둘째, 1883년 12월 22일 홍영식이 귀국 복명하던 당일 미국공사관을 방문, 푸트 공사와 대미차관교섭문제를 심도 있게 논의했다. 김옥균은 당초 아메리카 무역상사 모스James R. Morse, 謨於時 사장에게 차관교섭을 벌였지만 모스는 청불전쟁 발발 때문에 차관공여가 불가능하다고 언명한 후 "조선은 청국에 있어서 안남安南과 같다."고 지적하면서 거절하자, 김옥균은 한미조약에서 미국이 조선의 독립을 승인한 이상 청불전쟁과 조선과 무슨 관계가 있는가 하고 항의하면서 주일 미국공사 빙햄John A. Bingham에게 차관교섭을 재개했다. 이에 빙햄은 김옥균에게 미국에 가서 직접 교섭하라고 권고하고 있다. 이에 김옥균은 차관교섭 차 미국행을 주선해줄 것을 요청했다. 그러나 푸트는 차관교섭의 선행조건은 국제사회에서 신용을 얻어야 한다고 지적하면서 미국행 주선을 거부했다. 여기서 홍영식은 성급하게도 복명 당일 푸트 공사에게 차관교섭 문제를 제기한 것은 바로 갑신정변 거사자금을 마련하기 위한 것임이 입증되고 있다.[47]

---

[46] 閔泰瑗, 『金玉均傳記』(乙酉文化社, 1969), p.73.

[47] 『尹致昊日記』권 1, p.27(1883. 12. 22).

민영익과 홍영식은 적어도 미국사행 출발할 때까지만 해도 개화의 뜻을 같이하는 개화파 동지였다. 민영익1860~1914은 김옥균1851~1894보다는 9년, 홍영식 보다는 5년 연하이지만 민 왕후의 친정조카일 뿐만 아니라 민씨 척족세력을 대표하는 영수 역할을 수행하고 있었다. 이른바 민영익 문하의 팔학사에 홍영식 · 김옥균이 포함되어 있었다. 그러므로 민영익의 개화파 세력은 막강한 정치적 영향력을 발휘하고 있었다. 민영익은 1877년 정축경과丁丑慶科 정시庭試에서 병과丙科에 급제, 출세가도를 달리고 있었다.[48]

그 당시 '매천야록'에서 민영익의 세도를 이렇게 평하고 있었다. "영익이 이미 관리에 등용되면서 오늘 대교待敎, 규장각의 정7~9품가 되면, 그 다음날 한림翰林, 홍문관藝文館의 검교檢校이 되고, 또 다음날에는 주서注書, 승문원承文院 정7품가 되어 그의 귀한 향적鄕籍과 빛나는 직함은 세상에 널리 퍼진 것이다. 1년 사이에 통정대부通政大夫, 정이품당상관正二品堂上官가 되었다. 국왕과 민왕후가 그를 총애하여 그의 말이라면 따르지 않음이 없었고, 하루에도 세 번씩이나 대궐을 출입하였다. 대궐에서 물러나 집으로 돌아오면 빈객들이 가득 모여 있었고, 늦게 들어온 사람은 하루 종일 기다려도 주인을 만나볼 수 없을 정도이다."[49]

이러한 위세를 배경으로 민영익은 통리교섭통상사무아문이 개설되자 이를 재동齋洞 그의 사저에 설치하고, 독판督辦에 조영하趙寧夏, 후에 민영목閔泳穆, 협판協辦에 김홍집 · 민영익 · 홍영식 · 목인덕묄렌도르프, 참의參議에 조병익趙秉翊 · 이조연李祖淵 · 변원규卞元圭, 주사主事에 서상우徐相雨 · 남정철南廷

[48]『國朝文科榜目』권 3, p.1738.

[49]『梅泉野錄』, p.43(甲午以前).

哲 등이 기용되었다.[50]

대미수교를 앞두고 개화파는 개항을 주장했고, 위정척사파는 폐관자수閉關自守를 주장하면서 조선개항을 반대했다. 특히 척사파는 신사척사辛巳斥邪운동을 전개하면서 한미 간 수교를 결사반대했다. 그러나 민영익을 중심으로 한 개화파는 개항을 강력히 추진했다. 특히 홍영식의 아버지 홍순목은 철두철미 개항을 반대하는 척사파였다. 그러나 홍영식은 민영익과의 개화파 동지로서 한미수교를 강력히 주장한 개항론자였다. 이들 개화파의 개화사상은 개항으로 조국 근대화 성취를 표방하고 있었다. 한미수교 교섭에서 대청교섭을 담당했던 김윤식金允植은 홍영식의 개화의지를 다음과 같이 언급하고 있다. "홍순목은 청렴검소한데다가 명망이 높은 인물이다. 그의 아들 홍영식은 민영익 · 김홍집과 더불어 힘껏 외교수립한미수교을 주장하고 있었기 때문에 난당亂黨, 척사파斥邪派으로부터 오랫동안 미움을 사고 있다."[51] 이처럼 민영익과 홍영식은 척사파의 질시와 배척을 받으면서 개항정책을 관철했다. 이런 점에서 이 두 사람이 한미수교 후 최초의 견미사절로 미국에 가게 된 것도 결코 우연이 아니다.

민영익과 홍영식의 정치이념이 달라지게 된 것은 홍영식의 귀국 직후부터이다. 말하자면 이때부터 양자 간에 정치노선을 달리했다. 이리하여 개화파는 민영익을 중심으로 한 온건개화파와 김옥균 · 홍영식을 중심으로 한 급진개화파로 양분되었다. 전자는 민씨 친청 사대당완고당頑固黨이요, 후자는 친일 개화독립당이다. 조선인으로서 최초의 세계 일주항행을 수행하고 1884년 6월 2일 귀국한 민영익은 오히려 전향적이고 미래 지향적인 독립개혁의 정치노선을 포기하고, 수구적 친청 사대사상으로 후퇴했

---

[50] 『從政年表 · 陰晴史』(국사편찬위원회, 1971), p.224(고종 19. 11. 21).

[51] 『陰晴史』, p.186(고종 19. 6. 30).

다. 그는 청의 대한내정간섭이 심화해가는 정치상황을 보고 청으로부터의 독립 가능성에 회의를 느낀 나머지 청의 보호하의 조선의 독립국 유지를 강구하는 것이 최상책이라 확신했다.

이에 대해 윤치호는 "미영 등 열강과 입약立約하고부터 독립국이 되었는데도 민영익은 '독립할 기회가 있는가' 고 묻는 것은 이상한 일이다. 세계 일주항행을 하고 돌아온 민영익이 완고하고 우매하게도頑愚 자강自强만이 영광된 길임을 깨닫지 못하고 있으니 통탄스런 일이다."라고 민영익의 시대착오적 퇴영적退嬰的 정치이념을 비난하고 있다. "개화당의 정치이념은 새로운 것을 일으키고 옛것을 고치는 데 뜻을 두고 있으며, 항구적 독립을 표방하고 있다." 그러나 민영익은 이에 역행, 정치개혁과 독립정책을 반대하고 있다.[52]

민영익은 귀국 직후 고종에게 올린 건백서建白書에서 "평화와 문물의 측면에서 보면 미국은 세계 제일등국이다. 미국은 은부殷富 무진장한 국토를 가지고 있다. 미국인은 평화를 애호하는 국민이다. 그렇지만 그 나라의 군대는 장난감 같으며, 그 나라의 병사들은 유민遊民과 다를 바 없다."[53] 라고 미국사행 시의 소감을 피력했다.

이처럼 민영익은 미국의 국부國富와 지광물박地廣物博에 대해서는 감탄하고 있었지만, 미국의 군사력에 대해서는 과소평가하고 있을 뿐만 아니라 미국 군인을 유민시遊民視하는 등 왜곡폄하歪曲貶下된 대미관對美觀을 정립하고 있었다. 서재필徐載弼은 민영익의 수구사대적 시각에 대해 "민영익은 나라를 출발할 때와 같이 완고하고 무지한 채 미국으로부터 귀국했다. 개혁파는 평화수단에 의해 국운國運을 개척하려 했지만 아무런 성과도 없

[52] 『尹致昊日記』권 1, p.106(1884. 11. 6). "蓋以開化黨有意於興新改舊 恒圖獨立."

[53] 古筠紀念會編纂, 『金玉均傳』(慶應出版社, 1944), 上, pp.281~282.

었다."[54]라고 개탄하고 있다. 이와 같이 민영익은 미국사행 출발 시나 세계문물을 시찰하고 귀국한 후나 하나도 변함없이 개화사상에 역행되는 수구사대사상에 빠져 있다고 공감하기에 이르렀다.

이에 반해 홍영식의 정치이념은 철저하게도 청으로부터의 완전독립을 표방하고 있었다. 김윤식은 홍영식의 정치노선을 다음과 같이 분석하고 있다.

> 홍영식은 원래 뛰어난 인물로서 평소부터 학문과 착한 일을 좋아했다. 그래서 세상 사람들은 그에게 원대한 기대감을 걸고 있었다. 미국사행 시 그의 아버지 홍순목의 병이 위중한데도 홍영식은 이를 돌보지 않고 도미하자 사람들은 이를 괴이쩍게 여기고 있었다. 귀국 후 서양제도를 깊이 흠모하면서 중국 것이라면 모조리 이를 노예시할 뿐만 아니라 공맹孔孟의 윤상지도倫常之道를 모두 배척하고, 방자하게도 아무런 거리낌 없이 함부로 행동하고 있다. 이때부터 그는 이류異類, 개화독립당開化獨立黨가 된 것을 알게 되었다. 김옥균 · 박영효 · 서광범 등이 일본으로부터 돌아오면서 동양의 영국이 된 일본을 흠모, 사사건건 일본을 선망하고 있다. 그리하여 이들은 홍영식과 더불어 "중국을 배척하고 서양을 존중하는 책론排華尊洋之論"을 공동 저술하면서 말끝마다 자주自主를 부르짖고 있다.[55]

결국 홍영식의 정치이념은 청으로부터 완전 자주독립권을 유지하고, 정치개혁에 의해 일본을 모델로 한 자주적 개화운동을 실천한다는 것이

---

[54] 姜在彦, 『朝鮮の開化思想』(岩波書店, 1980), p.223; 閔泰瑗, 『甲申政變과 金玉均』(서울 國際文化協會, 1947).

[55] 『續陰晴史』(국사편찬위원회, 1971), 下, p.565(甲申). "英植素有儁才 且有向學好善之心 人皆期遠大 及出使時 其父洪相淳穆 病痢危劇 英植不顧而去 人始怪之 及還深慕洋制 奴視中國 竝斥孔孟倫常之道 肆然無忌 於是知其己化爲異類矣 玉均泳孝光範等 自日本還 欽艶日本 以爲東洋之英吉利 事事健羨 與英植共述排華尊洋之論 言言 輒稱自主"

었다. 그런데 문제는 이러한 정치개혁을 성취하려는 그의 방책은 일본으로부터 차관을 얻어서 일본세력을 배경으로 그의 정치이상을 실현한다는 것이었다. 이러한 급진적 개혁의 최대 장애물은 바로 민씨 사대당이므로 이를 타도하는 것이 일차적 목표였다. 급진개화당의 최고 지도자는 김옥균이다. 김옥균·박영효가 홍영식을 동지로 영입하게 된 가장 중요한 요인은 홍영식의 개화사상이 '급진적인 성향'에 치우쳐 있었다는 데 있다.

이노우에井上角五郎는, "김옥균·박영효 양군이 홍영식을 동지로 끌어들인 이유가 있다. 독립당의 결심은 처음부터 매우 강경함이 있었다. 그들이 독립을 발표함에 당하여삼가 자세히 말할 수 없다 어떻게 하여서든지 유력한 인물, 유력한 인품—사대당이든 일본당이든 존경할 만한 적당한 사람을 자기편에 끌어넣어야만 된다는 처지에서 홍영식과 친교를 맺고, 마침내 그를 동지의 한 사람으로 끌어들인 것이다."[56]라고 홍영식이 '급진적 개혁론자'이기 때문에 홍영식을 동지로 영입하게 된 배경을 설명하고 있다.

조선보빙사 전권대신 민영익 일행서광범·변수·포크 해군무관은 미국 해군함정 트렌턴호로 6개월간 세계 일주항행 끝에 1884년 6월 2일 귀국했다. 6개월간 구미 각국을 순방하는 동안 해군무관 포크는 민영익과 종사관 서광범, 그리고 수행원 변수 등의 행동거지를 면밀히 대비 관찰한 결과 이들 양자 간에는 구미의 진보사상에 대하여 보수와 혁신이라는 양극적 반응을 보이고 있음을 간파했다. 민영익은 시종일관 유학 관계 한적癸未字 漢籍만 탐독하면서 구미의 선진문물에 대해 무관심한 태도로 일관했다. 그러나 서광범과 변수는 서구 사상에 대해 비상한 관심을 표명하면서 포크가 백과사전을 번역하여 설명하면 이들은 열심히 노트에 적으면서 개화의지를 표명했다. 귀국 당일 제물포에서 서울로 올라가는 도중에 서광범

[56] 葛生玄晫, 『金玉均』(民友社, 1916), p.66, 井上角五郎, 「關係書類は何もない」.

은 포크에게 자기로서는 조선보빙사 종사관으로 민영익을 보좌하면서 장차 귀국하면 개화운동을 벌여 조국 근대화를 실현할 것으로 기대했는데, 민영익은 오히려 보수적 친청사대적親清事大的 정책으로 후퇴하고 있다고 지적하면서 민영익은 '서구적 진보 개혁운동'에 역행하고 있다고 고백하고 있다. 이때 이미 포크는 양자 간에 보혁갈등保革葛藤이 표면화되고 있음을 감지했다.[57]

이제 개화독립당의 영수로서 민영익의 정적政敵이 된 김옥균·윤치호 등이 출영차 제물포로 나갔다. 윤치호는 김옥균의 개화독립당이 민씨 사대당을 제거할 것이라는 정치음모를 알고 있었던 터라 양파 간의 유혈적 충돌을 막아보기 위하여 민영익에게 양파 간에 합심 협력할 것을 충고했다. "공이 만약 백성을 편안하게 하고 나라를 이롭게 할 뜻이 있다면便民利國之事 모름지기 힘을 합쳐야 할合力 것이다. 저 작은 시냇물이 합쳐 바닷물이 되고, 작은 모래알이 쌓여 산이 되듯이 천하만사는 합심하게 되면 일이 쉽게 이루어지지만, 마음이 둘이나 셋으로 분열되면 공사 간에 불미스런 일만 발생할 뿐이다."[58]

윤치호는 이같이 양 영수의 화해와 합심으로 "백성을 편안하게 하고 나라를 이롭게便民利國"하기 위해 개화운동을 추진할 것을 강력히 권고했지만 양자 간의 갈등과 알력은 더욱 심화되어 갔다. 정치지도자의 이 같은 국론분열은 결국 유혈적 정변으로 발전할 수밖에 없었다.

민영익의 귀국과 더불어 민씨 사대당과 개화독립당 간의 반목은 더욱

---

[57] U. S. Department of State, *Papers Relating to the Foreign Relations of the United States*, 1884, pp.335~341, "Report of information relaltive to the revolutionary attempt in Seoul, Corea, by Ensign George C. Foulk, December 4~7, 1884."

[58] 『漢城旬報』제23호(1884. 6. 4); 『尹致昊日記』권 1, p.68(1884. 6. 2).

격화, 노골적으로 적대관계는 심화되어 갔다. 서광범의 하인겸종傔從인 이윤상李允相이 갑신정변 실패 후 재판정에서 진술한 공초供招에 의하면, 민영익이 귀국 직후부터 양파 간에 정의情誼가 좋지 않았다고 진술하고 있다.

> 서광범이 미국에서 귀국한 후 죽동영감竹洞令監, 민영익과 정의가 맞지 아니해서 언제나 흉중에는 그에 대한 혐의를 품고 있었다. 김옥균 · 박영효 · 홍영식 등이 매일 모여 개화할 일을 상의하면서 무엇보다도 먼저 죽동부자竹洞父子, 민태호閔台鎬 · 민영익閔泳翊을 제거해야만 비로소 개화를 성사할 수 있다고 말했다.[59]

이와 같이 개화독립당은 민영익의 귀국 직후부터 민씨 사대당과 서로 반목 · 갈등이 심화되었다. 임오군란이 발발하자 청일 양군은 난을 진압한다는 명목으로 제각기 서울에 군대를 진주시켰다. 특히 청군의 원세개袁世凱는 군란의 책임을 물어 대원군을 청국으로 납치하는 한편 이홍장李鴻章은 속방론屬邦論에 의한 대한종주권對韓宗主權 강화를 위해 묄렌도르프를 조선 해관海關 총세무사總稅務司 겸 외교고문에 임명 파견했다1882. 이로부터 청은 조선을 속국으로 간주, 대한내정간섭을 일삼았다. 민영익의 귀국을 계기로 개화독립당과 민씨 친청사대당 간에 속방론과 독립론을 둘러싸고 의견대립이 치열하게 격화되기에 이르렀다.

바로 이때에 국제정세에 중대한 변수가 일어났다. 1884년 6월 베트남安南문제로 청불전쟁이 발발, 청군이 프랑스군에 패전했다는 소식이 전해졌다. 이는 급진개화파로서는 민씨 사대당정부를 타도하고 청으로부터 독

---

59 『推案及鞫案』(아세아문화사, 1978), 권 30, pp.641~643, 罪人 李允相, 光緒 10. 12. 11). "光範自美國歸後 與竹洞令監情誼不合 嫌疑常在胸中 與玉均泳孝英植 每每相議 同欲爲開化先除竹洞父子 然後事可成矣云云"

립을 성취하는 데 호기好機가 아닐 수 없다. 청군 2만 병력이 프랑스군 3천 병력에 패전했다는 사실은 대청관對淸觀 변화의 변수로 작용했다. 이제 개화파는 저와 같이 무력한 청국을 "우리 정부는 마치 부모처럼 섬기고 있으니 분격하지 않을 수 없다."라고 부르짖게 되었다. 구미 각국에서는 청국인을 마치 종복복예僕隸처럼 취급하고 있다. 심지어 마음이 너그럽고 착한 미국인도 이제 청국인을 축출하고 있지 않는가. 그럼에도 불구하고 "우리나라 정부 당국은 청국인에게 나약하여 청인淸人보기를 마치 상사上司처럼 모시고 있다." 마침내 급진개화파 지도자 김옥균은 "우리나라가 독립할 기회가 바로 이때가 아니겠는가我國獨立機會何在此時"고 선언하면서 조선이 청국으로부터 독립할 좋은 기회가 도래했다고 판단하기에 이르렀다.[60]

이제 푸트 공사의 거취에 중대한 변화가 발생했다. 첫째, 푸트는 묄렌도르프의 조선 외교권 침해 전횡專橫이 자행되고 있었다고 비난했다는 사실이다. 푸트 공사는 이처럼 청 원세개의 내정간섭에 혐오감을 느꼈고, 더군다나 목인덕묄렌도르프이 조선의 외교권을 장악, 대외교섭권을 독점하고 있다고 지적하면서 민씨 사대당정부의 종속외교從屬外交를 규탄하기에 이르렀다. 푸트는 "귀국정부가 나에게 프랑스, 러시아와의 입약立約을 주선해달라고 부탁한 것이 벌써 작년 여름의 일이었다. 그런데 어찌하여 목인덕이 중간에 서서 소개한단 말인가. 이는 목씨가 조선의 외교권을 자주自主하려는 저의가 아니겠는가. 이는 귀국의 국체國體에 중대한 흠결欠缺이 아닐 수 없다."[61]라고 경고하고 있다. 1884년 11월 19일 푸트-홍영식 회담에서 푸트는 목인덕이 자신의 외교업무까지 간섭하고 있다고 비난하

[60] 『尹致昊日記』권 1, p.97(1884. 9. 21), pp.97~98(1884. 9. 22), pp.98~99(1884. 9. 25).

[61] 상게서, p.35(1884. 1. 10).

면서 "나는 우리 정부의 명을 받들고 조선정부에 미국 전권공사로 부임했지 너목인덕를 위해 이곳에 온 것은 아니다."라고 목인덕에게 직접 면전 항의했다고 고백했다는 것이다.

둘째, 미국정부는 1884년 9월 17일자로 주한미국공사의 지위를 '특명전권공사'로부터 '변리공사 및 총영사'로 격하했다는 사실이다. 그토록 희망과 기대를 가지고 조선에 부임했던 푸트 공사에게는 충격적인 조치가 아닐 수 없다. 이에 푸트는 이상 두 가지 실망스런 사태발생으로 마침내 홍영식에게 공사직을 사직하고 본국으로 돌아가겠다고 언명했다.

이에 홍영식은 이 자리에서 푸트에게 "우리가 개명開明정치를 실현하는데 귀하의 도움이 절대 필요하다."고 전제하면서 이를 외면하고 귀국하겠다니 유감이라고 피력했다. "국정이 날로 그릇되어가고 백성의 고통민고民苦이 날로 시간마다 우심해가고 있으니 통탄할 일이 아닐 수 없다."라고 개화독립당의 성변거사를 은근히 시사하자, 푸트는 조선이 외교권을 목인덕에게 박탈된 것은 정치지도자들이 합심하지 않고 사리사욕에만 혈안이 되어 서로가 마치 원수구적仇敵처럼 헐뜯고 있었기 때문이라고 지적하면서 성급한 거사를 경고하고 있다. 이에 푸트는 "함부로 행동했다가는 역적이 되고 국폭國暴이 될 것인즉 국정개혁의 시기를 조용히 기다리는 것이 상책이다."라고 충고하고 있다.[62]

이에 앞서 홍영식은 10월 5일 해군무관 포크를 방문, 과격한 언사로 민태호閔台鎬·조영하趙寧夏 등 4영사營使 그리고 기타 사대당 인사를 제거하겠다는 거사계획을 털어놓았다. 이제 사대↔개화 양파 간에는 화합은 깨어지고 유혈적인 정변사태가 발생할 것을 예감한 포크는 10월 26일 민영

---

[62] 상게서, pp.109~113(18884. 11. 19); Allen, "A Chronological Index," p.167(Sept. 17, 1884); 金源模, 『近代韓國外交史年表』, p.114(1884. 9. 17).

익을 방문, 급진개화파와의 화해를 권고했지만 무위로 끝났다. "10월 26일 민영익을 방문하는 동안 나는 양파 간의 의견 차이가 너무나 커서 도저히 그들을 한자리에 모이게 해서 국사國事를 논의할 수 없음을 알게 되었다. 이리하여 위기가 임박해 왔고, 아마도 유혈폭동 사태까지 발생, 그 결과 관리뿐만 아니라 온 백성들에게까지 심각한 영향을 끼칠 것이라고 확신했다." 이처럼 포크는 양파 간의 화해와 협조는 불가능하다는 것, 결국 피를 보는 유혈충돌이 발생할 것이라고 예상하고 있었다. 10월 31일에는 홍영식은 개화당 인사 2명김옥균 · 박영효이 포크를 만나고 싶다고 통고하자 포크는 이를 거부하고 해군부의 훈령에 따라 두 번째 삼남三南지방 답사여행길에 나섰다. 그래서 포크는 삼남 지방여행 중 갑신정변 소식을 듣게 되었다.[63]

개화독립당은 정변거사계획을 추진함에 있어서 유대치劉大致의 자문을 받기로 했다. 그러나 유대치는 정치개혁을 단행하는 데는 의견을 같이했지만 과격한 행동개시에는 신중을 기해야 한다고 주장했다. 유대치는 윤치호에게 "모든 일에는 시기가 중요하므로 적절한 때가 오기를 근신하면서 '호기 도래'를 기다려야 한다."라고 경고했다.[64]

한편 서광범도 11월 13일 푸트 공사를 방문, 정변거사를 밝히자 푸트는 "개화당은 마땅히 지사志士를 모으며 국왕의 상총上寵을 견고히 하고 세력을 삼아서 때를 기다려 움직이고 기회를 보아 행동하되 함부로 과격한 일을 저지르지 말아야 한다."[65]고 강조했다. 결국 푸트는 현재로서는 거사

---

[63] Foulk, "Report of information relative to the Revolutionary attempt in Seoul," pp.110~111.

[64] 『尹致昊日記』권 1, p.105(1884. 11. 3).

[65] 상게서, p.107(1884. 11. 13). "使勸開化黨 當集志士 自固堅上寵而倚勢 待時而動 勿爲妄激事"

계획을 실천에 옮기기에는 시의時宜가 적절하지 않다고 언명했다. 드디어 김옥균이 정변 며칠 전 11월 29일 푸트 공사를 방문, 정변거사는 불가피한 일임을 설명하면서 협조를 구하자 푸트는 "유지들을 널리 모아 조용히 시기를 기다리되 너무 성급하게 나아간다면 도리어 개화開化의 길에 방해가 될 것이다."[66]라고 경고했다.

1884년 11월 4일 박영효 집에서 거사계획을 구체적으로 논의했다. 이 자리에서 김옥균·홍영식·서광범 등이 일본공사관의 시마무라島村久 서기관을 초청, 거사방책을 모의했다. 시마무라가 거사방책을 묻자, 개화독립당은 세 가지 방책을 제시했다. 첫째, 우정국 개국연회 석상에서 거사한다는 것, 둘째, 자객을 청국인으로 변장, 밤에 민영목閔泳穆, 한규직韓圭稷, 이조연李祖淵 등을 처치하고, 그 죄를 민태호閔台鎬 부자에게 뒤집어씌우는 것, 셋째, 경기감사 심상훈沈相薰을 매수, 백록동白鹿洞 정자홍영식의 별장에서 산치를 베풀면서 민씨 일당을 초청하여 처치한다는 것 등이다.[67]

이 자리에서 이 세 가지 방책을 검토한 결과 제2안과 제3안은 실현 가능성이 희박하다는 데 동감하고 제1안을 채택, 거사하기로 최종 합의했다. 행동개시의 암호는 조선어로는 '천자天字'로, 일본어로는 '요로시ヨロシ'로 하여 사대당과 개화당 동지를 구별하기로 결정했다.[68]

이제 마지막으로 11월 23일 홍영식은 일본공사 다케조에竹添進一郎의 확실한 병력동원을 보장받기 위하여 일본공사관을 방문하여 거사계획을 최후 통첩했다.

---

66 상게서, p.114(1884. 11. 29). "美使勸其廣會有志 靜觀時機 勿爲驟進 反害開化之道"

67 『金玉均全集』(아세아문화사, 1979), pp.39~40(11. 4); 趙一文 역주, 『甲申政變』(건국대출판부, 1977), p.44(11. 4).

68 李瑄根, 『韓國史最近世篇』(乙酉文化社, 1961), p.614.

우리 당은 국가 위급함을 대개 다음과 같이 진술한다. 대저 본인과 같은 사람은 무식하고 재주가 없고, 게다가 기상이 부족하기 때문에 우리 당 중에도 평생 평화주의자라고 일컬어질 정도이다. 근래에 이르러 국세國勢가 위급해져서 차마 나라의 멸망을 앉아서 기다릴 수 없는 지경에 빠지고 말았다. 그래서 부득이 과격한 거사擧事를 계획하게 되었다. 이 자리에서 국세가 위급하게 되었다는 것을 진술한다면, 우리나라의 발전을 방해하는 것은 곧 우리 정부이다. 우리 정부로 말할 것 같으면, 그것은 정부가 아니라고 대답해도 좋다. 왜 그러냐 하면 오늘날 권력을 장악하고 있는 자는 상하의 구별 없이 국왕의 총애를 받고 있는 자들이다. 이들이 교묘한 간계를 부려서 부당한 권력을 정치상에 미치고 있다.[69]

홍영식이 일본공사관을 방문, 다케조에 공사에게 거사계획을 보고한 것은 어디까지나 일본군의 병력동원으로 제휴협조를 받기 위한 비상조치였다. 이는 바로 갑신정변의 배후조종자는 일본공사관이었음을 명백하게 입증해주는 '결정적 증거smoking gun'이다.

한편 박영효는 12월 2일 압구정鴨鷗亭 근처에 있는 자신의 별장에 장사壯士, 사관생도를 집결, 일본인 4명과 인사를 시켜 거사계획을 최후 점검하였다. 이날 밤 서재창徐載昌 집에 친일개화당 인사들이 모여 거사계획의 실천방안을 최종 점검했다. 이 모임에서 홍영식은 대취하여 그만 실족失足으로 넘어져 부상을 입기도 했다. 홍영식은 김옥균 집으로 가서 비장한 시를 지어 그들의 운명이 암담함을 예고하고 있다.

내가 땅에 떨어질 때 땅은 내 피를 다스렸다

69 伊藤博文篇, 『秘書類纂 朝鮮交涉資料』(原書房, 1970), pp.289~294. 「郵征總辦 洪英植 來訪談話要略」((1884. 11. 23).

내가 죽을 때에는 하늘이 내 마음을 살피리라
나와 같은 마음을 가졌거든 나와 함께 맹세할지어다
만약 이 마음을 배반한다면 반드시 창천은 주륙하리라
我落地時地治我血
我死之時天鑑我心
惟我同心同我誓心
若背此心蒼大必誅[70]

이처럼 홍영식은 자신의 죽음을 각오한 비장한 시를 남기고 쿠데타 거사에 돌입했다. 최우통첩 11일 만에 마침내 1884년 12월 4일 사신이 창설한 우정국 개국연회에서 갑신정변을 일으켰다. "우정국 개국연회 석상에서 김옥균 반란Emeute of Kim Ok Kiun이 발발했다. 김옥균이 이끄는 개화당 일파는 창덕궁을 습격하여 점거했다. 각국 공사와 영사들은 창덕궁에 참내參內하고, 일본공사는 140명의 호위병護衛兵을 거느리고 참내하였다."[71] 라고 기록하고 있다. '알렌의 일기'에서 갑신정변이 발생, 칼을 맞고 쓰러진 민영익을 한방의韓方醫로는 치료가 불가능하다고 판단한 묄렌도르프는 의료선교사 알렌에게 달려와 살려달라고 애원했다. 알렌은 이날의 저녁 갑신정변 발발 장면을 생생하게 기록해 놓고 있다.

어제 밤 서울에 거주하는 외국인에게 아주 중대한 사건이 발생했다. 내가 잠자리에 들자마자 많은 사람들의 고함소리가 들려왔다. 이때에 대문 두드리는 소리가 요란하게 들리더니 한 외국인이 나를 부르고 있었다. 거실로 나가보니 주한미국공사관 스커더Charles L. Scudder 비서가 기다리고 있었다. 그는 죽어가

[70] 黃文秀, 『偉大한 韓國人 古筠 金玉均』(중앙서관, 1983), p.172.

[71] Allen, "A Chronological Index," p.168; 金源模, 『近代韓國外交史年表』, p.115(1884. 12. 4~5).

는 빈사瀕死 상태의 사람을 응급 치료하러 묄렌도르프의 집으로 급히 와달라는 목인덕의 적바림을 가지고 왔다고 했다. 스커더가 사건발생갑신정변 경위를 설명하기를, 그날 저녁 묄렌도르프가 근무하는 외아문外衙門에서 만찬회가 개최되었는 바, 이 자리에는 외아문 관리들이 모두 참석하여 저녁을 막 드는 순간 갑자기 '불이야' 하는 고함소리에 놀라 동석했던 민 왕후의 친정 조카이며 그 당시 가장 영향력 있는 정치지도자인 민영익이 불난 곳을 알아보기 위하여 밖으로 뛰쳐나갔다가 신원미상의 어떤 자객刺客에게 칼을 맞고 쓰러졌다는 것이다. 해군무관 버나도우John B. Bernadou, 蕃於道가 우리 집 경비를 담당하고 있었다. 대궐로부터 사자使者가 왔는데 조선국왕이 푸트 공사에게 내린 각서覺書에 의하면 모든 외국인은 대궐로 모여 사태가 진정될 때까지 머물러 달라는 전갈이었다. 왜냐하면 총봉기김옥균 반란가 발생, 1882년 임오군란 때처럼 대량 학살이 자행될 것이기 때문이다. 우리는 협의한 결과 집에 머물러 있기로 결정하였다.[72]

'고종실록'에는 1884년 12월 4일 우정총국에서 일어난 갑신정변을 이렇게 기술하고 있다.

10월 17일양 12. 4 밤 우정국에서 낙성식 연회를 차렸는데 우정국 총판 홍영식이 주관하였다. 연회가 끝나갈 무렵에 담장 밖에서 불길이 일어나는 것이 보였다. 이때 민영익도 우영사로서 연회에 참가하였다가 불을 끄려고 먼저 문밖으로 나갔다. 그런데 밖에 어떤 여러 명의 흉도들이 칼을 휘둘러 맞받아치는 바람에 민영익은 칼을 맞고 대청 위에 돌아와서 쓰러졌다. 자리에 있던 사람들이 모두 놀라서 흩어지자 김옥균, 홍영식, 박영효, 서광범, 서재필 등이 자리에서 일어나 대궐 안 침전으로 곧바로 달려 들어가서 변고에 대하여 급보를 올리고 빨리 자리를 옮겨 변고를 피할 것을 청하였다. 그래서 임금이 경우궁으로 거처

[72] 金源模 完譯, 舊韓末 激動期秘史『알렌의 日記』(檀國大學校 出版部, 1991), pp.29~33(1884. 12. 5), *Horace Newton Allen's Diary*, pp.406~411, December 5, 1884.

를 옮기자 각 전과 궁도 황급히 도보로 따라 갔다.

김옥균 등은 임금의 지시로 일본공사에게 와서 지원해줄 것을 요구하여 밤이 깊어서 일본공사 다케조에 싱이치로竹添進一郎가 군사를 거느리고 와서 호위하였다.[73]

친일개화당이 일단 갑신정변에 성공하자 그 이튿날 12월 5일 신정부 인사를 단행했다.

서광범을 승격시켜 교섭사무 협판으로 임명하는 동시에 독판을 서리하게 하였으며 김옥균을 혜상공국惠商公局 당상관으로, 서재필을 전영정령관前營正領官으로, 사관학교 생도부장 12명을 다 별군관別軍官으로 임명하였다.

홍영식을 좌우영사로, 박영효를 전후영사로 임명하고 김옥균을 호조참판으로 임명하는 동시에 판서를 대리하게 하였으며 이재원李載元을 의정부 좌의정으로, 홍영식을 우의정으로, 이재완李載完을 병조판서로, 윤웅렬尹雄烈을 형조판서로, 김홍집金弘集을 한성부판윤으로, 김윤식金允植을 예조판서로 임명하였다.[74]

그러나 갑신정변은 3일천하로 실패, 김옥균의 신정부는 허무하게 무너졌다.

10월 19일12. 6 밤에 임금이 북묘北廟에 거처를 옮겼다가 그길로 또 선인문宣仁門 밖에 있는 청나라 통령 오조유吳兆有의 병영에 옮겼으며 각 전과 궁들도 노원蘆原으로 옮겼다. 이날 신시申時, 오후 3~5시에 청나라 군사들이 대오를 나누어

---

[73] 『高宗純宗實錄』中, p.174(고종 21. 10. 17); 『이조실록』(여강출판사, 1993), 권 386(고종 21. 10. 17), p.230.

[74] 상게서, p.174(고종 21. 10. 18); 상게서, pp.230~231.

대궐문으로 들어오면서 총포를 쏘았고, 우리나라 좌영과 우영의 군사들도 따라 들어오니 일본 군사들이 힘을 다해 막았다. 유시酉時, 오후 5~7시에 임금이 후원에 있는 연경당演慶堂에 피접해갔다가 각 전, 궁들과 서로 연계를 잃고 다시 옥류천 뒤 북쪽 담문에 이르렀다. 이때에 비로소 무예청 군사와 호위군사, 별초군別抄軍이 들어와서 호위하여 문을 열고 북묘로 갔다.

일본공사는 군사를 거느리고 대궐을 떠났는데 김옥균, 박영효, 서광범, 서재필 등은 모두 따라가고 오직 홍영식, 박영교 및 사관학교 생도 7명만이 임금의 뒤를 다라 북묘에 갔다. 해시亥時, 오후 9~11시에 오조유 통령은 임금이 북묘에 있다는 말을 듣고 군사를 거느리고 맞이하러 갔다. 홍영식 등이 임금의 옷자락을 끌어당기면서 가지 말라고 하였다. 여러 사람들이 임금을 부축하여 네 사람이 메는 가마에 태우니 홍영식 등은 또한 성이 나서 꾸짖었다. 우리 군사들이 영식과 영교를 쳐 죽이고 또 생도 7명을 죽였다. 원세개袁世凱도 군사를 보내어 임금을 영접하였다. 자시子時, 밤 11시~오전 1시에 선인문 밖에 이르러 오조유 통령의 군영에서 묵었다.

당시 도성 안의 군사들과 백성들은 일본사람들을 밉게 보아 만나기만 하면 때려서 많이 살상하였다. 일본공사 다케조에는 군사를 거느리고 거류민을 보호하여 도성 밖으로 나갔고 김옥균, 박영효, 서광범, 서재필 및 사관학교 생도 10여 명은 다 일본공사관에 몸을 숨기고 있다가 머리를 깎고 양복을 입고 변장하고 몰래 인천항에 가서 곧바로 일본으로 도망쳤다.[75]

여기서 홍영식은 일반적으로 청나라 군사에 의해 북묘에서 타살된 것으로 알려졌는데 상기 '고종실록'에 의하면 홍영식은 청나라 군사가 아니라 우리나라 군사에 의해 살해된 것은 새로운 사실이다. 갑신정변을 진압한 조선정부는 10월 21일12. 8에 우정국을 폐지 조치하였다. "또 지시하기를 통리군국아문을 의정부에 통합하고 우정국을 혁파한다."라고 하였다.

[75] 상게서, p.174(고종 21. 10. 19~20); 상게서, pp.231~232(고종 21. 10. 19~20).

아, 예나 지금이나 이 세상 어디에 이번의 김옥균, 홍영식, 박영효, 서광범, 서재필 같은 역적들처럼 극악하고 가증스러운 역적이 있겠습니까. 하늘이 정한 윤리를 생각할 대신에 평소에 남을 해칠 마음을 품고 있다가 처음에는 연회를 차려놓고 사람을 칼로 죽이고 나중에는 변고가 났다고 선언하고는 임금을 강박하여 처소를 옮기게 하였습니다. 일본사람들을 끼고 무력을 뽐내면서 재상들을 모조리 쳐 죽여 대궐 뜰에 피를 뿌리게 하고 문무의 높은 관리들을 좌시우시하여 종묘사직이 위태롭게 되었습니다. 다행히 우리나라에 주둔하고 있는 청국 군사들이 전하의 신변을 보호하여 온 나라의 관리들과 백성들이 다 같이 경사를 경축하게 되었습니다. 그러나 한 명의 역적은 처단되었지만 그밖의 여러 역적들은 아직 처단에서 빠졌습니다.

신등의 생각에는 이미 죽은 홍영식에 대해서는 가족까지 처단하는 형벌노륙지전孥戮之典을 빨리 시행하고 도망친 역적들은 도성 안에서 염탐하여 체포하는 한편 각국에다 상금을 걸고 요구하여 빨리 나라의 법으로 다스릴 것입니다. 이미 체포한 사관학교 생도 서재창徐載昌 등에 대해서는 빨리 추국청을 차려놓고 신문하여 다 같이 사형에 처하여야 한다고 봅니다.[76]

한편 '승정원일기'에는 갑신정변의 주범에 대한 강도 높은 성토聲討의 상차문上箚文이 올라오고 있다.

지금의 변란을 어찌 차마 말할 수 있겠습니까. 승여乘輿가 두 번이나 파천播遷하고 궁궐이 마침내 전쟁터가 되었으니, 이는 참으로 옛날에 없었던 변란입니다. 저들이 군부君父를 위협하고 조서를 위조해서 다른 나라 군대를 불러들여 말로는 호위한다고 했지만 사실은 임금을 협박하였습니다. 심지어는 궁궐을 짓밟고 재상들을 해쳐서 우리 전하로 하여금 위협받게 하고 음식물이 들어오는 길을 차단하고 모시는 사람들을 내쫓고서 각전各殿과 각궁各宮을 모두 장

[76] 상게서, p.175(고종 21. 10. 21); 상게서, pp.233~235(고종 21. 10. 21).

악하여 하룻밤 사이에 갑자기 하늘까지 닿을 재앙을 이루었으니, 이들의 행위는 동탁董卓, 조조曹操, 이각李傕, 곽사郭汜도 감히 하지 않은 일입니다. 신들만이 한 하늘 아래서 함께 살 수 없는 바가 아니라 동방의 신민臣民이면 누군들 그들의 살점을 씹고 그들의 가죽을 벗겨서 깔기를 바라지 않겠습니까. 생각건대, 반역자들을 하루 동안 다스리지 않으면 나라에 하루 동안 강상綱常이 없게 될 것입니다. 김옥균, 홍영식, 박영효, 서광범, 서재필 등을 속히 의금부로 하여금 잡아다가 국문하여 실정을 알아내게 함으로써 시원스럽게 국법을 바로잡아 신인神人의 분노를 씻어주고 난신적자亂臣賊子가 두려워하도록 하소서.

삼가 아룁니다. 생각건대, 하늘과 조종祖宗께서 묵묵히 도우시고 드러나지 않게 안정시키시고 만백성이 구하자 온갖 신령神靈이 지켜 주어서, 우리 전하께서 군영 안으로 파천播遷하여 며칠을 지내셨지만 천운天運이 어긋나지 않아 옥도玉度, 임금의 기거가 매우 편안하시니, 신들은 진실로 기쁜 마음을 이길 수 없습니다. 그런데 아직까지도 성토聲討하지 않은 것은 다만 창황하여 겨를이 없었기 때문입니다. 며칠을 참고 견디는 가운데 머리털은 더욱 곤두서고 간담은 더욱 떨려서 편안히 있을 수 없어 한목소리로 우러러 하소연합니다.

아, 고금 천하에 어찌 이번 김옥균, 홍영식, 박영효, 서광범, 서재필 등의 역적들처럼 지극히 흉악하고 극도로 패려悖戾궂으며 극악하고 무도한 역적들이 있었겠습니까. 그들은 대대로 벼슬해 온 집안에 태어난 자들로서, 천상天常을 생각지 않고 평소 화심禍心을 품고서 처음에는 연회를 베풀어 사람들을 찔러 죽이고 끝에는 변고가 일어났다고 선언하여 전하를 위협하고 강요하여 거처를 옮기게 하였습니다. 일본 사람들을 유인하여 그들의 세력을 끼고 궁궐을 포위하고 병기를 휘둘러 성세의 훌륭한 보필들을 모조리 잡아 죽여 궁궐에 피를 뿌리고 장상將相의 중직을 잠깐 동안에 차지하여 제멋대로 행하고 날뛰어, 종묘사직의 위태로움은 깃대에 달린 술철류綴旒과 같고 백성들의 목숨은 한 번 숨을 쉬는 사이에 달려있을 정도로 절박하였습니다. 다행히 청국의 주둔병이 성상을 보호하여 온 나라의 신민들이 모두 기뻐하였습니다. 그러나 역적의 우두머리는 이미 처단되었지만 여러 역적들은 오히려 대부분 빠져나갔고, 그들의 뿌리와 소굴이 아직까지 드러나지 않은 채 국법이 펴지지 않고 있으니, 사람들의 울분이 어찌 끝이 있겠습니까. 신들은 생각건대, 이미 죽은 홍영식에게 속히 노륙孥戮의 법을 단연코 시행해야 하고, 도망간 여러 역적들은 나라 안에서 기한을 정해 기찰하여 잡아들이게 하고 한편으로는 각 나라에 현상금을 걸고 찾아 주도록 요구하여 시원스럽게 국법을 바로잡으소서.

아, 통탄스럽습이다. 난신적자가 어느 시대인들 없었겠습니까마는, 이번의 김옥균, 홍영식, 박영효, 서광범, 서재필 등 다섯 역적들처럼 극도로 흉악한 자는 없었습니다. 조서를 위조해서 다른 나라 군대를 불러들이고 군부君父를 위협하고 궁궐을 유린하고 재상들을 해쳤습니다. 심지어는 승여乘輿를 파천播遷하게 하여 성상께서 놀라 두려워하게 하는데 까지 이르렀으니, 가까이에서 일어난 변란이 갑자기 하늘에까지 닿을 재양이 되었습니다. 이것은 왕망王莽, 조조曹操, 사마의司馬懿, 환온桓溫 같은 무리도 감히 하지 못한 일이니, 우리 동방의 신민들만이 한 하늘 아래서 함께 살 수 없을 뿐만 아니라 실로 세상에 다시 없을 강상綱常을 무너뜨린 난신적자입니다. 만약 이 역적들로 하여금 하루라도 천지 사이에 용납될 수 있게 한다면 사람의 기강과 백성의 떳떳한 성품을 유지할 수 없습니다. 신들은 간담이 떨려 장황하게 늘어놓을 겨를이 없습니다. 다섯 역적들을 의금부로 하여금 잡아다가 국문하여 실정을 알아내게 함으로써 시원스럽게 국법을 바로잡으소서. 그리고 나머지 무리들도 아울러 모조리 잡아들여 조사해서 모두 법을 시행함으로써 신인神人들로 하여금 울분을 씻고 난신적자들에게 두려운 바를 알게 하소서.[77]

이어 청일 양군은 제각기 창덕궁을 장악하기 위해 마침내 교전이 발생했다. 이 교전 끝에 일본군은 청군에 쫓겨나고 청군이 창덕궁을 장악하고 일본공사관은 불타고, 김옥균 친일 개화파는 일본공사와 함께 제물포로

[77] 『承政院日記』(고종편), 권 8, pp.967~968(고종 21. 10. 21); 『승정원일기』(민족문화추진회, 1999), 고종 108(고종 21. 10. 21), pp.222~227.

도망, 일본망명을 했다.

알렌은 갑신정변의 진상을 그의 일기에 생생하게 적어놓고 있다.

민영익 암살사건 발생 시 친청 배일당排日黨 6명이 살해되었고, 일본공사 다케조에가 공사관을 떠나 조선국왕이 거처하고 있는 대궐창덕궁을 장악했다. 표면적으로는 조선국왕을 보호하기 위한 것이었다. 이와 같은 움직임은 친청사대당의 고위관리들을 학살하고 180명의 일본 수비병이 조선 왕궁 창덕궁을 장악한 것과 일치하고 있기 때문에 일본이 이 사건과 관련이 있음을 입증해주고 있다. 청일 양국은 다 같이 조선국왕을 자국의 신하라고 주장하면서 국왕을 보호할 의무가 있다고 역설했다. 진수당陳樹棠 주한 청국공사는 조선국왕 알현을 요청했다. 일본공사가 이를 거절하자 청국 지휘관 원세개袁世凱는 드디어 발포함으로써 청일 양군 사이에 전투가 벌어졌다.

이 교전에서 일본군이 많이 죽었고, 청국인 100명, 조선인 100명이 희생되었다. 이제 청국군이 일본군 대신 창덕궁과 조선국왕을 장악했고, 일본군을 왕궁으로부터 일본공사관으로 내쫓았다. 12월 7일 오후 4시경 일본공사관 쪽에서 심한 총격전 소리가 나기 시작하더니 총소리가 점점 가까이 들려왔고, 일본군 잔여병이 공사관을 빠져나오느라 일어난 총격전이었다. 이윽고 장려壯麗한 일본공사관 건물이 불길에 휩싸였고, 친일 배청당排淸黨의 김옥균은 다케조에 일본공사 일행과 함께 제물포로 도망했고, 서구식 가구로 꾸며진 김옥균의 호화주택도 불타고 있었다.

오후 3시 집에 돌아와 보니 푸트 공사 가족, 애스턴William G. Aston, 阿須頓 가족을 비롯하여 모든 공사관원들이 짐을 꾸린 후 오전 중 제물포로 떠날 준비를 하고 있었다. 이제 서울에 남아있는 외국인이란 우리 가족밖에 없었다. 아내 파니와 제물포행 여부를 두고 논의한 결과 다음과 같은 이유로 서울을 떠나지 않기로 작정했다. 첫째, 우리는 바로 의료업무를 위해 이 나라에 왔다. 그러므로 우리의 의무醫務수행이 그 어느 때보다도 절실히 요망되는 이때에 서울을 떠날 수는 없었다. 둘째, 우리는 이곳에서 먹을 것도 풍족하므로 이곳 생활에 편안하다는 것이다. 제물포에 가면 우리는 숙소도 없거니와 먹을 것도 별로 없으며, 뿐만 아니라 제물포에서는 우리 아기를 잘 먹일 수도 없다. 셋째, 짤막한 통고short notice를 받고는 떠날 수가 없었다. 우리가 떠나면 모든 자리는 박탈될 것이고, 우리가 이곳에 남아 있기를 원한다면 제물포로 떠날 수는 없을 것이다. 그러므로 우리는 이곳에 남아 우리의 임무를 수행하면서 모든 것을 하나님께 맡기기로 결정하였다.[78]

김옥균 · 홍영식 등은 현장에서 민씨 척신戚臣 민영목 · 민태호 · 조영하 등을 살해하고 창덕궁에 입궐, 변란소식을 전하면서 신정부를 수립했다. 거사 후 김옥균 · 홍영식은 대군주를 경우궁景祐宮, 純祖 생모의 사당으로 천좌遷座, 즉각 다케조에 일본공사에게 '내호來護'를 요청하자, 일본공사는 일본군을 이끌고 경우궁을 호위하기에 이르렀다. 그러나 경호상 불안을 느낀 친일 개화독립당은 계동桂洞 이재원李載元 집으로 이어移御하다가 12월 5일 마침내 창덕궁으로 환궁했다.[79]

그러나 원세개의 청군이 창덕궁을 포위 공격하면서부터 전세는 역전되어 갑신정변은 삼일천하三日天下로 완전 실패로 끝나고 말았다. 그 당시 서울에는 청국군 약 3만 명, 일본군 약 180명의 병력이 주둔하고 있었다. 청일 양군의 병력 규모는 10대1로 청군이 절대 우세했다.[80] 오조유吳兆有, 장광전張光前, 원세개袁世凱 등은 2천 명의 청군을 총동원하여 창덕궁을 포위 공격함으로써 개화독립당의 운명은 풍전등화와 같이 사그라지게 되었다.

---

78 金源模, 『알렌의 日記』, pp.33~38(1884. 12. 11), *Allen's Diary*, pp.411~418, December 11, 1884.

79 『金玉均傳』, pp.350~365.

80 『梅泉野錄』, pp.80~81(甲午以前).

다케조에 일본공사가 전세가 불리해짐을 깨닫고 일본군을 이끌고 일본공사관으로 후퇴했다. 개화독립당이 계속 창덕궁에 남아 있을 경우 그들의 운명이 어떻게 되리라는 것은 너무나 분명해지자, 개화독립당은 창덕궁으로부터 일단 일본공사관으로 피신했다가 일본공사와 함께 일본으로 망명하기로 방침을 정했다. 개화독립당 인사들은 모두가 민씨 사대당 수중에 희생되지 않을까 공포에 휩싸여 몸을 부들부들 떨면서 창덕궁 탈출을 시도했다. 그러나 홍영식은 평온한 심정으로 대군주 배행陪行을 위해 일본망명을 거부하고 남아 있겠다고 선언했다. 홍영식은 대군주 배행 이유를 다음과 같이 해명하고 있다. "나는 여기 남아서 개화당 사람들이 배반자가 아니라는 것, 자신들이 공언했던 '거사의 원칙'들은 세상에 하등 부끄러운 일이 아님을 보여주기 위해서라도 대궐에 남아 있기로 결심했다."

다른 동지들은 홍영식의 이 같은 단호한 태도에 깜짝 놀라면서 이곳에 계속 남아 있을 경우 신변상 위험하니 피신할 것을 거듭 촉구했지만 허사였다. 마침내 김옥균 일당은 그의 확고부동한 잔류 결심을 꺾을 수 없었고, 또한 만약 더 지체했다가는 청군에 처단될까 우려한 나머지 어쩔 수 없이 홍영식 혼자만 남겨 놓고 철수하지 않을 수 없었다.[81]

마침내 김옥균은 홍영식과 최후의 고별인사를 나누었다.

> 洪: 나는 대가大駕를 따라가야 합니다.
>
> 金: 그대는 대가를 호종扈從하더라도 다른 걱정이 없음을 보장할 수 있으므로 따라가시오. 그대는 나라 안에 있고, 우리들은 나라 밖으로 나갈 것이다. 장차 회복할 날이 있을 것이오(마침내 원세개袁世凱의 독수에 걸려들고 말

[81] Lowell, "A Korean Coup d'Etat," pp.599~618.

았으니 지금도 한이 맺힌다).

洪君曰 吾則當隨大駕

余曰 君雖扈從 保無他憂 君則在內 吾輩出外 將有回復之日(竟被袁世凱毒手至今恨結)[82]

이리하여 홍영식은 끝까지 국왕을 호종하다가 박영교朴泳敎와 함께 북관묘北關廟에서 청군의 급습을 받아 조선군에 의해 척살刺殺 난도질삭위육니斫爲肉泥당하고 말았다. 홍영식을 처단한 청군은 모두 만세소리를 드높이 부르며 대가를 호위하며 국왕을 선인문宣仁門 밖에 주차하고 있는 오조유吳兆有 통령군영統領軍營에 이어移御함으로써 갑신정변은 대실패로 끝났다.[83]

당년 30세의 청년 개화사상가 홍영식은 그의 정치적 개화의지를 펴보지 못한 채 비참한 최후를 마쳤다. 미국사행 후 홍영식을 수행, 조선에 온 로우엘은 "나에게 너무나 충실한 친절을 베풀었던 홍영식 군은 진정한 애국자였건만, 마침내 정치적으로 희생, 순국자가 되었으니 다만 그동안 기억을 더듬을 수밖에 없다."[84]라고 회상하고 있다.

10월 26일자 '알렌일기'에는 의료선교사 알렌이 갑신정변에서 심한 자상刺傷을 입은 민영익을 서양의술로 치료해서 그의 생명을 구해주는 데 성공했는데, 이에 대해 조선국왕은 민영익의 생명을 구해 준 알렌에게 푸짐한 선물을 하사했다. 그리고 대군주의 공고, 반역자 5명의 범죄행위 공시, 참살자 명단, 정변 직후 개화파 신정부 각료 명단 등을 기록하고 있다.

---

[82] 『金玉均全集』, p.104(12. 6).

[83] 『高宗純宗實錄』中, p.174(고종 21. 10. 19); 『梅泉野錄』, pp.80~81(甲午以前).

[84] Lowell, Choson: *The Land of The Morning Calm*, "Preface."

우리는 민영익을 잘 치료해준 대가로 이번 주에 조선 대군주로부터 멋진 선물을 하사下賜 받았다. 그것은 백색 견수자로 배접하고 그 위에 정교하게 비단실로 수를 놓고 주석 입사귀로 태를 두른 우아한 자수병풍이었다. 이 같은 고미술품 감식에 조예가 깊은 포크 서기관에 의하면 자기가 본 것 중에서 이 병풍이 최상품이라고 말했다. 또 다른 하사품은 완형完形의 고려자기高麗瓷器인데, 6~7백 년 전의 자기라고 말했다. 포크는 이 고려자기가 진귀한 걸작품이라고 평가하고 있다.

〈갑신정변 발생기간 중 발표된 포고령布告令 보상배褓商輩에 대한 경고警告〉

다음과 같은 이유로 포고령을 게시揭示하는 바이다. 국가운명이 불운한 이때 친일원흉親日元兇들이 반란을 일으켰다. 대군주께서 위난危難에 처해 있고 종묘사직이 파멸되어가고 있다조선왕조 패망. 최악의 사태에 직면해 있다. 대청大清황제께서는 조용히 우리 편에 서서 우리를 도우고 있으며 청군 사령관원세개袁世凱은 군대를 소집, 일본군과 싸우고 있다. 하늘의 은총은 무한하여 지금 대군주께서는 무사하시다. 원 장군의 친절한 도움은 엄청나며 우리는 이에 감사하는 바이다.

이에 우리는 다음과 같이 명령을 내리는 바이다. 이제 우리 의병Volunteers은 절치부심 친일 악당을 소탕하고 있는 청병清兵을 도와주지 않으면 안 된다. 우리의 모든 보부상褓商 동지들은 이 점을 유의하고 보공국Pou Kong Kouk, 보부상의 건물이름에 구국목적을 수행하기 위하여 모일지어다. 본 명령을 거역할 경우 이들이야말로 친일간당親日奸黨을 도와주는 반역죄로 다스릴 것이다. 우리 모두 우리의 임무를 잊지 말자.

大君主의 公告文 漢城府 裁判所 甲申年 10월 22일

〈반역자 5명의 범죄행위 공시〉

김옥균·박영효·홍영식·서광범·서재필 등은 은밀히 대군주에 대한 반역음모를 꾸민 지 오래되더니, 이들은 간교하게도 17일양 12. 4 밤에 반란을 일으키고 말았다. 홍영식이 우정국郵征局에서 개국연회를 베풀었는데, 서재필은 사관생도 10여 명을 거느리고 우정국 밖 한 집에 불을 지르고 문밖에서 기다리고 있다가 '불이야'하는 고함소리에 놀란 민영익이 문밖으로 나오자 매복하고 있었던 사관생도가 민영익을 칼로 찔러 쓰러뜨렸다. 민영익을 자상刺傷한 후 김옥균·박영효·홍영식·서광범 등은 거사擧事 이유를 백성들에게 선언했다. 김옥균은 거사 후 즉각 일본공사관으로 가서 다케조에竹添進一郎 공사의 의사를 확인한 후 창덕궁으로 입궐했다. 김옥균 등은 대군주에게 변란變亂 발생을 보고한 후 즉각 스스로 다른 곳으로 피신 이어移御할 것을 강요했다. 이날 밤에 대군주는 경우궁景祐宮으로 이어했다. 일본공사는 병졸을 소집, 경우궁으로 가서 경우궁을 포위했다. 10여 명의 사관생도들은 궁문宮門에서 보초 서면서 조선인의 궁문출입을 차단함으로써 이제 어느 누구도 국왕 알현謁見이 불가능해졌다. 김옥균·박영효·홍영식·서광범·서재필 등은 일본 호위병을 믿고 대담하게도 친청배일당親淸 排日黨 척신戚臣 민영목閔泳穆, 민태호閔台鎬, 조영하趙寧夏, 이조연李祖淵, 親軍 左營使 한규직韓圭稷, 前營使 윤태준尹泰駿, 後營使 류재현柳在賢, 內侍 등을 참살慘殺했다. 참으로 끔찍한 사건이다.

이들 반역자 5명은 다른 정변 지지자들의 도움으로 병조兵曹와 호조戶曹의 업무를 장악했다. 이날의 변란사건은 가장 비참한 사건이었다. 그래서 생각하기조차 괴로운 사건이다. 이에 청국병은 정변 발생에 대해 조선백성들이 유감스럽게 여기고 있다는 것을 알아차리고 이 기회를 이용하여 진압차 드디어 출병했다. 청병淸兵은 경우궁으로 가서 궁을 포위하자, 먼저 일본군이 총격을 가하였고 청일 양군 간에 교전交戰이 벌어졌다. 접전接戰으로 청일 양군의 사상자가 발생했다. 이에 국왕은 일시 연경당演慶堂, 창덕궁 비원에 있는 상류주택으로 피신했다가 북관묘北關廟로 이어했다. 친군親軍 좌우영병이 청병에 부응, 일본군을 공격, 일본군을 격퇴하였다. 이때 거리에 나온 백성들이 홍영식을 격살擊殺한 데 대해 서로 축하하고 있었다. 다른 반란 주동자들은 도망쳤고, 아직 체포되지 아니했다. 그러나 반란자 한 사람을 체포, 방금 신문 중이며, 정변발생의 상세한 내용을 알게 될 것이다. 이들 반란 주모자 5명은 대군주에 대해 폭행을 감행했고, 암살과 살육을 자행했기에 이들을 처벌만으로는 이에 상응한 응징이 될 수 없다.

일본공사 다케조에는 이들을 신임하고 있었고, 이들과 한 짝이 되어 어울려 다녔는데, 우리는 어찌하여 일본공사가 이 같은 끔찍한 정변을 일으켰는지 그 이유를 알 수 없다. 그러나 조약상에 보장한 사법제도는 그 자체의 가치가 있으며 우리는 이에 불만을 표시하지 말아야 한다. 일본인도 다쳐서는 아니 된다. 명예롭게 대처할 필요가 있다. 그러나 대군주의 명령을 듣고 난 후 일본인에게 폭행을 가한 자가 있다면 이들을 처벌하는 데도 신중한 주의를 기울여야 하고 가능한 한 조속히 이 같은 폭력행위를 진압해야 한다.

〈참살자 명단〉

閔泳穆 外衙門통리교섭통상사무아문 督辦交涉通商事務

閔台鎬 表旌표정, 충신을 표창한 정문, 민영익의 아버지

趙寧夏조영하 輔國崇祿大夫보국숭록대부

李祖淵이조연 親軍營친군영 監督감독, 左營使좌영사

韓圭稷한규직 親軍營친군영 監督감독, 後營使후영사

柳在賢유재현 內侍내시

尹泰駿윤태준 御營어영 監督감독, 右營使우영사

〈정변 직후 임명된 정부각료 명단〉

朴泳孝박영효 親營使친영사, 前後營使전후영사 겸 左捕盜大將좌포도대장

金玉均김옥균 戶曹參判호조참판

申箕善신기선 親營친영 副領官부영관, 吏曹參判이조참판 겸 弘文提學홍문제학

李建昌이건창 右營우영 副領官부영관, 藝文提學예문제학

李載完이재완 兵曹參判병조참판

徐載弼서재필 右營우영 正領官정영관

洪淳馨홍순형 工曹判書공조판서, 洪大妃의 조카

李載元 이재원 領議政 영의정, 고종의 종형

洪英植 홍영식 右議政 우의정

朴泳教 박영교 同副承旨 동부승지, 박영효의 伯兄

徐光範 서광범 協辦交涉通商事務 협판교섭통상사무, 督辦署理 독판서리

尹雄烈 윤웅렬 刑曹判書 형조판서[85]

갑신정변 실패로 홍영식은 대역부도죄大逆不道罪로 노륙지전孥戮之典[86]을 당했고, 홍영식의 아버지 영부사領府事 홍순목洪淳穆, 형 호군護軍 홍만식洪萬植은 삭탈관직을 당했다.[87] 뿐만 아니라 민씨 사대당 정부는 홍영식을 극역대대極逆大憝, 임금을 죽이려고 한 큰 역적의 역적인물로 규탄하면서 괄운지율适雲之律로 다스릴 것을 주장하였지만 시행되지는 아니했다.[88]

이미 정변 때 참살된 이들이 노륙지전을 당하자 아버지 홍순목은 자결하면서 다음과 같은 칠언절구七言絶句의 유시遺詩를 남겼다.

예순아홉 나이에 만사萬事가 공空이로다
부평 같은 인생, 비바람에 겹침일세
청산靑山에 묻힌 뼈 천추千秋토록 뉘 알아주랴
영원한 저 해는 내 붉은 충정衷情 무궁토록 비추리라
六十九年萬事空 浮生一夢雨兼風

---

85 金源模, 『알렌의 日記』, pp.39~43(1884. 12. 26), *Horace Newton Allen's Diary*, December 26, 1884, pp.419~424.

86 『高宗純宗實錄』中, p.175(고종 21. 10. 21). 남편 또는 아버지의 죄로 처자를 죽이는 형률.

87 상게서, p.176(고종 21. 11. 1).

88 상게서, p.183(고종 21. 12. 16); 『國朝文科榜目』권 3, p.1711. 인조반정(仁祖反正) 때 대역죄인으로 처단된 이괄(李适)과 경종조(景宗朝 신임사화(辛壬士禍, 1721~22) 때 처형된 신치운(申致雲)의 형에 비유, 이 두 사람 이름의 한자이름을 따서 '괄운지율(适雲之律)'이라 명명한 것이다. 삭탈관직 조치에 따라 대과급제 명단에는 홍영식의 이름이 삭제되어 있다.

千秋誰識青山骨 白日無窮照赤衷[89]

홍순목은 이상의 칠언절구를 남기고 1884년 12월 15일음 10. 28 여주驪州 이포梨浦 향려鄕廬에서 "노신이 역적의 아들을 길렀으니 천지의 죄를 얻었도다. 만 번 죽어도 속죄하랴老臣育逆子 得罪天地 萬死何贖"라고 장탄식하면서 아직 열 살도 안 된 어린 손자영식의 아들를 먼저 독살한 후 대궐을 향해 고두叩頭하고 음독 자결했다. 이어 홍영식의 처 한씨도 동시에 시아버지를 따라 자결했다.[90] 홍영식의 형 홍만식洪萬植은 1894년 갑오개혁甲午改革 때 신원복관伸寃復官되었으나, 1905년 을사조약이 늑결됨에 동년 11월 27일음 11. 1 이에 통분한 나머지 자결하고 말았다. 이로써 홍영식 전 가족이 자결한 셈이다. 1910년 6월 30일 이완용李完用 친일내각은 홍영식에게 충민忠愍이란 시호諡號를 내리면서 신원했다.[91]

4. 홍영식의 개화사상과 갑신정변의 평가

갑신정변이 3일 만에 실패한 후 김옥균·박영효·서광범·서재필·변수 등은 일본공사와 함께 일본으로 정치망명했다. 정부는 정변에 가담한

---

89 『祁堂稿』, 「六十九歲 甲申條」.

90 상게서, 六十九歲 甲申 10월 28일조; 『梅泉野錄』, p.82.

91 『南陽洪氏拙翁公派譜』, pp.60~61; 『高宗純宗實錄』下, p.550(隆熙 4. 6. 30); 『騎驢隨筆』(국사편찬위원회, 1971), pp.66~68, 洪萬植; 『忠愍公諡號勅命敎旨』(洪錫晧 所藏); 『官報』(隆熙 4. 7. 4, 8); 『大韓季年史』下, pp.381~382(隆熙 4. 7); 『大韓每日申報』(1910. 6. 29, 7. 23).

주모자를 전원 '대역부도죄인大逆不道罪人'으로 단죄, 죄인의 처자를 처단했을 뿐만 아니라 그들의 종인從人들까지 모조리 체포 구금했다. 포청죄수 죄인捕廳罪囚罪人 12명에 대한 재판이 1885년 1월 24일 개정되었다.[92] 이들이 재판에서 진술한 공초供招를 종합 분석해보면 다음과 같은 사실을 확인할 수 있다.

첫째, 개화독립당의 거사의 대의명분은 "청의 기반羈絆으로부터 벗어나 명실상부한 독립국을 실현하고, 개화의 대업을 성취한다"는 것이었다. "서양 각국은 모두 독립국이다. 어떤 나라를 막론하고 독립국이 된 후에라야 비로소 화친和親할 수 있다. 조선만이 청국의 속국임은 심히 수치스런 일이다. 조선은 언제 독립국이 되어 서양 여러 나라와 어깨를 나란히 겨누겠는가."라고 '조선독립지론'을 표방하고 있었다. 뿐만 아니라 개화를 이룩하기 위하여서는 정치개혁을 단행해야 하고 따라서 완고당頑固黨, 친청사대파이 저해요인이라고 지적하고 있다. "각국 사람은 몸을 아끼지 않고 개화를 성취하고 있다. 그러나 조선은 개화운동을 벌일 수 없으니 한스럽다."라고 개탄하고 있다.[93]

둘째, 독립과 개화의 대업을 성취함에 있어서 민씨 사대완고당이 저해요인이 되므로 이들을 제거해야만 달성할 수 있다는 것이었다. 서광범은 "나는 장차 세상을 확 뒤집어놓을 작정이다."라고 공언하고 있었다. "오늘

---

[92] 『推案及鞫案』권 30, pp.575~676, 「大逆不道罪人喜貞等鞫案(甲申)」 捕盜廳在囚罪人一李喜貞(김옥균의 종인), 金奉均(박영효의 傔從), 申重模(사관생도), 李昌奎(負商), 李允相(서광범의 겸종), 吳昌模, 徐載昌(서재필의 동생), 車弘植(華溪寺의 스님, 김옥균의 수행원), 南興喆(김옥균의 겸종), 高興宗, 李點乭(김옥균의 겸종). 崔英植(박영효의 종인) 등 12명이다. 홍영식 집의 종인이 없는 것으로 보아 그들은 모두가 참살되었을 것임을 알 수 있다.

[93] 상게서, 권 30, pp.588~589. "西洋各國 皆是獨立國也 無論某國獨立然後 可以和親 而朝鮮獨爲中國屬國 深可恥也 朝鮮亦於何時可爲獨立 而西洋諸國得與同列乎…各國人不惜其身 得以開化 朝鮮獨不能焉 深可恨也"

날 국사國事를 돌보니 끝이 없다. 간신들이 권력을 농단하고 국가재정은 경갈罄竭하여 개화란 이름조차 찾아볼 수 없다. 정부 내의 집권인사를 보면 개화당 사람은 몇 사람 없고, 완고당頑固黨뿐이다. 개화의 효과를 어느 날에 볼는지 모르겠다." 그러므로 완고당을 제거해야만 독립과 개화를 동시에 이룩할 수 있다고 주장하고 있다.[94]

셋째, 홍영식이 거사모의를 총람總攬했으며 따라서 주동인물은 시종일관 김옥균 · 박영효 · 홍영식 · 서광범 · 서재필 등 5인이다. 그 배후인물은 유대치劉大致이다. 서광범의 종인傔人 이윤상李允相의 공초에 의하면 이상 5명이 10월 중순부터 유홍기劉鴻基, 유대치 집에 모여 모의했다는 것이다.[95] 11월 16일 개화독립당은 수표교水標橋의 유대치 초가집을 방문, 거사계획을 보고하자, 유대치는 "오늘날 우리나라 형세로 보아 속도속행速圖速行이 있을 뿐이며 세勢를 타고 매진하면 천하사는 스스로 그 뒤를 따라올 것이다."라고 언명하면서 신속히 도모하고 신속히 행동할 것을 촉구하고 있다. 그러나 유대치는 일본군의 병력이 백여 명밖에 안되어 청군과 병력의 차이가 심하다는 데 우려를 표명했다.[96]

넷째, 거사모의의 아지트는 탑골승방塔谷僧房[97]이고 회합장소는 서광범

---

94 상게서, 권 30, pp.585, 598. "顧今國事罔涯 奸臣弄權 財用罄竭 名曰開化 而無開化之效" "光範潛謂矣身曰 吾將飜換世道矣"

95 상게서, 권 30, p.598; 葛生玄晫, 『金玉均』, p.12; 朴泳孝, 「甲申政變」, 『新民』14(1926. 4). "洪英植一謀議總攬의 第一人者, 朴泳孝一執行의 總指揮, 徐光範一參謀計劃, 金玉均一日公使館 交涉 · 通譯을 擔任, 徐載弼一門禁取締 及 兵卒領率. 自九月玉均 · 英植 · 泳孝 · 光範 · 載弼 往往作會 且或會於劉鴻基家"

96 『金玉均傳』上, pp.306~307.

97 『한국지명총람』(한글학회, 1966), 권 1(서울편), p.239. 탑골(塔洞)은 종로 2가와 낙원동(樂園洞) 일대의 마을이다. 따라서 '탑골승방'은 비구니(比丘尼, 女僧)가 살고 있는 곳이기에 이를 니사(尼舍) 또는 니사(尼寺)라 일컫고 있다. 비구니들만 거처하고 있는 곳이기에 비밀보장이 잘 된다 해서 이곳을 갑신정변 거사모의 장소로 택한 것이다.

집 또는 교동校洞 박영효 집이었다. 신중모申重模, 서재창徐載昌, 이점돌李點乭 등의 공초에 의하면 한결같이 모의 장소는 '탑골승방'이라고 증언하고 있다.[98]

다섯째, 박영효는 일본에서 군사교육을 받은 사관생도를 행동대원으로 내세워 갑신정변을 무력적으로 성공시킨다는 전략을 세웠다. 박영효는 거사 하루 전날 12월 3일 사관생도 신중모에게 결연한 의지를 밝히고 있다. "너희들은 능히 내 지휘를 따를 수 있겠는가. 너희들은 조선인으로서 마땅히 지각知覺이 있어야 한다. 조선은 이때를 타서 독립국이 되어야 한다. 그래서 나는 대궐에 입궐, 이 뜻을 품稟해 보았지만 당연히 적절한 처분이 있어야 함에도 불구하고 일부 완고당 몇몇 사람이 번번이 이를 저지할 뿐만 아니라 모든 일이 화합되게 이루지 못하도록 방해하고 있다. 그러므로 이들을 먼저 제거해야만 비로소 일개화사업을 경영할 수 있다. 너희들은 모름지기 나의 지휘를 따라 행할 것이다."[99]라고 언명하면서 우정총국 개국연開局宴에서 거사하되, 이번 거사에는 일본인 4명이 적극 가담한다고 일본의 지원을 암시하기도 했다.

홍영식이 주도한 갑신정변은 왜 실패했을까. 첫째로 일본 측은 한마디로 갑신정변을 배후에서 조종했다고 시인하면서 실패의 원인은 '일본의 일정한 방침정책'이 없었기 때문이라고 다음과 같이 인정하고 있다. "요컨대 김옥균의 실패는 김옥균의 실패가 아니라 우리 정부의 실패이다. 정부에 일정한 방침과 정책이 없었고, 그 계획마저 소루疏漏할 뿐만 아니

---

98 『推案及鞫案』권 30, pp.589, 603, 608. "僧房同謀之會"

99 상게서, 권 30, pp.589~590. "至十六日 泳孝於矣身曰 汝能從吾指揮乎 汝以朝鮮人當有知覺矣 朝鮮乘此時 可爲獨立國 而入稟于內 則當有處分 而有頑固黨幾人 每每沮止 事未諧矣 爲先除去此輩然後 可以做事 汝須依吾指揮行之"

라 그 인물도 대사에 임하기에는 부족하여 일패도지一敗塗地로 끝난 것이다."[100]

둘째로 문일평文一平은 미국의 '자만한 고립정책'을 지적하면서 대한對韓 불간섭정책에 그 원인을 찾고 있다. 홍영식은 여러 차례에 걸쳐 미국공사관을 방문, 푸트 공사에게 거사계획을 밝히면서 협조를 구한 바 있었다. 그러나 푸트 공사는 과격한 정치개혁을 반대하면서 '적절한 시기'가 도래할 때까지 기다릴 것을 권유했다. 심지어 해군무관 포크는 정변이 발생하리라는 것을 알고 있었음에도 불구하고 삼남三南지방 답사여행길에 떠나고 말았다. 포크는 결국 조선독립의 전도前途는 암담하다고 전망하면서, "미국은 극동에서 정치적으로 세력균형을 지지하여 왔는데, 미국으로서는 일본이나 청국 어느 편에든지 저울추를 기울일 수 있었다. 그러나 간섭정책을 취하기 전에는 사실상 조선독립을 옹호하기에는 하등의 효익效益이 없을 것이다."라고 미국의 대한불간섭정책이 결국 청일 간의 갈등을 심화시켰을 뿐만 아니라 조선독립의 전망이 암담해졌다고 판단하고 있다.

이어 문일평은 다음과 같이 결론을 내리고 있다. "조선을 구제함에 있어서 국제적 보장 외에는 다른 도리가 없다. 그러나 미국은 이 보장이 가져올 문호개방門戶開放을 원하고 있으면서도 그 책무의 분담은 원하지 않고 있다. 미국이 국제관계 특히 극동관계에 있어서 너무 '자만한 고립정책'을 취한 것이 거의 무익하게 된 실례實例를 우리는 목도하고 있다." 이처럼 미국은 사전에 정변발생의 정보를 소상히 알고 있었음에도 불구하고 조선독립과 정치개혁에 전혀 무관심, 불간섭정책을 취함으로써 결국

---

100 葛生玄晫, 『金玉均』, p.24.

청일간의 군사적 충돌을 유발케 했다.[101]

셋째로 개화독립당은 성급한 정치개혁을 표방한 나머지 시세의 흐름을 돌보지 않고 맹목적으로 행동을 개시했다. 윤치호는 갑신정변 발발 다음 날 12월 5일에 김옥균 등 개화당이 저지른 일은 무지하고도 이치를 모르고 행동한 어리석은 짓이며 시세에 어두운 거사임을 지적하면서, "김옥균 등 여러 사람의 하는 일은 조급한 것이 한스럽다."라고 개탄하고 있다. 이 같은 견해는 미국공사관의 '적절한 시의時宜를 기다리라'는 견해와 일치하고 있다.[102]

넷째로 정변의 성패를 전적으로 외세의존外勢依存에만 의지했다는 것이 갑신정변 실패의 원인이라고 분석하고 있다. 박은식朴殷植은 "갑신혁명당은 너무 과격하게 혁명에 착수하여 아무런 진전을 보지 못했다. 국민의 동의도 얻지 못했다. 일본 사람의 속임수에 넘어가 독립운동을 다른 나라일본의 힘을 빌어서 일으켰기 때문에 실패로 끝난 것이다."라고 외세의존이 갑신정변 실패의 원인이라고 분석하고 있다.[103]

한편 갑신정변 실패결과는 조선의 국가운명에 어떠한 영향을 미쳤는가. 청군개입으로 개화독립당의 핵심인물은 일본공사의 뒤를 쫓아 일본으로 망명했을 뿐만 아니라 일본세력도 후퇴하고 말았다. 일본세력을 추방하는 데 성공한 이홍장李鴻章은 대한종주권 확보를 위해 갑신정변을 진압하는 데 가장 공로를 세운 원세개袁世凱를 주차조선총리駐箚朝鮮總理에 임명·파견하였다. 이로부터 1894년 청일전쟁이 발발할 때까지 10년간은

---

101 文一平, 『湖岩全集』(조선일보사출판부, 1939), 권 1(政治外交篇 對米關係五十年史), pp.142~143.

102 『尹致昊日記』권 1, pp.117~118(1884. 12. 5).

103 『朴殷植全集』(단국대출판부, 1975), 上, p.454, 「甲申獨立黨之革命失敗」.

원세개의 대한내정간섭이 자행되었고, 사실상 개화파가 거세된 "개화운동의 자복기雌伏期"가 계속되었다.[104]

알렌은 갑신정변 실패가 결국 청일전쟁 발발의 원인이 되었고, 나아가서는 일본의 군국화軍國化를 촉진, 일본의 한반도지배의 출발점이 되었다고 정의하고 있다. "원세개의 거만스런 대한정책내정간섭이 바로 청일전쟁을 유발하는 원인이 되었을 뿐만 아니라, 또한 그 뒤 러일전쟁 발발의 직접적인 계기가 되고 있다. 이런 점에서 볼 때 원세개야말로 일찍부터 한청일 3국의 국가운명에 중요한 역할을 담당한 인물이다."[105] 결국 알렌은 갑신정변 실패가 일본의 군사력 강대화를 촉발, 일본의 정한론征韓論 실행을 유발했다고 분석하고 있다.

한편 장지연張志淵도 알렌과 같이 갑신정변 실패가 개화파의 몰락, 청일 등 외세의 갈등과 각축을 유발했다고 보고 있다.

> 갑신년 겨울에 이르러 개혁파는 급격한 유신維新을 일으켜 마침내 일대 결렬을 낳게 해서 청일 양국의 갈등만 낳게 하여 사태는 더욱 긴장되었고, 한국에 있는 일본세력이 점점 확장하게 되었다. 이때부터 혁신 일파는 모두 그림자를 감추고 숨어버렸고, 썩은 나무가 꺾이고 부패물이 부서지듯이 감히 떨쳐 일어나지 못했고, 이제까지 일으켜 놓은 약간의 사업개화사업마저 수포로 돌아가버렸다. 오호라! 그때 개화독립당의 사상은 비록 개화혁신저주의開化革新底主意에서 나왔고, 전적으로 권력을 쟁탈하기 위한 것은 아니었지만 그러나 조급한 진보와 가벼운 운동으로 급격한 행동이 지나쳐서 마침내 당사자의 일신마저 망쳤을 뿐만 아니라 외세는 더욱 치성 확장해서 오늘날의 슬픈 지경에 이르게 되

---

104 姜在彦, 『朝鮮の開化思想』, p.229.

105 Horace N. Allen, "An Acquaintance with Yuan Shi Kai." *North American Review*, 196((1912), pp.109~117; 金源模, 「袁世凱論」, 『近代韓國外交史年表』, pp.48~59.

었다. 이는 그 당시 혁명당의 죄이다. 그러나 오늘날 관점에서 보면 어찌 그 사람들만의 책임이라고 말할 수 있겠는가.[106]

홍영식의 개화사상의 요체要諦는 제도개혁과 정치개혁이었다. 이를 실천함에 있어서 최대 장애는 수구사대당 정부의 대청對淸 의존정책이었다. 그러므로 청과의 종속관계를 타파하지 않고는 변법적變法的 정치개혁 성취는 불가능하다고 판단했다. 만약 이 이상 더 지연시킨다면 청으로부터 자주독립의 기회는 영원히 상실될 것이고, 그러므로 물리적 실력행사를 통해 수구사대당 정부를 타도하려고 갑신정변을 일으켰다. 홍영식은 우정총국을 창설함으로써 제도개혁을 솔선수범했고, 갑신정변을 주도함으로써 정치개혁을 성취하려고 거사했지만 청군의 개입으로 그의 개화사상의 개혁의지는 좌절되고 말았다.

홍영식은 개화운동을 전개함에 있어서 일본의 명치유신明治維新, 1868을 롤모델로 채택, 단행하겠다는 것이었다. 자체의 '주체적 힘'에 의존하지 않고 전적으로 외세일본의 힘를 빌어서 정변을 일으켜 민씨 사대당을 제거함으로써 정권을 장악, 정치적 개혁을 달성하겠다는 것이다. 거사의 대의명분은 '청으로부터의 자주독립'이었다.

일본은 명치유신 이래 정한론征韓論을 수립, 한반도 침략의 기회만 노리고 있었다. 이리하여 포함책략砲艦策略에 의해 1876년 조일조규朝日條規를 강제적으로 체결, 한반도 침략의 거점을 확보했는데, 제1조에 "조선국은 자주국이며 일본국과 평등한 권리를 보유한다"[107]라고 명기하고 있다. 표

---

106 張志淵, 『張志淵全書』(단국대 동양학연구소, 1986), 권 8, pp.499~502, 「過失의 狀況」.

107 『舊韓末條約彙纂』(국회도서관 입법조사국, 1964), 上, pp.3~16. "朝鮮國自主之邦 保有與日本國平等之權"

면적으로 보면 이는 조선과 청국과의 조공체제朝貢體制를 바탕으로 한 전통적인 종속적 유대관계를 전면 단절하고 조선의 완전독립을 보장하는 조약이었다. 일본의 조선독립정책은 1882년 5월에 체결된 한미조약에서 이를 강력히 뒷받침하고 있다. 미국 전권대표 슈펠트Robert W. Shufeldt, 薛斐爾는 이홍장李鴻章의 끈질긴 속방론屬邦論을 단호히 거부하고 조선의 자주독립국을 공식 승인하고 한미조약을 체결한 것이다.

이홍장은 한미조약에서 속방론 조항을 삭제하는 데 동의함으로써 조선의 독립국을 간접 승인하고 있다. 그러나 이홍장은 한미조약 체결 직후 조선국왕이 미국 대통령에게 보내는 별도조회문別途照會文에 "조선은 본래부터 중국의 속방이나 내치內治 외교는 대조선국 국주國主가 자주하고 있다"[108]는 '별도조회문'에 근거, 대한對韓속방정책을 강화하고 있다. 이로써 이홍장은 조청상민수륙무역장정朝淸商民水陸貿易章程, 1882. 8. 23을 체결, "중국이 속방을 우대하는 후의厚誼에서 나온 만큼 다른 각국과 일체 균점均霑하는 예와는 같지 아니하다"[109]라고 조선을 중국의 속국이라고 못 박고 있다.

1882년 7월 임오군란이 발생하자 이홍장은 오장경吳長慶 통령이 이끄는 청군 3천 명을 파병, 난을 진압하면서 임오군란 발발의 책임자 대원군을 납치했고, 청군을 계속 서울에 진주시켰다. 원세개袁世凱는 청국제도에 따라 별도로 조선군 좌영左營 및 우영右營 등 친군親軍 2영을 새로 조직, 각각

[108] 『舊韓國外交文書』권 10(美案 1), pp.10~11, 「미대통령에 대한 조회문」(1882. 5. 15); *Shufeldt Papers: Letters*, Shufeldt to Frelinghuysen, No. 7, May 29, 1882. "大朝鮮國國主 爲照會事 竊照朝鮮素爲中國屬邦 而內治外交 向來均由大朝鮮國國主自主"

[109] China, Imperial Maritime Customs, Treaties, Regulations, ETC., *Between Corea and Other Powers, 1876-1889*(Shanghai, 1891), pp.64~70. "中國優待屬邦之意 不在各與國一體均霑之例"

500명으로 편성하여 청국군식으로 훈련 무장시켜 좌영사左營使에는 이조연李祖淵, 우영사에는 윤태준尹泰駿을 임명케 함으로써 수구사대당이 병권을 장악했다. 뿐만 아니라 이홍장은 대한종주권 확보를 위하여 마건상馬建常, 마건충馬建忠의 형을 조선정부의 외교고문에, 독일인 묄렌도르프목인덕를 조선해관 총세무사에 임명 파견함으로써 조선의 외교 및 해관업무를 장악했다. 이로부터 청의 대한 내정간섭이 개시되었다.

갑신정변 거사모의를 주도한 홍영식은 미국공사관을 방문, 푸트 공사에게 거사계획을 상세히 설명하면서 협조를 구했다. 이 사실을 포크 해군무관에게도 알렸다. 그러니까 미국공사관 당국은 갑신정변 모의사실을 사전에 알고 있었음에도 불구하고 이에 냉담한 무관심반응을 보였다. 미국은 대한 무관심 내지 불간섭정책을 고수함으로써 개화독립당의 정변거사를 묵인한 셈이다. 푸트 공사는 개화독립당의 '조선독립론'을 적극 지지했기 때문이다. 푸트는 홍영식으로부터 거사계획을 듣고 이렇게 말했다. "조선이 독립하려면 먼저 청일 양국의 군대가 이 땅으로부터 철병撤兵해야 한다. 다만 일본의 힘을 빌어서 독립을 꾀한다는 것은 미국이 원하는 바 아니다. 청일 양국의 군대를 철수한 후 미국의 원조로 조선의 독립을 도모해야 한다."[110]

그러면 미국이 이처럼 '조선독립론'을 지지했음에도 불구하고 왜 대한고립주의 및 불간섭정책을 취하게 되었는가. 그것은 다음 두 가지 사실에서 연유한다고 볼 수 있다. 첫째, 이홍장이 임명한 묄렌도르프의 내정간섭, 특히 조선외교권을 장악 전횡專橫하고 있다는 사실이다. 이는 미국이 주도하여 체결한 한미조약의 '조선독립정신'에 위배되는 월권행위가 아닐 수 없다. 이에 푸트는 청에 대해 강렬한 혐오감을 가지게 되었고, 마침내

---

110 『金玉均傳』上, pp.299, 304.

배청排淸사상으로까지 발전하게 되었다. 둘째, 한미조약 체결 후 미국은 조선과의 수교성취에 큰 기대와 미래희망을 걸고 있었다. 그러나 임오군란 발발로 인한 청일군의 서울 진주, 조선의 정치적 불안정 그리고 대한對韓 경제적 교역가치의 하락 등으로 대한교역확대 가능성이 희박해지자 공사관 지위를 격하시키고 말았다. 미국정부는 주한 미국공사의 지위를 특명전권공사에서 변리공사 겸 총영사로 격하조치를 단행했다1884. 9. 17. 푸트 공사는 이상 두 가지 정치적 변수에 대응, 마침내 공사직을 사임, 귀국하겠다고 언명하면서 대한 무관심·불간섭정책을 고수하게 되었다.

결국 갑신정변은 개화독립당이 표방하고 있는 '청으로부터의 자주독립'과 일본의 '조선의 완전 독립국정책'이 상호 일치했다는 것, 게다가 미국의 고립주의정책이 상승작용을 하여 발생한 정변이었다. 그러나 청국군의 개입으로 개화독립당의 개화의지는 좌절되고 말았다.

제8장

조선보빙사 종사관 서광범의 정치적 인생무상

1. 서광범의 인생역정과 개화사상 형성

갑신정변에 가담했던 급진개화파의 인물을 연구함에 있어서 가장 장애적 요인은 그들이 남긴 문집이나 일기 같은 기록물이 너무나 영성零星하다는 점이다. 김옥균 · 유길준을 제외한 모든 개화파 인물들은 한결같이 아무런 기록물을 남기지 않았다는 점이 공통적이다. 서광범의 경우도 예외가 아니다. 그는 1883년 미국사행의 임무를 완수하고 변수 · 포크와 함께 전권대신 민영익을 수행, 한국인으로는 최초의 세계일주항행을 6개월간 항행한 후 1884년 6월 귀국 복병했다. 그런데 미국사행 기간 중 기록물 한 점 남기지 않은 것은 말할 것도 없거니와 6개월간 세계 일주항행 기간 '항해 일기' 한 장 남기지 아니했다는 것은 참으로 아쉬운 일이 아닐 수 없다. 더군다나 그의 직책이 종사관이라는 비서직인데도 불구하고 '사행기록'을 남기지 않은 것은 납득되지 않는다. 우리가 이를 긍정적으로 확대 해석해 본다면, 서광범은 갑신정변 실패 후 역적으로 몰려 그 가족들이 이에 관련된 문서를 모두 불태워 버리지 않았나 추정해 볼 수도 있다.

서광범은 10년간 미국 망명 시에 영문으로 된 논문 '조선교육론朝鮮教育論'을 미국정부 기관지에 발표한 바 있는데, 이것이 그의 전 생애를 통하여 유일무이한 논문이다. 뿐만 아니라 '조선민담朝鮮民譚'을 영문으로 번역하여 미국 잡지에 소개하고 있다.[1] 이상 영문 논문 두 편은 서광범의 개화사

---

[1] *Pom Kwang Soh*, "Education in Korea," *Report of Commissioner of Education*, vol. 1(1891), pp.341~363; "Korean Stories," *The Path*, vol. 8, No. 4~5(July and August, 1893), New York, Theosophical Society. 서광범(徐光範)의 이름을 영문으로 표기함에 있어서 완전히 거꾸로 표기하고 있다. 즉 '範光徐(*Pom Kwang Soh*)'라 표기하고 있어서 혼선을 빚고 있다. 서광범 뿐만 아니라 이 시대 미국에 있는 한국인의 이름을 이런 식으로 표기하고 있어서

상을 이해하는 데 귀중한 자료로 손꼽힌다. 서광범에 관한 국내 자료는 단편적으로 남아있을 뿐인데 미국의 신문잡지에는 그에 관한 논문이 몇 편 남아 있어서 서광범 인물연구에 도움이 되고 있다.[2] 그리고 최근에는 서광범 묘비가 발견되어 비문이 그의 일대기를 연구하는 데 새로운 자료가 되고 있다. 그런데 흥미로운 것은 '서광범 묘비'는 주한 미국공사 알렌安連이 작성했다는 사실이다.

조선보빙사 종사관 서광범

서광범徐光範, 1859~1897의 자는 서구敍九요 호는 위산緯山이다. 본관은 대구大邱, 달성達城이다. 참판 서상익徐相翊의 둘째 아들로 1859철종 10년 11월 8일음 출생했다.[3] 서광범의 가계를 보면, 5대에 걸쳐 각신閣臣을 지낸 정귀鼎貴한 집안이었다. 그러나 가세는 빈한할 뿐만 아니라 아버지 서상익徐相翊은 천성적으로 매우 어리석고치해痴騃, 배고픔과 배부름 찬밥기포한식飢飽寒食을 개의치 않은 안빈낙도安貧樂道의

혼동을 가져오기 쉽다.

[2] Gordon Haddo, "The Rise and Fall of the Progressive Party of Korea," *The Chautauquan*, vol. 16, No. 1(1892), pp.46~49; Tolman Smith, "The Mission of Pom K. Soh." *The Independent*, Vol. XLIX, No. 2550(October 14, 1897); Fifty Fifth Congress, 2nd Sess., *Congressional Record-Senate*, Vol. XXXI, pt. 1(December 16, 1897), "Estate of Pom K. Soh."

[3] 『大丘徐氏世譜』(丙編 典籤公派), pp.290~291; 車文燮, 「徐光範」, 『韓國近代人物百人選』(동아일보사, 1979), pp.90~92; 『독립신문』(1897. 9. 7); *The Independent*, September 4, 1897. 특히 독립신문에서는 서광범이 조부(戴淳)가 평안감사 재직 시 평양감영(平安監營)에서 서광범이 출생했다고 기록하고 있다.

선비였다. 서광범은 생모가 일찍이 세상을 뜨니, 그는 아버지와 계모를 모시고 한집에서 살게 되었다. 그러나 서광범은 나면서부터 성격이 천성으로 호화로워서호치천성豪侈天成 약관 포의布衣 시 가정사에는 관심이 없었고, 오로지 뜻을 같이하는 벗들과 교유하면서 서구문물泰西文物을 토의하는 데 열중했다. 아마 중국으로부터 도입된 서학서西學書를 통해 청말淸末 양무사상洋務思想에 일찍부터 심취했으리라 판단된다.

그는 매일 정오 때까지 늦잠을 자다가 밥 먹고 외출하면, 어떤 때는 열흘 동안 집에 돌아오지 않고 동지의 집을 전전하면서 정치적 야망을 불태웠다. 1882년 김옥균의 제1차 일본사행 시 그를 수행하였다는 사실을 보더라도 서광범은 김옥균을 중심으로 한 개화파 인물과 교유했을 것이다. 집안일을 이처럼 돌보지 않으니 하인배도 집안일을 소홀히 할 수밖에 없었다. 청소조차 하지 아니했기 때문에 심지어 아버지 서상익이 기거하는 방은 먼지가 길길이 쌓여 밥상을 나르느라 다닌 발자국이 마치 눈길 위에 남긴 소발자국처럼 보였다고 한다.[4] 1880고종 17년에 증광문과增廣文科 병과에 급제했고, 1882고종 19년 5월에 한림권점翰林圈點이 되었다.[5]

일반적으로 1866년 병인양요에서 1871년 신미양요까지 배외감정排外感情이 고조되던 시기에는 개항을 주장하는 이른바 개화파 세력이 등장할 수 없었다. 그야말로 대원군을 정점으로 하는 한국의 조야관민이 모두가 서구문물에 눈이 어두웠기 때문에 대원군의 쇄국양이정책을 지지하고 있었다. 개항 전후기에 이르러 실학파들에 의한 청말 변법자강變法自强 즉 양무사상의 도입으로 개화파가 형성되기 시작하였고, 특히 1876년 조일조

---

4 『梅泉野錄』(국사편찬위원회, 1955), p.68.

5 『高宗純宗實錄』中, p.50(고종 19. 5. 24); 『徐光範墓碑文』; 『梅泉野錄』, p.68. 翰林圈點이란 藝文館 檢閱(정9품)을 말한다.

규 체결 이후부터 개화파는 개항을 반대하는 위정척사파들과 대립항쟁하게 되었다. 그러므로 1876년부터 1882년 한미조약 체결까지에 이르는 6년간에는 척사斥邪사상과 개화開化사상이 대립항쟁을 보였다.

척사파들은 양이의 사상이 침투하면 사교邪敎, 천주교가 유포하게 되고 따라서 유교적 전통가치체계가 붕괴될 것이기 때문에 이를 배격할 것을 주장하고 있다. 특히 그들은 주체의식을 강조하면서 이른바 유교문화의 고수固守를 위해 양이들과는 일체 화호和好를 거부할 것을 주장하고 있었다. 한편 양반 대표로 박규수朴珪壽, 중인中人 대표로 유대치劉大致를 중심으로 하는 개화파는 양이洋夷를 막기 위하여 양이의 기술과 문화를 수용하고, 부국강병을 도모하려면 개항은 불가피한 국가정책이라 주장했다. 그들은 개항만이 개화를 달성하는 길이요, 개화란 곧 시무時務, 오늘날 당연히 행해야 할 과업라고 생각하고 있었다.[6]

1873년 대원군 실각 이후부터 개화파 세력은 증강되기 시작했다. 특히 북경과 천진에서 슈펠트와 이홍장 간에 한미조약 체결문제를 협상하고 있는 가운데, 1880년 10월 일본 수신사 김홍집金弘集이 황준헌黃遵憲의 '조선책략朝鮮策略'을 받아가지고 귀국, 이를 고종에게 바치게 됨에 따라, 조선정부는 쇄국정책으로부터 개항정책으로의 국시國是 대전환이 단행되었다.

이러한 개화와 척화가 개항과 쇄국을 두고 대립항쟁을 벌이는 시대적 상황에서 1878년 개화당이 처음으로 조직 발족했다고 와타나베 고키渡邊洪基의 편지는 밝히고 있다. 이 편지는 1881년 1월말 도일한 이헌우李獻愚가 일본 우대신右大臣 이와쿠라 도모미岩倉具視와 이노우에 가오루井上馨 외

---

6 李光麟, 「富國기틀 세운 개화사상」, 『東亞日報』(1984. 3. 17); 金源模, 『韓美修交百年史』(한국방송사업단, 1982), pp.112~114.

상을 만난 사정을 와타나베가 조선주재 일본 변리공사 하나부사 요시모토花房義質에게 보낸 편지이다. 와타나베는 훗날 동경제국대학 총장을 역임했고, 당시에는 하나부사 외무대서기관外務大書記官이 조선공사로 부임하자, 그 후임으로 와타나베가 외무대서기관으로 근무하면서 흥아회興亞會의 이데올로기를 수립하고 있었다. 이 편지의 골자를 요약하면, 개화당이라 칭하는 이재긍李載兢 · 박영효朴泳孝 · 김옥균金玉均 · 서광범徐光範 등이 이헌우라는 인물을 일본에 밀파하여 대사절大使節을 요청한 것이다. 즉 주한 일본공사관을 보호한다는 명목으로 이와쿠라 같은 유력인물이 군함 몇 척을 대동하고 조선애 파견한다면 개화당이 이에 호응하여 현안인 인천개항 등을 실현시켜주겠다는 것이다. 개화당이 비밀리에 이 같은 대사절 파견을 요청한 이유는 일본의 무력을 배경으로 하여 반대파를 일소하고 권력을 장악하기 위한 전략이다.[7]

와타나베 편지에는 개화당의 활동상을 자세히 밝히고 있다.

> 개국론開國論 중에도 일본과는 예로부터 간친懇親도 있기 때문에 더욱 친하게 지내야 한다는 주장이 있습니다. 이 또한 4명이 가장 걱정한 바로, 위의 4명은 모쪼록 일본과 화호和好하고 지금의 시세에 따라 개국에 마음을 썼는데 수신사修信使는 교제상에 큰 이익이 되었습니다. 특히 이조연李祖淵과는 매우 친밀하게 지냈는데, 저 이동인李東仁 역시 위의 4명이 보낸 자라고 하여 위의 2명김홍집과 이조연이 국왕에게 얘기하여 살육하기를 꾀하였습니다. 이런 사정으로 저 이

[7] 김홍수, 「개화당의 비밀을 밝혀줄 와타나베 고키(渡邊洪基) 편지」, 『역사의 窓』(국사편찬위원회 회보, 2017 상반기 통권 44호), pp.22~29. 와타나베 편지는 '하나부사 관계문서'에 포함되어 있는 개화당의 실체를 파악하는 데 귀중한 사료적 가치가 있다. 개화당 관계 사료는 임오군란 발발 당시 일본공사관은 관계문서를 불태워 없앴고, 이어 갑신정변 실패 후 모두 폐기처분을 하고 본국으로 피신했기에 이 편지가 개화당의 실상을 알 수 있는 유일한 문서이다.

동인과 같이 충성스런 애국자가, 자신의 간절한 뜻으로 한 일인데도, 거듭 처치되어야 할 인물이라고 하니 그 사정을 미루어 살펴주시라고 하였습니다. 실로 편지는 거의 믿기 어려울 정도입니다. 그렇지만 국왕은 이동인의 충성을 가납하고 다시 호조護照를 발급하여 일본에 보냈다고 합니다. 현재의 개화당에는 국왕, 이최응李最應과 위에서 말한 4명, 이를 따르는 몇 명밖에 없습니다. 이 외는 모두 쇄국당鎖國黨으로 대원군이 수령입니다. 이 밖의 세력으로는 겨우 김홍집, 이조연 등이 있는데 소홀히 할 수는 없기 때문에 시의時宜에 따라 석설한 수단도 있을 것이라고 대답하였다 합니다. 처음 이와쿠라 공을 면회한 후에 이헌우李獻愚는 소생에게 저 이동인이 얘기해온 돈 얘기를 꺼냈습니다. 20만 엔을 빌리고자 하는 것인데 위의 4명이 요청한 것입니나. 그래시 지번에 이동인이 요청했을 때, 곤란하다고 얘기한 사정으로써 응답하였습니다. 즉 조선정부에서 우리 공사와 협의하여 정부에서 차용하는 것인가. 또 위의 4명에게 재산이 있는가. 혹은 그 밖에 미리 약속한 것이 있어 일본 상인 중에 이에 응하는 자가 있더라도 공사가 그것을 보증하고 위의 상인에 대해 정부에서 보조해주는, 이 두 가지 일이 충족되지 않으면 어렵다고 얘기한 이후부터는 요청하지 않았습니다.[8]

김옥균 연구가로 김옥균 자료 수집을 해온 김진구金振九는 개화당의 중심인물은 이재긍이라고 분명히 명시하고 있다. 이는 종래의 통설을 뒤집은 증언이다.

박영효는 열일곱살1877에 유 생원유대치劉大致을 통해서 구미歐米의 서적을 대강 섭렵하여 신문화를 흡수하는 데 따라 우리나라의 국운이 날로 그릇되어가는 것을 통탄하고 썩은 정사政事를 하루바삐 개혁하여 청국의 기반羈絆을 벗어나서 우리도 당당한 독립국을 만들어 놓으려고 뜻하여 신분의 귀천을 묻지 않고 천

[8] 상게서, p.23.

하의 지용강개지사智勇慷慨志士를 거두어서 굳게굳게 결교結交하였다. 이것이 개혁운동 칠년 전무인戊寅, 1878의 일이다. 처음에는 김옥균, 서광범과 그박영효와의 세 사람이 동지가 되어 천하의 투사鬪士를 규합하였다. 최초의 계획으로는 "이 상감고종을 모시고서는 국가와 민족을 구제할 수는 도저히 없으니 먼저 폐립廢立을 단행하여 견고한 기초를 세워야 개혁사업을 성취하겠다"는 것으로 종실宗室 중에 가장 총명·영준한 이재긍李載兢, 高宗의 從弟과 결탁하여 구체적 설계를 세웠더니 뜻밖에 李의 요사夭死로 인하여 제일의 계획은 와해되었고, 그 후로 홍영식洪英植, 박제동朴齊洞, 서재필徐載弼 등 세 사람을 끌어내서 이 여섯 사람이 끝까지 개혁당의 수령首領이었으며 원동력이 되었었다. 그리하여 매일매야 그네의 사택과 탑골 승방, 홍국사興國寺, 동소문東小門 밖가 음모하는 곳이었다.[9]

고종의 폐립 운운은 당시의 실상과는 거리가 멀지만 이재긍의 요절로 개화당의 제1차 거사계획이 무산된 것은 당시의 상황과 일치하기 때문에 이 기사는 신뢰할 수 있다. 그러므로 개화당의 조직 시기는 이 기사의 언급처럼 무인년 즉 1878년이 분명한 것으로 보인다. 기존의 통설에서는 이동인을 밀파한 1879년을 개화당 결성結成시기로 보고 있지만, 그 준비 작업으로 히가시혼간지東本願寺 부산 별원에 파견한 1878년이 정확하다 하겠다.

와타나베의 편지1881. 2. 14에서 개화당이 1878년 처음 조직할 때 핵심 멤버는 이재긍·박영효·김옥균·서광범 등 4명이이었고 그 중심인물은 이재긍이라는 사실은 종래의 통설을 뒤엎은 새로운 역사적 사실임을 확인할 수 있다. 1881년 1월 조사사절단朝士使節團, 신사유람단紳士遊覽團을 일본에 파견한 목적은 일본의 신문물과 제도를 시찰하고 열강과 조약을 체결한다는 것인데 뜻밖에 이재긍의 급사1881. 1. 19로 개화당의 제1차 거사계획은

[9] 金振九, 「金玉均과 朴泳孝」, 『三千里』제15호(1931. 5), p.41.

수포로 돌아갔다.

더군다나 그해 3월에 이동인마저 실종되어 개화운동은 토붕와해되었다. 그리고 개화당 조직에 고종과 이최응을 개화당원의 일원이라는 주장은 충격적인 일이다. 이는 고종과 영의정 이최응李最應은 개화파의 개항요구를 수용하여 1882년 5월에 한미조약을 체결한 것으로 보아 일리 있는 주장이 아닐 수 없다. 와타나베의 편지를 통해 이헌우와 이동인이 다 같이 20만 엔 차관을 요청했다는 사실이다. 결국 차관은 성사되지 않았지만 개화당은 이 차관 20만 엔을 정변에 필요한 무기 구입 등 거사자금으로 사용하겠다는 것이었다. 결국 일본이라는 외세를 이용해서라도 권력을 장악하겠다는 야욕 때문에 갑신정변은 실패할 수밖에 없다.[10]

한미수교문제가 표면화됨에 따라 개항을 지지하는 개화파와 이를 반대하는 척사파 간에는 이념적 논쟁이 치열하게 벌어졌다. 심지어 위정척사파는 야소사교耶蘇邪敎, 천주교를 받아들이면 도덕적 부패타락은 말할 것도 없거니와 나라가 망해버린다고 단언하면서 정부로 하여금 개항정책으로 전환케 하는 데 큰 계기가 된 '조선책략'을 불태워버리라고 주장하였다. 이리하여 영남 유생 이만손李晩孫은 이른바 만인소萬人疏를 올리면서 한미조약 체결을 강력히 반대하고 나섰다.[11]

그러나 조선정부는 개항정책을 확립하고 한미조약 체결을 서둘렀다. 그 결과 신사척사辛巳斥邪운동이 거세게 일어났다. 이처럼 신사척사운동으로 국론이 분열 대립되는 가운데 조선정부는 한미조약 체결을 앞두고 일본의 정세를 정탐하기 위하여 김옥균을 일본에 파견하기로 결정했다. 김옥균의 임무는 명치유신 이후의 일본의 근대화되어가는 실상을 탐지하는

[10] 김홍수, 전게서, pp.22~29.

[11] 金源模, 『近代韓國外交史年表』, p.103, 開港反對(1881. 10).

데 있었으며, 이를 위해 1881년 12월 일본 국정시찰이라는 명목으로 김옥균을 파견했다.[12]

김옥균의 제1차 일본사행은 한미조약 체결 두 달 전인 1882년 3월이며 "여비는 2만 원 정도인데 모 상회商會로부터 빌린 돈이라고 한다."라고 보도하면서 김옥균 일행의 도일에 비상한 관심을 보였다. 여기서 하도Haddo는 김옥균의 여행비용은 서광범이 그의 아버지 서상익으로부터 2만 원을 얻어 마련했다고 주장하고 있다. 그러나 서광범의 가세가 빈한한 관계로 과연 그의 아버지가 이러한 거액의 돈을 마련할 재력이 있었는지는 의심스럽다. 한편 '서광범묘비문'에 "壬午春 奉命遊覽日本"이라 명기되어 있는 점으로 보아 정부지출금일 가능성이 농후하다. 이때의 김옥균 일행은 서광범徐光範·강위姜瑋·김용원金鏞元·정병하鄭秉夏·류혁로柳赫魯·변수邊燧 등 10여 명이었다.[13]

3월 중순에 일본으로 떠난 김옥균 일행은 도쿄에 도착했는데, 일본정부는 김옥균 일행이 왕명王命을 받들고 국채모집 즉 차관교섭을 하기 위해 일본에 파견되었다고 간주하고 있었다.[14] 김옥균 일행은 그해 8월까지 약 5개월간 일본에 머물면서 일본의 정계·재계 등 각계 지도자들과 교섭을 벌였다. 특히 경제적 대한침략단체인 친정부계통의 국수적 민족주의 우익단체인 홍아회興亞會는 김옥균 일행을 열렬히 환영하면서 향응을 베풀었다.[15] 이 기간 서광범은 줄곧 김옥균을 수행하면서 명치유신 이래 일본

---

[12] 『金玉均傳』(慶應出版社, 1944), 上, p.136.

[13] 『朝鮮新報』(한국출판판매, 1984), p.56(1882. 3. 15); Haddo, "The Rise and Fall of the Progressive Party of Korea," p.47.

[14] 『明治編年史』(財政經濟學會 1935), 권 5, p.62(東京日日, 1882. 4. 13), 「朝鮮開化黨首領金玉均來遊」.

[15] 상게서, 권 5, pp.95~96(東京日日, 1882. 6. 23), 「興亞會親睦會」.

이 근대화되어가는 발전상을 면밀하게 관찰하면서, 일본을 모델로 한 근대화, 정치적 개혁의 꿈을 길렀다.

그런데 김옥균 일행의 일본 체재기간에 국내에서는 두 가지 큰 정치적 변화가 일어났다. 첫째는 척사파들이 그토록 개항을 반대하였음에도 불구하고 개화파들의 주장대로 1882년 5월 22일 역사적인 한미조약이 체결되었다는 사실이다. 이로써 조선은 명실상부하게 문호를 활짝 열어 구미 선진문물을 받아들여 근대화할 수 있는 길이 열렸다. 둘째는 그해 7월에 임오군란이 발생했다. 대원군의 재집권의 기회를 노리던 척사파들은 철저하게도 반일反日감정으로 무장하고 일본공사관을 습격했다. 임오군란 발발로 청일 양군의 서울 진주를 초래하고 말았다. 결국 외세개입外勢介入을 자초한 셈이다. 임오군란은 반일폭동으로 화하고 말았는데 이러한 반란은 김옥균 일행의 일본 정탐사명을 좌절케 하는 요인이 되고 있다. 임오군란 발생소식을 전해들은 김옥균 · 서광범 등은 급거 귀국을 서둘렀다.[16] 교토 부지사北垣國道가 김옥균 · 서광법 두 사람에게 보낸 8월 21일자 편지에 의하면, 서울의 긴박한 정세변화를 읽을 수 있겠고, 나아가서는 김옥균 · 서광범 등이 일본에 머무는 동안 얼마나 일본 정재계政財界 지도자들과 광범위한 교제를 벌였음을 알 수 있다.[17]

김옥균 일행이 귀국하였을 때,[18] 이미 청일 양군이 서울에 진주, 대치하였고, 결국 청군은 난의 책임을 물어 대원군을 납치, 청국으로 압송押送했다. 임오군란이 일단 수습되자 조선정부는 한일 간의 현안문제를 해결하

---

16 『姜瑋全集』下, pp.921~928.

17 『壬午鷄林事變』(1932), p.45.

18 Haddo, "The Rise and Fall of the Progressive Party of Korea," p.47. 하도는 김옥균 · 서광범 등은 군대 내에 영향력 있는 인물이기 때문에, 고종이 군란을 진압코자 급히 이들을 소환했다고 주장하면서 결국 임오군란은 개화파의 집권을 가져왔다고 분석하고 있다.

기 위하여 수신사修信使를 일본에 파견하기로 결정했다. 일본정부는 폭도가 일본공사관 습격과 일본인 살해에 대한 충분한 배상금을 요구했기 때문이다. 이에 1882년 9월 특명전권공사 겸 수신사에 박영효朴泳孝, 전권부관 겸 수신부사에 김만식金晩植, 종사관從事官에 서광범徐光範, 수행원 변수邊燧 등 총 14명의 사절단을 파견했는데, 이와 별도로 일본 국정國情을 시찰하기 위하여 민영익·김옥균 등이 각각 수행원을 거느리고 수신사와 동행하게 되었다.[19]

김옥균은 수신사 일행의 안내인 역할을 담당했고, 민영익은 감독역을 담당했다.[20] 이로써 서광범은 김옥균과 함께 두 번째 도일하게 되었다. 박영효 수신사가 일본사행 임무를 끝마치고 11월 18일 일본을 떠나 귀국할 때, 박영효는 서광범에게 김옥균과 함께 일본에 남아 있기를 명했다.[21] 이는 외교 관례상 이례적인 조치였다. 왜냐하면 서광범은 직책상 종사관비서직이므로 끝까지 정사正使를 수행해야 함에도 불구하고 일본 잔류를 명했기 때문이다.

서광범의 두 번째 도일은 그의 정치행로에 중대한 전기를 마련했다고 볼 수 있다. 첫째로 민영익과 함께 갔었는데, 1883년 조선보빙사를 미국에 파견할 때, 김옥균이 민영익을 전권대신에 천거했다는 것, 따라서 그 종사관에 서광범이 임명되는 하나의 계기를 마련했다. 둘째로 두 번째 도일 시 일본 체재기간은 약 6개월인데 이 기간 김옥균과 서광범은 급진적

---

19 『高宗純宗實錄』中, pp.61~62(고종 19. 8. 6); 『修信使記錄』(국사편찬위원회, 1971), pp.195~267, 「使和記略」; 『明治編年史』 권 5, p.163(東京日日, 1882. 10. 16), "朝鮮謝罪使朴泳孝一行着京"

20 『金玉均傳』上, p.193.

21 『修信使記錄』, p.265, 「使和記略」; 『日本外交文書』(韓國篇)(태동문화사), 권 3, pp.248~249 (1882. 10. 13).

인 정치개혁을 구상했을 가능성이 농후하다. 친일적인 정치 쿠데타인 갑신정변의 거사를 구체적으로 모의했을 가능성이 있기 때문이다. 서광범은 반 년 동안 일본에 체류하면서 일본의 각 지방과 각 기관을 시찰하고, 일본 지도자와 교유한 후 1883년 3월에 귀국 복명했다.[22]

한미조약 체결 후 1년 만인 1883년 5월에 비준문서가 교환되자 조선정부는 초대 주한미국특명전권공사 푸드Lucius H. Foote, 福德의 건의를 받아들여 1883년 6월 조선보빙사를 파미하게 되었을 때, 서광범은 종사관에 임명되어 전권대신 민영익을 수행, 미국사행길에 올랐다.[23] 서광범은 미국사행 임무를 끝마치고, 민영익 전권공사를 따라, 변수 · 포크George C. Foulk, 福久 해군무관과 함께 미국 해군함정 트렌턴Trenton호를 타고 세계 일주항행을 한 후 1884년 6월 2일 귀국 복명했다.[24]

6개월 간에 걸친 장기항행을 하면서 친교하게 된 포크는 민영익 · 서광범 · 변수의 인물을 이렇게 평하고 있다.

> 민영익은 자기 나라의 개화발전을 위해 온갖 노력을 기울이겠다고 성의 있는 발언을 한 바 있다. 그러나 그동안 살펴본 바로는 민영익은 변덕이 심한 심약心弱한 인물임을 알게 되었다. 민영익은 항상 휴대하고 있는 유학儒學서적만을 탐독하고 있었는데 그것은 그가 모처럼 구미의 선진문물을 시찰하고 계몽啓蒙을 받아들여 개화할 절호의 기회를 놓칠 우려가 있는 것같이 보였다. 이에 반해 서광범과 변수 두 사람은 자기 나라에 유익한 문제가 있으면 이를 열심히 노트에 적고 있었다. 그래서 내가 백과사전에 있는 세계 주요국가의 정치사 및 개화사開化史에 관한 정보자료를 많이 번역해주었더니 그들은 이를 소중

[22] 『高宗純宗實錄』中, p.88(고종 20. 2. 16).

[23] 『承政院日記』권 8, pp.458~459(고종 20. 6. 6).

[24] 『高宗純宗實錄』中, p.144(고종 21. 5. 9).

히 간직하고 귀국했다.[25]

이와 같이 포크는 민영익을 보수적인 인물로, 서광범과 변수는 정치적 제도개혁을 추구하는 혁명사상가로 간주하고 있었다. 스미스Tolman Smith는 서광범을 평하기를 "한국인을 위한 한국Korea for the Koreans"이 바로 서광범의 정치적 이상이라고 지적하면서, 서광범이야말로 자주독립과 개화운동을 위해 "목숨을 바친 영웅martyred heroes"이라고 극찬하고 있다.[26] 여기서 말하는 독립이란 청의 지배로부터의 독립, 개화운동이란 바로 일본방식明治維新을 모델로 한 정치적 개혁·개화운동을 가리키고 있다.

1884년 6월 2일 민영익 일행이 인천을 출발하여 서울로 오는 길에 서광범은 포크에게 이렇게 말했다. 자기는 민영익을 위해 그동안 온갖 노력을 다했음에도 불구하고 앞으로 민영익의 행동노선정치행보이 염려된다는 것이다. 구미 여행 시 우리의 시찰 의도는 바로 개화운동에 있었는데, 그러나 우리가 민영익에게 기대를 걸었던 것과는 정반대의 결과가 생길지 모른다고 우려를 토로하고 있다. 유교적 교리敎理와 관념에 젖어 있는 민씨가문의 전통적 인습을 타파하지 못하고 있는 민영익은 친청사대적親淸事大的 경향으로 전향, 구미식 개화운동을 반대할지 모르기 때문이다.[27] 이처럼 민영익은 친청사대주의적인 정치 이데올로기로, 서광범은 친일적 정치개혁 이데올로기로의 분화현상이 노정되고 있다.

---

[25] George M. McCune and John A. Harrison, ed., *Korean-American Relations, Documents Pertaining to The Far Eastern Diplomacy of the United States*. vol. 1. The Initial Period, 1883~1886(Berkeley and Los Angeles: University of California Press, 1951), pp.106~107; U. S. Department of State, *Papers Relating to the Foreign Relations of the United States*, 1884. p, 339.

[26] Smith, "The Mission of Pom K. Soh."

[27] *Korean-American Relations*, vol. 1, p.107.

1882년 한미조약 체결까지에는 척화사상과 개화사상이 조선의 2대 정치 이데올로기로 대립하고 있었다. 그러나 1882년 개항한미수교을 성취하고부터는 척사파의 존재의의는 사실상 상실되고 말았다. 이제 개화파가 정권을 장악하게 되었다. 민영익은 조선보빙사로 미국사행을 떠날 때까지만 해도 김옥균이 이끌고 있는 같은 개화파 동지 인물로 간주되었고, 사실상 민영익은 김옥균의 천거로 선권대신이 되어 미국사행을 다녀왔다. 그러나 귀국복명하자마자 민영익의 정치적 행동노선은 포크와 서광범이 지적한 바와 같이 친청사대적인 보수반동적인 이데올로기로 전향하게 되었다.

이제 개화파는 온건 개화파와 급진 개화파로 분열하게 되었다. 민영익을 영수로 한 온건개화파는 청국의 변법자강變法自强운동을 모델로 한 점진적인 개화운동을 표방하고 있었다. 이에 반해 김옥균 · 박영효 · 홍영식 · 서광범 등을 중심으로 한 급진개화파는 일본의 명치유신을 모델로 하여 급진적 정치개혁을 단행함으로써 개화의지를 달성해 보려고 했다. 그리하여 급진개화파는 온건개화파를 수구당 · 사대당이라 일컬었고, 자기 당을 개화당 · 독립당이라고 자칭하고 있었다.

이와 같이 민영익의 반개화反開化 친청사대親淸事大노선을 가리켜 윤치호는 그의 일기에서 다음과 같이 논평하고 있다.

> 민영익은 조선독립에 회의懷疑를 피력하면서 개화당과 근본적으로 반대의견을 보이고 있다. 개화당이 새로운 것을 일으키고 옛것을 고쳐서 항구적인 독립을 도모하고 있는데, 민영익은 이를 반대하고 있다. 문명독립을 이룩하고 스스로 우내宇內에 떨치려는 개화파 인사를 불충不忠하는 사람이라 비난하고 있다. 세계를 일주하고 돌아온 그가 저와 같이 완고하고 어리석게도완우頑愚 자

강自强의 영광됨을 알지 못하고 있다. 만반으로 설유說諭했으나 오히려 다른 사람에게 예속되어 구차스럽게 보전保全하기를 좋아하고 있으니 어찌 한스럽지 않은가.[28]

민영익과 서광범의 대립적 정치 이데올로기 현상은 장차 정치발전에 흉조가 아닐 수 없다.[29] 귀국 후 민영익은 내무협판이 되었고, 서광범은 7월에 승정원承政院 동부승지同副承旨, 8월에는 참의군국사무參議軍國事務가 되었다.[30] 그리피스Wiliam E. Griffis는 이 양자 간의 정견政見 대립을 하나의 정치적 흉조로 전망한 것처럼 드디어 이 두 사람 간에는 서로 타협할 수 없는 정치적 갈등과 반목을 빚고 있음을 간파하였다. 슈펠트Robert W. Shufeldt, 薛斐爾를 조선정부의 고문관으로 채용하는 문제를 둘러싸고 이 두 사람 간에 의견대립이 발생했다. 민영익은 미국사행 시 그가 직접 국무부 당국과 슈펠트를 조선정부의 고문관으로 초빙할 것을 교섭했고, 사실상 본인에게 반승낙半承諾을 받고 귀국했다. 그럼에도 불구하고 민영익은 귀국 후 슈펠트는 철저하게도 청의 대한종주권對韓宗主權을 반대하고 조선독립을 적극 지지·승인하고 있었기 때문에, 만약 슈펠트를 고문관으로 고빙할 경우 한청관계가 긴장해질 것을 우려한 나머지 슈펠트 초빙을 반대하고 나섰다.

민영익은 그 대안으로 슈펠트 대신에 친청계 미국인이요, 이홍장의 측근인물인 데니O. N. Denny, 德尼를 초빙할 것을 주장했다. 민영익은 "슈펠트가 좋은 인물이기는 하나, 그는 청국인과 마치 빙탄氷炭 같은 인물이다. 만약 슈펠트를 쓰게 되면 반드시 청국과 갈등이 생길 것이니 어찌 괴롭지

28 『尹致昊日記』(국사편찬위원회, 1973), 권 1, p.106(1884. 11. 6).

29 Wiliam E. Griffis, *Corea: The Hermit Nation*(New York, 1907), p.448.

30 『高宗純宗實錄』中, pp.164, 166(고종 21. 6. 30, 7. 23).

않겠는가."[31]라고 반대의견을 피력하고 있다.

이에 반해 서광범은 적극적으로 슈펠트 초빙을 지지하고 나섰다. 서광범은 슈펠트 고빙 이유를 이렇게 설명하고 있다.

> 우리나라로서는 데니보다 슈펠트가 더 낫다. 왜냐하면 우리나라가 떨치지 못하고 있는 것은 옛것에 얽매이고, 군센 기상이 없어서 능히 사람들과 대변對辯하지 못하기 때문이다. 슈펠트는 기상이 강직하고 명망名望이 높아서 청나라 사람들도 그를 두려워하고 꺼려하고 있다. 우리가 그를 초빙한다면 청국인은 소리를 죽이고 두려움을 갖게 될 것이다. 지금 우리가 필요로 하는 것은 지모智謀가 아니라 강기剛氣인 것이다. 우리가 슈펠트를 초빙하 는 것은 그의 강직과 명망이지, 그의 학문學問이 아닌 것이다.[32]

개화당의 홍영식도 슈펠트 초빙을 지지했고, 고종은 데니는 청이 추천한 인물이기 때문에 데니보다는 슈펠트가 더 유익한 인물로 보면서, 일찍이 조선정부가 미국정부에 대해 슈펠트 초빙을 공식으로 요청했기 때문에 이제 와서 슈펠트 대신 데니를 기용한다면 이는 미국정부에 대한 배신행위이므로 이는 국가의 체모體貌에 어긋나는 처사라고 주장하면서 서광범의 주장에 동조하고 있다.[33]

포크는 갑신정변의 주역인물 세 사람을 이렇게 간명하게 평하였다. 김옥균은 지도자로서의 영도력이 있는 인물이고, 서광범은 깊은 사상가로서 조용한 모사謀士꾼이며, 박영효는 특수한 지위철종의 부마駙馬를 가지고 있다.[34] 그러므로 김옥균의 영도력 하에서, 서광범이 병권과 국정國政을 맡

---

[31] 『尹致昊日記』권 1, pp.71~72(1884. 6. 10).

[32] 상게서, 권 1, pp.73~74(1884. 6. 11).

[33] 상게서, 권 1, pp.70~72(1884. 6. 9, 6. 10).

[34] *Foulk Papers: Letters*, December 20, 1884.

고 있는 참의군국사무라는 요직을 맡고 있다는 것, 그리고 박영효의 특수한 지위 등이 갑신정변을 일으키는 데 큰 힘이 되었다고 보고 있다.

2. 서광범의 갑신정변

때마침 김옥균의 주선으로 일본 도쿄 호산학교戶山學校, 육군소년학교에서 군사교육을 받은 서재필徐載弼 등 9명이 1884년 4월 이 학교를 졸업하고 5월에 귀국했는데, 서재필 등은 사관학교를 창설하여 조선군 지휘장교를 양성함으로써 청일 세력을 막는 데 이비지하겠다는 이른바 국방계획을 세웠고, 이를 바탕으로 정치적 개혁을 실현해보려는 야심을 품고 있었다. 그러나 원세개袁世凱의 반대공작, 민씨 사대당의 완고한 반대에 부딪쳐 서재필의 국방계획은 좌절되고 말았다. 서재필의 귀국은 김옥균의 개화당 세력에 큰 힘이 되었을 뿐만 아니라 그가 일본에서 군사교육을 받았다는 사실이 앞으로 쿠데타를 일으키는 데 병력동원과 지휘체계에 활력소 역할을 한다고 보았다. 이리하여 1884년 9월 어느날 김옥균은 북악北岳의 별채에서 시회詩會를 열어 박영효 · 홍영식 · 서광범 · 이노우에井上角五郎 등을 만나 정변거사계획을 구체화하였다.[35]

갑신정변 주역인물의 공통점이 있다면 김옥균 · 박영효 · 홍영식 · 서광밤 · 서재필 · 변수 등은 모두가 일본을 한두 차례 시찰하였거나, 혹은

[35] 金道泰, 『徐載弼博士自敍傳』(首善社, 1948), pp.73~86; 閔泰瑗, 『金玉均傳記』(乙酉文化社, 1969), p.135.

일본유학을 한 인물이라는 점이다. 이런 관점에서 볼 때, 이들 개화당의 정치이념은 일본식 근대화를 하나의 이상적 모델로 단정하고 있었다. 이를 간파한 간교한 일본이 배후에서 친일혁명을 책동하기에 이르렀다. 즉 원세개의 청국군을 내쫓고 친일내각을 구성함으로써 한반도를 지배하려는 계획을 수립했다. 급진개화파가 구상한 갑신정변 거사계획의 최대약점은 바로 일본 세력을 등에 업었다는 사실이다. 서광범은 거사의 동기와 목적을 이렇게 개진하고 있다.

갑신정변 거사 20일 전인 11월 14일 서광범은 거사계획을 구체적으로 협의하기 위하여 일본공사관을 방문하였는데 때마침 다케조에竹添進一郎 공사는 부재중이고, 공사대리 시마무라島村久와 협의하게 되었다. 대담 내용을 소개하면 다음과 같다.

> 島村: 국왕은 지나支那, 事大黨 일본開化 獨立黨 양당 중 어느 쪽을 신용하고 있는가.
>
> 徐: 국왕은 독립에 체면을 견고히 하고 정치를 개량개혁할 것을 결심하고 지나당과 일본당을 똑같이 채용하고 있다. 그러므로 국왕이 보기에는 어느 당이라도 독립당으로 간주하고 있다. 왜냐하면 지나당支那黨은 모두 간녕奸佞한 놈들이라서 국왕 어전에서는 국왕의 뜻을 받들면서 마음에도 없는 독립을 지껄이고 있다가 어전에서 물러나면 간책奸策을 꾸미고 인기를 얻고 있어서 조야朝野가 모든 그 해독害毒을 입고 있다. 아무리 국왕이 총명하더라도 이 같은 사실을 알기는 어려운 일이다. 그러나 우리 일본당은 국왕 면전 면후 구별 없이 한결같이 독립공고정치개량론獨立鞏固政治改良論을 펴고 있다. 귀하가 보기에는 우리 당이 과격을 주장하는 것처럼 보일는지 모르지만, 사실상 그렇지 않다. 그들 지나당은 오늘날 전비前非를 뉘우쳐 개심改心함으로써 국왕의 개진론開進論, 개화정책을 찬성, 정사政事를 개량하는 데 착수한다면 우리 당도 이에 동의 · 협력할 수 있음은 말할 것도 없다. 그들은

함부로 사욕私慾을 꾀하고 백성을 괴롭히면서 이미 반대인물을 국왕으로부터 멀리하고 있을 뿐만 아니라 이를 박멸하려고 한다. 이제 그 화모禍鉾가 우리 당의 머리 위에 떨어질 지경에 이르고 있다. 그런고로 우리 당은 신명을 바쳐 국가를 위해 죽을 결심을 한 지 하루아침의 일이 아니다.

島村: 그렇다면 국왕은 양당 중 어느 쪽이 유익한 당이라는 것을 모르고 있단 말인가.

徐: 전혀 모르고 있다고는 할 수 없으되 지나당으로부터 조선은 독립하지 않으면 안 된다. 예부터 중국과의 관계가 깊기 때문에 중국의 감촉感觸을 나쁘게 한다면비위를 건드리면 중국은 강대국이기 때문에 조선의 독립은 불가능한 일이다. 우리 당의 논지論旨는 독립이란 타국의 간섭을 받지 말아야 한다는 점이다. 중국을 두려워공포恐怖만 한다면 아무리 해도 독립은 불가능한 고로 중국과 관계없이 정치를 개량하고 외교를 확장해야 한다. 그런데 그들 지나당 민태호 · 민영익 · 민영목 등은 모두 외척外戚이므로 마음대로 입궐 알현할 수 있고, 이조연李祖淵 · 한규직韓圭稷 · 윤태준尹泰駿 등은 병영감독兵營監督이므로 매일 궐내에 상주하면서 조석으로 국왕을 알현, 자기들의 주장을 상주上奏하고 있다. 그러나 우리 당의 박영효 · 김옥균 · 홍영식 등은 한 달에 두세 번 알현할 때 주론主論을 아뢸 뿐이다. 그러므로 논지의 시비를 차치하고 한번 듣는 것보다는 열 번 듣는 쪽을 믿게 되는 것은 인정의 당연한 도리이다. 뿐만 아니라 지나당은 청국인 원세개와 묄렌도르프로부터 지원을 받고 있으며, 이들은 자주 입궐 알현하면서 국왕의 하문을 받고 있다. 이에 반하여 우리 당을 응원 지지해주는 자는 전혀 없다. 가령 귀 공사일본공사 및 미국 공사라 할지라도 1년에 두세 번 의례적인 알현을 하고 있기 때문에 국왕의 감촉 등 난이경중難易輕重을 추측하기 어려운 일이다. 지난번 말씀한 대로 암살수단민씨사대당을 제거하는 음모도 아주 긴급한 일은 아니지만, 4, 5개월 안으로 실행할 작정이다. 왜냐하면 거사를 하루 늦추게 되면 그만큼 국가의 해독은 하루 더 깊어지기 때문이다. 게다가 지나당은 점점 심지心志를 굳히고 있으니, 우리 당이 그들의 독수에 걸리게 되면 참으로 유

감스런 일이 아닐 수 없다.[36]

이상의 서광범-시마무라 대담에서 보듯이 서광범은 청의 지배로부터 벗어나 독립을 달성하려면 민씨 사대당을 제거하는 정치적 쿠데타 거사는 불가피한 당면과제이며, 이러한 정변거사는 앞으로 4, 5개월 안으로 기필코 결행하겠다는 결의를 표명하고 있다. 뿐만 아니라 개화당의 거사가 실패하면 조선독립의 희망은 절망적이라 단언하면서, 개화당의 격거激擧는 정치적 개혁을 위해 조국근대화를 위해 바람직한 일이라고 역설하고 있다. 서광범은 이러한 거창한 정변계획을 개진하면서 일본이 독립당을 위해 지원세력이 되어줄 것을 기대했고, 사실상 일본은 이를 보장한다고 약속한 것이다.

서광범은 시마무라와의 대담에서 4, 5개월 안으로 거사하겠다고 언명했지만, 사태의 급박함과 성급한 개화의지로 말미암아 그로부터 20일 후에 드디어 갑신정변을 일으키고 말았다. 12월 4일 우정국 개연開宴을 계기로 정변을 일으켜 민씨 사대당의 요인을 일거에 암살, 정권을 장악하는 데는 일단 성공했다. 집권한 개화당은 영의정에 이재원李載元을 추대하고, 좌의정에 홍영식, 전후영사前後營使 겸 좌포장左捕將에 박영효, 좌우영사左右營使 겸 대리 외무독판 우포장에 서광범, 호조참판에 김옥균, 병조참판 겸 정령관正領官에 서재필을 임명하는 등 신내각을 구성하고,[37] 이어 신정령新政令을 포고했다. 신정령의 요지는, 대원군을 곧 환국하게 하며, 청국에 대한 조공朝貢을 폐지하고, 문벌門閥을 폐지, 인민평등의 권리를 제정하여 각

---

36 伊藤博文編, 『朝鮮交涉資料』(原書房, 1970), 上, pp.282~286, 「徐光範ト島村久トノ談話撮要」.

37 『金玉均傳』上, pp.358~359.

기 재능에 따라 인재를 선발, 관리에 임용한다는 것 등이었다.[38]

그러나 갑신정변은 개화당이 그 당시의 시대적 역사의식의 결여, 국민의 지지기반이 없는 위로부터의 하향식 혁명, 안이한 대일외세外勢 의존자세 등 여러 요인으로 말미암아 실패로 끝날 수밖에 없었다. 더군다나 조선에서 정치적 군사적 영향력을 막강하게 행사하고 있는 원세개의 청군은 즉각 이에 개입, 근소한 일본군을 제압하고 개화당의 혁명계획은 3일 천하로 실패하고 말았다.[39]

3. 서광범의 미국 정치망명

갑신정변은 청군의 개입으로 좌절되었다. 갑신정변에 가담한 개화당은 총 43명이었다. 홍영식 등은 끝까지 국왕을 배행하다가 모두 청군에 의해 격살되었고, 김옥균·박영효·서광범·서재필·류혁로柳赫魯·이규완李圭完·변수邊燧·정란교鄭蘭敎·신응희申應熙 등 9명만이 일본공사관에 피신, 겨우 목숨을 구해 일본망명을 단행했다. 이들은 일본군대의 보호를 받으며 인천에 호송, 일본 배를 타고 일본망명길에 올랐다. 그러나 갑신정변이 좌절된 후 부활된 사대당 정부는 외무협판 서상우徐相雨, 고문관 묄렌도르프를 인천에 파견, 다케조에 일본 공사에게 개화당 인사의 신병인

[38] 상게서, 上, pp.366~367.

[39] Haddo, "The Rise and Fall of the Progressive Party of Korea," p.48. 갑신정변 당시 일본군의 병력은 약 300명, 원세개의 청군은 약 7천 명이었다.

도를 강력히 요구했다.[40] 이에 다케조에 공사는 이 문제로 장차 한청일 간의 국제문제가 복잡해질까 우려해서 이들을 인도하려고 했다. 이제 김옥균 일행의 운명은 위기일발의 난관에 봉착했다. 망명객의 한 사람인 이규완은 '회고록'에서 그 당시의 긴박한 상황을 다음과 같이 말했다.

> 우리는 구사일생九死一生의 난관을 피하여 여기까지 이르렀는데 진퇴유곡進退維谷이 되고 말았다. 마침내 우리 일행은 적에게 잡혀 수치를 당하기보다는 차라리 자결自決함이 낫다고 중의일결衆議一決했다. 이때의 광경은 비정悲情이 극도에 달하여 한편으로는 소국의 운명을 슬퍼하였고, 또 한편으로는 우방 일본의 박정薄情을 한탄하기도 했다. 이러한 절박한 사태를 관망하고 있었던 천세환千歲丸의 선장辻勝三郎은 망명객 일행의 비장한 자결 결심을 보자, 의연히 말하기를, "공등公等이 일단 이 배에 승선한 이상 공등의 진퇴進退는 오로지 나의 수중에 있으니 안심하시오."라고 단호하게 말했다. 이는 바로 우리가 자결을 결행하기 직전의 일이었다.[41]

이리하여 갑신정변에 가담한 43명 중 9명만이 살아서 일본망명에 성공하였다. 이들은 12월 13일 나가사키長崎에 무사히 도착, 12월 말에 도쿄에 도착했다. 이에 조선정부는 일본에 망명중인 김옥균·서광범·서재필·변수 등은 대역부도죄인이므로 나교拿交를 요청했지만 일본정부는 이에 불응, 거부했다.[42]

또한 이 당시 서울에는 김옥균·서광범의 동정에 대한 와전訛傳이 나돌아 민심은 극도로 소란했다. 말하자면 김옥균은 일본 낭인배浪人輩, 깡패 수

---

[40] 姜在彦, 「甲申政變의 挫折과 金玉均」, 『季刊京鄉: 思想과 政策』(1984, 가을호), pp.40~55; 『金玉均傳』上, p.406.

[41] 『金玉均傳』上, pp.406~407.

[42] 『舊韓國外交文書』권 1(日案 1), pp.168~171, 185~187, 217~218.

천 명을 이끌고 조선으로 쳐들어온다는 것, 서광범은 민병석閔丙奭에게 편지를 보내면서, 10만 원을 요구하면서 만약 이를 보내지 않을 경우, 조선의 토지를 외국에 팔아버리겠다는 것 등이다. 한편 조선정부는 서광범이 한청 간 전선가설을 비난하였다고 지적하면서, "한청 간의 관계는 260년의 교의交誼가 있는 바, 하루아침에 끊을 이유가 없다. 서광범은 역천무도逆天無道의 심장心腸을 가진 인간이다. 우리나라와 일본과의 관계는 교호交好하고 있는지라 이러한 역적을 용납하고 집송執送하지 아니함은 실로 개탄스런 일이다."[43]라고 일본 나교 거부 처사를 비난하고 있다.

김옥균 일행의 일본 망명생활은 일본정부의 냉대, 본국 정부로부터의 계속 나교요구, 그리고 암살계획의 틈바구니에서 불안공포의 생활이 계속되었다. 그래서 모두가 변성명을 하고 신분을 감추고 극도의 궁핍과 고독생활을 했다. 박영효·서광범·서재필 등은 서화書畵를 그려 판 돈 90원을 여비로 하여 1885년 5월 드디어 미국망명을 떠나기로 결심했다.[44]

미국망명을 결행하기로 한 경위를 서재필은 다음과 같이 말했다.

> 여러 가지를 생각한 결과, 장차 조국의 풍운을 다시 한 번 일으키려면 우선 미국 같은 나라에 가서 배우기도 하고, 구경도 하여 견문을 넓히며 세계 대세를 잘 살펴보는 것이 득책得策이라 생각했다. 그때 세 사람은 미국 가기로 작정하였으나, 그날그날 지나가기도 어려운 처지에 미국 갈 여비를 구하는 도리가 없었다. 그래서 박영효·서광범은 글씨를 써가지고 일본 사람들의 집을 찾아다니면서 팔기 시작했다. 그때 미국 선교사로서 요코하마까지 와서 장차 우리나라에서 안전하게 전도傳道할 수 있는 기회를 기다리고 있는 사람이 있었다. 나는 그 집에서 우리나라 말을 가르쳐주고 그이에게서 로마글자를 배워 쉬운

[43] 상게서, 권 3(日案 3), pp.649~650, 「京城訛傳에 관한 件」(1886. 1. 3).

[44] 『尹致昊日記』권 1, p.150(1885. 6. 6).

말을 몇 마디 알게 되었다.[45] 한 3개월 동안 돌아다니며 글씨를 판 돈이 약 90원 가량 되었다. 그것으로 세 사람은 미국으로 떠나는 차이나호를 타고 미국으로 향했다.[46]

조선망명객 6명은[47] 1885년 5월 26일 페킹호The City of Peking로 요코하마를 출항, 6월 11일 저녁 샌프란시스코에 도착했다.[48] '알타 캘리포니아'는 페킹호에는 903명의 중국 쿨리노무자가 승선하고 있었고, 중국 노무자는 선중에서 아편 흡연을 지나치게 해서 1명이 사망했다고 보도하면서 6명의 조선인 망명객 승선 사실에 대해서 일체 언급하지 않고 있었다.[49] 그러나 '샌프란시스코 크로니클'은 조선망명객 3명에 대해 "조선망명객, 은둔국으로부터의 망명, 반란의 부랑자, 개화파 3명의 지도자, 상항을 피난지로 선택"이란 제하로 박영효 · 서광범 · 서재필 등 3명에 대하여 대서특필하고 있다.[50]

---

[45] 金源模, 「開化期의 在韓美國人」, 『陽地』(국제과학문화연구소, 1982. 7), pp.115~123. 이 선교사는 미국 장로교 선교사 언더우드(Horace G. Underwood, 元杜尤) 목사이다. 언더우드는 조선에 부임하기 위하여 일본 도쿄 헵번(J. C. Hepburn) 목사 집에 묵고 있었는데 서재필이 이 집에 가서 언더우드에게 한국어를 가르쳤다. 언더우드는 1885년 4월 5일 내한했다.

[46] 『徐載弼博士自敍傳』, p.148.

[47] 조선망명객은 朴泳孝 · 徐光範 · 徐載弼 · 鄭蘭敎 · 申應熙 등 5명은 확실하나 나머지 한 사람은 미상임.

[48] National Archives에 보관되어 있는 서재필의 '旅券發給申請書'에 의하면 그는 5월 25일에 페킹호에 승선, 요코하마(橫濱)을 출항했다고 기록되어 있다. 그러나 『朝陽新聞』은 5월 26일에 출항했다고 보도했다.

[49] *Alta California*, June 12, 1885. 한편 일본 『朝陽新聞』에는 北京號에는 조선인 6명을 포함 승객은 총 1,170명이라고 보도했다.

[50] *San Francisco Chronicle*, June 19, 1885. 이정식, 『서재필』(정음사, 1984), pp.209~213, 「부록」.

'샌프란시스코 크로니클'은 이들 3명의 조선망명객이 갑신정변에 실패, 미국방명을 택했다고 전하면서 세 사람의 인물과 경력을 상세히 보도했다. 이를 요약하면 다음과 같다.

조선은 독립왕국으로서 청일 양국 사이에 자리 잡고 있다. 조선은 강대국 청일 양국의 침략을 받아오고 있는데, 그 처지는 마치 '맷돌의 곡물ground grain'과 같은 위치에 놓여 있다. 이들 두 강대국이 한국의 곡물을 맷돌질하여 집어삼키려 하고 있기 때문이다. 이처럼 침략위협에 직면하고 있는 조선은 사대당과 개화당 두 파가 서로 내부적 갈등과 대립항쟁을 벌이고 있다. 사대당은 조선이 계속 은둔의 나라로 남아 있기를 희망하면서 개항을 거부하고 있다. 개화당은 비교적 젊고 자유주의적 인사로 구성되어 있으며, 근대문명의 새로운 장점을 채택하기를 희망하고 있었다. 청국은 암암리에 또는 공개적으로 사대당을 지지하고 있는 반면, 일본은 개화당을 지지하고 있기 때문에 자연히 청일 양국이 대립하고 있다. 이들 세 사람은 일본의 지지를 받고 있는 자유주의적 개화파 지도자이다.

김옥균 지도하에 일본과 제휴, 갑신정변을 일으켰다가 실패, 정치적 망명객의 몸으로 미국에 왔다. 그들은 청복淸服 또는 일본 옷을 입고 있었으며 보통사람보다도 체격이 작은 편이고, 수염이 없기 때문에 외모로 보아 특별히 주목을 끌만한 특색은 없다. 그러나 그들은 조선의 개혁파 인물 가운데 가장 젊고 유능한 인물이다. 그들은 조선정부의 고위관직을 역임한 양반 지배계층이고, 사치스런 귀족생활을 하다가 이곳 상항桑港, 샌프란시스코 서쪽에 있는 도시 하층빈민들이 모여 살고 있는 지역에 살고 있다. 한때 부유하고 권세가 당당했던 그들은 지금에는 가장 가난하고 약한 밑바닥 생활을 하고 있으며, 생계수단조차 없다. 뿐만 아니라 그들은 도움을 받을 친구도 없다. 그러나 그들은 아무런 불만 없이 이러한 생활의 변화를 받아들이고 있다.

그들은 그들 자신들의 신세를 '역경의 노예'로 생각하지 않고, 오히려 개화주의開化主義 실현을 위해 신명을 바쳐 투쟁하다가 쓰러진 희생자로 자처하고 있다. 그들은 영어를 전연 모르고 있지만 일본어에는 능통하다. 그러므로 그들은 일차적으로 영어를 배우려 할 것이다. 그들은 이곳 상항에 머물고 있는 동안 빈둥거리며 허송세월을 하지 않을 것이다. 우선 그들은 버클리Berkeley 대학에 입학을 신청할 것을 고려하고 있다. 그러나 그들은 대학에 들어가기 전에 하급의 교육기관에서 어학공부를 하는 것이 보다 현명한 방책이라는 결론을 내리고 있다. 그들의 교육열의는 대단하지만 난관이 있다. 학자금과 생활비를 마련할 길이 막연하기 때문이다. 그러므로 그들은 어느 친절한 친구의 재정적 도움이 절대로 필요한 처지에 놓여있다.[51]

이들 세 사람이 요코하마를 떠날 때 여비 90원 중 선세船稅와 잡비를 제외하면 수중에는 그야말로 무일푼이었다. 사고무친四顧無親 산 설고 물 설은 이국땅에 내리니 갈 데가 없었다. 이리하여 샌프란시스코 서쪽의 빈민가에 세 사람이 정착했으나 그날그날 먹을 식비조차 마련할 수가 없었다. 더군다나 언어가 불통이고 보면 벙어리생활을 하지 않을 수 없었다. 그들은 미국으로 떠날 때는 굶으나 먹으나 행동통일을 하여 끝까지 한곳에서 같이 생활하기로 결심했었다. 그러나 생계수단이 없는 세 사람이 한곳에 몰려있으면 더욱 호구지책이 막연할 것 같아서 일단 헤어져 각자도생各自圖生하기로 결정했다. 서광범은 요코하마에서 친교親交한 언더우드 목사의 소개로 뉴욕에 살고 있는 그의 형에게 구원을 청했더니 여비가 와서 뉴욕으로 떠나게 되었다.[52]

서재필과 박영효는 극도의 생활 곤궁을 겪으면서 백방으로 생계수단을 강구해 보았으나 별도리가 없었다. 서재필은 나이가 어리고 또 아무리 귀

---

51 *San Francisco Chronicle*, June 19, 1885.

52 『徐載弼博士自敍傳』, pp.149~150.

한 사람이라도 미국에는 노력努力하지 않으면 대가가 없다는 것을 알아차리고 막노동 일을 하기로 결심했다. 그러나 박영효는 양반귀족 출신일 뿐만 아니라 철종의 부마駙馬, 사위로 금지옥엽처럼 자라왔기 때문에 굶는 한이 있더라도 육체노동이란 생각조차 할 수 없었다. 그렇다고 해서 나이 어린 서재필의 품팔이한 돈으로 언제까지나 가만히 앉아서 얻어먹을 수만 없어서 일본으로 다시 돌아가기를 희망했다. 때마침 서재필이 동경 유학시대에 지면이 있는 후쿠자와福澤諭吉의 조카를 우연히 만나, 박영효의 실정을 이야기 하면서 구원을 요청하였다. 이리하여 박영효는, "미국사람들은 양반兩班을 몰라본다. 양반이 아무리 하더라도 노동을 할 수 없다. 일본에서는 내가 양반이란 신분을 알아주므로 설마 천한 일천역賤役을 아니하게 될 것이다."[53]라는 말을 남겨놓고 미국에 온 지 2개월 만에 다시 일본으로 되돌아갔다.

일본신문에 의하면 박영효는 1885년 연말경에 미국으로부터 다시 요코하마에 돌아왔다고 보도하고 있다. 이런 점으로 보아 박영효는 적어도 미국에서 4, 5개월 정도 체재한 후 일본에 돌아온 것으로 보인다. 이에 의하면, "일본으로 망명했다가 또 다시 미국으로 건너간 조선인 박영효는 지난달 31일 요코하마행 우편선 편으로 재차 일본에 와서 창옥정鎗屋町에 있는 김옥균 집에 기식寄食하고 있다."[54]라고 보도하고 있다.

1893년 8월 윤치호는 미국 유학을 끝마치고 워싱턴 한국 공사관을 방문하여 서재필과 서광범의 행방을 추적하여 마침내 서재필을 만났으나 서광범은 끝내 만나지 못했다. 윤치호는 그의 영문일기에서 서재필과 서광범의 인간관계를 분석하고 있다.

---

[53] 상게서, pp.150~151.

[54]『明治編年史』권 6, p.216(東京日日, 1886. 1. 3),「朴泳孝米國より再び來朝」.

1893년 8월 14일. 나는 아이오와 서클Iowa Circle에 있는 주미 한국공사관을 방문했다. 공사관 건물 가까이로 다가가자 나는 울적한 애국심melancholy patriotism이 울컥 촉발했다. 이럭저럭 공사관 경내를 거닐면서 공사관 옥상에 태극기가 게양되어 펄럭이고 있는 모습을 보고 흐뭇했다. 흑인 여성이 나를 맞이하면서 공관원들은 모두 피서 휴가지로 떠났다고 말했다. 설사 공관원이 있다손 치더라도 반역자rebel, 개화파인 나를 반가이 맞이하지 아니했을 것이다. 흑인 여성은 공사관 각 방을 두루 안내하면서 구경하도록 배려했다. 실내에 비치되어 있는 물품은 하나도 자랑할 만한 것이 없었다. 객실 벽에는 시카고 만국박람회 조선출품대원出品大員 정경원鄭敬源 일행국악인 10명 포함의 단체사진이 걸려 있었다. 나는 이 사진을 보고 그 모습이 어리석고 역겨울 정도로 초라하게 보여 충격적인 열등감을 느꼈다. 나는 슬픈 마음으로 공사관을 나왔다.

나는 서광범과 서재필의 행방을 알고자 일본공사관을 방문했다. 니시오Nishio 공관원의 친절한 안내로 마침내 서재필의 거처를 알아낼 수 있었다. 서재필Jaisohn 집을 방문했다. 서재필은 컬럼비아 의과대학Columbian Medical College를 2등으로 졸업, 모교 병리학 객원교수adjunct professor가 되어 월 100달러의 봉급을 받고 있어서 풍족한 생활을 영위하고 있었다. 서재필은 1년 넘도록 한 번도 서광범을 만난 적이 없다고 했다. 이로 보아 양자 간에는 친밀한 우정관계가 아님을 알 수 있다. 왜 이 같은 소원疏遠관계일까.

1) 서재필과 서광범은 성격상 정반대의 인물이었다. 서재필은 늠름한 체격에다 이기적이고 비애국적인 데 반하여 서광범은 천성적으로 너그럽고 애국적이며 다정한 성격의 인물이다.

2) 서재필은 의과대학을 졸업하여 모교 교수로 재직, 생활이 풍족하여 행복한 사회생활을 하는 반면 서광범은 제도권 대학교육을 받지 못해 일정한 직업이 없는 룸펜 신세로 곤궁한 생활에 허덕이고 있었다. 이 때문에 자연히 서재필은 서광범을 애써 만나려 하지 아니했다. 서재필은 모국어를 쓰지도 말하지

도 못할 정도로 한국어를 완전히 잊어버린 것이다.[55]

윤치호는 시카고 만국박람회를 방문했다. "정경원 출품대원을 방문했지만 그는 나를 정부대표가 아니라는 이유로 냉대했다. 아버지 윤웅렬尹雄烈이 갑신정변 실패 후 정치망명을 했다는 이유에서 이처럼 홀대하고 있다."[56] 윤치호는 만국박람회를 관람하기 위하여 9월 28일 조선 전시관을 방문했다. "식사 후 시카고 만국박람회로 갔다. 모든 각국의 전시관 옥상에는 자기 나라 국기를 높이 게양하고 있었는데 초라한 조선 전시관 옥상에는 태극기를 볼 수 없어서 국가적인 수치심을 느끼지 않을 수 없었다. 나는 실로 한국의 국가적 지위와 체통이 이처럼 열등하게 보여 창피한 감정을 가지게 되었다. 일본 전시관을 비롯하여 각국 전시관에는 근대적인 생산품이 다채롭게 전시하고 있다. 한두 달 후 전시가 끝나면 각국 전시관은 허물어뜨려 철거되고 마는데도 이처럼 장려한 전시관을 지어놓고 다채로운 전시품을 진열하고 자기 나라 국기를 게양하고 국위를 선양하고 있었다. 그러나 이에 비해 초라한 조선 전시관에는 전 근대적인 전통물품만 진열하고 태극기도 게양하지 못한 채 스스로 후진국가임을 보여서 실로 안타까운 생각이 들었다."[57]

이처럼 박영효는 일본으로 되돌아가 버렸고, 서광범은 뉴욕으로 떠나버렸기 때문에 서재필은 단신으로 생활전선에 뛰어들어 막노동 일을 해가며 스스로 미국생활에 적응하기 시작하였다. 서재필은 학업을 위해 동부로 가서 중학교에 입학, 정규과정을 끝내고 마침내 의과대학에 입학하

---

[55] *Yun Chi-Ho's Diary*(National History Compilation Committee, 1974), vol. 3, pp.146~149, August 14, 1893.

[56] *Ibid.*, p.172, September 24, 1893.

[57] *Ibid.*, pp.179~180, September 28, 1893.

였다. 조지 워싱턴대학Columbia University의 전신에서 의학을 전공, 1892년 졸업 후 워싱턴 가필드Garfield 병원에 취직하면서, 한편으로 그의 모교에서 교편을 잡기도 했다.[58]

서재필이 이처럼 미국생활에 재빨리 적응하면서 정규적인 교육을 받은 후 의사로 성공한 것과는 정반대로 서광범은 서재필에 비해 미국생활에 적응이 뒤늦었고, 또한 정상적인 교육도 받지 못했다. 대학교육을 받지 못했기 때문에 서광범은 좋은 일자리를 얻기가 힘들었고, 이에 따라 그는 밑바닥 생활을 하지 않을 수 없었다. '워싱턴 주소록'에 의하면 서광범은 1888년에 직업은 학생이었고, 1894년에는 교육국 서기로 되어 있다.[59] 서재필은 자력으로 정규학교를 다녔고, 결국 의과대학을 졸업 병원에 취직했고, 대학에서 교수가 되어 안정된 생활을 한 데 반해 서광범은 정규교육을 전연 받지 못했다. 서광범은 인명록에 그의 직업이 학생이라 기록되어 있는 점으로 보아 어느 야간학교에 일시 다녔을 가능성은 있다.[60]

버나도우John B. Bernadou, 蕃於道, 알렌Horace N. Allen, 安連, 쥬이Pierre L. Jouy 등 3명이 한국에서 수집한 한국 관계 민속자료를 미국 스미스소니언 국립박물관에서 정리 작업을 벌인 바 있었는데, 이 정리 작업에 한국인으로서 세 사람이 참여한 일이 있었다. 즉 서광범 · 서재필 · 변수 등 3명은 알렌 · 록힐Wiliam W. Rockhill, 柔克義 · 쥬이 · 그리피스 등 미국인 학자와 더불어

---

58 『徐載弼博士自敍傳』, pp.152~165; 이정식, 『서재필』, pp.237~244.

59 *The Boyd's Directories*, 1888-Soh Pom, Student, 1007 13th, N. W. 1894-Soh, Clerk(Bureau of Education), 708 11th, N. W. 한편 The Directories of District of Columbia에 의하면 徐光範(Soh Kwang Pom)은 *Pom Kwang Soh*로, 徐載弼(Soh Jai Pil)은 Philip Jaisohn이라 기록되어 있다.

60 Sunjoo Pang, *Pom Kwang Soh: The Life of an Exile in the United States*, p.2. 방선주(方善柱)는 서광범이 Rutgers University에 적을 두지 않았니 추측하기도 했다. 그러나 이 대학 학적부 명단에는 서광범의 이름이 없다고 소개하고 있다.

한국 관계 민속 수집품을 정리하는 작업에 참여했다.[61]

일반적으로 한국인으로서 최초로 미국으로 귀화, 미국시민권을 획득한 인물이 서재필이라고 널리 알려지고 있다. 그러나 서광범은 서재필 보다 2년 먼저인 1892년에 미국시민권을 획득했다. 서재필은 1894년 12월 17일 한국 성명을 버리고 '제이손Philip Jaisohn'이라는 이름으로 미국시민권을 획득했다.[62] 서광범은 2년 앞서인 1892년에 미국으로 귀화했다. 서광범은 1889년 5월 24일 뉴저지주 미들섹스군Middlesex County 일반청원재판소the Court of Common Pleas 서기 앞에서 미국시민이 되겠다는 의사를 밝히면서 시민권 신청을 하였고,[63] 이로부터 3년 만인 1892년 11월 18일 대심원은 서광범에게 시민권을 부여했다. 이와 같이 서광범은 서재필보다 2년 앞서 미국시민이 되었다.

국립기록보관소National Record Center에 보관되어 있는 서광범의 귀화기록*The Nationalization Record*에 의하면 다음과 같이 기록되어 있다.

> 조선인 서광범은 1892년 11월 18일 미국시민이 되었음을 인정하며, 상기 신청인은 이미 1889년 5월 24일 뉴저지주 미들섹스군 일반청원재판소에서 미국시민이 되겠다는 그의 의사를 밝힌 바 있었고, 시민권신청서를 제출할 때까지 그는 4, 5년 이상 미국에 거주하고 있었으며, 그는 훌륭한 도덕적 인격의 인간으로서 미국 헌법의 원리를 준수하고 미국의 질서규칙와 안녕安寧을 잘 지키고 있다. 이에 상기 신청인은 엄숙한 선서에서 미국 헌법을 준수하고 어떠한 외국

---

61 Walter Hough, *The Bernadou, Allen, and Jouy Korean Collections, in the U. S. National Museum*(Washington: Government Printing Office, 1892), p.432; *New York Times*, August 14, 1897.

62 『徐載弼博士自敍傳』, p.212; Horace N. Allen, "A Chronological Index," p.191(1894. 12. 17); 金源模, 『近代韓國外交史年表』, p.145(1894. 12. 17).

63 Pang, *Pom Kwang Soh*, p, 2.

의 군주, 주권자, 국가 그리고 여하한 주권독립국, 특히 그가 지금까지 신민臣民으로서 섬겨왔던 조선국왕朝鮮國王에 대한 모든 충성을 절대적으로 완전히 포기·철회할 것을 선언하였다. 그러므로 상기 신청자는 지금부터 미국시민이 되었음을 인정받은 것이다. 브래들리Braddley Jr. 서명함.[64]

서광범이 미국시민권을 신청하게 된 가장 큰 동기는 미국정부 기관에 취직하기 위해서이다. 말하자면 생활고를 타개하기 위함이었다. 이리하여 서광범은 시민권을 획득한 직후 미국 교육국Bureau of Education에 취직했다. 그는 교육국 인종학과The Bureau of Ethnology에서 번역관으로 일하기 시작했는데,[65] 국장으로부터 상당히 인정을 받았다고 한다. 그는 여기서 아시아 여러 나라의 민족문제에 관한 자료를 정리한 것으로 보인다. 1894년의 워싱턴 인명록에 서광범의 직업을 '교육국 서기'라고 기록되어 있는 점으로 보아 서광범은 1894년까지 약 2년간 교육국에서 상당한 보수를 받으며 근무한 것으로 보인다. 해리슨Benjamin Harrison 대통령의 행정부 임기가 1893년에 끝나고 1894년 클리블랜드Grover Cleveland 대통령의 신정부가 발족함에 따라 교육국의 인사개편으로 서광범은 해고되었다. 그리하여 서광범은 생계수단으로 월 30달러를 받고 사환messenger 노릇을 하지 않을 수 없었다. 그 당시 주미 조선공사관에서 고용하는 흑인 경비원의 월급이 월 45달러인 점으로 보아 그의 생활이 최하층민의 비참한 생활이었음을 짐작할 수 있다.[66]

윤치호가 1888년부터 1893년 5년간 미국유학을 끝마치고 1893년 귀국

---

[64] *The Nationalization Record*, vol. 3, The National Record Center, Washington D. C. This quoted from Pang, *Pom Kwang Soh*, p.3.

[65] *New York Times*, August 14, 1897.

[66] Pang, *op.cit.*, p.3.

시 서재필의 집을 방문하는 등 서재필 · 서광범과 교유交遊하였다는 기록이 보인다.[67] 윤치호는 서재필 · 서광범의 행방을 알기 위해 1893년 8월 14일 주미 조선공사관을 방문했다. 공사관 옥상에 태극기가 게양되어 휘날리고 있는 모습을 보고 감동하기도 했다. 공사관 벽에는 시카고 세계박람회에 참석한 조선사절단出品大員 鄭敬源의 기념사진이 걸려 있었는데, 그 모습이 아주 촌스럽고 바보처럼 보여서 보기가 민망스러울 정도라고 윤치호는 회상했다. 이어 서재필 · 서광범의 행방을 물어보았으나 공사관 직원들은 모른다고 했다. 이는 필시 이들 두 사람이 정치 망명객이기 때문에 그들 스스로 행방을 감추었으리라. 이리하여 윤치호는 일본공사관을 방문, 일본공사관 직원의 도움으로 이들의 행방을 탐문할 수 있었다.

윤치호는 서재필의 집을 방문했을 때, 서재필은 이미 컬럼비아 의과대학Columbia Medical College을 2등으로 졸업한 후, 의학박물관Medical Museum에서 일하면서, 모교의 병리학조교수adjunct professor in pathology로 근무하고 있었다. 그는 월급 100달러를 받는 상당히 좋은 직장을 가지고 있어서 윤치호는 동포로서 한없는 긍지와 자부심을 느꼈다. 윤치호가 서광범의 안부를 묻자, 서재필은 거의 1년 동안 서광범을 한 번도 만난 일이 없다고 했다. 이런 점으로 보아 이 두 사람의 사이가 친밀한 관계가 아닌 듯 생각되었다.[68]

윤치호는 서재필과 서광범의 인물 분석을 다음과 같이 기술하고 있다. "서재필은 성격상 서광범과 정반대였다. 전자가 성질이 날카롭고 이기적이며 비애국적인 데 반해 후자는 관용적인 성격이고, 아주 애국심이 강하

---

67 宋炳基 譯, 『尹致昊日記』(探求堂, 1975), 下, p.345, 「附錄: 風雨 20년」.

68 *Yun Chi-Ho's Diary*(National Hisory Compilation Committee, 1974), vol. 3, pp.146~148 (August 14, 1893).

며 다정다감한 인물이다. 서재필은 융통자재로 돌아다니면서 생계를 적극적으로 타개하고 있다. 그러나 서광범은 성격이 소극적이고 비사교적이어서 생활이 곤궁하다. 그러므로 서재필은 이 가난한 친척을 만나기를 꺼려할지도 모른다."[69]

서재필은 대학교수가 되어 사회적으로 성공한 반면에, 서광범은 사환이라는 최하층 일자리를 얻어서 그날그날 호구지책을 강구하고 있는 처지인지라, 이 두 사람 사이의 생활의 격차가 심해서 서로 소원疎遠해진 듯 생각된다. 윤치호가 서재필을 만났을 때, 서재필은 한국어를 쓰지도 말하지도 못할 정도로 모국어를 거의 망각하고 미국화美國化되어 있었다고 윤치호는 회상했다. 서재필이 고의적으로 한국어를 사용하지 아니했는지, 정말로 한국어를 잊어버렸는지를 알 수 없는 일이지만, 이는 아마도 한국어 사용을 고의적으로 기피했을 가능성이 있다. 윤치호가 서재필을 만난 후 서광범을 직접 만났다는 기록이 없는 점으로 보아 결국 서광범의 행방을 몰라서 만나지 못한 것 같다.[70]

서광범은 교육국에서 물러난 후 사환노릇을 하다가 인도 신지학회神智學會, Theosophical Society 관리인으로 취직했다. 신지학회 도서관에 딸린 작은 방에 기거하면서 호구지책을 강구하기 위해 악전고투를 했다. 이때 서광범은 이 같은 생활고로 영양실조가 될 정도로 극도의 궁핍생활을 해야만 했다. 이러한 곤궁생활이 결국 그가 그 당시로서는 불치의 병인 폐병을 앓게 되는 원인이 되기도 했다.[71]

---

69 *Ibid.*, pp.148~149(August 14, 1893).

70 *Ibid.*, pp.148~149(August 14, 1893).

71 Pang, *Pom Kwang Soh*, p, 3.

4. 김홍집 친일내각 성립과 법무대신 서광범

일본은 한반도 지배권 확립을 위한 첫 조치로 급진개화파를 책동, 1884년 갑신정변을 일으켰지만, 원세개의 청군 개입으로 좌절되고 말았다.[72] 일본세력은 후퇴하고 이때부터 1894년 청일전쟁 발발까지의 10년간은 사실상 청의 한반도 지배기간이었다. 일본은 갑신정변 실패로 한반도로부터 물러났지만, 한반도를 정복지배하고야 말겠다는 정한론征韓論의 꿈은 버리지 아니했다. 정한론은 명치유신1868 직후에 수립한 일본의 대륙침략을 위한 국가팽창정책이기 때문이다. 일본은 한반도를 지배하기 위해서는 우선 무엇보다도 청국세력을 한반도로부터 몰아내는 것이 당면과제이다. 이를 실현하려면 군사력증강이 시급하다고 보고, 이 10년 기간 청 세력을 무력으로 내쫓기 위하여 군비증강에 광분했다. 이리하여 청군을 압도할 만한 군사력이 강대화되자, 1894년 조선에서의 동학란東學亂을 계기로 출병, 마침내 청일전쟁을 일으키고 말았다.

청일전쟁은 일본의 압도적 전승으로 끝났다. 이제 청국 세력은 한반도로부터 완전 구축되었고, 일본은 청의 간섭 없이 조선을 마음대로 요리할 수 있게 되었다. 이리하여 김홍집金弘集 친일내각이 성립되었다. 이유야 어쨌든 급진개화파가 쿠데타에 실패, 불우한 정치적 망명생활을 10년간이나 계속한다는 것은 정변을 배후에서 책동한 일본정부로서 도의적 책임을 느끼지 않을 수 없었었다. 이에 1894년 11월 이노우에井上馨 공사는 김홍집 총리에게 미국에 망명중인 서광범에게 특사령特赦令을 내리는 동시

[72] Haddo, "The Rise and Fall of the Progressive Party of Korea," pp, 46~49.

에 그를 소환하여 재기용할 것을 촉구하였다.[73]

이노우에 공사는 외무대신 김윤식金允植에게, "귀국인 서광범徐光範은 미국에 가있는지 여러 해가 되었는 바, 귀국 국태공國太公, 대원군大院君께서 전 일본공사 오토리大鳥圭介에게 서광범 초회招回를 부탁한 바 있었다. 오토리 공사는 본국 외상陸奧宗光에게 이 뜻을 전했고, 일본외상은 주미 일본공사栗野愼一郎에게 이 뜻을 서광범 본인에게 전달하라는 훈령訓令을 내렸다."[74]라고 그간의 경위를 설명하면서 서광범·박영효 등 갑신독립당 인사를 일률적으로 특사, 재기용할 것을 촉구했다.

1894년 9월 8일자 주미 일본공사가 일본 외상에게 보낸 외교문서에 의하면, 일본정부는 미국에 망명중인 서재필·서광범을 모두 귀국 조치하도록 주미 일본공사에게 훈령을 내렸다. 이에 일본공사는 이 같은 본국 정부의 훈령을 받고 일차적으로 서재필과 교섭해본 결과, 서재필은 당지에서 의술개업면허를 얻어서 병원을 개업하고 있었을 뿐만 아니라 '제이손Philip Jaisohn'이라는 이름으로 미국에 귀화했고1894, 더군다나 미국 여인과 결혼했기 때문에 귀국을 희망하지 않았다. 그러나 서광범을 만나 이 뜻을 전했더니 서광범은 즉각 이에 동의하면서 갑신정변에 가담했다가 같이 미국으로 망명, 현재 몬테나주에 거주하고 있는 신응희申應熙·정란교鄭蘭敎와 함께 귀국하겠다는 뜻을 밝혔다.[75]

이처럼 개화당에 대한 특사령과 그들의 초환招還문제에 대하여 조선정부는 소극적인 태도를 취하고 있는 반면 일본정부가 처음부터 이니시어

---

[73] 『舊韓國外交文書』권 3(日案 3), pp.165~166(1894. 11. 30, 12. 1).

[74] 상게서, 권 3, pp.152~153, 「徐光範召還經緯와 起用勸誘 및 確答促求」.

[75] 『日本外交文書』권 5, pp.597~598, 「徐光範歸國斡旋의 件」(1894. 9. 8); 홍선표, 『서재필』(독립기념관 한국독립운동사연구소, 1997) p.31.

티브를 잡고 적극 주선했다는 것만 보아도 갑신정변은 일본의 책동策動으로 일어난 정변임을 입증해주고 있다.

이제 서광범을 소환하는 문제는 결정되었지만 그의 여비문제가 난관이 아닐 수 없다. 서광범은 그 자신이 여비를 마련하여 귀국할 만큼 생활의 여유가 없었기 때문이다. 그러나 이 문제도 일본정부가 적극 주선함으로써 해결되었다. 일본정부는 주미 일본공사에게 일화 1,400엔738.50달러을 서광범 여비조로 송금하였던 바 일본공사는 그 반액인 369.25달러일화 700엔를 서광범에게 수교手交했다.[76] 서광범은 이 돈을 입수한 후 9월 8일 귀국길에 올랐다. 서광범으로서는 망명생활 10년 만에 고국으로 돌아가는 감격적인 귀국이었다. 이때의 귀국경위에 대하여 '워싱턴 포스트'는 다음과 같이 전했다.

> 며칠 전 서광범은 일본공사관을 통해 개화당開化黨이 재집권했으며, 따라서 귀국의 길이 열렸다는 전문電文을 받았다. 그러나 정부서기교육국의 서기직의 박봉을 받아 겨우 생계를 이어가는 그로서는 귀국여비를 마련할 길이 막연했다. 이러한 때 교통편의 절차를 밟으라는 전문이 워싱턴 일본공사관에 내렸고, 일본공사관이 여비를 주선했다는 통고를 받았다. 이러한 전문은 그에게는 기쁜 소식이며 10년간의 망명생활을 하던 서광범으로서는 일본의 귀국주선에 순응하지 않을 수 없었다. 이리하여 어제 서광범은 뉴욕으로 떠났고, 곧 샌프란시스코를 거쳐 '고요한 아침의 나라'로 돌아가게 될 것이다.[77]

샌프란시스코에 도착한 서광범은 9월 14일 '뉴욕 타임스' 기자와의 인터뷰에서 귀국소감을 이렇게 털어놓았다. "일본은 조선을 정복하기 위해

---

[76] 상계서, 권 5, pp.598~599(1894. 11. 1, 11. 14).

[77] *Washington Post*, September 9, 1894.

서가 아니고 서구문명을 전파하기 위하여 싸우고 있다. 그러나 청은 이와 반대의 목적을 위해 싸우고 있다. 만약 러시아가 이 싸움청일전쟁에 개입한다면, 영국은 청을 도와줄 것으로 예상된다. 그러면 프랑스는 러일한을 도와줄 것이다. 나는 독일과 기타 다른 나라가 영국을 도와주지 않을 것으로 생각한다. 우리는 결국 정복하게 될 것에 만족하고 있다."[78]

이상의 인터뷰 내용을 보더라도 서광범은 철저히 반청친일적反清親日的 감정을 가지고 있었음을 알 수 있다. 결국 그는 일본이 청일전쟁 선전포고에서 밝혔듯이 일본은 "조선의 독립을 위해 성전聖戰을 수행한다"라고 일본의 청일전쟁의 명분을 액면 그대로 받아들이면서, 이제 일본이 전승을 거둔 이때 조선의 독립과 근대화는 일본의 힘을 빌어서 성취될 것으로 전망하였다.

이리하여 서광범은 9월 15일 신응희 · 정란교를 동반하고 샌프란시스코를 출항해람解纜하는 태평양 우편회사 기선 페루호를 타고 일본 요코하마로 떠났다.[79] 9월 말에 일본에 도착한 서광범은 조선정부가 정식으로 특사령을 내리기를 기다리며 도쿄에 머물고 있었다. 일본 외상은 때마침 도쿄에 와있는 유길준兪吉濬을 만나 서광범에 대한 복권과 재기용을 협의한 결과, 유길준도 지금 조선정부는 인재가 결핍되고 있는 만큼 서광범같이 해외에서 오랫동안 견문을 쌓은 인물을 재등용함은 바람직한 일이라는 것을 강조했다는 것, 그리고 지금 서광범은 조선정부가 사면령을 내리지 않아서 귀국을 주저하고 있다는 사실을 이노우에 공사에게 통고했다.[80]

이어 일본 외상은 나머지 여비를 서광범에게 주면서 귀국을 적극 주선

---

78 *New York Times*, September 14, 1894.

79 『日本外交文書』권 5, pp.597~598(1894. 9. 8).

80 상게서, 권 5, pp.598~599(1894. 11. 1).

했다. 일본 외상은 서광범이 귀국하면 조선정부에 재등용을 강력히 권고하라는 훈령을 이노우에 공사에게 내렸다.[81] 서광범은 일본정부로부터 일화 300엔을 여비조로 빌어가지고,[82] 1894년 12월 9일자 조선정부가 갑신죄범에 대한 사면령赦免令을 내리자 12월 13일 귀국, 14일에 서울에 도착했다.[83]

김홍집金弘集 친일내각은 처음에는 이 같은 일본정부의 사면요구와 서광범의 재기용 권고를 달갑게 받아들이지 않다가, 결국 일본정부의 끈질긴 압박에 못 이겨 갑신정변에 가담한 개화당 인사에 대해 특사령特赦令을 내리는 동시에 서광범을 재기용하기로 결정했다. 이에 조선정부는 일본정부로부터 빌린 서광범의 여행비용川資도 상환해 주기로 하고[84] 11월 17일 갑신정변으로 삭탈관직削奪官職된 서광범에게 죄를 지어서 빼앗아 들인 직첩임명장을 도로 내주었다는직첩환수職牒還授는 특사령을 내림과 동시에 탕척서용蕩滌敍用, 죄명을 씻고 다시 벼슬을 내림한다고 발표했다. 이어 1894년 12월 17일 일본의 강요에 따라 서광범을 법부대신에 임용했다.[85]

서광범은 12월 13일 이노우에 공사의 영접을 받으며 10년간의 미일 망명생활을 청산하고 감격적인 귀국을 했다.[86] 이처럼 서광범의 귀국은 전적으로 일본정부의 주선으로 이룩되었기에 서광범으로서는 더욱 친일감

---

81 상게서, 권 5, p.599(1894. 11. 14).

82 『舊韓國外交文書』권 3, p.156, 「徐光範在美旅費貸與證의 抄呈」(1894. 11. 24).

83 『日本外交文書』권 5, pp.596~597, 「朴泳孝 復爵 甲申罪犯赦免」(1894. 12. 10, 12. 21).

84 『舊韓國外交文書』권 3, pp.155~156(1894. 11. 23), p.166(1894. 12. 1), p.255(1895. 5. 8), p.263(1895. 5. 20), pp.284~285(1895. 6. 15). 서광범이 미국 · 일본에서 빌린 여행비용 총액은 1,000엔인데 조선정부는 1895년 6월 15일 모두 상환했다.

85 『高宗純宗實錄』中, pp.528~529(고종 31. 11. 17, 11. 21); Allen, "A Chronological Index," p.191; 金源模, 『近代韓國外交史年表』, p.145(1894. 12. 17).

86 『舊韓國外交文書』권 3, p.176(1894. 12. 13).

정을 가지지 않을 수 없었다. 법무아문 대신 서광범은 귀국 즉시 사죄赦罪 소환에 감사한다는 소疏를 대군주께 올렸다.

지난 갑신년 겨울에 신하로서 씻기 어려운 죄명을 뒤집어쓰고 바다를 건너 멀리 도망쳐서 구차스럽게 잔명을 보전하면서 오늘에 이르렀습니다. 신이 지은 죄는 신이 실로 스스로 아는데 어찌 감히 여러 말로 변명하겠습니까. 벼슬하다가 크게 실패하였으니 만 번 죽어도 속죄하기 어려우며 재난災難은 자기가 만들었으니 누구를 다시 원망하고 탓하겠습니까. 이능李陵이 한나라 은덕에 보답하는 것은 보기 어렵고 수회隨會가 진나라에 돌아가는 것은 기약하기 어려운 일입니다. 살아서 만고에 드문 죄인이 되고 죽어서 이국땅의 외로운 혼이 되는 것을 스스로 판단한 지 이미 오랬으니 더는 남은 희망이 없었습니다.

그런데 뜻밖에 6월 그믐께 조정에서 죄를 용서하고 소환하려는 의사가 있었습니다. 신은 수만 리 밖에 멀리 있으면서 한번 이 소식을 듣고는 보답할 생각에 넋이 날아나고 감격의 눈물이 얼굴을 덮었습니다. 오직 부모의 나라를 밟고 전하의 모습을 다시 보게 된 것을 다행으로 생각하면서 뻔뻔스럽게 부끄러움을 무릅쓰고 서둘러 길을 떠나 다시 고국으로 돌아와 보니 산천경치를 대면하기 더욱 부끄러운데 집은 결딴나고 부모형제들은 다 죽고 홀로 남은 이 몸이 사방을 돌아보아도 물어볼 사람이 없었습니다. 신이 목석이 아닌 이상 무엇을 생각할 수 있겠습니까. 오직 엄한 처단을 기다릴 뿐입니다. 우리 전하 앞에서 죽음으로써 우리 전하의 땅에 묻힐 수 있다면 더없이 큰 영광으로 될 것입니다.

그런데 천만 뜻밖에도 법부대신의 훌륭한 임명장이 갑자기 신에게 차례지니 떨리고 황송하여 어찌할 바를 모르겠습니다. 전하의 도량이 하늘같이 커서 신이 스스로 개진하도록 하지만 신이 지은 죄를 어찌 감히 스스로 사람들에게 비기면서 다시 벼슬길에 뻐젓이 끼어들겠습니까. 아무리 생각하여도 지시에 응할 길이 없으므로 감히 괴로운 심정을 한부로 진숙하니 빨리 신의 벼슬을 교

체시키는 동시에 신의 죄를 다스리기 바랍니다.[87]

서광범은 이미 1892년 미국시민권을 획득, 미국으로 귀화했기 때문에 법률상 어디까지나 미국인이었다. '서광범 호적'에 의하면 서광범 성명 위에 '제적除籍'이란 도장이 찍혀있는 것으로 보아 그는 조선 국적을 상실한 완전한 미국인이었다. 아무튼 미국시민권을 가진 자가 조선정부의 법무대신이 된 것은 서광범이 처음이 아닌가 생각된다. 법무대신에 부임한 서광범은 일찍이 갑신정변 이래 품고 있었던 그의 개화의지를 몸소 실천에 옮겨볼 기회를 가지게 되었다. 이리하여 사법제도의 개혁에 착수하였다. 그는 미국사법제도를 본받아 의금부義禁府를 법무아문 권설權設재판소라 개칭하고 일체의 재판업무를 관할하게 했다.[88]

행형行刑제도를 개혁하였으니 종래 중죄자들에게 행하던 능지처참陵遲處斬제도를 폐지하고 교수형絞首刑제도를 설치하였고, 군율행형軍律行刑도 포砲만 사용하게 했다.[89] 스미스도 짧은 기간 동안 서광범이 과거 수백년 내려오던 사법제도를 개혁한 것을 높이 평가하고 있다. 특히 그는 재판소제도를 설치, 재판업무를 근대화했고, 살인을 제외하고는 사형제도를 금지했을 뿐만 아니라 참수斬首 대신에 교수형絞首刑제도를 채택했으며, 기독교 선교사에 대한 선교제한을 철폐한 것은 서광범의 큰 업적이라고 평가하고 있다.[90] 1895년 4월 종일품 서광범은 법부대신 겸 고등재판소 재판소장에 임명되었다.[91]

---

87 『高宗純宗實錄』中, p.530(고종 31. 11. 24); 『이조실록』권 391(고종 31. 11. 24), pp.305~306.

88 『日省錄』권 31, p.414(고종 31. 12. 16).

89 『高宗時代史』권 3, p.708(고종 31. 12. 27).

90 Smith, "The Mission of Pom K. Soh."

91 『高宗純宗實錄』中, p.558(고종 32. 4. 1).

서광범이 법부대신에 부임한 이래 조선정부 내의 정치적 갈등은 날로 첨예화했다. 즉 친일파 세력과 친러파 세력 간의 대립항쟁이 노골화하기 시작했다. 특히 민 왕후를 정점으로 하는 민씨사대당은 반일감정으로 무장하고 일본의 대한침략 야욕을 분쇄코자 러시아 세력을 끌어들이려고 획책하였으니 이른바 인아책引俄策을 수립했다. 러시아 세력이 한반도에 들어오면 일본의 대한지배계획은 좌절될 것으로 전망하고, 반러反露세력을 형성했다. 이 같은 인아거일引俄拒日 움직임은 일본의 한반도 지배계획, 즉 '정한론' 구현에 중대한 도전으로 간주한 일본은 마침내 친러반일 정책의 주동인물인 민 왕후를 암살하려는 음모를 꾸미기에 이르렀다.

이리하여 미우라 고로三浦梧樓 일본공사는 일본 낭인배浪人輩, 깡패를 동원, 1895년 10월 8일음 8. 20 대원군을 앞세워 경복궁을 습격, 한 나라의 국모인 민 왕후를 시해하고 말았으니 이를 을미사변乙未事變이라 한다.

8월 20일양 10. 8 묘시卯時, 상오 5~7시에 왕후가 곤녕합坤寧閤에서 세상을 떠났다. 이보다 앞서 훈련대 병졸과 순검이 서로 충돌하여 양 편에 다 사상자가 있었다. 19일 군부대신 안경수安駉壽가 훈련대를 해산하자는 의사를 비밀지시에 의해서 일본공사 미우라 고로에게 가서 알렸으며, 훈련대 2대대장 우범선禹範善도 같은 날 일본공사를 가서 만나보고 알렸다. 이날 날이 샐 무렵에 전 협판 이주회李周會가 일본사람 오카모도 류노스케岡本柳之助와 함께 공덕리에 가서 대원군을 호위해가지고 대궐로 들어오는데 훈련대 병정들이 대궐문으로 마구 달려들고 일본군사도 따라 들어와 갑자기 변이 터졌다. 시위대 연대장 홍계훈洪啓薰은 광화문 밖에서 살해당하고 궁내대신 이경직李耕稙은 전각 뜰에서 피해를 입었다. 난동은 점점 더 심상치 않게 되어 드디어 왕후가 거처하던 곳을 잃게 되었는데 이날 이때 피살된 사실을 후에야 비로소 알았기 때문에 즉시 공포하지 못한 것이었다.

내부에서 포고하기를 "병정과 순검이 싸운 사실과 관련하여 무기를 도로 거두고 훈련대를 해산한 데 대한 의견이 제기되자 병정들의 마음을 격동시켜 결국 대궐 안에 하소하는 데까지 이르렀다. 그러나 즉시 진정되어 대궐이 조용해졌으니 중앙과 지방의 백성은 각기 생업에 안착하는 것이 마땅할 것이다."라고 하였다.[92]

고종은 8월 22일양 10. 10에 민 왕후를 폐서인한다고 발표했다.

> 내가 이것을 억누르기 위하여 지난해 12월에 종묘에 맹세하기를 "왕후와 종친이 나라정사에 간섭함을 허락하지 않는다."고 하여 민씨가 뉘우치기를 바랬다. 그러나 민씨는 오래된 악을 고치지 않고 그 패거리와 보잘것없는 무리를 몰래 끌어들여 나의 동정을 살피고 국무대신을 만나는 것을 방해하며 또한 나라의 군사를 해산한다고 나의 지시를 위조하여 변란을 격발시켰다. 사변이 터지자 나에게서 떨어져 몸을 피하여 임오년의 지나간 일을 답습하였으며 찾아도 나타나지 않았다. 이것은 왕후의 벼슬과 덕에 타당하지 않을 뿐만 아니라 그 죄악이 가득 차 선대 임금들의 종묘를 받들 수 없는 것이다. 나는 할 수 없이 우리 가문의 옛 규례를 삼가 본받아 왕후 민씨를 폐하여 일반 사람으로 만든다.[93]

서광범은 법부대신 및 학부대신으로서 민 왕후 시해사건 이틀 후인 10월 10일 민 왕후를 폐서인廢庶人한다는 문서에 서명 발표했다. 그러나 주한 미국공사관 서기관 알렌은 "이 폐서인廢庶人 조칙詔勅은 대군주께서 친히 내리신 줄로 인정할 수 없다I cannot recognize this decree as coming from His Majesty"

---

[92] 상게서, 中(고종 32. 8. 20), p.570; Allen, "A Chronological Index," p.194; 金源模, 『近代韓國外交史年表』, pp.148~149(1895. 10. 8)

[93] 『高宗純宗實錄』, pp.570~571(고종 32. 8. 22); 『이조실록』권 392(고종 32. 8. 22), pp.130~131.

라고 증언하면서 '폐서인 조칙'은 조작되었을 가능성이 있다고 시사하고 있다. 한편 러시아 웨베르Waeber, 韋貝 공사도 알렌과 같이 폐서인 조칙의 날조설을 주장하였고, 서상우徐相雨는 '폐후사廢后事'를 종묘에 고하기를 단호히 거부했다.[94] 서광범은 민 왕후 시해사건이 발생하던 날 임시서리 학부대신을 겸직했고, 이미 10월 13음 8. 25일에는 법부대신을 그만두고 학부대신이 되었나.[95]

주한미국공사관 알렌 서기관은 10월 11일 한국내정개혁안韓國內政改革案, Sketch of a scheme for restoring a proper government to Korea을 기초했는데, 이 문서에서 알렌은 서광범이 민 왕후를 '폐서인이혼문시'하는 문시에 서명한 직후, 법부대신으로부터 해임된 사실을 중시하고, 서광범이 민 왕후 시해사건의 공범자라고 주장하고 있다. 실John M. B. Sill, 施逸 미국공사도 알렌의 주장에 동조하면서[96] "서광범은 작년 박영효와 함께 귀국, 일본인에 의해 강제로 대신이 되었다. 그는 성격이 조용하고 보수적이었다. 그는 민 왕후의 지위를 격하格下하는폐서인廢庶人 그러한 저주할 만한 문서에 서명했다. 그러나 그는 강압에 의해 서명했다고 선언하면서 현 정부로부터 물러나기를 희망하고 있는 것 같다."[97]라고 말했다. 알렌과 실이 주장한 것처럼

---

94 "Official Report on Matters Connected with the Events of October 8th, 1895, and the Death of Queen," *The Korean Repository*, vol. 3(1896), pp.120~142; 市川正明 編, 『日韓外交史料: 韓國王妃殺害事件』(原書房, 1981), pp.436~453; 『官報』(號外), 개국 504년 8월 22일(1895. 10. 10).

95 『高宗純宗實錄』中, pp.570~571(고종 32. 8. 20, 8. 25); 『梅泉野錄』, pp.184~185(고종 32. 乙未); 『大韓季年史』(국사편찬위원회, 1971), 上, pp.120~121(고종 32. 乙未).

96 National Archives, *Miscellaneous Papers of the U. S. Consulate and Legation at Seoul, Korea, Sill Series, 1895*; U.S. Department of State, *Despatches From United States Ministers to Korea(Korea Despatches)*, vol. 12, Diplomatic Series, No. 180. John M. B. Sill to R. Olney, December 16, 1895.

97 Pang, *Pom Kwang Soh*, p.6.

서광범이 정말로 민 왕후 시해사건에 연루되어 있었는가는 한번 생각해 볼 일이다.

서광범이 정말로 알렌·실 그리고 조선정부의 모 각료의 증언대로 민 왕후 시해사건에 연루 된 인물로 혐의를 받고 있었다면, 그로서는 심경心境이 괴로울 수밖에 없었고, 하루속히 한국으로부터의 탈출을 희망했을 것이다. 실 공사는 "서광범은 악명 높은 폐비칙서廢妃勅書에 서명하였지만 그것은 강제적이었다고 언명했다. 그는 현 정부에서 떠나기를 몹시 바라고 있다."라고 국무부에 보고했다. 서광범이 민 왕후 시해 공범자라는 사실은 1896년 친일내각이 붕괴되고 반일운동의 거두인 선유대원宣諭大員 최익현崔益鉉의 상소문이 이를 뒷받침해주고 있다. 최익현은 민 왕후 시해사건과 관련 김홍집·정병하鄭秉夏가 1896년 2월 11일 참살된 사실을 상기하면서 일본으로 망명한 조희연趙義淵·유길준과 함께 박영효·서광범을 다 같이 역모자라고 통박하고 있다.

고종은 폐서인 조칙은 위조한 것이니 이를 취소한다고 선언했다. "역적무리들이 물들이고 입김을 불어넣은 자들이 한두 명만이 아니니 앞에서는 받들고 뒤에서는 음흉한 짓을 할 자들이 없다고 어찌 담보하겠는가. 사나운 돼지가 날치고 서리를 밟으면 얼음이 얼게 된다는 경계를 갑절 더해야 할 것이다.

모든 신하와 백성들은 이 지시내용을 명심해야 할 것이다. 또 지시하기를, "을미년 8월 22일 지시폐후조치廢后詔勅와 10월 10일 지시는 모두 역적무리들이 위조한 것이니 다 취소할 것이다乙未八月二十二日詔勅 皆逆輩矯誣也 竝繳銷"라고 하였다.

이어 선유대원 최익현崔益鉉은 "저 왜적들은 이웃나라의 정의를 생각하지 않고 먼저는 박영효와 서광범이, 뒤에는 조희연과 유길준이 모두 음모를 돕고 반역을 공모함으로써 여러 해 동안 변고를 꾸미였을 때 그 소굴로 되었습니다."라고 규탄하고 있다.[98] 이와 같이 고종은 '민 왕후 폐서인 조칙'은 법부대신 서광범의 위조문서이므로 모두 취소한다고 공식 선언하고 있다.

5. 주미 전권공사 부임과 제2차 미국망명

서광범은 미국으로부터 귀국한 지 1년도 못되어 자의반 타의반 다시 미국행을 하게 되었다. 그 당시 국내 정계는 을미사변 이후로 친일파와 친러파 사이에 암투가 날이 갈수록 격화, 한 나라의 국모를 암살한 일본의 만행을 규탄하는 의병義兵이 전국에서 벌떼처럼 일어나고 있어서 정국은 혼미상태를 거듭했다. 경복궁에 갇혀 있는 고종을 구출하기 위하여 정동구락부貞洞俱樂部는 친러파와 제휴하여 고종을 경복궁으로부터 러시아 공사관으로 모셔오는 이른바 아관파천俄館播遷, 1996. 2. 11을 단행했다.

아관파천이란 일본군이 경복궁을 포위하여 감금생활을 하고 있는 고종을 구출, 러시아공사관으로 탈출하는 사건을 말한다. 고종구출 거사를 위해 러시아는 수병 160명을 러시아공사관에 이동·배치하는 등 병력을 제공, 거사를 도왔고, 미국공사관도 이에 동조했다. 러시아 수병 50명은

---

98 『高宗純宗實錄』中, p.579(建陽원년 2. 11), p.581(건양원년 2. 25); 『이조실록』권 392(고종 32. 2. 11), pp.168, 179; 「국부무 보고」 세521호(1095. 12. 13); 方善柱, 「徐光範 과 李範晉」, 『崔永禧華甲韓國史學論叢』(1987), p.440.

러시아공사관을 출발, 장동壯洞을 돌아 경복궁 신무문神武門에 이르러 국왕의 가마가 나오기를 기다리고 있었다. 국왕과 왕세자는 여관복女官服으로 변장하고 궁녀가 타는 교여轎輿를 타고 여관 20여 명이 뒤따르는 가운데 서소문을 빠져나와 문 밖에 대기하고 있던 러시아 수병의 경호 아래 정동 러시아공사관으로 탈출하였다. 아관파천에 성공한 후 김홍집 · 정병하鄭秉夏 · 어윤중魚允中 등은 흥분한 군중에게 타살되었고, 유길준 등 친일파 20여 명은 일본으로 망명함으로써 김홍집 친일정부는 무너지고 친러파 이범진李範晉을 중심으로 한 친러 내각이 수립되었다.[99]

서광범은 그의 정치적 기반이었던 김홍집 내각이 붕괴되기 직전 1895년 12월에 주미 한국 전권공사직을 자원하여 미국행을 단행했다. 1896년 2월 19일 백악관에서 거행된 국서신임장 제정식에서 국서를 제정하고 주미공사에 부임한 것이다.[100]

서광범은 클리블랜드 대통령에게 국서[101]를 제정하고 다음과 같이 제정사提呈辭를 낭독했다.

---

[99] 『高宗純宗實錄』中, pp.578(건양 원년 2. 11); Allen, "A Chronological Index," p.195; 金源模, 『近代韓國外交史年表』, p.151; Lillias H. Underwood, *Fifteen Years Among The Top-Knot*(N. Y., American Tract Society, 1905), pp.167~179; 이광린, 『초대언더우드 선교사의 생애』, pp.159~160; 김철 역, 『언더우드부인의 조선생활』, pp 153~164; 信夫淳平, 『韓半島』(東京堂書店, 1901), pp.503~504; 『駐韓日本公使館記錄』(국사편찬위원회, 1993), 권 9, pp.143~145; 『明治編年史』권 9, p.375, 「國王露國公使館へ 潛入事件の眞相」(2. 18, 報知); 『京城府史』권 1, pp.637~639.

[100] U. S. Department of State, *Notes From Korean Legation in the United States to the Department of State. 1883~1906*. File Microcopies of Records in the National Archives, Washington D. C.: No. 166. "Draft of Reply of the President to the Remarks of Korean Minister on Presenting Credentials, February 19, 1896."

[101] 서광범의 신임장(국서) 한문본에는 "開國 504년 고종 32년 11월 13일(양 1895. 12. 28)"로 되어 있는 점으로 보아 서광범은 이미 아관파천 발발 2개월 전에 주미공사직을 자원한 것으로 보인다.

대군주께서는 본인을 주미특명전권공사에 임명하였습니다.

국서를 제정함에 있어서 본인은 우리 양국 국가와 국민은 상호 우호관계를 여러 해 동안 유지해왔으며, 또 각하와 주한 미국공사도 이러한 우의관계友誼關係를 성실하게 계발啓發해온 데 대해 만족하고 있다는 대군주의 뜻을 대통령께 직접 전달하라는 특별훈령을 받고 오늘 이 자리에 온 것입니다.

주석은 미국이라는 나라가 조선과 최초로 조약을 체결한 나라라는 것조선을 개항시킨 나라, 본 조약 체결로 미국은 조선을 '독립주권국가independent sovereignty'임을 승인했다는 사실을 명심하고 있습니다. 대통령, 본인은 이처럼 중차대하고도 경사스런 신임장 제정식에서 조선을 대표하는 공사로 부임하게 된 것은 본인의 특별한 은혜임을 상기시키고 싶습니다.

고매하신 대군주께서 본인을 이 위대한 공화국과 귀하의 행정부 아래에서 주미조선전권공사에 임명된 것은 본인의 무한한 영광으로 생각합니다. 그리고 이러한 중차대한 사명使命을 수행해야 할 책임감을 더욱 깊이 절감하고 있습니다.

본인은 대군주의 명확한 훈령을 준수이행하기 위하여 귀국 정부와 협조한다는 것은 본인의 성실한 소망인 동시에 공식적 임무인 것입니다. 따라서 과거 미국 측보다도 한국 측이 훨씬 유리했던 우호유대友好紐帶를 더욱 긴밀하게 결합시킬 것을 약속하는 바입니다.[102]

서광범이 이러한 국서 제정사를 낭독하자 이어 클리블랜드 대통령은 다음과 같은 답사를 행했다.

본인은 귀하께서 주미특명전권공사에 임명되어 우리나라 서울에 주차駐箚하게 된 것을 환영합니다. 귀국 대군주의 국서신임장를 접수함에 있어서 과거

102 *Notes From the Korean Legation to the U. S.*, "Soh Kwang Pom's Address to the President of the United States, February 19, 1896."

우리 양국 간의 교섭과정에서 상호 유지해온 우호관계를 바탕으로 귀국 대군주께서 이에 감사하다는 친서親書 를 본인에게 내린 데 대해 매우 환흡歡洽하는 바입니다. 우리나라 정부도 이러한 우의관계友誼關係 증진에 노력할 것입니다. 고명하신 귀공사의 전임공사들이 수행해온 바와 같이 이러한 양국 간의 우의 유대관계를 유지하고 강화하는 데 헌신할 것임을 믿어 의심치 않습니다. 따라서 성의를 다해 귀하의 노력에 순응 협조하는 것은 우리 정부의 진실된 소망임을 본인은 확신하는 바입니다. 이 나라에 주차함에 있어서 귀하는 일찍이 한미 양국 간의 수교의 길을 열었던 조선보빙사朝鮮報聘使의 일원一員으로 일찍이 우리나라를 방문한 일이 있었다는 아름다운 추억을 되살려 귀하는 당연히 우리 정부관리와 국민들로부터 우정과 존경을 받을 것임을 확신합니다. 미국 정부와 국민의 이름으로 귀하를 환영합니다.[103]

그러나 아관파천 이후 친러파가 득세함에 따라 서광범의 정치생명은 그만큼 약화될 수밖에 없었다. 이에 친러정부는 1896년 6월 20일음 서광범을 해임하고 아관파천의 주역을 담당했던 친러파 인물인 이범진李範晉을 주미 특명전권공사에 임명했다. 서광범이 친러정부로부터 해임통고를 받은 것은 8월 24일이었다. 서광범은 주미공사에 부임한 지 불과 4개월 만에 해임된 것이다. 이리하여 이범진은 9월 12일에 국서를 제정하고 부임했다.[104] 이 같은 공사교체는 서광범이 주미공사에 부임한 지 7개월 만의 일이었다.

---

103 *Ibid.*, "Draft of Reply of the President to the Remarks of the Korean Minister on Presenting Credentials, February 19, 1896."

104 *Ibid.* September 12, 1896; 『駐美韓國公使館文書』; 『高宗純宗實錄』中, p.590(건양원년 6. 20); 方善株, 「徐光範과 李範晉」, 崔永禧 華甲『韓國學論叢』, 1987, p.440; 金源模, 『近代韓國外交史年表』, p.153. 徐光範 解任通告文에는 "開國505년 建陽元年 7월 16일(양 8. 24)"로 되어있다.

주미공사 재직 시 서광범은 재미 조선유학생을 적극 지원하여 학업에 정진하게 했다. 조선학생의 일본유학은 1895년 5월에 처음으로 실시되었는데, 그 당시 학부學部는 학부 직할 일어학교日語學校 학생 및 각도 총명한 학생 28명을 도쿄 경응의숙慶應義塾에 유학시킨 바 있었다.[105] 이들 조선유학생은 모두 113명으로서 1895년 5월 4일 일본 도쿄에 도착, 경응의숙에서 공부하게 되었다.[106]

그런데 이들 100여 명 유학생 가운데 이범수李範壽, 안정식安禎植, 임병구林炳龜, 여병현呂炳鉉, 김헌식金憲植 ,이하영李廈榮, 이희철李喜轍, 박희병朴羲秉, 서병규徐丙奎, 현동식玄東植 등 10여 명은 돌연 일본유학을 포기하고 미국으로 건너갔다. 이들은 무일푼으로 도미, 서광범 공사에게 구원을 요청했다. 이에 서광범은 이들이 학자금이 없어서 학업을 중단, 본국으로 돌아가면 나라의 체통이 서지 않는다 해서 2천 원을 차용하여 학자금으로 융자하면서 이완용李完用 외부대신에게 학부대신과 협의해서 조선유학생의 학자금을 보내줄 것을 요청했다.[107]

이리하여 1897년 10월까지의 재미 조선유학생은 모두 21명이었다.[108] 공식적으로는 이들 젊은 유학생에 대해 서광범 공사가 학자금을 책임질 의무가 없다. 그러나 그의 봉급은 박봉이었을 뿐만 아니라 워싱턴에서의 생활비는 비싸기 때문이다. 그럼에도 불구하고 서광범은 이들의 생계비를 떠맡았고, 학자금을 마련하여 하워드 대학Howard University에 입학을 주

---

105 『舊韓國外交文書』권 3(日案 3), pp.267~268(1895. 5. 1); p.272(1895. 5. 9); p.286(5. 23); 『續陰晴史』上, p.358(1895. 3. 13).

106 『明治編年史』권 9, p.245(國民, 1895. 5. 4) 「朝鮮から百餘名の留學生」.

107 『駐美案, 1896』(奎章閣圖書) 권 1, 報告 제4호(1896. 4. 20).

108 『駐美來案, 1897』(奎章閣圖書) 권 1, 報告 제13호, 「朝鮮美國留學生 21명」(1897. 10. 13).

선했다.[109]

미국으로 돌아와 주미공사에 부임한 후 김홍집 내각의 법부대신 학부대신으로서 정치적 개혁을 단행한 그의 개화성과에 대해 이렇게 서광범은 회고했다. "나의 사명은 헛되지 아니했다. 12년 전만 하더라도 우리나라에서는 개화문명開化文明이란 말을 모르고 있었다. 그런데 오늘날 누구나 문명을 이야기하면서 일부는 이를 열망하는가 하면 일부는 이를 배격하고 있다."[110]라고 말하면서 아직도 고국에서는 개화당과 사대당 간에 암투를 벌이고 있다고 개탄하고 있다. 그가 염려한 대로 결국 친러파가 득세함에 따라 친일내각은 무너지고 1896년 7월 16일 그 자신도 주미공사직에서 해임되고, 중추원일등의관中樞院一等議官에 임명되었다.[111]

서광범은 고국에서의 정치적 기반을 상실한 몸이었고, 더군다나 그 자신이 을미사변민 왕후 시해에 관련되었다는 혐의를 받고 있는 터라 본국으로 돌아갈 명분도 없거니와 소환한다고 해서 본국으로 돌아갈 생각은 추호도 없었다. 이리하여 두 번째로 정치적 미국망명을 결심했다. 서광범은 이미 1892년에 미국시민권을 획득했으므로, 미국 망명생활은 그

---

109 Smith, "The Mission of Pom K. Soh"; *The Independent*, September 4, 1897; 『閔忠正公遺稿』(국사편찬위원회, 1958), pp.190~193(1897. 7. 17). 스미스는 이들 유학생 가운데 일부는 서광범 공사의 주선으로 영국 Harley College에 입학했는데, 서 공사가 영 여왕 즉위 60주년 기념행사에 참석하여 이들을 만났다고 주장했다. 민영환(閔泳煥)은 1897년 3월 22일에 특명전권공사에 임명되어 동년 6월 21일에 영 여왕 즉위식에 참석, 국서를 봉정했다. 서광범은 이때 이미 1896년 8월에 주미공사에서 해임된 후 개인 자격으로 민영환 사절단을 수행, 영국행을 단행했다.

110 *Ibid*.

111 『舊韓國外交文書』권 11(美案 2), pp.167~168, 「駐美全權公使徐光範召還과 李範晉任命派遣의 件」(1896. 6. 22); *Notes From the Korean Legation in the United States*, 「徐光範解任通告文」; *Korea Despatches*, vol. 13, Sill to Olney, June 23, 1896; 照會 제15호(건양원년 6. 22).

다지 어려움이 없었다. 이 같은 망명 결심에 따라 위싱턴에 저택No. 2819. Fourteenth Street, N. W.을 구입,[112] 망명생활을 시작했다.

그러나 고립무원의 서광범으로서는 그의 정치적 장래는 암담했고, 그의 처지는 마치 절해고도에 갇힌 몸이나 다를 바 없었다. 조국을 버렸다기보다는 조국으로부터 버림받았다고 생각한 서광범은 자신의 장래에 대한 불안과 조소감, 정신적 트라우마에 시달리다가 결국 건강이 악화되었다. 일정한 수입이 없는데다가 생활고에 허덕인 나머지 서광범은 그 당시만 해도 불치의 병인 폐병 악화로 마침내 39세를 일기로 파란만장한 생애를 마감했다.[113]

1897년 8월 13일 서광범은 조선공사관 서기 신성구申聲求, 이의담李宜聃, 서병규徐丙奎, 박승봉朴勝鳳[114] 등이 지켜보는 가운데 임종구두유언을 남기고 운명했다. 이 구두유언장에서, "본인은 본인이 거주하고 있는 No. 2819 14the Street N. W., Washington D. C. 소재 가옥과 가옥부지 및 이에 소속된 가구 및 본인의 사유물私有物 일체를 박승봉朴勝鳳, Bong Sun Park에게 유증遺贈한다."[115]

서광범은 주미공사직에서 해임되고 1897년 임종 직전에 로어노크 대

---

[112] 『舊韓國外交文書』 권 11(美案 2), pp.490~491, 「徐光範遺産處分에 대한 美議會決議案」(1898. 2. 9).

[113] 상게서, pp.487~489(1899. 2. 1); 『梅泉野錄』, p.215.

[114] *New York Times*, August 13, 1897; 『日省錄』권 32, p.247(고종 32. 10. 14); 『高宗純宗實錄』下, p.7(광무원년 9. 30). 박승봉(朴勝鳳)은 서광범이 학부대신 재직 시 참서관(參書官)으로 있었던 사람인데, 서광범이 주미공사에 임명되자, 서광범은 박승봉을 주미공사관 參書官으로 데려온 인물이다.

[115] *Nuncupative Will of Pom Kwang Soh*, August 23, 1897; 『徐光範 墓碑』. 서광범 묘비에는 사망일자를 「光武元年 丁酉七月十七日」(1897. 8. 15)로 되어 있다. 이처럼 사망일자가 '8월 13일'과 '8월 15일'로 엇갈리고 있다. '뉴욕타임스'에 따라 '8월 13일' 사망이 확실하다.

학Roanoke College으로부터 명예문학석사 학위를 받았다. '뉴욕트리뷴'은 "이상스럽게도 그는 과학적 연구분야를 좋아하면서도 그는 역시 시인의 소질을 타고났으며, 사실상 그 자신이 아주 훌륭한 시 몇 편을 남겼다."[116]라고 보도했다.

서광범이 별세하자 '뉴욕타임스'는 그의 사망기사를 보도하면서[117] 그의 사망 원인은 극도의 곤궁한 생활이라는 것과 서광범의 인물됨을 이렇게 평가하고 있다.

> 그는 근근이 생활해 나가고 있다. 이러한 극도의 곤궁한 생활이 결국 치명적인 폐결핵폐병肺病 발병의 원인이 되었다. 이러한 긴장된 환경에서도 마치 공사관 공관원처럼 그의 옷차림은 언제나 산뜻하고 단정했다. 그를 잘 알고 있는 사람들조차 그로부터 허약한 말이나 불평불만을 들어본 적이 없었다고 한다. 그의 조용하고도 온화한 위엄성威嚴性, 사상과 행동에서 보인 정중한 예의범절, 타고난 결벽성潔癖性 등은 분명히 그의 가문이 양반 귀족임을 대변해주고 있다.[118]

서광범은 화장을 원했고, 그가 생시 인도 신지학회에서 근무했기 때문에 신지학회가 서광범의 장례식을 주관했다.[119] 장례식은 의화군義和君 이강李堈을 비롯하여 조선 유학생이 지켜보는 가운데 8월 16일 거행되었는데 '뉴욕 트리뷴'은 이렇게 보도하고 있다.

> 전 주미공사 서광범의 유해는 고인의 유언에 따라 오늘 화장되었다. 그리고

116 Pang, *Pom Kwang Soh*, p.4.

117 *New York Times*, August 13, 1897.

118 *New York Times*, August 14, 1897.

119 *Washington Post*, August 16, 1897.

> 화장한 유골遺骨은 이범진李範晉 공사가 보관하고 있다. 유골은 곧 조선으로 운구될 것이다. 오늘 오후 시신이 안치되어 있던 그의 저택을 나와 화장터로 운구되었다. 많은 친구와 신지학회神智學會 회원 다수가 관棺 뒤를 따라가며 운구했다. 신지학회 회장 코핀George M. Coffin이 장례식을 주재했다. 서광범의 관 위에는 대형 성조기星條旗가 덮여 있었고 성조기 위에는 서광범이 평소 입고 있었던 관복官服이 걸쳐 있었다.[120]

서광범은 인도의 신비주의적 종교철학인 신지학을 신봉하고 있었다. 조국으로부터 버림받은 서광범은 정신적 구원자를 신지학神智學, theosophy에서 구도求道하고 있다. 신지학은 자연의 신비를 깊이 파고들어가 학문적 지식이 아닌 직관直觀에 의하여 신과 합일合一을 이루고 그 본질을 인식하려고 하는 인도의 신비주의적 종교철학이다. 이는 극락왕생極樂往生을 신조로 하는 불교철학과 고대 그리스 철학자 플로티노스Plotinos, 205~269의 종교철학과 같은 것이다. 신은 전일全一한 절대자이고 신과 하나가 되어 영원의 생명을 얻고자하는 신비주의적 종교철학이다. 조국과 민족으로부터 완전히 버림받은 서광범으로서는 신지학을 신봉함으로써 영혼의 안식처와 영생永生을 신지학에서 구도하고 있었음을 알 수 있다.

한편 스미스는 장례식 인상을 이렇게 논평하고 있다. "미국 국기 성조기가 서광범이 평소 입고 다니던 조복朝服, courtly robes과 함께 관 위에 덮여 있었는데 이는 그가 허약한 조선 제도에 주입하려 했던 신관념新觀念, new ideals을 상징하고 있다."[121] '워싱턴 포스트'를 제외한 대부분의 미국 신문들은 서광범의 관이 성조기에 감싸여 있었다고 보도하면서, 조선의 국

---

120 *New York Tribune*, August 16, 1897.

121 Smith, "The Mission of Pom K. Soh."

기國旗인 태극기太極旗에 대한 언급이 일체 없었던 점으로 보아 서광범은 법적으로 미국시민의 자격으로 장례식을 거행했다는 것, 그리고 조국으로부터 버림받아 미국시민이 되었다는 것을 상징하고 있다.

그런데 서광범의 장례식에 이범진李範晉 공사가 불참했다는 사실은 이 두 사람 간에 정치적 불화감이 얼마나 심각했다는 것을 단적으로 대변해 주고 있다. 친러반일파 인물인 이범진 공사는 장례식 불참 이유를 이렇게 설명하고 있다. 첫째로 서광범은 법부대신 재직 시 민비폐서인閔妃廢庶人 문서에 서명했다는 것이다. 즉 서광범이야말로 민 왕후 시해에 관련된 인물이라고 지적했다. 둘째로 서광범은 유해가 고국으로 돌아가는 것조차 반대했지만, 마땅히 그의 유해는 고국으로 돌아가야 하며, 장례식도 불교식으로 거행하지 말고 그의 신분에 걸맞게 정중한 유교식 장례를 치러야한다는 것이었다.[122]

서광범이 운명하자, 자연히 그의 유산처리문제가 대두되었다. 그의 정적政敵인 이범진 공사는 1896년 9월 서광범이 공사직에서 해임되었을 때 공사관에는 해당연도의 정부지출금4개월 봉급 4,500달러가 있었는데, 서광범은 이 돈을 착복 투식偸食, 이 돈으로 워싱턴 저택을 구입했다고 발표하면서 서광범의 부동산을 처분하면 마땅히 조선정부에 반환해야 한다고 주장했다.[123]

이 같은 주장에 대해서 본국에서는 서광범의 종제 군부주사 서광식徐光軾은 소장訴狀을 제기했는데, 이에 의하면 서광범이 공금을 횡령, 워싱턴의 사저를 구입했다는 이범진 공사의 주장을 반박하면서, 서광범이 공금

---

[122] *Washington Post*, August 16, 1897.

[123] 『駐美署來去案, 1898』(奎章閣圖書) 권 2, 「報告 제29호」(광무 2. 11. 30); 『舊韓國外交文書』권 11(美案 2), pp.492~493.

을 착복한 것이 아니고 그 돈을 재미 조선유학생 학자금으로 전용轉用했다고 주장했다. 설사 공금횡령이 사실이라 해도, 본부에 알려 조선 외아문에서 이를 처결함이 마땅하거늘 이범진이 서광범의 사유재산을 집유執留함은 부당한 처사라고 주장했다.[124]

서광범이 유언장에서 박승봉朴勝鳳에게 모두 재산을 유증한다고 했지만, 박승봉은 미국법에 따라 법적상속인이 될 수 없다. 서광범은 미국시민이기 때문에 미국시민의 재산을 비미국시민에게 유증할 수 없다는 것이다. 이에 모건Morgan 상원의원은 1897년 12월 13일 미국 상원에 최종적으로 서광범의 상속인을 구제하는 법안S. 2764을 상정 통과 처리하였다. 즉 서광범은 미국시민이지만, 조선국적의 여인과 결혼했기 때문에 서광범의 부인이 과부산寡婦産으로 상속할 자격이 있다고 결정하였다.[125] 이리하여 뉴욕 조선명예총영사인 프레이저Everett Frazar, 厚禮節에게 서광범의 재산처분권을 위임했다.[126]

이러한 결의안이 통과되자, 이범진 공사는 재심청구를 제출했고, 미국 상하 양원은 1898년 3월 18일에 재심청구를 심사한 후, 최종법안이 통과 처리되었다. 이에 의하면 서광범의 유산은 미화로 6,000달러인 바, 이자 및 법적 비용을 포함한 부채를 공제하면 미화 500~1,000달러日貨 1,000~2,000엔이다. 이 돈을 프레이저 총영사에게 전달, 프레이저는 알렌 공사를 통해 서광범의 부인에게 전달하기로 결정되었으므로 이범진 공사

124 『駐美署來去案, 1898』권 2, 「訓令 제11호」(광무 2. 9. 15).

125 Fifty-Fifth Congress, 2nd Sess., *Congressional Record, Senate*, vol. 31, pt. 1, December 16, 1897, "Estate of Pom K. Soh."

126 『舊韓國外交文書』권 11(美案 2), pp.490~492, 「徐光範遺産處分에 대한 美議會決議案」(1898. 2. 9).

는 이 문제를 더 이상 관여할 수 없게 되었다.[127]

한편 서재필도 서광범의 유산을 처분하여 알렌 박사에게 보내어 서광범의 부인에게 전달함이 좋겠다고 프레이저에게 촉구했다.[128] 유산 처분권을 위임받은 프레이저는 서광범의 부동산을 처분한 결과 일화로 총 2,658.26엔인데 이를 주한미국공사 알렌을 신탁대리인으로 지정, 알렌에게 송금, 서광범의 부인에게 전달했다.[129] 서재필은 서광범의 미망인 박씨에게 다음과 같은 한글편지[130]를 보냈다.

> 그동안 엇지 지ᄂᆡ시고 범절凡節 엇더ᄒᆞ신지 궁금ᄒᆞ오이다 대감大監 셰간가장집물 일절一切을 자셔仔細히 알어본즉 은힝銀行에 잇든 돈과 셰간 집물什物 팔아 ᄉᆡᆼ긴 돈이 도합都合ᄒᆞ여 금젼金錢으로 팔ᄇᆡᆨ여원八百餘元인ᄃᆡ 그 속에서 쟝샤부비葬事賻費와 기와其他? 각ᄉᆡᆨ 빗을 다 갑고 본즉 금젼金錢 팔십여원八十餘元이 부족이라 고민苦悶이라 ᄒᆞᄂᆞᆫ이가 자긔自己돈으로 이것을 다 갑허다 ᄒᆞᄂᆞ이다.
> 삼월 십일일三月十一日 졔손 미국 와싱돈[131]

한일합방을 앞두고 1910년 7월에 서광범에 대한 증시贈諡 문제가 대두되었다.

---

127 상게서, pp.487~489, Allen to Pak Chai Soon, February 1, 1899; pp.493~494, 「徐光範遺産處分에 관한 判決文」(1898. 3. 18); p.512, 「徐光範遺産處分의 件」(1899. 2. 15).

128 *Frazar Papers*, Jaisohn to Frazar, August 4, and October 19, 1898.

129 『舊韓國外交文書』권 11(美案 2), pp.676~678, 「徐光範遺産處分의 件」(1899. 10. 9); 「徐光範遺産處理完決의 件」(1899. 11. 25); 「徐光範夫人의 遺産領收證書」(1899. 11. 25).

130 이 편지는 서재필(徐載弼)의 유일한 한글편지이다. 연필로 적혀 있다. 연도미상이지만 1898년 또는 1899년이 아닌가 생각되며, 특히 '서재필'이라 쓰지 않고 그의 미국 이름 '제이손'이라 적어놓고 있다(徐光範 宗家文書).

131 제이손의 '한글편지', 서광범 종가 소장.

지시하기를 "죽은 학부대신 서광범은 사람이 인자하고 미더우며 일찍이 개명할 뜻을 품고 있었으나 간고한 때를 만나서 해외에서 떠돌아다녔다. 갑오개혁甲午更張, 1894 때에 두 부의 벼슬법부대신 · 학부대신을 두루 지내면서 새 정사를 협조하였으며 다시 미국에 공사로 가서 업적이 있었는데 다녀온 보고를 하지 못하고 불행하게 세상을 영영 떠났다. 지난 일을 생각하면 가슴 아픈 말을 어찌 다할 수 있겠는가. 아직껏 표창하는 일을 하지 못한 것은 매우 잘못된 것이니 특별히 시호諡號를 주는 은전을 시상문諡狀文이 올라오기를 기다리지 말고 베풀도록 할 것이다."라고 하였다.[132]

이상과 같은 조서詔書를 발표하면서 대한제국은 서광범에게 '익헌翼獻'이란 시호를 내렸다.[133]

6. 서광범의 개화사상: '조선교육론'

서광범은 미국정부 간행물에 한국에 관한 논문을 집필 게재한 최초의 한국인이었다. 이것이 서광범의 유일한 영어 논문이다. 그의 생애에 문집 · 일기는 물론이거니와 그 자신이 쓴 한국어 논문은 한 편도 없고, 다만 영문으로 된 논문 한편, '조선교육론'이 남아 있을 뿐이다.

'미국정부간행물색인'The Comprehensive Index to the Publications of the United States Government, 1881~1893. Vol. 1. Government Printing Office, 1905에 의하면, 서광범은

132 『高宗純宗實錄』下, p.551(융희 4. 7. 13); 『이조실록』권 400, p.345(융희 4. 7. 13).

133 상게서, 하, p.551(융희 4. 7. 15).

1891년에 '조선교육론朝鮮教育論, Education in Korea'이란 논문을 발표했다.[134] 서광범은 이 논문 이외에도 신지학회지神智學會誌 '패드The Path'에 '조선민담朝鮮民譚' 4편을 소개하고 있다.[135]

따라서 위의 논문과 '조선민담'은 서광범의 개화사상을 이해하는 데 중요한 자료가 되고 있다. 이들 논문과 민담은 모두 1891년에서 1893년 사이에 쓰여진 것으로서, 스미스가 지적한 바와 같이 조국으로부터 버림받은 정치망명기간, 즉 서광범으로서는 가장 '암울한 시기Obscure period'를 살아가면서 '어두운 인간'으로 취급되던 시기에 쓰여진 것이었다.[136]

서광범 운명 직후에 스미스는 '서광범의 사명The Mission of Pom K. Soh'이란 논문을 발표한 바 있는데, 이 논문에서 스미스는 서광범을 한국개화운동에 '목숨을 바친 영웅martyred heroes'이며, 학생운동의 선구자라고 평하면서, 서광범의 정치이상은 바로 '한국인을 위한 한국Korea for the Koreans'이라고 극찬하고 있다. 그는 서광범의 '조선교육론'이란 논문을 이렇게 평했다. "이 논문은 구한국조선왕조朝鮮王朝의 교육제도를 기술한 논문으로서, 프랑스어로 번역되어 프랑스 학술지에도 게재된 바 있으며, 광범위한 주목을 끌고 있다."[137]

갑신정변의 동지로서 1884년 같이 미국으로 망명한 서재필과 서광범의 인물을 대비해 보면 서광범의 인간상을 더욱 뚜렷하게 이해할 수 있

---

[134] Pang, *Pom Kwang Soh*, pp.3~4.

[135] *Pom Kwang Soh*, "Korean Stories," The Path, Vol. Ⅷ, No. 4~5(July and August, 1893). '朝鮮民譚(Korean Stories)' 4편은 다음과 같다. 1. The Spotted Buddha or Adept, 손상된 부처와 도사, 2. Quan Urn-Bodhi-Sattva, 觀音菩薩, 3. A Chinese Story of Reincarnation, 中國再生이야기: 王守仁(王陽明), 4. Tiger Story, 호랑이 이야기.

[136] Smith, "The Mission of Pom K. Soh."

[137] *Ibid.*

다. 이 두 사람의 공통점이란 갑신정변의 동지로서 미국에 망명, 서재필은 1884년에, 서광범은 1892년에 각각 미국 시민권을 얻어 미국에 귀화했다는 점이다. 이것 하나만 제외하고는 이 두 사람은 정반대의 인생관을 가 진 인물이었다. 우선 미국으로의 귀화할 때도 서재필은 한국 성명을 완전히 버리고 '제이슨Philip Jaisohn'이란 미국이름으로 시민권을 얻었는데 반하여, 서광범은 한국 성명을 버리지 않고 '서광범Pom K. Soh'을 고수했다. 이런 점에서 서광범은 비록 미국시민이 되었지만, 가장 민족주의적 감정이 풍부한 인간이다.

서재필은 미국망명 직후부터 기독교장로교長老敎로 개종하였고, 미국교육기관에서 정규교육을 받아서, 마침내 한국인으로서 최초의 의과대학을 졸업했고, 대학교수에까지 올랐다. 뿐만 아니라 미국 여인과 국제결혼을 했다. 말하자면 서재필은 철저하게 미국화美國化된 인물이다. 이에 반해 서광범은 호구지책으로 신지학회에서 일한 것을 인연으로 인도의 신지교神智敎와 관련하게 되었고, 정규교육을 한 번도 받아본 일이 없었으며, 독신으로 생애를 마쳤다.

어느 면에서 보면 서광범은 서재필처럼 재빨리 미국생활에 적응하지 못했다고 볼 수 있다. 가정을 가지지 못했기 때문에 자연히 그의 생활은 불안정하고 긴장과 불안의 연속이었고, 경제적 궁핍생활을 극복할 수 없었다. 그러나 서광범은 이러한 적빈赤貧의 생활 속에서도 조국을 잊지 아니했고, 마침내 '조선교육론'이란 장문의 논문을 발표한 것은 놀라운 일이 아닐 수 없다. 비록 정규교육을 받지 못했지만, 그의 어학적 재능이 뛰어나, 재빨리 영어를 습득, 이 같은 영어논문을 발표한 것으로 보아 그의 학자로서의 천부적 재질을 인정하지 않을 수 없다.

이제 '조선교육론'이란 논문을 분석 · 검토하여 그의 개화사상을 소개

해볼까 한다. 다음은 '조선교육론'을 요약 정리한 것이다.[138]

조선은 중국 동쪽 일본 서쪽 북위 30°~40°, 동경 125°~130°에 위치한 반도국가로서 서방세계에는 '고려高麗, Korea'라 알려져 있지만, 현재의 국명은 대조선국大朝鮮國 즉, '고요한 아침의 큰 나라Great Land of Morning Calm'이다. 미네소타 주와 같은 면적을 가진 이 소왕국은 지형이 플로리다 주와 비슷하며 자연환경은 캘리포니아 주와 유사하다. 한국은 산악국가로서 광물자원이 풍부하며, 특히 금광이 유명하다. 한국에는 명산이 많이 있지 만 특히 금강산金剛山은 세계적으로 알려진 유명한 산이다. 일찍부터 중국까지 알려져 있는 천하명산으로서 산 전체가 기암절벽으로 이루어졌고, 날씨와 계절에 따라 그 아름다움이 변화무쌍하다.

한국은 농업국가로서 토양은 비옥하며 쌀을 비롯하여 각종 곡물이 풍부하다. 목축업도 성하다. 특히 한우韓牛는 육류肉類와 사역使役으로 쓰이고 있는데, 아주 우수하다. 한우는 걸음걸이가 빠르며 경작과 운반수단에 이용되고 있다. 조선 농민 한 사람에 조선소 한 마리 꼴로 사육되고 있다. 어업은 원시적이고, 한반도 연안에는 고래 떼가 서식하고 있지만, 조선인은 그 가치를 모르고 또 장비가 없어서 고래잡이를 하지 않고 있다.

조선왕국의 면적은 92,000평방마일이고 인구는 2,800만이다통계숫자가 다소 과장되었음. 행정구역은 8도 360군으로 되어 있다. 조선은 4개 군사지역으로 나누어져 있으며 해안에는 40개의 진鎭이 설치되어 있다. 조선왕조의 수도는 서울이고 인구는 25만 명이다. 조선민족은 세계에서 가장 오랜 민족이다. 기원전 200년경 이래 중국 이민이 한반도로 대량 유입, 한족韓族과 혼혈, 오늘날의 조선민족이 되었다. 그러므로 3천 년 간 한중 양국인의 혼혈은 꾸준히 계속되었으나, 일본민족과의 혼혈은 거의 없었다. 그러나 왜구倭寇의 침입, 특히 임진왜란 이후 왜군倭軍의 남해지방 정착으로 일본민족과의 혼혈 가능성도 전혀

---

[138] *Pom Kwang Soh*, "Education in Korea," pp.341~363.

배제할 수 없다. 이렇게 형성된 한족韓族은 한족漢族과 왜족倭族에 비해 뚜렷한 민족성을 지니고 있다. 일찍이 포크는 한족의 특성을 이렇게 말하고 있다.

> 조선민족 남녀는 천성적으로 체격體格이 장대하고 얼굴이 잘 생겼다. 한족은 일본인이나 중국인보다도 더 서양 사람을 존경하고 있다. 한족韓族의 안면顔面은 넓고, 체격은 장대하며 특히 머리두상頭上가 잘 생겼다. 한족漢族의 둔중하고 무감각한 표정이나, 왜족倭族의 교활하고 새치 있는 모습 같은 것을 한인韓人에게서 찾아볼 수 없다. 따라서 한인의 안색은 일본인이나 중국인보다도 더 불그레하다. 머리털모발毛髮의 색깔도 흑색으로부터 연분홍 갈색에 이르기까지 다양하다.[139]

요컨대 조선족은 서양인에 비해 체구가 작고 머리카락 색깔, 피부 빛이 다르며, 그리고 주식물로 쌀밥을 먹는다는 것, 주거양식, 헐렁한 옷을 입는다는 것, 불교사원이 있다는 것, 유교儒敎를 신봉하고 있다는 것 등 모두가 중일 양 민족과 유사한 면이 없지 않다. 이는 곧 한중일 3개 민족이 같은 한자漢字문화권에 살고 있기 때문이다. 그러나 이처럼 유사한 것처럼 보이지만 한족韓族의 특이성을 금방 찾아볼 수 있다. 한국인의 체격은 중일 양 민족에 비해 코카서스 인종에 더 가깝다는 점이다. 가령 중국인의 안색은 아주 황색이고, 일본인은 갈색인 데 반해 한국인은 중일 양 민족에 비해 피부색이 붉은빛을 띠고 있다. 유럽인이 빵을 먹듯이 쌀밥은 아시아인이 공통으로 먹는 주식물이다. 유럽인 사이에 빵의 종류가 다양하듯이 아시아 각국인 간에도 쌀을 원료로 한 요리양식도 다양하다. 그래서 3국간에는 그 특성이 뚜렷하다. 가령 한국인은 주로 쇠고기를, 중국인은 돼지고기를, 일본인은 생선을 좋아하고 있다.

---

[139] *Ibid.*, pp.343~344.

한국은 일찍부터 중국으로부터 한자漢字를 받아들여 문명국가를 이룩하고 있다. 한국인에게 있어서의 한자는 마치 라틴어와 영어와의 관계처럼 떼어놓을래야 떼어놓을 수 없는 밀접한 문자이다. 한국인은 한자를 자기 문자화文字化하여 사용하고 있기 때문에 중국어를 말할 수 없어도 중국어를 읽고 이해할 수 있다. 한자는 표의문자表意文字이고 배우기가 어렵다. 그래서 한국이 한자를 도입한 것이 문명발전에 장애적 요인이 되고 있다. 조선의 시詩와 가사歌辭에 한자를 혼합시켰기 때문에 한국어의 음악적 효과는 상실되었다. 그러나 한국인은 표음문자表音文字인 '한글'을 가지고 있다. 서광범은 한글의 우수성을 이렇게 갈파하고 있다.

> 로마자영문와 마찬가지로 한글은 25개 문자로 구성되어 있다. 각 단어는 한 개 또는 그 이상의 음절音節이 있다. 그러나 한자漢字는 일반적으로 단음절單音節이다. 한자는 한국어의 구성에 절대적으로 혼합 사용되어 왔으니, 가령 모든 한국어의 단어가 한자로부터 유래하고 있다. 가령 'o^ng' 발음으로 끝나는 음절들은 대개 중국어원中國語源이다. 한글은 수세기간 문법체계文法體系를 유지해 왔으며, 로마자의 표음문자처럼 과학적 원리에 근거하고 있다. 한자처럼 한글도 수직적으로 쓰이며 여러 문자가 합해서 한 개 단어가 된다. 은유법隱喩法과 의인화擬人化는 중국어와 일본어보다 한국어에 더 많이 발전 · 사용하고 있다.[140]

한국민족은 중국문화를 받아들여 일찍부터 문화민족으로 자처하며 일본보다도 우월한 문명국임을 자랑하고 있다. 그래서 일본문화 형성에 지대한 영향을 끼쳐오고 있다. 오늘날 상찬賞讚을 받고 있는 일본 미술문화는 바로 한국 미술을 도입하여 만들어진 것이다. 일본은 한반도로부터

---

140 *Ibid.*, p.348.

우수한 한국문화를 도입, 이를 모방하여 일본화日本化함으로써 독특한 일본문화를 형성하고 있다. 그러나 한국은 이렇듯 우수한 문화와 역사적 전통이 있었음에도 불구하고 서구의 근대 과학사상을 채택·도입하는 데 일본보다 뒤졌기 때문에 약소국가로 전락했다. 그러나 한국인은 과거를 빛냈던 문화국임을 스스로 자부하면서 문화적 우월감을 고수하고 있다. 그래서 한국인은 청조淸朝이 지배민족인 만주 여진족女眞族을 '되놈오랑캐', 일본 민족을 '왜놈倭'이라 부르면서 다 같이 야만족으로 간주하고 있다.

조선왕국은 절대왕정absolute monarchy이다. 성문법은 있지만 헌법 같은 것은 없다. 입법·사법·행정 등 3개부서로 나누어져 있다. 국왕이 입법권을 가지는데, 3정승을 중심으로 한 의정부議政府가 곧 입법부立法府 역할을 수행한다. 행정부行政府는 이호예병공형吏戶禮兵工刑 등 육조六曹와 내아문內衙門·외아문外衙門 등으로 구성되어 있으며 각부 장관이 이를 주관하고 있다.

사법부司法府는 사헌부司憲府·의금부義禁府로 구성되어 있다. 그러나 지금은 법부法部에 최고 재판소와 6개 지구 재판소가 설치되어 있다. 조선 관리는 지위고하를 막론하고 문무관을 가릴 것 없이 국왕에게 탄원할 권리를 가지고 있다. 일반 백성들도, 특히 유생儒生들은 국왕에게 상소上疏할 수 있는 권리가 있다.

조선인은 중국으로부터 유교儒敎를 받아들여 이를 국교國敎로 신봉하고 있다. 비록 유교는 종교로 간주되고 있지만, 사실상 그것은 하나의 사회학적 체계로 보아 종교적 요소가 없다. 유교에는 내세來世라든지 영혼불멸설 같은 종교적 철리哲理가 없기 때문이다. 공자는 도학자이며 정치인이지 영혼 구제자savior는 아니다. 따라서 유학자들은 도학자道學者인 동시에 경세가經世家·세상 다스리는 經綸이다. 조선인은 유교 채택으로 어느 민족보다도 더 조상숭배사상이 강하다. 조선의 양반 지배층은 주자학朱子學 성리학자性理學者이지만 일반 백성은 산신숭배山神崇拜를 바탕으로 한 샤머니즘Shamanism·무속신앙을 신봉하며, 조선인 절대다수가 불교를 신봉하고 있다.

조선인의 의식구조를 지배하고 있는 것은 유교의 도덕철리이다. 즉 삼강오륜三綱五倫의 도덕률이 금과옥조처럼 신봉되고 있다. 이를 바탕으로 하여 족벌의식이 형성되고, 양반 귀족에도 적서嫡庶의 차이에 따라 출세의 길이 다르다. 조선인은 교육을 가장 존중하고 있다. 이리하여 공자 숭배사상을 바탕으로 하여 문묘文廟와 향교鄕校를 세워 유교의 도덕철리를 익히고 있다. 이에서 바로 전례典禮 및 예론禮論의 발달을 가져온다.

조선의 교육제도를 보면 공립학교, 사립학교, 왕립학교 및 특수 고등교육기관 등으로 대별해볼 수 있다. 먼저 공립학교를 보면, 각 군郡마다 향교鄕校가 설치되어 있고, 서울에는 오부학당五部學堂이 설치되어 있다. 그리고 최고 고등교육기관으로 서울에 성균관成均館이 있는데, 이는 대학에 해당된다. 성균관에는 생원生員이나 진사進士의 자격이 있는 자만이 입학할 수 있다. 사립학교로는 학방과 글방이 있다. 학방學房은 어느 면으로 보면 미국의 공립학교와 같다. 국민 대다수가 학방을 통해 교육을 받기 때문이다. 이 학방은 일명 서당書堂이라고도 하는데, 6세에서 10세 미만의 남아가 학방에 입학해서 천자문千字文에서부터 동몽선습童蒙先習, 소학小學 그리고 사서삼경四書三經 순으로 공부한다. 그다음 글방Home School이 있는데 이는 일종의 가정교사제도이다. 부유하고 문벌 높은 양반 세도가에서 학문이 높은 학자를 초빙하여 자제들을 교육시키는데, 훈장은 그 집 아이들에게 전인全人교육을 시키고 있다. 집주인은 훈장의 생활을 전적으로 책임지고 있다. 교육제도는 학방서당과 대동소이하다.

한편 왕립王立학교Royal School가 있는데, 최고기관은 경연經筵이다. 국왕이 신하들 중에서 학식과 덕망이 높은 학자를 초빙하여 경적經籍과 사서史書의 강론을 듣는 제도인데, 일종의 국왕교육기관이라 할 수 있다. 그 다음으로 왕세자의 교육을 전담하는 기관으로 춘방春坊, 세자강원世子講院이 있는데 이를 서연書筵이라 한다. 세자는 춘방에서 공부할 동료를 선택해서 같이 공부하기도 한다. 그 다음으로 왕족의 교육을 담당하는 기관으로 종학宗學이 있다. 일반 왕족의 자제들이 이 종학에 입학하여 학문을 닦는다.

이상 사립학교, 공립학교, 왕립학교를 소개했는데, 교육내용은 경전經典을 강론한다는 점에서 공통적인 면이 있다. 공·사립을 막론하고 경서와 사서를 공부하는 목적은 과거시험에 응시하여 급제하는 데 있다. 과거시험에는 문무文武 양과가 있다. 과거시험제도는 고등문관시험사법고시제도와 같은 것으로서 이를 통과하지 않으면 벼슬길사환仕宦에 오를 수 없다. 이 이외에도 특수 고등교육기관이 있다. 즉 이를 잡과雜科라고 하는데, 과학 및 특수전문 지식을 가르치는 교육기관이다. 잡과에는 천문학, 지리학, 수학산학算學, 율과律科, 의과醫科, 의식儀式, 음악, 회화, 서도, 역과譯科, 중국어·일본어·여진어·몽고어 등이 있다. 특수학교로는 불교사원에 설치되어 있는 승가僧伽학교가 있다. 절에는 불당이 있고, 승려가 거처하는 요사寮舍가 있는데, 이곳에서 불경공부를 비롯하여 승무僧舞 범패梵唄, 심지어 탱화幀畫 그리는 방법도 배운다. 조선의 불교미술은 바로 이 절간에서 형성되고 있다.

특수교육기관으로서 잡과雜科 중 빼놓을 수 없는 것이 음악교육이다. 이를 관장하는 기관이 장악원掌樂院이다. 음악에 소질이 있는 10세에서

15세 사이의 학생이 장악원에 입학하여 국악國樂을 배우게 되는데, 여기서 조선왕조의 궁정음악인 아악雅樂이 형성된다.

일반적으로 조선에는 전통적으로 남존여비男尊女卑사상이 강하므로 여성교육은 도외시되고 있다. 조선의 여성교육은 철저하게도 가정교육을 근본원리로 하고 있다. 특수한 경우를 제외하고는 일반적으로 그 집안의 가장이나 친척 중에서 학식이 높은 이를 초빙해서 여아교육을 실시한다. 여아女兒는 집안어른으로부터 반절反切과 언문諺文·한글을 배우기 시작해서 천자문·소학·동몽선습 등을 배운다. 그러나 사서삼경 같은 유교 경전은 배우지 않는다. 여아는 출가할 때까지 언간諺簡 즉 한글편지 쓰는 방법 습자習字, 연월일의 간지干支, 조선역사, 열녀전, 제의祭儀, 옷 만드는 방법, 음식 만드는 방법 등을 배운다.

조선은 오랫동안 쇄국양이정책으로 일관해오다가 1880년대 초에 개항했다. 특히 1882년 한미조약 체결 이후 인천·부산·원산 등 3개 항구가 외국인에게 개방되었다. 이들 3개 항구는 그 당시만 하더라도 일개 한촌寒村에 불과하던 것이 개항이 되면서부터 대외 통상무역이 활발하게 전개됨에 따라 한국의 대표적인 번영된 항구도시로 발전했다. 연간 수출입은 500만 달러에 이르고 있다. 한국이 외국으로 수출하는 품목은 쌀을 비롯한 곡물 가죽피혁皮革 사금砂金 등이 주종을 이루고 있다. 말하자면 농·광산물인 일차산품이다. 수출액은 약 250만 달러로서 날로 증가일로에 있다.

개항 이후 조선의 교육제도도 근대화되었다. 1883년 10월 동문학同文學 즉 영어학교가 설립, 양반집 젊은이를 상대로 어학교육을 시키기 시작했다. 이는 한국 최초의 근대식 외국어 고등교육기관이다. 동문학은 1886년 7월 5일에 육영공원育英公院으로 발전되었다. 조선정부는 미국으로부터 길모어George A. Gilmore, 吉模, 벙커D. A. Bunker, 房巨, 헐버트Homer B. Hulbert, 紇法 등 교사를 고빙, 육영공원에서 외국어 역관譯官양성을 본격화했다. 그러나 육영공원은 1894년 2월에 폐지되고 그 대신 관립 외국어학교가 개설되었다. 관립영어학교를 비롯하여 법어法語 프랑스어, 덕어德語 독일어, 한어漢語 중국어, 일본어 등 외국어학교를 창설 운영했다.

한편 미국 선교사 알렌에 의해 1885년 4월 9일에 한국 최초의 근대식 종합병원인 광혜원廣惠院을 개원했다. 이 병원은 일종 국립종합병원의 성격을 띠고 있었으며, 그뒤 제중원濟衆院이라 명칭이 바뀌었다. 알렌은 제중원을 운영하면서, 1886년 3월 29일에는 국립의학교를 창설했으니, 이는 한국 최초의 국립의과대학의 전신이 되고 있다세브란스 의전의 전신. 이처럼 개항 이후 미국의 선교사들이 한국 근대화에 지대한 업적을 남겼다. 특히 미국 선교사들은 교육사업에 불멸의 업적을 남겼으니, 그것이 곧 1886년 아펜젤러Henry G. Appenzeller, 亞扁薛羅 목사에 의해 배재학당培材學堂, 스크랜턴William B. Scranton, 時奇蘭敦 목사에 의해 이화학당梨花學堂이 창립되었다. 특히 이화학당 창립으로 한국 여성도 근대식 교육을 받게 되었으니, 실로 이는 한국 여성교육의 효시가 되고 있다.

조선정부는 군사제도의 근대화를 위해 미국정부에 군사교관 파견을 요청한 바 있다. 이리하여 1888년 4월 다이William M. Dye, 茶伊, 커민스Cummins, 리John G. Lee, 乙理, 닌스테드F. J. H. Nienstead, 仁施德 등 군사교관을 초빙, 군사학교를 개설 운영했으나, 소기의 성과를 이룩하지 못했다.[141]

---

141 *Ibid.*, pp.341~363.

7. 서광범의 비문碑文과 정치무상

〈번역〉 저자 한글 번역

崇政大夫 法部大臣 原任 奎章閣待教 大邱徐公 光範之墓[142]

광주군廣州郡 언주면彦周面 비정동碑井洞[143] 동북방 4척 무덤이 곧 고故 대한 주미공사 위산 서공의 의복과 신발유골이 묻힌 곳이다. 아! 천도天道를 알아야 하겠지만, 오직 알 수 있는 것은 공의 큰 절개이다. 대개 공이 갑신년의 화甲申政變, 1884. 12. 4를 당하여 해외로 도피, 가슴에 한을 품고 암울한 망명생활을 한 지 무릇 10년의 세월이 경과하더니, 갑오년1894 여름에 와서야 조야朝野가 차차 공의 심사心事를 살피기 시작했다. 공을 알지 못하는 자는 공의 행적을 딱하게 여기고 그의 마음을 추구追究하였으며, 공을 아는 자는 그의 마음을 동정하고 그의 행적을 위로했다. 이로부터 백년 뒤에는 공이 어떠한 인물인지 알지 못하게 될 것이다. 이로 미루어본다면

---

142 『中央日報』(1985. 10. 8). 徐光範묘역은 현 서울시 강남구 논현동 89~10에 소재하고 있는 바, 대도로변에 자리 잡고 있으며, 그동안 무연고묘로 처리, 묘역은 후손(종손)이 아닌 제3자의 소유권으로 되어 있다. 도시계획에 의해 강남구청으로부터 묘 이장통고를 받고 1985년 10월 7일 京畿道 楊州郡 南面 神岩里 198번지로 이장했다. 후손 서계원(徐啓源)은 문화재 지정을 서울시 당국에 진정했지만, 부결되었다. 1985년 5월 저자는 세 차례 답사 끝에 비문을 발견, 탁본하여 보관하고 있다. 비의 전고는 237cm, 비신의 높이는 153cm, 폭은 60.5cm, 두께는 8cm이며 4면비이다. 이 비의 가장 특징적인 것은 주한미국공사 알렌(Allen 安連)이 비문을 찬(撰)했다는 사실이다. 알렌은 서광범 사후, 그의 미국 워싱턴 소재 유산 처리문제를 주선해 주었고, 서광범이 주미공사를 역임했다는 연고로 알렌이 비문을 찬했을 것이다. 생각건대 알렌이 영문으로 초(草)한 것을 이를 번역하여 서광범의 사촌동생 군부주사 서광식(徐光軾)이 이를 한문으로 정리하여 비문을 썼을 가능성이 농후하다.

143 이곳은 서울시에 편입되기 이전에는 京畿道 廣州郡 彦周面 論峴里 山31번지인데, 현재는 서울특별시 강남구 논현동 89-10번지이다.

인인군자仁人君子의 일생 행적은 이렇듯 속일 수 없는 것이다. 공의 휘諱는 광범光範이요, 자는 서구敍九이며, 호는 위산 緯山이다. 본은 대구大邱이고 고려조 군기소윤軍器少尹, 군기감의 소윤, 종4품 한閈의 후손이다. 조선조에 들어와서 함재涵齋 해嶰는 학문으로 이름이 높았는데, 이분이 판중추부사 증영의정 시호는 충숙忠肅, 호는 약봉藥峯인 성渻을 낳았다. 성은 목릉穆陵, 선조宣祖의 빙신이 되었다. 그로부터 4대 내려와서 인릉元陵, 영조英祖이 국구國舅, 장인가 된 이는 달성부원군 시호는 효희孝僖인 종제宗悌이다. 또 2대 내려와서 증 찬성 신수信修는 후사가 없어서 중형인 부사 증 찬성 인수仁修의 둘째아들 유녕有寧을 입후立後하였는데, 예조판서로 상상上相, 영의정에 증직되었다. 용보龍輔는 영의정을 지냈고, 시호는 익헌翼獻인데, 역시 무사無嗣여서 동생 군수인 증 찬성 응보應輔의 셋째아들 대순戴淳을 후사로 삼았다. 대순은 예조판서이며 시호는 효헌孝憲이다. 이조참판 상익相翊은 바로 공의 아버지皇考이다. 공의 어머니는 정부인 반남 박씨인데 생원 제완齊完의 딸이다. 공은 철종 기미년철종 10 11월 8일에 탄생했으니, 곧 서기 1859년이다. 공은 나면서부터 자품姿品이 비범하고 재예가 일찍이 성취하였으므로 그를 보는 사람들은 모두 그가 원대한 인물이 될 것이라고 기대했다. 커서는 경사經史를 섭렵하는 한편 각국의 문자를 깊이 연구하였다. 일찍이 스스로 말하기를 우리나라가 자립의 기초를 다져 반석 같은 안보를 이룩할 수 없는 것은 결코 하늘이 나에게 내린 뜻이 아닐 것이라고 하면서 이에 비분강개하면서 나라를 근심하고 한탄하는 뜻을 잠시도 게을리 한 적이 없었다. 일찍이 말하기를 임금의 권한은 제한하지 않을 수 없고, 백성의 뜻은 한결같아야 한다. 관제를 재빨리 개혁하여 명실상부해야 하며 학교를 많이 세워서 백성의 지혜를 밝게 열어주어야 하며, 공업과 상업을 서둘러 권장함으로써 재원財源을 확보해야 한다. 이렇게 하지 않는다면 부강의 정책을 어디에다 베풀 것인가. 이것 모두가 그 당시에는 시휘時諱, 그 시대의 일반사조에 용납되지 않음로 되어 있었던 것인데, 공은 이를 위해서 끈덕지게 노력을 기울여 이러한 문제를 밝히지 않고는 그만두는 일이 없었다. 경진년1880에 증광 문과에 급제했고, 임오년1882 봄에 명을 받들어 일본을 유람했고,[144] 그해 8월에는 참찬관으로 다시 일본에 갔었다.[145] 계미년 1883에 대교待教, 예문관의 정8품가 되었고, 이어 부수찬副修撰, 홍문관의 종6품으로 겸사서兼司書, 세자시강원 정6품, 겸필선兼弼善, 세자시강원의 정4품, 남학교수南學教授, 四學의 儒生을 가르침, 부응교副應教, 홍문관의 종4품 등을 역임하면서 경연經筵에 출입하였는데, 상주上奏와 대응對應이 물 흐르듯 막힘이 없었으므로 상上은 이를 매우 기특히 여겨 그를 불차不次, 차례를 무시함로 발탁, 크게 쓰고자 했다. 그해 여름에 또 참찬관종사관에 임명, 조선보빙사의 미국사행으로 미국과 처음으로 교린지의交隣之誼를 닦았고, 갑신년1884 여름에 귀국, 복명했다.[146] 그해 6월에 동부승지승정원承政院 정3품 내무참의에 특제特除되었다. 가을에는 병조참의에 올랐고, 10월에는 국가의 변갑신정변甲申政變을 당하여 일본으로 망명했고, 거기서 다시 미합중국으로 건너갔다. 그 당시 공의 나이가 비록 어렸지만, 그의 뜻과 절개는 더욱 굳어져서 조금도 굽힘이 없

---

144 수신사 김홍집(金弘集)이 황준헌(黃遵憲)의 '조선책략(朝鮮策略)'을 받아온 이후 한미수교문제를 둘러싸고 개항론과 쇄국론으로 국론이 분열되어 있는 가운데 고종은 일본국정을 시찰한다는 명목으로 1881년 12월 김옥균(金玉均)을 일본으로 파견했는데, 이때 서광범(徐光範)은 변수(邊燧)와 함께 김옥균을 수행, 일본시찰을 단행했다(1882. 3).

145 1882년 7월 임오군란이 발발, 난군이 일본공사관을 습격한 일이 있었다. 이미 조선정부는 한일 간의 현안문제를 해결코자 8월에 수신사 박영효(朴泳孝), 수신부사 김만식(金晚植), 종사관에 서광범 그리고 수원을 포함 14명의 사절단이 도일했다.

146 1883년 7월 조선보빙사를 파미했는데, 전권대신에 민영익(閔泳翊), 부대신 홍영식(洪英植), 종사관에 서광범 그리고 수행원 변수(邊燧), 유길준(兪吉濬)을 포함해서 모두 10명을 파견한 바 있다. 미국사행을 완수하고 전권대신 민영익은 서광범 변수 그리고 포크 해군무관과 함께 세계 일주항행을 한 후 1884년 6월 2일 귀국·복명했다.

었다. 공은 미국에서 정치학 연구에 몰두하는 한편 이과理科, 格致에도 관심을 가지고 연구하면서[147] 나라를 걱정하고 임금을 사랑하는 정성은 10년을 하루같이 했다. 갑오년1894 6월에 강한 이웃나라청일가 우리의 약점을 틈타 내침, 마침내 나라에 대란청일전쟁이 발발하자 상은 이를갑신정변 때 김옥균·홍영식·서광범 등을 역적으로 단죄한 것 크게 뉘우쳐서 그해 겨울에 특사령을 내려 공을 미국으로부터 돌아오게 했다.[148] 공이 금오金吾, 의금부에서 왕명을 기다렸을 뿐만 아니라 또한 상소를 올려 죄줄 것을 청했으나, 상은 즉시 죄를 용서한다는 우악優渥한 비답批答을 내리면서 그대로 입대入對를 명하였다. 이로부터 공에 대한 예우는 융숭했을 뿐만 아니라 신임도 두터워졌다. 이리하여 숭정崇政, 종1품의 문무관의 품계品階로 특별 승진하면서 법부대신·판의금부사判義禁府事에 임명되었다. 을미년1895 여름에 관제를 개정함에 따라 법부대신 겸 고등재판장에 임명되어 옥사처리를 공평하게 하니, 세상 사람들이 모두 그를 겨울날 따뜻한 햇살에 비유하였다. 그해 가을에 학부대신에 전직하면서 학교를 창립하여 인재를 배양했다. 그해 겨울에는 특명전권공사에 임명되어 미국으로 건너가서 주차했다.[149] 그 당시 우리나라 학생 10여 명이 일본에서 공부하다가 미국으로 건너왔는데, 공은 이들 유학생의 실학失學 유리流離를 불쌍히 여겨 자기 봉급 2천 원을 내어 이들에게 학자금으로 제공하여 공부하게 했는 바, 이는 미국인들도

---

[147] Pang, *Pom Kwang Soh*, p.4. '뉴욕 트리뷴'지에 의하면 "서광범은 과학적 연구 분야에 관심을 가지는 한편 시를 썼다"고 소개했다.

[148] 1884년 12월 4일, 김옥균·박영효·홍영식·서광범·서재필 등은 갑신정변을 일으켰지만 쿠데타는 청군의 개입으로 3일천하로 실패하고, 김옥균·박영효 등은 일본으로 망명하고, 서광범·서재필 등은 미국으로 망명한 지 10년 만에 청일전쟁에서 일본의 전승으로 김홍집 친일내각이 성립되자 특사령이 내려 서광범·서재필은 귀국했다.

[149] 서광범은 음 1895년 10월 25일(양 12. 11)에 주미조선특명전권공사에 임명, 1896년 2월 19일에 클리블랜드 미국 대통령에게 신임장을 제정하였다.

감탄하지 않은 이가 없을 뿐만 아니라 지금까지 하나의 미담으로 전해오고 있다.[150] 병신년1896 봄에는 중추원 일등의관에 임명되었으나, 귀국·복명하지 아니하고 미국에서 졸하니, 곧 광무원년1897 정유 7월 17일 갑진이다.[151] 공이 임종 때 화장할 것을 유언으로 부탁했으니, 이는 아마도 상께서 공의 마음을 환하게 알아주었음에도 불구하고 끝내 공은 성은의 만분의 일도 보답할 수 없었으므로, 자기 몸을 불태워 그 종적을 없애버림으로써 자기의 허물을 인책하려 했던 때문이었을 것이다. 무술년1898 봄에 공의 유골이 본국으로 돌아와 장사지낸 것이다. 배配는 증 정경부인 안동김씨이니, 판서 효정공孝貞公 병지炳地의 딸이다. 정숙하고 온화하여 육친六親이 모두 감복하였는데, 공보다 23년 앞서 졸했다. 후취는 정경부인 밀양박씨인데 사인士人 승헌承憲의 딸이다. 부녀다운 행실內行을 순비純備했지만 불행히도 10년간 곤란한 처지에서 온갖 간난과 위험을 겪으면서도 스스로 몸가짐을 단속하여 끝까지 여사女士의 의범儀範을 잃지 아니했으므로 그녀를 칭찬하지 않은 사람이 없었다.[152] 족인族人, 有服親이 아닌 一家 중

[150] 『駐美案, 1896』(奎章閣圖書) 권 1, 보고 제4호(駐劄美國特命全權公使 徐光範, 건양원년. 4. 28). 日本 慶應義塾에 파견된 유학생 중 李範壽 安禎植 林炳龜 呂炳鉉 金憲植 李廈榮 李喜轍 朴羲秉 徐丙奎 玄東植 등 10명의 유학생은 돈 한푼 없이 미국으로 건너왔는데, 서광범공사는 자기 봉급 2천 원을 희사해서 유학생의 취학을 도와주었다.

[151] *Nuncupative Will of Pom Kwang Soh*, August 23, 1897. 그 당시 국내에는 아관파천(俄館播遷) 직후 1896년 2월 11일 김홍집이 암살됨으로써 김홍집 친일내각이 붕괴되고 그 대신 친러파 내각이 성립되었다. 1896년 6월 20(양 7. 30) 서광범 공사는 해임되고, 친러파 인물인 이범진(李範晉)이 주미특명전권공사에 임명되었다. 서광범은 주미공사에 부임한지 7개월 만에 물러났다. 서광범은 중추원(中樞院) 일등의관(一等議官)에 임명되었지만, 귀국을 거부하고 미국에 망명, 그 다음해 1897년 8월 13일에 워싱턴 자택에서 별세했다.

[152] 서광범은 1884년 갑신정변 실패 후 역적으로 몰려 10년간 미국 망명생활을 하다가 1894년 말에 신원(伸冤), 특사령에 의해 귀국했다. 이 10년간 서광범은 처 朴씨는 역적의 아내라고 지목, 온갖 고생을 겪으면서도 여사(女士)로서의 의범(儀範)을 잃지 아니했다.

광정光鼎의 아들 재덕載德을 후사로 삼았다.[153] 아! 공은 실로 간세間世의 위인이다. 세도와 국보國步, 국가 운명를 누가 부지해주랴. 일치一治 일란一亂은 서로 이어지고 있을 뿐이다. 바야흐로 세상이 어지러워지면 하늘은 반드시 이를 평정할 인물을 낳는 법이니, 공이야 말로 그러한 인물이 아니겠는가. 공의 용의容儀, 몸가짐는 헌걸차고 응원凝遠하며, 공의 국량局量, 도량度量과 재간才幹은 관후굉심寬厚宏深했다. 추기樞機, 중추가 되는 기관가 정비靜毖하고 지모와 사려謀慮가 유밀宥密한 것은 공의 재주재유才猷이다. 물외에 초연하여 조용하게 안을 다스리고, 사람들이 미처 보지 못한 바를 통찰하고, 사람들이 능히 말할 수 없는 바를 말하니, 이는 하늘이 낳은 생지자生知者기 아니면 누가 이와 같이 할 수 있으리오. 아! 하늘이 공에게 수명을 좀 더 연장해서 공으로 하여금 잠시 동안만이라도 당신의 사업을 마치게 했다면, 당신은 대의를 펴서 만의 일이라도 큰 공을 이룩하였을 것이다. 그러나 상천上天이 불인不仁하여 큰 공을 이룩하지 못한 채 공은 이미 세상을 떠났고, 묘의 풀은 우거졌던 것이다. 어찌하여 하늘은 공에게 일란一亂만을 주려고 했단 말인가. 이 때문에 공이 홀로 저승에서 한을 머금고 있을 뿐만 아니라 수많은 지사와 영웅들도 천년토록 눈물을 뿌리고 있는 것이다. 그러나 이러한 사실을 알지 못하는 사람들과는 더불어 이야기할 수 없으리라. 슬프도다.

大美國欽命駐箚便宜行事大臣 兼 總領事 安連 撰[154]

---

[153] 서광범은 일본 미국 등지에서 오랜 망명생활을 하느라 후사가 없었다. 그의 사후 유복친(有服親, 복 입는 친척)이 아닌 족인(族人) 재덕(載德)을 후사(後嗣)로 삼았다.

[154] 알렌은 1897년 9월부터 1901년 8월까지는 주한미국변리공사 겸 총영사(Minister Resident and Consul General)로, 1901년 8월부터 1905년 3월까지는 주한미국특명전권공사(Envoy Extraordinary and Minister Plenipotentiary)로 재직했다. 비문에 '大美國欽命駐箚 大韓便宜行事大臣'이 곧 주한미국변리공사를 의미한다.

四寸弟 軍部主事 光軾 書

大韓光武四年 庚子 五月 日立

대한 광무4년 1900년 5월 세움저자 한글 번역

〈原文〉

〈崇政大夫 法部大臣 原任 奎章閣 待教 大邱徐公 光範之墓〉

維廣州治西 彦周面 碑井洞負寅 四尺而封者 故大韓駐美公使 緯山徐公衣履之藏也 嗚呼 天道不可不知而惟可知者 公之大節也 盖公當甲申之禍逃竄海外 茹恨黮昧者 凡十週歲而至甲午夏 朝野稍稍有微察公當年心事不知公者 憫其跡而原其心 知公者 許其心而撫其跡 從玆以往 百世之下 又不知以公爲何如人也 由此觀之 仁人君子之終不可誣 有如是夫 公諱光範字敍九 緯山其號也 系出大邱 高麗軍器少尹閈之後 入本朝 有諱嶰 號涵齋 以學問有重名 寔生諱渻 判中樞府事 贈領議政 諡忠肅 號藥峯 爲穆陵名臣 四傳而爲元陵國舅 達成府院君 諱宗悌 諡孝僖 又再傳而諱信修 贈贊成 無嗣 取仲兄府使贈贊成諱仁修第二男 有寧爲後 禮曹判書 贈上相 諱龍輔 領議政 諡翼獻 亦無嗣 取弟郡守贈贊成應輔第三男戴淳爲後 禮曹判書諡孝憲 諱相翊 吏曹參判 是爲公皇考 妣貞夫人潘南朴氏生員齊完女也 哲宗己未十一月八日生 卽西曆一千八百五十九年也 公生而姿品非凡 才藝夙就 見者咸期以遠大 長而涉獵經史 且潛究各國文字 嘗自以謂 使我國家 不能成自立基礎 奠之於磐泰之安 則決非皇天賦予之意也 慨然憂歎之志 造次靡懈 嘗曰 君權不得不限也 民志不得不壹也 官制亟宜改革 使名實相孚焉 學校亟宜廣設 使民智開明焉 工商亟宜勸奬 使財源導引焉 不如此 富强之術將何所施焉 此皆當世時諱 而公則娓娓惓惓 不明不措也 皇上庚辰 擢增廣文科 壬午春 奉命遊覽日本 八月以參贊官再往日本 癸未圈拜待教 歷

拜副修撰 兼司書 兼弼善 南學敎授 副應敎 出入經幄 奏對如流 上大奇之 亟欲不次大用 夏又以參贊啣奉使美洲 始修交隣之誼 甲申夏復命 六月特除同副承旨 內務參議 秋拜兵曹參議 十月當國家之變 流入日本 轉至合衆國 時公年雖少 而志節益堅不撓 專力於政治之學 以及格致之科 而憂國愛君之誠 盖十年如一也 甲午六月 强隣乘釁 國有大亂 上大悔之 冬特命昭雪還國 公胥命金吾 乂陳疏請罪 上卽下優批 仍命入對 自是禮遇隆而信任專特陞崇政階 任法務大臣 判義禁府事 乙未夏 官制改正 復任法部大臣兼高等裁判長 決獄平允 人咸比之以冬日可愛 秋移學部大臣 刱設學校 培養人材 冬拜特命全權大臣 前往美國 仍命駐箚 時有本國學生十餘人 自日本轉至者 公憫其失學流離 捐俸銀二千元 以爲學資 美人亦無不感歎 至今傳爲美談 丙申春 拜中樞院一等議官 未及復命而卒 卽光武元年丁酉七月十七日甲辰也 公臨歿 以火葬遺囑 大抵聖鑑垂明 公之秉心悉所炯燭 而竟未能仰答聖恩以報涓 盖欲燒身滅跡 深引其過而已 戊戌春 以身灰返國而葬 配贈貞敬夫人安東金氏 判書孝貞公炳地女 貞靜和淑六親咸服 先公二十三年卒 後配貞敬夫人密陽朴氏 士人承憲女 內行純備 不幸十年處困 備嘗艱險而持身謹飭 終不失女士之範 人莫不稱之 取族人光鼎子載德爲後 嗚呼公間世人也 世道國步 誰爲扶持一治一亂 相承而不已 方其將亂 而天必生能弭之人 抑公非其人耶 頎秀凝遠 公之容儀也 寬厚宏深 公之局量也 樞機靜毖而謀慮宥密 公之才猷也 至若超然物外 澹然理內 見人所不及見處 言人所不能言者 非天之生知 公其孰能如此 嗚呼 天假之年 使公少須臾 以訖其庸 則其伸大義成大功 庶幾於萬一 上天不仁 大勳未底 而公則就世 墓草已屢宿矣 豈天之於公 只擬於一亂而已耶 此奚獨公之飮恨於泉下 抑亦志士英雄抆淚於千載之下也 然是不可與不知者道也 噫

大美國欽命駐箚大韓便宜行事大臣 兼 總領事 安連 撰

四寸弟 軍部主事 光軾 書

大韓 光武四年 庚子 五月 日立

〈전 주미전권공사 서광범 씨의 행적〉『독립신문』1897. 9. 7

서 씨는 조선에 일등공신이요, 세계에 명망 있던 재상이라 서 씨의 빛난 이름을 조선 인민이 잊을 길이 없는 터인고로 서 씨의 전후 행적을 대강 기록하여 조선인민들이 어떠한 은인을 잃었으며, 조선인민들이 얼마만큼 서 씨를 박대하였으며, 일후에 나라이 열려가거드면 서 씨 까닭에 조선인민이 무슨 은혜를 받았는지 후생이라도 알기를 위하여 오늘 우리가 몇 마디 기재하노라. 서 씨는 삼십팔38년 전에 평안감영平安監營서 났는데 그때 서 씨 조부가 평안감사로 있을 때라. 서 씨의 집안은 본래 조선에 귀한 집안이요 서 씨가 어려서부터 경향간에 재조才藻있고 서화에 날렵하기로 명예가 있었으며, 조선귀족 중에는 처음으로 외국사정을 알아 나라이 필경 외국과 통상을 하여 세계에 관계가 있을 줄을 알고 나라가 열리기 전에 아무쪼록 젊은 사람들을 교육하여 외국과 통상이 되거드면 조선서도 외국과 교섭할 줄을 알게 힘을 들여 자기 재산을 팔아 외국으로 사람들을 보내어 교육을 받게 하였으며, 일본으로 유람하러 가기 전에 급제及第하고 일본서 다녀온 후에 국중에 분란이 나임오군란壬午軍亂 그때에 위태한 경상景狀, 호상爻象을 당하고 그 후에 다시 일본에 가는 사신 박영효朴泳孝 씨를 따라 종사관으로 갔다가 돌아와 조정에 외국물정에 익은 사람으로 명망을 얻었으며, 성총聖寵이 계서 귀한 벼슬을 많이 하고 또 미국에 첫번으로 갔던 조선공사 민영익閔泳翊 씨를 따라 서기관朝鮮報聘使 從事官으로 갔다가 미국 군함 트렌턴호를 타고 민영익 씨와 변수邊燧 씨와 같이 구라파 각국을 돌아 조선에 들어와 본즉 정부와 인민의 형상이 남에게 비교하

면 한심 되는 일이 많이 있는데 별로이 분憤히 여긴 것은 조선

대군주大君主 폐하께서 세계에 천賤한 청국 사람의 절제節制를 받으시며 조선이 청국 속국된 것이 분하여 아무쪼록 그것을 변하여 나라이 자주독립이 되며 정부 인민이 동심협력하여 세계에 대접을 받는 나라이 되기를 원하여 자기 목숨과 부모와 처자와 재산을 내어버리고 나라 일에 죽기를 결단하고 삽신넌에 일甲申政變을 시작하여 첫째 청국 절제를 없애어 조선

대군주 폐하께서 세계 제왕帝王들과 동등이 되시게 하려 하였으며 조선 인민이 문명 진보하는 백성들이 되어 부국강병富國强兵하는 학문을 가지고 나라를 중흥하려 하였으나 그때에 국중에 상하 인민이 모두 청국 충신이요, 청국을 상전上典으로 섬기며 조선 대군주 폐하께서 청국 정위 원세개袁世凱와 동등으로 대접을 받으시는 것을 전국 인민이 옳은 줄로 알았는지라. 이런 인민 속에서 사람 오륙인이 그걸 고쳐

대군주 폐하를 청국 황제와 동등이 되시게 하려하였으니 그 일이 어찌 되리요, 그런고로 그 사람들을 역적을 만들어 죽이려 하였으며 또 원세개 손에 죽은 사람도 많이 있었는지라. 그때에 전국 인민이 모두 원세개 편을 들고 대여섯 되는 조선 충신들은 죽이지들을 못하여 애들을 썼으니 그 사람들이 어찌 국중에 용납할 수가 있으리요. 부모, 형제, 처자, 재산을 다 잃어버리고 외국으로 망명 도주하는데 서 씨도 또한 도주하여 십 년을 미국서 고생하고 거기서 죽을병을 얻어 몇 해를 신고하고 다시 고국에 돌아와 다시 한번 천일天日을 보지 못할 줄로 알고 죽는 날만 기다리고 있더니

하나님이 불쌍히 여기사 일청日淸이 교전하여 청인들을 조선서 쫓고 조선을 자주독립을 만들어

대군주 폐하께서 세계 제왕들과 동등이 되시니 새 정부김홍집金弘集 친일내각에서 서 씨를 불러 법부대신을 시키신 후에 서 씨가 다시 고국에 돌아와

그 사랑하던

임군임금을 다시 한번 모시고 정부에서 그 사랑하던 인민을 위하여 일을 한번 또 하게 되었으니 어찌 서 씨가 감격한 생각이 없었으리요. 서 씨가 법부대신 한 후에 조선법률을 고쳐 재판소들을 배설하며 악형惡刑을 없애며 재판 없이 인명 살해하는 것을 없애여 서 씨가 법부대신으로 있을 때에는 국중에 법률이 밝았으며 기강이 서서 오늘날까지도 그 효험이 있는지라. 이런 대신들이 정부에 많이 있어 일들을 몇 해를 두고 하였드라면 더 큰 효험이 있었을걸 불행히 팔월변을미사변乙未事變이 났으며, 정부가 변혁이 되어 새 정부아관파천 후 친러정부에 서 씨가 있기가 위태하게 되었는지라. 게서 서 씨가 다시 쫓겨나 주미공사로 다시 미국에 가 있다가 몇 달 못되어 다시 공사를 갈리고 중추원中樞院 일등의관一等議官이 되었으나 정부에서 공사 갈린 후에 회환할 노자路資도 보내주지 아니한 고로 미국에 막혀 있어 다시 정부에서 부르는 날을 기다리고 있더니 십 년 미국서 고생할 때에 얻은 폐병이 다시 성하여 금년 8월 14일음 7. 17에 만리타국에서 친척도 없고 처자도 없고 돈도 없고 죽었으니, 그 사람이 나라 위하여 애쓴 것과 백성을 위하여한 사업과 이렇게 불쌍히 죽은 경상을 생각하면 흙으로 만든 사람의 눈에도 눈물이 날지라. 그러하나 한 가지 위로되는 일은 요전 토요일 오후에 조선인민 수백 명이 독립관獨立館에 모여 서 씨를 위하여 추도회를 하고 여러 사람이 일어나 서 씨의 높은 행적과 사업과 충국애민忠國愛民하던 마음을 연설하여 서로 슬픈 회포를 말하는 것을 들으니 조선에도 서 씨를 사랑하는 사람들이 많이 있는 것을 알 것이요. 또 서 씨가 국가에 공신인 줄도 아는 사람들이 있는 것을 알더라. 서 씨는 유언으로 미국서 화장하고 그 재는 서 씨 부인의 말을 인연하여 조선으로 갔다가 묻는다 하더라. 서 씨가 자녀 간에 없이 기세棄世를 하였은즉 그 부인이 혼자 살기가 어렵고 또 서 씨의 이름이 아주 끊어지는 것이 절박하여 양자를 할 뜻이 있다니 만일 양자를 정하거든 서 씨의 친구들이 아무쪼록 그 아해兒孩를 잘 교육하고 배양하여 서 씨가 하려다 못하고 죽은 사업을 하도록 도와주는 것이 공사간에 인정이요 의리일 듯하더라.

The Late Hon. Soh Kwang Pom

The Independent September 4, 1897

The late Hon. Soh Kwang Pom was born in 1858 in the Governor's official residence of Pyengan province at Pyenyang, while his parents were living with his grandfather who was then Governor of that province and who afterwards became a Cabinet Minister. His great grandfather was one of the noted statesmen of Korea during his time. He held the post of Prime Ministership for ten years during the reign of King Jungchong. His father was Vice Minister of War and Vice President of the Board of Ceremonies along in the eighties.

From his boyhood Mr. Soh Kwangpom made himself well known throughout the literary circle in the country for his smart verses and thoughtful essays in Chinese, and after he became a young man of twenty he was considered one of the best penman and draftsmen at that time. He passed the necessary examinations before the civil service board and was soon made Assistant Royal Librarian, which position was considered then as a great honor for a young official. He was fond of reading and he sent for various modern books to China for his own library. Among the new books, he found universal history and books on travel through Europe and America of especial interest. They were entirely new to the Koreans and for the first time in Korea the existence of the European and American countries was known to the official class through Mr. Soh and Mr. Kim Okkuin. The two men quietly organized a party among their young friends for the purpose of studying the history, customs and geography of the Western countries and the name of *Kaiwha* or Progressive Party was coined in the Korean language. During the year 1880 the two pioneers of Western education secretly went to Japan with the permission of His Majesty and took with them some twenty young men to study the outside world. Through their influence and advice the treaty with Japan was concluded peacefully and Korea was formally introduced to the world at large. After the treaty with Japan the United States and the European Powers followed in making the treaty of commerce and friendship with this then *terra incognita*. These young leaders of the Progressive Party became very anxious to overthrow the Chinese yoke and desired to reorganize the Government on independent and progressive basis. They offered their patriotic advice to the King and tried to enlighten their fellow officials in the Government with the knowledge and information which they acquired during their three years' sojourn in Japan. They did not get much encouragement from the official class but they were kindly and favorably received by His Majesty.

Mr. Soh was sent to America as Secretary to the first Korean Embassy in 1883. He visited the different parts of the United States and on their way home they were allowed by the American Government to be passengers on U. S. S. *Trenton*. They returned by way of Europe, visiting Egypt, France, Italy, India and China. The trip round the world and the knowledge he obtained during his stay in America made Mr. Soh more anxious than ever for the introduction of reforms in his own country. But unfortunately the Government was getting more and more under Chinese influence on account of an opportunity which was afforded to China through the family quarrels among the members of the Korean royal household. The liberal leaders became desperate as the Chinese influence defeated every semblance of reform that was suggested by them. The consequence of which resulted in the emeute of 1884, in which Mr. Soh was an active patriotic member. But on the face of the strong opposition that was existing both in the Government and among the people such a radical movement on the part of *Kaiwhaites* could not meet with any other result than a total failure. Mr. Soh like many of his compatriots became an exile from his native land in order to save his neck from the barbarous swords of the Chinese, who gradually became more active and influential in the peninsular than ever before.

Mr. Soh immediately went to America where he experienced much difficulty and suffered unspeakable privation for ten long years. But the utterly rotten condition of Korea under Chinese yoke brought about the uprising of the Tonghaks, followed by the war between Japan and China, which ought to have taken place in 1894. After the Chinese had been driven away from Korea Mr. Soh was recalled by the Government. He was made Minister of Justice and subsequently transferred to the

Educational Department. Through his efforts and active work the torturing custom was abolished in all the courts and the present system of trying criminals came into practice.

After the emeute of October 1895 his position in the Cabinet under Kim Hongjip's leadership was very trying and at times his life was in danger. He sought the mission to Washington for the sake of recuperation of his broken health. He had been suffering with pneumonic trouble for a number of years. He left Seoul a year ago last January for America and he held the position of Envoy Extraordinary and Minister Plenipotentiary to the United States until August 1896, when he was succeeded by the present Minister Mr. Ye Pomchin.

After he was retired from the post in Washington he was appointed Privy Councillor but he delayed his return home on account of his poor health. We are told that he has been under a physician's care in Washington and devoted the last few months in treating himself according to medical advice. During this Summer he took a short trip to England in company with the members of the Korean Embassy to the Diamond Jubilee and returned to America in July.

The particulars of his death are not yet on hand so we are in the dark as to the immediate cause of his sudden demise, but it is more than probable that the pneumonic trouble must have been the indirect cause, to say the least.

He was thoroughly patriotic in sentiment, progressive in ideas, and gentlemanly in instinct. He might not be termed an energetic statesman but certainly he was an urgent advocate of the reformation of his country. His name will go down in the history of Korea as one of the pioneers of Western civilization in Korea and one of the first organizers of the law courts in the capital.

개항 선후기를 통하여 박규수朴珪壽 · 유대치劉大致 등 실학파는 중국으로부터 양무사상洋務思想을 수용, 이른바 개화파세력을 형성하였다. 이들은 서양 근대 과학문명을 수용함으로써 중국의 자강을 도모해야 한다는 청말淸末의 양무운동을 한국에 도입하여 개항을 성취하고 양이洋夷의 기술과 문화를 수용하여 부국강병책을 실현시켜 보려는 운동을 전개했다. 이리하여 개항문제를 둘러싸고 위정척사파와 대립했던 개화파는 척사파의 반대를 물리치고 마침내 1882년 한미조약 체결을 성취했다.

서광범은 일찍이 급진개화파의 지도자 김옥균을 따라 두 번에1881 · 1882 걸쳐 일본의 국정시찰을 명목으로 다녀왔다. 서광범은 도일 전부터 김옥균 · 홍영식 등과 더불어 급진개화파의 핵심인물로 활약했을 뿐만 아니라 김옥균과 같이 두 번 일본을 다녀오면서 정치개혁을 통한 근대화운동을 성취해보려는 정치적 이상에 불타고 있었다. 특히 일본에서 명치유신明治維新 이래 일본 근대화의 발전모습을 직접 견문하면서부터 김옥균과 서광범은 일본을 통해 서구의 진보사상을 수용하게 되었는데, 이는 일본의 저명한 진보사상가인 후쿠자와福澤諭吉로부터 정신적 감화를 받았을 가능성이 없지 않다. 후쿠자와의 일본근대화사상은 바로 부국강병책에 그 바탕을 두고 있기 때문이다. 서광범의 정치적 이상은 일본세력을 배경으로 청의 정치적 기반羈絆으로부터 벗어나 완전독립을 성취한 후 정치개혁을 통해 일본의 근대화 모델명치유신로 채택, 조국근대화를 성취해보자는 것이었다.

서광범이 조선보빙사의 종사관으로 미국사행을 완수하고 귀국·복명한 것은 1884년 6월이었다. 이때부터 민영익을 영수로 하는 수구사대당과 김옥균을 정신적 지도자로 한 개화독립당이 날카롭게 대립하기에 이르렀다. 진작부터 한국 지배야욕에 불타고 있었던정한론征韓論 일본은 청 세력을 추방하는 것만이 한국을 정복할 수 있다는 전략을 채택, 급진개화파로 하여금 정치쿠데타를 부추겼다. 이러한 양파 간의 정치적 대립을 간교하게 이용, 마침내 급진개화를 책동, 1884년 12월 갑신정변을 일으키고 말았다. 결국 급진개화파는 청의 정치적 기반으로부터 벗어나는 것만이 조선의 자주독립 달성의 길이라고 역설한 일본의 주장을 액면 그대로 믿고 정치 쿠데타를 단행했지만, 청군의 개입으로 혁명은 좌절되었을 뿐만 아니라 서광범은 김옥균을 따라 일본망명을 했고, 거기서 미국으로 건너가 그의 생애에서 가장 암울한 10년간의 정치망명생활을 했다.

갑신정변 실패 이후부터 1894년 청일전쟁 발발까지의 10년간은 청의 한반도 지배기간이었다. 이 기간 일본세력은 후퇴하고, 수구 친청사대당민영익이 정치적 실권을 장악했다. 일본은 이 10년간 군비증강에 광분, 마침내 1894년 청일전쟁에서 전승함으로써 청국세력을 한반도로부터 완전히 몰아냈다. 이로써 일본은 청의 간섭을 받지 않고 한국을 정복할 수 있는 길이 열린 것이다. 일본의 한반도 지배가 가시화되자 조선정부에서 특히 민 왕후를 중심으로 한 친러반일 세력은 이이제이책以夷制夷策을 채택, 러시아 세력을 끌어들여 일본침략을 저지한다는 인아반일책引俄反日策을 수립했다. 이때부터 친일·친러 세력이 대치하기에 이르렀다.

청일전쟁에서 전승을 거둔 직후 일본은 1894년 12월 17일 김홍집 친일내각을 수립했다. 김홍집 친일정부는 즉각 갑신정변 실패로 해외 망명중인 박영효·서광범·서재필 등에게 특사령을 내리고 이들을 귀국·조처했다.[155] 서광범은 10년간 미국망명생활 중 비록 1892년에 미국시민권을 얻어서 미국으로 귀화했지만, 그의 개화의지만은 꺼지지 아니했다. 그의 정치개혁의 이상은 '조선교육론朝鮮教育論'이란 영어논문을 집필, 미국정부 간행물에 게재함으로써 구현되었다. 이 논문은 그가 일찍이 일본으로부터 받아들인 진보사상을 바탕으로 한 진보주의progressivism 사관에 입각하여 쓰여진 논문이라고 평가된다. 그의 정치적 이상은 "한국인을 위한 한국" 즉 자주독립국가 건설이며 이러한 이상의 개념을 "인간발전의 끊임없는 원천"unfailing spring of human progress이라 확신하고 있었기 때문이다.[156] 한국은 일본보다 우월한 문화를 가진 문명국가이며 오늘날 일본의 전통미술문화는 모두가 한반도로부터 전래·수용된 문화라고 주장하였다. 그는 이러한 선진문화를 바탕으로 정치개혁과 교육을 통해 근대화할 수 있다는 진보사상의 이론을 전개하고 있다.

1894년 말의 서광범의 귀국은 전적으로 일본정부의 적극적 주선에 의해 성취되었다. 같이 미국망명을 한 서재필은 처음에는 일본의 귀국권고를 단호히 거부했지만, 결국 귀국하여 독립협회를 창립, 개화운동을 전개했다. 서광범은 일본정부가 지출한 여비를 받아가지고 귀국했다. 일본정부는 조선정부에 대해 "서광범 사죄赦罪 및 재기용再起用"을 강력히 촉구했고, 김홍집 친일정부는 일본의 이러한 강압에 못 이겨 마침내 서광범을 사면赦免함과 동시에 법부대신에 기용했다. 서광범은 미국 시민권자이기 때문에 법률상 조선정부의 대신이 될 수 없는데도 불구하고 일본은 이를 무시하고 서광범을 법부대신에 천거, 입각시킨 것이다. 법부대신 재직 시

---

155 Allen, "A Chronologicl Index," p.191; 金源模, 『近代韓國外交史年表』, p.145(1894. 12. 17).

156 Smith, "The Mission of Pom K. Soh."

서광범은 사법제도를 개혁하여 고문형벌을 폐지하는 등 근대식 재판소제도를 확립했다.

일본이 한국을 정복 · 지배하려면 러시아세력을 한반도로부터 몰아내어야 함은 두말할 나위가 없다. 이때 반일친러정책을 주장하는 민 왕후가 일본에게는 장애적 존재가 아닐 수 없다. 이리하여 1895년 10월 8일 일본은 민 왕후와 대원군 간의 갈등 · 반목심리를 역이용하여 대원군을 앞세우고 일본 깡패낭인배浪人輩를 동원, 경복궁으로 심야기습, 민 왕후 시해사건을미사변乙未事變이 발생했다. 서광범은 일본세력에 의해 법부대신이 되었기에 을미사변 직후 법부대신 명의로 민비폐서인조칙閔妃廢庶人詔勅에 서명, 발표했다 해서 민 왕후 시해사건에 직접 연루되었다는 혐의가 증폭되기에 이르렀다. 미국공사관의 서기관 알렌과 웨베르 러시아 공사는 '폐서인조칙'은 대조선 대군주가 작성한 것이 아니고 김홍집 친일내각이 날조했다고 주장하고 나섰다.[157]

이는 실Sill, 施逸 미국공사와 서기관 알렌의 증언 그리고 미국공사관을 방문한 조선 고위관리의 증언에 근거하고 있다. 선유대원宣諭大員 최익현崔益鉉도 서명에 가담한 김홍집 · 정병하와 더불어 서광범이 민 왕후 시해사건

---

157 『官報』號外 개국 504년 8월 22일(1895. 10. 10). 폐후조칙(廢后詔勅)에 서명한 각료명단은 다음과 같다. 궁내부대신 이재면(李載冕), 내각총리대신 김홍집(金弘集), 외부대신 김윤식(金允植), 내부대신 박정양(朴定陽), 탁지부대신 심상훈(沈相薰), 군부대신 조희연(趙羲淵), 법부대신 서광범(徐光範), 학부대신 임시서리 서광범, 농상공부대신 정병하(鄭秉夏), vol. 3(1896), pp.120~142; 『大韓季年史』上, p.121. 친일내각은 10월 11일 '폐후(廢后)'공문을 각국 공사에게 보냈던 바 미국 공사는 '폐후조칙'은 조선내각의 조작이라고 비난했다. 『高宗純宗實錄』中, pp.578~581(건양 원년 2. 11, 2. 25). 한편 1896년 2월 11일 아관파천(俄館播遷)과 동시에 김홍집 · 정병하는 살해되고, 조희연 · 유길준(兪吉濬) 등은 일본 망명을 했다Evening Star, February 19, 1896. 서광범은 아관파천 직전에 미국시민권을 가지고 주미조선공사에 임명되어 부임했는데, 만약 서광범이 서울에 있었으면 김홍집과 같은 운명을 당했을 것이다.

에 직접 관련되었다고 증언하고 있다.

그러면 서광범의 민 왕후 시해사건 관련설은 어디에 근거하고 있는가를 종합정리하면 다음과 같다. 첫째, 서광범은 갑신정변 거사계획을 수립, 친일쿠데타를 일으킨 이래 친일정객으로 간주되었다는 것, 둘째, 미국망명 중인 서광범은 미국시민권을 가진 미국인임에도 불구하고 일본정부는 여비를 주선, 법부대신 임명을 상사시켰다는 점에서 임명권자는 일본정부라는 것, 셋째, 민 왕후 시해사건 관련혐의를 받고부터 서광범은 정치적 망명을 위해 스스로 주미공사직을 희망했다는 것, 뿐만 아니라 미국시민권을 가진 자가 주미공사가 되는 이례異例를 남겼다는 것, 넷째, 친러내각에 의해 주미공사직으로부터 해임되자, 그는 중추원 일등의관에 임명되었지만 귀국을 단념하고 미국망명을 선택했다는 것 등이다. 이리하여 서광범은 국내의 엎치락뒤치락하는 정치변혁과 그 자신의 암담한 정치적 장래에 대한 절망감으로 마침내, 폐병으로 1897년 8월 13일 망명지 미국에서 파란만장한 저주받은 생애를 마쳤다.

서광범의 정치개혁사상은 한국개화사에 특기할 만큼 기록되어야 할 것이다. 그러나 일본세력을 배경으로 그의 정치적 이상 실현을 추구했다는 점에서 이는 한국사의 비극은 싹트게 되었고, 그 자신의 참담한 종말을 가져오게 하는 원인이 되기도 했다. 결국 서광범은 한반도 지배권을 둘러싸고 청일러 등 3강의 외세의 각축전의 틈바구니에서 철저하게도 일본의 대한침략기도에 이용된 비운의 정치가이다. 말하자면 서광범은 일제가 한반도를 정복지배하기 위하여 청러 양대 세력을 한반도로부터 구축하는 데 이용된 희생물이 되었고, 이 때문에 일본을 위해 '속죄의 염소scapegoat'로 희생된 비운의 개화사상가이다.